暴政年代

宋家山勞動教養紀事

汪孝直 著

僅以此書獻給

在山上共同經歷磨難，由於種種不幸原因，

長眠於山上的，善良的、無辜的兄弟姐妹們！

也為自己二十五年的青春作祭。

四川省沙坪勞動教養管理所

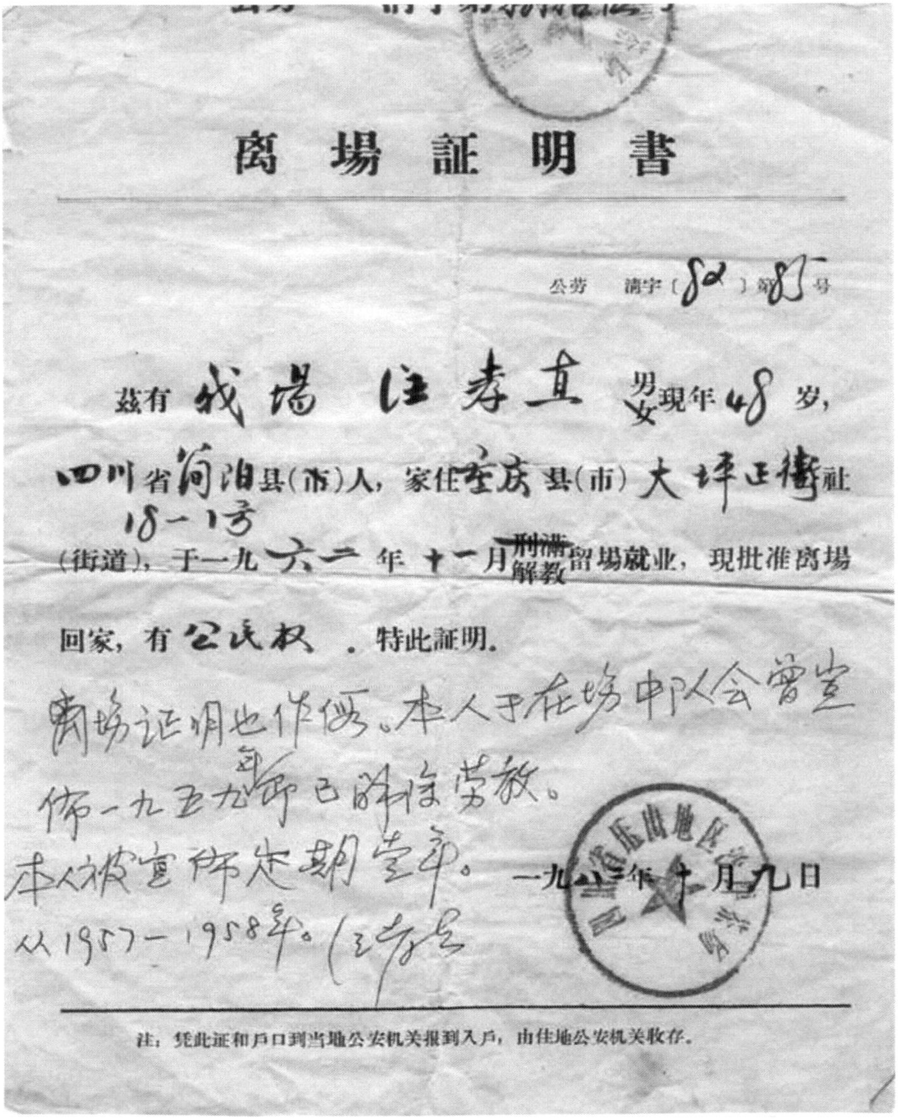

離場証明書

公劳 清字〔82〕第85号

茲有犯場 汪春直 男女現年48岁，

四川省簡陽县（市）人，家住安岳县（市）大坪正街社18－1号（街道），于一九六二年十一月刑滿解教留場就业，現批准離場回家，有公民权。特此証明。

离场证明也作废。本人于在场中队会曾宣佈一九五九年已解除劳教。本人被宣佈定期[illegible]。从1957－1958年。

一九八二年十月九日

注：凭此证和戶口到当地公安机关报到入戶，由住地公安机关收存。

勞教二十五年終於得以離場

目次

前言

人的一生，來到這個世界的時候，也許是青天白日的早晨，也許是淒風苦雨的夜晚；或出生在鐘鳴鼎食之家；或落地於茅屋蓬門之戶。初生的命運、自己是無能為力的。而離開人世以後、有人留下了高大的塑像；或雄偉的紀念碑；或莊嚴的紀念堂；或傳世巨著而萬古流芳；或被人鑄像長跪於他人墓前，遺臭萬年……普通百姓，無能立言、立德、立功，但除一捧骨灰以外，總該留下點什麼。至少每個人都會有一段人生中銘心刻骨的經歷，沒齒難忘的情懷，能記錄下來，想來對他人、對後世或多或少還是有益的。

作者受到當前一些不讀書、愛寫書現象的鼓勵，決心將一段肯定是空前的、希望也是絕後的親身經歷，筆述下來。不為尊者諱，但為弱者言。讓生在災難後長在新世紀的下一代瞭解；他們的一些前輩是多麼善良、多麼艱難、多麼不幸！

作者完全是徹頭徹尾一介平民，手上無任何權威資料，也無能引經據典，更無臂力史海泛舟；也乏腳勁文壇漫步。全憑一個還未癡呆的腦袋的記憶。但絕對真實的親身經歷，無水份，無泡沫，不誣衊，不誹謗，不無中生有，不惡意誇張，可以說如同一張不偏色、不模糊的照片，留給後人看看、想想。但由感受而發的個人議論，純屬作者個人之見，讀者褒、貶、毀、譽，作者不會計較的。

為了不惹起「筆墨官司」，先此作個聲明：縱觀古今任何一部成書，皆非其作者純粹、完全的個人創作。總不免對前人、他人的名言、真知、灼見、高論、巨著的引用。本書作者更不能例外。倘有引用，儘量加以括弧，或注明出處。但百密一疏，會有遺漏。對前人已經作古，不擔心其會從地下「破棺而起」爭「智慧財產權」；對在世他人，作者在此先作揖了：倘有不慎冒犯，經眾人識別只要不是存心成篇、成段剽竊，亦非故意「狗尾續貂」，只是未奉大名，那就請寬容些吧，先多謝了！

是作者孤陋寡聞，還是為世人忽略，二十世紀是多事之秋，有過許多世紀大事。唯獨沒有提到一個禍及人類社會進步的災難：假馬克思主義的「無產階級革命」。在這面「革命」的旗幟下先後使二十多個國家，上百個民族，風捲歐亞大陸，近二十億人口，遭受長達半個世紀的蹂躪和奴役。人亡、物毀，是不是可以說多於二次大戰？歷史雖然是翻過去了，清醒的頭腦已經逐步或正在將那飽受摧殘的國家、民族恢復到正常狀態。但歷史的傷口還遠沒有癒合，還有隱痛，傷口裡的蛆蟲還在蠕動，人們對前途還不能樂觀未來。不是百足之蟲死而不僵，而是有欺騙、奴役得利之徒還在覬覦將來！人們還要百倍警惕防止傷口潰爛；或當年那個披著馬克思外套的「幽靈」經過喬裝打扮，從某個地方又「遊蕩」出來。以各種方式不斷提醒人們時時不忘歷史教訓就十分必要了。

一個嬰兒的妊娠期，正常情況不超過十個月。如果一冊成書的上市，如同作者的新生兒，這個妊娠期可能就無一定期限了。本書在上世紀七十年代後期，隨著一個時代的結束開始孕育，至今已三十年過去。老齡「孕婦」，更難分娩，歲月如流，生命有限。為了不胎死腹中，在耄耋之年，不避風險，掙扎「臨盆」。這個「新生兒」肯定有許多不足之處，因此更希望得到世人的關照，能多獲得一份愛心；如果確實不討人喜歡，那可能是他在哪個是非顛倒的歲月命太好，運太順！不過，別太計較，已經是過去的事情，只希望以後不再發生。

寫書的目的，不止回頭悲往事，旨為後人說曾經。

是上帝給我開了一個殘忍的玩笑，還是自己生錯了地方，二十五年的青春歲月被無辜蹧踏，由此也白耗一生光陰！

作者

二〇一二年六月

一塊處女地

沃野千里、寸土無荒的川西平原的西南方，在舉世公認巍峩秀麗、「眾仙雲集」的峨嵋山背後，有一條亙古至今就不載重船、也拒泛輕舟、數九寒天不結冰、炎夏六月冷刺骨、黃河斷流它洶湧、汛期來臨也無災的大渡河。

這條河若在江南，定是絕佳美景。兩岸峭壁雖無猿聲，但也滿目青翠。一群山羊，數條耕牛遊蕩其間，給人以一種超脫世外、遠離塵囂、淡薄名利、回歸自然的瀟灑。然而無風泛浪，處處漩渦又使人意識到它暗藏兇險。傳說要推翻大清封建王朝以暴虐殺戮為手段、得志即腐的匪幫「太平軍」，文武兼備的「將軍」石達開率領數千殘匪，也倒在了這條河邊，再也沒有站起來；上世紀舉世聞名的謊言「紅軍萬里長征」，也是在血與火中渡過。這條河好像是一個惡人，你在它前後左右，都不會有平靜、安寧。更不像其它任何一條河，會給人帶來溫飽、繁榮。不過，它也有好品質，它能撫養珍稀的大鯢（俗稱娃娃魚）還能磨礪兩岸百姓在艱苦中頑強生存，和繁衍子孫後代。它發源在荒涼處，穿行在萬壑中，不趨利附勢，也不易被人利用。外面的世界多少次改朝換代，它卻仍然容顏未改。要說它古老，它確實古老，不知起源於何時；要贊它青春，它真能永葆；黛色的水，無風起浪，除了漩渦沒有漣漪，日夜奔騰，不停腳步。河面不寬，沒聽說有人淌水泅過。處處江河都常見的魚鷹，這裡從來沒有牠們的身影。不是河裡魚不多、肉不肥、味不美，那些食魚的飛禽走獸可能都有牠們前輩的經驗；高效益會伴隨高風險。莫嘴饞、離遠點。但兩岸勤勞的百姓，會用「扳罾」、「甩鉤」的辦法時不時撈點細鱗魚上街換點零錢。聽說久居河中的大鯢，時不時會爬上石多沙少的河邊曬太陽、睡懶覺。若不幸遇上貪婪的人類，就再也回不到水中，只有進廚房、上菜板、下油鍋的前途了。

這條河邊有個小小的峨邊彝族自治縣，城鎮名沙坪。就全縣而言，在上世紀五十年代，還屬於半開墾的不毛之地。原來整個老街僅一條，長約二百米。順河而建，臨水而居，民居全係竹木結構，以木為柱、為梁，以竹片敷泥為牆，屋蓋為瓦片。「建國」七、八年後多了四五條新街，已改為磚木結構。一九五七年時城區常住人口不足一萬，其中過半還是以農業為生。彝族同胞為該縣土著居民，除刀耕火種，還伴以放牧狩獵為生。在民國時期那是蠻荒之地。就「人民共和國」第一個五年計劃快完成了，這裡仍然蠻象環生。牛馬狗羊與人同街散步，男性彝胞兄弟可以當街面眾便溺，傍晚時分男女彝胞興之所至，可以在少人行走的街道僻靜處，選擇一平坦不濕之地公開做愛，旁若無人，事後就原地而眠。每個彝胞不分男女老幼，身上都有一件手織羊毛披風，（彝語稱「查爾瓦」）就作他們的被蓋了。據說遠在明清前該地已經有縣建制。當時的縣城在另一處叫「大堡」的地方。距今天的沙坪鎮還有幾十公里，那裡更靠大山。

「環滁皆山也」是古文。今天的沙坪也是四面環山，臨河而建。街道地勢雖比較平坦，也是相對於山而言。如果騎在自行車上，要用力車輪才轉的地方就太少了。人站在街上要仰望山頭，若戴了帽子會掉在腳後跟處的。縣城背後的山坡比較平緩，像一個橫臥的巨人，望不到頭腳盡處。那就是可以嚇得成都小孩不敢哭鬧的宋家山——四川省地方國營沙坪茶場所在地。當時在成都確有某些家小孩吵鬧得不可開交，大人往往會說：「再不聽話，送你到（沙坪）『茶場』去。」確有如外國人在公開場所對不聽招呼的小孩說：「去洗手間談談」的效果。

宋家山何以為名，起於何時，無從究竟。但隨著一九五七年上萬人的進入，打破了千百年來的寂靜。那本是沒有故事的地方，從此有了許多悲、愁、哀、怨、人亡、家破、妻離、子散的故事。一些已經成文成書刊出的「牛棚、馬廄、大荒、沙漠、秦城、監獄」的故事，在這山上全有。但宋家山也不是地獄，因為還有愛情，還成就了許多夫妻，環境艱難還是可以養兒育女。接近實際的說，是民主的屠場，人性的戰場，「專政」的現場。

上宋家山，從自然地理說有很多條道。但從真正意義說只有一條——勞動教養。南北東西可能有一二百平方公里，與山下的大渡河成平行的狹長地帶。從縣城而上，是山的中部，直上至原始森林邊沿約有十公里，山勢向大渡河呈傾斜面，縱向深溝多條，寬窄深淺不等，兩溝間的山地橫向間距約有一二公里，若以畝分計，兩溝間的荒蕪有數千畝。除接近縣城邊沿的山麓地帶，能見到零星小塊土地有人農耕活動外，越往上全是千百年的荒蕪。沒有大樹的荒山景象，是容易想像的。據說整座山很久以前是有樹的，只是靠近河邊有人居住的原因，千百年來，修房建屋，燒水煮飯，冬日取暖，買賣變錢，從大渡河邊開始把一座森林擊退了十幾公里。人類的力量是強大的。經一二百年間，這一方人就造出個宋家山。在荒草叢中、鬆土下面，偶爾發現的大樹根兜，那就是森林「老家遺址」的證明。山不算高，從大渡河邊到森林邊沿，海拔大約就二千米。進入森林到最高處，也在三千米以下。較低的地方是濶葉林，雜木叢生，能叫出樹名的多是「絲栗子」——即野生板栗，青杠，厚皮樹等。還常見那些高大的樹上纏繞「毛梨」（即彌猴桃），當秋高氣爽的八月來到，會在林中聞到彌猴桃成熟散發的陣陣濃烈清香，使人垂誕欲滴。還有成群的小松鼠們，攜家帶口前推後擁，弟兄擦肩，姐妹接踵，在附近一兩棵樹幹上，樹根邊，以目不迅接的速度上下如履平地般連爬帶竄忙碌著。地上成堆的栗子殼，樹上如雨水般不斷掉下的栗子，看似牠們全家或是聯戶正在秋收。牠們將已掉在地上的栗子，粒粒的啣在小嘴上，送到樹幹中部的樹洞裡。想來是和人類一樣，豐碩的秋收要準備越冬的儲藏。牠們群群漂亮，隻隻健康，看不到任何病殘老弱的形象。見此情景的人們，一定會羨慕牠們才真正在享受著社會主義的幸福生活。與當時晚些時候的山外幾億農民「公社食堂」相比，人類在牠們面前應該是慚愧的。

尤其接近森林的荒野地帶，最搶眼的是齊腰雜草叢中的百合花。成片的、成帶的、成簇的，百朵、千朵⋯⋯數不清，亭亭玉立，如在舉行「選美」比賽。不同的是它們展示的舞臺不如人類規則，也不似姑娘們高、矮整齊的站成一排排，而是遠近高低各不同的。有些直立、挺拔，顯其豐滿、健壯；有的偏頭側身，顯示柔弱、窈窕；有的直腰低頭，若含羞求愛⋯⋯在視野內上數百畝的眼前大自然，是可以叫人暫時忘記一切的美麗世界。

人們如果赤腳站在地上，那腳下泥土的鬆軟，給腳部舒適的感覺，勝過在五星級酒店裡的加厚純毛地毯。那是千百年積下的腐植土，不小心腳還會陷下去，若故意伸手並往地下一插，整隻手連腕帶臂就入地一尺了。隨便抓起一把泥土，濕潤潤的肥得流油，多麼肥沃的土地！可它上面卻生活著離原始狀態還不太遠、才開始創造文字的人類。（這裡山上多是彝族同胞，當年，宣傳有力的共產黨說他們是從奴隸社會一步跨進社會主義社會的，他們原無文字，一九四九年「建國」後在「人民政府」的關懷下，才說明彝族同胞創造了文字）有福的彝族同胞一步跨越了人類發展的兩個社會歷史階段——封建主義社會和資本主義社會。

林區內外的各類小動物們，似乎牠們的祖輩沒有從遺傳基因中給予牠們任何有關人類的資訊；牠們本身也沒有機會聽過有關人類學的課程。對人類的思想、行為、意志全無瞭解。所以當有人接近牠們時，既不惶恐，也不緊張，一點沒有逃離的跡象。當然，長翅膀的不會落在你的肩頭上，牠們站慣了樹枝和藤蔓；人的肩頭旁邊靠近腦袋，若站在肩上，會妨礙牠展翅梳理羽毛，若站在人的頭上，而人的腦袋是隨風向轉的，會讓牠們感到不如樹枝穩定安全。地上能跑的跳的，可以從你腳跟處咫尺而過。牠們的活動，不會因為有高大的你的存在而改變，牠們還沒有知識、沒有經驗要怕你，還可能把你當成少見的遠處親戚，搖搖頭、擺擺身，算是友好的招呼吧，接著向牠們自己的去路緩緩離去。其中最驚覺的要算麂子，當人靠近牠時，會很快跳躍地跑掉，同你保持十米以上距離，牠那雙眼睛特顯聰明，會用友善的眼神盯住你，兩隻毛茸茸的耳朵會不停的煽動著，是在想和你交談，還是問你從哪裡來？幹什麼，要幫助嗎？因為牠的舌頭不時的伸出來舔舔上下嘴唇，似在說著牠們的話。最調皮又最捉弄人的，要算一種當地名叫「馬雞」的，整體就是一隻雞，全身羽毛雪白，體形大小超一般家養雞一倍，但嘴喙和雞冠像上了「美寶蓮」唇膏，紅得醉人！牠遇上你或你遇上牠時，牠穩重沉著的幹著牠正在幹的事，僅同你保持一兩米距離，如同在自家院壩裡跟自養的母雞在一起一樣。看似伸手可及，當你靠近牠縮短兩者間距離時，牠又拉開了同等距離，你快牠也快，你慢牠也慢，牠總是那樣不慌不忙，有耐心有精力同你長時間磨蹭下去，直至數小時。

作為靈長類動物的人，與其他動物相比，人的缺點更多。動物是在饑餓的驅使下去獵食，有人很富裕了也貪婪。你想抓著眼前這隻馬雞，這隻馬雞卻在心裡藐視你：赤手空拳，若僅有棍棒、短刀，你差遠了。不信就試試，兩三小時過去了，或更長時間過去了，還是那個距離，牠並不主動逃避你。牠聰明之處在於只往上坡或接近峭壁之處去，牠在林中地理情況比人類熟悉。當人快步時牠也快步，同時拍打翅膀飛奔，儘管牠是飛不起來的。在自然林中的環境，人最快奔跑每分鐘也不過十多米，腳下總有見不到陽光、長不高大的灌木小樹，以及不知名的藤蔓、或間生小竹，奧運短跑冠軍在這裡也快不過常人。到人精疲力竭時，那個你想擁抱或佔有的白裙紅唇的「公主」，還在你不遠處，調皮地望著你。說不定還發出兩聲不悅耳的「咯咯」叫聲。可以設想牠在向你說「拜拜」。在這裡人的慾望打了敗仗，你再回頭看看，牠正在悠閒地梳理著羽毛。人在大自然中，離開了科技手段，生命會比許多動物都脆弱。

山上除了那麼一兩條山下人上山伐木、砍竹、打柴，人走、牛拖經過的地方，可以說是沒有路的。人們常說的荒涼，大概是以有無人煙而言，有無民居而定。雖然荒蕪卻又生機盎然，沒有文明也沒有污染。林木花草，鬱鬱蔥蔥，有水的地方清澈見底，有花的地方，人過留香，空氣也像是洗過的、濾過的。頭上是藍天，藍天下是白雲，白雲下面是森林，森林腳下是青草，青草叢中是花朵，花朵上下有蜂蝶，蜂蝶周圍有飛鳥，飛鳥去處有歌聲，歌聲深處有山澗，山澗條條有琴音——是蛙鳴伴水聲……一個城市人驟然來到這裡，不論他（她）有多好的教養，多麼高度的文明，想來定會脫光衣裳在綠莎茵上打幾個滾……

這宋家山背後的森林沒有冠名。據說有八百里長，三百多里寬，低處是闊葉樹，高處是針葉林。常人能到的地方以各種雜木為主，山脊兩旁及向陽處間生「百夾竹」，似乎除寒冬雪蓋以外，各個季節都能稀疏見到一些叫不出名的樹，有開著花、飄著瓣、似掛著鈴，或姹紫嫣紅，或潔白如雪，或黛碧似翠，還有的似懸劍、若舉刀，她們都站立在最向陽的地方，顯露著各自的英姿、美貌。那一抹山崖，像碧波萬頃大海中有一張彩色孤帆迎著朝陽蕩漾；若風從那邊過來，給人的她的體香，你不癡，也會醉。那香味和不是香味的氣息，總讓人貪婪的嗅不夠，在現代任何大商場的化妝品專櫃裡也是調配不出來的。大自然的神奇表現在方方面面，有人說今天看見的大自然景觀，已經有了幾千萬、上億年。想來人類社會的發展也應該如此，任何事物都有它的自然法則，客觀規律，自我個性。知識不夠，解釋不了，縱有移山倒海的氣魄，顛倒乾坤的權力，要照個人之見、主觀臆斷來改變什麼，說教什麼，最後一定是害人誤己的悲哀下場。

冬日雪深盈尺，確實寒冷，年有「三伏」，但沒有需要打扇乘涼的炎夏，使人意外的是還沒有發怒的風雨。常年多霧，秋後多霜，人在霧裡，似在雲中，從現代都市人不辭辛勞去山區避暑、賞雪來說，那生活在山上的人就太有福了。但如果衣不保暖，食不果腹，勞動不堪重負，精神備受折磨，那就是天賜福地、美景，人也會將其變成地獄，在其中受盡折磨了。

林中除大樹外，地面是一層厚可盈尺的枯葉，過風和太陽能照到的地方，地面較乾燥，反之則是長年的潮濕。在林中易迷失方向，但隨著間生於樹間的百夾竹走，竹子生長越密，就越接近林子邊沿，越能看到大片天空。山從上到下形成多條脊樑，脊樑之間就算山谷吧，山谷兩側崖上更有大樹，而且更高大挺拔，因為它能接受更多的陽光，更有機會受到風的撫摩。地面的低矮植物中有不少還能入藥。最多的草類，是與恐龍同時代的蕨萁，其根可以製粉，其嫩莖可以作菜，（如今開發的森林綠色食品──「蕨菜」）滿山遍野望不到盡頭。當地人以及後來的上萬人，多年收割不盡。其用途，墊牛圈、作柴禾，燒灰肥，人鋪床。真的大自然給人類太多。

土地肥沃，空氣濕潤，山不太高，也不缺日照，長年無旱無澇。想不到距天府之國不遠的成都，竟有一塊如此可供開發、可供「流放」、可誅心可喪命的地方！

上山前夜

（一）

正秋高氣爽的成都。少城公園（一九四九年後改稱人民公園）內荷花池裡已是葉敗花殘，池塘邊桂子飄香，在「辛亥秋保路死事紀念碑」周圍，從前留下的那幾行未遭摧殘的柳樹，還仍然鬱鬱蔥蔥。人行樹下柳絲拂面，倍覺涼爽，更感溫柔。每當下午，這裡成了麻雀的天堂，少說數千隻或更多。嘰嘰喳喳，似互相在核對當天的流水帳。看來總有差錯，一定要吵到太陽下班、月亮起床才能安靜下來。「紀念碑」的碑尖上空正飄著一抹黃昏的晚霞，好像一個匆忙赴約的仙女，正從碑尖上方路過，碑尖掛住了她一角美麗的衣裳，扯破了，還留在上面……

紀念碑旁的「射德會」，是公園裡一家歷史悠久的老茶館。成都人是愛坐茶館出名的。成都大小茶館之多，公認全國第一！坐茶館的人各階層都有；各個茶館都有屬於自己的常客。經商的、賦閒的、文化界的、養鳥、下棋的……各有自己的老地方。沒有任何人作有意區分，是習慣性地自然形成。常說物以類聚，人以群分，大概是這樣吧。「射德會」的常客是以提鳥籠、下象棋的居多，為偶爾歇腳也有高中、大學的學生。

我當時正和兩個朋友泡上一碗「蓋碗茶」，隨便的吃著自己喜愛的零食，似躺似坐的懶在成都茶館特有的竹椅上，海闊天空的互相漫談著。說得最多的是「百花齊放、百家爭鳴」、以及「幫黨整風」、眨眼就是「堅決打退『右派份子』倡狂進攻」等等當時熱門話題。

「關於『幫黨整風』、『百家爭鳴』美國杜勒斯說毛澤東缺乏誠意，「蘇聯老大哥」赫魯雪夫說對毛澤東要警惕，現在事實證明別人都說對了。前不久頒佈的『關於勞動教養問題的決定』條例，八月四號就見報了。可能不出今年會有動靜的，說不定還有些人不能在家裡過年。」我的一個姓鄧的朋友說。他在華西大學讀外國文學系，可惜輟學了。沒事就往城守東大街的省圖書館一坐就是大半天，有時還是整天。專揀美國工人日報、英國工人日報、法國人道報以及英文版的外國報紙來看。他的新聞來源比其它朋友多，有他一起喝茶、聊天，是愉快的，有益的。但這次喝茶後不久就沒再見到人了。以後聽說因為「散佈反革命言論罪」——其實也就是從省圖書館裡的外文報紙看來的消息、報導，不分場合、不分對象的公開談論罷了。被逮捕了，判刑了，送新疆『勞動改造』去了。從此沒有下落，至今沒有消息，我想是不是「乘黃鶴」去了……我至今還記得他說的一句話：「別人的報紙客觀，我們的報紙官辦；別人的記者敢揭醜惡，我們的記者最會隱惡揚善。」他常同我攀同鄉，那是因為他父親曾在民國時期做過我家鄉的地方法院院長，他也在我家鄉有過快樂的童年。

當天我們分手較晚，直到茶館收椅子收茶碗。一道走出公園，還有說不完的話。

「你不復學，不接受勞動工作，也符合『勞教』條例」，鄧對我說。

「不經別人允許，劃別人一根火柴的事我都沒有過，『勞動教養』是對有罪、有錯又不夠刑事處分的人而言，憑啥我符合『勞教條例』？……不但沒在任何地方說過共產黨不好的話，甚至還在很多場合提到共產黨的時候，為共產黨在安排工農業生產，大力改善城市交通、面貌方面大加讚揚。我是一個完完全全遵法守紀的公民……」

「你不要把事想得太好，單憑你跑廣州想出國，做臨時工讓你轉正你拒絕，在省會警察局局長家裡長大，老爹又是國民黨的早期黨員，縣黨部主任委員，中學校長，你出身成長在『反動』家庭總不冤枉你……」

「這哪條算我本人的罪錯？」如果按此論罪全國沒有多少好人，共產黨好多高級將領都曾是國民黨的人，我們的周總理難道不是國民政府的大官嗎？」

「我總有一種預感，共產黨會關心『教養』你。」

「按你的看法就『洪洞縣裡無好人』了。」

「你完全沒有政治知識。聰明人不會思考問題等於白癡。政治家總是以美好的語言描述崇高的理想，編造會贏得絕大多數人擁護的政策，破壞你習慣的現實說給你更好的明天，一切都是為了順利達到他的目的。」

「你這是把政治說成欺騙……」

「差不多。至少目前『反右』是這樣……」

「……先號召大家『幫黨整風』，『要知無不言，言無不盡，言者無罪』，現在看來是騙了人，好心被當成了驢肝肺，戴個『右派』帽子問題就解決了？」

「『帽子』是無形的，結束你的政治生命，清洗你出機關、單位，是實實在在的。是不是到此為止還不一定。」

「言而無信不立……」

「老弟，你還太單純了。人大概都是以理、利、力這三種不同方法辦事成事的。當你處於弱勢時，盡力以理服人，你還可以自創一些迎合人心的好道理，用豐富的感情加上花言巧語，裝扮成誠懇的態度、感人的激情，目的是把你的主張讓人相信；當你的境況稍好時，適當給人以利——包括並不準備兌現的許諾。當已經有權、有勢，就可以既不講理、更不給利，就用他的力量迫使人服從他的意志，就像『屈打成招』一樣，不是也是；有利或有害、合理、不合理，都要你服從，強迫你執行。」

我倆人隨便地談著，不覺已走完了公園後門的半邊橋這條小街。

「去我那裡嗎？」鄧兄說。

「去你那裡太遠了，還不如我回去近。」

「離了婚還分不開，是有情、還是有愛，還是身邊沒有女人就睡不著。」

「僅僅為了住宿方便一點。」

「那就重婚算了。反正她也沒有上大學……肯定她也進不了大學。為了『婦生』、『女生』離婚，你天真得可笑，幼稚得可憐。」

「婚肯定不會復了。你知道我們血緣太近，說情、說愛應該永遠都在。就她再嫁人了，想來也不會妨礙我倆有興時『鴛夢重溫』……」

「那你存心要拿『綠帽子』送人。我想她真有了新的家庭，最好還是回到表姐、弟情份吧。」

「真的還不好解釋，辦了手續（離婚）已半年多了，似乎還情更濃、愛更深了。就說『親熱』的時候吧，以前好像只是那種原始的、本能的衝動，簡單的性慾的滿足與釋放，現在好像彼此更配合更需要了。對我來說那種『軟玉溫香抱滿懷』的感覺，肌膚的細膩，下面胸脯的起伏，她呼吸的急促，面頰的滾燙，勾在我頸脖上雙手的力度，表情焦慮伴著快活的呻吟……」

「好了，好了，你現在的小說比張恨水還寫得好了，再寫下去就是馮玉奇了。」（張恨水以言情小說著稱，馮玉奇也是暢銷書的作者，但偏重色情描寫）

「男子漢該斷就斷，你們倆離婚好，否則你們倆出身會遭致雙方一輩子不幸。……你回去吧，否則你陪我越走越遠了。」

街燈已經全亮，但昏暗得對面看不清人臉，畢竟是入夜了。陽光下的一切活動結束了。兩朋友今晚分手再也沒有重逢。

如今有誰會相信，當年那世道看報紙說新聞，也會是「犯罪」而且禍及終生！有人說毛澤東搞「陰謀」（毛自己說是「陽謀」），「雙百」方針，「大鳴、大放」，使不少人戴了「帽子」、下放農村、進了監獄，妻離子散，家庭破裂，更不幸的還在異鄉喪命。

記得一個文化不高知識不多的朋友說過：你們這些書呆子，該遭！偷盜、搶劫，未遭抓到會有財物所得；騙人老婆，淫人女兒，無論是否案發，都會得到性慾發洩和肉體快樂。惟有知識份子嘴巴惹禍最不值得。他當然不懂「國家興亡，鄙夫有責」，以及有知識的社會責任的道理。

神聖的憲法寫得明明白白人民有「言論自由」，當年誰能懷疑那是謊言、那是假話，是對人民的欺騙！

好久好久我都沒有想通一個問題：鄧兄是一個人獨居，又遠離市區——一九五七年時新南門外的磨子橋還是農村，借住別人一間空房，回去後說話搭訕也沒有一個人。平時除了同朋友相聚在某處喝喝茶，天南地北說些閒話，當然，他是朋友們的「新聞中心」，但他交際圈子並不大，能聽他談外文報紙消息的人，一個個數得出來。在圖書館閱讀時不能大聲交談，不過，當年圖書館管理比較寬鬆，可以把書刊拿到室外附近空地或休息處，坐在露天的長椅上，曬著太陽、吃著零食，看著書報同人低聲交談。「散佈反革命言論罪」從何而來？又是何人向政府告密？難道社會各個角落有人的地方，都有便衣員警？那不成了電影、小說中描寫的「蓋世太保」統治的社會了嗎？

（二）

那是當年十月的最後一個星期。

我當時住在成都的牛市口。記得地名叫東大路街，是城鄉結合部的地方，門牌一號。這一號民居房子很大，還有一層木樓，樓上摟下共有好幾十個房間。三面是房，一面向街道，門面很寬也很空，進去分左右樓梯上下樓，三面房屋的中央是一塊長方形的院壩。因為這地方在「解放」前是販夫、走卒、小商的大旅館。旅館早歇業了，現有的房間分散出租，租金低廉。我的一個朋友住在這裡，已住了很長時間。他在附近一個什麼廠有份臨時工作。在該廠休息時間教工人唱川戲、打鑼鼓，算是豐富工人的業餘文化、娛樂生活。當初是一家人，有妻子還有一個女兒。據說由於工作表現好，工廠有意轉他為正式職工，但在填寫「職工調查表」時因「出身」一欄打碎了飯碗（因其出身是「剝削階級」的「地主」家庭）。二十五、六歲，不抽煙，不喝酒，敬業愛家，勤儉節約，是好丈夫、好父親。但無論怎樣美好，好到可以成聖成賢，然而教條主義者就只認一點。雖說出身不由己，道路可選擇，但當時誰又能悟到，誰又敢想那是騙善良老百姓的。要真是品行不端，投其所好，填表時寫上貧農出身，不出事也無人調查，說不定還會當好一個幹部。正因其三口之家無固定工作，看不到前途，老家已人事全非，不想回去，所以廉價租間小屋，賴以棲身。其妻當時只有二十四歲，對丈夫溫柔體貼，對女兒撫愛有加，對朋友熱情誠懇。當時，說一月前才考上一個外地來招人的什麼文工團，離他去了。幸好這朋友上班是晚上，工人下班以後的時間。白天可以全天帶小女兒，晚上兩三小時將女兒託付左鄰右舍看照。不幸家庭的子女多數是乖的，乖在不纏人，不煩人，只要三餐吃飽（無論是否夠熱量、夠營養），不合身的衣裳可以保暖，在幼小的心靈中可能認為人生就是這樣！看見沒有褲子穿、餓得沒有東西吃的小夥伴，她還會感到自己有個好爸爸，給了她幸福的童年！

我當時在附近做臨時工，那單位是成都市政府綠化科的苗圃。據說建國前是國民黨在成都的一個空軍療養場所，小地名叫五福村。裡面無樓的房子很多，一幢一幢的獨立建築，每幢建築都上百平方米，要算如今帶廳的幾居室的小別墅，任何時候都應視為富人居住的地方。地勢不平，背靠小山丘，面前有小河，整體面積可能上千畝。四季草不衰，時時花不同。雖無大林子，但在高低粗細的樹蔭下，一畦畦、一塊塊、很難叫完名字的樹苗、花秧，生機盎然，從其幼嫩，已讓人充分相信它們明天的美麗體魄和強壯生命。

這裡除了二十來個苗木工人，只有一個姓馬的正式幹部，都叫他馬幹事。

馬幹事一週只來苗圃一次，一般是週三或週四。當時，我是苗圃惟一的「臨時工」，但又不同工人們下地幹活。主要工作是接收、存放當時成都的「沙河工程處」結束後交來的所有辦公用品，勞動工具等雜物。

苗圃有伙食團——可能是當時成都地區費用標準最低、飲食品質最好的伙食團。燃料不用花錢，修剪下的樹椏、市區撤回的死樹、枯枝、節日應景殘敗枯死的盆栽花草，堆積如小山，一切生活用火耗不完。附近貧困居民來討，誰都可以給；在苗圃地邊角落，工人們順便種點時令蔬菜，既無蟲害也不必施肥，有種必定豐收。午餐要吃，早飯後去收；晚餐要吃，午飯後去收，蔬菜下肚的新鮮程度，可能「太后老佛爺」也會羨慕的。伙食團食用一不計量二不付錢。而且善良、勤勞的炊事員還建議吃飯的人，隨便、自願出多少錢，一角、五分不計較，用來他去買些小雞、小鴨餵養，牠們長大了，又是大家免費的美餐。伙食團有規定：不在苗圃上班的人一律不予搭伙，包括家屬。附近有家的工人都十分自覺，自己那份可以拿回家去，決不買兩份。別單位五分、一角的菜，我們這裡只收一分、兩分，因為油、鹽要錢。我一直忘不了伙食團的另一特點：不像別的伙食團定期「打牙祭」。誰想吃肉了，吃多少，怎樣吃，哪一餐吃？或者吃別的什麼，只需按市場價交錢給炊事員代買、代做。到時你只管享用。決不會誤事，炊事員也並不嫌麻煩，他常說自己是給大家做飯，就要使大家吃飽、吃好，他沒有把「為人民服務」掛在嘴上，卻實實在在地用自己的勞動在實踐。從這裡讓人深深感到最低層的勞動者是多麼善良、忠厚、誠摯、熱情！事後你為感謝敬他一支煙，他還要向你道多聲謝。

別以為在眾人面前自己吃肉、吃魚，別人吃素菜，會覺得尷尬，其實在這裡已經早就習慣成自然了。還有工人兄弟說這樣最好。他的道理是如果統一一個時間「打牙祭」加餐，也許我那時正肚子不舒服、患感冒、發胃病呢、惡油膩呢！不妨礙他人的個人自由理應受到尊重。

一個普通的苗木工人，沒有多高的文化水準，更談不上有什麼學說的理論修養，甚至不懂什麼「自由、民主」、「集權、集體」的概念，他的思想方法、行為方式只能是本能的、人性的對事物的簡單見解。可是我們頌揚了許多年的「偉大的領袖」一直到謝世以前，都不曾慷慨的說過一句：我忠誠的人民，我給你們一點不妨礙他人的個人自由。

一天吃午飯的時候，市政府綠化科的馬幹事來了，還把他自己的飯菜端來與我同桌進餐。

「來了一個多月了吧……還習慣嗎？」馬幹事低聲友善的對我說。

「我覺得這裡很好，這裡的環境特別好。是不是東西收得差不多了，要安排我做別的什麼，或者不需要人了？」我一邊吃飯一邊回答著。

「都不是。我想給你說個事……」馬幹事也一邊吃飯一邊說「你知道這苗圃屬市府綠化科，明年有可能改為市綠化局，苗圃還是苗圃，這裡除了工人沒有一個管理人員。若你能在這裡安心工作，等到明年成立綠化局，你就留在這裡。大學生嘛，目前國家也是十分重視的。當然得從基層幹起。」

「馬幹事，我是一個臨時工呵……」

「我寫個意見報告，不就是正式編制了。國家建設方方面面都需要人，你人年輕，又有文化，有前途的。」馬幹事放下飯碗笑一笑：「就這樣吧。」

「呵！還有，你可以自己找一處房子，搬到苗圃來住，免得天天早晚跑，你現在住得遠嗎？」

「不遠，不遠。就在東大路街一個朋友處，從小路走捷徑十幾分鐘。」

「朋友房子寬嗎？」

「不寬。只有一小間放了兩張床，他帶女兒睡一張我睡一張，真還有點擠。」

「多不方便。早點搬來吧，」馬幹事關心地叮嚀著：「沙河工程處撤下來的辦公用品，你都可以用。選一部還好的收音機，早晚可以收廣播、聽新聞，在這裡有了房，除了方便休息，還可以抽時間讀讀書，多充實一些馬、列主義、毛主席著作的理論知識，對你將來會很有用的。」馬幹事像慈父般地關愛著一個做臨時工的年輕人。

對此我從心底感動了很久。心想共產黨有這樣的好幹部，當然會從勝利走向勝利，國家一定能繁榮昌盛。因此還抹平了胸中的一些塊壘。

不過，馬上又聯想到同住那位朋友的命運——被單位吸收填寫「職工情況調查表」時「家庭出身」一欄，又會成為一道很高的門檻，跨不跨得過去？還前途未卜。但立即又想到一些已工作的同學，也有出身是官僚兼地主的。共產黨的政策真難讓人輕易搞懂，是非黑白，看來不是老百姓傳統的標準；是革命、是反動，也只有共產黨才能確定。

任何將來總是從現在開始的。苗圃環境好，房子也多，應該算是從前的別墅。想到這裡我還是作了樂觀的決定：這個星期天進城去買點必需的用品，下午就搬去苗圃，收拾房子打掃衛生，飾置一間帶書房的臥室，或者一書房一臥室，反正有的是空房，除了臥具一切都是現成的，請一兩位工友幫幫忙，也就是一兩小時的事情。我懷著有了「婆家」再等待兩三天就「出嫁」的喜悅心情，希望日子過得快些、再快些，下週就可以過上有歸宿感的安穩日子了。

當時還沒有如今的「雙休」日，上班一族的一切個人事務包括戀愛、結婚，朋友聚會，除了死人和不包括出生，都統統擠在星期天。

我已經好長時間以來，還是同表姐加妻子住在一起的，也是到了苗圃做工，才算正式分居。因兩處相距太遠，整整一個穿城，決不少於「九里三分」早出晚歸，實際上真不可能，因上班不便而分居，對雙方都是最好的理由和時機。

只因當我離開原先的家時，隨身只帶了一兩套換洗衣裳，因為借住的朋友處連臥具都有，如今要獨自居住，才發現自己一無所有。比起外國街頭的流浪漢，還少了慣有的罐頭盒、鬧鐘、和一條破毛毯。

多於一千天的真摯恩愛，主要因為我倆的出身「太壞」，也加上近親的關係必須分開。

本打算還隔兩天的週日，生活就可以從新開始。然而人生總會有一些事情的發生，使你意想不到。

隔一天，這是一個星期六的早上，（一九五七年十一月二日）除了必須早起的人，整個城市都還在夢中。一陣輕輕的敲門聲，把我和同住的朋友從夢中敲醒。朋友亮了燈，開了門，才驚奇地見到是一位著裝整齊的民警。態度和藹、說話輕聲。開口「很抱歉，打擾了你們」，接著說明來意，是派出所的「龍所長」「請」我去所裡談談話。

「現在還太早嘛！你們不是八點才上班嗎？」我當時感到詫異地帶著詢問，已經坐起來還在床上沒有準備穿衣裳。

「慢慢起來嘛，馬上就天亮了，現在已經快六點了。」民警顯得有禮貌有耐心。

成都十一月的天氣，大約要早上六點過後才會熄街上的路燈。

「今天是星期六，我還要上班喲，我一定上班前來所裡一趟。我一定來，請你先回去嘛！」

「你慢慢穿好衣服，我等你。」民警沒有要走的意思。

當時的牛市口派出所距我的住地——東大路街一號直線距離頂多一百多米。若互相站在各自門口，大聲一點喊都喊得應。我穿好衣服，隨著民警、下樓、過馬路，街上沒有汽車，只有三五輛附近農民趕早的自行車，馱著新鮮的蔬菜去市場，費力緩慢的行駛在馬路邊上。路邊的街燈還睜著疲倦的眼睛。

進了派出所，在一間平時居民來派出所辦事等候的房間門口，那位民警仍然客氣地對我說「先在裡面坐坐，等一會……那邊牆角保溫桶有開水……」邊說邊往裡面辦公室的地方去了。

「因為你在等，連香煙都忘了。我出去買一包，或者回去拿了來。」我對還未走開的民警說。

「你抽什麼牌子的煙，我去給你買。」

「隔壁兩三家就有賣，我自己去，不麻煩你了。」我真的不想麻煩別人給我跑路。

「不！還是我去給你買，說什麼牌子。」民警是定要給我服務了。

「玉葉。」

大約過了五六分鐘，民警買了一包玉葉牌香煙還外搭一盒火柴，遞到我手上就走開了，還沒有向我要錢。

這時另一位民警不知從哪裡又帶來一個年輕人，站在門口厲色粗聲地對他說：「進去坐倒不准出來。」他像完成一件任務一樣輕鬆地走開了。

這時我才感覺到有什麼事情不對勁。同時馬上察覺門口有位女民警，看樣子是在守門。她們平時一般都在派出所的進門處，像傳達室一樣的有間小屋，向過道設有窗戶、櫃檯，是方便轄區居民人來客往，申報臨時戶口作登記工作的地方。她們不是派出所裡的權勢人物，但工作熱情、認真；所裡有任何臨時事情要人，不計較份內份外，似乎誰都可以使喚、差遣。幾乎每個派出所都有兩三位這樣的人。她們大多是剛參加公安工作，分配到派出所的大姑娘，中學生。還不會「官腔」，沒有架子，對人和藹甚至可親。聽說過有調皮的青年，敢把追求信直接交到她們手上，她們也會友好的接下來並不生氣，更不會指責對方無理。只是投信人從沒收到過回信。

「該吃早飯了，我想出去吃點東西，還要上班。龍所長找我談什麼，他好久來上班？」我到門口的女民警身邊禮貌的問她。

「請你等一下。」她說著就往裡面去——那是派出所辦公的「非請勿入」的地方。

大概四五分鐘，「請」我來派出所的那位民警同她一道出來，兩人都笑咪咪的，對我說「所裡準備了早飯，馬上就開飯！……今天你不用去苗圃上班了。我們會幫你請假……」

「我沒有請過假，也不知該向誰請假，那裡沒有幹部。」

「反正你不要操心，今天算出工。如何通知苗圃你今天不去，我們會辦好的。」

就在說話的時候，兩位民警同一位穿便衣的、像是廚房的師傅，三人弄早餐進來了。一個平常洗臉用的搪瓷大面盆，裝了滿滿一盆稀飯，另一個面盆裝的是白麵饅頭，另一個人端著兩盤菜，一盤切碎的鹹菜，一盤辣椒拌的大頭菜絲——這是當年一般機關、單位通常的早餐。

「我們也是這樣吃的。你們幾個人就隨便吃吧，開過早飯還要開會。」民警親切友善地對我們在室內的人說。

我從來沒有經歷過這種情況。在這間接待室裡共有六個人，看上去除了我那五個人中，至少有兩個青年是在某處街邊橋孔下過的夜，也顯然很長時間沒有理過髮，骯髒的手臉，邋遢的衣裳，已經初冬了，腳上還沒有穿襪，鞋子也同人不匹配，等等情形來看、來想，我已經完全沒有吃這餐早飯的胃口。

當我還在想這想那的時候，盛稀飯的盆見底了，還剩兩三個饅頭怪不好意思地綣在另一個盆裡，剩得最多的鹹菜，可能是太鹹了吧。

這時，「請」我來派出所的那位民警走到我身邊：「你總該吃點東西吧！」顯然他看出了我的困惑，和不安的神情。

「想吃啥子？我叫人出去給你買點」，不知為什麼他那樣關心我。也順眼看了一下桌上剩下不多的飯菜，也許也看懂了我掛在臉上的「不與爾同席」的傲氣。

「給我買兩塊『桃酥』吧！。」我一邊伸手進口袋掏錢，一邊還說剛才買香煙的錢未給，可他又兩步跨出門去了。

我見原守在門口的那位女民警匆匆出了派出所的大門。

過了快一個小時她才回來，來到我面前還有點上氣不接下氣：「我跑過了『大田坎』快到『椒子街』了，都沒有『桃酥』只有『眉毛酥』給你買了兩個。」

我心想，天啦！從牛市口到大田坎來回至少也有三公里。這三公里兩邊有多少糖果、點心、付食小店？已經是穿毛衣的季節，又是早晨。成都的初冬早晨多時有輕霜，寒意是重的。她已經滿頭是汗，正用她的小手巾擦著額頭和脖頸周圍。還不好意思的補充說：「桃酥和眉毛酥都是相同材料做的，只是形狀不同，叫的名不同，白糖、麵粉、雞蛋配料也一樣，說不定還是一個爐子烤出來的。」看得出她為沒有買到桃酥而心懷歉意。一個十七、八歲的姑娘，若在家裡恐怕還要媽媽催起床，還要別人伺候，只因參加了「革命」工作，穿上了員警服裝，在派出所裡又是誰都喊得動的，為了兩塊小點心，累得滿頭是汗，可能一身是汗。當時，在我心中有說不出的感動。如果她知道是在為一個什麼人跑路，她還有那份熱情嗎？她不知道。無論怎麼說，這印象是深刻的。如果當年這位女民警至今在世，請接受我過了五十年晚來的道謝：謝謝妳，辛苦了！

過半個世紀了，我還清楚記得那個失去自由的早晨，和那個早晨這個銘心的感動。

當天上午快十點鐘，幾位民警來到「接待室」門口，其中一位對我們說：「現在帶你們去開個大會，會場不遠，就在『海椒市』一起走吧！」

當我們剛跨出派出所大門，「你過來」，一個大約三十歲出頭的民警，人不高，身體壯，一眼就看得出他臉上有幾顆兒時患麻疹的疤痕，「你過來」顯然是對我說的。

「讓他們前面走，我們慢慢去。會場就在你住處旁邊，很近。」這時他已走過來靠近我。我們互相仔細打量著對方。「你戶口遷到我們所來有多久了？」

「恐怕最多兩個月吧！」我一邊回答著，一邊還在仔細打量他。我們互相完全陌生。

「這是我們龍所長。」旁邊一位民警馬上介紹。這時我才發現他的制服，上衣和其他民警一樣，下裝就不同了，從腰到褲腳向外兩側的紅色鑲條比別的民警寬。

「不是說你找我談話嗎？」我對著他問道。

「不用談了，開完大會你就明白了。」他也算客氣地回答我。

像兩個慪氣的朋友，彼此都沉默著，不快不慢並肩的走著。

會場轉眼就到了。首先映入眼簾的，坐滿了一壩子的人——「海椒市」這地方有兩三個籃球場大，婦女、老人居多。不難判斷，全是本派出所轄區的居民。絕大部份人坐的自己帶去的又矮、又小的板凳，稍高的椅、凳都安放在壩子的兩側和後面。這壩子的一方，用木板簡單的搭了一個檯子。平地也只高出一個踏步，十來平方米的面積。上面安放了兩張中國式的傳統方桌拼在一起，還有兩張木條椅，這大概就是一個大會的「主席臺」了。

檯子面對人群的兩側，立了兩根較長的竹桿，兩桿之間看是一整匹紅布，高高地掛在上面算是一條橫幅。用白紙寫的黑字，是先寫好了粘貼上去的：「成都市公安局東城區分局牛市口派出所處理勞動教養群眾大會」這麼多字把一條橫幅填得滿滿的。

我看見另外那五個在派出所吃免費早餐的人，席地坐在「主席臺」前面台下地上，我隨著龍所長走上了主席臺。龍所長坐在面向會場、兩張方桌的後面條椅上，示意我坐在他側面的條椅上。我們兩人坐的朝向不同，但伸手可及，另一位民警拿著一本「卷宗」同龍所長坐在一起，還不時耳語。

會場簡單得不能再簡單，沒有高音喇叭，當然也聽不到通常開什麼大會前，一定要先播放一些「……他為人民謀幸福，他是人民大救星」的歌聲。會場周圍空曠，貼標語也沒有地方，大會的精神和氣氛，完全靠台前上方那條橫幅的支撐。

大會沒有任何儀式，一位民警走到台前邊沿，面對著坐滿壩子裡的群眾，一個標準的挺胸收腹的軍人立正姿式，給下面敬了一個軍禮。接著示意叫坐在地上的五個人站起來，面對群眾。像犯人等著宣判一樣一字排開。沒有繩綁，沒有鐐銬，也沒有人去糾正站立姿式。會場周圍也沒有任何形式的武裝。真可謂是一個和平的大會，看得出組識者沒有一點防範和警衛措施。壩子裡與會的幾百人，臉上的表情沒有憤怒，沒有憂傷，沒有喜悅，沒有驚恐，共同的神情是困惑。秩序出奇的好，人們出奇的安靜。偶爾有吃奶的嬰兒滑掉乳頭時發出的叫聲，奶孩子的母親立即餵上，又恢復了平靜。

這時一個女青年手提兩個暖瓶，後面跟著一個少年手提一個白鐵桶，裡面裝了幾個茶盅。給在「主席臺」上的人，每人沏一盅茶還遞在每個人手上——這大概是「居民委員會」中的自願工作者的一種熱心的無償服務。

這時那位向大家敬過禮的民警開始宣佈：「現在我們開始開會，感謝大家踴躍參加。今天這個本轄區的群眾大會，是當著大家公開處理一批送『勞動教養』的人員。送『勞動教新』的人，他們都是一批社會主義的消極因素，是我們社會主義社會生產、生活中的『害群之馬』，通過他們的各自表現，他們都不是擁護社會主義的。一般說來，他們都是有罪、有錯的，但不很嚴重。黨和政府本看革命人道主義精神，關懷他們，對他們進行及時的挽救，給他們安排一個良好的學習、改造的機會，讓他們通過學習、改造，希望他們成為自食其力的社會主義的新人。雖然他們眼前沒有刑事犯罪，如果現在不把他們『收容』起來，他們明天就可能變成兇惡、殘暴的殺人犯、搶劫犯、強姦犯……以及各種罪行嚴重的反革命份子。今天處理他們是防止他們進一步犯罪，是黨和政府對他們的愛護！也是保護社會主義建設、勞動生產順利進行，不受破壞，保證社會秩序良好的一個重要措施。這是毛主席的英明偉大！希望你們大家也要理解黨和政府的良苦用心。黨和政府一貫是本著治病救人的態度，及時挽救他們。我們派出所通過深入細緻的調查，報請成都市『勞動教養五人小組』的批准，公安機關和民政部門的協同配合，今天首批次處理六人。……現在請我們所××幹事宣佈名單，介紹情況。被叫到自己名字的出列上前一步。第一個宣佈完了，叫到第二個的時候，第一個退回原地站好。」講話的民警退下來了，坐在龍所長身邊那個手捧「卷宗」的民警走到台口去了。

雖然我還抽著煙、喝著茶，還在「主席臺」上，坐在龍所長身邊，特別沒有同那五個人站在一起，但已經感到周身透寒，手腳冰冷！像被人一下子推下了懸崖，掉進了冰坑。不是我神經過敏，儘管我也不夠聰明，因為宣佈的是六人，下邊才五個，其他除了群眾都是民警，其他一個是誰呢？加我才是六人。這道算術題難不倒一年級的小學生。

我距前邊宣佈名單的民警只離三四公尺，聽他正宣讀著手上的材料：「×××，男，二十歲，漢族，家庭出身，貧民，本人成分，學生，家住本轄區××處，××號，長期不務正業，在外遊蕩，常不歸家，經常偷拿家裡東西變賣揮霍，不服家庭管教，××年××月××日在城郊玩耍，將農民拴在樹上的耕牛放走，破壞農業勞動生產……

我一邊聽一邊想，呵，原來這些也算罪錯！

一個一個宣佈完下面的五個人，是些什麼「犯罪、犯錯」的事實，當時總的印象全是一些雞毛蒜皮的雜燴、總合。再下一個就輪到我了，免不了緊張起來。就在這時候，台前宣佈名單、宣讀個人材料的那位民警回過頭來，望著我身邊的龍所長，明顯是在向領導要指示。我見龍所長將平視的頭向著那民警往上抬一下，我確實不知暗示的意思，但那位民警卻領會了。於是他轉過身去面向群眾：「現在最後一個。因為這個人遷來我們管區不久，大家不認識，他也不認識大家，就不同大家見面了。我就宣讀一下材料，讓大家知道就行了。」在聽到如此宣佈以前，我不但緊張，應該說是全身在顫栗，這「不同大家見面」一句話，好似給我鬆了綁、解了銬。只聽到唸過我的名字、年齡籍貫、民族以後，接下來「家庭出身地主，本人成分學生，從小生活在其舅父方超（那是一個全市人都知道的名字）家裡，從小接受『反動』教育，留戀資產階級生活方式，好逸惡勞，潛居廣州多年，（公然否定我是持有廣州市戶口遷移證回成都的）多次申請出國，妄想逃亡臺灣。一貫仇視社會主義。在舊社會依仗其舅父方超歷任我省反動要職——四川省會警察局長、四川省水上警察局長的罪惡勢力，騎在人民頭上作威作福，欺壓人民……解放後還仍抱投敵叛國思想……」材料唸到這裡我實在聽不下去了，也不知那來的膽，終於側頭問身邊的這位所長：「龍所長，請你算算，解放前我多少歲？要騎在人民頭上只有小孩一樣被人扛『馬馬肩』，……」

「別激動，馬上就完。」龍所長打斷我的問話。

果然，同龍所長談話間只聽到最後兩句「……厭惡勞動，貪圖享受；不接受社會改造，對黨和政府一貫仇視。經批准收容勞動教養。」材料果真到此完了。

所有六個人，按宣佈的「材料」若以法律的原則「行為責任」來評判，應該說全部是冤案。不過，宣佈的是「收容」，不是逮捕或者拘留，這又可以被認為與司法程序無關。派出所不違法。

於是「收容」成了一條大麻袋。什麼東西都能裝，若無限擴大，可以成為宇宙中的黑洞，連光也逃不了！還是開場那位民警走到台前，面對壩子裡的群眾——爺爺、奶奶、大娘、大嫂、還有看熱鬧的行人。宣佈大會開完了，很成功，「散會」。「請大家稍稍慢一點，讓我們先把人帶離會場。你們大家後面慢慢走。」

壩子裡一下子像開了鍋，再沒有先前的安靜秩序。人們從四面八方擁擠著散場。台前站著的已被「收容」的五個人，由兩位民警一前一後「陪」著先走了。主席臺上，會前送水沏茶的那位女青年，不覺從何而來，已經利索地在收揀桌上的茶盅。台前上方「處理大會」的橫幅已有人開始撤下；臺上的兩張方桌已被人抬走一張，龍所長起身時我也站起來，兩張條椅立即被人搬走。一切都幾乎在同時進行。

「走吧，回所去吃午飯，」龍所長仍然親切、溫和地對我說，「吃了午飯下午送你們去集中……你有行李嗎？」

「是淨人一個。」我壓住內心的憤懣回答著。

「被蓋、換洗衣服、盥洗用具總有吧？」可能身為一所之長，有一定涵養，態度還是和藹的。

「我借住在朋友家中，除了洗臉毛巾、牙刷，其他都是朋友的。」

「啊！」龍所長沒再說什麼。在不知覺中這時已回到了派出所。

還是那間「接待室」，另外五人已經在裡面了。有個人正在取下掛在牆上的有柄的口盅，擰開保溫桶出水龍頭，喝著不冷不燙的開水。當我走進門口時，龍所長對我說：「休息幾分鐘，我叫人去飯館給你們拿飯菜。」說完徑直進到派出所裡面去了。從此再也沒有見到這位應該說是稱職的所長。當二十四年以後，為「糾錯、改正」問題，再去這個多次被本系統評先進的派出所，找原始「材料」申請「複查」、「糾錯、改正」時，據說龍所長已退休多年。當年所裡的「小鬼」如今已經「當家」。雖然已過一代人的時間，說起當年，還能讓人依稀回憶起點滴印象。更幸浩劫年代的「革命小將」沒有對這個派出所實行「三光」政策。所裡歷年的文件、檔案，雖然已寸厚塵封，但還幸未遭蟲蛀、鼠咬。僅薄薄的一頁紙，據說兩三個人，花了幾天時間終於找到，白紙已經泛黃，黑字依然清晰。若找不到這張紙，我將背一輩子黑鍋。聯想起當年「國統區」的大學生，不畏艱難險阻，為民主，為自由，為人民幸福，為國家富強，翻千山，涉萬水，投奔延安去革命，要推翻蔣介石的獨裁統治，結果由於一頁「材料」，或者不全，或者有點差錯，沒有被「強救」過來，輕者坐牢，重者喪命！能不教人擔心或者感激。

回過頭來仍從當時說起。

沒有見人從派出所出去，附近餐館把飯菜送來了，兩葷兩素一盆湯，湯裡還有肉丸子。每菜的份量都多於平常。這時早上「請」我來派出所的那位民警又來了，「中午你們不是吃所裡的伙食，是從館子叫的。比我們還吃得好，是特別開支。」又向著我說：「你中午該吃飯了吧，兩個『眉毛酥』過一上午，年輕人隨便都該餓了。身體是『革命的本錢』，聰明人不發自己的脾氣……還有家裡申請自己的娃娃去學習，我們還沒有批准。又不是判刑去『勞改』，是去學習，以後還要分配工作。」一聽「勞動教養」，我心中有怨氣。沒有答話。

「我聽說哪個派出所就送了一個員警去。已經有通報，詳細情況不清楚。……吃飯，吃飯。」他轉身又對那幾個人說：「你們幾個斯文點，不要像餓死來投胎的。」

我像一個掉下懸崖的人，還在崖上時怕掉下去，緊張、驚恐，懵懵懂懂落了地，經過陣痛，現在反而感到踏實了。眼前飯菜的氣息飄進鼻孔，是一種對本能的刺激，的確感到有點餓了。這餐還吃了滿滿一碗飯——這是平生第一次吃公家免費的午餐。同時還反常的覺得小館子也能做出好味道。

當「客人」吃完飯，飯館的人來收拾碗筷，一個對一位民警說：飯是按三斤米來打的，一共……」

「開張發票，去對面『登記室』請那位女同志付錢。」民警對餐館的來人說。

室內六個人，有一個大概是肉足飯飽，躺在條椅上開始想睡午覺。我想，他或者是感到生活有了依靠，或者是真誠地接受了「關懷、愛護、挽救」安心去「勞教」；一個坐坐、站站，就是或者不敢跨出門去；又一個人，明顯表現不安；另兩個像是互相認識，在喁喁私語，聽不到在議論什麼。我坐在靠門的椅上，枕著牆閉目沉思……

「喂！現在我們走了，」兩位民警已站在門口，「送你們去集中。」

「你出來，」早上「請」我的那位民警現在換上了便衣，正向我說：「讓他們走前面，我們跟著就行了。」

於是兩位穿制服的民警，一前一後帶著五個人，成單列走在街沿的人行道下面，在公路上算最靠邊。我同這位便衣走在人行道上，跟在他們後面，行人不會認為我們是一路人。

「我們去什麼地方？」我問身邊的便衣。他大概也就二十歲左右，我一直沒有問他的姓名，看來也是參加工作不久的工人或者學生。

「天涯石西街……我是不是需要通知你的愛人，叫她把你的日用東西送去？」不知為什麼，他對我如此關心。

「我們已經離婚。已經正式分居好久了，連戶口也分開了，所以才遷到你們管區。」

「這些情況我們清楚，但你的個人衣物，譬如被蓋、棉絮，換洗衣服總該要吧。」他替我想得很周到。

我心裡暗暗在想：生活既然已經決定重新開始，過去的只能統統狠心捨棄，包括完全可以帶走或回頭去拿的東西。就是從前那些歡樂，最好也把它忘記。日子才能乾乾淨淨地重新開頭，更不願再要回點什麼東西，又教人睹物思情。

「謝謝你，不要通知。如果不是今天你們送我去學習、改造，明天星期我就會去城裡買齊了，說不定明天下午就搬到苗圃去了。」

「我們知道你目前沒有別的親人，離了婚總還是表姐，你不想讓她知道你的去處？」

「為了不影響她將要或者已經開始的新的生活，就這樣分開最好。」

從牛市口到天涯石西街有好長一段路程，步行至少得走上一個鐘頭。今天街上顯得車輛稀少，行人也不多，原本熱鬧的城市好像發生了什麼大事情，顯得比往日清靜。

現注意起來才看到：凡是有壁報欄的地方，凡是企業、機關單位的門口都臨時架了一塊黑扳，上面完全統一的醒目標題：堅決擁護國務院關於勞動教養的決定！

放慢腳步順便看看標題下的內容，無論黑板大小，壁報高低，此處彼處，又是統一的紅色粉筆寫著：全市人民行動起來，把一切社會渣滓掃出去，建設社會主義的新成都！

標題下面密密麻麻的小號字，因為在行走中，看不清寫了些什麼「英明、正確」的內容。

當路過一個派出所門口時，才看清一塊黑板的後半截上寫著：本轄區今天在群眾大會上公開處理「勞動教養」人員×名，名單如下……等等。

此時我才明白，原來今天是全市的一次統一行動。所以有點路斷人稀，沒有一點快樂輕鬆的週末氣氛。

當進入天涯石西街不多遠，一個看來是臨時做的牌子：「成都市勞動教養臨時收容站」，掛在一個院子門口。也就在門口就碰上了兩位送另五人的員警，已從裡面出來。其中一個對「陪同」我的便衣說：「材料都交了，進去交人就行了，不等你，我們先回所了。」便衣點點頭，沒有說什麼。

成都舊時的院子，一般有兩重門。第一道門與第二道門之間，約有十平米的空地方算是過道。總有一側裡面是一間房，面對過道都開有窗。原來的用途是看門人住的地方，起著收發室和詢問來訪者的作用。今天那裡貼著「報到處」三個字。便衣剛到窗前，裡面就有人問：「你們見到門口的牌子沒有？到這裡有什麼事情？」想來我們兩人都是穿的便衣，不知道兩人中有位員警。

「牛市口的。」便衣回答。

「啊，進來吧，」裡面詢問的人遲疑一下「你們剛才送來五個人，是六個人的材料。」他弄不明白我們兩人是誰送誰，因為我們兩人都年輕，穿著都乾淨，或者說都不像壞人。雖然裡面幾個工作人員都是負責收人的，一時還看不準我們兩個人誰是單程？

「我送他（指我）來的。」便衣表明了身分。

「你進來簽字，剛才人不齊，我們沒有簽字。」

便衣進去兩三分鐘，出來對我說：「現在把你交給他們了，我會再來的。」

「報到處」那間房寬窄也就十多平方米，擁擠著放了四五張辦公桌。五六個人在裡面，有穿警服的，有著便衣的，坐著的忙著寫什麼、或翻看著鋪開的一頁頁紙張，像有處理不完的公文，站著的也忙著進進出出。

「再見囉。」便衣同志向我友好的打了個招呼，以比來時快的腳步離開了。

這時一個穿便衣的出來帶我進了院子，經過裡面一處院壩，那裡有員警有便衣，有男有女，都忙著檢查被送來的人的東西，並進行造冊登記。衣服口袋也得翻出來，看有什麼零零碎碎，包括一張有字的紙片、紙條，也得看看寫了些什麼。地上鋪開著的幾套臥具，連枕頭、被褥裡面也要捏捏、摩摩。除臥具、盥洗用品全部收繳，隨身常有的水果刀、指甲刀、墨水筆、香煙、火柴；女人的化妝品，以及大多數人都有的隨身零錢，全部列出清單，代為保管。因為這事程序多，操作慢，如果是沒收，可能快點。

我在那裡站了近半個小時，等候檢查，還沒輪到自己。剛才領我進來的那位，又帶人進來了，我冒昧的對他說：「能給他們說一說嗎？我沒有什麼東西，就是穿了一身衣服的一個人。」意思是能否先接受檢查。

果然他很友好，通情達理。立即給身旁一位作登記的女工作人員說：「他（指我）是『牛市口』六個那一批，五個已分進去了……」

「怎麼不一道來，你有病嗎？」她略顯不滿，還是接受了同事的提醒：「過來吧，真有病我們還要退回去。」女人嘛，嘴總是比心硬。

我去到她面前。「到那裡去檢查一下。」我順著她手指的方向，見到幾米遠的屋簷下，還有一張條桌上面鋪了白布單。上面放了血壓表、和裝了酒精、碘酒、紅汞等什麼的一個針盤。兩位穿白大掛的護士還是醫生？坐在桌子後面。兩人脖子上都掛著醫生常有的聽診器。

我走過去經她們簡單的量量血壓，聽聽胸部，「過去吧。」我又像排球一樣排到了女工作人員面前。最後經檢查，上繳了早晨派出所幫買的剩下的半包香煙和火柴，以及身上幾元、幾角零錢。我那份「勞動教養人員物品保管單」，可能是經登記中最簡單的了。

順利通過身體、物品兩重檢查後，隨即被人帶去到一間有木地板的房間。不足二十平方的屋子，已經擠滿了十多個人。靠牆四面全是地鋪，屋子中央放了一張無抽屜的條桌。屋內只有兩個木凳，也被人坐著，其餘的人全坐在地鋪上。環視房裡，有人在看書，有人在看報，有人老僧入定似地靠牆閉目打坐，就是沒有人躺下。雖然人多室小，顯得空處還寬。我一時好像忘了自己來這裡幹啥？反而對這小天地認真發生了觀察、研究的興趣。心裡想著他們互相不交談，是彼此不認識；年歲參差，服裝各異，說明來自不同地方。還感覺這屋裡有人，不全是今天來的新房客。但明明是今天才開始在全市統一處理「勞動教養」的行動，難道此前已悄悄開始了？像電影裡看到的秘密抓捕人一樣，只有被捕者和抓捕者才清楚過程，局外人那裡能獲得半點消息。他們的親人知道他們在這裡嗎？他們有各自的什麼原因？他們都是未來的殺人犯？搶劫犯？強姦犯？明天就要反革命的犯罪份子？無法想，也想不通，也弄不懂……

收容所

燈亮了。這才見到室內高高的懸著一個白熾燈泡，電線被剪得很短很短，看得出是有意弄成這樣的。舊時的老屋，室內空間都很高，從地面到頂部少說有近四米。就讓人站在桌上也摸不到燈泡，從外型看像一百瓦的那種，然而室內仍顯得不亮，離光明太遠！

「嘿！」一個小孩的稚嫩童聲，明顯是憋著嗓子的。循聲看過去，確是一個小弟弟，臉蛋俊俏，一雙小鹿般的眼睛充滿機靈，一臉調皮相，頂多十二三歲；穿一件白襯衣套著毛線背心，除了領口還算乾淨，大部份都弄得很髒，可以斷定是當天才穿上身的。他是受不了滿屋人不談話的寂靜，在找夥伴。因為這室內看來只有我們兩人最年輕。

他大膽地輕輕向我招手，見我還沒作出反應，真像一隻大青蛙，蹭蹦幾下就從對面跳過來了，擠在我身邊坐著。

「你來這裡好久了？」我問他。

「下午第一節課的時候，老師就把我從教室喊出來，叫我收拾好書包，說領我去另外地方上課，就來這裡了。」他回答清楚。

「今天？」

「就是今天下午，我進來還趕上他們開飯，我還吃了飯的。這裡的菜難吃死了，飯裡還滲有打碎的玉米。米裡面穀子、稗子很多。

「你家裡人知道你來這裡了嗎？」

「老師說她回去就找我媽，叫她們給我拿被蓋來，現在還沒有來。老師總不會騙人嘛！常常教我們不要說謊話。」

「你們不要說話了，」有人在干涉了，「規定是不准互相交談的。」一個三十多歲的樣子像機關幹部的人，語氣還是溫和的，是提醒還是命令？我們倆也就暫時不說話了。除了呼吸聲、翻書報聲，室內像一座墳山般的寂靜。

儘管不准交談，但悄悄的還是可以說話。小弟弟還在我身邊，他把我當成了大哥哥，室裡雖然還有其他人，他似乎認為同我合得來，所以不想離開。

「你叫啥名字？」

「我叫蔣光平。」

「今年好多歲了？」

「才過了十一歲」

這時室外有人高聲喊：各個寢室的人聽到，今天來人多，有的要調整床位、房間，有的要鋪床，今晚就不學習了。各人搞好了以後，原地休息，不准高聲喧嘩，十點睡覺。夜裡各房間門口有便桶，上廁所要報告，要三個人一道。各寢室指定的小組長要負責。

該睡覺的時候，麻煩來了：我沒有臥具；叫蔣光平的小弟弟也抱怨：「老師好壞，他騙了我，他說回去就叫我媽媽送東西來，現在還沒拿來。」小娃娃他不管什麼高聲喧嘩，出聲很大。剛才那位干涉我倆說話的人，說道：

「不要鬧，小弟弟，睡得下的。大家擠一擠，鋪蓋多了每人佔一個鋪位，這房裡還放不下。」

「我這裡有多的被蓋。」

「我這裡有毯子。」

「大家擠一下，再挪個鋪位出來沒問題。」那些剛才冷冰冰讀書、看報的人，這時都熱情的表示出了助人為樂的同情心。我心裡真有說不出的滋味：平生第一次沒有自己的被蓋過夜，還空著肚子上床。我進來時這裡已開過了一天的第二餐飯，這裡一天是兩餐。

這時門口有人叫我出去。我出去站在屋簷的燈光下，見幾米遠暗處的地方，有兩三人在低聲細語，聽不清說些什麼。

「你回去吧。」一個溫和的男聲。沒有說其他任何一句話，他們倒先走開了。

我回到寢室，想了許久。這是什麼原因？！終於找到一個理由：那是那裡工作人員中有人認識我，或許在「收容」的名單上看到了我的姓名，不相信我會被弄到這種地方來，剛才只是「驗明正身」。

這一下，把我甩進了幾年前的回憶：一九四九年的秋季，成都還沒有「解放」。當時我在「華陽縣中」高中部尚未畢業，就跳班去報考大學。一所新成立的「西南學院」——到一九五一年三月才被共產黨說它是一條「賊船」，錄取了我。當時好多同學羡慕我，沒有高中畢業就輕易地進了大學的門。到一九五一年三月二十七日成都大規模開始「鎮反」的當天，這個騙人的「學院」連同另外一個叫「大川」的也是「學院」，被四川省文教廳、公安廳聯合查封了。「院長」被逮捕了，原來他是胡宗南屬下的政治部主任。同時逮捕了一些教授、學生，有的兩天後就槍斃，有的判了徒刑。公佈的事實證明，立即被處決的都是貨真價實的、殺過人的「反革命」。其餘的師、生、員、工，在公安廳的管理下集中、封閉學習。在大約兩個月的短期集中學習中，目的是在甄別每個人的問題。學習期間有人被逮捕，有人被轉移，還有被外地來的武裝押走。剩下來的真正的師生員工。當時文教廳、公安廳聯合作了妥善安排。我當然是不折不扣、純而又純的真正學生。

當時學生出路有兩條：一是可以轉入任何大學，包括一些當年很難考入的，二是要求參加工作。我要繼續讀書，沒有要求工作。我至今還記得當時公安廳的那位領導叫劉子文，我們叫他劉主任，儘管我常違犯一些小制度，也經常不遵守規定，可他還不掩飾喜歡我，問過我幾次願不願去他的公安廳？他不嫌棄我年紀偏小，和說來該殺的家庭出身。我同他開玩笑說：「解放前『公安廳』等於是我家開的鋪子，我不去。」

最後學習結束，到了分配工作或轉學的時候，有五十人去了市政府，有五十人去了省公安廳。當晚在這收容所裡無緣無故的叫我出房站一站，或看一看的人，想來定是當年的某位同學。短短幾年相隔，就發生了如此大的變故！一方進入了統治者的行列，一方成了階下囚徒；一個是壓迫者，一個是被壓迫者。這對我來說並非一失足成千古恨，而對他們也僅僅是順時應勢那點點原因。真教人歎息人生無常，事多戲劇性。

來收容所的第一個夜晚過去了，第一個早晨開始了。管理上雖然也安排了一個房一個房的人，去後面壩子邊上幾個新裝的水龍頭下漱口、洗臉，但從地方大小，人數多少，時間長短，百分之九十的人是沾不到水的。緊接著就開一天中的第一餐飯了。真如那小弟弟蔣光平所言，菜難吃死了：醃菜有怪味，鹹菜又生又鹹，說實在的醃菜是市場上最便宜甚至沒有家庭要的那種，鹹菜是市場上當季最多也最不上價的那些東西，看得出買回來淘洗一下泥沙，比起用來餵牲口多一道亂刀宰碎的工序，再撒進幾捧鹽，也不管是否攪拌均勻。摻進口裡要麼淡得只有水味，要麼鹹得帶苦。飯就更「香」了，那米肯定不是當時糧食部門供應市民的「上米」或「中米」，大概是糧庫裡的老陳穀經過粗糙加工，再滲進多年前豐收的玉米，搗碎了一起蒸在飯裡。金黃色的穀殼和麻黑色的稗籽，雖然沒有大米和玉米多，但也能用數學方法分出一定比例。每個大飯桶邊上還放有一擔水桶裝著「米湯」，可以說每一餐湯、菜、飯俱全，公家準備的碗筷也還統一，碗是成都街邊賣蒸肉的那種叫「土巴碗」，不但小而且坦，裝不了多少東西。單從吃飯就能分出這些人各屬哪個階層。有的人吃出一臉苦像，有的人吃得毫無表情，有的人像雞在地上擇食，極少人也能吃得盡興。我從來沒有做「人上人」的理想，也自然沒有吃「苦中苦」的準備。由於規定不准親友送食品，身上也無錢也不准買吃的東西，餓上兩三餐以後，誰都能吃下一碗、兩碗，再也不管那是沙礫還是鐵釘。我也第一次明白，原來人竟有如此的彈性。如果這樣一步步從文明倒退，那麼一定能再回到原始老林。那時候會嫌刀耕火種也太麻煩，喜素食喜葷腥，上帝早就創造了一個大自然。要吃肉就跑快點，吃別的動物或被別的動物吃掉，既無恐懼，也不知悲哀，同類之間還沒有恩愛，也不會思念，不理解殘忍，更不會慈善。人類的進化，社會的發展，是幸福？還是罪過？肯定與否定用什麼標準？若用歷史來評判，如今肯定有人錯了，而被收容的人明明又不是罪犯。要說維護「革命勝利」必需實行專政，而被收容的人相當多數是來自革命陣營！要說「收容」的人是被「堅決打退」了的「倡狂進攻的資產階級」份子，而有人卻有幾十年的中國共產黨黨齡，還是從革命聖地——延安出發隨軍來到成都。唉！那年代有許多事想不通，也理不順。幾十年後才稍稍明白：原來「與人鬥其樂無窮」！也是一種人的天性。

收容所裡一天兩餐，早上九點下午四點是開飯時間。飯菜天天一樣，飯後是上廁所的時間，那時像剛散場的影院，要進廁所必須排班。兩餐飯的中間是學習，兩個鐘頭有次小休息。學習資料是「關於勞動教養的決定」和當天的報紙，如今想來可恨當時報紙不如今天，那時沒有花花綠綠的廣告，沒有影藝娘兒們的隱私緋聞，所有消息報導，不同報紙也幾乎一個版一個樣。實際就是把人集中起來，準備統一流放。

由於白天上廁所的原因，才有機會看看這裡的環境。原來這是一所學校。每個原先的教室如今都住滿了人，桌凳沒有了，全部空間都鋪上了臥具。凡是視窗的地方有掛著花花綠綠的衣衫，那裡面就住著女人。幾天後才覺察到我同一些人住的那間房，是惟一有木地板的，別的房裡是直接睡在水泥地上。有人知道這裡是一所福利小學，有好幾百、上千學生。因為送勞動教養的都不是犯人，放在看守所或監獄好像不妥，騰空一所學校來臨時安置，不能說上面考慮得不十分周到。

也就在進了這臨時收容所的第二天早上，進來一個幹部樣的管理人員，當著全屋的人宣佈，我和一個叫雷志明的負責這間房的紀律和學習。昨天還繫著紅領巾的小弟弟蔣光平，拉著我的手，悄悄對我說：你當

「班長」了。他是小學生，只有少先隊長和年級班長的概念，知道可以管別人。他在為我高興。

我的新「同事」雷志明友好的伸出手，我們禮貌而敷衍的握了一下，他自我介紹他是公安局的——也就是我昨天剛進來時干涉我同蔣光平說話的那個人。他同其他幾個人早來這裡好幾天了，十一月二號那一天，這房裡就只來了我和姓蔣的那個小弟弟。也知道天天都有人被收容進來，但我們房裡再也沒有添人。雖然是「臨時」的收容所，實際它早已開始了工作。

三幾天下來，屋裡人大概都互相瞭解了各自的身分。二十來個人有一個共同點，都不是名符其實的「不務正業」者，也不是偷雞摸狗、危害社會治安之徒，來此前都能光明正大的生活。那位自稱公安局來的雷志明先生，原來並不是機關編制在冊人員。說得實際點最多算編外的「線人」或者如今的「協警」人員。平日協助刑警查案子、抓壞人，兼「臥底」。正因如此，難免會與各路牛、鬼、蛇、神打交道、做朋友，沆瀣一氣。若其行為的正當動機不被確認，其為非作歹、甚至違法、犯罪、惹事生非的事實應該早就存在，那麼，送勞教並不冤枉。正如俗話說：「二排、二排，遲早會挨！」（「二排」是對公安線人的俗稱）何況假公濟私、狐假虎威、借機為自己、為他人謀取不法利益、或粉飾自己的惡劣行為誰又查得清、分得明。不過，他還叫屈抱怨，說這新社會不如過去公正，這次遭了，是為他人頂罪。

一天兩餐飯的中間有七、八個小時，除了讀報、讀「勞教條例」外，還要求大家發言討論。尤其晚上燈光不亮，叫發言討論。先就定了調子，談國內外大好形勢，談對自己「罪錯」的認識，談黨和政府的「關懷、愛護、照顧、挽救」，少不了要感激對自己的「寬大」處理！雖然心底是我犯了你媽賣×的什麼法、什麼罪？

其它房間裡，特別是女同胞房裡，不時傳出又哭又鬧的聲音，真的我們這間房最安靜。大概也就三、四天以後，收容所已經沒有了往日的忙碌現象，見不到還有人被「收容」進來。這裡面的日子像是天天在被複印，不同的只有天氣，今日晴昨日陰。

聽人說，自然界中的大多數動物，當被捕獲以後，要把牠們限制在一定空間的最初階段，都會急躁不安的。即使為牠們提供比牠們習慣更好的食物，或更舒適的棲身環境，牠們也並不領情；烈性的會因不受限制而去碰撞人為的屏障，並不懼受傷、致殘、甚至死亡。人也是動物，還歸屬靈長類又是最高級的，據說比老鼠來到地球還晚百萬年。但人畢竟是人，有感情，有思想，有智慧，有希望，會總結得失經驗，還能委曲求全，忍辱偷生！換言之人有說不完的優點，也有不少的缺陷。而最壞的是總會往好處想，不對強權抗爭，偏信惡人會遭天譴，自己隨遇而安。儘管誰也不是自己來收容所報到，但來了幾天，經過煩躁、憂慮、忐忑不安之後，也就情緒平靜了。也許是中國封建統治幾千年，百代傳承逆來順受，已成傳統觀念。遇不平事都會作退一步想，比如；荒野遭遇強盜搶劫，不作抵抗就乖乖掏出錢包。不正視自己怯懦，只怨自己出行沒有把路選好！心裡還感激強盜仁慈，沒有要自己性命。中國人啊！你哪年才能學會：對不滿意的敢生氣，不願接受的敢論理、敢反對，敢抗爭。

一個下午，剛開過一天中的第二餐飯，大概是四、五點鐘。有個所裡的工作人員來叫我，說送我來的派出所有人要見我，隨他去大門口的接待室。

還是叫我起床、「請」我去派出所「談話」的那位民警，穿一身乾淨體面的便衣，像分別幾日的弟兄見面一樣，笑嘻嘻的：

「你還好吧……」還沒等我作出反應「我今天是給你送工資來。那天你走後，你住處的朋友來所裡問你在什麼地方，我們告訴了他，他說給你送被蓋和洗臉用具來，送來了吧？我們也尊重你的意見，現在都還沒有告訴你在成都的惟一親人。不過，我想現在都還來得及，你總該帶上換洗和禦寒的衣服吧，聽說將要去的地方很冷……她的地址我們知道，你願意我去拿。明天給你送來。」這位應該受到稱讚的年輕人，直爽、坦率地說明了來意。這是不是一個員警的職責範圍，這種基層公僕的良好形象，確實讓人敬佩。但為什麼最上層的主意又那麼傷人？也許正是要自己感悟沒有解釋的《矛盾論》部份。偉哉哲人！

「你先想想再決定，現在把工資給你。」他見我是在想什麼，這才又對我說，同時從上衣口袋裡拿出了錢。這時我才感覺自己有些多愁善感，常常不在意眼前。他把錢遞到我手上，差幾角十六元，叫我給他寫個收條，並說：

「苗圃是每月廿五號發工資，十月份的你自己領了，十一月你只上了一天班……真的，為領你這十多塊錢還麻煩，還跑市政府，你們苗圃沒有常駐幹部，平時沒人管這些。我本要他們發給你一個月，他們說按規定不行，上一天班發半個月工資已經很照顧了。」

我收了錢寫了收條。問他我可能去哪裡，還要等好久才走？他說肯定離開成都，具體地方不知道，還重複說的確不知道。時間會很快了。還一再叮嚀我進去（回到裡面房裡）不要對人說。

「要不要我去你愛……不，」他笑一下馬上改口「……你表姐那裡拿點啥子衣服、東西？」他是在緊緊逼著我回答，還沒有放棄對我的關心。

「謝謝你對我的關心，已經很麻煩你了。我根本沒有想到你還會去為我要工資，上一天班，應該算了，怎麼能多拿公家半個月的錢呢？」我真感到有點後悔，被他的誠懇、熱情感動急著寫了收條又收了錢。他平靜地對我說：

「發工資最短時限是半個月，他們（苗圃）好像沒有把你當臨時工，如果是，每天只有一元零一分，有一天算一天。如果是月薪，不到半月算半月，超過半月算一月。這事也是按規定的，不再說了。如果你真的不要我去給你拿點東西，我就要走了。希望你很快學習好了回來，我們會再見的。半年不行就頂多一年嘛！」他的善意、好心、誠懇、熱情不是佯裝出來的。一個雨水滴在身上也會冒熱氣的小夥子，斷不會老練到如此高深莫測的虛偽。當初他和我同樣想不到，「很快」是二十五年，一代人的時間！

「那天買煙的錢，還有兩分錢火柴，一直沒還你，請你收下。」我拿出三角錢給他。我在心裡已經算過，一包「玉葉」香煙二角五分，一匣火柴兩分。

「算了吧，你留著多兩個錢會有用的。」他沒有意思收回。

「我們這幾天學習了『勞動教養條例』，政府對勞動要付酬的，再說，我還要感謝你給我找了個又能學習、又能掙錢的新地方……」說到這裡我立即意識到這樣很不恰當，怎麼能怨他呢，他只不過是奉命行事。何況我們從不認識，「請」去派出所，送來收容所的兩次接觸，今天送工資來，算是三次見面交談，我已經隱隱感到，他對我有著出於良知的、不能公開的同情。

「我是負責你居民段的戶籍，不但你們居委會對你沒有什麼反映，整個所對你也不熟悉，我們按上級指示辦事，我負責通知你，送你來這裡。」我完全相信他說的真實話。

「我今天是騎腳踏車來的。（成都人一般將自行車稱腳踏車）你要找什麼人要什麼東西，只要那邊人在，今天都可以給你拿來。」在臨走的最後時間，他還沒有放棄對我的關心。

「真的不麻煩你了，謝謝你！」他讓我感動，我由衷的向他致謝。

這些天來收容所到底收容了多少人，是些什麼人，哪裡送來的？有兩鬢染霜的老婦，也有髫齡弱女，男、女、老、幼各多少？被收容者完全不知道。但從開飯、上廁所能見到的情況看，這所原先的福利小學已經不能再「招生」了，每間教室都滿員了。

原來粗劣得難下嚥的伙食，十天來已經感到是一種需要，而且尚嫌不足。所謂「學習」只不過是為了打發時間，誰也沒有認真、在意。只要各室的人在房裡不吵不鬧，也沒再有人來管。在一個狀態下的人，想來都有相同的感受：白天盼開飯，晚上盼天亮，最好一天多開一餐飯，快些把我們打發走！最恨那牆上的時鐘好像已經停擺沒有走。

中國人相信「否極泰來」。認為當前的苦日子已到了盡頭，像被紮著翅膀的鴿子，想飛飛不起來；又像籠中的雞，轉身伸腿都會互相撞著屁股。人們的情緒已經從平靜、忍耐，轉為躁動了。有的房裡已傳出同管理人員為了什麼發生吵鬧的聲音，白天不准躺在鋪上的規定也開始失效了，管理人員出入各房的次數也多了，對人說話的態度也溫和了，前幾日不被允許的小要求也容易獲准了，上廁所一定要幾人同行、什麼時間的規定也放寬了，「難吃死了」的菜味道也好點了，一天中能吃上一次炒或煮的新鮮蔬菜了……

以我記憶而言，大約是進收容所的第十一天，正開一天中的第二餐飯的時候，一個管理人員站在院壩中央的一條凳上，對大家大聲宣佈：

「吃完飯的暫時不忙回房，（平日規定是吃完飯就回到各自房裡）聽宣佈名單。被叫到自己名字的人，站在各自的房門口，等會兒會有人來領你們去取回進來時存放的東西；沒有叫到的按平日規定回到各自的房間。被叫到的也不必答應，自己聽清楚，有同名的，現在也不必問，到時還要點名。現在開始不要談話，沒有吃完飯的繼續吃，動作輕點，保持安靜。」

半個小時過去，宣佈名單的人已唸得上氣不接下氣，發音不清，咬字不準。直到他從板凳上下來，聚集幾百人的院壩靜得如同無人。接著被點到名的，一批批被人帶到後院中的一排房前，那裡已經新開了幾個視窗。裡面叫著一個個的名字，被叫到的去到窗口。裡面遞出一個牛皮紙袋，裝著進收容所時被強制保管的東西，如現金、手錶、女人首飾、化妝品之類。雙方確認無誤之後，領取者在「清單」上按個手指印，證明已取回。只是多於十五元的現金不能領走，說隨後寄匯到被送去的新的地方，保證本人一定收到。我當初被保管的東西，少得可憐：二十多塊錢和當日剩下的不足半包「玉葉」牌香煙，外搭一匣火柴。民警送來的半月工資也還揣在身上。真正留下要以後寄給我的，也只有不足三十元錢。他們真是嚴守規定，不嫌麻煩！

這天晚上不叫學習，要叫到名的人各自整理行裝，只要求不要太吵鬧，不准串房，有領回的可以抽煙，（只准在室外吸，不准出門買）並囑咐管好各自的東西。雖然未宣佈，但管理人員不諱言，已經領回保管物品的人，明天出發，而且動身會很早，還不開早飯，備有乾糧。沒有安排走的人，會等走的人出發後再調整住房，要安心，不要著急，這裡是臨時收容，不會讓人在這裡長期「居住」。

我住這間房裡的人，只剩下一人未領回保管的東西，說明他明天還走不成。四十歲上下的人，是一個什麼局裡的「右派」份子，臨時收容所還沒有正式掛牌前就來了，據他自己說來此近一月了，來時這裡叫天涯石西街四號，「成都市勞動教養臨時收容所」的牌子，也是在十一月二日才掛出來的。他來時吃玉米操飯的還不夠一桌人。我們共聚一室十來天，分別就在眼前，過去非親非故不認識，但「同是天涯淪落人」，心情會一脈相通。這一夜大家低聲議論很多，翻去覆來的話題都是路在何方？前途怎樣？不過，大家一致認為，由於「建國」七、八年來的許多事，都超出人們習慣的想像，也不能用傳統驗證過的經驗來考量。老百姓最大的依靠——政府，人民最大的信賴——黨，已開始讓人痛心地感到失望。這一夜都沒有很好入眠，但有一點可以肯定，去的地方決不是另一個城市。古時流放是去邊關、出長城。最後還是明天不走的那位老兄兩句話，算作了結束語：茫茫前路何須問，荒漠青山總留人。

「脫胎換骨」的起程

（一）

十一月十三日凌晨，大約才夜裡四點鐘，真是今夜無眠。還隱約能聽到別的房裡有說話聲，我們也處於半睡半醒。一陣急促的哨音，伴隨高聲的喊叫：昨天領回東西的人，收拾好自己的所有行李，隨身帶上出房在壩子裡集合，聽候點名、編組，動作快點，給十五分鐘。留下的人不要起床，繼續睡覺。各房裡立即騷動起來，估計確實不超出十五分鐘，各房裡出來的人，拿著自己的全部家當陸續到壩子裡了。像車站前面等待的旅客，一團團、一堆堆地散亂在原地。這時，有人高聲宣佈：成單行不要擁擠，從中間通道去後面球場。原來那裡有另一個更大的壩子，只是往日沒有向我們開放。那裡早已站著、蹭著許多帶有行李的人。

仔細一看，今天管理人員與著裝民警特別多，他們在我們這些有行李的人群周圍，警惕地巡視著我們的舉動。屋簷下的燈光今晨也特別明亮。在民警與工作人員的周邊，還有一圈穿軍服的武裝端著「加拿大」衝鋒槍。不過，民警和工作人員今天早晨的對人態度也出奇的好，見到有人的東西未收拾好的，還輕聲和氣的提醒，甚至還動手幫你紮一紮、綑一綑，是背在肩上合適，還是提著方便，還給你口頭的指導。

接著開始唱名。被叫到的成單列，依秩序站好，每列十人，四列為一個組。由一個工作人員帶領兩名民警同行，去這壩子的另一方。那裡剛才沒有燈光，此刻一下如天空閃電一樣，說時遲那時快，刺眼的亮光讓人不自覺地低頭，你真不能判斷哪裡是光源。這時給人看清了：至少一個班排的荷槍實彈的正規軍人，戒備著十一輛上了篷的軍用大卡車。

被帶領的人像戰場勝利者的俘虜，夾在武裝中間，來到卡車後面。每輛車的後擋板（算門吧）已經放下，車裡是漆黑的，下面望去像一個大怪物，正張開大口，要吞噬這四十個活鮮鮮的生命！而這些脆弱的生命還要自己送進它口裡。

能受壓的東西，如被褥衣物之類，叫放在下面，人坐在自己的行李上面，不能壓的東西，隨你抱在懷裡或放在腳邊，這是上車前的又一道命令。最後還上來一位便衣工作人員，站在車上的最後邊。並再一次對乘車的「旅行者」點一遍名，最後確認有沒有上錯車？會不會有多、有少？像清理貴重貨物一樣，細緻而認真。

大約一個鐘頭過去了，壩子裡已沒有一件行李。該上車的人已經上車了，留下最多的是民警。上了車的工作人員，看來是旅行的「導遊」或貨物的「押運」，每輛車都有一名。雖沒有作自我介紹，乘車人都默認他的身分。心裡誰都明白，他是押送我們的。

可以肯定事先有詳細、周到的計畫安排，只見一支強光的電筒一晃，對著汽車方向，在空中劃了兩個圓圈，所有的汽車同時點火啟動。訓練有素的駕駛兵，似按安排好的先後順序，一輛接一輛徐徐駛出了院子。經過七彎八拐，很快出了狹窄的天涯石西街，上了這座城市的主幹道。

街道兩側的路燈還亮著，發出病態的暗淡燈光，當時還沒有鈉燈、碘鎢燈、水銀燈，昏黃的燈色像一個肝炎病人。晨風吹進車篷，冷颼颼的，不時還使人寒顫。是為車隊讓道？還是所有的車因故都未上街，連幹道才有的公共汽車，似乎還在夢中沒有睡醒。十分順暢，車隊徑直出了這座城市的南門。

車隊駛進郊區，還看不見田野裡的莊稼，只能望到這平原盆地上的一處處茂密竹林。人們熟悉每處竹林，都擁抱著幾幢茅屋、瓦房，裡面住著世代相傳的和睦人家；得水土之獨厚，加人手之勤勞，「天府之國」人壽年豐！他們並不須很早起床，想得到這時候那些人家，正擁妻、抱子還在暖暖的被窩裡，編織著一個好夢的結尾。再望遠處，是天地相接的盆地邊沿，已露出魚肚白，給人間光明的太陽，還在遠山那邊，離我們很遠、很遠！……

已經中午時分，車隊在一處視野較寬濶的地方停下來。原先站在車上、緊挨後擋板的「押送」人員，藍色的中山裝已被行車時捲起的塵土敷成了暗灰色。車子已經停穩，他向車內宣佈：「大家別忙下車，到這裡要讓你們下車活動一下，要解便的也有時間，還要給你們發午飯。」我見他那一身比誰都多的塵土，從心裡有一種為他叫苦的感受：他原本是押送者，卻與被押者處於相同的實際景況，他沒有「罪錯」，但比我們吹著更多的冷風，吸著更多的塵土。不同的只是心理：他在執行任務。最基層的幹部，做好「為人民服務」真是夠難、夠累、夠苦！

「現在可以下車了。」下面有人在高聲喊。

於是各車開始下人。下來了才看清四周一切，這是公路的一個大轉彎處，不遠有兩三處土丘，滿眼是綠油油的麥田，田埂之間也有幾處小小荒地，散亂地堆放著耕耘時從地裡揀出的石頭。最使人驚詫的，在看得見的幾處土丘上，架起了幾挺機槍，形成了一個包圍的陣地，把我們所有人連同十一輛大卡車，全控在有效射擊的中心。車隊首尾都有持槍武裝，忙著指揮路過的來去車輛，凡有車靠近車隊，不准減速、更不准停留，命令快速通過。車隊的「乘客」們，下車就必須下公路，每輛車都有持槍武裝把守。

「不准踐踏莊稼，違犯者馬上綑起。」這是嚴厲的命令。

在下車當時，給每人發了一個大饅頭，拿在手上掂一掂，可能有近一斤重。早晨是上車發，現在是下車給，雖然今日進餐無菜，卻比往日更飽。苦於沒有水喝，中老年人難以下嚥。

各車的押送人員，對本車人都作了交待：停車半個小時，吃飯，解便。可以活動活動身子，就在附近田坎路邊，不准離車太遠。

這時候，這地方，講不了禮貌，顧不得尊嚴。什麼「男不露臍，女不露膚」統統見鬼去吧！幾千年才發展至今的文明，數百代才培育起的羞恥心，剎那間蕩然無存。此時才發現人的衣裳設計，幾千年了還有重大缺陷：不脫下褲子，就不能解便。男人們臉皮厚些，背轉身就可以輕鬆，還可以兼顧別的事情，一手將饅頭放進口，一手扶著就可解急；可苦了一車女同胞，屎尿不饒人，四周都是男子漢，既是曠野又無遮攔，上千支眼睛難免沒有冒犯，何況多是年正青春的大姑娘，有的急哭了，最後還是幹部「聰明」，叫她們輪流圍成人牆。

在這以後幾年，流行一句「當眾脫褲子……」的政治用語，我們早幾年就真的實踐了。不信，問當時頭頂上的太陽！這使我感到人類社會從野蠻到文明，進步發展太慢，過程太複雜；從文明退回到野蠻太快，過程也很簡單。一個是漸進，一個是突變；一是要孜孜不倦的教導，一是只要有強權。

在車下啃饅頭、拉屎尿的機會，才看清威嚴的武裝戰士，個個充滿憎恨、憤怒的眼神，還有那佈置得如臨大敵的陣勢，黑洞洞的槍口對準這些被「關懷、愛護、挽救」的人們。那些忠誠的戰士可能被告知：他們押解的是社會主義的破壞者，是殺人犯，是搶劫犯，是強姦犯——是一批現行反革命。他們今天不執行殺，只負責押，所以警戒必需森嚴，手指沒有離開扳機。

裝載我們的軍車，從其標識我認得是駐成都東郊大觀堰的汽車十九團。我熟悉的原因，是我此前一年，自詡為「自由勞動」者、「和平的守法居民」——拉「架架車」作搬運掙錢的時候，為他們「軍人合作社」多次運送過日用百貨。他們當時的採購人員，是一位有中等學歷的女同志。那時成批買東西，開票付款在百貨公司的批發部，可提貨又在不同地方的各處倉庫。一個初搞後勤工作的年輕女兵，買了東西付了錢，到手的是一摞提貨單。當時凡公司都是國營，售貨員也是「官」，只管開票、收錢，貨在分散各處的倉庫裡，讓你拿著提貨單去找庫管員。那裡是照單派貨，其它一概不管。一個採購人員不熟悉倉庫位址，不瞭解最捷路徑，三四樣不同類別的東西，你可能會跑上兩天。既是批發，數量上就不可能一個人肩扛、手拿。我當時的掙錢碼頭，就在百貨批發部門口。

先說說這地方。這在交通最方便的鹽市口，當時成都市百貨公司批發部，至今也是「人民商場」的裡面。五十年代的成都，拉「架架車」的人很多，他們都有自己的各種原因，不容易參加正式工作。但要把車子拉進「人民商場」，掙錢要靠「批發部」，那不是誰都可能的。批發部對面是一家大茶館，中間隔著一條通道。在這裡靠拉車搬運掙錢的人，首先批發部的人要認識你，也許還並不清楚你的姓名，但他們總有憑什麼瞭解一些情況的原因。當採購人問倉庫在哪裡？他們一般會指：「去找門口的車子。」就這樣拉車的人坐在茶館喝茶、聊天，自有業務上門。拉車人還可以挑肥選瘦，願幹不願幹。縱有新來的人想接業務，也會做不成，因為別人不熟悉你的臉嘴。擔心你會把他的東西拉跑了，自己要賠錢。因為每個採購人員都不願跟著拉車人的屁股轉，車子街中走，他跟在馬路邊。那麼多的倉庫，他可以不必處處跑遍，他只清出一張張發票，給你全部提貨單。由拉車人幫他去各處提貨，並代墊付「出庫費」，送到後他據發票驗收，一併付錢。提貨、拉車肯動腦筋也有學問，除了讓對方樂意，自己還能多掙力錢。原因十分簡單。譬如：是百貨零售商店，你知道他的經營地方，他那裡是些什麼層次的顧客，他採購的毛巾、床單、被面、成衣、襯衫……提貨時數量肯定，價格不變，花樣、顏色、款式是可以挑選的。如果為進貨人想想，你幫他挑選的東西賣得快，只須一兩次就能明顯體現出來。他以後不但次次找你，而且熱情求你。那還愁沒有業務，對方哪還計較你多要多少運費錢。拉車人也自有一套辦法，使庫管員樂意讓你挑選。對女性你可以含蓄地讚美她：衣裳穿得貼身合體，人又年輕漂亮；是男性可以羨慕他身體健壯，對這普通工作難得有這樣的耐心。常言道「恭維人不割草餵。」如此就給自己帶來了許多方便。有時連採購人員也辦不好的事情，如很久前的商品拿去調換，拉車的還能辦好。我瞭解幾位拉車的過去（『解放』前）都有不平凡的經歷，有「國軍」的校級軍官，有前四川省建設廳的科長……總之不是一般的走卒車伕。

一個夏天的下午，一個紮著兩條短辮、穿著紅色小方格襯衫的大姑娘，手上捏著一摞提貨單找到我，她說是裡面（批發部）的人指的，說我熟悉各處倉庫，要我幫幫她去提貨，並說定要我送貨去她的單位。我一看她的提貨單，哇！夠我裝兩車還多，貨多沒有問題，我可以再叫一輛，還可從中提成一點錢，（同行有規矩，你的「業務」，別人會在他收的運費中給你提兩成）再問她送什麼地方？「大觀堰。」呵！出了東門還有十公里。這麼遠的地方一般是無人願去的。可以說「批發部」門口的「架架車」，工具賤，人精貴，同行說拉車的是些「老爺、少爺」，實在的這些人過去都不是真正的勞動者，我敢說其中沒有一個「出身」是無產階級。

我對她說，現在距各處下班不足三個小時，妳的這些東西，今天無論如何也提不完。而且送貨路太遠，出了東門到「沙河堡」那個大（長）陡坡，空車也費力，裝了貨全部是針織品也要兩三個人，拉長脖子、蹬伸腿桿、渾身大汗才上得去。妳是不是可以另外找人？說實在的我的拉車業務，也就是鹽市口——提督街——總府街——春熙路，這一帶的百貨商店。上午一趟，接著「嘉禾食堂」吃午飯，下午一趟就收班。都是些大商店，一趟送幾家，每家收取力錢兩三元、四五元，送的東西質地好、重量輕、又乾淨。別人樂意多給錢找我，原因在於我代提貨會選「熱門」。要說每天的收入，可能是當時行政二十三級的月薪，多於三十元。真是工作輕巧，沒有煩惱。一日三餐全吃館飯，下雨穿的是「A、D、K」雨衣，天熱是「斯麥脫」襯衫，不盼發薪日子，天天有錢。真的不到半年，我成了那裡的拉車「狀元」，我收的提貨單經常送不完。還常常白送業務給別的夥伴。但顧主有意見，因為他們提貨時花色、樣式不會選。今天，這苦差事——我看多是搪瓷盆、盅、碗，牙膏、肥皂、香皂、暖水瓶，首先重、又易損，真心不想幹。

「請你幫幫忙，」這位大姑娘小女兵，口氣是要求，態度也誠懇，「今天你看能提多少算多少，剩下的明天再提、再送。你說怎麼樣？」她已經著急得滿額是汗。

她對一個苦力人，沒有趾高氣揚的態度，當然，也許她把我當成了一個「階級弟兄」，所以顧用是要求。她那掩飾不住的少女的純潔與天真，我感到她確實不該做這種跑街的事情。

「妳們有的是汽車，為何不開輛車來，還派妳這樣一位女同志，來做這種很容易出差錯的事情？」我已經從提貨單上看清了她的單位名稱。

「工作要服從分配，何況是參軍。這點東西開個車是很大的浪費，而且也不合規定。『軍人合作社』的事情不屬團裡軍務，是申請不到用車的。」她說得很認真。我當時首先想到是「批發部」介紹來的，不好堅決拒絕，也一半同情她一個女娃娃工作的困難，明知會受累大概也不會多掙錢，還是答應下來。

我先選了一些毛巾、汗衫、襪子之類的東西，和一些文具用品，（那時還沒有專門的文化、辦公用品公司）倉庫也順路，我要她一道去提貨，好讓她以後熟悉去倉庫。

一個鐘頭以後，輕飄飄的一車就出了東門，算上路了。意想不到的是這位女採購，一個年輕女兵一直出手幫我推著車子，行走在大街上。我幾次告訴她：平坦大街不用幫忙，請她走在人行道上少吃過往車輛揚起的灰塵。可她說，她搭一點力我會輕鬆許多，走得也快點，免得我返回太晚。她簡單的行動，更簡單的兩句話，真讓我有說不出的感受！再聯想我此前的心理，讓我深深地覺得慚愧。我出力是為了掙她的錢，她付錢還為我出力，比起在城裡生活的姑娘，她沒有顧「面子」、沒有虛榮心，為一個拉車的推車，自自然然，旁若無人。當然，可以肯定她首先是為了全心全意做好她的工作，但她完全可以有另外的方式，不必這樣受累流汗來幫別人。我完全不認為她傻、他笨，相信她想到的自己是「光榮的人民解放軍！」

貨送到了她團部駐地，卸完車，一連串的照顧，給毛巾擦汗、領到軍官食堂吃飯、（因為只有軍官食堂才有坐凳，才有較長一點的開飯時間）還不忘打招呼飯菜票由她「合作社」去給。該付運費了，問我多少錢？這倒讓我為難了，本該是事先討價、還價的面議方式決定的，我們事先一直未談。平心而論，在當年那情況，十元不算少二十元不算多，本來就如「周瑜打黃蓋」。今天別人一路出力，使我免去請「短途幫工」的開銷，又吃了別人的晚飯不付錢——還是一葷一素一湯的標準，吃飽還不收「糧票」。我緩慢地點著煙拖著時間，心中還在盤算，到底要多少才恰當？「這樣吧，先付你十五元，明天一起結算。」她比我這個男子漢還爽快。接著寫個收條，姓名不重要，強調的是時間、起止地點、「架架車」牌號。印象很深刻是五張綠色嶄新的三元面額鈔票。並一再叮嚀「明天八點在『批發部』門口見。」我說我最早也是九點。她說沒關係，人民商場大，她還沒有走遍，她先到可以各處轉轉。

日用百貨中論體積，要算肥皂、搪瓷品最重。她購買的這類東西最多。第二天我在商場外面，另外找了一輛專門拉郊外、運笨重物品的「架架車」，有意選的身強力壯的同行，人、車一道上午就從各處提完貨，事情完成得很順利，她也很滿意。當然她不計較運費多少，我給別人也大方。記得打過多次交道，因為她每次採購都要一定找我提、運，她的目的是人已熟悉，貨物放心，我們都是年輕人，她雖不世故也能看出我與其他拉車的不是一路人。由於每次提、運，都有三四小時的接觸，年輕人在一起多有交流的天性，一路提貨、送貨總免不了要談些別的，我逐步知道她有一年多軍齡，來自某個縣城。我始終羞於啟齒我上過大學，她已肯定我有高於她的學歷。她猜到我「出身不好」，仍然鼓勵我去參加有組織的勞動，那樣才有前途，才不冤枉上過學、唸過書。我很久很久都在心裡感謝這位好姑娘，心地多麼善良！我也建議她慢慢努力，找機會調換這同錢物打交道的工作，因為容易使人嫉妒，容易發生差錯。由於她的天真、單純，幾乎搞得哪天找不到我就當天不提貨，目的是給我機會掙錢，一路也可以聊天。可拉車的同行中已經發生對我的玩笑，說我想吃「天鵝肉」；說她是「七仙女」想下凡。除了對這種庸俗玩笑很厭惡，也自然想到每次送貨都是我，她們「軍人合作社」的人又怎麼想？如何看？我又不是他們的固定搬運人員。

在一次拉車送貨途中，我明確說出了我心中的想法。並為她介紹另外兩三個人，負責不會「丟失」零星東西，也不會耽誤她提貨、運送時間、更不會向她多要錢。她理智地答應了。但這以後，一個月中總還要甩給我兩三次提貨單，聲稱她另外有事、有點忙，請我找人幫她辦。這意思我明白，我的「業務」交給別人去做，別人流汗我也有「提成」的錢。看來她的聰明，已清楚這一行的規矩。

在我拉車下力生活大約一年的時間裡，在成都當時人民群眾最經常接觸的政府基層，是公安派出所。他們對人們的社會行為幾乎管完。介紹工作、參軍、考學校、結婚，死人、出喪、埋葬、糧食定量不夠吃請准多買幾斤米，沒有派出所的證明就不行。戶籍警對轄區的某些值得「關心」的居民，還不時經常訪問：有什麼困難、有什麼要求？都可以說。能解決的盡可能解決，派出所不能解決的，也一定向上級反映……一切都是好心！認為我拉車生活「不穩定」，「對不起」大學生，一定要給我介紹穩定工作，最後所以去了「苗圃」。

一陣急促的哨音伴隨如趕牛羊進圈的叫喊：「上車了，上車了，快點，快點！」才把我從相關汽車十九團的回憶中喊回到現實來。心中無限感傷！……

來不及思考是什麼原因，所有的人都十分聽話。也只幾分鐘，你撐我，我拉你，很快全部上了車。各車隨行的「陪伴人」再點名。那時還沒有使用今天的「手機、對講機」，全部聯絡只有武裝戰士在各車前後跑來跑去。車子啟動了，緩緩前行。車上有人識路，說已經過了新津、眉山，這地方應是夾江。前面進峨嵋，我們已走出了川西平原。

路越走越窄，坡越來越陡。車上人也感覺越來越顛簸。路邊兩側景象告訴人，已遠離平原進了山區。行車途中車上仍然不准吸煙，可以互相交談。甚至有人大起膽子問，車子還要開多久？可以告訴我們去哪裡嗎？回答是不知道，反正今天會到。

於是大家猜想，並大聲說出來。有人說過了峨嵋盡是山，坐在車上的人，越容易看見車後近處的路面，就證明車子正在爬山。

「這裡已是樂（山）西（昌）公路了。」車上有人說他走過。

「不會是去西昌吧，那裡氣候比成都好，冬天不冷。」

「如果再拐彎走，就去大、小涼山了，那裡是『蠻子』（對少數民族的貶稱）的地方了。」

「那裡終年吃玉米、洋芋，別想再天天吃稻米。」

「那些地方，十月以後會下雪，可以冷到零下十多度。」

「有人說上半年還沒有肅清彝匪叛亂。」

對前路、去處，七嘴八舌沒有定論，任人猜測。押車的幹部似不聽也不干涉，獨自在閉目養神。有人還吹起了口琴。曲子是小學生也會的「可愛的家」。這本是輕鬆、快樂的曲調，也許因為汽車顛簸的原因，吹奏的人上氣不接下氣，使節奏聲音很難把握，弄得短音變長，強音變弱，好像是在哭泣！沒有讓人輕鬆、愉快，反給人感到的是一長串的依戀、憂傷、失落和淒涼……

我原本是一個不識曲譜、不會唱歌、不懂音樂的人。此時也讓我覺得它有點神奇：相同的曲調相同的一首歌，或許吹奏不同、演唱變調，就會發生不同的效果：可以讓你陶醉，也能使你掉淚！這好簡單的一點感受，使我開始信服藝術家，原來顏色、聲音、圖像影響人的精神世界和人的感情，力量竟有如此巨大。

車子在坑坑窪窪的公路上顛顛簸簸，車上的人搖搖擺擺。對去處的議論早已停止，變調的口琴聲，使人失去了所有的興趣。各自歪斜的坐在被蓋捲上，你撞痛我的頭，我壓疼你的腳，在平時會吵架，現在只是用疲倦的眼睛互相望一下。已經八九個小時的行車，人人都坐出了瞌睡。那感覺不是在坐車，好似在乘船，好容易聯想到童年，年老的外婆輕一下重一下的正搖著搖籃！

這樣不知又過了多久，從車後遠望，看得見兩邊的山，和山上的溪澗，還有曾經暴雨山洪沖刷出的山溝，茂密的樹林都在晃動。道路上很少有迎面來車，只感覺這條路在今天只有我們在走。

車子在下坡了，這個坡曲曲彎彎，好長、好長！右邊緊靠山岩，左邊是百丈懸崖，路面不寬。「蜀道」豈止「難」，而且險。坡下完了是一條河邊。因為沒有橋，要到對岸只有渡船。這船渡上是人車混裝，已看見兩岸有人在佇望久等，讓我們這車隊優先。這船上有條鋼繩繫在過河的鋼纜上，這鋼纜固定在兩岸的岩石間。不這樣，可能船會被急流沖走。看得出辦法雖不先進，但可以保證渡河安全。船隻有一艘又嫌太小，每次只能單向渡兩輛車，已過河的車也不能上岸就走，排著隊留下距離空間在等。船往返兩岸時間約半小時，我們十一輛車要六個來回，耗費兩三個小時。

此時抬頭望兩岸的山，完全看不到山頂，眼前的這條河就如同在兩山的夾縫中流過。可能也只有正午時分才能見到太陽的形狀，這兒的空氣中似夾著一種形容不出的芳香。再看路邊日落歸家的農民，肩上扛著粗笨落後的農具，或前或後跟著的耕牛，同早晨才離開的川西平原，已形同兩個世界。

「老鄉，這是啥地方？」車上有人大膽問。

「這是『媽死期』。」以後才知道這裡是「馬嘶溪」渡口，是從峨嵋方向來這縣城的咽喉。

「這叫啥子縣？」

「這裡是『阿殯』。」（「峨邊」方言的鄉音）

「糟了！真到了『蠻子』地方了。」隨車的押送幹部沒有干涉車上、下的問答。

等到我們一行車都過了河，又整齊上路，前行約兩三公里，便可見到一大片特顯低矮的民居，依山傍水。低處暮色蒼茫，高處雲霧繚繞，像是一處鄉鎮聚居地——四川彝族自治州的峨邊縣城就是這裡。十來萬人口的政治、經濟、文化、交通中心。據史料記載從前叫「峨邊廳」，屬「嘉州府」，民國時的縣城叫「大堡」，還在前方幾十公里、去大、小涼山的方向，一九四九年後才將這縣城遷到這大渡河邊的沙坪鎮。

車隊到了這縣城街道的入口處，靠右側是一塊小小的空壩子，那場地只能停放幾輛車。原來這地方就是這縣城唯一的車站。一排不過二百平方的平房遮住了人們的視線，它背後就是一片寬敞的河灘地，這平房的一頭，人來人往去河邊，已踩出了兩三米寬、坎坷不平的路。沿著這裡下去，滔滔大渡河就在面前。水面與臨街的屋基，距離幾十米，那長度不少於兩三百米。如果平坦規則，闢個足球場綽綽有餘。

「一車一車的下人，沒有叫到的不准下車。」一個聲音在車下吼。

第一車下來的全是女士、姑娘們。兩側已排滿了荷槍實彈的武裝士兵，下車人被夾在中間，順著指定的路線，拿著自己的所有行李下到河邊。一車、二車、三車……整整十卡車的人，全部集中到了河壩上，那裡預先已搭好了十幾頂軍用帳篷。集合、點名，檢查是否「丟」了人。像魔術師玩撲克牌遊戲，同乘一輛車的人又被「洗牌」故意錯亂，再集中又點名，再分別指定了過夜的帳篷。每頂帳篷指定一人負責「紀律」，（實際上也未明確什麼紀律）這「負責人」被指定睡在帳篷門口。每頂帳篷門口懸掛了一盞能經風吹雨打的「馬燈」。不是關心孩子們怕黑，是方便巡夜的幹警看人。

下到河邊時天還沒有漆黑，還看得清周圍的一切。那些臨河而建的民居，面河而開的視窗，重重疊疊擠滿了人頭。河邊人看得清他們有的「頭上青絲如墨洗」、有的「兩鬢成霜已白頭」，無論男、女、老、幼，只有共同的神情：驚詫、惶恐。口含土捲煙的忘了吞雲吐霧，拿著一把青菜揀擇的忘了動手，連小孩也不敢吱聲。他們心裡在猜疑：這些被解放軍押來的壞人，肯定不是押到河壩來槍斃，因為架了帳篷給他們過夜，他們都帶有行李，一定還要押去哪裡？

是什麼原因，我又被指定為所在帳篷的「負責人」。來了一位幹部，叫我帶兩個人，隨他一道去下車的地方，讓帶去的兩人抬回一籮筐饅頭——是從成都啟程隨車帶來的。現在我明白了十輛車裝的「勞教人員」，一輛車裝著幾百人一天的乾糧，和押送人的武裝士兵、以及屬於「頭頭」的幹部。

饅頭抬回帳篷，叫每人發一個。最後還剩下十多個，問是否送回去？說不用了，誰不夠就給他們。但沒有人索要第二個。

帳篷是順河一字排開，背後離水有十來公尺，前面是汛期後留下的河邊灘地，帳篷兩頭和正面不遠，已經有武裝站崗。押送的幹部已經打過招呼，各自可以解開被蓋捲「鋪床」。帳篷裡地上早已鋪撒了一層稻草，但厚不盈寸，只能遮著鵝卵石和沙礫。看來，今夜要睡在大地母親懷中了，可這「母親」身上看來也不是處處溫柔。要躺下還須先刨平沙礫揀去石頭。

「啊喲！水冷得浸牙，冰得扎手。」忽然聽到有人叫喊。

因為整整一天未喝水了。雖然剛下到河邊就要附近老鄉送來過兩擔開水，確實人太多不夠分配，不經意間也忘了組織分配，喝不喝得上嘴，全靠各人眼明手快腿勤。現在已經接近天黑，不會再有人送水。稍遠處那些一道來的女同胞，像浣紗女彎腰低頭蹭在水邊，幾人一處，一排排，正在洗臉、刷牙、梳頭髮，對水整妝。看來她們怕髒、怕醜、不怕冷。雖然失去了自由，只要稍有機會都要頑固地抓住美麗，即使是表面的也不輕易放棄。

夜幕低垂，人不思睡。遠處風中搖晃的馬燈，會使人誤認是夜漁的小船，但燈光背後走動的人影，又明白地告訴你，那是一道活動的高牆。雖然不見電網，要想到那握緊的手中槍，子彈上了槍膛。

因為我睡在帳篷門口，儘管多一點冷風，但可以看到高高的天空。說什麼洶湧的大渡河，我感覺它只是平緩地從床邊流過，仔細聽才能辨出它後浪推前浪在疾行，沒有澎湃的吼聲，只有輕輕拍打岸邊的呻吟。天上有月光，但看不到月亮，可能兩邊山太高，遮擋了窈窕的倩影，無數亮晶晶的星星，不知疲倦的對我眨著眼睛。是這裡天太高、還是地太陷？總使我感覺離它們比從前任何時候都遙遠！

也許是一天乘車顛簸的疲勞，又遠離都市的塵囂，眼前的現實驅走了積鬱胸中的徬惶，大自然的靜謐使煩躁的心境暫時得到平靜。帳篷裡的其他人大多進入了自己的夢鄉。實際上辛苦的人是那些押送、值勤的士兵，他們不能睡，必須睜大眼睛，看四周有沒有異動的人影，耳朵也不能偷閒，要分辨水流以外的各種聲音。若在值勤中出了什麼問題，譬如，有人跳河，有人逃跑，他們會愧疚一輩子——對不起黨，對不起人民！說不定還會痛恨自己斷送了可能美好、遠大的前程。

古老的祖國啊！因為您幾千年的封建制度，幾百個君王都是專制獨裁，百代千載都是強權統治，本是服務人民的公權，在這神州大地歷來成了壓迫百姓的手段，世代傳承，從未間斷。使人「生而自由」的本性，已經從生物學的「基因」發生了改變，所以事事有人作主，處處要服從人管。聽說太陽落土的西方，那裡也有人類，他們沒有皇權思想，認為「總統也不可信任」。無論是誰都必須服從國家的憲法，對其他任何人事都不迷信。他們不喊「偉大」，不歌頌「英明」，可他們活得上好！而我們有些人——正睡在帳篷裡，熱情、積極回應「領袖」號召：忠心表達建設性意見，真誠提出善意批評，結果今夜在河邊露營。夜深了，還在輾轉反側，低聲歎息。不為水邊夜冷，在悔自己太蠢。

「打點水」、「解小便」……這一夜，這帳篷，各人都有大段、小節的夢鄉路。我睡在門口，又算是這「篷長」吧，進出的人都自覺向我說一聲，其實並沒有如此規定。這是品行優良？還是中國人太好馴養？總之，這一夜我一點沒有入眠，心裡只盼著：「長夜漫漫何時旦？！」

（二）

黑夜終有盡頭。慢慢地天開始泛白，已能看見這大河兩邊的山嶺、山峰，遠近高低的清晰輪廓。岸邊居民的視窗，又有了盞盞燈光，在霧朦朦的早晨顯得特別明亮，不用說是勤勞的人們已經起床。幾聲雞鴨的鳴叫，小孩的哭鬧，又開始了一天的喧囂。

幾聲哨音以後，「起來了，各帳篷的人都聽好，先整理好自己的東西，放在帳篷外面，等候開飯，吃完早飯再集合、點名、編組上山，上山沒有公路，要自己走路。不是很遠，到達後才開午飯。下午一切都會安頓好，不會再走了。開飯時聽指揮，不要亂，有足夠的時間。」昨天一同來的押送人員，從頭到尾走遍各個帳篷，重複著以上的喊話。

各個帳篷裡經過一陣騷動，有人陸續拿出行李。還是女同胞搶先到河邊，洗臉、梳頭、紮辮子，仍不放棄簡單的打扮。這時，從街上能下到河壩的幾處地方，不斷有人抬下大桶、挑著幾擔，有飯、有菜，找到較平的地方放下就走。

「十個人圍一圈，先蹲好，不要走動。只來一個人到前面端菜，一圈一圈的人按順序舀飯，不要擁擠，每個人都能吃飽。誰不遵守紀律，就不准他吃飯！」這最後一句提高了嗓音，表明是強制性的命令。

等到去端菜的人回來，是一個中號面盆，幾乎滿滿一盆人畜均可為食的牛皮菜。這在平時可能是最差的，但比起在「收容所」十多天的變味醃菜、無鹽鹹菜，已使人先聞到了它的清香，真還有點叫人垂涎。看得出因為烹調不勻，可以想到它生熟不均。然而那青綠肥厚的菜葉，在告訴你它如何鮮嫩。

飯是裝在籮筐裡的，還在幾步遠的地方，就看到那一顆顆互相粘連的紅色米粒，每粒米飯又粗又大，按照以往的常識，這米已經泛紅，不知已發黴了多久？雖說人早上最餓，看著就先倒了胃口。可真的到了籮筐面前，好像又走進了正在揚花的稻田！不但沒有絲毫黴味，撲鼻而來的是縷縷清香，沁人心脾。

雖然聞著飯香，但看來粗糙。有的人因為換了一個新環境，顯得像老鼠一樣謹慎。還是不敢往碗裡多舀，心想先嚐嚐吧，拿著大木勺，輕輕盛了幾口的量，趕快回到自己的圈子。有的人天生大膽，將自己的容器、飯具儘量盛滿。幾十個圈子的人都回到原地了，才聽一聲哨音：「開飯！」我是「天塌下來有高山」的性格，聞著飯香就敢信是當地山區的特產——聽說過「胭脂硬稻」，但從未見識過，想不到在不幸中還和它有緣。於是不顧斯文用力盛滿一碗，還壓一壓，按一按。因為看那數量會不夠幾百人再來一圈。

飯進口先感覺粗糙、較硬，沒有常吃的米飯滋潤，咀嚼後感覺不但香，而且回味甜。那些懷疑是黴米的人舀得少，嚐到味道趕快吃完，再去添飯時，木桶已見底，籮筐只剩篾。不少人守著飯桶不走，意在沒吃飽，還要。

「我們是按每人半斤米給你們準備的，沒有再添的了。山上已經把午飯給你們準備好了，上山去吃午飯，這早上就克服一下。再說時間也來不及，希望你們能聽安排。若昨天還剩有帶來的饅頭，各帳篷的負責人發給他們。五分鐘以後集合、點名，大家準備一下。」押送的幹部說得通情達理，守著空飯桶的人，慢慢悻悻離去。

雖說五分鐘實際十分鐘過去，集合、點名、各人拿好自己的行李、雜物，列隊成單行，出發，緩緩離開河壩。二三十人間有一名握槍武裝同行，他們沒有趕牛趕羊的粗野表現，雖然押送，也如陪伴，有誰行李鬆散、雜物掉落，他們還能主動幫你捒一捒、綑一綑、拴一拴。

這一群四五百人，像暴風雨前的螞蟻搬家，形成一條三四百米的長線。離了河壩、不經街區、上了公路，受到了當地百姓的夾道「歡迎」。我們走在中間，看望我們的群眾擠在道路兩邊，公路上的汽車、馬車……一切交通都為我們讓道，我們必須經過進出縣城的路口。我聽同行者有人說「別看這裡落後，還很懂禮貌，為『歡迎』我們斷了交通。今生若有幸，願在這地方找個『丈人』，生一窩光著屁股長大的娃娃去革命，毛主席一定會很高興。」

街上的閒雜人等，又想看稀奇，又怯生生地站得老遠。稀奇在於被押的人群中，有男、有女、有老、有少、還有小，小到好似上年才爬出搖籃！聽得清路邊的議論：「你看，裡面有『要飯的』，也有有錢的，有幹部樣的，有工人，有學生。」「那個像教書的。」「那個還像轉業復員的，還有那個女的，還會收拾打扮，好年輕喲！」「那個更乖，更年輕，你看她水汪汪的黑眼睛，薄薄的紅嘴唇，白嫩嫩的臉……」「那個女的一定謀殺了親夫，一臉橫肉，樣子好兇。」「那個老頭兒好可憐，犯了啥嘛？」「那些娃娃肯定是後娘整的，沒得老漢兒。」「這下山上有人了，我的『蘇麻餅』好賣了。」「這下該把你家姑娘管好了，這些都不是好人。讓妳當了外婆還不曉得哪個是女婿。」「今後天黑要關門了，外頭放的東西要揀進屋了……」這時路邊一個會說漢語的彝族同胞，看來膽子大些，離我們一行也最近，說話又大聲，「呵！毛主席的『娃子』上山了！」好似他知道什麼，在向群眾宣佈。以後知道這「娃子」一詞並不是個好稱謂。意思是指奴隸主私有的奴隸，如同奴隸主家的牛羊一樣，是其私有財產的一部份。不過，不能怪他胡說八道，因為在這年上半年，包括峨邊的大、小涼山彝族地區，才完成「民主改革」，由此從奴隸社會一步跨入社會主義社會的。解放前彝族無文字，還是「共和國」成立後，在共產黨和人民政府的關懷、說明下創造了文字。彝族同胞的文化水準低，詞彙不多。他們對人的傳統、習慣看法是將有錢、有勢、有權、有槍的視為社會上層，歸屬於奴隸主群，而為奴隸主幹活的、賣命的、生活上只能服從、自己沒有主觀意志更沒有生活自由，一切行為完全聽從主子的個人意願，他們通稱這類人為「娃子」（即奴隸）。這位看熱鬧的彝族同胞可能隨口不經思考的道出了一個真實，一個史學家也不敢想的當代問題。

一個在歷朝歷代都不受關注的窮鄉僻壤之地，當地半數以上的土著居民，一生沒有跨出本土方圓百里。彝漢雜居，生產落後，生活窮困，交通閉塞。漢族同胞也還使用著唐鋤秦犁的落後農具；彝族同胞還是刀耕火種，伴以放牧為生。苦樂不由人，吃飯全靠天。婚喪嫁娶，習俗傳統，不少還保持在封建時代。要不是有幾盞發著病態黃光的電燈，和有線高音喇叭的新聞廣播點綴著現代文明，還真算得上是一塊不毛之地。一下子從城市送來了十大卡車的人，這小縣城如何不炸鍋！隨後多年的事實證明：由於這些「消極因素」大量、持續被送到這落後地方來接受「先進的無產階級思想改造」，在很大程度上客觀的促進了當地的社會發展，如同封建王朝的「流放」地。一方面城市往這裡大量傾倒「社會渣滓」，把這裡作為一個社會主義的「政治拉圾」渣場，一方面有幸作為「渣場」的地方，人口流動了，消費提高了，社會有效供給增強了。地方出名了。據說從前兩天沒有一個「包裹」進出、除了公家三天沒有五封百姓「平信」的郵電局一下開始繁忙了，幾乎為零的服務業也逐漸興旺了，城鎮居民的可支配收入也與日增加，老百姓感激共產黨、毛主席領導全國人民發展經濟快……「北京的金山上光芒萬丈」，的確穿雲破霧照到了大渡河邊，宋家山上。

當日上山的隊伍，無論革命的「積極因素」、「消極因素」都是十分的辛苦。從縣城沙坪鎮到山上「白岩」中隊，路程大約十多公里，從早上七點開始步行，到下午五點才到。一行人如同逃災避禍、舉族聯宗、挈婦將雛的大遷徙。「白岩」這地方不在山的最高處，從高度說在山的偏低中部，走不快的原因是路，是一條與沙坪鎮成三四十度「夾角」的全程上坡。越往山上走越不是路，只能算曾經有人畜往返踩出的一條線。露石頭處凹凸不平，泥土處兩邊蓑草覆蓋了路面，遇山澗溪溝的地方，從這邊下去那邊上來，也許只十來步距離，其坡度陡到後面人可以咬到前面人的腳跟，涉水的地方，可以踏在露出水面的亂石上——這不是人人都能做到，絕大多數人打濕了鞋襪，部份人踩得亂石打滾，滑倒水裡，或許半身或許全身，爬起來時一身水淋，所帶行李、雜物概不能免。特別婦女、少年，更是全身上下裡外是水，先是累，一身汗水，這突來的艱難，苦得落下眼淚，滑倒溪澗中爬起來衣裳滴水。若遇幾步上下的太陡坡坎，還須放下兩肢前手，學百萬年前的祖先四肢行走。那怕十步八步也是很費力的，何況提著東西背著行李。有些地方站起了還兩手浠泥！雖然強調互相幫助，人人都少不了這番辛苦。最是名符其實的小孩，上午的爬涉還能堅持，中午沒有開飯，也許早上就沒有吃飽，又餓、又累。小弟弟天真無邪，不知天高地厚，更不知自己身分、處境，不明白人間善惡，頂多聽過大灰狼咬小羊，「熊家婆」吃娃娃的傳統故事。終於有小孩坐在地上大哭大鬧，不走了，嚷著要回家。嘴裡罵著「狗×的」、「媽賣×」四川人誰都熟悉的髒話。這情形似有強烈的傳染，一兩個堅強的「抗議者」帶了頭，在娃娃們中很快就取得了「聯盟」。長長的一線人亂套了，大人們也想停下來稍事休息，這是最好的時機。

押送的管理幹部和士兵，對此突發事件預先缺乏估計，現在也弄得手足無措。只好宣佈暫時原地休息，看得出他們在商量對策，在打主意。

除去小孩外的其他人，像運輸途中的騾馬，沒有一匹沒有負擔。坐在地上哭罵的小孩，似有以死抗爭的決心，無論怎樣威嚇、哄騙，就是賴在地上不動，還提出真正為難的要求：先要吃了飯才走，有的坦白說吃了飯也走不動，從來沒有走過這樣的路，爬過這樣的山坡。更糟的有女人開始罵人、耍潑，再不能控制這場面，看來這支「隊伍」要潰不成軍。說不定崩潰、起訌而散就在眼前。

娃娃們哭鬧一陣以後，開始疲倦了，看他們充滿靈氣、稚氣的小眼睛，一睜一眨的掛著淚花，漸漸在失去哭鬧罵人的力氣，成年人知道過不了幾分鐘，就會睡著了。手腳上有稀泥，身上不濕褲子就濕了上衣。幸好出發前對他們就有關照：被蓋捲早交給了東西少、身強力壯的同行大人，他們只拎著自己很輕很少的雜物，目的就是減輕他們重負好走路。眼前這般情況誰也想不到，押送我們的幹部也是從成都一道來的，肯定他們走這樣的路也是第一回，真想知道他們心裡是啥滋味？

這情形的結束，多虧了押隊的武裝士兵，這可能是商討「對策」的結果。他們本來就是為革命獻身、為保衛政權、不怕死、不怕累，吃苦在前的先鋒。對幾個堅決不走的娃娃，就來幾名戰士，從肩上順過槍掛在脖子上，幹部對小孩賠著笑臉：「起來，讓解放軍叔叔背。」大點的慢慢走，走不動了再輪換背。於是一行人又重新上路，不催、不趕，由人漫步。雖然大家把時間走長，但都能安全完成任務。同行中有人戲言：特殊情況也能「積極因素」自願馱著「消極因素」。有娃娃在士兵背上睡著了，緊緊抓住肩頭，想放下來也不能。為了快點趕路，只有士兵吃苦受累：兩手不能鬆開，汗水從額頭流經脖子直到胸口，整件上衣濕透。看著他們背著小孩，走路還須更加小心，一定不能跌滑摔倒，萬一摔倒會多了一份責任。對此情此景，感覺心上打翻了五味瓶。

艱難的旅程終有盡頭。當到達目的地的時候，是一片較開闊的緩坡，已經清楚看見幾排整齊的茅屋，座落在我們行走的下方。對面的山嶺上正擱著半輪殘缺的太陽，沒有美麗的晚霞，沒有落山前的光芒，那模樣似在戀著這世界太好，想賴著不走！

同行的姐妹們在兩公里前已經分道，去了別處，看見她們的背影是在向上爬更高的山被；當我們來到的住房，就是當時的農場——「一〇二信箱」、以後全省知名的「四川省地方國營沙坪茶場——即四川沙坪勞教支隊」的「白岩中隊」，也是最先接收勞教人員的地方。

茅房的修建是四合院的格局，但只是三面有房，最靠上邊的一排是「中隊部」，是管理幾百人的「首腦機關」，也是生產、生活物資的庫房。中間隔著一個壩子，倘若設置一對「籃板」就是一個球場。下面的茅屋就是勞教人員的宿舍，當時只有兩排，側面是廚房。全山十多個中隊，都是統一的建房設計，即便稍有不同，也是地勢所限，反正「隊部」是在最高地方，可以俯視全隊的舉動。

待我們老、中、青、加少年、小孩全部人員到達，立即集合點名。讓人很容易聯想牧場的「牲口販子」成交，在柵欄前清點牛羊。叫到名的人另站一邊。不過，那時間不長，也不要求人或蹲、或站，只要數目沒有差錯，交、接雙方任務就算圓滿。

此時天還很亮，壩子邊就燃起了一堆篝火，原來是幾名武裝士兵，正打著赤膊在烘烤汗水濕透的衣裳。我們的身分完全不同樣，但人心、人情、人性，痛、癢、冷、暖，應該沒有意識形態之分。我對他們從心底留著這深刻印象。雖然他們一步也沒有背我。不過，我想我們最上層的決策者個人無論怎樣奇想、狂妄，但佔絕大多數基層的建設者、捍衛者，有為國為民的好理想、好品質，國家是大有希望的。個人對前途不應完全絕望；路是艱難、狹窄，要勇敢面對，不失信心，不自卑自棄，頑強的走下去。道路泥濘，最能留下清晰的腳印。

也許就是在這上山的第一時間，我就下了決心：不怕萬險千難，一定活下去，我要是非、對錯的最終結果。不迷信「六月飄雪」的冤屈傳說，相信暴政不能長久的科學定論。

哨音響起，大家開飯，既是午餐也是晚飯。青青的蔬菜，雪白的米飯，對大多數人都是近半月來最好的一餐。而且人人都可吃得腸滿肚圓。

正當我們圍在地上虎咽狼吞的時候，一聲哨音：「一邊吃飯一邊聽到：山上暫時沒有電燈，抓緊時間飯後立即鋪床。」那些送我們上山的、成都來的幹部和武裝，這時已準備要走。臨行前還在我們吃飯的「席間」轉轉，好似鄉間的老農把自家的牲口送給鄰村，臨行時最後看看這些「東西」換了地方擇不擇食，擇不擇圈。堆著一臉狡黠的笑容，是他們內心在高興完成了任務，卸下了肩上壓一整天的重擔。他們還須爬幾里路的上坡去「場部」過夜，明天才能下山返回成都。

說來十分奇怪，上山的這第一夜，睡得從來沒有那麼深、那麼香。至少我個人沒有一分一寸的夢境。好像到了另一個世界，一時還想不起曾經有過的親人，也忘卻了難忘的故鄉！而這裡條件又十分惡劣。床是用小樹條捆綁搭成的上下兩層通鋪——床面就像北方人睡的炕。房有多長床有多長，但每個人分得的地方，擠得無法將身體伸展開來。木材框著的一垛壁頭的寬度大約一公尺，就是三四個人的「領地」，牆上敷著還能看見浸水的稀泥，一切居住設施都顯得準備匆忙，十分不夠，百分簡陋。像家裡多了幾頭耕牛，丟幾把乾草讓自己踩個窩。幾堆雜亂的蕨萁草，已經枯黃但不乾燥，隨便地丟在橫在「床上」的連枝帶葉的細竹桿上。地面是山地大致鏟平的泥土，床下還有生長著的青草，和枯萎了還苦戀梢頭的野花沒有落地。如果說室內還有地面，那就是相對兩排通鋪之間的過道，一公尺左右的寬度，承擔著人來人去、上下床鋪的交通，地上不平也就罷了，由於屋外沒有排水溝，山地濕潤，才一夜就踩得滿屋稀泥。若要敷上牆也不用再加水，不繫帶的鞋會被地面緊緊咬住。為了走動不掉鞋，必須抓緊足趾，腳掌先離地腳跟再提起來，兩步路也要一跛一拐，這意想不到的情況，讓大家互相好笑，走路也在「扭秧歌」。誰說苦中沒有樂？這不正是「笑中也有淚，樂中也有哀」!?

由於整天爬山的疲勞，由於鬆弛了緊張，由於眼前的現實擊碎了來此前的各種想像，由於已明白往日熟悉的一切已經遠去，新的日子又如何開始？如何應對這滿目的荒涼？往後的歲月又將被怎樣安排？不可預見的將來又該怎樣設想……去他媽的…一塊肉已被放在菜板上，只盼刀快，任你來切，由你去宰！真正的絕望才有最完全的平靜。多數人很快入睡，像死了一樣……

翻開「教育的詩篇」

（一）

時間：西元一九五七年十一月十四日晨

地點：峨邊縣．宋家山．白岩

高山上是最先見到當天太陽升起的地方。雖然已是初冬的十一月，但農曆的小陽春天氣還沒有完。「是日也，天朗氣清。」我感覺晨風只是有點過涼，還不算冷。聽到哨音叫起床，戴有手錶的人說正八點。又聽外面高聲：十分鐘後開飯。

由於在山上剛度過第一個晚上，上床前又比半月來都吃得飽，兼之宿舍是完全洞開門窗，空氣又特別好，睡覺時間早，今晨又晚起床。在「收容所」已幾乎習慣了強制作息，因而屋內只經過數分鐘的騷動，人們已表現得精神良好，除去少年稍亂、稍慢，多數人已帶著盥洗用具在壩子裡了。似乎在聽候指揮去哪裡嗽口、洗臉？壩子裡已有四五位幹部早在那裡東瞧瞧、西望望，互相談論著什麼。見大家準備漱口洗臉，便發話：

「你們聽我說，現在只能有睡處，弄得出飯吃，廁所還有半截沒有蓋上茅草，其他一切都沒準備好。你們就來了，目前還沒有洗臉的地方，還沒有搞蓄水的東西，所需的一切條件都要你們來後自己創造。現在集合先開飯。」

這幾位幹部都是新面孔，不用多想就知道是我們「定居」點——四川省地方國營沙坪農場的管理人員了。他們要負責農場的生產，還要「教育」我們得到「思想改造」，要幫助我們「脫胎換骨」，要為黨純潔革命隊伍，要把送來的各種各樣「明天的罪犯」，和已經解職停薪、受過紀律、行政處分的人，按照統一標準，「改造」成「自食其力」（此類人以前並未接受誰的無償供養）的社會主義「新人」。作為農場幹部要肩負這麼多的「崇高而光榮」的任務，他們一定是黨和政府的精英。我們除了一切行動聽指揮，心裡也應該尊敬。從現在開始的關係上講，他們是我們的「再生父母」；我們原先的生身父母，只給了我們骨和肉——一個「有罪的軀體」，和出了媽媽肚子就須「改造」的思想。如今幹部才能給我們新的血液和政治靈魂——那年代生存、立身之本！而「思想改造」並非專指我們，「國家領袖」常常強調，「人人都要自覺改造思想」。似乎已經憑什麼早已肯定：不是資本主義的中國，很多中國人貧窮得住破房、穿破衣、僅吃得半飽，都是資產階級。但從來沒說過是否包括他自己？我們這些人都是不自覺的，所以要「犯錯誤」，所以要強制，所以要送來這裡。說條件越艱苦，對思想改造越有利。我們中有原先是政治理論教員的人，說用馬克斯、列寧的經典著述來對照，毛主席又是在馬、列主義基礎上創造、發展了的。是不是正確，都要由毛主席說。

很快開過早飯，又叫全體集合。一位三十多歲的中年幹部自我介紹：

「我是『新墳溝』中隊的張隊長。現在要從你們當中分一部份人去新墳溝中隊。點到名的站一邊，沒點到名的原地不動。」

昨天下午到達這裡時是清點人數，今早這點名、分人，比起昨天就多了不少麻煩，耽擱不少時間。麻煩不在我們，是在他們幹部之間：若我自賤地比作牲口，那他們在爭「黄口」、「白口」，若比作市場的交易，那他們互相在挑肥、揀瘦，我實在不願意比作美國電影中的黑人奴隸市場，但那情況卻又十分恰當。好不容易快兩小時過去，老少、大小，身弱、體壯，才搭配均勻，分成兩堆。分到「新墳溝」的人，立即收拾行囊，個人全部所有；連一夜的記憶，和頭上、腳上沒法洗乾淨的、睡覺靠牆粘上的牆上稀泥，算是臨別贈予，一律帶走。並告知三十分鐘集會起程。勞教人員之間不論老少大小互稱「同學」，知道的可直呼姓名。「同志」這普遍稱呼不准叫，雖然勞教人員有「公民權」，但在人民民主專政的管教下，是在接受改造期間，公民權存在，先放在一邊。現在只能好好聽教服管。爭取早點改造好，早點回家同親人團圓。這等於今日才削髮為僧，方丈就給指向了成佛成仙的大門。當然還要說佛法無邊，回頭是岸！……

可能在我們收拾行李的時候，那位張隊長根據分得人的名單，又作了自己的重新編排。過了三十分鐘再集合時，按點名成單列，每列十四人，成一個小組，每個小組指定「學習」、「生產」組長各一名。——原來這是部隊一個班的編制。共產黨最習慣軍事，把軍隊的思想、行為引用到國家、社會事務的方方面面。不經意間我又當上了一個學習組長。捫心自問：我有什麼被看中，難道就是因為上過學、人年輕、無疾病？心中感慨，暗下決心：以後若有機會好好翻翻《矛盾論》。因為我無過無錯被收容勞教，倒楣！成為不是犯人的犯人後，又受到許多優待：從「請」去派出所「談話」、不在群眾大會上站在台前丟臉，到去收容所路上不讓人看是被押；在「收容所」裡作一個房——幾十人的學習「記錄」——特殊是上廁所可以不經批准、不限次數；押來峨邊途中一輛車上無責可負的「負責人」，直到大渡河邊睡進帳篷、離開帳篷，發一個饅頭給別人而自己可以不受限制；（實在說一個我已足夠）如今又指定是「學習組長」，不幸中受到優待，幸運！前後貫穿想想，真是矛盾。使我感到統治藝術境界之高，迫害各類人等手段之妙！

張隊長中等偏矮身材，不算很健壯但很健康，很有精神，膚色稍黑，成都口音，三十多歲的壯年額頭已顯滄桑，一身藍色舊中山裝，顯得不很清潔，頭上留著長髮並未認真梳理，小腿纏著羊毛「綁腿」，腳穿短桶球靴，想來方便爬山走路利索，像個排連級退伍軍人，也像不穿制服的老員警。態度和藹，說話和氣，像我們的家長。肩扛一支很老很舊的步槍，既不是「中正式」，也不是繳獲鬼子的「趴耳朵」，那必然是我國最早的「漢陽造」。舊得可以懷疑它是否還能打響？與他同行一人，並未介紹，隨後知道他也是新墳溝中隊的隊長，姓趙。

很快就領我們二百多人列隊成行。張隊長前面領路，趙隊長最後壓陣。一條長長的單行人群，始終拉不伸、走不直，因為是俗話說的「毛狗路」。又窄、又陡、坡坎起伏，有時還穿行在矮小的灌木叢中，兩邊茅草齊肩，前後看不過十人。這條「路」也許我們是最先的行人。伸手可及有「桑椹」、「刺黎」（現稱「棘藜」）這些荒蕪中的美味野果。又正值秋末冬初的時節，當天太陽高照，萬里無雲，陣陣風來，是草、是花、是果？芬芳撲鼻！

和我們同行的三十多個娃娃，最大的也在十四、五歲以下的年齡。來到世上就沒有爬過這樣的山，到過這樣的環境。昨天上山哭、要人背，今天反而表現得很高興。吃著隨手摘來的「刺黎」、「桑椹」，歡天喜地的同我們走在成年人流淚的路上；掐著野花，扯著野草，蹦蹦跳跳，那活潑、那天真、那快樂，肯定在學校、在家裡是見不到的。他們哪會知道：他們中的相當一部份兄弟已經是走在去天堂的路上！死神為迎接他們，先給他們一個快樂的起點。

「新墳溝」是地處宋家山最高的一個中隊。建在山的一段脊樑上，背後靠近原始老林，老林與隊部之間，一片很大的緩坡，能墾荒耕種的面積上千畝，兩側又是山的兩道脊梁，當時若有以後的「大寨」精神，都是可以開墾成梯田、梯地的好地方。若要變成寸土無荒會有萬畝以上。左邊有「殷家坪」中隊，右下方有「打鑼坪」中隊為鄰。我們起步的「白岩」中隊還在「打鑼坪」右下方不算太遠。到了新墳溝的地界，要到達「隊部」——我們落腳棲身的地方，還真有點上「華山一條道」的味道，一條後面行人可咬前面行人腳後跟的陡坡，不少於一公里路。

從白岩到新墳溝，拖帶著行李、雜物，雖說走了半天，一是開步較晚，一是有娃娃們一路糾纏，幹部只有兩人，也不呵斥、也不粗聲叫喊，張隊長「披荊斬棘」走在最前面，趙隊長本身稍胖，一直都在擦汗。有人被蓋捲沒有綑好，鬆散了，有人盅盅盆盆掉了，落在地上發不出聲響、也滾不遠，因為荒草太密太多，收揀方便，但總耽擱時間。有人說走了三個多鐘頭，才到了隊部。

當日到了新墳溝都有到「家」的感覺，因為知道不會再走。從成都出發已經是第三天了，才算真正落腳，可以好好鋪床了。但床位擁擠，牆上稀泥，床下的野花野草，比起白岩床下的還更有生命，「燈籠花」還圓圓的像個乒乓球，「野菊花」小朵小朵的笑著看人；肯定曾經割了一次的巴茅草，又長出了新的、像甘蔗的葉子竄出了床足，向著窗口想曬曬太陽……

到新墳溝當天，印象最深的是兩三個鐘頭內開了兩餐飯。因為到達時已過中午，午飯下來已經是下午三四點，六點鐘接著又是晚飯。半月以來惟有這一餐沒有把拿出來的飯吃完。這可能是在上山後二十年中唯一的例外。一個下午就都忙一件事：分房、鋪床。按指定的床的長度，一定睡幾個小組。擁擠得晚間「起夜」後再也睡不下去，必須先伸腳進被窩像打「楔子」一樣，用力將身子插進去。雖然還有整排空房，說是馬上還要來新「同學」，是為他們留著。

頭天上山落腳的白岩，算是我們中轉的地方，雖然有人留下，也正式「掛牌」，至少當時還不是已經開始「改造」工作的中隊。到新墳溝當晚的「中隊大會」，讓我們知道了大概原委。還是白天接我們的那位張隊長，把大家召集到一處房裡。房裡過道上放了一張有面無抽屜的條桌，桌上擺一盞算我們宿舍照明的無罩煤油燈，不管你把燈芯撥得多大，那光亮也看不清周圍十個人；還是隊長自帶的行路「馬燈」比較亮，使大家知道那是會場的中心。張隊長抽香煙一支接著一支，同時隨隨便便在對大家訓話、發言：

「今天，我們新墳溝中隊算正式建隊了。你們是來農場的第一批，接著還會有人來。這裡現在只有房子給你們住，有廚房有人做飯，不會把你們餓倒，有廁所，不會讓你們遍地拉屎尿。其他，可以說樣樣都要你們自己搞。最近不出工勞動，先搞好環境。明天開始，看有多少工具，都清出來大家一齊動手，用鋤頭先挖房子周圍水溝，修一修隊部範圍內的道路，不平的地方，先平一平，房子周圍的茅草、雜蕪徹底鏟掉。可能工具不多，不夠每個人使用，能用手的用手，能幫助搬搬抬抬的，每個人都不要偷懶，你們就是來通過勞動改造的，現在開始就要看你們的表現。現在說說紀律制度，目前活動範圍，不准走出隊部房屋外面五公尺，越界就視為在監管中逃跑，逃跑是新的犯罪，犯罪就要判刑。不准打架鬥毆，不准有『反改造』言行，有問題有要求可以通過小組長向幹部反映。你們互相間不准有偷竊，借別人東西先向本人說明，有借有還。總之，一切行動聽指揮，有事先請示報告，批准才行動，各小組組長要認真負起責來。隊部經過挑選審核，先抽人成立了一個『運輸組』，從明天起有武裝『保護』下山運東西，可以說明就是你們每天要吃的糧，和你們要用的各種工具。下山的人要聽武裝指揮，不准同老鄉搭話，不准上街，未經許可不准私自買東西。等會宣佈運輸組名單，叫到的人可以早點在廚房吃飯。」張隊長說說停停，大約只有一個鐘頭。這來農場、到中隊的第一次全隊大會，開得簡明、乾脆。

第二天早上六點就聽哨音叫起床，天才麻麻亮。誰也沒有要洗臉，幾分鐘後就開早飯。我從來怕推搡、擁擠走在後面，見飯桶前有些騷動，原來裡面裝的不是「飯」，是蒸熟了的「玉米麵」，當地群眾叫「沙沙飯」。玉米是峨邊人民的主食，人家祖祖輩輩都這樣過活，我們這些來接受「改造」的人哪能特殊。當地本不出產稻米，大米全靠縣外調劑。國家的糧食政策，原則上是自給自足，出產啥吃啥，本是「合情合理」的，特殊情況才調劑調劑，只是我們事先不知道。胡亂吃完早飯，開始整理中隊周圍環境。由於工具太少，顯得閒人很多。兩三個武警徘徊在算「路」的兩頭，並不直接干預我們。幹部來回走走看看，指揮先搞這裡、那裡，說人閒工具不閒輪流幹，閒著無聊在中隊範圍內走走也可以，也是熟悉環境嘛！強調不准離房子外面五公尺的界線。其實，房屋滴水以外，周圍還全是荒野。比人高的芭茅、雜草，就在一步之遙，有些藤蔓類的攀爬植物，長鬚已經纏繞到「牛筋巴」窗上，似想竄進房來避風霜。以外的地方，是懸崖、是陡坎、是深潭？無法看見。

感謝那些早來這裡作準備的人，還留下些碗口粗的小樹未砍掉，說是留給後來的人拉繩子，曬衣裳。原來「壞人」也有好心腸！隨後就知道那些先期上山作準備工作的人，除了幹部、武裝，都是一九五〇年四川「反革命暴亂的土匪」，當時還在服刑，是些無期或不少於二〇年的長刑犯。但都認罪服管，表現良好。從砍樹、除草、平地、建房，到給剛來的勞教人員運糧、做飯，都是他們。他們早上山大約一年。原來「勞動教養」這碼事，政府在一年前就計定好了。

到中隊的第一週，幾乎完全沒有正式出工勞動。只有早、晚飯前集合點名，擔心是不是有人逃跑。唯一可做的事，是用那些早上山的犯人的工具，把屋前房後的荒蕪認真再作清理，擴大地盤，必須過人的地方再鏟平、拓寬，修出人走的路。手上無工具的人也一旁出主意、提方法，真是同心協力要建設好現在的「新家」。隊長、幹事也沒有使出讓人反感的威風、官架。只是每天派二、三十人下山去沙坪——縣城，運糧運工具；再一批二三十人由武裝持槍帶領去老林打柴。下山的人早出晚歸，也由武裝帶領，一說是「保護」（據說『彝匪』叛亂才平息不久），二是引路，荒野的山地很容易走錯。同時，幹部規定不要同當地人民群眾接觸。說為了「愛護」我們，擔心當地群眾會把對革命、建設的忠誠、熱情，變成對我們的憎恨，若發生過激行為，會造成對我們人身安全的威脅。當時並不知道農場是怎樣向當地人民介紹、宣傳勞教人員的。但幾天後的一個事實證明了一切，不需要任何言語。

當年的「人民政府」辦事，上下一心，一桿子插到底，速度快。大約僅僅一星期，鋤頭、扁擔、繩索、籮筐、砍刀、鐮刀、土萁、二錘、鋼纖，……一切有關生產、生活的東西已大概齊全。保管室已有了多日餘糧。於是全隊編成幾個大組，一個大組（幾個小組）劃片包幹一個山頭，先砍、割荒草、雜蕪，攏成堆燒成灰叫「灰肥」，除去植被後就用鋤翻土。每天早晨六時起床，七時出工。人說一山高低有四季，我隊在高處，此時這裡已近山上的嚴冬，天還未亮。天上下著鵝毛大雪，無植被的地上一層厚厚的「桐油凌」（如桐油色的冰層），穿一般的鞋都不適應，人在上面別說走，連站也站不穩；兩步摔三跤，五步一個滾。擦破皮也不知痛，出血了自然止流——謝蒼天公正，這種情況對幹部也一樣。有人憑經驗說氣溫，最高也在零下十幾攝氏度。好在開始去工地路不太遠，先從近處幹起。「精靈鬼」已經摸索出，踩路邊的枯草不會跌倒，還可看監工的幹部「演」摔跤。他們雖比我們早上山，也是第一個冬天。說什麼「…不要這高，不要這多雪」，可老天爺未經思想改造，他就是不聽教導。舉目四望，真是「…山舞銀蛇，原馳臘象」，詩人有興欣賞「…分外妖嬈，…江山如此多嬌！」而我們這些弱小的生命，卻只感受到那雪片如刀，四肢麻木、寒冷透骨每時每刻難熬。

當時新墳溝中隊的勞教人員組成，成分也很複雜。所謂「社會上」的（凡不是劃「右」由單位、機關送來的人）也佔相當數量，可謂蘿蔔白菜一鍋煮，金銀銅鐵一爐燒。是機關、單位送來的也非全是「右派」。「帽子」很多，現反、歷反、壞份子，頂頂都是菩薩給唐僧管束猴子的法寶。無「帽子」的算是單一的處分——勞教，沒有打上別的政治記號。其中有「抗美援朝」戰場上記過功、復員轉業後不服從分配「無理取鬧」，有老革命不接受新任命，長住招待所「不務正業」，有成都人都知道解放前的少城公園內鶴鳴茶社、看個面相收一個「袁大頭」（銀元，折合近兩斗米）的「神童子」，「神童子」有很多趣事：他不論達官貴人，一律直言奉告，據說他給民國時期成都警備司令部的嚴嘯虎司令看相，說「嚴司令」走路打飄飄，終久要挨刀，至少可以肯定「老運不好」。聽說嚴嘯虎在「建國」後被共產黨「勞動改造」，這相算準了；另一次我親眼所見，在鶴鳴茶社給幾位高中女生看相，他對其中一位要先收錢後看相，還要對方答應不罵人，滿足了他的條件，他對那女孩說，「妳眼睛水靈靈，必定要『偷人』，不是人寡義，是妳太多情，要改也難改，這是一生命。」……等等。有經常穿著唱戲用的「龍袍」在東大街閒逛的「王靈官」，（其實是精神病患者）若包括「帽子」在內，有知名的文化人，作家，從前的商家老闆、由於在「私營工商業改造」中表現很好成了人民的商貿骨幹，有「三反、五反」的「打虎英雄」，有為鄰里糾紛不聽調解，有為打架鬥毆，有在游泳池裡水下無意摩擦了一個女人大腿而起糾紛，有人給了一個的錢拿了別人兩個「鍋魁」（北方人稱燒餅），有人看電影坐樓廂往下扔煙頭、吐口水，有人進餐館想少付錢藏了菜盤，有一九五〇年以後為建設民主新中國、輾轉從海外「棄暗投明」歸來報效祖國的國民黨軍官、專家、學者，還有中學生「不劃右派」的「反動學生」……除了未發現或已處決的強盜、土匪，這裡可算是一個微型社會。

很快就過完一九五七年，迎來了一九五八年的元旦。說我們同全國人民一樣：放假一天。室外漫天大雪，凡是帶水的東西都結冰，連室內的毛巾也凍得梆硬，若睡覺被蓋沒有蒙頭，鬍鬚眉毛也結冰，那室外屋簷的冰凌，上粗下細幾乎觸地。普遍的問題，是如何禦寒。記不起是前些什麼時候，室內已允許生火，但吃飯必須在壩子裡集合。年輕人還會叫冷，年齡大些的叫冷也乏力氣。不過，隊部關心周到，說會很快給缺乏的人發棉衣。元旦這天是放假，不出工也未安排學習。原先說是要搞點文娛節目：說說笑話，唱唱歌，慶祝祖國又長一歲，大家也歡度一個「重新作人」的新年。結果因為大雪紛飛天氣太冷作罷。只要求大家不吵不鬧、不准串房，或者烤火，或者睡覺。

因為是新年元旦，這天的伙食特別改善，午餐晚餐都有三四個菜，這一天每人有一斤豬肉。幹部再三強調要我們牢記：這是黨和政府對我們的特別「照顧」。因為我們是「農場」，按政策規定，除油鹽外沒有「副食供應」。場裡的每人供一斤肉，還通過省、地、縣三級政府的關懷、協調。這天的早餐饅頭和午餐、晚餐的大米飯，還是場領導同峨邊縣的糧食部門說了不少好話，才得到「調劑，調劑，關懷，關懷」。還說黨和政府沒有忘記「愛護」我們，犯了錯誤、甚至「向黨倡狂進攻」，還把我們當「人」對待。黨和政府對我們勞教人員是「仁至義盡」的關懷，是「苦口婆心」的「教育」、「挽救」、「改造」。目的是要我們重樹立世界觀、人生觀，再回到「社會主義行列」，要緊緊跟著黨，「絕對擁護」各項法令、政策，「無限熱愛」毛主席。

（二）

從來都說中國的歷史最古老，中國的社會最文明，偉大的中華民族是禮義之邦，崇尚人倫，最講綱常。國家的衰敗是從明、清開始，罪魁禍首是封建制度、全國聽一個人說了算的皇權專制。二十世紀開頭有了個孫中山，一本「三民主義」，埋葬了延續兩千年的封建皇權，從「金鑾寶殿」趕了下中國最後一個皇帝。有奴性基因的中國百姓，由此懂得了「革命」。開始知道社會要講自由、要爭取平等，要民主法制當家作國家主人。但老百姓得到的最大實惠，是男人可以不再留辮子，女人可以不再纏腳，百姓見官不再下跪。進政府機關辦事，不再有「威武」的吼聲。看起來多好的「建國大綱」總在紙上，民權、民族、民生，雖是革命的宗旨、行動的號召，人民的需要，特別是「耕者有其田」，拖了三十八年也沒有兌現。歷史地說國民黨政府，一開始就命途多舛：「討袁」、「軍閥割據」、「日本侵略」……加上蔣介石失道寡助……隨著毛澤東領導的中國共產黨，宣傳的「新民主主義」深入人心，說新民主主義就是「新三民主義」，比孫中山的「三民主義」更完善，更美好。不但要完全徹底實現民族、民權、民生的主張，還要給每個中國人過上「各盡所能，各取所需」的天堂般的幸福生活！但「天堂」誰也沒有去過，或者去了的人又從未回來，所以誰也說不出它的客觀實際模樣。大概你愛想得如何好，它就有如何好，想有什麼就有什麼；或許那裡沒有匱乏，沒有愁苦，只有滿足，只有快樂。也許正因為不實際、沒有標準，所以中外古今都用「天堂」來騙人先作出某些犧牲，甚至生命。陰謀家會利用他人的良好願望，比如下午要你成為光榮烈士，上午可以給你「火線入黨」。吃了「苦中苦」的人不少，成為「人上人」的寥寥……毛澤東僅僅在十來年中，特別抓住了「八年抗戰」這個國家、民族矛盾突出的寶貴時機，並靈活使用實用主義的手段，和顛覆傳統經驗的欺騙，加上以後當總理的奴才幫忙，攬盡了中國幾乎全部精英，從勝利走向勝利。比本人預計的時間還短，在佔人口絕大多數的支持下，成立了嶄新的「人民共和國」。並立即實現了「耕者有其田」。比起「余致力國民革命凡四十年……」才建立的未能強國、不能富民的民國，毛澤東的「偉大」是舉世公認的，「受人愛戴」是理所當然的。為鞏固新政權，建立新制度，維護新秩序，雖然當初有許多過激行為，畢竟事關成敗生死的鬥爭，暴虐地殺了一些不該死的人、把許多平常事當成「敵情」，從「土改，鎮反，三反、五反」開始，既謀財又害命，百姓也認了。但到了和平建設時期，儘管方式不同實際仍在繼續戰爭。因為「領袖」心中還有總人口百分之五的「敵人」。「運動」一個接一個，自認是醫術高明的醫生，在「病人」身上不停地做作手術，一個，兩個——據說要五百個「運動」才能達到理想水準。即使抱怨很多，但憑以往解決問題的成功事實，當時六億龍子龍孫，忍著疼痛也要頌揚中國有了「大救星」！建國也才六、七年，不是「民主革命」已經勝利、「社會主義改造」已經完成了嗎？說「金橋」已經搭起，很快就要進入人類生活的最高境界——共產主義社會。「各盡所能，各取所需」，也許下週就開始實行。當年全國上下叫得最響的是：「蘇聯的今天，就是我們的明天」。可惜中國老百姓當時去過蘇聯的人太少，去過回來的人又從未說明，那裡的「幸福生活」是什麼樣子？到處都是「紅莓花兒開」嗎？年輕人都是去莫斯科郊外談情說愛？一切都是只給你想像，給不出點點實際的榜樣。儘管以後許多年才知道，那時的蘇聯也是其歷史上最黑暗、最暴虐的。「世界革命人民的偉大領袖」史達林個人專制獨裁下，其人民生活也十分困難艱苦。但當年我們「共和國」的任何新聞、媒體還是把蘇聯當成榜樣來宣傳。（不過，現在看來不能說「記者」沒有良心）可以說整個毛澤東時代，對史達林的「光輝形象」是原封不動的。直到別人自己揭醜了，還說出了「修正主義」。這時誰也沒有特別感到，「世界革命中心」正在慢慢轉移。因為人間事「……從來急，一萬年太久，只爭朝夕！」偉人要率先實現共產主義，心裡著急。「運動」是最好的辦法，可靠的經驗是「秋收起義」。以前不斷取得勝利是講求團結，要實現階段性的目的，盡可能擴大隊伍，要有人前仆後繼。林子大了什麼鳥兒都有，隊伍肯定不夠「純潔」。何況多數人是為追求民主、自由而來加入革命，勝利了，建國了，要的東西並沒有實際得到，卻要徹底放棄，當然有意見，有不滿。如今天下「一桶」，握在一手，「共同綱領」、「聯合政府」如經又成了新的障礙，必須踢開。「陽謀」也好，陰謀也罷，不會看臉色、聽聲音、猜心理，都滾蛋吧！無論民主黨派的領袖、從政府部長到機關辦事員、學生，以及一道長征的同志，你敢有不同聲音（別說舉動）都有辦法收拾。都「給出路」讓你有地方活下去。無產階級革命人道主義，在中國處處都有充分體現，送勞動教養的娃娃路上走不動，武裝可以背上山……

（二）

「勞動教養」這個嶄新的名詞，全新的政府行為，在有幾千年文明史的中國，沒有誰認識它，更沒有誰體驗過。不是「舶來品」，唯獨它不是從海上而是從祖國背後北方大陸來的，是從「偉大的蘇聯」引進的。還通過我們最高權力機關——全國人民代表大會批准實施的，說是具有立法性質。別小看了是一個「條例」，它實際具有一部國家法典的意義。不誇張說它比任何成文的法律更具靈活的可操作性。該「條例」老百姓還真當成了一種福音，心裡感激著「大救星」要把鬼變成人！小孩調皮不乖、不聽話，鬧得四鄰不安靜，街坊有反映；小學生把學校小人書放進書包帶回家；中學生同老師頂句嘴，或者不擦黑板、不打掃衛生；家庭、學校都可以申請「勞教」，至少我從未聽說過誰未獲批准。被單位停職不好安排，被機關開除給你找條去路，等等，都適合「勞動教養」。由於「條例」適用範圍太寬，標準太低，方便靈活得幾乎沒有標準，很容易就成了整、治人的方法和手段。「勞動教養條例」這種被視為對「刑法」的補充，（當時我國還沒有「刑法」）不經起訴、審判，就可以懲辦任何人的措施，對於建立「一桶」天下，簡直就是一個使用十分順手，操作十分簡單的程序。各級政府、社會各種勞動組織的官員都十分喜歡。任何一個社會單位，包括學校、商店，更別說工廠、作坊的領導幹都，若因什麼不喜歡誰，用半張紙寫個「材料」提出送勞動教養的

「申請」，這個人很快就從單位、從社會、從家中消失了。古人說：「欲加之罪何患無詞！」而「勞教」本身並未定性有罪，只是有「過錯」而已，「人非聖賢，孰能無過？」在工廠、商店什麼地方上班，遲到幾分鐘可以認為「不遵守勞動紀律」，夠勞教標準，出身不好，勞動組織不要你，閒在家中，可以「不務正業、好逸惡勞」送去勞教，拉一拉女同事的手，拍一拍女同學的肩（當事人並未反對）可以認為「流氓」行為，多次去找領導要求解決什麼問題，惹得領導煩了，可以「無理取鬧、妨礙公務」，送勞教……當然，這是不是從「老大哥」那裡拿回的又一寶貴革命經驗？誰都知道，上世紀六十年代以前，共和國要引進的東西，管是「硬體」還是「軟體」都是來自前蘇聯。雖說「科學的馬、列主義革命」要結合本國實情，實則搞得最好似給客人換了一件衣裳。想來不會有人否認：當年來自「蘇聯」的，都是革命的、寶貴的經驗。說「勞動教養」就是「教育的詩篇」。大家想必記得一部前蘇聯電影，故事梗概說的是列寧領導的俄國無產階級革命勝利以後，蘇維埃政權剛剛建立，由於戰爭和其他種種原因，造成社會上一大批無家可歸、無人管養的孩子，蘇維埃政府派了一位以後成為「教育家」的人去收容、管教他們。這位管理者像一個好父親，又嚴格又慈祥。他把孩子們組織起來，似學校又似一個大家庭，先指出他們中的不良習性，從人格上尊重他們。通過日常生活中的一些小事例，先樹立他們的自尊心，有的是小乞丐，有的還有小偷、小摸的惡習，又再給他們塑造自信心。再讓他們力所能及的幹點事情。首先有紀律的自理生活，教他們恥於懶惰，同時也輔以文化學習。這樣一群可能成為社會負擔的孩子們，經過管教和勞動培養以後，都有了參與社會正常生活的光明前途。最終成為蘇維埃社會主義的建設者或捍衛者。這本是一部描寫和紀念一個「蘇維埃教育家」的故事片，可視為一部好電影。（雖然有謊言編造，但客觀效果是好的）整本電影畫面沒有一點政治說教，故事情節也沒有一點刑事懲罰的意味。蘇維埃政權誕生的初期，人民生活是十分艱苦的——一天一人只有兩片麵包。孩子們也能忍饑挨餓不再偷盜。整個故事讓人感覺是關懷、教育、人道。影片名就是「教育的詩篇」。如今六七十歲的人，可能還回憶得起。

大概是因為對馬、列主義有了創造性地發展以後，當初在別人手裡是「好」的東西，到自己手裡性質就變了。像「鐵扇公主」的「芭蕉扇」，可以造福，可以為禍，問題是在誰手裡，抱著什麼目的用它。

農場建隊最早的應算「女一隊」，因為她們上山當天就到達目的地。我們分到「新墳溝」的還在白岩這地方過宿一夜，當然都是進場的第一批，是十一大卡車同天從成都送到峨邊的，這是投入農場的第一筆勞力資源。我是這第一批中的一員，可以毫不謙遜的說是「開山祖師」。全過程地經歷了宋家山從荒涼到「繁榮」。

如同一個國家服從一個人一樣，一切都高度集中，高度統一，不准有偏，不准走樣，相同的事定如刻版。一個中隊設兩名隊長，一名事務長（主要管全隊伙食及全隊生產、生活資料的供給和中隊錢物），一名教育幹事（管全隊勞教人員的思想、言行和紀律制度及安排學習），負責「管教」，一名生產幹事直接管理勞動生產。隨後又增加一名指導員（中隊的黨政領導），是一隊的最高長官。一個「勞教中隊」的人員定額大約是十個「排」的人數。因為共產黨是靠武裝打天下的，最熟悉不過的是有關軍隊的方式和方法。並用此方法管理一個國家。直到二十一世紀的今天，也還能看到穿軍裝跳芭蕾舞，這證明崇尚軍事的精神。更不用說還在建政僅七、八年的五十年代。各中隊的基本建設，完全就地取材，樹木、竹子、茅草、泥土，橫豎數百里的原始森林就在山上。從當時看有取之不盡的自然資源。（前幾年重訪舊地，據說在當年的起點上要縱深徒步一天才能見到大樹了，老林又後退了幾十里）新墳溝中隊當年最先有人開荒勞動，後來也最先廢棄。不是減少了中隊，而是因地制宜重新規劃了地方。

全場十幾個中隊，無論哪一個中隊，座落在最高處的房子一定是中隊部，以示領導之居，辦公之地。但其他條件並不兩樣，同樣茅草蓋屋，同樣稀泥敷牆。不同是幹部隔了小間，一人一房，有桌有凳有床而已。一樣透風，一樣漏雨，一樣寒冷。雖然身分有別，管理者與被管理者，一是革命工作服從革命需要，與「有罪、有錯」來接受「改造」，都在同一個山頭上。一年三百六十日，一樣要經受雪劍霜刀，跟勞教人員同曬一個太陽。他們是「專政者」，我們是被專政的對象。再說一日三餐，儘管分大、小兩個廚房，幹部在蔬菜上數量多一點，主食也各有「定量」，那飲食品質也好不到那裡去，頂多淘洗乾淨一些。若有病有痛，即便是兩種意識形態，相信會是一樣的感受。勞教人員在受苦，幹部也並不很舒服。我們是同親人拆散，他們身邊也沒有妻兒老母。各自的精神支撐，也許全靠不同的信念：說我們「有錯、有罪」是在經過「改造」重新作人；幹部是在為黨和政府作貢獻。為了開墾這荒山，為了給社會主義增加生產，都要作出某些犧牲。一個「條例」把我們套在一起，管人的也好，被管的也好，個人之間沒有恩怨。「你們不來『勞教』，我們也不會上山」。憑著理性，兩者相安。

上山落隊已經一個半月了。一種與過去完全不同的生活方式，完全不同的生存狀態，從喧鬧的城市走進了荒涼。這裡沒有現代文明的標誌，實實在在的走回過去一百年、還是兩百年？真的要「脫胎換骨」來一次徹底的改造，何止是思想！不過，如同上刑場的恐懼與絕望的心理沒有了。三餐雖吃得粗糙，能基本吃飽，自然環境，若衣能禦寒，房能保暖，應視為是最好的，是小說中苦僧老道成仙成佛修行的好地方。巍巍峨嵋山就在前面，莽莽大渡河就在山腳。我們這個中隊四、五百號人，老到近花甲之年，幼小的夜間還要尿床——兩個少年組共四、五十人，指派了四個成年人作他們的組長，是實際意義上的「男袱」。遇巧我的大、小朋友，在「收容所」進門就認識的蔣光平小弟弟，和那個說是公安局送來的雷志明，他倆一是組員一是組長。因為早已相識曾經共處一室，如今真成了哥哥弟弟，互相親人般地關切。由於是冬天，又下大雪，加上照顧，少年組不上工不勞動，也不參加集合、點名。當大家收工回隊，聽到少年組房裡吵吵鬧鬧，唱歌說笑，在這沒有高牆沒有電網的地方，真還不感覺寂寞淒涼。不過，人們的衣裳已經開始破爛，沒有熱水當然不會天天洗臉，毛巾、單衣、以及什麼織物、布片，大都裹在頭上、手上、腳上，盡可能稍稍抵禦風寒，你不嫌我髒，我不嫌你爛，看似一大群寒冷中的乞丐，住在一個沒有桌凳、連個人床鋪也沒有的貧窮大院。

不是大雪下得十公尺外就看不見人，每天都是要出工開荒的。「上邊」規定的勞動時間，是每天九小時，農忙季節十一小時。但具體執行起來，與其他許多政策、文件一樣：只要對國家有利，似乎又允許過「左」、過分、可偏。冬天雖然白天不長夜間不短，然而白茫茫大地的反光，若沒有鐘錶為證，還真教人分不清白天、夜晚。開生荒造熟地，這本身就是「農忙」，何況是「農場」。按政策本身規定就沒有主、副食供應，據說「上邊」只給了一年時間，就要自給自足。這使場、隊當家的心中不能不慌。大家都知道農民要搶季節播種，翻田犁地只有多辛苦耕牛。中隊幹部多次強調翌年春播前，每人要開荒三畝。我們的上工時間就可想而知。由於工地分散，午飯若回隊，來回就耽擱時間，於是「沙沙飯」改成玉米饃饃中午飯送到工地，最初還有菜有水，送到了由組長分配。因山高路滑，送飯人常常在路上跌倒，饃饃可以揀起來，這湯（水）連菜就無法收拾，到手上只有饃饃，奈何！而且已經凍得石硬。幸好各處都有燒灰肥的火堆，可以烤熱，不然還無法進嘴。但半小時的吃飯、休息時間，那開工的哨音又吹得人心顫、腸斷！

許多事從來沒有經驗過。比如冬天勞動特別口渴，特殊原因又沒有水喝；認真幹又容易出汗，偷點懶又凍得哆嗦；不把口鼻遮住，清鼻涕也會結冰；遮住了又出不得氣。各人護口鼻的東西，乾燥時不論多麼柔軟，在山上都是貼著皮膚的一層水濕，接觸空氣的外層都會凍硬。互相還有心情取笑：大家都自己戴著牲口樣的「嘴籠、口套」。

因為人員的組成，來自社會的各個層面，有不同的知識、思想、經驗、趣味；也有各自過去的歡樂與苦難，現實的憂慮和期盼，眼前的艱難困苦如何應對，看不到的前途又如何打算？逐漸通過交流，才知道生活原來如此多樣！而眼下要把原先不同的品質，來一個簡單的、又完全一樣的改變。不是「農場」接收了我們，而是我們正在創造「農場」。我們要把這山的唐裝宋服脫下來，給它換上「社會主義」的新衣裳。來年春播的土地，目前還在我們起了血泡的手上。要一寸寸擺在地上，從地裡長出莊稼，還不知要克服多少艱難。一方面說創造性的勞動光榮，一方面又說我們只有通過勞動才能贖罪！我們有比娘親還親的黨的關心，有怕我們明天犯罪的政府的愛護，要我們比「長征」的艱苦，說我們如今不算苦。至少有茅屋住，生東西有廚房煮。

好在改造複雜的思想不需要高級技術，只要簡單的勞動，並不斷重複。會用刀割草、砍樹，會點火燒草成灰，用鋤挖地就是全能。關於「政治學習」，幹部從來強調最最重要。「勞動僅僅是手段，思想改造才是目的」。然而對兩者的時間分配和安排，從來又都是「手段」多於「目的」，兩小時同十一小時以上的比例。再說學習內容，也同勞動一樣簡單。當初一個關於勞動教養決定條例，翻去覆來的讀，翻去覆來的談，自從有了報紙，又從報紙上學習「社會主義大好形勢」，也是談了讀，讀了談。談要結合思想，要結合自己，多談黨和政府的「挽救、教育」，多罵自己的「反動」本質，「深挖」自己的「反動思想」，考古一樣細找自己「犯錯、犯罪」原因，可以不管前言後語，歌頌共產黨、毛主席，可以無中生有讚頌共產黨、毛主席英明、正確、偉大，全世界人民生活都沒有我們幸福，英、美資本主義國家的人民正在水深火熱中受苦，那裡的共產黨遭到取締，因為他們那裡是「反動」政府，還伸長了頸子在盼望我們幫助……等等，像大渡河水流個沒了沒完。昧著良心說自己壞客觀好的人受表揚，實話實說遭批判。雖說重「改」不重「勞」，其實人人都知道，只有勞動好就能一肥遮百醜。不違犯紀律制度，勞動一般過得去，成年累月也沒人過問你。開荒種地向荒山要糧才是根本，才是我們上山的一個目的。

照常理說壞人多是生性乖張，桀驁不馴，不自覺，無道德觀念，不守紀律，不尊重法律，不講秩序的群氓。然而這裡情況卻並非這樣。直接管人的幹部，只有三人：兩位隊長和一位教育幹事，四五百號人實際是按規定的「紀律制度」自己遵守。每個小組的組長經管著小組內的全部問題，幾個小組組成一個大組，大組長在小組長中產生，（當然由幹部指定）在幾個大組長中又確定一人，作為上、下溝通的橋樑，反映下面的事情和傳達上面的命令。此人不參加出工勞動，從吹起床哨、集合開飯、出工、工間十五分鐘休息、收工，一直忙到睡覺熄燈。儼然是勞教人員的頭頭，又是幹部的勤務兵。凡是幹部不在場，規定的「紀律制度」就如「尚方寶劍」，可以代表幹部執行。若有人生病要求請假，睡覺前寫好假條由小組長再交大組長集中，大組長再匯總去隊部請幹部（多是隊長）審批。這中間小組長算第一關，大組長算第二關，起決定作用的是第三關——幹部批。但幹部多聽大組長「建議」。實際上大組長掌握著真病、假病、准不准休息、出不出工的權利。有時誰要求買點東西，也是小組而大組，大組而隊部批。有錢不一定花得出去。特別午飯在工地上吃，送飯上山的人哪天不摔跤才是怪事，一跤跌下去，籮筐、饃饃順坡滾，揀回來饃饃只有少不會多，（曾經有人挨餓，以後送飯每每準備有多）若每個人都發了還有剩，大組長可以決定給勞動好的人。當時口糧不算緊張，但因天冷勞動強度大，能多吃一點當然更好。若有人在工間臨時生病或受傷，可以經過這值勤大組長同意，立即回隊休息；或有人因故不聽招呼，大組長可以採取強制措施。作為大組長有以上的權利，在勞教人員中自然高人一等。大組長還有一個特殊，因為要照看全隊全日瑣碎事務，三餐可以在廚房裡吃飯，當然也沒有限定份量和吃飯時間。僅此一點就讓人羨慕。白天在幾個山頭的工地，忙著吹哨：休息，開工。若有時間就蹭在燒灰肥的火堆邊，這個為了什麼來要求，那個又說有啥問題要反映，說不清總會有許多事情。也能理解別人也想趁機歇歇氣，烤烤火。何況在零下氣溫的下雪天，大家都是一樣的人，我又因何而有幸？！想來不管張三、李四，上下總需要這麼一個人。有「同學」對我私下說，按迷信你可能祖上積德，不然那有這份幸運。我想共產黨辦事不是隨便的，一定有原因有標準。自作聰明的估計，第一我沒有被打上「政治記號」，也沒有社會上的各種惡習；第二僅僅「家庭出身」不好，畢竟是學生，既不懂社會世故，城府不深，說話做事比較單純，不懂諂媚，不會逢迎，一是一，二是二，說到底一張白紙反映真實。下情上達，上令下行，都不會添鹽加醋，這可能就是我佔便宜的原因。也證明「黨和政府」對哪些事要用哪樣的人，思考、選擇一點也不糊塗。

我兢兢業業、謹謹慎慎地幹著這「同學」們羡慕的事情，仍然要犯「錯誤」。那是因為感情用事拗不過自己良心，並第一次受到隊長的個別教育。一次晚上大夥熄燈睡覺以後，去隊部請幹部批病號假條，那位張隊長對我指出：你一般不錯，但缺點很多，第一不反映下面的思想動態和言論情況，（其實我根本不懂，因為從未在過機關、單位）別的小組長、大組長都有反映，某人發牢騷，某人說反動話，某人不認罪並「誹謗」黨和政府，攻擊勞動教養政策，就是你不向幹部反映，改造中的頭等大事，你真的沒聽到還是存心不說，或者包庇。還有，不是請假就會批准，很多人怕艱苦會裝病，（當時中隊還沒有衛生員）目前只能以是否發高燒，明顯外傷來確定。外傷可以看，病人不吃飯。沒有批准休息的，勉強出了工，在工地說有病你就喊回隊休息，你每天給我要起幾十個人。你算算幾十個人每天少開多少荒地？當然，有的年齡大點，衣裳單薄，身體不好，山上下雪還有風，這些情況我們瞭解，還有本身就好逸惡勞、好吃懶做，這裡不是慈善單位，是改造場所，就是來吃苦的。到現在還未逃跑過人，這點，幹部很滿意，你們對紀律制度遵守也不錯。但仍然須要加強互相監督。特別要留意每個人的言論思想表現。你有靠攏政府的最好機會，要珍惜。幹部不在的時候要敢於大膽管人，不要認為有的人在單位、機關都是幹部，說不定還是負責的，到了這裡身分都一樣。執行隊部的指示，下面肯定有人支持，武裝（當時中隊駐有三、五人）不直接管你們的日常事情，但發生你們自己控制不了的情況，可以先告訴他們，他們會幫助、支持的。……一席話談下來已經凌晨一點。我也才知道每晚都有一位幹部通宵值班。今夜正是張隊長。兩月來我又喝到了成都花茶，還抽了他不少煙。給我的感覺是「勞動教養」與「罪犯」是有點不同。最使我記得的是張隊長直爽、說真話，政策、人情十分分明。對我來說是第一次面對面接受教育，「勞教」的第一課。

（四）

一天早飯後剛吹過出工哨，正準備去各宿舍查看是否有人不請假又不出工，和統計有多少病號需吃「病號飯」（也就是玉米糢換成玉米羹）好通知廚房炊事員。這時張隊長叫我：

「你去挑兩個人，帶上鋤頭到我這裡來。不要太年輕的。」我立刻從正在出工的人中挑選了兩人。那時還叫不出他們姓名，「你，你，帶上鋤頭跟張隊長去。」這時張隊長肩上扛著接我們來新墳溝時的那文老步槍，已到面前。並要我去廚房給這兩人拿午飯，還吩咐每人多拿一份，去廚房我順手給抓了兩大把醃菜。拿一張墊蒸籠的蒸帕包好，算是兩人午餐還有菜。（當時我們一日三餐中至少兩餐吃醃菜，還是「兄弟單位」的支援，每日一餐的鮮菜也不能保證）張隊長帶著他倆，從中隊另一側原本無路的地方，踩著被雪壓爬在地上的荒草下山了，我有點奇怪那不是去縣城的方向。

當天收工已經開晚飯的時候，才看見隊長帶著兩人回來了。張隊長那形象，真像電影中的散兵游勇。一支步槍扛在肩上，槍上挑著員警的藍色棉大衣，紅色毛線衣捏在手上。看得出三人都很累。我們中隊所處地勢，不論從哪個方向上來，都是長長的陡坡，如果要走捷徑，只能望方向穿草叢，他們大概是這樣回隊的。他們身上都爬滿了「毛狗」（一種野生的草籽，俗名「粘粘草」）可以證明。張隊長叫我通知大家：今晚開大會。並要我帶那兩人去廚房吃飯，說他們今天辛苦了。去廚房吃飯意味著將肚子吃飽，沒有定量。也算是一種獎賞，一種特殊環境下的優待。所謂大會，也就是把全隊勞教人員集中在一個大宿舍房裡。還打招呼今晚少年組不參加。

與往常一樣，大會都安排在靠近隊部的一排宿舍裡，一是幹部來往較近，二是武裝人員的住房就在旁邊。說不出更多原因，反正在這裡秩序要好些。首先是離其他宿舍較遠，至少不會有太多的人溜走，回到自己宿舍睡覺。

吃飯花不了很長時間，加上早已從生活中剔除了洗洗漱漱。很快人已集中只等幹部。還是張隊長提著馬燈最先來到，不久看到幾支手電筒晃一晃的光亮。這晚是隊上的幹部都到齊了，那氣氛就不同平常，這個大會的最要性可以想像。

大概清點了一下人數，看是不是都到了。

「今晚注重只談一件事，」張隊長開始講話了：「剛到中隊就給你們說得很清楚：逃跑是沒有出路的，無論如何你們也是跑不掉的。第一山上沒有路，你們也不熟悉環境，背後是千年老林，橫豎幾百公里，能傷人的有熊，下雪天還經常出林子找吃的，據當地群眾說還有豹子，還有毒蛇，走進去就會迷失方向，找不到原路出來。森林的那一邊是馬邊縣，我們這邊是峨邊，千百年來還沒有人穿越過。離開中隊以後，吃什麼？最容易碰到的人是彝胞，你們語言不通，他們上山都帶有獵槍、獵狗，男女老幼身上都有刀，發現你單獨行動，就會把你綑起來送『場部』，說不定還先打你個半死，像拖野豬一樣把你拖起走。平時派你們上山打柴，都要你們隨時隨地集體行動，不能掉隊，是有一定原因的。就是白天公開上、下山，沒有武裝領路，沒有幹部一道，就你們兩三個人一起，看你們走不走得了，碰到老鄉還好說，就算你們當時能矇騙過去，他們也會馬上去報告附近中隊，各中隊的地方，山上的道路比你們熟悉。你們的穿著，你們的樣子，一看就能分辨你們是山上的『勞教』，要離開峨邊，出口只有一個，就是馬嘶溪渡口。要到馬嘶溪還得一路經過許多地方，這一路必定碰上農場的人和當地老鄉，誰都有權盤問和阻攔你們。就算你們這一路都能躲過，到了馬嘶溪，只有一條船，渡口兩邊都有農場的人。你們不能不開口說話，聽口音就知道你們是哪裡來的，峨邊縣來往流動人口不多，無論如何也逃跑不脫。外地人來往辦事有介紹信、有身分證明，你們有什麼？若說找個僻靜無人處游水過河，不要說冬天，就是最熱的夏天，河水也冷得刺骨。別看河面平靜，這河水的流態是往下翻沉。這宋家山兩頭，都是彝族聚居地，通常行人的路線沿途有中隊，你們往哪裡走，還可以給你們說明，現在山上沒有大路，從一頭走到另一頭，不識路要走近一天時間，一天中你們不遇見一個人？山上有錢也花不出去，餓了哪裡吃飯？明確一點說，宋家山是一個『口袋形』。省（公安）廳事前派專人勘查過這裡的地形、環境，不用圍牆也關得住人。（在送來勞教的人員中，確有兩人早期就是來勘查、確定這地方的。真是『木匠做枷』一點不假；（以後還聽說北京的公安局長早年修秦城監獄，「文革」中自己也住進去了。還感歎若早知自己要住，當年該修好一些）……」張隊長一支煙棱著一支煙，完了又點燃。這晚一屋幾百人，沒有發出一點聲音。他放在火坑邊的已燒得黢黑的搪瓷茶盅，有人給他遞過來，喝了幾口，接著又講：「所以平常對你們管得寬鬆，沒有武裝跟隨看管，下雪天也不堅持早、晚集合、點名，休息時候也讓你們自由活動，只要不走出中隊範圍。一是相信你們會自覺遵守紀律、制度，二是靠你們互相監督。願意接受教育、爭取光明前途的總是大多數，我們也希望你們早日『解教』（解除勞動教養），回到單位、回到家裡，重新工作、和自己親人團聚。當然，事情總是一分為二，肯定也有不願接受改造的，不能經受艱苦的，強調互相監督是說明他人避免再犯錯誤，也是提高自己政治覺悟的良好表現。黨和政府的良苦用心，總會有人不正確認識，對教育改造是抵觸的，對挽救、關懷是抗拒的。堅持反動立場，抗拒改造存僥倖心理，逃避現實，這也不足奇怪。……當然，目前是艱苦一些，大家頭髮很長了，沒有理髮員，隊部只有一些常用藥，還沒有衛生員，冬天水都結冰了，煮飯用水也困難，這些我們幹部都知道，也是看在眼裡的。有一兩個月沒有洗過臉的人，我們件件小事都清楚，正在積極想辦法很快會得到解決。……現在天冷了，馬上就要給你們需要的人發棉衣、發被蓋，實際困難我們會儘快解決。黨的政策不讓你們受凍、受餓，毛主席都關心你們，指示對犯人有病也要醫，吃粗吃飽，不要受凍挨餓。對你們也要實行革命人道主義。希望好好接受改造，早日成為社會主義新人。除了黨和政府的照顧，還要自己愛護自己。你們會想念你們的親人，你們的親人也常掛念著你們。若你們自己要走絕路，首先對不起黨和政府，也對不起自己的家庭……再說，勞動教養和勞動改造的性質是不同的。勞動改造是武裝管理，有一定的強迫性，勞動教養是紀律管理，是說服教育，一個是人民內部矛盾，一個是敵我矛盾。你們的『公民權』沒有被剝奪，還有『選舉權』，只是在勞動教養期間必須接受帶強制性的管理。……生活環境、條件會很快好起來。過了年山上要開始修公路，上下山有交通車，隊與隊之間都要通車，生活、生產物資再不用人背、肩挑。政府提供一切必要條件，你們就是建設者！要把這座大荒山變成自給自足的家園。你們走了，還會有人來。當你們看到自己建設出成果的時候，自己也會高興的。現在暫時吃點苦算不了啥，我們當幹部的不是同你們一樣在山上嗎？你們也天天看到的，生活上我們之間又有多大差別？……有什麼思想，有什麼具體問題，隨時可以同幹部談，凡是符合政策、規定的，我們盡力解決。要逃跑就是逃避改造，拒絕接受挽救教育，只會有更壞的結果……現在宣佈一件事：××組的×××，前天收工未回隊，我們原來認為他沿上山的路跑下山了，下了山一定會被抓住的，其他沒有路可走。不知他怎麼會跑去了『苦竹壩』（一個山溝裡的鄉所在地，在新墳溝中隊左下方，距中隊二十多里地），去峨邊縣城鎮的方向都搞錯了。」這時張隊長的臉色陰沉下來，夾在指間的煙蒂也丟了。「結果如何……這結果是大家都不願看到的，二三十歲的人，身強力壯，接受改造，聽管服教，本來是有前途的。二三十歲嘛！」張隊長突然提高嗓音「前面的路還很長，可他一個晚上就走完了！被彝胞民兵開槍打死在河壩上（流經該地有條小河匯入大渡河）今天我才帶兩個人去就地掩埋了。」

這是上山以來發生的第一件讓人意外、讓人驚愕的事。幾百人聚在一間大屋裡，靜得像一座墳山。沒有一點其他聲音，只能聽到周圍急促的呼吸。幾盞煤油燈分散在屋中央通道的條桌上，懶洋洋的飄搖著不足二寸高的火苗，給人的黑煙多、光明少！

張隊長重新燃起一支煙，又喝幾口茶，室內凝固的空氣又開始流動。停止了的悄悄話、小動作又有了感覺。有人寒顫，有人心跳，有人徨恐，有人歎息……

「你們要以此為教訓，」隊長的講話聲才恢復了剛才好似停止了的時間。

「特別是還有逃跑思想的人。這樣的事我們不願意發生，已經發生了，對你們，對幹部，都是一個血的教訓。我們有管理不嚴的責任，本人也有行為的責任。……從明天起，學習就用一週的時間討論逃跑有沒有前途？這個問題要說深、說透，人人都要發言。互相要打破情面，檢舉揭發，誰有逃跑思想？出工、收工，以大、小組為單位一道走，中途不能走散，批准不出工的病員，集中在一處休息。收工後或出工前，隊部周圍的各個路口，由各小組長輪流值守。管緊一點對你們有好處，對遵守紀律的人就不覺得嚴，嚴是對不自覺的，那也應該。你們苦著臉來，我希望以後見你們高興地走。到時候捨不得走，我可不收留。」

張隊長文化不高，沒有革命理論修養，說話中裝飾不出馬、列主義著作詞語。是一個務實的人，不懂得用「教條」打扮自己，沒有開口閉口加強「人民民主專政」，沒有把勞教人員當賤民，對一個生命的不幸沒有說「可恥的下場」，沒有藉此來對大家進行恐嚇，只說明事實而掩蓋血腥。為了證明自己做事有據，會常常抬出毛主席。當晚這個大會，沒有像領導講話有稿紙，看得出是想到哪裡說到哪裡，語言樸素，結合實際。沒有脫離政策要求，還充滿人情味道。想不到一個肩扛老步槍、不修邊幅的普通幹部，講起話來還真「壓堂」，其效果還超過作大報告的首長。讓人願意聽，聽得進。

以往散會後，勞教人員狼奔豕突般從兩道小門擠出來，你推我搡，互不相讓。年輕力壯的只顧往前竄，年老體弱的自覺靠邊。搶先上廁所，搶先上床睡覺，搶先把自己身體擺好，儘可能四肢伸展舒服一點，誰也不願後上「床」會成為「楔子」插進被窩。可今晚散會卻表現得退場很有秩序，也許每個人心中裝了一個死人，腳步有些沉重。

我在新墳溝中隊不到半年時間就調離了。這段時間沒有再跑人。可以說這次大會開得很成功。合情、合理、合人性的事情，貫徹容易，人們也會聽從。

第二天我在山上開荒工地，找到頭天被隊長帶去埋人的兩位「同學」，好奇心使我想知道埋人的現場情況。趁大夥勞動工作的時候，在一處遠離人群燒灰肥的火堆邊，叫兩位同學說說昨天的經過。

「你說說昨天的經過。」我問。

「張隊長一再招呼過，不准回隊給任何人講。」他是成都一個商貿單位來的辦事員。三十來歲，當時我比他年輕，從他眼中對我有疑慮的神情。

「同學」，我隨即遞給他一支香煙。當時我還算是富裕的，上山時隨身有幾十元錢。買香煙是允許的，我買東西也方便，每天可以要下山的「運輸組」帶。但很多人身無一文，當時還不准親友寄物、寄錢資助改造。吸煙的人沒煙抽，在隊上揀武裝人員、揀幹部煙屁股的人時時都有。互相間也不准給予，那是「拉關係」，「搞小團夥」，幹部知道要挨批評的，給誰一支煙，相當於給饑餓的人一餐飯，別人會很感激。

「我總不能直接去問張隊長吧！我昨天叫你，不叫別人，就是信任你，你還信不過我？」我暗示著「大組長」的身分，耍起了小聰明。其實我還真不知他在哪個小組，什麼姓名。不過，我在吹哨子，負責集合，掌握全隊作息時間，沒有人不認識我。由於大家因「勞教」而剛聚在一起，互相瞭解的情況不多，誰也不清楚誰的個人資料，什麼背景。現實中我的個人情況，別人起碼知道：要給家裡寄信，要登記准買什麼東西，有什麼「申訴」材料呈交隊部，想因故請假能不能交上假條、可不可能批准，特別是收工後或大雪天的非生產勞動安排，等等，都是大組長的「許可權」。誰要想得到合理的方便，首先過大組長這一關，過不了，就平添許多困難。憑這點點屁事，使我開始認真去認識「權」。難怪人不怕坐牢、流血、掉腦袋，也要去打天下，奪江山；為了掌權，可以口是心非、不講信義、卸磨殺驢、同志相殘。

這位接受我一支香煙的「同學」，大概考慮到了一些原因，終於開口：

「不是我不給你說，張隊長幾次特別指示，回隊後不准給任何人說『昨天的情況』，我想不到你會來問我。」看得出他在極力想挽回開頭對我的拒絕，怕得罪我以後給他小鞋穿。

「死得很慘！一共挨了四槍。屁股上一槍，心窩一槍，背上一槍，腦殼上一槍，從耳朵背後打進去，左邊眼睛是個大框框。我現在想到都怕。」他香煙蒂都燒到手指了還捨不得丟，我又給他一支。

「屁股上那一槍可能是第一槍，看是從遠處打的，穿進的槍眼很小，心窩子那一槍最近，大概是抵攏打的，胸前的衣服都燒糊燒焦了，背上腦袋上的兩槍可能有點距離，心窩子的一槍可能已躺在地上了，追的人攆到面前了才打的……一雙腳只有襪子沒有鞋子，除了地上還有半個咬吃過的玉米糢，沒有別時東西。身上像被人搜過一樣，什麼也沒有發現，我想要跑身上總該有幾塊錢吧，連褲子腰上的皮帶也沒有，就算拴繩子吧，繩子總還在，哪個會要根拴褲子的繩子？」

「你們去就知道人打死在哪裡？」我問。

「不，我們先去鄉政府，隊長一人進去，我們在門口等。幾分鐘一個民兵同隊長出來，是那個民兵帶我們去的，被打死的人還在『苦竹壩』場口外的河邊上。我們到那裡還有一個彝胞民兵守著。他會說漢話，他說他守在那裡是怕野狗拖走、吃了，還問守夜的工錢在哪裡拿。隊長給他說會給錢的。幾公尺周圍還有當地老鄉圍著看熱鬧，指指說說議論不休。那個彝胞民兵還挺負責的，不准老鄉們圍得太近。屍體就面朝天躺在退水後的河壩卵石上。隊長望了望附近四周，見河溝對面有塊稍平的荒地，高於水面十幾米處。就叫我們兩個人把他（屍體）抬到對面荒地去，在儘量高一點的地方挖個坑，要想到夏天漲水也淹不到。還叫埋深一點。從早晨走到那裡，找到人，開始埋已經中午了，隊長下山爬坡、鑽草叢比我們快，趕路都把我們拖得夠累了，再要抬死人，感到真沒有了力氣，最後還是拖走的。水面最窄處有三、四米寬，很淺，最深處也只淹到膝蓋頭。但一步也不好走，河底盡是大小光石頭，一點沙都沒有。腳踩上去下面石頭還要滾動，站都難站穩，隊長一定要我們過水溝時把死人抬過去。他給我們拿鋤頭。我們只有大起膽子抬了，好得屍體已經僵硬。幹完了，我們又回到鄉政府的地方。隊長叫那裡的民兵給我們找點開水，還關心冷饃饃找個老鄉家烤熱一下，民兵說沒有開水，給我們端了半瓦盆蓮花白菜湯。這時隊長招呼民兵守著我們吃午飯，他一人去街上（僅僅兩邊有房，中間有路，沒有一點商業的跡象，居民大多沒有吃上「供應糧」）的另一頭去了，說很快回來。想來是去哪裡吃午飯。不到一個小時，隊長回來:我們就上山了。回來的路上，隊長確實說過兩三次，回隊後不准把經過的情況對任何人講。」

另一個去埋人的同學給我說的情況，過程完全一樣。只是多了一句他聽到的話。他說剛到鄉政府去問死人在哪裡的時候，那個樣子不像「幹部」的人對張隊長說：「我們堅決按照「上級」的佈置，協助農場搞好管理，保證不會從我們這裡跑掉一個農場的勞教人員！」

「你認識那個被打死的人嗎？」我問。

「不認識。這麼多人，平時又不准竄寢室，工地又分散，互相接觸又不多，不過，身體很健壯，抬起感到很重，頂多三十歲多點。你可以問他小組的人，看知不知道他個人情況。」

我想不必再去多事，這已經有點不應該。

天下著鵝毛大雪。正在開荒的勞教人員，都像反穿著羊皮襖的勤勞農民，裹在頭上的東西，五花八門。有圍巾、有帽子裡加毛巾、有棉毛衫、有襯衫、有枕套、有挎包、有撕破的長筒襪、有內褲、還有下裝——還說這樣最好：兩條褲管在頭頂上打個結，紮皮帶的地方拴根帶子，鬆緊合適地套在脖子上，開襠處露出頭來，與正常情況相比，只是露出的頭有大小不同而已，都是自己的！

我不拿鋤頭參加具體的開荒勞動，除了從這個山頭跑到那個山頭，吹哨子叫休息叫開工，有時間當然蹭在燒灰肥的火堆邊上。聽了第一次死人、埋人的故事，只感覺臉烤得發燙心裡感冷。一個活鮮鮮的生命，從父母歡愉的那一刻起，在母親腹中幾個月孕育，呱呱墜地，咿呀學語，趴地學步，一個家庭要費多少心、勞多少神，姑姑抱抱，阿姨親親，寒添暖，熱使涼，少年時擔心成長，成年後家人無不寄予許多美好盼望，若要把這一切徹底毀滅，也許只須幾秒鐘，一聲槍響！……

不下雪的天氣，一般要近天黑才收工。小雪、中雪是要出工的。因為還沒有發雨具，下雨可以不出工，然而下雪的冬天又哪會下雨呢！有時老天也會開玩笑，早上風夾大雪不出工，一會兒又晴空萬里，立即出工，有時飛點小雪出了工，到了工地又雪大得相距幾尺遠不見人。於是要各小組在工地上搭「窩棚」，一用來存放灰肥，二用來躲雨、避雪。如此為天天出工創造了條件。因雨、因雪確實不能勞動工作，工地上也有了臨時棲身的地方。因為山上柴草方便，也為中午吃飯好烤熱饃饃，各棚裡都有火堆。實在冷得受不了，小組一兩人去烤烤手，短短幾分鐘也無人干涉。

每天收工的時候，很多人都自覺帶上幾根樹枝、或一把乾草，都是帶回宿舍燒燒火，烤烤手腳，和進屋才感到濕潤的衣裳，但真燃起來卻是煙多火少，而且很快燃過。可以說沒有人的手不是煙薰得黑黑的，有的人手上凍裂的傷口在流血。為了宿舍不透風，層層草簾已堵閉了所有窗戶，只留兩道小門進出。因被子單薄，有不少人一月來已不脫衣睡，寧願起床時冷得哆嗦。上床睡覺只須頂多脫鞋。有人體弱夜間小便，只用側身撥開身下墊的床單、茅草，睡著「方便」。你知、我知、天知、地知，誰也不責備誰，都能理解，決不是懶！上下床要擠動攪醒左右入睡的人，何況雪山深夜實在太冷。

我因為吹哨子，起得早睡得晚，又睡在房裡盡頭的門邊，貼牆釘了一個架子，要放一些有關學習的本本、報紙，所以鋪位較寬，上下都不妨礙他人。對面和我所在兩個小組，又把火堆燒在面前，在這一屋骯髒破爛中，還略顯特殊。我不覺太冷有許多原因，首先是身體好、人年輕，三餐吃得很飽，又有取暖地方，比如廚房裡熱氣騰騰，不冷，灶台背後紅紅的灰坑，在那裡化雪天打赤膊也出汗，進隊部彙報事情幹部有長年不熄的火坑，毗鄰幹部的警衛班人也和氣，但我怕他們弄槍走火，不敢去。他們沒事常同幹部煮茶聊天。我同他們彼此都認識，好像是朋友，真的說他們對「公民權」還比較尊重。我心裡有數，除了要點開水，還是敬而遠之。幹部說隊部不駐武裝，開了年就會調走。我真還有點捨不得他們離開，原因是他們同幹部各是各的學習，他們嚴格的講政策，他們知道「人民內部矛盾」與「敵我矛盾」的區別。若幹部不能把「勞教」與「勞改」區別對待，會在他們面前貽笑大方，形成制約。

可以說是天冷保暖不好、營養差，勞動強度大，中隊病號逐日增多。而且大多發熱，體溫增高，顯然寒冷感冒。中隊常備藥明顯不足。於是按老祖宗的法子，每晚每人喝一碗老薑、辣椒熬煮的薑湯，有時還加了紅糖。但新問題又出現，水成了稀缺資源，由於冰凍、雪封，高山的流水越來越少，從山上水溝架設的人工澗漕，平日裡涓涓細流粗如小指，如今像滴著眼淚在哭泣！有了熬薑湯的水，就沒有煮飯、蒸饃用的。人是智慧的動物，知道雪是水變的，發動大家把附近草上、地上認為乾淨的雪收起來，弄個盆滿缽滿，送進廚房倒進鍋裡。看是裝得下兩個人的「甕子灶」，百多個人收的雪，加進好柴禾（全是可用的木材），燒了許久許久，化成水也就是兩三瓢。於是按小組發下生薑辣椒，自己用面盆化雪解決。因而小組的烤火問題也進了一步，可以每小組收工前一小時派兩人專門進老林砍柴，以備室內取暖、熬薑湯。老林就接壤工地，取材十分方便，因為刀小砍不倒大樹，要大樹才最耐燒，不燃明火了還有紅彤彤的炭，又不冒煙又很溫暖。為了改善自身的生存條件，總有許多克服困難的辦法。假設走不過數十萬年的路程，如今根本就不會有人類。在山上的我們至少也在鐵器時代。

「新墳溝」添新墳

一天收工回隊，像往日一樣我走在大夥的最後面，同一個小組長在邊走邊談。他要我向幹部反映大家的意見，一是要求存有錢的人，每週可領取一點，除衛生用品（有也不用但准買）外也准買點吃的東西，二是收、發來去信件形成制度，三是准收家裡寄來郵政包裹，天氣寒冷添點衣物。我自己主觀想這些都合情合理，答應他當天就反映，一定爭取最好結果。

中隊四周雖沒有圍牆，因茅屋的佈局也自然形成一個不規範的院子。當走入這院子口的時候，就看見隊部內算唯一的一條大路旁邊，圍了許多人，看不到路的那頭。我想一定有什麼事情發生，不然下著雪的天氣這些人為啥不在屋裡。往日收工後房外是很難見到人的。我加快腳步撥開眾人，走到跟前才見路邊放著一個死人——是多日來都未出工的病號，大約已有四十歲的年齡。放在路邊水溝旁的地上，身上已薄薄的積了一層雪，已讓人看不清他穿的什麼衣裳。正在飄著的雪花，將他的臉龐打粉得還有點「漂亮」，看不見一般死者臉色的鐵青和灰白，不使人害怕；看不出有絲毫痛苦、憂傷的表情，儀態是那麼沉靜安祥！凸起的顴骨配著端正的鼻樑，閉合的雙眼和嘴唇，顯得也很自然，仔細看，上下嘴唇有點歪，似乎有話沒有說出來：「『同學』們，別難過，人生事，多蹉跎，我走了，是解脫，願你們，堅強點，有親人，盼團圓……」露出的雙手雖然是皮包骨頭，看得見的關節和筋脈，會使人相信他生前的勤奮，在家裡或許是個好兒子、好丈夫、好父親……見此清景，我無名火起，向周圍的人吼道：你們還有沒有人性，這有啥子好看？怎麼就沒人出點主意、想想辦法，就讓這樣擺起，未必你們都沒見過死人？

我自言自語：「無產階級革命人道主義，原來如此這般。」話說出了口，腳步也走向隊部。心想，這樣把死人露天擺起影響會不好，請幹部作妥善處理。

從那裡去隊部是上坡，我正低著頭走在路上，大約距隊部還有一二十公尺遠，聽到對面來人在叫我，抬頭一看是中隊的趙隊長。他說：一個鐘頭前有病號來報告，他們寢室裡×××死了。我當時告訴來報告的人，要嘛先抬出去找個地方放放，要麼不動等大夥收工了再說。今天隊上只有我一個人，其他幹部都不在，等他們晚上回隊再研究埋葬。有什麼意見不要在下面亂說，可以按組織反映嘛！

我知道剛才說的難聽話，有人很快反映上去了。所以我還未到隊部趙隊長就先下來了。我們一同來到放死人的地方，趙隊長見死人放在地上，臉色陰沉，「誰叫放在這裡的？」轉身向我說「你找個地方，叫人抬走。」

這下還真把我難住了。隊上哪有空房？所謂的隊部辦公室，除了並排放兩張條桌，幾條長板凳，算得上空房，總不能抬到那裡去存放。我在想，隊長也在想，隊上確實沒有空地方。旁邊有人說「保管室」裡空一點。除了籮筐、鋤頭、扁擔、簡單的生產物品外，還有全隊的糧食——一幢同大宿舍（能住一百多人）一樣的房子，一半是兩個少年組在住，中間隔斷，另一半就做了保管室，確實還很空。趙隊長決定，叫我安排人將死者抬到裡面去。但保管室是上鎖的，隊長先返回隊部去取鑰匙。並安排一名武裝不准人再圍著死人。同時給我下了一個「任務」：「你仔細搜搜他的身上，看還有什麼東西，交到隊部。」我大著膽子，拿隊上自己紮的竹椏掃帚，掃去了他身上的積雪，摸摸他衣服各個口袋，發現只有一張皺巴巴的紙，看得出是一封未寫完的家信。由於衣服已經凍硬，口袋裡的紙拿出來還不能立即展開，我放在兩手間壓一壓，慢慢牽開。上面沒有寫「抬頭」，不知是給誰，後面也沒有落名。內容大概是昧著實情向誰報平安。概括起來可以兩句話：一切都好，不要牽掛！

第二天早上集合開飯，我正站在「娃娃組」的門前，因為他們這一排房地勢稍高，下到壩子有幾步高的土坎，能看見壩子裡每個人的舉動。幹部集合、點名、講話，平時都在這地方。幾個娃娃在門口，七嘴八舌對我說：「大組長你好壞，把死人弄到我們隔壁來擺起，嚇得我們一夜睡不著，還不敢起來屙尿。」本來在那種條件下，對少年組已算十分優待了，晚上通宵有燈，便桶放在屋內。整個冬天沒有安排出工勞動。一日三餐，炊事員按人數定量飯菜送到房裡，除了上廁所解大便，可以全天不出門，還可到廚房柴堆拿柴回屋烤火。晴好天氣大家出工後，若有水還特別要廚房給他們燒兩桶熱水，洗洗臉、燙燙腳。可以到壩子裡曬太陽，只要求不打架、隨便玩耍。據他們組長說，隔壁放著死人，晚上二十多人醒著也尿床。他們本來沒有衣褲換，加上床單、棉絮，今天不可能完全烤乾。對於少年組，我知道對幹部來說也傷透腦筋。娃娃們不懂尊卑、長幼，分不清是非善惡，沒有社會知識，不理政策、法令，心中沒有國家只有家庭，更不問什麼是真理，什麼是主義，什麼是邪說，什麼是暴政，哪些是錯誤，哪些是正確。對任何事還不能去想它為什麼？什麼「消極因素」、「人民內部矛盾」、「人民民主專政」——即「無產階級專政」，在他們世界裡，根本不存在，連哄帶騙加高壓，也不被承認。如果要他們作出回答，我想，會說統統見鬼去吧！這一點不好玩。他們還不會要與生俱來的自由，生而平等的權利。眼下得到這點不幸中的關照，還是出於良心的同情和人性的憐憫。純潔與天真，使他們敢對饑寒抗議：冷了要叫，餓了要鬧，你大人不給，我就鬧，我就叫，我就哭，我就罵，我就跳……要不鬧、不哭、不吼、不叫，只有哄著。安排有文化、或曾是老師的人去作組長，形象說幹部是管家，組長是褓姆。麻煩的是「大灰狼」、「熊家婆」的故事已哄不住了。於是又把娃娃們再細分，小一點的聽童話，大一點的聽「革命戰鬥」故事。男孩子從小天生愛刀槍，沒有玩的，聽說也高興。是不是人類在百萬年的進化中，必須靠暴力才能生存？雖說要發展文明，也講自由也求平等，但畢竟血液裡還有野蠻殘暴的基因。進化得來的智慧，加上先人知識的積累，若被邪惡利用，就更能變著法子欺負善良的人。孩子們的秉性也有點一樣，總想自己是這一群娃娃中的「老大」，你啥事不聽我的，就要使你不快活。別看他們小小年紀，又無權、無利給人什麼，還善於「拉幫結夥」。這個丟了那個的鞋子，讓他無法下床，那個用火炭燒了這個的衣裳，為了不讓他們開飯爭搶，隊部對他們幾乎敞開供應。這時他們又多了好心：總鬧饃饃不夠，其實是藏起來給其他大人。弄得他們的組長，一天到晚給他們調解糾紛，還要幫他們烘烤尿床。多次要求幹部換人，願意上山開荒，也不作這窮戶多子婆婆媽媽的組長。再說組長也沒有親身戰鬥經歷，也不是「故事大王」，三天兩天容易對付，日子一長就說不出什麼了。面對這些「祖國的花朵」，幹部也焦慮得直抓腦殼。我就親耳聽過他們說：「做夢也沒想到『勞動教養』會收容娃娃？還要用『人民民主專政』辦法對他們進行『政治思想』改造！幸好他們不要奶嘴、奶瓶、會自己吃飯、自己痾屎痾尿。」

法辦總是有的，緣於幹部巡視寢室，見少年組房裡牆上掛了幾個書包。兩三條三角形紅布，雖然已經污濁，誰都認識那是紅領巾，它的主人還對它特別鍾愛。高高地掛在睡覺的頭上方，告訴其他小朋友是他在學校的光榮，那不是人人都可輕易得到的。革命的「少年先鋒」大人也要尊重。幹部觸景生情，叫把書包取下來看看課本，有三年級，有五年級，於是第二天就從山下買上兩塊小黑板，幾盒粉筆，組長當然就是老師。再把娃娃們分一分，又編成兩個學習小組，真正開始「教養」起來。只是沒有開學典禮，沒有升旗儀式，沒有上課桌椅。就在睡的鋪上。也搞成績單，也佈置作業，上課時間表臨時決定。幹部也發抄本、也發鉛筆，給小不點也發彩色蠟筆。還有音樂課，可能老師無能，唱來唱去都是「解放區的天，是晴朗的天，解放區的人民多喜歡……」、「……大鯉魚滿池塘」、「……保和平、衛祖國就是保家鄉」之類的老歌。但畢竟娃娃們有了一定規範。少了許多罵人、打架，吵鬧喧嘩。

剛才說我「好壞，把死人擺在隔壁嚇他們」的幾個娃娃，其中就有剛進收容所就有緣相識的小弟弟蔣光平。我對他說這沒有辦法，沒有別的地方，要不今晚就抬到壩子裡去，免得再嚇倒你們。想不到的是更小的一個娃娃說：「不能，不能，他家裡人來看到會吵架的，可能還要打你，我見過人家死了人，還要給死人換好衣裳，還要行鞠躬禮，有的還要磕頭作揖，燒錢紙，點蠟燭、燒香的，幹部去買棺材了嗎？裝進棺材就不怕了，他怎麼死的？開不開追悼會，現在是等他家裡人來嗎？」……看來他問題很多，還沒問完。我一個也回答不出，趕快走開。

死人只停放了一夜，當天收工後回隊，說已埋了。死人的行李家當不多，只有一床薄被和一條棉毯，幾件衣服全穿在身上。被褥棉毯成了軟棺材，一起給他帶走了。就埋在中隊附近的斜坡上，出工收工都看得見。有人準確指出地方，但在下雪天，真是一片「白茫茫大地真乾淨」，找不到一點蹤影。新墳溝名符其實有了一塚新墳。「同學」們對此唏噓不已！

對死人一事幹部沒有任何評論，也沒有說任何原因，一切表現好像從未發生過這件事情。能說草菅人命？不能。只有那種條件、環境。生病讓你臥床休息，糧食定量每月四十多斤，不是以後一段時間「病號要減口糧」，當時只要吃得下，基本夠飽。除了嚴寒、強勞動沒有別的人為壓力，如此經不起「考驗」只怪自己體質不行。衛生所還在籌建，誰叫你忙著生病，雖然不知「犯」什麼上山，可以肯定你讓有「權」人討嫌，就算萬般無錯，你也少開墾了幾畝荒山。如此乖乖死去，是告訴人們活比死難。

一場「運動」清洗人是快的。各部門、各單位、社會各種組織分頭進行，處置、消化這些人也不困難。臨時找個地方，取個名字，掛個牌子，比如「收容所」什麼的。最後落實到一個單位，比如選處老荒山建個農場。先安頓下來再長期下去。儘管會牽涉到許多實際問題，可以事為先、不以人為本慢慢來。何況早就聽說周總理有講話：「為爭取『國民經濟』的基本好轉，不惜天怒人怨。」就說農場吧，一年前就押了許多犯人上山，開始作一些最基礎的準備，是形勢發展太快，還是準備工作拖拉，到來人了，蓋房的茅草才剛離地，牆上的稀泥還在滴水。好在都是人嘛，只要吃飽肚皮，有個立足之地，過去的文明生活暫時拋棄，從刀耕火種再從頭做起。何況「人民共和國」已快完成第一個五年計劃，就不說政通人和，要辦什麼事都能一桿子插到底。在專制的體制、個人的獨裁年代，只要符合上面旨意，下面辦事不論合不合法、合不合理，機闕、單位、團體、個人互相都不敢扯皮。來就來了，死就死了，有甚麼稀奇！看地上那些螞蟻，有故無故死掉一兩隻並不影響牠們的集體秩序。何況我們這個大國當年有六億人口。短短兩月農場已進萬人，當然包括其他作業區。宋家山只是我場的總部。一個中隊四五百人減員一個，誰也不會上心。新墳溝已經人滿為患。左邊「殷家坪」，下邊「打鑼坪」兩個中隊也滿員不要人了。此時的荒山已經沒有寂靜，老鄉說我們每天從四面八方下山肩挑、背負東西的人就有三四百。這話可能有點誇大，但兩三百是實際的，因為我親眼見過。同時忙壞了峨邊縣的供應部門。農場沒有提供出任何東西，一斤蔬菜、一斤糧、甚至一滴油、一兩鹽都要當地供應。小小縣城根本沒有這樣的供給保障能力，新建豆開工廠、增加磨房，（單供山上每天就要一萬多斤包穀麵粉——做饃饃、蒸「沙沙飯」）用今天的話說，給當地增加許多就業崗位。

（二）

在計劃經濟時期，在「偉大的」毛澤東時代，不知是不是有一個「勞改經濟」專案？在全國人民心中都知道這是一個龐大的系統，又大又嚴密的網路。從機械產品生產、加工，礦業開採，交通基礎建設，專業農場到經濟作物，社會的各類生產活動，幾乎盡有，自成體系。與國家的、社會的不同之處，是這個體系的第一生產要素、豐富得取之不盡的資源、成本低得可以忽略不計的是人、及其技術和勞動。

當時「共和國領袖」手中有六億人口。大手一揮，上山去吧、下鄉去吧、入地去吧、鑽洞去吧！軍工、國營、農業以外又多了一條生產鏈。「無數英雄盡折腰」的場面恢宏壯闊。一個農場不論你有一萬人、兩萬人，幾千畝、幾萬畝，只是這條鏈上小小的一環。古文有「渭流漲膩，棄脂水也」，那是形容秦始皇擄掠了很多女人，而我們宋家山一日便溺可成塘也！人也不少。這古、今、男、女拉在一起相提並論，看似風馬牛不相及，其實有一個共同點：都是用強權把人弄在一起，絕非本人自願。兩者也有點差別：一是養起來供玩弄，享樂用；一是圈起來搞生產，圖強大。一個要征服四海永久稱帝，一個要一步跨進共產主義。從不關心人民苦樂，都把人民當成工具；一個憑殺戮取勝，一個更加「陽謀」心計。都恃強權制國，一個還多一分好聽言語。一個是明確的要建立霸業，一個是粉飾為馬克思主義……聽說馬克思主義經典有明文：「一個人的自由發展，是一切人自由發展的條件。」偉大領袖已經取得了「一個人的自由發展」，那「一切人的自由發展」先不忙實行，等到進入共產主義社會以後吧！那是人類從沒有過的光明的未來。這不能與強迫他人意志、思想、感情、控制他人精神、信仰的邪教相比。

不論日子怎麼難過，光陰一刻也不停留。落隊四十五天過一九五八年元旦，大約同樣長短時間，即將迎來我們傳統的春節新年。隊長說關心大家的文體生活，春節一定要準備點文娛節目。召集全隊小組長開會，說給一星期時間，各小組問問自己的組員，會唱歌的，會打「金錢板」的，會魔術、雜耍的，說笑話、講故事都行。還可以給最後三天時間不出工搞排練。記得那年春節是西曆二月的十七、八號，十五號早上出工時就說搞文娛的人留下，幹部要選一選，看一看。真正算選上了留下來的，最多還是隊上的那些「勞改犯」的節目。因為他們已經有了七、八年的勞改生活，有了勞改環境中方方面面的經驗：無論什麼活動，要作什麼，第一條就是要歌頌共產黨英明正確、感激人民政府關懷寬大、多謝管理幹部的生活照顧。這種首要標準勞教人員是不瞭解的。所以勞教人員的許多節目落選。印象最深的是一個犯人自編的「霸王鞭」——一節竹子上繫著許多能碰出聲的小東西——正規的道具是上面繫著兩排小銅鈴——表演的人一邊拿著這鞭子上下左右舞動，同時又隨意地打在自己身上，隨著打擊、舞動發出的聲音，表演者嘴裡唱著自編的戲文。記得這個節目表演後得到的獎品，是一塊肥皂加一條毛巾。還要大夥向他學習，他接受改造，有表現、有思想。至今回憶起來，已經過了半個世紀，那晚的情景在腦子裡還十分清晰：一個四十多歲的人，不低於一米八身高的個子，可以讓人想像他從前有強壯的身體。雖然規定他們剃光頭，也看得見長出來的頭髮又黃、又稀、又細，好似一兜草生長在石頭上，土壤稀薄缺乏營養。臉龐的輪廓長方，濃密的眉毛下眼窩深陷，鼻樑上薄薄的一層皮膚蒙著骨頭，兩邊顴骨高聳，脖子細長，張開的大嘴已沒有完整的牙齒。在又舞又跳那會兒，已顯得四肢不夠靈活，為了要盡力把唱詞唱好，聲音已有點嘶啞，與其說在歌唱，實則近乎嚎叫。使人高興不起來的，是發音時脖子上隨即冒起小指粗的青筋。儘管沒有人感到快樂，他表演的深情投入已近乎在討好的拼命！再是唱出來的內容，概括說是惡毒咒罵自己的悔恨，和對共產黨、人民政府、管理幹部的無限感恩。不求實際的誇大其詞使人肉麻，前後詞語也不句句押韻。認真想想也還記得幾句，還真把人唱笑了：「……舊社會，才叫苦，餓了鍋裡無糧煮，要穿衣，沒有布，大姑娘也打光屁股，要說我，是條狗，叛亂那時跟倒吼，共產黨，講寬大，抓到土匪也不殺，當犯人，也幸福，穿暖吃飽還吃肉，每月還發零花錢，寄回家去養老母……」劈哩啪，劈哩啪——因為「霸王鞭」上拴的瓶瓶蓋蓋，沒有銅鈴，打在身上發不出清脆的聲音，缺少音樂的韻味。完了的時候幹部都扮出點笑容說好，已經有世故的中年勞教人員也勉強地拍出幾響掌聲。

還有一點記憶最深的，是那天「過年」加餐有幾個菜，說是場部關懷大家，早一星期就從峨嵋、樂山、青神、夾江這些地方去買新鮮蔬菜，各隊事務長都當「政治任務」來完成。既然是給大家過年，一定要在壩子裡圍成團團、蹭成圈圈吃飯。廚房在兩天前就已臨時添人加班，裝菜的傢伙不夠，調集了各小組所有的盆盆、罐罐。每人還發一兩白酒，一定要讓大家喜喜歡歡。少年組不許喝酒，就由幹部指定給人。我是值勤組長，不經意就弄到不止一斤。一個小組圍一圈，不喝酒的人也叫嚐嚐，可以高高興，驅驅寒。抽了一個小組的人打雜、傳菜，吃飯的只管搛。雖說我們也供應了百分之二十的細糧，但百天來今日才有幾大桶白米飯放在壩子中間。看來人貪婪的同時也容易滿足，三天假期（室內烤火）一天好菜飯，就已經覺得日子好了，忘記了頂多如失去了一籠母雞揀回了一個雞蛋。高興得忘了沒有衣服換、已習慣不洗手腳不洗臉。文件說「勞教」要發工資，三個月開荒還未見一分錢。我們吃飯蹲在地上，幹部也在身邊走走、看看。關心慢點吃，不要吃壞肚子。飯還未吃完就發現一個奇蹟：剛才熱氣騰騰放在地面的東西——盆盆缽缽，一下全部拿不起來。原來已經冰凌凍在地上，有油、有水的菜已凍成一坨。這是老天爺不讓我們高興，要我們滾回屋去。而且天上並未下雪。當地人說是「桐油凌」，我們叫乾冷。

過年這兩三天大多數人情緒都好，不少人還露出難見的笑臉。認為嚴酷的冬天會隨著新春的來到而很快結束，自己已熬過最艱苦的日子。每天起床、吃飯、出工、收工、睡覺的單調、無聊，像已經習慣。甚至有人說「明年冬天肯定不在山上了」，有的人估計吃不到自己開荒種的包穀，就回家、回單位了。我也有些深信不疑，「請」我進派出所「談話」，也說是三兩個月、最多半年的「學習」。這一切事後證明都是錯誤的判斷，但也怪不得誰。因為當時的「勞動教養」規定是無期的。有關學習相關「文件」還是幹部講話，都是勞動教養沒有規定期限，哪個時候學習好，那個時候就離場。但都忽視了一個重要問題：學習好不好，能不能離場？用什麼作根據，以什麼作標準？上下都沒有裁量、比對的尺寸。唯一讓人產生盼望的根據，是無論從哪裡來，為什麼原因必須「教養」，送你走的人都異口同聲對你說：「好好去學習、改造，爭取三個月、半年就回來。」善良的、對政治幼稚無知的人們，所以能自定最長期限為半年。儘管度日如年的一百天已經苦撐過去，除了天天超時（九小時以上）的強勞動，也說不出學習了什麼，以為特殊的「課程」還在後面，不相信眼下就是新的生活，或者毀掉傳統文明就成社會主義新人！

隊上有位叫丁洪安的同學，一到中隊才幾天，就不斷寫「申訴」材料請我轉呈中隊部。我雖然如實轉交從不過夜，甚至不看一眼就交到隊長手上，但三五次、一月下來毫無結果。為讓他別誤會我沒有轉呈。為了證實我的誠實，在又一次請交「材料」的時候，我帶他一同去見隊長（有規定平時不准個人打攪隊部辦公，問題按級反映，只有下面解決不了，才允許帶當事人見幹部）證明我從未截留他的「材料」。此後我再不管這件事情。因丁也是一個生產小組長，而且勞動吃苦耐勞，還樂於助人，關心小組，並能帶頭模範遵守紀律制度。多次受到表揚，挑不出「不接受勞動教養」以外的任何缺點、錯誤。說勞教他是錯誤的，他請「糾錯」。他說毛主席說過：有過就改，有錯必糾！平時他不吵、不鬧、不發牢騷，每星期交份「材料」扭住幹部要答覆。他的行為合符公開規定，幹部只有對他說「你的申訴我們轉交了，結果只有耐心等到。」我快半年調離新墳溝時，他還在「耐心等到」，以後不知結果如何。不過，他的問題很簡單，也很喜劇，也說明那時期政府就不守法，辦事也很荒唐。單位有權的領導，已開始對不起毛主席，為了排除異己，已會對同志搞誣陷、打擊。

原來，丁洪安三代五代勞動人民出身，苗正根紅，有中學文化，一九五七年已是重慶江北嘉陵江邊青草壩一個單位的工會主席。三十多歲的中年幹部，在黨的領導下堅決維護工人的一切權益。在單位，何時沒有具體工作要做的情況下，主動去車間、單位內的各種勞動場合，找事幹，有自己的辦公室，他坐不住耍不慣，說坐著比動著難受。見哪裡忙碌他就在哪裡，不怕苦，不嫌髒，又不怕累，他說這樣舒服。他所在廠是兩個班轉軸幹，白天公事開會時間多，工人上夜班除了車間，一般辦公室沒有幹部。一是協助廠裡搞好生產，完成下達任務，二是夜班他有參加勞動的時間。因此在廠裡他常常陪著夜班工人上、下班。本來下班一道離廠有很多人，但出廠後就四方八面逐個走散。問題開始是他單位有個女工，她人年輕漂亮但脾氣不好，哪個男同事想討好她或者開玩笑，她不但不給笑臉，多時出口罵人。時間長了反而不討人喜歡，同性的對她羨慕忌妒，班組關係自然不好。輪去輪來，她上夜班最多。一九四九年「應變」結婚，蜜月過後才滿十六歲。丈夫在輪船上廚房工作，大她十歲還經常不能回家。廠和船是一個系統，照顧家屬她才有這份工作。不上班在家也只有婆婆陪伴，所有事都讓她心煩。反而覺得夜班最好，白天可以睡覺。就是丈夫在家也並不使她開心。因為他是個粗人，笨手笨腳，急性子，要，沒有柔情愛撫的前奏，只會使勁「射門」，完了，沒給她留下半點蜜意的溫存；他是暢快滿足，她感覺是被騷擾、受侵犯；又是應盡的妻子義務，他像頭公熊，還受法律保護，只能忍受，由他擺弄。

她上下班是同丁主席一個方向，要共同走一段較長的河邊小路。特別是晚上下班，離廠區越遠燈光就越暗。她家還在丁主席前頭，還要過一個通往其他地方的路口，那不是市區範圍，沒有路燈。丁主席為了女同志的安全和不讓她害怕，往往送她一程。這絕對是沒有邪念的好心善意，雙方都理解也信任。雖然出門時人多，總是越走越少，最後幾百米只剩下他們兩人。要怪那河邊小路是人踩出來的，鵝卵石會自己搬家，早晨還是平坦的地方，說不準晚上就有坑窪。縱然不是漆黑之夜，也看不清路面。一對男女心無芥蒂，有時牽牽手、扶扶肩，像一對兄妹被此泰然。倘若月黑風高，或天下細雨，畢竟孤男寡女，尤其夏日衣單，兩者汗臭、體香近可交流。誰的腳下被石頭絆一下，都會是一個踉蹌、一個筋斗。還未經思想下意識的舉動已把對方扶住。不管誰扶誰都會接觸身體。成熟的少婦身體，天生溫柔又富彈性；強有力的臂膀給人安全感和可靠。在一扶一碰之間兩者有了與平常異樣的感覺。互相沒有商量，這段兩人小路慢慢走出更長的時間。雖然沒有第三雙眼睛，自始至終沒有發生越軌行為。兩人已經心靈相通，就是不好意思、難為情說出口，或向對方暗示要求。兩人就缺乏這點滴勇敢，終不及亂。丁同學向我談起這事，承認心猿意馬，也在尋機摘花；紅杏也有意出牆，蕊瓣微開，正盼蜂蝶飛來！卻苦於沒有地方鋪繡榻、掛羅帳。壞事、好事，終究未成。最後還不無氣憤，說做賊挨打是偷了東西，我沒偷東西還先挨打。今後回去找她「補起」！

丁主席的厄運發生在六、七月份。因工會會費劃撥與單位一把手——書記，意見不合。工會會員的會費是在領工資時，按工資總額的百分之一由會員個人繳納給工會，有的由單位的勞動工資部門發工資時代扣，匯總再劃撥給工會開支。工會有自己的帳戶，會費用於工人的福利，不夠還可要求行政財務補助。丁說本該劃撥不劃撥，因此同一把手發生糾紛。雖說工會主席是由工會會員、委員選舉產生，但真正一切決定還是「一把手」說了算。一把手早就不滿丁在廠的幹群關係好，還常為什麼同他唱對台。一直找不到丁什麼過錯把他踢開。這次又為會費劃撥公開領導矛盾，丁又受到比一把手更多的人支持。於是有人討好一把手，說丁主席常陪女工走夜路，一定「有問題」，別人丈夫半月一月不在家，本人又是廠裡、車間一枝花。一把手終於找到了這個藉口，這個難得的機會。指示車間主任找該女工談話，是不是丁主席耍了「流氓手段」？要坦白，要揭發！為啥動機、為啥目的、為啥要黑夜陪妳？甚至要交待有了多少次「不正當男女關係」。這女工本是辣妹子，不但沒給車間主任好回答、好態度，反而是一頓惡罵。當然有許多人為丁主席鳴不平，知道是書記在整人，敢怒不敢言。一把手見在廠裡不能撂倒丁主席，於是派搞政工的人去找女工丈夫做工作，同時叫該女工在家反省，並以還能不能上班相威脅。這個傻兒丈夫公然對廠裡去的人說，「難怪！我過半月一月回家親熱她，她像被強迫不抵抗，一點不親熱我，只是做一個老婆……」。於是有人給他出主意：去法院告丁主席。保證不讓她離婚，保證給她恢復工作。

於是丁洪安因「流氓行為」被起訴。法院到丁單位調查，單位出具書面支援訴狀。不論女工本人和丁本人怎樣辯解，都被認為「你狗男女是『一丘之貉』」。最後因「證據不夠充分」，對丁從寬判處：有期徒刑六個月，緩刑十二個月。罷免職務，在廠裡監督勞動，以觀後效。停發工資，給工人最低生活費。事情應該是到此結束，但到了一九五八年元月，此時刑期已過，緩刑期未滿，忽然一天廠裡保衛幹事通知丁收拾行李，將丁送到了重慶的勞動教養收容站，很快又同其他許多人，公家包了一節火車廂，撲哧撲哧、吭嗆吭嗆，先到成都，再轉汽車（當時還無鐵路）就拉到了峨邊。

丁洪安申訴的理由很充分，相信會得到全世界法學專家、權威的公認：首先在承認法庭判決書有效的基礎上，緩刑，應視為繼續觀察、考察期，在緩刑期內任何時候都可以按判決執行，超過了緩刑期，被判決人又無新的過錯，可以認為判決不執行。丁洪安申訴請求：若認為在監督勞動期間表現不好，或者有新的過錯，本人要求按判決執行；若緩期中無新的過錯，判決可以不執行。不能以「證據不夠充分」的「流氓行為」——已經法庭判決過的同一理由再處分——勞動教養。

這種情況誰也認為不公正，幹部表態謹慎，只能對丁說：我們是執行單位不能改變處理的決定。你的申訴我們負責轉發，結果如何只有等，等，等。丁主席仍然不吵，不鬧默默地開荒、挖地、種洋芋、擔糞……

（三）

時間不長，事情不少。前不久才來的兩個中隊（新墳溝和殷家坪）共有的一個衛生員，誤食毒蘑菇沒有救活死了。這個衛生員很年輕，剛從部隊轉業復員不到半年。因為安置問題同地方單位領導爭吵，嚴重的是影響其他被安置的人也不服安置，落地戶口還沒有地方登記，就被「勞動教養五人領導小組」中的一員——民政局收容勞教了。本來農場就是緊缺、急需人員，他在部隊就是衛生員，熟駕輕車，工作沒有問題，會包紮傷口，不會搞錯藥物，對一般感冒發燒辯症、處理也很內行。他負責兩個鄰近中隊、差不多一個營的勞教人員，看病拿藥考體溫。因為住在殷家坪——最靠近老林，可以說就在林子邊上，幾十步遠就是百年大樹、千年藤蔓。林中有許多可食野菜和藥材，還有許多叫不出名的蘑菇。當地人沒有那麼多的知識，只按祖輩的經驗採集，安全性反而很高，沒有聽說老鄉吃蘑菇中毒。聽說在勞教人員上山以前，先來建場的勞改犯人進山伐樹，見遍地蘑菇，偷偷地吃過幾回認為沒事，既能充饑又味道鮮美。那知久走夜路必遇鬼！一次就吃倒十多人，不貪嘴或動作慢的，還揀回幾條命，一天下午就起了六座新墳。整齊地排在那裡，還像在站隊集合點名。要說當時，就是飯菜品質很差，確實還不致有難以忍受的饑餓。要吃野生東西，應該算是貪嘴！

這次衛生員能吃得上，而且最後也只死了他一個人。說白了原因很簡單：他有一個醫務室，除了一架子瓶瓶罐罐，為了給人看病、打針，一個人住著一個大單間。室內的小火坑二十四小時都被允許，向廚房要點調料、鹽巴也方便。加上他是轉業軍人，幹部又特別信任。開荒的勞教人員揀回蘑菇，要有地方煮，要有地方吃，必需拉他下水。也是偷偷吃過，沒事。老山蘑菇可能真有點魔性，先給人占點便宜，到時候才會要命——確實沒有第一次吃就中毒的事。那天幾個人，利用晚上學習時間，藉口拿藥看病，又溜進醫務室加餐。還未等到熄燈睡覺，吐的吐，屙的屙，有的口吐白沫，有的全身痙攣。其時醫務室裡也已發作，不過，作為衛生員他自信懂得一些應急措施，為了隱瞞錯誤，怕暴露違規、違紀，自己又打針，又吃藥。暫時還能穩住自己。很快急救了其他人，讓他們吐出心肝，屙出脾肺，而自己有藥物克制毒性發不出來。臉色鐵青，幾個趔趄，倒下了就再也沒有站起來。聽幹部說幾天以後，還收到他未婚妻的來信，滿紙甜言蜜語，百多個「親愛的」，「……我已經跑了幾個單位，找過多位原領導，求他們原諒你，他們答應我過半年就把你要回來，我等你！媽還說我們剛工作分不到房，就在家裡先擠一擠。……浣花溪的桃花已經笑臉迎人，弄得今天這個樣子，我在成都你在山上，都怪你！……」

幹部藉此機會宣佈一條說是場部鐵的紀律：嚴禁吃野生植物。除了要受處分，造成一切後果自己負責任。因為有多起死人的教訓，就到了以後風調雨順餓死人的「三年自然災害」時期，也沒有人敢吃蘑菇。此風算是煞住，但僅僅限於蘑菇，其他照吃不誤。比如，一根「側耳根」（又叫『豬鼻拱』）可以生拌一大碗。有一支筷子粗，若生在山溝底附著竹子長，可以比人高，從根到尖都很嫩，那香味也超過我們常見的幾倍。確確實實是「側耳根」，能不吃嗎？還有春季的鮮筍，滿山滿林，漫山遍野的蕨萁苔，（如今的蕨菜）真正林中野生的小板栗，獼猴桃，刺梨，（棘藜）桑椹，草莓，紅籽（彝族同胞用來釀酒）伏苓，竹葉菜，薇菜，地衣，馬齒莧……還有太多太多。有些還是稀貴山珍，地方特產，能不吃嗎？這些都不是人引種培養，全是「野生」。所以對禁吃「野生植物」的提法，言不順、名不正，結果「雖令不行」。何況稍後的「糠菜半年糧」的中央號召，宋家山的野生植物對挽救宋家山勞教人員的生命，默默地作出過點點貢獻。

大家都為這位衛生員來去匆匆感到十分惋惜。在下葬的時候，本來沒有什麼要求、規定，一般都是「找個地方用他的臥具裹起埋了」。大概如城裡人埋自家的死狗死貓一樣，或許還少了一點某種失落的感情。由於這小夥子衛生員對人和氣、熱情、對病人負責、關心——有時為給誰送兩片藥、查一次體溫，不怕黑夜在兩隊間翻山越嶺。在掩埋他的時候，找了一處大部平坦是處隆起的山脊，站在那裡看得見周圍群山，晴空萬里的天氣還看得見峨嵋金頂；日出就能曬到太陽，濃霧最先散去。塚上泥土也堆得高，坑也挖得深。還移了兩棵小樹栽在墳前，四周本來就有許多天生的野花，伴著他孤寂的靈魂。聽說那幾個被他搶救活命的人，還去他墳前哭了一場，救了別人，自己喪了命。還拋下一個多情的未婚妻在癡癡的等！算日子她那邊把信投進郵筒，這邊「親愛的」已經入土。可恨也許只是一枚毒菌，就讓他一口吃完了人生……

山上不雪不雨的日子多有太陽。這天又是一個大好晴天。但壩子裡不曬糧食不曬衣裳，竹排紮成的一個「床板」，正曬著一個人。臉色蒼白，兩眼深陷，頭髮又長又亂，鬍鬚巴喳，口唇乾裂，身上蓋著花面白裡的被蓋已經烏黑。人到他面前看他只會動動面頰肌膚，表示他在向你微笑，已經沒有力氣說話。原來他堅決不出工已近半月，既沒有生病也不藉故請假。當時小組長就曾報告幹部，說強迫他出工，但他握有割草的鐮刀，說誰來拉他他就用刀砍。他將刀握得很緊，睡在床上也不離身，小組的人也不想多事，那時，損害別人保全自己的鬥爭哲學還沒有在山上興起，有「右派」先生雖然能看出問題，但他們也有新鮮的經驗：今天鬥倒別人明天就輪到自己。彼此相待還多是同病相憐。報告過了就讓幹部去處理，再也不去管他。兼之人多幹部少，也不是時時處處都管得過來。只要沒有逃跑事件發生，其他就一百個放心。一個宿舍一百多人，勞動時間卡得很緊，早出晚歸人人喊累，進屋就忙烤火上床取暖，也沒時間、精神去管別人。好多天下來才發現這位刀不離手的「同學」，沒有同他們早晚一起開飯。再問問中午送病號飯的炊事員，說他幾天不吃，也沒有人去餵。有人認識到問題的嚴重性，說他是在絕食。必須如實報告隊部，免得負什麼連帶責任。於是沒有對我們進行什麼「思想教育」的教育幹事，才到他床前，輕聲細語，和顏悅色地問：有病嗎？有什麼問題？說出來隊部能解決的馬上解決，不能解決的向場部反映。是不是家裡有啥重大事情？總之先吃飯，一切事情都好辦。你這樣做是錯誤的，是對抗政府，是害自己。要相信黨和政府，沒有解決不了的問題……見到這位幹事就像電影《平原游擊隊》的李向陽原型。拴一條白毛巾在頭上，還把結紮在前額。一看樣子就是一個軍人，文化水準不高但有品行。（以後提到場部當了多年管教科長）那天他能說能問的話竹筒倒豆子，不吃飯的「同學」一句也不回答。臨走還說「就好好休息吧，好好想想，要先吃飯。」還要小廚房熬過大米稀飯，也叫人餵過。但這個勞教人員就是頑固不化，對幹部的人道關心毫不領情。他一心求死，嘴角凍結著一個讓人不大看得出的、帶藐視的微笑，告訴人他不是脆弱的逃避苦難，是堅強的維護人的尊嚴，他確認生命的意義。

這時隊上已有衛生員，是「和平解放」進軍西藏的軍醫（二〇〇三年已九十高齡健在，寓居成都，我們還是朋友）奉命每天注射葡萄糖維持生命，留時間做思想說服工作，希望能解決問題。這天太陽很好，近雪消融，遠山如銀，雀鳥亂飛，天如水洗！幹部叫人把這無疾病人從昏暗的室內抬出來，放在壩子裡曬曬太陽，散散濕氣，希望這開頭的春天能幫幫忙，喚醒他對未來美好的憧憬。

兩天後他終於像薄情的負心人，斷線的風箏，去了。消失在大山深處。留在幾百人心中。

背簍大嫂

上山就進入冬天，思想改造是開荒，必然是強勞動。按體力勞動強度大小配給糧食多少的蘇聯經驗，已經執行了三四年。當時說政府關懷每人每月四十八斤。農場吃「供應糧」是暫時的，第二年就不會有這樣的好事。要求大家努力開荒，在翌年春耕時節就有地播種。當年就要爭取一個大豐收，做到自給自足。

那時，男女老幼或身強或體弱、或食量大或腸胃差，都給四十八斤，是統一的規定。說吃飯「定量」是「先進」的「科學」發明。按個人的體力消耗，吃少了不夠，吃多了是浪費。意思是人的活動有如一部機器的運轉，其能源的消耗有一定的額定，才能實現經濟效益最大化。（當然，有饑餓發生就成為合理的分配）俄國的無產階級革命勝利的年頭，就是最好的證明。

開荒每月吃四十八斤糧，定量是不算太低的，而當時也沒有什麼明的、暗的苛扣，是足額足秤的。而問題是幾乎根本沒有主食以外的副食，所以人人都感覺餓，包括那些暫時還不出工勞動的娃娃。

誰都知道中國人「食不厭精」。傳說「老佛爺」一頓要上幾百道菜。無論宮中的御膳房，還是市井的酒樓飯館，都不是以主食聞名，而是以佳餚美味著稱。但當時山上的勞教人員一星期也吃不上兩三次開飯有新鮮蔬菜。還要靠早些時間開辦的勞改農場——兄弟單位的支援說明，才吃得上乾茄絲、乾南瓜片、乾青菜，而且數量不夠下飯。幹部經常誇好的有個鹽源農場——生產搞得好，年年都豐收，自給自足吃不完，離我場又不遠——在四川與雲南交界的鹽源縣。因為小小的峨邊縣，人口不多，就縣城周邊都是山坡溝壑，更說不上什麼市場，全城每天買不上十擔菜，若被農場買了，居民會有意見。農場要的蔬菜只有去外地採購。農場唯一的一輛「布拉格」老貨車，天天跑得喘氣，還要跑兩天修三天，連各中隊部和領導機關也保證不了餐餐有鮮菜，有時也見到吃豆腐乳、豆豉，每日三餐的基本供應都存在困難。

根據實際情況，幹部對勞教人員的限制也有所放寬。自己帶有錢的人，可以准買吃的東西。當然是熟食，拿到就可以進口。因為等於「圈起餵」，人不准下山，有錢也花不出去。為了解決花出錢的問題，也為了繁榮地方經濟，農場可能向縣城的供銷合作社打了招呼，叫他們組織人力把日常用品拿到山上來賣。

因為供銷社的職工賣零售的大多是婦女，山上的人名聲不好——見押上山時就有許多路邊議論，婦女最怕的當然是「搶劫犯」、「強姦犯」。雖然上山賣東西必定賺錢，多數年輕婦女、持別是最多數的職工——大姑娘是怕上山的。所以我們見到背東西上山的都是身強力壯的大嫂。只有她們零距離地接觸過男人，她們不怕。

據說最初告訴她們是背些清潔洗滌、針頭麻線日用品，附帶點小吃、點心。經過實地經營，才知道山上的人多數不洗臉，不換衣裳，不需要衛生用品。到女子隊才賣得掉幾板髮夾、幾個「蚌殼油、維爾膚、百雀羚；」（那年代兩三毛錢一盒的護膚品）男子隊只能賣掉麻餅——這東西五分錢一個，五角錢一筒（十個），不收糧票只要錢，作為一種俏貨維持了很長時間。那些大嫂們像一個舊時的貨郎，來往於各中隊的路上。按當時規定是要她們將商品背到中隊，勞教人員在隊上消費。像許多事情一樣，在過程中要發生變化。幾乎不是吃的都賣不掉，作為商業職工當然會適時調整。要說小吃點心，峨邊縣城最多如外面的一個小鎮，也做得出一些不香、不甜、僅僅改變了原料的原型、原味的「雜糖」，和可以打得狗叫的「蛋糕」，真正最充饑、最實惠、因為粘有芝麻畢竟有點香味的要算五分錢一個的麻餅。據說，山上沒有勞教人員以前，這麻餅在縣城街上，全年也只能賣幾百斤，那是親戚串門哄小孩的東西。現在一天上千斤也不夠供應。沙坪茶場當時對縣城經濟發展的刺激可想而知。按當時用糧政策，供應的糧食製品，糖果、點心，是不收糧票的。俗話說，「茅坑裡的石頭也有翻身之日」，在平日賣不掉的紅糖餅子，如今已成二戰時期的「盤尼西林」。回想起來，那時人們的社會行為，在「新」中國以前形成的傳統觀念的影響下，還保持了公道、正義、良心。對弱小、不幸還能自覺不自覺憐憫、同情。那些「背篼大嫂」在很小的事情上也能使人感動。她們少背輕的針線、毛巾，多背壓肩費力的麻餅，還要作分配供應。例如某個勞教人員一次要買十筒（一百個）她們不賣，只賣你一筒。寧願不嫌麻煩三個、兩個多賣一些人。賣給一個人、或十個人，並不影響她的利潤，她是為了追求盡可能的公平。真是「於細微處見精神」。也充分體現了她們那顆善良的心，美麗的靈魂！攀談中知道她們沒有受過良好的教育，甚至父母還是文盲，祖祖輩輩都是日出而作、日落而息的世代農民。她們的做事作人的準則，來自與人為善、克已待人、稍有餘力應該扶危救困的祖輩口頭傳承。中華民族有悠久文明歷史，我想就因為有這樣的老百姓在支撐。當然也少不了真正濟世、強兵、富國的英雄、偉人。閒時查遍史書古籍，從夏商周到元明清，上下五千年，中國還從沒出過「偉大的革命導師」——這名稱有也是人家外國的——列寧。我們祖先傳說中大禹治水而救天下蒼生，神農嚐百草以除疾病，伏羲教嫁娶創始人倫，黃帝戰蚩尤使天下平定，這些都未被諡號「大救星」。我們民族有個大缺點，就是愛瞎捧人。比如捧歌星，捧影星，原本她（他）們並沒有多大成就，「德藝」更不「雙馨」。儘管唱歌中氣不足，也許跑調，發音不清，咬字不準，然而嗲聲嗲氣有人愛聽；表演不入角色，臺詞也讀別字，只要身材惹火眼睛勾魂，或者年輕英俊，加上娛記們找些隱私編點緋聞，依靠科技幫忙，弄些炫暈聲光，吵吵嚷嚷一陣，又塑一個「明星」。這些無關緊要，有錢可以胡鬧。到時不謝你花錢把她（他）捧紅，儼然公眾人物出行有警車開道，還想握次手簽個名什麼的，你小人物別妄想！這頂多是餵奶養大不認娘。最壞事的是公權領導人物，愛護他，遷就他，尊重他，嬌慣他，不監督，等到他羽翼豐滿權力夠大，必然無法無天飛揚跋扈。打天下時贊你「山高路遠坑深，大軍縱橫馳騁」，坐定天下你還提什麼意見，那是你自己不想活得開心。背篼大嫂肯定是渺小常人，她的愛心也肯定是「婦人之仁」。但我們會長久記住，不需要宣傳，沒有人勉強，沒有人提醒。

買賣時不用秤稱斤兩，論個數，運輸、交易都方便，因此最受勞教人員的歡迎。在以後數年間，一筒麻餅還能在男女「勞教」、「職工」中代表一種問候、一份饋贈，一份殷勤！這點兒禮物雖輕，有如舊時婚姻合「八字」、換「生庚」。如果兩者在暗裡交往中發生彆扭，充調解的人還可以至少說出一個勸和的理由：「妳（你）吃過他（她）送的麻餅。」

值得說的是那些貨郎大嫂們。她們多數沒有文化（或許最高是小學）可以斷定她們不知道「老吾老，以及人之老，幼吾幼，以及人之幼」，和「勿以善小而不為，勿以惡小而為之」的前人道德教育。然而她們都多愛心，多善良，又勤勞，又克已，又公正，又憫天，又悲人。她們在賣完東西的歇氣時候，常常隨身帶有針線，見那些小的、老的勞教衣服太破爛，會要你脫下來為你縫一縫、補一補。相信她們受的教育最少，做的事情也可說很低微，在人中也算渺小，可她們做人的良好品質從哪裡來？我想，除了代代相傳的父輩家教，地理環境的長年閉塞，不容易受到現代文明的衝擊，舊時說過時的忠孝仁愛禮義誠信，可能她們積澱最多。若不論文化知識技能，單講人格她們最完整。比英雄偉人都不欠缺。或許英雄偉人的豐功偉績從來都是為了長遠和根本，當時的人群只能為偉人的成功作出犧牲。

大嫂們逐漸淘汰日用品。這對她們來說是增加負重，增加辛苦，減少價值，減少利潤。她們自願，願多流汗，願多受累。她們高興的是受我們歡迎，受我們尊敬。她們知道什麼東西我們最需要。她們嘴上不掛著「為人民服務」，不計較自己的累和苦，總想到多給別人一點照顧。一筒麻餅大約一斤，一百筒就滿滿實實裝滿一背篼。從山腳背到山上，全部價值包括利潤五十元。平均走路來去一趟有三十多里，問過她們不到十元利潤。如果是當今，她們天天可以成立「歐佩克」，再比起稍後的兩三年，「計畫外」的一盒火柴，也能賣三五倍的高價而不認為違法，就更顯得她們品德、精神可貴。她們是商貿職工，是生意人，誰都知道生意人是認錢不認人。雖然自己不能定價格，也不能在手上短斤少兩，完全可以見錢就賣。一元錢就能買兩筒，山上有幾元、幾十元的人已普遍。當初是讓人隨便買，可慢慢地她們自覺進行控制，每個人最多買兩筒，還要先賣那些錢少只能買一個兩個的。她們的心意只有那麼簡單：你們都有點餓，讓大家都在肚子裡墊上一點。有時還像當家的老嫂子，說，你們這些弟弟哥哥，都離家在外應該互相關照，彼此愛護，不能因為你錢多、有錢，就要把我的餅子買完、多買，你一個人不餓！雖然她們只有賣點小東西的條件，也僅有那麼點躉賣、零賣的權利，而她們在販賣中最簡單的舉措，給近萬人留下了共同的記憶，留下了最好的感情。可以說生存在最下層的人，也許十分貧困，但最不缺乏人性。如果她們中還有人健在，我願衷心祝願她們一生平安！長壽！兒孫孝順。

這種流動的背篼商店，在各中隊維持了近一年，直到打響全民的「鋼鐵大戰」。

樹不起的「三面紅旗」

依稀記得是從電影還是小人書上看到過：在一座光禿禿的大山上，住著一個披頭散髮的巨人。圓圓的腦袋，寬寬的額頭，凸出一對銅鈴般的大眼睛，像兩個一觸即發的炮彈，張開一個血盆大口。呼一口氣從嘴中就出來一串串、一團團、一簇簇像蝌蚪般的小東西，隨風飄散到四面八方，在浩瀚空中越變越大，最終變成一個個支架般的人形，沒有肌膚只有骨架，落在無垠的大地上。接著蔥蘢的莊稼枯萎了，農人倒地了，肥壯的耕牛一下就只剩皮包骨頭了，地上的森林先後燃起了大火……。

這時我已經調離了新墳溝中隊，農場要搞基本建設，成立了建築隊，我已經是這隊裡的一員。此時全國已在為當年的一千零七十萬噸鋼奮戰。雖是建築隊，這時已停止了一切伐木建房的生產。平日在老林裡勞動的人員，如今全部投入燒炭。晚上隨意可見到或左右或上下鄰近的山頭，處處有燒炭的火光。這裡是潮濕的闊葉林，就地伐樹，就地挖窯、就地燒。當時，神州六億人口熱烈響應領袖號召，從機關、從工廠、從學校、從農村、從街道——從一切原來工作勞動的地方出來，放下手上的一切事情，——當然，只有嬰兒正在出生，小眼睛已看到這個世界，身子還沒有出來完必須等一等。此外，全民只有一項工作：煉鋼！而且日以夜繼要完成年產一千零七十萬噸。

我恨自己神經衰弱，當見到森林中有火光，在腦子裡沉睡多年的那些「森林在燃燒」的細胞，受這新的刺激又興奮了，很容易就產生了聯想。

善良、忠厚已近乎愚蠢的中國人，因為祖祖輩輩受強權壓迫太久，神權、皇權的思想還沒有被馬克思主義肅清，又被實際更封建、更皇權的制度代替。「東方紅，太陽升，中國出了個毛澤東，他為人民謀幸福，他是人民大救星，呼爾嗨喲……」這雖然同「從來就沒有救世主，也沒有神仙和皇帝，……全靠自己救自己」明顯完全矛盾，但人們已經被一條無形的鞭子趕著，失去了獨立的思想，喪失了個人的意志和行為。一個號召一份檔案，足使全國統一行動。如同「義和團」的神兵，經過一陣子鼓動以後，滿懷愛國熱忱，面對遠距離致死的槍炮，也敢赤膊提刀上陣。雖然勝敗早已決定，有抗敵愛國大義在，死也壯烈，敗也光榮！就憑心裡一個信念：刀槍不入，人人都是金鋼不壞之身。但真正上了戰場，「砰」一聲，即使槍彈只穿過手掌，也會感到撕肝裂肺的疼痛，不自覺地丟了刀。這時還不清楚、不明白主觀信念與客觀實際怎麼相差太遠！愛國抗敵捨身忘生的精神可敬可嘉，但物質文明時代單靠精神力量也難以取勝。

全民煉鋼不論從經濟、從技術、從成本都是一個大笑話，一種荒唐、一種胡鬧。但偉人有威信、有理由，「鼓足幹勁，力爭上游，多、快、好、省地建設社會主義」。動機不容懷疑，辦法不容討論，大兵團打殲滅戰，勝利就在眼前。「大躍進」顧名思義就不是一步一步走，群眾運動本身就是疾風驟雨的形式，發展速度如火山爆發的岩漿一瀉千里，熱浪滾滾鋪天蓋地。「坐地日行八萬里」絕不誇張！我們這些被場規、隊紀囿禁於山上的勞教人員、半個「公民」，不知道山外熱鬧情況，但我們也知道「鋼鐵元帥升帳」。我們也能唱：「我們走在大路上，意氣風發鬥志昂揚，毛主席領導革命隊伍，披荊斬棘奔向前方，向前進，向前進！朝著勝利的方向……」還可以從廣播、報紙、聽到、看到：某地、某日產鋼幾萬噸、十幾萬噸、幾十萬噸的神仙數位和現代童話。只感到本地區、本地方確實太落後，同指標、同號召差得太遠！太對不起毛主席他老人家！舊錯沒有改造好，新錯又在增加。何況山上不缺資源，遍地是鐵礦石，（當時不知品位太低）背靠大森林，煉鋼的基礎原料比哪裡都多、都好。百年大樹隨便砍、任意伐、儘量燒，人力也不缺乏。沾上「煉鋼」就加糧。肚子飽飽的，天氣好好的，不論大高爐、小高爐，木炭燒掉幾百斤、幾千斤，一擔礦石倒進去，更不說已燒幾天兒夜，求也求不出一滴鐵水掉下來。石頭還是石頭，像真正的「反革命」堅持頑固立場不聽毛主席的話。大樹化為木炭，木炭化為灰燼，煉鋼人急得眼淚縱橫。

機關、工廠、學校、一切社會單位，抽出多少人放下任職工作、學生少上多少課？從城市到農村到底動員了多少人？折騰了幾個月，給國家、社會、家庭、個人造成多少損失？這不是本書要贅述的。只記得最後的最後最權城的報紙刊載最權威的談話：「煉鋼的指標不盡如人意，但最大的成績是煉了人！」（周恩來語）

因為勞動教養是「人民內部矛盾」，凡是要讓老百姓知道的相關事情，檔案、資料，我們都有機會學習。使我們知道「大躍進」、「人民公社」、「總路線」。特別是那些講「階級鬥爭」、「加強專政」的檔案、報紙文章、指示、講話，和「雄文四卷」的「老三篇」，更成了我們的學習的經典。像炒蠶豆、炒花生，來來回回，重重複複，讀了又讀，談體會、講心得，觀行為，看表現，學了再學，談了又談，唸了再唸，如同一碗冷飯，多次加熱，多次翻炒，一遍又一遍，已經碳化不可吃了。也像老僧唸佛「阿彌陀佛」，十遍、百遍、千、萬遍，要你唸到「圓寂」才甘休。不過，教育幹事只管他安排學習的工作，到底收到什麼效果，他不是保升學的老師，也不是練兵上戰場的教官，既沒有學分考試的標準，也不求實彈射擊的成績。一句話，上下對學習都不負責任。最要緊的是生產任務，要完成和超額完成。當時全場也煉鋼，我們建築隊就在林中燒炭。

此時農場已改為茶場，因為霧重霜多不出莊稼，茶是經濟作物，口糧又可國家供應，因地制宜，也是一項符合客觀條件的決定。建築隊的成立是為茶場的基本建設。成立之初由各中隊抽調人來組成。挑選條件第一人健康年輕，第二管教幹部認為沒有逃跑思想，有相關技術當然好，無技術只要人年輕有文化也可培養。

有小偷小摸記錄的不來，品行不良的不要。茶場是個小社會，什麼人才都有。從前修過滇緬路的工程師，建過重慶人民大會堂（說以前叫「中蘇友好大禮堂」）的技術員，有建場時從勞改單位調來的犯人，木工、解工，磚瓦泥工，各工種俱全。他們都是發酵的菌母，土建各工種的老師。

當時建築隊不如其他中隊至少有幾排茅屋，固定的隊部。建築隊沒有固定的地盤，住的是軍隊淘汰的帳篷，有的還有「ＵＳＡ」的標記。架設在靠近老林較平坦的山坡上。為了工作方便，為了進出老林伐木、製材節省時間，隨時準備搬家。看起來比一般中隊艱苦，實則比一般中隊優越，首先糧食定量較高，粗、細糧比例也好，副食供應也優於中隊。只要幹完份內工作，有如聽不到鞭響狗吠的羊群。再以茶園種植與工業生產劃分，建築隊是茶場的第一個工業隊。人員先已經過挑選，多數也不會與管教上為難，再因勞動分散，管理自然比中隊寬鬆。儘管還有「叛亂時的罪犯」，多幹的是伐木、斷料的危險工作，經過七、八年的改造教育，早已磨掉了所有棱角，比勞教人員還聽教服管。

煉鋼燒炭是壓倒一切的任務，是毛主席給全國人民安排的突擊性工作。場領導也制定了茶場建設原則安排：先生產、後生活。先給各中隊建飼養房。本來伐木組、解工組長年同樹木打交道，勞動工地在林子裡。必須的時候也支援現場，還有機會去各中隊走走。各中隊也望早有自己的飼養房，可以早日自己殺豬、宰羊改善伙食。對來隊修房的勞教人員，午餐搭伙也多照顧，除糧食定量吃足，蔬菜也比他們給自己的人多。也許別人一月才吃一次肉，碰上了也有一份，比勞教也多一份口福。

高高的山嶺，長長的陡坡，霧裡來雨裡去，三三兩兩，隨隨便便，打打鬧鬧，說說笑笑，好像還充滿了「改造」的快樂！一時間竟讓人忘了自己還套著一根長長的繩索。雖然可以遍山走動，也被其他勞教羨慕，但走去走來還是在磨房裡走不出來。建築隊的年輕哥哥，在暮色中，在濕霧裡，在收工趕回帳篷的路上，高一步，低一腳，撲通一跤摔下去、爬起來，沒有感覺哪裡痛，只可惜摔碎了放在心上那一對淺淺的酒窩——只怪中午在女子隊搭伙……

我們這些當年被逐出社會的世外人，除了從廣播、報紙、學習資料上知道國家正在「大躍進」，正在「超英、趕美」，廣大農村正在如雨後春筍般出現「一大二公」的「人民公社」這些文字、聲音資料外，最實際的感受還是大煉鋼鐵。還是接著說燒炭吧。當時所在建築隊，除了修房建屋的現場工作，其餘大部份勞動都走不出林子。伐木、解木有百多人，早上進林傍晚出來，運輸木料的運輸組按勞動定額每日要進出兩趟，全民煉鋼打亂了日常生產安排。伐木是建築隊的專業，自然就擔負全場煉鋼用的木炭供應任務。原在林中勞動工作的人，原來是每日進出，如今為增加有效勞動時間，減少來去跑路的非勞動時間的浪費，乾脆住在老林。兼之燒炭工作一經點火就不能離人看守，不分黑夜白天，住在林中已經是客觀需要。以後不全民煉鋼了，為了保證有效勞動時間，於是乾脆搬進幾頂帳篷，形成一個林中分隊。與中隊形式完全一樣，長住林中。直到上世紀七十年代以後，森林不讓茶場隨便砍伐了，森林工業管理也逐漸規範了，連「自伐」的「指標」也不給了，林中的伐木、解料組才最終撤出老林。如今想來在那不幸歲月裡的林中長年生活，倒還有幾分對世外處境難忘的回憶！

燒炭我們都不專業，伐倒大樹，鋸斷、劈成大塊、放在一個土坑裡，重重疊疊碼在一起，上面堆一層泥土，尾部上方留個小孔利於通風，面前平地留個大孔算是火門，這就是一個簡易的燒炭土窰。點燃，使幾千斤木材盡可能完全燃燒，等到窯子通紅，立即封門、遮閉風眼，再從泥土上大量潑水，或從風眼灌水，使燃燒的整窰木材在封閉中又完全熄滅。隔一夜或一天，刨去上面的泥土，如果燒得透，那些一點不變形的木材，這時已成為黑亮亮的木炭。這是品質最好、最成功的。往往十有九不能達到這種標準。不過，沒關係，沒人檢查耗費多少木材？燒成多少木炭？只要熱火朝天在幹就行。本來嘛，主張「在戰爭中學習戰爭，在游泳中學習游泳」。頂多耗費幾十棵百年大樹，把木材變成炭還不容易!?何況就在森林。

因為林中大部份地方缺水，建炭窰必須靠近水源。幸好山頭都有脊樑，不是北方那種高原地帶的森林，林中有方圓若干公里面積的平坦。可能我們還在縱深很小的邊沿，山形多成脊樑，脊樑間有澗、有溝，澗裡、溝裡有水。幾處溝、澗間還有山溪。為了燒炭取水方便，炭窰都建在臨近有水的斜坡地帶。伐木取材的也只能圍繞炭窰周圍轉。人總是圖方便的。伐樹、備材地方遠了難得搬運，總在窯子周邊大樹小樹一起砍，只要有炭窯搬走的地方，那地方一定從此曬得到太陽，看得到白雲、藍天。千百年遮天蔽日的地方，我們在不經意間已使它舊貌換新顏！

這期間還讓我們高興的，是伙食下放。因為勞動分散，工作場地拉得很寬，客觀情況不允許集中、定時開飯。於是按人頭把應有糧食按定量分發給個人。用火燒柴等於江邊取水，只須在窯上隨處戳個小眼，每天燉一條牛也無困難。至於炊具，卻是五花八門。有搪瓷、鋁製飯菜盒，有洗臉盆，有罐頭鐵盒，有大口盅，有瓦盆瓦缽，還有用衣物從老鄉處換來的鐵鼎鍋……總之一切能經火燒、能煮熟食物的所有器皿，甚至搪瓷痰盂，等等，等等。吃乾吃稀，吃多吃少，根據自己所有自己調劑。林中有許多確實可吃的東西，找樹洞捉松鼠，做套子拴野雞，用籮筐罩雀鳥，甚至商量幫助燒炭、守窯子，抽出人去捕狗熊、獵青猴——大家想好好吃幾餐肉。因為燒炭工作不分晝夜，每天晚上都算加班，加班就加半斤糧，（這是當時最高的獎賞）本身就五十三斤，每天再加半斤，一月算來林中勞動每月有六十八斤。因為是在響應偉大領袖的光榮號召，為「大躍進」在「拼命努力」。主食、副食足斤足兩沒有任何苛扣，加上林中的自己補充——隨便能吃到的我們叫「石蚌」（如今叫「牛蛙」）條條溪澗都有，要捉一定能捉到。美中不足是除了豆瓣、鹽巴沒有調料。短短十天半月下來，每個人都比此前更白白胖胖，不但精神轉好，體力增加，人人都有餘糧。

只要裝完窯或者出完炭，燃燒的時間算最清閒。燒的是剛剛砍伐的樹木，不留些上一窯的乾柴還發不燃火，常常燒得一段木材一頭大火一頭水流。想得到它們在為自己哭泣：長在大山不知多少歲月，經歷多少風霜雨雪，好不容易在林中出頭見到太陽，如今被這些「消極因素」積極砍伐，鋸斷劈開架火燒光，甚至多時未留下炭的骨骸，只是一窯灰燼，怎不冤枉、冤枉！而勞教人員奉命燒炭，明知把建房造屋的棟梁之材，一把火化為碎炭、灰燼，是真正在犯罪，前對不起古人，後有愧於子孫，但出於「英明決定」、「偉大號召」，又徒喚奈何！

同學們聯繫自身，很快就減輕心理負擔。以爛為爛，「爛船就對著江中『石包』撐！」歷史自會有人負責任。一般認為燒炭很辛苦，我們卻認為是當時最好的工作。林子太寬，作息自由，管理幹部雖也時常進山，但很少處處走到，頂多表示來過，轉一轉。勞動不分日夜，晚上又不學習，鄰近的炭窯幾個人聚在一起，躺在窯前坑裡向著火，聊著天，交換著各自的菜飯，該說是互相請吃新鮮。講述著各自的故事，幻想般地描繪著未來希望，也不無遺憾地敘述昨天。實在吃脹了，烤熱了，就黑黢黢地在林中走走，去逛逛別的「窯子」（當然不是花街柳巷）。看看秋高氣爽的夜空，有時還真能碰上天空掛著彎彎的月亮，只要找好了幾顆大樹的隙縫，真的能見到「那纖弱的一彎分明暗示著、懷抱著未來的圓滿」！或者朝著有火光的地方，去找別的同學，再聊聊，再談談。雖然暫時的、卻真實地忘了時間概念。只認得是夜晚還是白天。有進林子打柴的老鄉嘲笑我們是野人，是住林子的蠻子彝胞。頭髮長，衣裳爛，人年輕，身體壯，有文化，會說笑，給他們方便，又不要酬勞，讓他們也說不清對我們是嫌棄，還是喜歡？我們自己說我們厭惡城市，願意長期在樹林裡當一個不戒煙火的「神仙」。時不時還有一家人進山拉木料修房的老鄉，其中有大姑娘、還是小媳婦，全家動員來回幾十里，就為了一根二三十公分直徑、五、六米長短的大樹。遇到這種情況，我們會大方地從伐倒的燒炭木材中送他們一根，減少他們許多辛苦勞動。他們表示無限感激，還再三擔心我們會不會受批評、受處分、犯錯誤。我們也會高調一句：這才真是「為人民服務」；這根樹也運氣好，拖回去作房梁。以後天天全家抬頭望著它，也會想到當年在林中遇上了「神仙」。一陣嘻嘻哈哈，就輕輕抹掉了無形的人為的「界線」。老鄉說，「政府幹部向我們說你們盡是些壞人，見你們要離遠點，不要同你們說話，原來他們在騙人。看你們都不壞，你們得罪了啥子人嘛？」我們得罪了啥子人!?他們當然不懂「暴政猛於虎」要吃人。

住在林中真好！晚上不用被蓋，互相幫助還可以換洗貼身衣裳。因為燒炭的窯子實際是一個大坑，只須挖長一點，留一段來蹭人，割一綑乾枯的蕨萁草，鋪一個窩，面前就是燒炭的窯門，隨著自己想要的溫度，可遠可近。坑低於地面，林中本就無風，窯中大火輻射出的熱，想要多暖和就有多暖和。彼此幫幫忙，弄來幾盆幾缽水，放在火門邊上，很快就熱，洗臉、洗腳、抹身、願意還可以洗澡，貼身內衣洗了很快烘乾。這時候大家赤裸相對，還要說笑，比起林中夥伴，就缺少牠們一身毛。心理、精神的高壓，這時得到徹底放鬆。真是達到了天作房、地作床、樹為衣的最高境界。比起莊老的「蔬食而遨遊，泛若不繫之舟」，我想也差不太遠！

由於不懂技術缺乏經驗，幾顆樹幾千斤柴，經過一天一夜的悶燒，有的成一窯灰燼，有的雖然出了一些炭，揀出來堆放在一起，好讓第二天中隊的勞教人員背走，結果頭天的炭已不復存在，地上只剩一堆灰，這才知道當時省了水火未滅盡，稍有一點地面微風流動，本不是死灰當然復燃。木炭比生樹燃燒更快。實踐出真知。倒楣的不過是幾顆大樹，十幾立方木材。砍倒它，燒掉它，不需誰的批准，更不用花錢去買。祖先留下的自然資源太豐富，我們百多號人天天砍，夜夜燒，僅就這一處森林也是九牛一毛！伐樹燒炭的人幹得有勁，聽說山下的「土高爐」也燒得徹夜通明。上山的老鄉講了一個小故事：縣上某單位還滲了焦炭，幾天幾夜也燒不化鐵礦石，規定的煉鋼指標要報數字又催得緊，幹部們快急瘋了，完不成「指標」報不上「數字」，就等於反對「大躍進」、反對毛主席！最後還是一位女同事機靈，趕快回家把廚房用的鐵鍋、鼎鍋、菜刀、火鉗等等生鐵製品，拿到爐前當眾砸爛，「要革命就會有犧牲」，人都是毛主席的，反正在機關食堂打飯，家裡的鍋鍋鏟鏟平時也少用，今天能為煉鋼作點貢獻，真的心甘情願。立即砸碎甩進爐中，不信這爐子會吃鐵流不出鐵水來。幾十雙眼睛死盯著「出料」口，左等右等，哇！出鐵了！一陣高興地沸騰，比家裡生了胖娃娃還興奮。終於從爐子「出水」口流出了鐵水，像血一樣紅，而且只有那麼幾滴！論重量沒有丟進去的鐵多，論容積也不夠著急、高興落下的眼淚。

我們這些在山上的人，有幸同全國各族革命人民一道「力爭上游」，「多、快、好、省」地建設社會主義，幹部說這是我們的光榮。是的，鄉親們也說「吃了毛主席的飯，就要給毛主席幹」。何況老人家一心為大家，工業要上去，首先要鋼鐵，肚皮要吃飽，首先要有糧。當年的兩大「指標」：一千零七十萬噸鋼，五千零五十億斤糧。必須要完成。「人定勝天」沒有辦不到的事情！聽人說，看報紙，聽廣播，我們也知道某個地方一個土高爐，一天煉鋼要產幾百噸；一畝田要產稻穀幾萬斤、十幾萬斤……我們這類人，本是「不肖子孫」「害群之馬、」「消極因素」、「明天的罪犯」，共同的特點是不夠聽話、多敢直言。對那些神仙般的天文數字多抱懷疑，但又出自國家最中央、最權威的「人民日報」、「紅旗雜誌」的報導，有時還有「黨和國家領導人」的視查講話可以證明，說不定同時配發照片，這還能有假？！這些違反常識的事情誰也不信，只是悄悄議論。我心裡想，說不定哪天最中央、最權威的新聞報導，會報導說「毛主席領導億萬各族革命群眾修起了『萬里長城』！」但我失望了，失望到如今！我痛毛主席過早辭世，再也不會發生這樣的事情。

燒炭本來是有定額、任務的。各中隊的勞教人員上山進林背炭，開始規定是必須過秤、要記錄的，也是記錄建築隊的成績，也是燒炭個人的勞動考核。但只有一桿秤，炭窯又分散，進出林子有多條路徑，背炭人多時間有限，總的形勢逼人，過秤的忙不過來，背炭的又不願久等，林中本來無路，哪裡都能走，各人抓緊各人的時間，各自完成各自的當天任務。過秤登記一天也沒很好執行。從此乾脆不記錄、不過秤，反正是茶場一家人。只要不被外人——當地老鄉背走就行。實在說，少進山、未接觸過我們的當地民眾，對勞教人員還有些害怕。我們剛上山時，他們就在路邊議論過：我們都是些未來的搶劫犯、殺人犯、強姦犯，女人看見我們就會懷孕，男人看見我們他就會倒楣，我們被宣傳為洪水猛獸、妖魔鬼怪、狐狸精、吃人惡鬼。善良憨厚的百姓根本不敢靠近我們。就是見到我們隨意放在樹邊、或已經丟失的東西，他們也會繞開走，怕粘上晦氣，怕惹惡鬼纏身！從這類小事情，給我們的「思想改造」確實上了一課：用政府的名義說謊，確實能產生強大的效果。尤其是中國，從幾千年來養成的「忠君」思想，衍變成十足的奴性。只要是來自官方，說什麼都信。難怪法西斯也有「名言」：謊言重複多遍，就會變成真理。只有那些窮極思變、無私無畏的老鄉，才敢慢慢同我們打上交道。借給他們一百個膽也不敢背我們燒的炭。中國人不怕苦、不怕窮，只要平安。習慣逆來順受命運由天。窮鄉僻壤的百姓尤其嚴守本分，只盼用自己的勤勞，種好自家的莊稼，為願風調雨順有好收成，從來不想佔別人的便宜，要別人的東西。他們一般進老林打柴、砍竹、伐木，都不願耽擱太久，儘快離開。林子裡真正成了勞教們的天下。

一天快中午了，來了兩個行動遲緩的中年人。好走的地方已經沒有炭了，又不能空著背蔸回去，到處找冒煙的地方。終於找到我有意選擇的一個高坎下——地方難找來背炭的人就少，我勞動就無壓力，要的時間多，累的時候少。更少搬家，離水源又近，積炭又多，有心不讓人容易找到。只要別的窯子有炭，知道我在那裡也不願來，因為路不好走又有陡坡。誰說我不積極生產，是他們不來「取貨」。兩三天來一兩撥人，彼此不用盤問、招呼，都知道是茶場的自己人。十天半月早已習慣，空著背蔸就是來裝炭。突然其中一人兩步高坎走不上去，放下兩手作小孩爬行狀。人沒有摔倒，背蔸裡的炭從頭上倒出來，幾乎倒光，一地是炭。炭屑、炭渣從領口掉進衣裳。本來背炭的人裝好就走，與燒炭的不必有什麼交談，上萬人的茶場誰也不認識誰，自己摔倒自己爬起來，打倒了自己再裝，不主動要求可以不必幫忙。不過，我當時看到這人就覺有點好笑，四十歲左右，算修長瘦高，那斯文的樣子一定是個「老右」，似乎還載了眼鏡，留了頭髮，一見就知多日未曾梳理，臉手黢黑，而手指纖纖，舉動遲緩，揀炭、裝炭都是在按部就班。我想，這樣的人過「改造」日子，一定比我艱難。他站在傾斜度很大的高坎邊，一手要脅著背蔸，一手要從地上揀拾打倒的木炭，還要兩腿前彎後伸的努力把自身站穩。看那窘相不是背炭一定沒有進過老林。我在林中又比他年輕，便沒有被要求就主動幫他，裝好炭又教他如何在林中行走，特別是上下陡地、斜坡，一定要攀枝、抓藤。他十分客氣、禮貌，再三表示感激。好像我救他於水火。這時又來了幾個沒找到炭的人，才知道與這位是同隊，叫他汪子美。啊呀！全國知名的漫畫家先生。我不無調侃也確有誠意：「嘿！還是『家門』，前幾分鐘的情景，就是一幅最好的素材，以後不要忘了，畫出來！」他沒有回答，只見他遠去的蹣跚背影。我不勝驚訝，拔毛鳳凰不如雞！人民的藝術家，社會的精英，已淪為只能作原始的體力勞動，國家的前途豈不嗚乎哀哉！全國的知名漫畫家有幾位，汪先生在宋家山背炭，其餘的又在哪裡受罪？（如果汪先生還健在，又能見到我寫的這一點，當會想得起當年我教你在林中如何走路）遺憾宋家山沒有石壁，留不下像我們現在發覲的遠古的壁畫、文字，「大躍進」、「總路線」的「文明」只有留在過來人的心中；如今的「強拆」也強拆不了人的記憶。但願不忘告訴子孫，那也是一個有利於國家民族發展、進步、興旺、繁榮的沉痛教訓！

有人說痛苦像快樂一樣，很快會過去。我想說快樂也如痛苦一樣很快就過去。燒炭的工作突然宣佈結束。林中的伐木組、解工組立即恢復正常生產，大家對此深表歎息。記得古詩中有對燒炭的淒苦描寫，什麼「可憐身上衣正單，心憂炭賤願天寒」。我們感覺燒炭很快樂。第一沒有早出晚歸，上下爬坡進出老林的勞累，也不擔心剎那就來的山中風雨。第二沒有嚴格遵守的作息時間。第三沒有早晚集合點名，必須應答「到」或「有」的麻煩。第四勞動十分簡單，有人備好木材，只需挖個埋人樣的長坑，放進木材敷上稀泥，一把火點燃，出炭多少無人管。第五抓捕到小動物還可以嚐鮮……不知怎麼的，這「大躍進」、「總路線」、「全民煉鋼」，對我們來說總嫌時間太短！讓我們有許多遺憾，許多留戀！留戀這一段散漫、瀟灑，輕鬆、快樂的林中自由生活；遺憾這長寬幾百里的莽莽森林還未來得及伐光、燒完！不過，回頭想起也深感罪過：爛伐多少百年樹，燒了多少一等材？

像一句話「開始」一樣，也是一句話就停止了燒炭。叫林中所有人回隊，休息一天。算這段時間大家「辛苦了」，為響應「大躍進」偉大號召不分日夜的幹。兩個晚上不學習，多睡睡覺，好好恢復疲勞。再給一天各自整理自用工具。要把耽誤的生產任務搶回來。雖然高音喇叭還在叫，報紙上還在吹噓，「鋼鐵元帥」還沒有下陣，可我們不再響應這場轟轟烈烈的運動了。有人還在心裡疑惑，茶場幹部膽子真大，膽敢不聽毛主席的話。

沒有什麼總結報告，也沒有對燒炭的批評、表揚。好像這僅僅是一個不值一提的走一回過場。以後知道，我們改造場所是特殊單位，沒有給我們一定的「煉鋼」指標。我們那樣搞也不錯，是響應「偉大號召」。不過，表揚也是有的，中隊幹部說場部領導表揚建築隊，人員分散，不便管理，遠離中隊，又能接觸群眾，幹部管教得當，勞教人員遵守紀律制度，沒有逃跑，沒有發生問題，伐木、斷料是危險工作，也未發生生產事故，這些都是成績，希望保持下去。其實，這些都是建築隊人員組成的因素。全隊勞教人員雖來自方方面面，但有一個共同特點：有知道逃避不了現實的思想認識，原來不是幹部就是學生，多數人都受過學校和組織的教育，有的人勞教前有多年黨齡，在機關大小是一個負責幹部，還有位姓王的同學在延安時期在黨中央機關工作，「反右」前還當過中央統戰部部長李維漢的秘書，我本人僅僅上過大學，同我一樣的也多，其他的就不說了，這是第一穩定的原因。幹部對我們這些「半公民」也嚴守政策規定，雙方上下都能保持理性。勞動場地分散，工作面寬，要像農業中隊的集中、限制、管緊、管嚴，根本不可能。剩下小部份勞改服刑中的犯人，他們都因有技術、表現好才留下來。在技術上他們是師傅，日常生活中又受我們監督。真是鳴蟬身後有螳螂，螳螂背後有黃雀！別看管理幹部缺乏文化修養，沒有多大能力，在如何管理好人，還是真正的內行。

留隊的勞改犯人（敵我矛盾）與勞教人員（人民內部矛盾）放在一堆，同一個隊，同一個廚房打同樣的飯菜，同樣一頂帳篷睡。犯人每月每人還有不等的三、五元零花錢，「條例」規定勞教人員「按勞取酬」應有的「工資」還杳無蹤影。犯人夏發單衣冬發棉衣不必申請，勞教人員申請也不容易拿到——因為剛「投入改造不久」，大多有帶來的隨身衣服還可以「新三年，舊三年，縫縫補補再三年」。何況已寬大准你家裡寄。再是「勞改」、「勞教」遵守同樣的紀律制度，有時要勞教人員學習時「深挖反動本質、思想根源、出身罪惡」，而犯人唯讀讀報紙、說說生產、甚至比我們先睡。因為「學習」是分開的。幹部說我們是有「公民」權的，他們是被專政的犯人。由此使一些勞教人員有了不滿，有了牢騷，還說「勞教」不如「勞改」，我也附和。我讀書時就不是好學生，對束縛人的條條框框我從小反感，為此編了幾句小詞兒發發牢騷，還在全隊第一次作過檢討。因為印象深刻至今記得：

門前有個荷塘，塘中水族興旺。
水面荷葉一張張，蓋著蝦兵蟹將，
說是類別不同，吃喝完全一樣。
嚷什麼屬性自有差別，為何放在一筐餵養？
睜著眼睛分不清五顏六色，冥思苦想自作主張，
不是蠻橫、無知，也是可笑、荒唐！

勞教人員對於勞改犯人還是有點優勢，那是在兩者間為什麼發生糾紛的時候。幹部總是在不分誰對誰錯的情況下，首先狠狠批評犯人：要老老實實認罪服管，時時處處都要接受勞教人員的監督，勞教人員縱有百個過錯，只能報告幹部，不能直接發生衝突。只有在這種時候勞教人員才感到揀回了一點做人的尊嚴。但很快會被支開，讓幹部單獨教育罪犯。如果真是勞教人員有錯，別僥倖，換個時候會找你說清楚。說不定一頓更嚴厲的批評還在後頭。寫檢查、作反省一點也不會欠缺。犯人也弄不清勞教人員到底有多大的「公民權利」？會不會因為得罪勞教人員影響到他們「加刑」或受別的處分？因此他們時時、處處、事事十分小心謹慎。人之強於其他動物，就是善於彼此溝通。兼之在勞動生產活動中多有師徒關係。何況朝朝暮暮共同起居。在一起勞動、生活時間長了，雖然在兩者間除了與勞動有關，其他私人私事不准交談，然而幹部太少畢竟不能常在身邊。慢慢地自然會知道他們內心的一些東西：與家庭失去聯繫的人，沒有希望，沒有企盼，甚至沒有牽掛、沒有思念已經完全麻木了，不自覺地已成為一個吃飯的勞動工具。使用的人十分順手，他們也習慣了被人使喚。同勞教人員相處，也影響他們慢慢地甦醒了片斷的記憶。

留場的犯人全都還在服刑期。十五年，十七年，二十年，二十五年，直至無期都有。百分之九十以上是農民。建國初四川的「反革命叛亂」，在一九五〇年到一九五一年就基本肅清了。從叛亂到抓獲判刑，已

經七、八年的光景，在七、八年的「改造」中，已經幾乎完全喪失了人生本性的許多追求。他們已經不關心刑滿釋放的日子還有許久、許久。大多是在叛亂中被裹脅的居多，真正拿槍、持刀、放火、搶糧、殺人者，僥倖未被圍殲，也在抓獲後立即處死。判有期徒刑的只是脅從。當問到他們「首惡必辦，脅從不問，立功受獎」的政策，他們回答「那是貼在牆壁上的標語，是『話筒』裡的聲音。他們只經過簡單地詢問籍貫、姓名，還知道自己判了多少年刑。跟著『土匪』並沒有吃幾頓飽飯，有的還被騙，說是『農協會』叫去打『土匪』，跟著跑了一兩天才見到解放軍，還在喊毛主席、解放軍萬歲！『解放軍』用衝鋒槍回話：繳槍不殺。結果明白自己才是土匪！」問他們被判十幾二十年冤不冤，他們真心感謝人民政府的寬大，給飯吃有衣穿，每月還發零花錢。如果允許把家裡人喊來，真有人願意在勞改隊裡團圓——雖然家裡分得了土地，還要盼著「零花錢」寄回去，家裡才有錢買煤油點燈和醃鹹菜買鹽。問他們將來的最大願望，說滿刑後要求作個「生產員」。（當年刑滿後留下來繼續勞動生產，不是「犯人」的稱謂，一個新的身分的名詞）他們對勞動改造很安心，還說家鄉有人羨慕，可以不擔心天旱、水澇，可以不擔心缺食、缺衣。革命的勝利為了要勞苦大眾翻身，當年跟著土匪跑，跑掉了「國家的主人」、（工農）聯盟軍的身分，只得了筋疲力盡如牲口不愁饑寒的「幸福」！說到自由，他們反問有什麼好處？就是在家務農，除了趕場、走親戚，如果不當兵，一輩子也走不出横順二百里。當了犯人被押往這裡那裡的時候，有人還認不得路邊的電線和電線桿，還說這樹子太怪，一個顏色一樣高，只長藤不長葉子不長椏枝。還是當了犯人才第一次看上電影，誇解放軍真是天兵神將，大炮、坦克把國民黨打得像牛蹄子踩螞蟻。毛主席站在南天門上，（他們不熟悉北京天安門，只記得傳說中的天宮「南天門」）威風勝過玉皇。等等。當年同隊的勞改犯人，思想、精神面貌是這種狀況，怎麼會對改造不安心！他們開口就習慣了「報告」，當初喊我們也「報告勞教員……」，對此稱呼幹部頗傷腦筋。「同學」本不是，「同犯」更不妥。直呼姓名又體現不出兩者身分，老張、小王，似乎又太親切體現不出差別，讓犯人對我們「報告」……下去，這又抹煞了幹部之尊，若叫我們某「勞教」，對我們又是刺激，幹部始終沒有考慮出一個犯人對我們的恰當稱謂，先決定犯人不要對我們再「報告」，要犯人在對我們勞教人員說話前帶個「請」就行了。對「請」我很敏感，我被「請」進派出所談話。沒有被「請」上了山。幹部說我們不是「請」上山的，我們不上山「改造」，他們也不會上山受苦。如今每天能聽到「請」了。我知道「建國」初的成都不少知名人，被哪裡從家裡「請」去，就再也沒有回來。二三十年以後回來的，我知道只有一個余中英——民國的成都市長、防空司令，家裡常客。

當然，作為鞏固一個「革命新生政權」，對舊勢力打擊嚴厲一些，能夠理解；冤案的發生也在所難免，但應該是個別，或者就說「一小撮」吧，總不應該是一片、一大片。不過，比起早先的「農民革命」有屠城的歷史，再對照「偉大的俄國無產階級革命」勝利，我們的「革命領袖」博古通今，深諳牧人之道，是有「寬大」的一面——按總人口城市只殺百分之一；農村只殺百分之零點五。按被殺人口已經夠組成世界上幾個小國家，是我們人口基數太大。況且「領袖」掌握的是禮義之邦，當然有多樣的「文明」——殺人也按人口比例。

同隊的勞改犯人，多數文盲，綜合素質低下，觀念陳腐，是非糢糊，更說不上有思想會思考，認為既然犯了「反叛」之罪，不殺全家已經仁慈、寬大。除了在高牆中、刺刀下的關押，以及有武裝監視的各種勞動，生活還比作個靠天吃飯的農民更有保障。至於艱苦的勞動，無論說成光榮還是懲罰，對於他們是從娘胎裡就學會了的，那是與生俱有的本性、本能，並不感覺是負擔。他們不懂追求民主、不要索取自由。就在家裡也是天亮下地，天黑回家，不避風雨，終年勞累不一定溫飽。一件新衣從爺爺穿到孫子，一床棉被從奶奶進門蓋到孫女出嫁。中國歷史久遠但也長期貧困，更苦農民！以前想過好日子，就去求神拜佛，所以我們有世界上最多的廟宇。想有「真命天子」所以有最多的貪官污吏。

他們說剛成土匪被判刑的時候，還很想家。想的是家裡可有食、有衣，家中老小能不能擔糞上高地，會不會錯過播種季節，房子再不加草就會漏雨，水澇天旱，又怎能避過饑寒？認為自己在享福家裡在受難！

中國農民的老實善良，真叫人心酸。因而沒有犯人會把每月的三元五元零花錢花光用完，自己每月留點，再向同犯借點，湊成十元、二十元寄回家去。可以說留在茶場的犯人是不幸中有幸的。離開了高牆，也沒有了武裝看管，和勞教人員一起勞動，一起工作，一樣生活，無形中也成了「半個公民」。到上世紀七十年代，留在茶場的勞改犯人都先後服刑期滿，在茶場沒有「生產員」的說法，同已解除勞教的勞教人員一樣稱「職工」，留場就業——長期羈押。如同莊園裡的奴隸，一樣結婚生子，從組小家。對於他們還有的家鄉人來說，他們仍像今天的「打洋工」一樣受到一定羨慕。有點費解的是幹部要我們向他們（犯人）學習，學習他們承受艱苦，學習他們積極勞動改造，我想還有一句沒有說出口：要學習他們奴性並逆來順受。

因為燒炭，給中隊管理上燒出一個啟發，一個經驗：為了增加有效勞動時間，減少上工收工來回走路的時間浪費，決定伐木、解料勞動就在老林的人，乾脆長駐林中。選處林中較平坦的地方，搭上幾頂帳篷，再靠近溪澗邊上，就地取材修間廚房，再找個方便的地方挖個茅坑，膳宿條件就基本完成。刀鋸斧頭也不必來回攜帶，在哪裡勞動就放在哪裡，反正林中也沒有外人，決不擔心丟失。縱有老鄉進林也不敢拿，不敢碰這些「壞人」的東西，怕沾手就災禍臨門。中隊對於住在林中的人，衛生醫藥也是關心的。除了留給一些常用藥，衛生員白天必須去林中轉轉走走，晚上才在隊上看病。因為真正的伐木工人也常有傷亡，不能說幹部對生命毫不關心。隨後衛生、醫藥系統要「思想改造」的人多了，林中也配備了常駐的衛生員。農婦會愛她餵養的雞、犬、豕，老農也寶貴他的耕牛，何況是會說話的畜牲——除了癡呆誰會侮辱自己，有些事只能神會心領。如果不拆不扣按政策辦事，勞動教養是「最高行政處分」。然而當年只有政策沒有法律，怎樣申訴？「勞改」、「勞教」說是「一丘之貉」，不同的僅是處理方式。還怪上面政策不規範，在區別管理上老給幹部添麻煩。來了，就得乖乖的，否則「抗拒從嚴」！上面為了讓大家安心住在老林，比起在中隊部的，也盡可能多點照顧，最顯著的是全國已開始「節約」糧食的時候，老林裡最後才減糧。

餓死人的「食堂」

記不清為了什麼事情，在一九五九年元旦前後我出差去了一次峨邊縣城——沙坪。當走出茶場的地界，就看到上山才不過一年多點，這世界就變了樣。千百年來農民的耕作都是各家各戶的勞動，如今怎麼在一小塊地裡擠著上百人？後面的鋤頭不小心會挖到前面人的腳後跟。如部隊在操場上訓練新兵，排列不十分整齊，也沒分老少男女，在一塊地裡做著相同的事情。看得出男女老少都不努力，但又齊心。有一大群人的地方都插著一桿紅旗。迎風招展，紅旗上有黃色字體，大字是什麼「人民公社」，小字是什麼「生產大隊」。心裡納悶，做莊稼怎麼是這樣集體行動？好像古戰場的兵卒在一排一排地向前衝鋒、陷陣，勉強應戰又並不勇敢。左顧右盼，你看我，我看你，誰也不勇猛上前。兩三斤重的鋤、鈀高高舉起又讓它輕輕落下。過路人也能看見誰也不願多使力、多流汗。想問問情況，又遇不上閒人。

直到中午在一處休息，也是吃午飯（自帶的玉米饃饃）的時候，才知道大概情況。同行中有常下山的人，他們會找休息、吃飯地方。那是一處「沙坪人民公社」的其中一個食堂。（上世紀七十年代那地方，還是我們茶場建築隊幫政府改建成了縣武裝部）我們有意去晚一點，等社員們剛剛開過飯。不但地方寬，還有桌凳。在他們灶邊還可以烤熱饃饃，若遇上好心的「公社炊事員」，你要水喝他會給你菜湯，並有意從大桶裡給你撈上很多蔬菜，如果你很快將自帶的饃饃吃完，讓他看見你還大口用力地在把湯喝，他不定還會主動給你半瓢玉米「沙沙飯」，讓你吃飽甚至吃不完。我們並沒有乞討，他們也認得我們是「山上的」——勞教。既然准下山上街，那一定表現很好。他們給點照顧，也是「革命群眾」幫助政府促進「改造」。要說個人感情，也不無同情、憐憫。雖然幹部仍然要我們不要同群眾來往，但實際中很難做到。我們也真的在心裡受到觸動：最下層的窮人其實最有好心！中國農村的老百姓很少有沒挨過餓、受過冷。

我們慢慢吃飯，他們慢慢整理桌凳做衛生。我們想瞭解他們，他們也想知道我們。當時「食堂」成立不久，糧食供應都十分充足。我們國家領導也在向全世界宣告：「中國農民吃飯不要錢」，「讓他們敞開肚皮吃飽」！但做飯的人已經開始擔心，他們認為這樣下去一定搞不好。原因十分簡單，除了口味、乾、稀、進餐早晚必須打破原有習慣，無論風雨陰晴天氣都必須去食堂吃飯；有的家中有老弱病殘不便行走，還有「坐月子」大人小兒怎麼吃飯？更有大家抱怨的，是那些勞動人少、吃飯人多的門戶，實際是增加大家負擔。他們屬街區人還比較集中，如果是在城、鎮以外，單家獨戶守著自己的土地散居，說特別在山區，吃頓飯來回要跑三四里路，還說不是最遠的。各家吃飯有自己的打算，如今集中開夥，從早晚，從好友，親戚串門、朋友來往都沒有了自由。再窮的人娶個媳婦嫁個女兒，怎麼請人喝酒？自從「盤古開天地」祖祖輩輩也沒有把農民吆喝在一堆吃喝。說這是進入共產主義的大門，他們說他們不要這樣的共產主義，因為這實在不好！

食堂裡的大嫂還問我們，「在城裡吃大米飯如今吃包穀習不習慣，你們犯了啥子罪，要在山上好多年？你們挨不挨打，挨不挨罵？說你們很兇、很惡，糟蹋人家姑娘，偷別人東西，最兇的還殺人、放火。我們食堂剛開門時，你們有人在門口坐坐，我們還不敢招呼。還悄悄喊了民兵在不遠處看倒，如果你們「亂來」必定馬上遭殃！我們也問過公安員，為啥子街上有「勞教」？對你們我們該怎麼辦？公安說你們是「右派」，「右派」是向黨進攻、是反對毛主席。一般都不危害普通人民，叫我們不要害怕。能放下山上街的，都不會發生治安問題。你們在山上是不是同那些壞人在一堆？你們怕不怕遭偷東西，怕不怕遭殺？說你們山上還有幾個女子隊，是準備給你們「成家」的吧？她們都沒有男人？我們有人上山進老林砍竹子，還看到過她們個個長得乖。如果肯嫁下山，峨邊一定有人要，就看她們過不過得慣？」大嫂並不要我們接著回答，存在她心中的問題真似大浪淘沙，沒完沒了。

真的，當時能讓下山的人，雖沒有經過嚴格的考核，在管理者心中自有分寸。基本能自覺遵守紀律，不偷不摸，至少沒有壞人的形象，不會到處作賊、順手牽羊、惹事生非的野性。從建場一年多，各隊勞教人員都未發生過損害當地群眾利益，威脅他人安全的事情。建場之初在當地宣傳我們是一些「害群之馬，明天的罪犯」的惡劣印象正在、或已經淡化，通過我們自身的表現，「群眾的眼睛是雪亮的」。他們已經能夠分辯誰是壞人、誰是好人，哪些人真正惡劣。

在越來越多的不可避免的接觸中，當地群眾慢慢親身體會到真實的一面。甚至有老鄉說：「說你們都是些壞人，我看是故意給你們潑髒水。」更由於具體的同他們發生交道的時候，勞教人員都能主動吃虧，給人一點小小的便宜。如買東西，對方找不出零錢就讓少補幾分；今天借了人家一截舊繩子，明天還給他們一條新的長繩。他們要花錢去農具社修理、或購買的小農具，如鋤頭、鎬、鏟、鐮刀之類的小東西，搞運輸的「同學」們可以大方的、無償的給他們一件、兩件——因為他們實在太窮。時間一長，接觸多了，在群眾面前，我們沒有宣傳，沒有解釋，沒有為自己辯護，沒有要爭當好人，沒有叫屈，沒有喊冤，沒有攻擊政策，沒有抱怨處分，沒有牢騷，沒有反動言行，沒有叫累，沒有訴苦，沒有求助，規規矩矩辦事，公公平平交易，老老實實做人。硬要把我們說成「明天的罪犯」、「社會主義的敵人」，在老百姓心中早已否定。

食堂的大嫂還說：「現在你們來我們食堂烤饃饃吃午飯，我們灶裡白天夜晚都沒熄火，有菜湯你們可以隨便舀。我們的飯每頓都沒有吃完。所以看你們有沒吃飽的還可以給一點，大概這樣子不會很長久，大隊「支書」說了，下月起要定量，每人每頓半斤照人數算。不能現在這樣，儘量煮，讓人脹。其實我們煮飯的比他們出工的人更累、更忙……屁股大一塊地，站幾十個人，前面挖鬆後面又踩板；出工早點的還要在地邊等，人不齊還不幹。那有這樣做莊稼，不餓飯才怪！……還要放啥子『衛星』，說畝產幾萬斤，捏倒鼻子哄眼睛！前些時候鬧『煉鋼』，家家戶戶銅鐵東西都搜光。最好把犁耙、鋤頭都拿完，我們大家去北京找毛主席要飯……」農民說話不講政策，但事事是實情，句句有道理。我們借個地方吃飯，想佔的方便是有桌有凳，不像乞丐守在別人的門口、街沿。無論別人怎樣講，我們決不搭訕。自己清楚身分，怕惹麻煩。頂多對她笑笑，她可以認為是贊同，我們是出於禮貌。頂多再說「感謝妳關照讓我們烤饃饃，還給我們菜湯，麻煩了！」

這是「沙坪人民公社」的一處「公共食堂」，座落在街上，是我們下山上街習慣必經的地方。是幾間較大的木材穿逗結構的平房——本是一條來去人流較多的小街，可以經商、可以居住、縱深有幾間的民房。打通了竹片敷泥的牆壁，幾乎也拆除了原有的門窗，從十幾根光桿圓木柱頭間，還看得出原先的間隔，可能是幾戶人家祖輩留下的房產，已經一律歸公使用——是沒收、是代管、是贖買、是租賃、是投資、是合作、是借用？不知道，也不便詢問。裡面橫豎成行、有規則的擺放了大約二十多張中國百姓家中常見的八人坐的方桌，新舊不一，大小不等，高矮參差，與之配套的長條凳，也各自體現出它們從前的貧富，那些曾經上過漆的凳子，離開了原先的主人，看得出新近被碰撞得遍體鱗傷，沒有人愛護。從這點滴細微小處，也顯示出公有私有的深刻衝突。

可能做出二三百來人飯菜的大灶，佔據食堂的一方。那些掌廚的大師傅，腳穿「解放鞋」站在灶臺上，洗菜、切菜的人不少於一個班，有男有女，有老有少。灶上熱氣騰騰，灶前灶後一眼繁忙。食堂裡的大叔、大嫂、大哥、大姑娘，別以為他們是一家人，他們來自不同家庭，都是「公社」大隊裡的政治可靠的黨員、團員。在食堂裡工作，是黨對他們最大的信任，在農民兄弟中是最大的光榮！別認為工作簡單——不過做飯，事情平常每日三餐（不久改為兩餐），要他們當作「政治任務」來完成。當初也有不願進食堂吃飯的「落後農民」，這有辦法解決。生產隊長不分糧，先把家禽、家畜弄到食堂吃掉，縱有點口糧立即拿光，民兵排長帶人挖灶砸鍋，敢反抗就是不擁護社會主義、不走共產主義「金光大道」，就是反對毛主席，反對共產黨。隨便可以綑綁。不論你祖宗十代是貧農，一天可成「反革命」！（這種情況雖不普遍確有發生）於是農民組織起來了，吃飯一律進食堂，上工收工，聽打鑼、敲鐘、吹哨。食堂也是會場，誦讀文件，安排生產，講解政策，貫徹上級指示，學習大好形勢……等等，社員必須集中的時候，都在這地方。這是走進幸福生話的大門，去共產主義「天堂」的起點。誰說「沒有免費的晚餐」？見你的鬼去吧！這裡吃飯三頓都不要錢。

食堂開張之初，是殺豬、宰羊，敲鑼打鼓，又唱革命歌，又扭秧歌舞，紅旗漫捲，上級祝福。聽說峨邊縣當年成立了十個公社，共有幾百個大小公共食堂。有的食堂就是開張當天吃過一次肉，從此不知肉味道。雖然養豬還不能達到「收購任務」，完不成下達各項「指標」，說是等於犯罪，幸好貧困有名，政府體恤下情，黨又寬大，沒有追究。食堂從新生到壽終，不論怎樣算時間都是最短命的。不僅命短，還給農民造成了許多憤怒和辛酸，以及因「吃」而產生的許多罪惡。比如為吃飽可以「獻身」，要幾滴菜油刮痧小媳婦讓人蹂躪，為兩斤大米少女懷孕跳河喪生，可以用食堂炊事員的職務破壞別人家庭，為了幾兩鹽巴挨一頓扁擔……讀者怎麼往罪惡想都不為過。特別是當年生活在農村的，大多有親身經歷。我是在山上「脫胎換骨」，只偶爾有點見聞。

農民心中有苦，嘴上不敢說出來。也許我們是額上有烙印的壞人，他們才敢對我們說點心裡話，不擔心我們揭發。他們說公社管得太寬，連日常穿衣有錢還要「布票」，吃飯規定在食堂，不管你想吃乾想吃稀、想吃多少；還不准餵雞、餵鴨，織麻紡線也不可能，播種什麼，何時收割，幾千年傳承的生產、生話習慣，在短短時間就被強制改變。一切聽「文件」，只差兩口子上床不要請示報告。這是啥子日子，毛主席曉不曉得？知不知道？

山上的勞教人員沒有被鼓勵同全國人民一道進入共產主義。但「總路線」的方針、政策、文件，在所有學習時間，天天讀，天天唸，天天討論，不准不發言。學習掀起了高潮，貼標語，寫壁報，「雨天當晴天」、「夜晚當白天」、「一天當兩天」、「一天等於二十年」、「十五年超英趕美」、「鼓足幹勁，力爭上游」，「多、快、好、省」建設社會主義，等等。已成了所有人的口頭禪。原先開墾出的坡地，又要改成種茶的梯地，灑石灰劃白線，圍著山頭轉圈圈，依山頭地勢不管長短只求平坦只要寬。白天的九小時，算正式的日常勞動，晚飯後天黑前屬「義務」勞動——「義務勞動」，大有來頭——最先是「偉大的蘇聯革命導師列寧」的發明、提倡。無論官階多高一律參加，這是最光榮的使命，只有創造價值沒有人力成本。是最符合又「省」又「快」的精神。但我們山上的「義務勞動」更有新的特點：無論大小幹部都是只說不幹。開頭還同我們一道出去，我們幹他們看，幾天以後只是看也懶得走了。為了回應「黑夜當白天、一天當兩天」，打得起火把的也曾經「挑燈夜戰」——結果沒有聽說哪個隊能搞上兩次——要用很多煤油外搭棉紗爛布。最可惡的是濕霧和風，有時還有細雨，它們聯合起來不費力就熄滅了照明，硬是不要我們晚上走社會主義道路。這地方山高皇帝遠，「人」定不能「勝天」！

這期間已經沒有固定的勞動時間。總是從早幹到晚，苦幹、硬幹、加油幹，嘴上還說加巧幹。工具落後，無須技術，體力為先。沒有動力沒有電，人在蠻荒世界巧不起來，想延長時間又留不住太陽。最多從早到晚兩頭黑。儘管強調工效，強調成績，手長在我們身上，已經不憐惜你叫得口乾舌燥，氣得兩眼翻白。若要綑人綁人加大壓力，別人腿腳不殘可以逃跑。逃跑好像是病還有傳染，潛伏期的長短，取決於如何在管。有時半年未逃一人，發生逃跑就有一陣子，這隊、那隊都在不請假走人。一經離場必定危害他人，第一不敢投親靠友回家，經驗是必定被抓；住旅館要介紹信，吃飯要糧票，這些東西都沒有——不像如今社會科技普及發達，什麼都容易騙人造假。那時人們像邪魔纏身，政治警惕性偏高，不認識的都可能看成「階級敵人」，要證明自己是個好人會很不容易。人與人之間最缺寬容、信任。若求立身、平安，必須時刻準備同周圍鬥爭！「八億人口不鬥行嗎？」逃跑的動機就是為了能夠生存，沒有讓你能走的路，怎麼會不上歧途？！跑了要派人追捕，人力、物力、財力都是浪費。跑了找不回來，不好向上級交待，犯了事在別處被抓到了，要派人去押解回場，又要支付差旅交通費，舟車勞頓，幹部也十分辛苦，逃跑者也舉步維艱，非不得已也不會鋌而走險。再若各地都在抓到「越獄」犯人和逃跑勞教，社會（上級機關）會責問你執行單位是怎麼在搞？幹部心裡也會盤算自己的前途和手上的飯碗。最好的境況是上下都能過去，彼此平平安安。幹部不犯「寬嚴皆誤」的錯誤，就是管教有方。事後知道，在那「一天等於二十年」的期間，我們勞教茶場比起全國人民，在場內，我們建築隊比起茶業隊，真是不好意思，完全是走一個過場。若是住在林中勞動，每天不等太陽落山就會起霧，陰雨天霧更濃，天黑得更早。雖說每天延長兩小時勞動，用實際行動「大躍進」，往往老天爺關照很少兌現。此時糧食還不很緊缺，吃粗吃飽還能勉強解決。

跨進一九五九年，已記不清具體幾月份，就聽幹部說國內某些（從未明確）地方，發生了「災荒」，「全國一盤棋」，未受災的地方要節約糧食去救濟。這次事情沒有「檔案」、沒有「指令」、沒有慣有的宣傳，新聞也沒有具體的報導「災情」。也沒有場部大會、中隊小會的正式傳達、動員，一點沒有過去國家辦事的轟轟烈烈氣氛，樁樁上的高音喇叭還是厚著臉皮、閉著眼睛在吼「形勢大好」！「災荒」的事暫時還說不到。國家有了暫時困難，本該讓人民知道。但給人的感覺是羞羞答答、支吾、曖昧。不過，我們一天三餐的兩頓饃饃一頓羹羹，早已靦腆地在細說問題：饃饃小了，羹羹稀了。早已有人在鬧：是不是炊事員在偷糧？還報告幹部要求調查。幹部最初表態：知道了。兩三天過去，不見動靜，饃饃仍然是小，炊事員狡黠地笑，還揚言：你們去告，去告！在這種情況下，幹部才吹風式的、打招呼樣的、個人對個人說明問題樣要大家清楚炊事員未偷糧，是發生了「災荒」，每個人要節約口糧。

這期間有老鄉上山、進老林挖野菜，我們每天下山運糧的運輸組，也不斷帶回讓人寒心的消息。說曾經熱熱鬧鬧的公社食堂，如今已經清清靜靜，只有開飯的時候，才有人來來往往。拿著各式各樣的缸缸缽缽，在食堂門口排成長隊，等著炊事員發放有點玉米粉攪渾了的清湯，那湯裡還有一些菜葉。領到了就顫顫巍巍端回家去。大娘大嫂像捧著嬰兒，大爺大伯像拿著寶貝，那些半大的弟妹，一邊端著走，一邊在偷嘴。真是一片荒年景象，遍地饑民！看著也叫人落淚。這時，我們還好，因為吃的是國家的「囚糧」，雖有減少還能受到糧食部門的保證。而種糧人因為「畝產上萬斤」，國家就按此標準徵收、或者「統購」。糧食從地裡收回直接就歸公社、生產隊倉庫，「顆粒歸倉」貫徹得十分徹底。誰都知道領袖還在發愁，「糧食多了怎麼辦？」老人家哪裡明白，農民家裡根本沒有半捧白米一捧雜糧。連老鼠為了生存也早已搬家。若不因家有老小和民兵守護，農民也早就棄家逃荒去了。不過，東南西北的消息，是農村都在挨餓。你乞討無人施捨，還是留在家鄉不做野鬼。曾幾何時，「敞開肚皮吃飽」！掐指時間，還不如先生說書美人流淚時間長，人家至少也是「……從秋流到冬，從春流到夏」！

悄悄流言，「有餓死人了呀」！推翻了「三座大山」，農民分了土地，唱著「社會主義好……」的歌，緊緊跟著毛主席「走在金光大道上……」，正意氣風發奔向共產主義，說「餓死人」是造謠，是犯罪，真的把人餓死一定是反革命！那時就有這種言論，沒有受誰干涉。

違法的法庭

大約在一九五八年三四月份，全場召開第一次大會。會議主題有兩個，一是宣佈成立「地方國營沙坪農場宋家山人民法庭」，一是場長作有關「勞動教養」及當前「大好形勢」的報告。大會主席臺前的橫幅是以「地方國營沙坪農場宋家山人民法庭成立大會」為題的。

相信每個上山接受改造的勞教人員，都是第一次來到「場部」這地方。也是全場同類人第一次互相公開見面。男女老幼各個年齡段的都有。相當一部份人都穿上了顏色深淺大致相同的、政府賒予的對襟棉衣——因為按規定勞教人員勞動有工資，一切消費都是有償的。但幾個月未發一分錢，也未說每人每月有多少——總之不是勞改犯，一切生活耗費由政府包乾。因為沒有發過第一次工資，所以伙食、及經批准領得棉衣，都是計費的，不過目前由農場代墊，發工資的時候扣還。說起棉衣，使許多人生氣。一不是每人能「買」，只給沒有棉衣過冬的人，這是公正的，沒有意見。雖有大、中、小號的尺寸，似乎發到人沒有讓你選擇合身。最讓人慪氣的，是那面料深、淺一個藍色，每件衣服都肯定人為的故意把深淺顏色錯亂搭配。比如，「對門襟」衣服面前是兩塊大料，故意搞得左邊深右邊淺，或者後背淺胸前深，兩支袖子有的還一支深一支淺。絕沒有哪一件衣服是相同的一個顏色。只能解釋是不放過任何機會給人精神的折磨。越是愛美越是要你傷心。身分變了衣服也不如常，好像時時刻刻提醒你：你同人民群眾不是一樣的！不過，布料和棉花的質地很好，好到憑發的「布票」和「棉花票」在市面買不到。可以設想是做員警服裝的原材料，因為我們彼此屬於一個系統。也許幸好時間緊迫，在物質、材料上還來不及作貴、賤、好、壞之分。凡是第一次「買」到棉衣、棉被的人都算運氣好，「佔」了公家便宜，以後沒有付錢。而沒有「買」到棉衣、棉被的人就真的吃虧了。以後從來農場近一年開始發「零花錢」——這如同「勞改犯」，比勞改犯人還少得可憐，勞改犯是三元、五元兩個等級，勞教人員是七角、八角、一元、一元二角；一元四角五等。又過一段時間發「工資」，從最少七元五角，十元、十二元，最多十四元——這最高「工資」，一個中隊三至五百人中頂多兩三人。當初未「買」棉衣、棉被的人也未多得一分錢，「買」了的也未扣除一分錢。有時候我好氣憤，我怎麼這樣倒楣，無論什麼環境，哪個時候從沒沾到一點社會主義的便宜，更別說「福利」，直到如今。

場部前這個大壩子有幾畝大，周圍用白夾竹紮了籬笆。到底場有多少中隊，各中隊來了多少人，無法數也數不清。像一塊西瓜皮上面爬滿了螞蟻。這天的大會是一天時間，不是有多少內容，是有的中隊距離遠。山上還沒有連貫暢通的大路，過溝、爬坡、下坎，崎嶇坎坷，曲曲彎彎，到集合整齊席地坐下，已經耗去大半天。

主席臺上放有擴音器，電源是並接的幾個汽車電瓶，高音喇叭兩個，架在壩子兩角。首先宣佈大會紀律：發生急病有醫生，男勞教小便壩子一側有便桶（雖有一二十個也等於做樣子，很快就裝滿，只不過對著那地方，讓它順著外面地上流）女勞教去壩子一側外面有新搭的草棚，據說沒有便桶，只有兩條小溝，任它流！反正山上荒野能接收、也不臭。男勞教要大便，旁邊不遠有山溝，高處站有武裝把守，不怕人偷偷溜走。僅此簡單解決這些必然問題，也能理解這次大會開得很不容易。特別中午開午飯，各隊自己按到會人數大擔小挑送來。是否各隊都要在場領導面前爭個「面子」，或者事先有意安排，或者要對平時太差掩蓋：各隊間好似在進行伙食比賽。有的是白麵饅頭外加菜，有的乾脆是菜、肉做成大包子，事先叫帶了碗筷的是白米飯加肉炒菜。不如人意的地方是坐在地上，屁股冰冷！多數人都沒有小板凳。

壩子周圍是各隊幹部和武警，加上兩位帶有紅十字臂章的場部醫生，壩子一角上擺了一張條桌，鋪了雪白的床單，上面放著一個通常出診時挎的藥箱。這些人加起來已形成了一道看不見外面景物的、活動的人牆。實在說，這些值勤者也辛苦，頂多小距離小步在原地走動。雖說靠籬笆也有幾條長凳，不知為什麼長時間的空著無人坐，偶爾有一兩人坐一下，似乎板凳會錐屁股，很快又起來，還是站著時候多。看來在中隊代表黨和政府的幹部，在會場也要遵守什麼紀律。

接著宣佈大會開始，「『宋家山人民法庭』從本日起正式成立。」沒有口號，沒有歌聲，唱片也沒放一張，沒有通常開大會的群眾激情，全場鴉雀無聲，死一般的寂靜。

有人宣佈：庭長袁××，審判員×××，×××，書記員武×。

袁庭長從主席臺中央一張桌後站起來：

「現在宣佈宋家山人民法庭第一號逮捕令。」其聲音抑、揚、頓、挫特別鎮人。

「楊××」——被叫的這個人，就坐在我隊一列的最前面，主席檯面前。是我們新墳溝中隊運輸組的勞教人員。說時遲，那時快，兩名本隊的武裝戰士，一邊一人立即將楊××挾持到主席臺中央前面，讓其面向臺上。

「楊××」袁庭長繼續宣讀逮捕原因：「因不滿勞動教養，抗拒改造，在下山運糧途中，膽敢高舉運糧扁擔，企圖對我武裝押管人員行兇，仇視黨和政府，公開抗拒挽救教育，現決定執行逮捕。」

楊××立即在從臺上遞下來的一張紙——應該是「逮捕證」上按了手印。並立即被兩名武裝繩綑索綁。

「現在開始審訊。」袁庭長宣佈著。

「你叫什麼名字？」

「楊××。」

「年齡？」

「二十三歲。」

「住址？」

「成都……」

「問現在是在哪個中隊？」

「新墳溝中隊。」

「做甚麼工作？」

「天天下山擔糧。」

「你承不承認有以上犯罪行為？」

「那天是開個玩笑，我們天天一道上下山運東西，互相都很隨便。」

「你舉起扁擔喊『繳槍不殺』，有沒有這回事？」

「有。那是玩笑，有天下山的時候……」

「好了，不用說了。」審判員制止楊再說下去。

「現在宣判，」袁庭長、陪審員、書記員一齊站起來。

「反改造份子楊××，捕前在我場新墳溝中隊勞動教養，家住成都市××街××號，於一九五七年十一月二日經成都『勞動教養五人領導小組』批准收容勞教，同年十一月十四日被押送我場新墳溝中隊執行勞動教養。在改造期間頑固堅持反動立場，拒絕接受挽救教育，不積極勞動，仇視勞教政策，發展到企圖對我武裝警衛人員行兇報復，幸未造成嚴重後果，姑念能承認犯罪行為，黨和政府本著寬大與懲辦相結合的精神，繼續對其挽救改造，特別從寬判處楊××有期徒刑一年。刑期自逮捕之日起，至一九五九年×月××日止。若不服本判決，可在接到本庭判決書次日起十日內，上訴樂山地區中級人民法院。押下去。」人被帶走了。

會場內一片沉寂，沉寂得幾乎沒有生氣。以上整個逮捕、庭審、宣判全過程頂多十分鐘。

「今天的大會，上午就到此結束。所有到會人員，原地休息。飯送到了的可以就地開飯，不准離開會場，各中隊帶隊幹部維持好會場秩序。散會！」高音喇叭傳出以上的話，啞了。

主席臺上的人陸續散去。壩子裡坐著的人都站起來了。有的在搖脖子，有的在伸腰，有的在活動腳腿，有的在甩手臂，好似擠裝在小籠子裡的雞鴨，放出來先拍打拍打翅膀、伸伸頸項。

這時我們像在看稀奇一樣，轉著身子四面觀望。到底有多少人喲？都是些啥模樣？這山到底有多寬、多長？住了多少新來的「人家」？統一的稱呼是「同學」，共同的心情都想向對方打聽打聽：你們是哪個隊？有多少人？幾時來的？做些什麼事情？彼此交流一番，結果如同刻版。不過也知道今天開大會，各隊只來了部份人。那些身體差的老弱，那些娃娃，衣服太爛的，今天都在隊裡照常出工。難怪看見的大多斯斯文文，不少戴著眼鏡，有的只要戴上胸章、臂章、領章，就是軍人、員警，只看衣裳好像還在職。那些女「同學」，好像也允許她們今天可以打扮，頭髮經過梳理，都有乾淨的衣裳，從年齡看，有妹妹、有姐姐、有媳婦、也有婆婆。啊！這「社會渣滓」——「消極因素」，「剝削階級」、「右派份子」，還包括原先的工人弟兄、機關幹部、「明天的罪犯」，真多！

下午的大會由一位姓梁的場長包場。先講國內外大好形勢，再說農場的遠景發展規劃，和目前的建設安排，生產任務，最後談到大家關心的勞動教養。從形勢，從政策，從規定，要求大家到此安心，對思想改造要有耐心，克服困難要有決心，對光明前途要有信心。時間不會太長，只是暫時沒有期限，要堅信黨和政府會把我們改造成社會主義新人。作為農場的首長，梁場長說話不傷人，慢條細理，夾帶著馬、列主義，引經據典，又聯繫實際……一個下午下來，給大家的感覺還是勞教無期。雖然講了幾小時，從馬克思、列寧主義，到毛澤東思想、社會主義，好像與眼前現實生活既不關聯更不實際。

大會結束在回中隊的路上，心上揮之不去的是成立宋家山人民法庭。當場逮捕，當場審訊，當場宣判，也是當場執行。沒有辯論，沒有取證，乾脆利索毫不拖泥帶水。辦個人原來如此簡單。若不是親眼、幾千人在場同時所見，要是聽人說，鬼才相信！……如此這般就叫人民民主專政。既沒有原告，也沒有「公訴人」——如今的檢察機關。

不同在一個中隊的人，不瞭解實情。一定會認為這姓楊的小夥子，氣焰囂張，頑固堅持反動立場，公開抗拒黨的挽救、政府的關懷，不服從勞動教養，敢拿扁擔威脅押管人員，逮捕判刑完全應該。其實，楊××在本隊——新墳溝，我對他不算很熟悉，但可是天天見面。事先並無任何徵兆，此前也未聽說在隊上發生過任何事情。怎麼一下子就成了不折不扣的現行犯人？是對自己個人前途的擔心，還是對這位年輕英俊同齡人的同情，到底是怎麼回事？好奇心使我產生要把這個事弄個明白，搞個清楚，知道個究竟。

回隊後很多人都在議論，原來情況十分簡單。他同大多數人是第一批來到新墳溝中隊，因為年輕、身強力壯，落隊第二天就編到運輸組，從山下到山上挑運中隊的生活、生產物資，有天天去縣城上街的機會，經常悄悄（未經幹部批准）幫別人買點東西，說到底全是些日常用品，最違紀的不外乎代人發封家信。人很活潑，還會口哨吹出「一條大河波浪寬，風吹稻花香兩岸」等當時流行的歌曲。對他人也不缺乏熱情，因為搞運輸勞動的原因，早出晚歸，在廚房吃飯，比大夥特殊可以有熱水洗臉抹汗，天天又能下山上街，比大夥又多一分「自由」。好像兩腳騎在監獄的門檻，一隻腳在外一隻腳在內，那時間也是晝夜平分。也許是「少年不知愁滋味」，還快快樂樂在打發時間。最受人稱讚的是幫人買東西，不賺別人一分錢，也不接受別人物質、金錢的酬謝。為什麼原因今天未幫你買到，明天再買，當成是一種責任。無論是否相識他都樂意幫忙，有時把東西錯給了人（當時運輸組每個人都在悄悄幹同樣的事情，然而個別人要從中賺別人幾角、幾分，或要別人報酬的東西），還得麻煩自己負責追回。因為下山上山都有武裝「保護、帶路」，早晚來去，全天在一起，因而運輸組同武裝更比他人熟悉。

新墳溝同縣城相距二三十里，去是全下坡，回隊是全上坡，雖是一座山，中間也有多條溝壑。據說有一天在下山的途中，楊××走在一位武裝的前頭，他先從溝裡上了前面的坎，那位武裝正在他背後，楊突然轉身夾著扁擔用端槍的姿式，向著後幾步上來的武裝民警，口裡喊著「繳槍不殺」！當時那位武裝只對楊說了：「你不要開這樣的玩笑。」

當天三位武裝有兩位都認為是一個玩笑，其中一人卻嚴肅認真了。回隊後將情況報告了他們班長。班長將情況反映給了中隊部。是不是「敵情」？大家研究。隨後楊××被叫去隊部受了批評、教育。當時事情似乎到此結束，楊××照舊天天下山運糧。因為運輸是強勞動中的強勞動，不是很多人幹得了的工作，上下一趟四五十里，挑菜、擔糧、背東西，負重不低於一百斤，要求一百二十斤，天天如此。楊××每日都在一百斤以上。隊上其他勞教人員，大霧、風夾雪還可不出工，為了擔心逃跑不便追。運輸組是出滿勤的，因為山上山下很小的高差就是不同的氣候。說不定山上大雪飄飄，大渡河邊還太陽高照，下山好似從雲中出來。運輸組沒有休息日。別人羨慕運輸組每餐儘吃儘飽，天天上街趕場，可以在理髮店理髮，一天中可以身在兩個環境，誰又去想他們更多的艱辛！

成立一個法庭，是不是如同古代豎一桿什麼旗，立起來的時候總該有祭祀一樣，楊××成了豬頭、雄雞樣的祭品？少時從小說書上看到，人們為了求雨、防汛、避禍、消災，為了求神保佑地方平安，為了五穀豐登，為了家族興旺，為了風調雨順，為了抗敵打仗旗開得勝……有的要童男童女，有的要美貌姑娘，有的要整條牛羊……雖然已經共和了，但封建思想意識，表現在方方面面，遠遠談不上肅清，甚至還在一定程度上盛行。不同的僅是沒有「法師」仗劍，口誦經文。

成立一個法庭，如果不捕、不審、不判，是否會讓人覺得名不正、言不順、就令不行！就不事業興隆，就沒有長久好運；無對象就不能典刑，無典刑百姓就會犯上作亂？難道真的有監獄才有良民，有槍炮才有和平，有屠殺才有秩序，先壓迫才後有平等，有恐怖才有平靜？

一年以後聽說楊××是全場最幸運的一個人。因為他最先離場，也最早、最快回家。當山上主要是以勞動為手段改造思想的人，已經不考核勞動，不強制出工，絕大多數人整天被饑餓擁抱在床上，走路要杵棍捧，大、小便流在褲襠裡也起不來去上「茅房」的時候，楊××已經回到成都。一家人過著團聚的生活，享受著較山區優厚得多的生活物資供應。不論是二十幾斤還是十幾斤糧食，總能按定量足額足秤裝進自己肚子，沒有患水腫病。如果沒有意外，這位楊「同學」現在應該還健在。如果他又能看到這本書這一段敘述，我不抱歉會引起他的痛苦回憶。我深信，他雖然被一個玩笑判了刑，比起山上的人他不痛苦，反而幸運。

古人云：福兮禍所伏，禍兮福所依。

「溫柔」的死神

（一）

科學早已作出了人類處於生物鏈頂端的結論，這當然是人類最大的優勢。相對於自然界的動物，人類可以有效避免許多災難。就是由於未知而不可避免、或一時一地來得突然，或種種原因造成人力不可勝天，那也是局部的、一時的。但如果這災難來自人類自身，特別是統治者通過社會組織的功能給於他的人民，作為弱勢群體，那將無法避免。後果將特別嚴重，影響也特別深遠。中外古今的具體事例，社會學家，歷史學家，只要有良心，都會有一本明細帳。這不是本書的專一論述，就不必贅言。

「鋼鐵元帥升帳」，是紅旗引路，敲鑼打鼓，轟轟烈烈開始，全民參加的。九百六十萬平方公里上哪裡有死角，沒有聽說過。農村耽誤了秋收、秋種。成熟的莊稼也爛在地裡，當年的「小春」作物又沒有播種下地。本是豐收也成了欠收、絕收；來年的春耕在各方面都準備不足。公社食堂吃的是往年的積累、剩餘——吃飯的是百分百的種田人，有消耗無收成。加上副食不足，更不要奢談補充牛奶、水果。當時盤算，糧吃得不少，鋼煉得不多。占全國總人口百分之八十以上的農民都不富庶，以前的罪魁禍首是剝削制度，如今要怪

「自然災害」。災害到底在哪裡發生？跨地區的私人通信都在互相詢問。都說「我省沒有旱澇」；「我地風調雨順」。但口糧隨時在減少，越來越多的傳言是在不斷餓死人。我們這些裝在口袋裡的「居民」（前面說過「宋家山」是口袋地形），能獲知的資訊最少、最少，有時間會思考的人最多、最多。你信我我信你會悄悄說：這不是天災是人禍。我們雖不清楚那場曠古未聞的「全民煉鋼的人民戰爭」，準確是哪天「擊鼓」哪天「鳴金」？但畢竟沒有取勝。「鋼鐵元帥」退帳是尷尬的。無往而不勝的「人民戰爭」打到經濟發展領域就會「敗走麥城」，再沒有取得「三軍過後盡開顏」的勝利，只落得人無糧餓死三四千萬人的嚴重後果。

但就和平建設時期，並在極短的時間，使人民「非正常死亡」三四千萬人（以後有媒體資料說原四川省「政協」主席廖伯康當年向中央彙報工作時說僅四川餓死就不少於一千萬人），僅這一點，老百姓說，那一定出了大災星。不過，俗話說「老虎死了威風在」屁股還摸不得。何況當時老虎還正在發威，整個山頭都是牠的天下！如今又五十年過去，對那一頁歷史的、也是「空前的」災難，是嫁禍於天，還是歸咎於人，至今未有順天意合人心符事實的公開評判；也沒有誰向人民道歉！如今世界都一致討伐的「恐怖主義份子」，殺人、放火或引爆了「人體炸彈」，事後還有聲稱「負責」的賊膽，我們國人為什麼沒有這點勇敢？如果是平常事可以寬大為懷，未嘗不可「君子隱惡揚善」。但使國家社會滯後發展幾十年，幾千萬冤死鬼的後代、親友，心中的塊壘仍然沒有消散。眼前發展中的某些領域（據說特別是思想、理論創新），活人還受死人羈絆！要相信人民的寬容，但不能裝糊塗搞敷衍，長期隱瞞。正如提倡的「成績要說夠，缺點要說透」。何況是「幾千年才出一個」的「天才、偉人」，犯的也是幾千年從沒有過的錯誤——實際是罪惡！小人物的罪大惡極，不外乎搶劫、強姦，殺人、放火；大人物的錯誤危害的是國家民族。為了子孫後代幸福，為了國家民族繁榮進步，功過是非公正公開說清楚，只會受到人民更加信賴和擁護。人人心中有本帳，又何必硬要障目塞聽裝糊塗？認為這牌位十分神聖，老百姓心中不是那麼回事情。就像橫在路上的一條死蛇，要讓後面的行人前進，熱心人須用竹棍把牠挑開。

（二）

由於衛生條件極差，所有山上的人（也許幹部除外）經過從秋到冬，從春到夏，兩年多以來不曾洗過一次澡，著裝穿衣也成了彝胞——上身就不換，脫下也不能再要。幾乎每個人都養了蝨子——從建場後二十年內，每個中隊都還沒有正規的建造專門用於共公洗澡的設施——有一個房間、有一個噴淋水頭都算，沒有。當地彝族同胞，出生時洗一次澡，因為帶血又粘糊糊的，非洗不可。但不是分娩時在家裡用熱水、用盆子，而是離了娘身立刻有人抱出去，總有靠茅屋最近的山澗、溪溝，不分春夏秋冬，也不管當時下雪降霜、風吹、雨打、日曬，就在水邊洗乾淨，再抱回家。真怪，在此過程中，還未聽說有死嬰的事發生。真的死了，那是不該到世上來。找個低窪處丟在裡面，手刨幾捧泥土或就近揀些碎小石頭，敷敷衍衍掩蓋，完事，不遺憾，不悲哀。姑娘長大嫁人，因為要徹底換一身新身，被男人背走前在娘家洗次澡，此外就從沒聽說什麼時候、什麼原因再洗澡。男子彝胞也是新衣上身就不換，直到穿爛又穿第二件。上山兩三年內除女子隊稍有點點少數人例外，男子隊百分之九十九的人已沒有了盥洗習慣。從這一點說，我們同原始野蠻越靠越近，同社會主義現代文明的距離越來越遠！思想改造要求「脫胎換骨」，已經到了長年不換衣裳不洗澡，「進步」是不慢的。彝族同胞是從奴隸社會走來，我們是從社會主義走去。到底哪頭才是正確方向，多數人困惑了。

蝨子這個小生命，牠有特殊的生長環境。許多人以前都認不得牠，現在卻與牠親密無間、真是愛你沒商量！你要無情牠有意，你要遺棄牠糾纏，想方設法讓牠最好絕種，但牠繁殖的能力讓人驚歎。有人說蝨子會飛。我們找來高度的老光眼鏡，牠確實沒有翅膀。到底從哪裡來，是害蟲方式地傳播，還是人體自身生長？總之人人都有，多得不能捉，只能用手刨。沿著衣縫，沿著領口，有時還爬到腮邊看太陽。腋下褲襠最多；成線、成片、成堆，褲腳邊、腰周圍，大的如飽滿的糯米，小的如針鼻。是五世同堂，還是多戶同居？還有灰白灰白的點和線，是未孵出的蝨蛋。在籃色的衣縫上，如鑲嵌著藝術的花邊。早晨起床掀開被蓋，如操場練兵，橫爬豎走難以數數。最初有人不好意思，像如今患了「愛滋病」，還背著他人悄悄手掐，不幾天大夥就公開「行兇」，不幾分鐘人人都是血染雙手。比較「先進」的滅殺辦法，是繃緊衣服牽伸衣縫，用指甲一擀——但多日後這些衣縫逐漸變硬，是血的凝固。「身體髮膚受之父母」，雖說「不可損傷」，奇癢難熬，也顧不了許多。在火堆前脫下衣裳，前胸、後背、手膀、腿腳、腋下、肚腰，處處是帶血的抓痕，是自己親手弄得體無完膚！的確，大腦潛能還待開發。人有人的聰明，很快有了新的應對辦法：把衣服脫下，互相幫忙展開牽平，拿在火上直烤，蝨子紛紛落下，劈劈叭叭，實行火葬。蝨卵也烤熟了，再孵不出來。如此這般以後也頂多一天安寧。因為還穿有褲子，睡覺要用被蓋，蝨子擴張的本領在人們想像以外，牠們流竄的速度可能快如疾風，但一個隊、一個組的人又不可能同時進行，今天滅殺一千，可能明天出生一萬。別看生命微小，確實很難對付。影響個人健康未受到重視，但已發展到影響勞動生產。勞教、就業人員隨時隨地、無論在幹什麼，都要停下騰出手來撓撓抓抓。聽說女「同學」比我們更慘，首先頭髮比我們長、比我們多，蝨子可以玩到她們頭上盪鞦韆，據說她們身體比我們捂得緊，每天仍然沒有熱水供應，勞動比男人容易流汗，肌膚又比男人細嫩，我們可以打赤膊，不怕暴露，她們身體說有秘密不輕易給人看見。蝨子最理想的天堂在她們身上。據說這低等動物弄得高等動物又哭又笑、又吵又鬧，又是罵娘又不服管教，還是女子隊開頭。

對這突如其來的蝨子之災，不能說幹部沒有關懷，沒有愛護，沒有照顧。還專門派人在每個中隊都有的房子中央壩子邊上，專門挖了兩個地灶，專門派人進林中砍樹、打柴，專門買回兩口大鍋，專門安排人挑水，專門指定人把水負責燒沸。規定一個組、一個組把生蝨子的衣裳拿來，放進鍋裡去煮，還關心衣服下鍋要煮沸，時間不得少於十五分鐘。但人多鍋少，還有人根本沒有換的衣服，還勸說有衣服的人主動借一借，要發揚互相友愛——與平日要求互相揭發，互相監督，不准友好，不准私下個人財物來往又成鮮明對照。即便煮了衣服不可能又煮被蓋，棉絮裡才是蝨子老窩，你的煮了我的沒煮，總有大部份蝨子幸運，能躲過下鍋。至少我們不瞭解牠們需要多少時間又撫養一代。總之這一仗人、蝨之戰，是人類大敗。

說來好笑，為了消滅蝨子，發動大家出主意、想辦法，像獻計獻策搞好生產建設一樣。最後千條萬款歸納集中，決定用「水銀」消滅。說蝨子最怕「水銀」，近距離不接觸牠也會自己爆炸。可水銀是國家嚴格控制管理的重要物品，不是隨便就能買到，還必須一級一級打報告。不久茶場派人去成都經過「批准」弄回水銀。每人領到一根「水銀線」，如今會說「愛心線」——一根普通的棉線，說經「水銀」處理過。叫大家輕輕拴在身上，千萬千萬不能入口，拴好線先洗手。對我們來說，不啻敗軍之將領到了新式武器。滿以為從此周身安寧，蝨子一夜滅盡。最是那奇癢難熬，有時候真願意換種感受，即使痛得撕心裂肺也好！

就我隊情況而言，蝨子要吃水銀！每每都是被窩睡熱的時候，人就開始抓撓，迷迷糊糊一直撓到起床。今晚身上有了水銀，只等你這惱人的小東西自我爆炸。好似飛機、潛艇裝了「巡航導彈」。又高興又安心的上床、蓋被，只等慢慢暖和。屏息細心地認真體驗，想感到蝨子如何斃命。從心情說是開始了狠狠報復。結果，如往昔一樣，仍然不寧的搔癢。因為全神貫注在一種感受，蝨公蝨子蝨媳蝨婆，從腿根往上爬，從肚臍再往下，那走動比螞蟻還輕，但你定能感覺。甚至可以準確判斷是一對還是一家。一夜折騰過去，早上起床第一件事就是查看寄予厚望的法寶——水銀線。不看則已，一看愣然！好像海上漁民捕魷魚——一根繩子上掛著一大串。大小蝨子爬滿「水銀線」。那時候沒有歪貨，沒有假冒偽劣，何況「水銀」這類東西想假也假不了。難道這些蝨子專咬「壞人」？在幫黨和政府以另一種方式執行人民民主專政！

兩年多來管理上沒有強調個人衛生，這起碼比正規監獄差許多。上下都明白個人清潔起碼有夠用的水，換洗的衣服。終年不斷流的溪澗不是每個中隊附近都有，做飯用水多是依靠背後的原始森林，在經過人挖的小溝、木槽一段一段接到廚房，那流量一般只夠吃，不夠用。一直也沒有設置幾百號人盥洗的固定地方，這對我們「勞教首期」的「同學」又成為一種新的折磨，我們當然也獲得了又一種改造——去學彝胞兄弟，入鄉隨俗。當時他們長年不洗澡不洗臉，更不洗腳，絕大多數人不用文字也能過幾千年；一件新衣上身從來不洗不換，直到穿爛再換第二件。據說彝族的姑娘、婦女們，只是一條連衣長裾護身，根本不穿內褲。婦女有些特殊問題，不知如何解決，在山上二十多年也沒搞清楚。總之我們這些外來人比他們頑固。稍有條件就要講點個人衛生，比如夏天裡在溪溝洗洗衣服，打著赤膊勞動，濕衣就交給茶樹頂起曬太陽，上下通風乾得很快，不必熨燙也伸伸展展。徹底解決用水問題還是多年以後。直到自己修了水庫。

別認為彝族同胞不夠開化，十分落後。其實他們對許多事情，有自己符合科學道理的很好辦法。就說對付蝨子就比我們聰明得多。不花分文成本效果也好，怪的是他們同樣不洗、不講個人衛生，但很少生蝨。生了蝨子，在牧羊放牛的時候，趁著太陽，脫下衣裳將其覆蓋在牛背上。大約一兩袋煙（不過半小時）的時間，全身衣服的蝨子沒有了，哪裡去了？大大小小都鑽進了牛毛。因為牛身暖衣服冷，蝨子趨暖爬得飛快，鑽進牛毛，等著餓死。

在一般能接觸到的少數民族中，都說彝族較原始、比較落後。我認為如此議論不夠公正，各有各的優劣是存在的。峨邊是彝、漢雜居的地區。彝族同胞都會使用兩種語言，他們自己的和我們的漢語。而我們會彝語的太少太少——除非他是民族幹部。彝漢交談起來，他們掌握並熟悉運用的漢語詞彙，比我們熟悉他們的多得太多。他們沒有文化，十足的文盲——許多人連自己的文字也認不得幾個，也沒有人教給他們漢語，這就是他們比我們聰明。也許我特笨特蠢，二十多年在山上，還不會說十句彝語。我們同在一座山上（當然他們數量很少，而且分散居住。）可他們也能逐漸瞭解我們如何生話，按勞教規則也知道我們是對、是錯。他們淳樸，愛憎表現方式也簡單，是朋友了，首先請你吸他們特有的「蘭花煙」（一種他們彝族才種的土煙，有如臭豆腐，聞起臭抽起香，當他打開裝煙的袋子，你如遇上了穿膠鞋三月不洗的汗腳，那臭味刺鼻，可叫人嘔吐，那種煙草，一經點燃香味特好——有人說是一種土煙經鴉片飛花雜交後的變種，再親密熟悉一些，你敢要可以送你未出嫁的姑娘——他們習俗姑娘是人家的，但若碰了媳婦就會挨刀。他們不會陰謀、陽謀，不會欺騙，講誠信，守諾言，思想不複雜，又頑固不易改變。革命勝利、民主改革，幫他們打倒了壓迫他們的反動「頭人」——奴隸主，他們男女大小喊毛主席萬歲！過一陣子要到他們家去收糧，又可以面對許多人當眾罵「毛主席騙人、混帳！」還用彝語罵得更兇，幸好我們聽不懂。

蝨子的問題說了一陣子，當年並沒有得到有效解決。隨後更嚴重的問題逐漸發生，俗話說蝨多不癢，由它去吧！人們的關注也已轉移。真正人身無蝨，還是在一九六三年以後。雖然過去幾十年，現在想起來，身上似乎又發癢了……

（二）

記得唸初中的時候，無事在家裡總愛無目的的翻找東西，總想能找到點稀奇、好玩的。一天從大人的藏書櫃裡果然發現一套從義大利帶回的明信片，那是梵蒂岡郵局發行的。每張明信片上印有一個不同姿態、但都是年輕漂亮的女人；是為傳達宗教理念意義而形象地塑造的十位女神。如風神、雨神、海神、愛神、死神……其藝術表現是突出宗教思想，以她們各自的形態、表現的神情，宣揚宗教對人生的深刻意義，從而使人的精神、靈魂受到一次洗禮。

在生理發育進入青春期的男女，已經逐漸對異性產生與以往不同的感覺。就我自己而言，也不再像上幾個學期那樣惹事生非、蠻橫無理的欺負女同學，不禮貌、不感謝的強迫她們為自己做功課——這種改變自己也不明白為甚麼，從前只覺得她們吱吱喳喳、小氣、愛哭討嫌，現在也在慢慢變得使人喜歡。當時對明信片上的文字一個也認不得，是英文、還是義大利文？先給成績好的女生辨認。但「女神像」的環境及背景，會告訴你她是誰。這大概是我一生中第一次接觸藝術作品。那「愛神」真是增一分則肥，減一分則瘦，淺淺酒窩微張小口，柳葉樣的眉毛，深潭般的眼瞳，顧盼流波，相視欲醉，稍顯斜視而不失端莊，綽約婀娜誘人親近，孤單寂寞要人憐惜；「死神」是一襲黑色長衫罩體，身態婷婷最是窈窕，長髮披肩，並不紊亂，好似臨風，不見怯寒，面色蒼白而不憔悴，眉目清秀，透出傲慢，唇邊含笑，藐視一切，見不到一點熱情，看得出幾分溫柔，好似佇立在無垠的草原上，稀疏的野花剛好沒腳，身體稍微前傾，弄不準是向你款款走來，還是她在那裡等？十個漂亮的女神，「死神」給我的印象最深。十四五歲的我，還不會有很多的想法。只認為「死神」原來如此美麗，美麗得使人敬畏。

這套明信片我有說不出的喜歡，好長時間當成寶貝。我想每個少年都一樣，有了自認為的好東西，總愛在人前炫耀。虛榮心的驅使放進書包，帶進學校。別人沒有，我有——也許整個學校——甚至整個成都只有這一套。真是「奇貨可居」好讓人羨慕！班裡同學看後，從初中部傳到高中部，從男生院傳到女生院（當時我唸的中學，高中是男女分班，各有教室、宿舍）都說這明信片沒人見過。有同學願用「派克」、「寫福」筆，或「阿米加」、「模範鐸」手錶——這些在當年學生中最高價值的東西同我交換。這些相關財物的東西我根本不上心——不是因為名貴玩不起，是在學生時代家裡不准奢華。隨後就友情、感情，相好的同學一下增多，天天扭，天天纏，「好弟娃」，「好哥哥」，那親熱，那笑臉，幫我打掃教室（班上同學輪流做清潔）幫我擦黑板（老師上課用粉筆，下課後「值日生」擦黑板）這期間嚴嚴實實被同學包圍，好話聽不完，鐵石心腸也會軟。十張名信片終於化整為零。當然是給最要好的同學，報償最不能辜負的友情。我只留了最捨不得的「愛神」和「死神」。記得就在那個學期還沒過完，我的心愛的兩位「女神」，可能因為我將「她們」和同伴折散，生氣了，不翼而飛。五十多年的光陰，真如「朝飛暮卷」的煙雲。「愛神」的煽動神情，和「死神」的溫柔模樣，至今記憶猶新！

中國底層老百姓有一個迷信的傳說：人死的時候有「雞腳神」、「無常鬼」手拿鐵練、「生死薄」來要命，「閻王要人三更死，不會留人到五更。」那意思我理解是人死的時候會很難受，至少是鐵練纏身讓鬼拉走。但我見到的從活著到死的人，多是平平靜靜的，既沒有對死的反抗，也沒有表現出對死的恐懼。是那麼安祥地閉上眼睛，那麼默默地慢慢咽氣。死後的面色蒼白無光，還顯得乾乾淨淨，看似厚薄如紙的皮膚，緊緊的包裹著面頰和腮幫的骨頭，由於緩緩的僵硬漸漸把皮膚繃緊，往往在嘴角拉出一點笑容。我想，這時候死者一定是被漂亮的「死神」挽看手，肩並肩，在那遍地開著小花的無垠草原上、一邊細訴一邊慢慢走。也許他正在對她說：妳知道我活得多麼難熬？為啥遲遲不來接我？或者她也側身致歉：因為你們來得突然，也來的太多。

（四）

由於口糧不斷減量，勞教人員的情緒已經很不穩定。於是管教幹部才在中隊會上正式解說：糧食定量的根據，是經過「科學家」、特別是「營養學家」研究過的。不是以人吃飯的感覺飽不飽，而是以人身體所需熱量、營養夠不夠為準的。如今國家發生「災荒」，有的地方特別困難，大家節約一點，用去支援，共度難關。……

中國人誰也不會忘記當年，「共和國」的許多涉及管理與建設的方方面面，都是前蘇聯「老大哥」的經驗。關係國家命運、前途的內政、外交，也是向蘇聯一邊倒。滿嘴的「馬列主義的普遍真理，要與中國革命的具體實踐相結合。」這意思明確的不是原樣不變的照搬別人的國策、措施。實際上等於放屁。許多人之所以要「改造」，就是因為不理解、不會緊跟、不會擁護說一套做一套的「英明」。管理建設自己的國家，要照搬別人的經驗辦法，不研究不同的歷史、文化背景，有人說是中國人的悲哀，是國家領導人的錯誤。半個世紀過去，現在也許可以說看重的不是什麼「真理」，而是如何儘快的建立一個史達林式的專制、獨裁的王朝。隨著「萬歲，萬歲，萬萬歲！」聽得十分入耳，這難道不是最好、最正確的注腳？

幾千年文明證明中國人很聰明。可恨有些聰明用來自己人迫害自己人，越聰明越殘忍。別的事情先放下，餓著肚子就說糧。都知道糧食定量供應的是「成品糧」。有國家法律的保證，有「中央文件」的說明。一個平均百十來斤重的動物，一個月的食物——糧食已減到只吃十多斤——甚至降到幾千克的份量還不是成品。當然，當時詛咒的「資本主義」發達國家的人吃糧也很少，但沒有說他們除吃糧食以外，還可以隨便吃不定量的肉類、禽蛋、乳製品、水果，蔬菜、海鮮、食糖以及各種富含人體營養的飲料。戈培爾的宣傳本領哪裡比得上我們那時的媒體！何謂「粗」、「細」糧有地區不同，差別之分，是合理的。我們所在的峨邊縣以玉米為主食，算細糧沒有意見，薯類作物（紅薯、洋芋）算粗糧。折算標準四比一，即一斤玉米主糧折合四斤紅苕或洋芋。糧食最緊缺的一段時間，聽炊事員說一人一天的供應大概只有主糧最多半斤。「災荒」發生以前，逢年過節還能吃上一餐大米，自從聽說有了「災荒」，好像中國已不生產大米。幹部吃的米飯、饅頭，或許從蘇聯進口？本來國人就分三六九等，各有各的福份。要怪就怪自己命途多舛，生不逢辰，一不怨天，二不尤人。已經低於草芥之民，那敢與世相爭！已經給多少吃多少，供應上還要把「成品糧」變成半成品——比如，玉米已不再加工，只是除了「玉米棒子」的「捧子」心，剝去包穀的殼殼，領回的是玉米籽籽顆顆；紅苕、洋芋不經淘洗，從地裡出來的東西肯定帶泥。這樣秤出的斤兩，就算百分百十足，也肯定比實際供應少許多。除了薯類必須水洗——畢竟人類從站立走路到如今還沒有學會吃泥，（聽說也有地方吃「觀音土」即白泥）——但也有問題，紅薯只腐爛到味道變苦，也被認為是好的東西。吃了經水浸泡蒸熟的玉米顆粒，經過在體內十幾小時後排出，那堆屎的份量至少同吃進口時一樣多！真叫人驚歎人體這部機器確實奇巧，完全吸收了顆粒中的有用成分，屙出的全是玉米顆粒的殼殼——倘有人不信，隨時隨地可以實驗證明。紅薯屎也是一大堆，因為它是粗纖維。吃進的東西單純，排出的也沒有更多的成分。而且一點也不臭得難聞。有人說論肥效還不如狗糞！

在「自然災害」上報紙，口號是：「糠菜半年糧」的時候，全場的勞教人員先是忍耐，逐漸表現煩躁不安，怪話——應該定性是「反動言論」也逐漸增多。幹部當然是首先批評、再進行教育。要我們比比周圍（主要是山下）革命群眾——主要是農民，他們同樣度日艱難，日日挨餓。

幸好管教幹部也通情達理——或許他們同樣不滿。兼之他們人數太少，三四百人的中隊，真正管思想言論的只有「教育幹事」一人。怪話雖多，也確實聽不到；那些平日靠反映別人「問題」實則告密的「積極份子」，在多數勞教人員中也孤立，吃不飽的難受感覺，也沒有不同的區別，相當多的「積極份子」此時也變得十分消極。他們即使聽到「反動言論」也不再積極去報告。因為他們「積極改造思想，緊緊靠攏黨和政府」的信念，也被嚴酷的現實慢慢摧毀。

雖說屬於「反動言論」，卻包含著實情。比如：「社會主義是人類最好的社會制度」，僅僅單是吃飯就退回到歷史的起點——糧食不加工就進嘴。再進一步可能要取消廚房吃生的了；新社會好，黨和人民政府偉大，搞得飯都吃不飽，還要估倒（強迫）擁護它；明明天天月月在挨餓，還要感激毛主席給了人民幸福好生活；講吃講穿講享受，都是「資產階級的」反動；緊緊跟著毛主席，很快就會斷了最後一口氣；形勢大好，人餓得偏偏倒倒；和尚不吃肉，我們還不吃油，如果上西天我們該走前頭；雖然一天三頓飯，三天合成一頓也吃得完，也還餓；人有大小，身體有強弱，腸胃不是標準機器不會統一工作，糧食搞定量，根本違反科學；只有「黑幫老大哥」才要弟兄們養活；蘇聯樣樣好？樣樣都去學，唐宋元明清，祖先怎麼活？槍林彈雨去革命，革命勝利受折磨；打垮國民黨反動派，才明白他們有些地方（事情）還可愛；美國是帝國主義，但他們的總統只當幾年又要人民重新選舉，競選辯論的焦點，不是要繼承什麼「思想」，鼓吹什麼「主義」，引導人去追求什麼「真理」，而是如何解決好國家當前面臨的具體問題；如何提高人民福利。我們的「英明領袖」看來要當到斷氣；到底是共產黨為人民服務，還是人民為共產黨奴役？值得懷疑！……諸如此類的言論、怪話多如牛毛，散佈在有人說話的地方。若要記錄，記三五天聽的就能有十萬字，還不會重複。

在思想、言論處理從寬，教育從嚴的管教模式下，對「反動」言論一有發現（已經「囂張」到公開程度不能不管），先由小組討論，大家批評，自己檢查，深刻反省，寫出書面，悔過認錯。由此開始，人人學會雙重人格，兩面三刀。會上一套，會下一套。會上當面罵你狗血淋頭，會後彼此並不記恨，仍然友好。對吃飯問題的「反動」言論，慢慢連會也開不起來。一是說話費精神，二是還沒有泯盡良心。有時幹部會針對一兩種普遍「反動」言論，開個中隊大會。由幹部主講。先從說謊造假的「國內外大好形勢」開始，講到茶場當前具體的生產、建設情況，逐漸聯繫一些「反改造」傾向，接下來接觸具體言論。並對「反動」言論的思想進們剖析，但總會越分析越說不清道理。最後還是乾脆作結論：「反動言論就是反改造的，不准許！」當然，這不能怪幹部說不清道不明，因為他們文化水準偏低，理論修養不夠，而上面交給他們管理改造的對象，在文化上，馬列主義書本理論知識上都有優勢。管理還行，因為一有紀律制度，二有權力——總有人如蠅逐臭趨附權勢，幹部不動手也可以把某人綑起。若依法據理說問題，幹部們就成了弱勢群體。何況相當部份的勞教人員，在上山前，在革命陣營中的職務多高於他們。這些情況幹部都是清楚明白的。無論文化和理論知識，都可為他們的老師，或老師的老師，在這些方面幹部若真要講道理，是尷尬的，心虛的。就算眼下多一分「管教」的權力，也是色厲內荏。這樣的大會開起來不好下臺的，恰恰還是幹部他們自己。最好的管理，教育、改造方法，是抓勞動、加強度、延時間、提定額，要工效、少說理、多罵人。就我在的建築隊而言，當初定下的每天勞動定額，無論你如何認真努力踏實幹，也是完不成的。例如從林中運木材回隊的人，規定每天兩趟，而其數量（材積）或重量（先從個人分甲、乙等勞動力，每趟一百五十斤、一百二十斤）兩趟是完不成的，林中無路，不分遠近，高壑深溝一視平等，兩趟完不成要你來往三趟，來往三趟天要黑，天黑安排人給你提「馬燈」；解木料任務完不成，叫人給你打火把——並非真正生產建設要求時效，只是向勞教人員表明規定特硬，幹部執行的決心。目的是不讓你偷懶，務使你筋疲力盡，說話也沒有精神。部份老實人是聽管服教的，真在竭盡努力去想達到規定，也有為數不少不老實的人，認定這執行不能長久，最多起點嚇唬作用。這樣會增加很大物力、人力成本，在我們身上決不會幹賠本事情。也許為配合山外形勢——打著紅旗挑燈夜戰，築百里長堰，修千里水渠，貫徹「農業八字方針」，「與天鬥，與地頭」，改田改土真忙。「一天當兩天」，「一天要等於二十年」——調皮鬼、反改造，乾脆打個顛倒：白天反而不如平時盡力，輕輕鬆鬆不喘氣，不出汗，懶洋洋、耍好！晚上要人打火把努力幹，主動請求「夜戰」！要學全國人民回應「偉大號召」，「認真努力積極改造。」幹部不是「鍾馗」，確實遇到一群「壞鬼」！

「反動言論」可以說從未禁絕，長期流行。有一個樸素的道理：不平則鳴！只要沒人反映幹部沒有聽到，就當成沒有發生。更多的還是惺惺惜惺惺。一樣的處境感同身受，畢竟不是官場可以昧著良心踩著別人「上進」，這裡「靠攏黨和政府」沒有實惠好處，以後都明白幹部是在「以子之矛，攻子之盾」。管教的技巧就是不讓勞教人員之間和平共處，友好相待，最好製造矛盾，使其處於長期糾紛，暗藏鬥爭。最好能扭曲人的善良本性。不過，這作用微弱，始終未取得預期效果。最後還是靠幹部親自去抓「典型」，以保持「專政」氣氛。

那些「反動」言論、和有諷刺意味的「怪話」，一是經加強勞動以後，確實少了許多。因為人太累、說話時間少了；二是靠反映別人討好管教的人更孤立，說話無人應，對「反動言論」是不會等閒視之的。其源頭是從減糧開始，也深感「捂」是捂不住的，可說是被迫才給大家開大會說一說，也許是矛盾上繳。並再三說明減糧的事，場部、縣裡都沒有這等權利。還諄諄告訴大家，「禍從口出」不要再犯錯誤！要吸取教訓，好好改造，爭取前途光明。總之，是教人忍餓，不能明說。記得「讓人說話天不會塌下來」的金玉良言，原來是博人喝彩的欺騙。實在的還是怕人說真話，恨死你揭瘡疤。「記醜而博」的人連「孔聖人」也說過該殺。挨批評挨鬥爭真是太寬大了！

我記得這年過「中秋」，既沒有半個月餅，也沒有一兩肉。只能「每逢佳節倍思親」，饑餓山林無人問，心中不免有點鬱悶。天又下著細雨，晚餐說是三兩米的稀飯，連湯帶水只有一勺。感謝「關懷」今夜中秋不學習。叫大家寫寫家信。我無信可寫，不必向誰報平安，躺在帳篷裡一時又難以入睡。別人幾個腦袋擠在一盞煤油燈下，在半頁紙上傾訴著對家人的思念。我在一旁發著牢騷，像被鬼摸頭一樣，突然來了靈感，一氣呵成一首打油詩，自鳴得意，還大聲唸給大家聽。雖說請教，實則張揚。為此寫了幾次幾千字以上的反省、檢查，所以記憶很深：

廣寒今夜宴嘉賓，我枕濕衣聽雨聲。
時過中宵難入夢，卻盼嫦娥傾殘羹！

第一個發表意見的是我們戲呼「老革命」的老王，大名王明達。此人之被稱為「老革命」，確有其真實經歷。在延安時期他就在中共中央辦公廳，據他自己說當年同毛澤東、劉少奇、朱德、周恩來、康生等共產黨的最高領導人，兩天不見三天見，這天不見這位，一定見到那人。後隨軍解放大西南來到四川。因工作安排與自己意願相差太大，雖有任命但拒絕上班。在某招待所裡就住了近一年。趕上「大鳴、大放」也說了一些不中聽的話，但未被劃「右派」，被停止黨籍，安排來茶場「學習」。就當時茶場所有中隊比較，糧食定量及日常生活、管理正規、寬鬆、一般勞教人員品質，要算建築隊最好。可能出於「內部」照顧，四十來歲的年齡又身體單薄，其勞動工作就是收料過秤，後有挑磚挑瓦，就記記擔數。拿個本本握支筆，就是勞動工具。不曬太陽不淋雨，不爬山坡不沾浠泥，曾主動要求進林中勞動，隊長說老林裡長年潮濕，你身體太弱容易感受濕氣，病了不好醫，不准許。他平日對事公正，說話和氣，公益事情，主動積極，對他人不說長論短，一般沉默寡言。看他對幹部也很禮貌，幹部對他也細語輕聲。我們同住一個帳篷對他尤其喜歡，他趁大夥不在包乾了全部清潔、衛生。從不與人發生爭執。今晚他也沒給家裡寫信，躺臥的鋪位只隔我兩三個人。這位老革命、和氣人，今晚卻偏偏同我為難，找我岔子：「小汪同學，（叫我）你這首小詩，前三句沒有問題」，他接著說「問題是你『尾聯』才是你的心志」，我心想，看來這位老革命還有點文學修養，至少懂得讀詩，有點詩的知識。我心裡有點詫異，在這荒涼的山上，破舊的帳篷裡，昏暗的煤油燈下，來自山溝窯洞的共產黨人，也有升、斛、斗量之才！

「我們中國文學，不論詩、詞、歌、賦一般都有個起、承、轉、合。立意、構思、措詞、造句，首、尾要情意相聯，表達重在轉、合。才開大會幾天，說明白了，吃不飽不是你一個人，和我們這裡的人。全國都在挨餓，誰人心中滿意？我的黨齡可能是你的年齡，毫不謙遜我一生追求真理，對革命忠誠。國家成現在這個樣子，你要相信決不是共產黨人的初衷。當初我只感覺社會發展太快，今天我也感覺革命在變味。民主高度集中，是一種真正的危險，若發生錯誤範圍很寬，今天全國性的困難不能說不是前階段的政策行為造成的結果。你個人發發牢騷不起任何作用。幹部講了再有「反動言論」，要作「散佈反革命言論罪」處分。我看你人年輕，也聰明。不是在機關組織處理，沒有戴「帽子」應該感到萬幸！不要摔了跤子再跌進深坑。就設想時間長點，三兩年吧，也年輕，有前途的。」他一番話說得我啞口無言，句句都是善意和好心。怎麼我一下子忘了，他給「首長」作過秘書工作，應該有這份學問。使我認為絕大多數的共產黨人，若不被其制度束縛都應尊敬，他們的人數在各級政府最多，但不能決定人民禍福。根本原因，國家、民族、社會的大事決不能專制獨裁由一個或少數人決定。

第二天晚上學習時間，我隊當時的教育幹事來到帳篷，（記得這位幹事姓廖，海軍轉業）指名我次日「停工反省」，檢查昨夜的小詩是什麼思想，檢查完了大家幫助。當然不會輕易過關。最後反反覆覆翻身睡不著，心想不知不覺又惹禍。這天正是農曆的八月十六，通過帳篷的門口，看到今夜晴空天上掛著一輪滿月，稀疏的星星比平日還亮；眨著眼睛在看我，是不是在說：你嘴巴討嫌自找麻煩！管他媽的，還有明天。沒有翻不過的山，是煩惱都不去想。在腦子裡、在記憶中自個兒放兩場電影，先放《魂斷藍橋》，再映《一縷芳魂》，若還睡不著，還有《戰地笙歌》、《孽魂鏡》……誰說個人會寂寞，有煩惱心不寧，我才不哩！

事後知道是小組長集中大夥寫的家信，統一交到隊部，經幹部檢查、審閱後發郵，順便問起大家的「思親」情況，小組長說了我的小詩，也說了「老革命」對我的幫助。幹部認為這是一個思想教育的「典型」，所以要我檢查、反省。不過，那時候幹部還講政策，和風細雨，說理鬥爭。我這「老反動」的名聲由此出了名。此後二十多年，我年年唱「壓軸戲」從來不停。有啥事情發生我總管不住說話的嘴，總要讓幹部「苦口婆心」的「教育」，和大家用「戰無不勝的毛澤東思想」幫助。都說我是「花崗石」的腦袋，只有帶進棺材。幸好我的言論不是能「上綱、上線」的、有明確的「攻擊性」，都是思想、認識問題，對「資產階級」與「無產階級」的感情原因。兼之我一貫不打別人小報告，人緣很好，對任何幹部個人也不為難，都給予對領導的禮貌、尊敬。在路線、方針、政策面前我很不討人喜歡，但在任何具體個人面前我又不惹人討厭。要真正找個「典型」，維持「改造單位」的權威而處理人，比如關小間、戴「帽子」、判刑，我又並不在候選名單。都知道我「公子哥幾」長大，壞在「家庭出身」，說我沒有清醒的政治思想，也不會認識階級鬥爭，若再添個「林妹妹」一定是個標準的「混混」。就是勞動教養也是憑白冤枉，沒有任何具體「罪、錯」事情。已經身在「挽救、改造、教育」當中，黨和政府也有那份「愛護、關懷」到底的耐心，有決心把我這思想「老反動」改造成熱愛、擁護社會主義的新人。滿清皇帝都能改造成國家的文史專員，我算啥？與之相比，我構不上破草鞋上的一條小小毛毛蟲！一個「烏蒙磅礴走泥丸」的巨人，胸襟那會狹窄得容不下一點點雜音？看當年對國民黨的星級戰犯，最後還發給他們（聽說）五糧液酒、西湖龍井茶的禮品提著回臺灣。

早上等大夥出工以後，帳篷裡只剩下我一個人。去隊部拿了幾張「道林紙」好寫檢查，回到帳篷只覺得冷冷清清。我從未在機關待過，如何反省？大概是想想問題吧，反省一天，寫了兩篇，交卷，不行。寫了三次算過關。不過，再不給我不出工專門寫的時間。有人報告幹部，說我反省是在睡覺，還打呼嚕。

這年剛剛進入冬天，就聽說山下（我們住在林中，各中隊都在老林下面）中隊在死人。每個中隊幾百人，死亡一兩個算不得新聞。我們吃飯定量最高，人都年輕，身體不好也沒資格在林中勞動，那些噩耗使我們頗感驚心。每天都聽說每個隊都在死人，死多少？甚麼病？已清楚是饑餓造成，不須問，問人也不敢說是餓死的。不過，當年春節過得冷冷清清，既沒有加餐也沒有吃肉，說是響應號召，過一個「革命化的春節」。人們議論「革命化」，說「革命化」內涵太豐富，問題很複雜。為了過上「幸福民主新生活」，才跟著共產黨，跟著毛主席打天下，「鼓足幹勁，力爭上游」的標語還很新，「十五年超過英國」的勃勃雄心，都還有文章在頌揚，怎麼一下子全國又喊「勒緊褲帶度災荒」？翻開報紙盡在罵「修正主義」、赫魯雪夫。喊爛了的「老大哥」又變成了挨罵的「老子黨」，一下子背信奔義撤走「援建專家」，撤銷「援建專案」，還「逼債還貸」，故意弄得我們建設十分困難。互相指責對方。別人說我們「幾個人穿條褲子」、「喝一鍋清湯」。其他還說了些啥？老百姓不知道。我們是文明古國，吵架也是「九評」文章。勞教人員好似在深山悟道，對「革命化」想得很寬。報紙在轉移視線，有意誤導困難。加上「彭、黃、張、周」要搞「右傾」，毛主席開的「神仙會」原本是「糾左」，一個晚上又變成了「反右傾」……要「革命」，確實艱難！人民已到水深火熱，「偉人」看來不過「買不到頭髮卡子，暫時沒有肉吃」、成績和問題僅僅是「九個指頭和一個指頭」。以後公認一個指頭的問題，是「非正常死亡」三四千萬人口！等於滅絕了世界上幾個小國家。幸好林彪說的幾千年才出一個這樣的「偉人」，若出快點，多出幾個，哪還有中國？

國家大事離我們很遠，又很近。遠到我們沒有任何權利保證，近到任何不幸先有份。就說這「糧食供應」吧，說起來給我們勞教人員的斤兩，在同地區同工種並不低於其他「革命人民」。而別人到手的是「成品糧」，我們是半成品，甚至豌豆、蠶豆——平時也是人們的副食品。誰都知道在農忙季節農民也用來餵牛。一九六〇年初我們也吃這些東西，並作為「主糧」一斤抵一斤——有人吃飯數過，是蠶豆每餐不超二百顆，是豌豆每餐不超四百粒。而且只有早、中兩頓，算晚飯的是菜湯羹羹。弄不明白為什麼許多身強力壯的勞教人員，還最先爬不起床，走路也最先杵棍？事前沒有發生任何疾病，一發現「這人不行了」就是「心臟衰竭」。死得比出生還快，靜悄悄地一點不麻煩他人。頭晚還沒有入睡以前，還在和同鋪的左右夥伴交談：今後若能回去，千方百計要炒盤「回鍋肉」，煮三斤米的白米飯，好好吃一餐，若不行就煮一斤米五斤紅苕的稀飯，好好吃飽脹一頓，死了也甘心。決不作餓死鬼，太可憐！……真到了起床，吹哨子叫拿飯的時候，夥伴們都拿回來了，他還在不聲不響的睡懶覺，（當時不准誰給誰代拿飯）關心他快起來去廚房，怕廚房視窗過時間關門拿不到。叫喊不應答，搖搖身子才感覺已僵硬。什麼時候走了？怎不說一聲。是朋友今晚托個夢：黃泉路上擠不擠？有沒有紅、綠燈？

這時候的勞動生產，實在說已經癱瘓。但出工哨子照吹，去不去也只能由人。隊上幹部很少出面勉強，也叫不到人綑綁，來了也是說：「上工去幹幹，做多少算多少，也活動活動，曬曬太陽，吹吹風，對身體有好處。累了又回來休息，不要求多少鐘頭。整天躺在床上並不有利健康。」這時的幹部真是慈父愛兄一樣！人在絕望之餘，只存等死之心。管你政策、法令，「英明決定」、紀律制度，大吼小叫，綑綁上吊，拖拉推搡，早已無人聽使喚了。老子反正渾身無力只剩口氣，一切由你！活得如此艱難，還不如快快死去！早知中國人這樣倒楣，若有來生一定投胎西方，生在有錢消費、有槍自衛的「沒落腐朽」的社會。

我們在林中的人，一是由於糧食定量較高，二是還有些「野食」可搞，起碼還有絕大多數人正常出工，但每日已不十分嚴格強調工效。雖然仍說要努力完成任務，實際也是做多少算多少。不排除有人無病請病休息，躺在帳篷裡睡覺。於是有了新的規定：每日三餐分「出工」與「不出工」兩種定量，出工吃（月供）四十八斤，不出工吃（月供）二十四斤。而飯拿在手上實際沒有如此大的差別——四十八斤與二十四斤僅僅是一個說法，表示差別，根本是出工的人也沒有夠二十四斤，到底吃的多少斤？絕對保密。於是出工的人越來越少，不出工的越來越多。管理上不嫌麻煩，每天晚上睡覺前在各帳篷先作統計，最後唸名單，公佈某某人明天吃什麼（定量）飯。常識是病人要增加營養，我們正相反，還要減糧扣飯。

大自然不因為是「荒年」就停止生長，林中遍地都是破土春筍冒出土三四寸高、醬色帶葉的尖尖。山下各中隊都派有人進林中掰筍子，這對我們如同彎腰就可以揀。春筍鮮嫩可口，我們可以「敞開肚皮吃飽」。但越吃越感周身無力，腿腳酸軟，看來慢慢發胖，實際漸漸水腫。這時衛生員建議確實有病的人不宜留在老林，應回中隊治療、休養。也才知道中隊部已有上百人的休養病號。這些病號病得很怪，不需要藥物治療，唯一的特效藥叫「康復散」——米糠、麥麩、少許紅糖、點點黃豆麵。如此就合成了救命的仙丹！而且一天一包最多重一兩。

山上有十多個中隊，勞教人員互相不准私人來往，只有因公離隊幹什麼事情，彼此相遇才能交談一下各自情況。此時聽說農業（茶園）中隊多了一個工種——埋人。每隊都有兩三個人幹這種「專業」的事情。幹這種工作有特殊照顧：每個人多吃一個人的飯，是死人的當天口糧。當然還要大膽、不怕髒、不怕累。據說死去的人褲襠裡大多都有屎有尿，反正很髒。還要求要埋在永不會開墾的荒坡、荒地，當然還要距隊部較遠。這工作不定時，也不定一天只有一次。說是有段時間還很忙，誰先入土還得排班。想幹埋人的工作也不容易，膽大、不怕髒還不夠，還要有很好的體力。因為山坡地勢陡，抬著死人不好走，不但活人常摔跤，連累死人也會摔筋斗。想到前幾天互相還在擺「龍門陣」，今天送你「上山」一路上摔得你在坡上打滾，平日都是好「同學」也於心不忍。最妥善的辦法是背。反正兩三個人，輪換背死人，其餘就挖坑。工作無人監督，坑深坑淺，全憑良心。如果有誰被埋得太淺，說明那天「工作」不輕。說在宿舍休養的「病人」睡前和醒來的第一件事情，不是想吃藥和盼吃飯，而是先伸手摸摸左右兩邊，看有沒有同伴不聲不響告別了人間？說確有人頭晚上還在有氣無力的比賽說「菜單」，回憶以前的「榮樂園」（成都「解放」前最好的飯店）和它有名的招牌菜——「紅燒帽結子」（打了結的豬小腸）、「紅燒大轉彎」（雞翅）、如今正宗川味是成都哪家飯店？第二天早晨對手就再沒有發言……

減糧的週期在縮短，人們的饑餓感在增強。出工哨子照常吹，平時吵鬧的聲音在減弱，行走的腳步在放慢，平路摔倒的人也特別多。早晚的山風吹來感覺比往日寒，晴天的太陽看來也不如以前燦爛。空著肚子剛上床，就盼著快些天亮好吃飯。二兩饃饃才到胃，又急著響午來快點。要說饑餓很難忍受，那是沒有真正餓過。饑餓若在緩慢中進行，而且日日持續下去，食慾是在不斷增強，感覺卻是慢慢地在變。產生一種從來沒有過的、軟綿綿地、又好像激情釋放後在輕微喘息瞬間、那種動也不想動的舒服。四肢的末稍神經有種輕微的麻木，心跳十分平穩，脈膊慢騰騰的，要細心才能感覺它跳動微弱。此時若火山爆發也不會驚恐，山崩地陷也不會恐怖。若老鼠從身上過路，頂多在心裡說：你快走，走遠點，別打擾我！餓到不感覺餓，餓到不生氣，不衝動，不發火，自覺要節省每一分氣力；站著想蹭著，蹭著想坐著，坐著想躺著，躺著還覺身子沒有放平，放平了還覺得沒有睡穩。明明感到小便急了，自己也一忍再拖，非要感覺有點暖暖的東西已滑到尿道口，才會如爬上高山頂那樣使出最後的一點勁，撐起身來磨蹭到床邊，手扶通鋪床沿移腳門外，背貼著牆壁小便，很少有人褲襠不是濕漉漉的。「病人」多是胖胖的，就是缺乏力氣，沒有精神，十分「懶惰」。都成年人了，灑尿不去廁所。睡覺也不脫衣服，甚至鞋子，好長時間和衣而臥。衛生員說水腫病不傳染，但確實在漫延、在擴散。

那時茶場已在山腳下面，縣城上邊緊靠街區建立了簡陋的醫院。雖是「硬體」極差，但「軟體」——醫生都是有一定水準的，多數是「勞教」前的執業醫師，來自衛生部門或大醫院，醫科大學的畢業班女生僅能作個護士，或者司藥。我們醫院設備條件差，但醫術可謂優良，而且人才儕儕。例如國民黨師部的衛生處長，也僅能作一個中隊的衛生員，還要表現良好，認罪服管。有四五個女子隊——近兩千人中挑選，更不愁缺乏護理人員。是本行的經集中，不懂的馬上培訓。發藥、遞水、打針，不分「快班」、「慢班」兩天就會。今天「醫院」掛牌，當天就能治療診斷。單說這點條件，可能全國、甚至全世界都要評最快、最好！病房不夠，兩三天解決問題——搭棚子，一病區，二病區，三、四、五病區……總要給一部份人吃得可以幹事情，不困難。這時各中隊大量將「病人」往醫院送，讓每個進社會主義「天堂」的人都能走正道——太平間——或稱「停屍房」是起點。勞教中隊是改造思想、勞動生產的地方，不能養長期不學習、又不出工勞動、叫你去工地上耍、曬太陽都不去的人，那就去醫院，是治病，是休養，醫院去管。反正都是一個單位，一個領導——如今的話一個老闆。免得中隊上盡是病人，說不定還有假病耍懶！

一進醫院都按正規程序辦事，查體溫，量血壓，聽呼吸，有點疑惑還要驗血、驗尿、驗大便。再分病區、病房、和病床，當然通通住院。為何病人這麼多，大家心裡都明白，不用說。「災荒」年間的人，那個查不出一些毛病？至少也是血壓偏低、心律不齊、營養不良、呼吸不勻。若真患有什麼疾病，又在這時候發生，雖不缺醫但可能缺藥，那就慘了。一段時間，停屍房從沒有空著等人。若真是單純的饑餓原因，身無任何疾病，那麼，進了醫院就等於獲得重生。雖是仍然不飽，但確實能夠保命。一是山下不冷，氣候宜人；二是晝夜有人值班，真有感冒、涼寒，立刻可以吃藥打針，身體太衰弱，也有葡萄糖、維生素打打吊針；三是飲食乾淨，不論多少總是「成品糧」。事非經過不明真情，就僅僅這點點與中隊的差別，就會挽救不少人的生命。

一時間醫院很快人滿為患。只看護士交班，好似飛不起的白天鵝，在地上成群亂竄。住院的病人多於一個中隊，沒有人走出只有進。醫院不能無限擴充，住院的人還很不健康，不能趕走，又趕向何處？於是嚴格入院標準條件：要真正有病，在中隊醫務室、場部衛生所兩級不能解決問題才送醫院。此後送來的病人，被挽救下來爭取重新作人、建設社會主義的不多。他們是經醫院過路，到別的地方去了，再也不會回來。

在茶場代表黨和政府的場、隊幹部，是盡心盡力了，還把你命保不住，那只怪你命太短、福太薄！糧食統購統銷、定量供應政策是中央人民政府制定的。那時中央號召：「五個人的活，三個人幹，三個人的飯，五個人吃」。你出生時只會呱呱叫，媽媽含著眼淚笑，親友爭著抱，歡歡喜喜，熱熱鬧鬧。來到這人世，時候太不巧！平時透支體力──事實上身強力壯肯幹的人抗饑餓能力最差，患「水腫」、和「心臟衰竭」的機率最大。「三年（饑餓）災荒」都熬不過，就不接受「改造」了，要走了，就悄悄地去吧，「衣食足而後禮義興」，人們少了許多同情、憐憫。

我曾經問過一個經搶救後活過來的人，是什麼感覺？他說像入睡一樣，自覺軟綿綿的，沒有任何難過，漸漸地意識糢糊，沒有痛癢的感覺，眼前一片漆黑，好像自己輕飄飄的墜入一個永不落底的深淵，接下來一切就不知道了。他是一枝強心針從死亡邊沿拉回來的，接著又輸液。才逐漸清醒。在當時若病室要廚房立即做一碗蛋花湯送給某病人，那是如同賞賜給押赴刑場處決的罪人最後一餐酒飯，是人們對即將離開人世的人的最後關愛。但多數病人都未能完全接受這份關愛就撒手人寰了！

多數的死亡都沒有看得見的掙扎，和人們無法查覺的難過的瞬間，而尤其從「饑餓」這條通道去「極樂世界」的人，沒有流血，沒有聽叫疼痛，沒有掙扎或痙攣，也沒有忍受難過的神情；而是平靜的，安祥的，好似沒有遺憾，也沒有憂傷，毫不抗拒、而似乎樂意的接受死神的邀請。只是得不到回答。世間人死的情況很多，這種情況也許最舒服？！而且還在自己的床上。不是傳說中個子高高的「雞腳神」，吐著長舌的「無常鬼」套上鐵練從人間拉走。想是被一隻或者冰涼可能細膩柔軟的纖手挽走，與兇殘暴戾相比，沒有猙獰恐怖，還有幾分溫柔。

慘烈的「夜戰」

（一）

少年時讀書知道外國有個叫達爾文的老頭子。據說生他養他的祖國，沒有我們祖國那樣有悠久的文明歷史。在他的祖國也沒有出過「大成至聖先師」這樣的教育家、聖人、先哲。然而達爾文老先生寫的有關「物種的起源和進化」的書，儘管出書後遭到過至高無尚的神權的責難，但畢竟還是幸運的，沒有遇上燒了書還要活埋作者的霸權。也幸運沒有碰上「幾千年才出一個」掌握「絕對真理」的「偉大導師」。達老頭兒最大的幸運是他寫的書，當時雖有異端邪說之嫌，畢竟留下來了，並傳諸後世，譯成了各種文字充實了全人類的科學文明，直到今天。看樣子人類就是到了別的星球生活，達先生的學問也會部分地被繼承到永遠。

我說過我是不學無術的人，也沒有能力引經據典。但達爾文有句話我記得很準——「生活資料相同的生物之間為生存的鬥爭最殘酷」。我願意把這句話奉為真理。我確是井底之蛙，籠中之鳥，獄中之囚，但就在那小小的空間——一個勞教場所，短短時間——自始至終不過兩三年。親眼看到在生活實踐中，達爾文老先生這句話的實實在在的現實意義，和顯示的真理。

一部份勞教人員，雖然不算很多，但他們是親身經歷過生存狀態的殘酷，並為之付出了流血、傷殘、喪生的代價。充分證明了「實踐是檢驗真理的唯一標準」。鐵的、血的事實都讓人自覺相信達爾文有真學問！如若套用「唯物論」或「唯心論」的標準，我願意將達老頭視為「唯物」的，而且還真正是客觀「辯證」的。為此，我很為他惋惜：怎麼沒有成為推進人類社會發展、代表最先進、最進步力量的無產階級的一員！他沒有「要作我們的前人沒有作過的事……」的豪言壯語，也沒有徹底「摧毀舊世界」的「雄心」，不指點江山，不與天公比高，只會默默埋頭做學問，比我們奉為聖旨的「紅寶書」講的道理實在。聽人說科學本身是不容滲假的，但免不了有偽裝。說真正的科學只要有相同的條件來實驗，不論在東半球還是西半球，這個國家或那個地區，在古代還是現代，都會有相同的結果。反之比如「人有多大膽，地有多高產」就不是科學，因為那不會有實在的相同結果。

這裡要說的「夜戰」，是特殊時期、特殊生存狀態的比喻，不是武裝部隊在夜色掩護下的抵抗或進攻。但也如實戰一樣有人員傷亡。

有人在「夜戰」中被打得粉身碎骨。

有人在「夜戰」中傷至終身殘廢。

有人在「夜戰」中被當年的奴隸俘虜後再作奴隸的奴隸。

有人在「夜戰」中失蹤而永無消息。

有人在「夜戰」中的歸途上與夥伴走散，過後數年才在水溝裡發現不全屍骨。

有人在「夜戰」中被強迫「獻身」。

有人在「夜戰」中受傷住院三十多年，仍然孤零零地死去。

有人在「夜戰」中專門收割場長的「實驗田」。

有人在「夜戰」中撞上通姦還獲給糧、給錢。

有人在「夜戰」中盜挖當日埋葬的同伴的心臟煮食，為了充饑兼壯膽。

有人在「夜戰」中為三四兩玉米粉喪命，等等，等等。甚至有人偷了縣百貨公司營業款，破案後失主才知情。大量事例證明「……生活資料相同的生物之間為生存的鬥爭最殘酷」。不過，我不是在評論達爾文。

「夜戰」的發生時間，大約集中在一九六〇年至一九六二年。當年沙坪茶場除宋家山（茶場的首腦所在地）外，還有幾個「作業區」（相當於分場）在峨邊縣城——沙坪以外的地方。什麼五渡、大堡、梨兒坪等相繼撤銷。原因主要由於「災荒」或者攤子太大不便管理，還是縮小規模，還是「減員」太嚴重已搞不起來，不能再維持下去？勞教人員不可能去關心。本著實際先說明一點：勞動教養根據「條例」規定，一九五七、五八年我認為算首期「收容」的人，是沒有定期的。一九五八年送來的人，在上山前被宣佈送「勞教」時，就定了期限了。對於早先未定期的，我記憶是在一九五九年什麼時候，在中隊非常隨便的一次中隊大會上對已經「勞教」至少一年以上的人，宣佈根據「新的決定」給每個原先無期的人定期。勞動教養期限最短一年最長不超過三年（含三年）並說明期限是從「投入勞教起」。我印象很深的原因，是對自己被「定期一年」，如果按當時宣佈計算，我記得當時就已經滿期還超過一年！心裡留下一個不容易磨滅的印象：是國家在關係人民生存命運的如此重大的問題上，竟如此輕率而近玩笑！這是一個偉大的國家嗎？是個什麼樣的政府？根據誰的決定？不能怪罪具體辦事的人，因為他們是必須服從上級。因為我們「首期」被勞教的人，至少沒有學習過像「關於勞動教養的決定條例」那樣的補充定期的文件。（那些被「首期」勞教的「同學」如今健在人世的還多，特別是那些該說命大的當年的娃娃們。這情況是經得起調查的。如果真有人要為此較勁的話）所以進入一九六〇年以後，五七、五八年上山的大部份人已滿期。有的人已拿到「解除勞動教養通知書」，有的人沒拿到說是被幹部「保管」著。反正在開會時的稱謂上不再叫勞教人員，叫「職工」。有時若開大會，還聽幹部說「你們是國家職工了。要用『主人翁』的態度來努力勞動生產，建萬畝茶園，千畝果園，把原先荒涼的宋家山變成花果山……」我拿到自己的「解除勞動教養通知書」的時候，記憶中最早是在一九六〇年底，或更晚些時候。拿到手當時就有同學說，是毛筆寫的若用強光照照，一定是墨筆（傳統毛筆）掩蓋了「鋼筆」（墨水筆）的字跡，是改過的。果然如人判斷。如此成了笑話。以後對一些人乾脆不發這「通知書」了。以免笑活繼續下去。「反正給你『解教』了，不發通知書了，留場就業，承認你是『職工』就行了。」幹部如是說。

因為大多數人已經不是勞教人員，而又沒有離場，原先管理勞教人員的紀律制度，似乎又不適合新的「國家職工」身分，幹部們一段時間在管理上也明顯有寬、嚴的兩難處境。何況「勞動教養」又是國家新的事物，缺乏現成的成動經驗。作為被管理者的我們，也常感覺嚴嚴寬寬，寬寬嚴嚴。處於一種不穩定、不規範的狀態。很有些因人而定，這位幹部較寬，那位幹部從嚴。再加上度「災荒」的特殊困難時期，就是有人逃跑也沒有立即去追，頂多向可能的當地「發函」，在隊上的日常管理較寬。隨著口糧一減再減，饑餓的日子在延長，即使在「專政」的場所，那些平日還有的法令、權威，也逐漸被人們在藐視，普遍關心的是如何求得生存。誰也沒有看重什麼紀律制度。不殺人放火，不作亂造反應該就算是好的，互相都窮困得不會發生偷盜、搶劫，也沒有體力去犯強姦。與生俱來的從善人性，在自覺和不自覺中發生質變。不斷向著大自然、向著獸性靠攏，或者說已經文明生活了幾千年的人類，在我們這塊地方，在邁向人類最高理想的社會——共產主義社會途中的「金光大道」上退回到新的起點——是動物都首先滿足食慾。從新經歷「優勝劣汰」的自然法則，「適者生存」的客觀規律。此外別無所求。人到了這種境地，這種時候，什麼主義、理想、信念，為文明，為制度，為秩序而制定的一切，即使喊著「最崇高……」的，統統見鬼去吧！看家狗餓慌了還要獵食家禽，不作亂不造反已經是可悲、可憐的國人，世代受著「忠君、愛國、謙忍」為先的教育，習慣了逆來順受，兼之萬惡的歷代統治者從來不讓人民懂得什麼是民主，什麼是自由，什麼是人權。就是有點點這方面外來的資訊，也千方百計封鎖或者恣意盡情歪曲。使老百姓在暴政、災難面前束手無策，完全不知如何為自己的生存命運抗爭。怕「官」的思想傳宗接代的深入人心！被逼而發生的生死之爭的「越軌」行為，真是其情也哀其行堪憫！

先是有人敢於外逃，但聰明的統治者早設了各式各樣的圈套。住宿要機關、單位證明，購買食品要糧票。儘管大路朝天，沒有讓你能走的一線。就是歷盡艱辛投親靠友，到了地方，人家為了自己的安全也逼得六親不敢認。頂多打發點錢、糧，快些上路，誰也不敢收留。若在外流浪，除了公安機關，還有遍地民兵，離了茶場——規定你待的地方，真會上天無路，入地無門。不少外逃者茶場暫時不追，也會在某地被抓，或者被押回。不讀書也會讓人懂得一些道理：逃災避難也要有一定條件。比如，甲地水澇、乾旱，乙地風調雨順，這裡絕收，那裡豐年，要有人施捨，才會有人討口、要飯。若一地緊張總要有另一地寬容，才會有一定的隙縫，形成一種流動。神州大地已成鐵桶，密不透風，已經完全沒有流浪的自由，逃荒的可能。雄獅同類相殘獵殺其他母獅的幼崽，為了繁殖自己的後代；人們為了自己安全六親不認；大樹遮住陽光雨露使其根部草木難生，看來生物都有自私的本性。動物有攻擊性，人會權衡利弊更聰明。

（二）

當年在貧困落後的峨邊山區，特別「災荒」那幾年，一般的生活壯態，「交通靠走，點燈靠油，通訊靠吼，吃飽靠偷」。茶場先是有一批從大堡作業區，包括梨兒坪撤銷後調回場部的少年「職工」，他們死裡逃生地活下來，分在場部（宋家山）幾個中隊。——幾乎全是一九五七年及五八年投入勞教的。大堡這地方是舊時峨邊的縣城所在地。那個作業區五個中隊，集中了所有送茶場勞教的娃娃們。安排在那裡是半天上文化課，根據學歷也分班，可說都是小學程度，教師幾乎都是「右派」，半天勞動。設置安排是好的，有勞動，有教養。但他們不幸遇上了「災荒」。四位數去三位數出來。他們自己說調回場部的是去的五分之一，頂多四分之一。下面誰也無法知道接近準確的人數，反正是幾千同幾百就是了。回到場部的人除了「夜戰」傷亡，除了在大堡沒有被綑綁、吊死，（至今有人說，在大堡為『夜戰』吊人繩索把房梁都勒出了凹痕）也幾乎都度過了「災荒」。只有一個直接回到醫院，住院三十多年，親人不要了，最後死在醫院。十二、三歲來勞教四十幾歲死在醫院，就為吃飽一頓，人會有這樣的一生！

別小看這批「劫後餘生」的少年人，收回場部的人數不多，卻一下打破了原有的平靜。在如何讓自己能吃飽，他們有自己的一套「自立更生」。最初趁廚房發飯時候混亂打「二道飯」（每人一份他們拿兩份）最後總有人沒有拿的，就會挨餓一頓。這種現象還沒有到管理幹部採取有效辦法制止，自然就少了，直至再沒有發生。原因是拿「雙份」的人也知道，自己多吃了總有人吃不到，自己是在吃別人的血、別人的命！青少年嘛，還有同類不相殘的良心、人性。明白自己是人，在相同境況各有各的不幸。於是有人趁深夜靜悄悄摸進大廚房，拿一點（或許幾斤）第二天全隊吃的糧，膽子更大的摸進小廚房（幹部的），希望弄到點大廚房沒有的大米、麥麵粉，甚至油葷。當然很快會被發現，幹部也變得和善了，並不認真追究人。只是告誡大家，「這種行為是『家賊』，是互相傷害，是反改造的。如今在外面（指社會上）就是犯罪，夠判刑。生活暫時困難（已經饑餓兩年）要有決心、信心克服……等等」。進過小廚房的也沒有找到肉和油，可以想像幹部也頂多吃足供應規定的定量，（至少他們沒有人患「水腫」）其餘可以相信沒有更多的東西——有人認為是個謎，三年困難時期，幹部們沒有因為度「災荒」影響身體健康。

雖然勞動生產的形式照舊維持，出工的哨子早已不是吹得急促、響亮，幹部仍然要求能出工的盡力同大家一起出工，上坡可以走慢點，下坡小心，勞動中感到疲乏想休息就休息，對間斷不出工的也不十分勉強，只要求在中隊範圍活動，不要亂跑。鐵定的每晚兩小時「政治學習」，報時哨子已經由幹部吹，在宿舍的人可以照睡，和幹自己的事情——不洗、不漱、不縫、不補，也不讀報看書，有精神的擺自己愛聽的「龍門陣」。這時候幹部關心的是就寢前人夠不夠，多時還親自到各宿舍查問。

因為時間上寬鬆了，平時嚴格管束人的紀律制度也得不到認真執行了，人的心思是如何「打脹」（吃飽），其他概不關心。白天上工也是為了找吃，野百合、薇菜、水大腸（一種可餵豬的野生植物）、野草莓、桑椹、茯苓、葛根（彝胞挖來生吃解喝、製粉）、天麻（名貴中藥材）、絲栗子（林中一種大樹的結籽——實屬野板栗）、刺梨（棘藜）……還有很多，總之除了青草，樹皮泥土一切牲畜能吃的東西都吃。

大自然給人有許多說不完的恩情。只要能放棄作人的尊嚴，不留戀往昔的飲食習慣，自己救自己完全有可能。那些能跑能跳的少年，就沒有中成年人那樣循規蹈矩。他們三三兩兩結伴，或一人獨行，趁管得鬆，晚上不學習，不點名、不集合清點人數，找吃的範圍越來越寬，活動區域也不斷擴大，「夜戰」的征途越來越遠。先搞本隊的農作物，再去收割鄰隊的農田，甚至發展到學「鬼子借糧」去了。先是茶場周邊彝胞、漢族老鄉地裡，不論莊稼是否成熟，也不論紅苕、洋芋才剛剛下種，一律概不手軟，毫不留情，盡力盡收。但生的不能進口，或者在山上找個僻靜處，或者隱蔽的帶回隊裡，面盆、大口盅，罐頭筒筒、鋁製飯盒，一切能加熱經得起火燒的東西，都成了簡便的炊具，只用一兩把柴禾，以最快的速度，剛不算生就趕緊下肚。真羨慕他們有一口好牙齒，有一副球磨機一樣的消化系統，也許岩石也能嚼碎，凡是無毒的都能消化吸收。別見怪，在當初一段時間，採取這種非常規的方式，青少年們還真能吃飽。那些從大堡調回茶場的娃娃，多有如此求生的本領，所以他們有資格生存！還是那句老活：「衣食足而後禮義興」。娃娃們已經不屑從廚房拿到的那一點點糧食如「藥引」的飯。沒有人教他們「樂善好施，扶危解困」，他們多時把飯從廚房領回來，毫不需要感謝、慷慨的送與已經行動困難、臥床不起的中老年人，他們之間也許不同小組、不同寢室，互相叫不出姓名，說不上有任何友好感情。娃娃們只有天真，有時最多說一句「他沒有家裡關心，家裡可能沒有了人，那麼高大一個人，這點點兒東西怎麼吃得飽，我的爸爸、叔叔就是他這年齡」。我想，這同情、憐憫，就是人性。這種無私慷慨對他人的救援，儘管只那一點點——也許只能貨化為一毛錢的東西，若在安居樂業的年代，在富人中，我說至少要抵過一萬美金！有人掉著眼淚收下這份無邪、天真、善良、真誠；但也有人苦撐著婉言謝絕：小弟弟，你也只有一份，也不肯定天天頓頓都能搞飽，我一天到晚不活動，你還要跑路、還得跑快些，有時還要翻山越嶺，先留著吧！我正年輕，沒有人給我，我也不會給人。但當我見此情景，鼻酸欲淚。我在此說了假話不是人，願遭五雷轟頂。我喟歎當年在中南海「為人民幸福生活操心」的「大救星」，見不到這樣一幅人間真情！

不經別人允許，悄悄地不讓別人發現自己去獲取他人的東西，這種行為從古至今，在任何地方，即使在遠古部落時期，都是偷竊。誰都知道是不光彩的，會受到報復、打擊。為了不讓人發現，逃避打擊，為了掩蓋自己的劣行，最容易的辦法就是不讓人知道。

在饑餓中為求一飽的「國營企業」青少年「職工」，懷著活下來的頑強意志，不屈不撓的決心，敢於藐視甚至破壞一切正常的生產、生活秩序，勇敢地進入了另一種明知存在險惡的生存狀態。如同餓狼撲向本有防備的羊群，明知自己在生死線上走鋼絲，也再所不惜。白天行動不方便，不容易得逞，自然地就想到了晚上。於是就出現了當時稱謂的「夜戰」。當然，同前些時舉著紅旗、打著火把、唱著「我們走在大路上，意氣風發鬥志昂揚……」的歌，「大幹、快上」、「力爭上游」，氣勢磅礴的「夜戰」，有著完全不同的性質和意義。一是為了偉人的崇高理想；一是為了弱小賤民的苟活。一是被迫勉強；一是自覺自願。在這兩種過程中都有許多故事。尤其催人淚下、撕人心肝的，形成了長久抹不掉的記憶。

我沒有寫小說的才能，更不想賺人眼淚。只想要告訴人們故事怎樣發生。不要在住別墅、玩名車的今天，拋灑浪費美酒佳餚的時候，就乾乾淨淨忘記了昨天、前天。那一段全國都苦難的歷史才過去不遠！說不定你還有父兄、娘姨輩的家人、親友，留下的幾根骨頭至今還埋在那山上某個地方。

「白夾林」中隊有個少年「職工」，（就不提姓名吧，也記不確切了）家住成都五福街，在當年「民航宿舍」附近。為什麼送勞教記不得了。不過他自己說上小學愛翹課。還經常邀約同校、同齡，或鄰居差不多年紀的夥伴，一起翹課，在市區休閒娛樂的地方玩耍。當年成都所有的公園、寺廟（如武候、草堂、昭覺寺、文殊院）都不要門票，一玩就是一天。終於被誰申請勞教送到茶場。一九五八年集中到大堡作業區，半天勞動半天讀書，大堡撤銷後分到白夾林中隊。當時身高不過一米五左右，年齡不過十五歲，圓圓的腦袋，胖墩墩的個子，身體結實，少言寡語，眉清目秀，性格安靜。是一個內向的老實人。在隊上沒有誰與之密切交往，也不善言笑吵鬧。是一個「夜戰」的能手，他們的夥伴呼之「獨行俠」，不同任何人合夥「出擊」。離隊搞吃的——幹部稱為「偷盜農作物」，也從不與人為伴，獨去獨來始終一人。他說在大堡有經驗：人多了容易「遭」！一年四季都穿發的棉衣，長大得可以蓋住屁股。在衣襯裡自縫了半截夾層，當年通稱謂「賊包」。那容量可以裝十多斤洋芋、紅苕。如果是花生、包穀籽就裝得更多。他吃飽了就常把自己的飯給人。

幹部已逐漸發現這些情況，為了嚴格管理，雖不集合、點名，總會在廚房發飯（那時早已個人打單份）的時候，站在廚房門口清點人——看有沒有人沒有回隊。晚上熄燈睡覺以前，也常到各宿舍查看，人夠不夠，是不是都已經睡了？缺少一個馬上找。但少年們都聰明，等到幹部查過房，已經睡覺，才輕腳輕手摸出門。大人們知道他們是打「夜戰」去了，是不是去報告管理幹部，也深感兩難：一是怕他們又受處分又挨餓，（當時有效處罰是「扣飯」）二是自己大人不應該給小孩為難。於是都置之不管不問。他們一出去大多在深夜後或天亮前回來，大家對此也漸感平常。有時他們「夜戰」豐收，三顆兩顆花生，或一個兩個燒熟的洋芋，大方地分贈同室的人。成年人都不忍心接受，卻認為是大家看不起他們。弄得他們在眾人面前顯得很不好意思，很難為情，進出寢室都低著頭，主動給別人讓路。可以說因為沒有接受他們表現的友善，實在是傷害了他們的自尊心！誰說幼稚的心靈不知羞恥？他們完全明白自己做著不光彩的事情。《左傳》、《春秋》，古人說過：「從善如流，宜哉！」的話，我理解只要未被權勢、財富腐蝕，誰都會與生俱來有一份善良的人性，與饑寒的同情，孱弱的憐憫！

忽然一天早上，矮矮胖胖的馬指導員急促的哨音響起，叫大家通通起床在球場（壩子）上集合，一個也不許不到。說時候也才剛剛天亮，也不是開飯、出工的時間。已經好長時間沒有叫點名、集合了，大家都會感到一定有什麼重要的事情。等到人來的差不多了，也不像往日一定要分組列隊站好，馬指導員就開口大聲說話了：

「天天說，天天講，全國人民都在度荒年。我們承認當前吃不飽，山下老鄉也同你們一樣。每天勞動上沒有要求你們一定要幹多少，有病就休息，假也不請了，更沒有強迫你們出工，好好休息，在隊上耍，床上躺躺還不行？真有病須吃藥，衛生員送到床面前來，就憑這點你們就比老鄉好多了！總有一些人還不自覺，還不宜好，黨和政府把你們養起，要你們好好休養都做不到，當地群眾還羨慕不如你們，他們都願來當『茶揚職工』來勞教，只吃不做光睡覺，這種好事哪裡去找？……天天說不要亂吃野生植物，更不要破壞農作物。是茶場自己的，批評批評，管教管教，認識錯誤，寫個檢查就算了，特別一再警告大家，老鄉，彝胞的莊稼千萬去碰不得。你們自己說幹部講了多少次？（確實講了很多次，也曾特別強調過）但有人就是不聽。我都特別說過老鄉、尤其是彝胞逮到你們，若不講理打死打傷，都是你們自己負責。遇到講理的老鄉還好，捆起押回場部要糧、要錢賠償，場部賠得不少了，還要向別人道歉說好話。掰了人家一包包穀，別人要十斤糧，你們還先要遭捆、遭打，你們不好好想想，你們現在這個樣子，還經不經得起捆，經不經得起打？要你們休養不要離隊，上工收工小組集體活動，一方面也為了你們的人身安全。有人暈倒、跌倒有人扶一扶，病了也有人叫衛生員。當然，成年人還能遵守紀律，特別是大堡過來的小『職工』，有些送回去家裡不要，或者暫時聯繫辦不好，上不了戶口，到處破壞農作物。白天播種洋芋，晚上就去刨種塊，催了芽的都敢吃，不怕中毒。現在好了，你們看看有幾個人沒有回來？『范山』（另一個中隊，距百夾林中隊有十多里）打來電活說他們隊下面彝胞包穀地裡打死一個，他們派人去看了，說有人認識是我隊的×××，你們看看找找他在不在？來報告，解散。」馬指導員最後才說出今早集合的原因。

這位五福街來的小「職工」確實不在隊上，他所在小組已經找遍了中隊範圍，並報告了隊部。早飯後馬指導員帶了兩人走了，中午以後才回來。同去的人回來證實×××是被打死了。

開晚飯時叫在壩子裡吃。可以坐在地上，也可以蹭著，不拘形式。馬指導員又開始講話：「今天發生的事你們大概都知道了。這能怪幹部管理不嚴嗎？晚上睡覺還查房看你們在不在，媳燈以後還跑出去，每個中隊都沒有圍牆沒有大門，這是對你們的信任，勞動教養是最高行政處分，是制度管理，沒有對待犯人那樣武裝看押，全靠你們自己管自己。實在不聽話管教幹部有什麼辦法？儘管老鄉、彝胞也拿茶場的東西，甚至連耕牛都偷去殺了，那是他們落後，覺悟不高，他們也加強了民兵管理。為了搞好地方關係，黨群關係，群眾拿走點茶場的東西就算了，通知他們自己去教育、處理，但你們千萬不能碰他們的。特別是彝胞還有民族政策的照顧（當年茶場的農作物、種苗、農畜、果苗、不能採摘的幼茶樹、加工好的木材、農具、建築用的石灰、磚瓦——凡是老鄉、彝胞認為有用的一切，白天拿，晚上拿，甚至種籽、肥料幾乎見啥拿啥，茶場範圍大，丟失的東西實在不少——曾見過茶場的「損益統計表」其中專有一個項目：群眾拿走），國家單位損失一點沒有啥，你們拿他們的，他們會很粗暴，打傷你，弄殘你，甚至整死你。我們當然要報縣公安局，多數沒有結果，我們當幹部的怎麼辦？吃虧的是你們自己。希望以此為教訓，再不要發生這樣的事情。若去偷別人的東西，被人打死了，沒有人給你們償命。被打傷了，黨和政府還要給你們醫，你們自己也痛苦嘛！說到底你們是『有罪有錯』來改造的，我們怎麼去抓兇手？哪裡去抓兇手？所以希望你們自覺、自愛、咬緊牙關度過困難，爭取早日『改造』好，早日同親人團聚。有些家在農村的，只要當地接收，我們就寬大放人。現在除了『發函聯繫』還有幹部親自在外面跑，給你們聯繫上戶口。多數是當地不要，單位拒絕。你們有些人聯繫好了，走了，我們幹部還在山上。你們苦一點，幹部也沒有享福。幹部比你們多一點工資（當時「職工」每月有十二元人民幣的工資），但要養家屬養小孩，你們是一個人花用，扣了伙食費也還有剩，還有幾元作零花。有人家裡還寄點來，前些時管得緊，不給你們或退回去，現在寄來的吃的東西、穿的衣服、用的錢，都是馬上全部發給你們，有的人家裡很辛苦，幾張嘴節約一點糧，換成糧票給寄來，就是希望你們好好接受改造，早日回去。你們再不遵守紀律制度，辜負場、隊幹部因你們身體不好放鬆了嚴格管理，不想想黨和政府和家人對你們的關心，你們對得起哪個？黃鼠狼偷雞，未被捉到吃一嘴，逮到了自己的肉被人吃掉，連毛都會被賣去做筆（中國毛筆中的上品——『狼毫』就是黃鼠狼毛做的）。……現在拿你們成了燙手的山芋，想丟都丟不脫——現在你們是吃得不飽，但你們是在吃了耍起等，睡倒等。在隊上病了有衛生員，場部有衛生所，山下有醫院，醫療享受全醫保，比當前一般人民群眾過得好，過得有保障。我們幹部生活又怎樣？你們也看到的。幹部也沒有侵佔你們的糧，你們幾百人，幹部三幾個人，吃你們每人一兩糧都會把幹部個個脹死。國家的政策，誰都不敢不遵守，你們不上山我們也不會來。我參加革命二十幾年，吃過很多苦，革命的目的不是現在這個樣子，革命就是要全國各族人民過上幸福的好生活。目前國家有困難，要相信黨和政府，困難會很快過去的。如果是現在這樣的日子，哪個還革命？革啥子命？千言萬語，希望你們相信黨和政府，堅持熬過這段困難。要聽話，打『夜戰』的人不要再去打『夜戰』了，不要用命去換幾包包穀，太不值了……」馬指導員懷著沉痛的心情，激動的情緒，說得大家鴉雀無聲。沒有結束語、沒有叫解散就走了，看來有點真的生氣。記得這位馬指導員，隨後兩年率全家離場了，據說是不幹「革命」回家鄉了。

同去的人說，×××的屍體在彝胞的包穀地裡。那地方是「范山」中隊的下面半山腰，有多戶彝族聚居。也是從茶場到茅坪（一個鄉鎮）的必經之路。那裡的包穀已結籽還未完全成熟，還不到正式收割的時候。可能彝胞已經發覺了有人偷，夜晚才專門安排了人守。他一身上下被尖尖鋤（彝胞用的一種如三角形的鋤頭，很薄又鋒利又輕的常用農具）啄得全身衣服稀爛，有個耳朵也去掉半邊，面貌都看不清楚了。不抓住衣服還抬不起來，一身十分綿軟，骨頭骨節都粉碎，想是被幾個人合圍合打，又在夜晚，雙方都看不清，死得真慘……

第二天只聽說幹部叫他的小組長清理他的遺物，寫個清單一起交到隊部。我出生成長在成都，五福街是一條小街，那裡決不住達官貴人，他的家人以後會得到怎樣的消息？若家裡還有父兄，如今應該是八、九十過百歲的老人。我懷著活著下山的幸運，衷心祝願在「災荒」中失去親人的老人們，在「災荒」以後一生平安！半個世紀過去，我還真切記得那個圓圓的腦袋，胖嘟嘟、紅潤潤的臉……

(二)

有人在饑餓中掙扎，同時有人在飽暖有餘之後墮落、腐化。古今中外概不例外。按常情全國都困難的日愁三餐的時候，在這貧窮邊遠、彝漢雜居的山區小縣，更不會有緋聞、有浪漫。但眼睜睜的事實，確有淫亂，至少是「野鴛鴦」沒有找好地方「踩蛋」。

有個綽號「二桿子」的小勞教，他的真實姓名只在點名集合才用得上，一般都喊慣了綽號。他原本是農村的，在家排行老二。按當時勞教條例規定，農村人口是不送勞動教養的。他能到茶場「改造」還經歷了不算簡單的過程：當人民公社的「公共食堂」經過短時間的「敞開肚皮吃飽」以後，已不能圍桌開飯、以家為單位去打飯階段開始的時候，「二桿子」常在鄉鄰打飯回家途中，像野兔一樣從莊稼地、草叢中竄出，搶那些同齡或稍小兄弟姐妹打回的飯吃。開始「搶飯」之初，多次在家裡挨打。多次不改，民兵就用樹條抽、繩子捆，弄得如喪家之犬，後來隨著不相識的大人混進了城，在街頭流浪。社會主義的城市，哪裡都要臉面，都要好形象。首先不准有乞討。何況「二桿子」人小志不小，不會說恭維人的好話，不會伸手討要，也扮不成可憐相，那時候都窮，縱有菩薩心腸，誰也無能力表現慈悲。若睡在街邊馬路上有人干涉，看街上自行車來去跑得飛快，好想坐一回公共汽車又無錢買票。東走走西逛逛，頭一天看見街燈亮了，才感覺肚子在叫喚，想吃東西。看行人匆匆忙忙，手上也帶有吃的東西，但不敢搶，一是人多二是人比自己大。道路也不如自家地盤熟悉，怕跑也難跑掉。倘若被抓到，還不知城裡人是怎樣打法、怎樣捆法？城裡人有文化、多辦法，可能比民兵還兇！民兵給他吃的苦頭，他說一輩子都不會忘掉。一天下來走累了、看夠了、也餓了，心裡想著今晚在哪裡睡覺，這麼大的地方，就是找不到一塊自己的坐臥之地，想去想來還是決定明天回去。雖然很艱難困苦，但自己熟悉。幸好「二桿子」人小膽大，對周圍陌生不怕。終於到了一處熱鬧的地方，同時也碰上了年紀差不多的兩三個弟兄。先是互相看看，「同是天涯淪落人，相逢何必曾相識」。幾分鐘就搞掂、入夥。當晚「二桿子」吃住都有了著落。

吃住一起就是親。「二桿子」為人仗義，弄到東西先讓夥伴吃飽，自己再找。首先他反對向人乞討，他說別人吃過的東西，口水鼻涕的，而且當年街上沒有拿著東西吃不完的人。家家戶戶煮飯也是算了又算，根本沒有剩飯給人，誰也不會省一碗飯來可憐別人。要錢，別人不給，員警要抓。要搶，自己個子小力氣不大，只有挨打，見到樹條、繩子就害怕，因為他有可怕的聯想。街上的食店、餐館，多時進不去，好像頭上刻了字：「我要來抓飯、來舔盤子」。僥倖進去了，吃東西的人都買得很少，護得很緊，剛剛靠近別人桌邊，別人已經作好了對付你的準備。於是被迫放棄了打食店、飯館的主意。但東奔西跑一天總要吃飯。三五兄弟夥的共同目標就一個：找吃的！過背街小巷，見別人忘記在門口椅凳上的衣物什麼的，都不要。真是有苦心就不會白費，終於讓他們發現一條吃得飽的路：多數機關、單位的食堂，為職工方便，為清除垃圾方便，都有側門或後門。只要進得去，一定有吃的，沒有熟的也有生的。不是去討，不敢去搶，去偷。有饅頭就有麵粉口袋，空手進去，滿袋而歸，生熟都要。一次得手三五弟兄夠吃一兩天，食堂太多，偷不完。慢慢還有多餘幫助他人。他們當時在成都西門外靠北門郊區一個菜農家。那家人雖然種菜，自己一顆也不敢吃，有人管，有人收，老、黃菜葉、菜根才統一分配——那是蔬菜公司以「供應口糧」包乾了的、專供城市的蔬菜基地。同糧食一樣管得緊。那家人以親戚名義收留了「二桿子」和另一兄弟，又聯繫另兩家鄰居，收留了另兩個兄弟。於是「二桿子」這個三五人的小「隊伍」有了紮營的駐地。白天城裡玩耍，順便找新的食堂，或者睡懶覺，很早、很晚幹活，倒也快活，瀟灑了一兩個月。收留他們的農家，也過上了天天不挨餓，餐餐吃得飽的「幸福」生活。儼然真是一家人，還說到了將來、前途，還許諾等他們長大了，給他們找媳婦。那家人還用種菜的「工分」錢，自家領到的「布票」，給「二桿子」幾人做了新衣服。那知好景不長，應了「禍兮福所依，福兮禍所伏」。

說來也同世間許多事一樣，好心不一定是好報。「二桿子」說他們幾個人遭抓，原來是他寄居的那家農戶，幾乎在每天下午收菜的的候，分腳葉（如牛皮菜的篼篼、窩筍的老黃葉、蓮白的外層老葉子）菜的時候，分給種菜人吃的都由生產隊長按戶分堆堆，這家人經常做人情送人。——這在平日誰多了、少了點是要發生爭執的，原因是一日三餐的重要補充。當時城市居民還羨慕郊區菜農有此好處。後來聽說，當年城裡人，還花錢去菜農家買些回去填肚皮——這就引起了生產隊的懷疑：這家人怎麼了？夠吃了，怎麼分到的老葉子都大方給人了？何況他家還有外地來的親戚，又是吃長飯的娃娃，就是帶了糧來也沒帶菜來呀！懷疑是懷疑，並未發生問題。發生問題是在一天種菜施肥的時候，一個鄰居婦女背著娃娃勞動，娃娃又哭又鬧，那位婦女要點水喝，菜地離這家剛好最近。於是一道去家裡舀水。看小孩喝水的情景，是餓極了的現象。因為都是婦女，都有天生的母愛，看不過這慘相，可憐這娃娃來到世上就挨餓，情不自禁動了憐憫之心，從房裡拿出一個白麵大饅頭給她餵娃娃。那是一人一餐的口糧，只有機關、單位伙食團才有，農民有麵粉也做不出來，做出來也不是用刀切的扁長形。那位婦女回家後，可能向人談了這件事，當然是對鄰居表示感激的口吻閒聊的。說者無意，聽者有心。「提高警惕，防止壞人」的標語，當時在社會主義城鄉到處都是醒目耀眼的。民兵、農村治保人員，生產勞動實際不多，「雪亮的眼情」就是死盯周圍身邊的人（年齡老大的都記得，那年代，社會上似乎除了自家都是壞人！），很快就盯上了有親戚小孩的農家。當初未注意的事，一經注意就發覺幾個大娃雖不住在一起，確是一夥的。老鼠偷食，貓兒在後，很快抓住，查出髒物——生熟都是糧食，沒有別的任何東西。「二桿子」還記得遭抓後，送到西北橋附近的一個派出所。小小年紀也知道當年派出所，人手少，事情多，經費缺，詢問時打胡亂說，他們不可能——查證，還說當年員警叔叔不打人、不罵人，事情又不大，同他們軟拖硬磨，頂多一天一夜就放人。心想成都那樣大，東方不亮西方亮，出來後另找地方安身。殊不知幾兄弟算不過大人，一起被送去了新南門外南台新村，（當時成都勞教收容所）很快又汽車裝豬兒一樣送到了峨邊，再送去大堡。半天勞動半天讀書。他說地皮都未踩熱，又叫拆了。剛上山中隊名稱都未記熟，就真的病了。到茶場醫院住院治療。一個年輕漂亮的女醫生（當年把護士都叫醫生）姓馮，打兩針第二天就退燒了。病實際好了，但賴著不出院，也無人強迫趕走。只是有時叫病房的輕病號，一為活動活動筋骨，二是幫助醫院雜工組幹點力所能及的輕活——多是在醫院自己的蔬菜地裡扯扯雜草。因為吃不飽，早就有了找吃的經驗，熟悉環境後，知道出醫院上公路、左彎右拐幾百步遠就是峨邊縣糧站倉庫。雖然時逢「災荒」，過路也看得見糧庫裡曬壩上經常翻曬的各類糧食。只要能進去，弄走點糧食會很方便。年輕人不會自覺遵守管人的紀律制度，心裡也沒有許多束縛人的觀念。但世世代代被「皇帝」的暴政和愚民政策馴服了的百姓，加上源遠流長影響廣泛的佛教、儒家大慈大悲、「克己復禮」的思想，雖然已能使不信佛、不信教，不讀聖賢書的普通百姓，能做到溫良恭儉讓，甚至同情「以身飼虎」的慈悲。但未受教育的年輕人不理這些，他們要滿足動物的第一慾望。成年的人們不論怎樣饑餓，對伸手彎腰可拿的東西也不敢打公家的主意，也想不到聚眾聯合去借，或請求當官的允許逃荒——這是中國人的悲哀？還是中國老百姓真好？！

對於沒有受過馬列主義教育，也沒受到儒、釋影響的青少年，不敬畏黨和政府，也不知道如何熱愛毛主席，他們不會在「……白紙上寫美好的文字，畫美好的圖畫」，他們無意反抗什麼，更無心破壞什麼，只感覺餓了要吃飽！像許多動物一樣。大人捨不得給夠，就自己去搞。不管你囚糧、皇糧。也明白家家戶戶都窮，窮得「日無逗雞之米，夜無鼠竊之糧」。目標只有糧站。

一個月暗星稀之夜，這對夜間行事的人可能是最好的時機。「二桿子」從病房出來，迅速上了公路，不足二百米就是縣鐵廠，轉左彎，再二三十米遠是小學，轉右彎是百貨倉庫，大門挨大門就是糧站。他能想到晚上大門一定緊閉、甚至上鎖。只有走背後，背後是山坡，坡足是圍牆。鐵廠雖有大門，有門也常年不關，那年頭誰要鐵和炭？過了鐵廠界牆是百貨倉庫，「二桿子」不要百貨，他已習慣不漱口、刷牙，也不洗臉，也不急需衣裳洗換，鞋子還有穿，襪子穿脫也嫌麻煩，知道百貨倉庫有衣服，他還不是大人，也許衣服會不合身，針頭棉線又不會使用，總之，對百貨無興趣，直奔糧站。糧站圍牆太高，他人小翻不過去，再往前是川南森工局職工醫院，這幾處都比較陰暗，只有糧站倉庫燈光明亮如同白晝，在幾個單位背後轉了一圈，都沒有進去的入口，最後只得轉回來到糧庫大門口。借著裡面明亮的燈光，看到庫房屋簷下，寬寬的過道上放著許多裝滿的糧袋，那是各種需翻曬的糧食，袋子都未封口，大概還要繼續翻曬，所以沒有封口入倉，晚上暫時放在過道上，立在那裡像人蹭著一樣。「二桿子」從門縫看到這些情形很心慌。再仔細看看、聽聽，裡面很安靜，見不到一個人，沒有巡邏也沒有養狗。畢竟人小、體輕、膽大，鼓足勇氣翻爬進去，感謝鐵門不高，下面鐵皮上面鐵條，腳有踩的手有抓的，進去十分容易。雖說是糧庫鐵大門，威嚴是在「法令」，老百姓沒有敢碰「法令」的膽子，恰恰「二桿子」心中沒有「法令」。你關著我翻進來有啥了不起！

「二桿子」進了門一看，靠公路一邊是圍牆，靠山坡一面才是一排庫房。中間隔著一個大曬壩，幾間庫房都關上門還加了鎖，有的還貼了「封條」，只有一間的門是半開著。他順著曬壩邊沿較暗的地方，向著半開著的那間庫房爬去。幸好立在過道上的糧袋都緊靠曬壩邊沿，（可能是從曬壩放上過道邊沿省力方便）在糧袋背後靠牆中間，自然留下一點空間。糧袋如同一道屏障與牆之間形成一條讓人匍伏前進的通道，就算有人巡視也很難發現。「二桿子」一邊爬行一邊看，未封口的糧袋裡裝的東西，見到都是些麻豌豆、蠶豆、黴玉米。心中想既然進了糧庫，一定要搞點大米。既然那間庫房半開著，就進去找找，說不定就有麵粉和大米。慢慢已爬到門口，正好屋簷下有盞明亮的路燈，順著門洞看進去，裡面堆放著裝糧的麻袋。心想難怪不關門、不上鎖、也沒加封條。燈光亮得能看清麻袋上印著「中糧」字樣，和一條狀綠色。這時「二桿子」心想先拿條袋子好裝東西，因為庫房的兩扇鐵門一扇是全開的，一扇半掩著，能看見全開的半扇門裡面的一切，而半掩的門裡面就看不見了。「二桿子」進去後，靠著半開的這扇門站了起來，朝裡面剛跨進兩步，立即讓他從出娘胎從沒見過的情景：一男一女全都光著身子，男子壓在女的身上，女的兩臂挽著男的肩頭，男的頭埋在女的脖子邊肩上，男的圓圓的腰、肥肥白白的屁股，還在不停的動著……一個正享受上上下下的歡娛；一個正體驗進進出出的快樂。也許正是「柳腰款擺，花心輕折，露滴牡丹開」的千金一刻、行雲行雨緊急、倒鳳顛鸞正忙的時候，浸泡在兩人世界裡，全不發覺有不識人間風情的少年已經闖進來了。

幾秒種很快過去。「哇！」一聲叫，雙方三人都像遇上惡鬼一樣，驚恐萬狀，又嚇得立即噤若寒蟬。「二桿子」真的從未見過，可能也沒聽人說過，人會這樣子在一起！懵懵然，癡呆呆，心頭咚咚跳。甚至像根木樁立在那裡忘記了可以跑。

這時那男人順手抓條麻袋蓋著女人身子，半身起來也抓條麻袋蓋看自己下半身，坐在地上，準確說是坐在他和她鋪在地上的多層麻袋上。怒氣衝衝地向著立在面前的「二桿子」，嚴重口吃地「你⋯你⋯你是偷東西的勞教，⋯這⋯這⋯這是糧庫，你⋯你都⋯敢⋯敢來，我⋯我可以叫⋯叫人把你捆起來，送⋯送你去公安局」。「二桿子」真的已經嚇呆了，說不出一句話。麻木地站在他倆面前，實際上他倆也驚嚇的不知所措，如何是好？女的終於側著身坐起來，拿身邊的衣裳，儘快往身上一攏。還是穿單衣的季節，她也順手把她身下墊著的他的衣服，塞在他胸前。向著「二桿子」說：「我給你點錢，以後不要再偷了，這是在改造中再犯罪」，又向著男的說，「你給他幾斤糧票⋯聽說成都許多家庭都有娃娃這樣小就弄來勞教，⋯⋯真是⋯說來也可憐，這年辰也難怪」。「二桿子」聽到發話了，才清醒過來。女的已把幾元幾角錢塞在「二桿子」手上，男的手上正掐著一疊糧票借門外射進的燈光在挑選。「你選啥子」？女的在問男的。「我選地方糧票，不給他省糧票」，捏著十幾張糧票的大手，伸到「二桿子」面前，「各人快走」男的發出命令似地說。「二桿子」真的接受了，還道了謝。

「你快走，不要碰到人。出了糧庫就不要說進了糧庫。我也不喊人捆你了，」男人催促著。

「二桿子」如遇大赦一樣，原路回到醫院，回到病房。病房是通宵有人進出的，引不起任何注意。

房裡沒有白天晚上可以嚴格區分的生活規律，一間就住好幾十人，有人真病，有人療養，發藥、打針二十四小時都沒有間斷。有人知道「二桿子」會打「夜戰」（這在當時是公開的秘密），有人見「二桿子」凌晨兩點鐘才回病房，問他今夜「戰果」如何？「二桿子」不答應，上床蒙頭睡覺。

「可能白跑了，看樣子也沒遭打，」有人議論著。

事後，「二桿子」對人說「還是女人好」！

有病友說一個不滿十五歲的娃娃，怎麼說這沒頭沒腦的話？我推不掉「二桿子」三番四次的誠懇，一定要請我吃個麻餅，我至今也感到「罪過」！

（四）

楊長生是個在大堡的少年勞教，是茶場醫院住院幾十年的有名病號。從管理幹部，醫生、護士、後勤雜工，以及三十多年間曾經住過院的病人，和在醫院勞動工作過的所有人，沒有不知道楊長生其人的。

大約在一九六〇年中，在大堡作業區的時候，在一次「夜戰」中負傷，在大腿一側盆骨挨了一捧，是鋤把是扁擔他自己也不清楚。當時連爬帶滾離開險境。後被「戰友」扶回中隊，據說時年不過十三四歲。一天後就站不起來，日夜叫痛。隊上衛生員除止痛消炎，不見好轉。為了不致殘廢，立即轉送醫院。本著革命人道主義精神，醫院也確實認真精心治療，也不止一次手術。但限於當年醫療設備條件，始終未徹底治好，以後成了俗稱的「巴骨流痰」。

隨著醫院的條件轉好，從來沒有停止治療，但為時過晚，已成痼疾。如果當時能即時送城市大醫院，壞死骨頭該鋸點或添點，是不會終於致殘的。不過，在什麼級別用什麼藥，大官小官、軍內軍外還分別給藥、分醫院治療的時期，也變相是給人命定了價，值錢或不值錢。何況是自己不遵守紀律制度、「為非作歹」去「夜戰」。

由於去外地治療的醫療費用無法支付，當時也沒有本院醫不好可以轉院的制度。傳統上中國人的生命價值本來就賤，那時和現在，是否達到世界對生命重視的平均水準？不好說。對楊長生這個病人，護理人員是盡心盡力的。當初一段時間，是讓其躺在床上拉屎撒尿。傷口久不癒合，幾年後才能磨蹭著下床，下肢萎縮了，腰也直不起來。長期一個坐墊，（還是自己用破布、枕頭、棉絮自己做的）兩手支撐著像蝸牛似地可以在地上移動了。可以艱難地用屁股著地磨出病房，晚上在屋簷下數數星星、看看月亮；白天也能自己曬曬太陽。當年的夥伴、「戰友」，度過「災荒」長大了，「就業」了，會談戀愛，會惹女勞教了，有的在茶場成家娶妻生子了，有的離場回家了。他呢，聽說家裡也死心了，不要他了（或者已無親人），完全徹底的交給國家了，茶場要放人也放不走了。他的家看來今生只有在醫院、在病房。他傷心，他哭過。有人說眼淚可成河，他的眼淚已流乾！他向人說他當時是跑掉了的，是再回去找同伴、尋「戰友」，與追趕的人迎頭碰上挨了一扁擔。還慶幸沒有頭破血流，那曉得這一下就打斷了他一生要走的所有正常道路！

經過長時期的肉體、精神痛苦以後，下決心要再站起來。在沒有吃藥、打針的時間裡，主動幫護士們搓棉簽、收揀病房裡過道上絆腳的東西，總之力所能及的為他人提供方便。有病人輸液快完了，叫護士，有病患突然嚴重了，叫醫生，護士發藥了，幫助房前屋後找病人……這些都不是分給他的工作，是他的主動、自願。他真的把病房當成了自己的家，住在裡面的都是親人。只是「親人」們忘記了給他過生日。二十歲，三十歲，日日夜夜，月月年年……四十歲，一萬多天，就在那一間病房裡，病房外，通鋪上，過道上，床前，門邊，經歷著春夏秋冬，雨雪風霜，明月驕陽，寒暑冷暖。看著許多人抬進來，走出去；走進來，抬出去。幹部、醫生、護士、雜工，換了一批又一批，醫院也從茅屋而瓦房、瓦房而樓房，隨著時間，隨著條件都在變。而他也有幸隨著醫院的條件變化，和自己堅強的決心，流著熱淚拄上了拐杖。生命原來如此苦難，還不如當初沒有！在他人眼裡他是可憐的。沒有幸福的童年，沒有父母在身邊，沒有青春，沒有愛情，沒有健康，沒有快樂，沒有朋友，沒有家庭，沒有被人想念，沒有讓人牽掛！像一本書上說的，「……他是孤零零的。」青年是孤零零的，中年還是孤零零的，沒有憧憬沒有夢，「孤零零得誰也沒有嘗過那孤零零的滋味！」我倒為他希望另一個世界真的存在，免得去了又成一個孤魂……至少遲早可以見到爸爸媽媽，從前的一家人。

我佩服這弱小可憐的生命，有如此堅強的生存決心，和飽滿的生活熱情。在那指揮千軍萬馬、浴血戰場為建立共和國、功勳赫赫的元帥，也難免被饑餓催殘致死（據傳說「賀龍元帥」是被餓死）的年代，一個黃口小兒怎經得起饑餓的折磨？找點東西填肚皮，雖然方法有問題，何以使然，應由誰承坦責任？能夠細微地關注到一本書（據說還不是小說）都會認為「利用小說反黨是一大發明」的敏銳目光，及精深思想，全國人民挨餓難道不瞭解？那是根本不關心！那麼，造成幾千萬人「非正常死亡」，由此是否可以認定決策著，具有反人類罪的嫌疑！至少其組織內部應該追究責任，作出處理。封建皇帝還有「罪已詔」，難道「最先進的政黨」領袖、「共和國」的真正一把手就可以法外逍遙？！

楊長生這個小勞教，在「革命人道主義」的關懷下，在別人無法感受的痛苦中，活到四十多歲，悄悄地死去了。帶走了自己的被褥，全部衣裳，還有那塊坐墊。埋他的人知道他淒涼的一生，只能把坑挖深些，再深些，這是活人對死者最後的憐憫和同情。全國有沒有類似的？有多少？死去一個人，一個家庭要悲哀。他沒有親人，沒有人為他落淚，為他傷心。風調雨順度荒年，這才是千古奇談。真是「綠水青山枉自多」！瘟神是被送走了？然而勝過瘟神的生存壓力，遍及全國的時候，又造成多少地方「千村薜荔人遺矢，萬戶蕭疏鬼唱歌」？

（五）

在茶場大堡作業區三中隊，有個叫吳新的「小鬼」（當時對小勞教的愛稱）據說革命家庭出身，其父或母還是人民解放軍某軍區「文工團」負責人。（此背景未核實。與故事無關，故事真實。）可能當時沒同父母一起生活，也沒人清楚具體什麼原因，到了少年勞教中隊。小鬼聰明也好學。經常受到他們的「右派」老師的表揚。因為「自然災害」的原因，半天勞動半天讀書的生活、生產秩序也癱瘓了。小鬼喜歡畫畫，畫技也只能是小學生水準。然而思想表達卻深沉得多。一天在一張紙上畫了一面紅旗，雖然畫得不算規矩，但能引導人認識是一面旗，而且用的紅色臘筆。旗上歪歪斜斜寫了「大躍進」三個字——當時農民耕作，在地角田邊插著這樣的旗是常見的。問題是有思想還是無意識，在旗的一角又寫了一個「餓」字。他同隊同組夥伴勸告他好好休息，別給自己為難。畫也好，叫也好，怨也好，都是無用的。很快管教幹部知道，不相信小小十四五歲的孩子，能畫出這樣深刻的政治諷刺漫畫。於是就追究他的「右派」老師，搞得所在小組很不安寧，查後臺、搞批鬥連續幾天。他完全承認自己心裡對饑餓不滿，也說並非一次畫完，紅旗先畫一天，「餓」字是第二天拿飯跌了跤子，把一碗玉米羹羹倒完，又揀不起來，回到宿舍發呆，又才在畫過的紙上寫個「餓」字的。想不到造成如此嚴重錯誤，確實與任何一個老師無關。幹部最終抓不到「典型」，又是一個娃娃又已經患水腫病，也就算了。

當時該隊「減員」很嚴重。中隊衛生員李澤源，一天向幹部反映：據當天埋死人的人回來說，昨天下午剛埋的一個少年，已被刨出來，可以肯定不是狗或其它野獸摳的，因為只在死者胸前開了一個大洞，什麼脾肝腸都在，只缺少心臟。定是人為的。幹部也只是指示好好再埋掉，吩咐埋深點。

哇！有人吃死人心肝！這是一個駭人聽聞的事件。無論怎樣打招呼，不准議論，不准外傳，但消息真的長了翅膀，全中隊，全作業區很快都知道了（我沒有去過大堡，相關人的真實姓名及故事的過程，都是至今健在的當年同隊人提供的）。僅隔一天，吳新這小鬼真的病了，爬不起床了。李澤源衛生員準備去幫他拿飯（當年中隊衛生員又如同醫院護理，病號的事要包乾），去到小鬼床前，拿他盛飯的餐具——一個裝一公斤「清蒸豬肉」的罐頭鐵筒筒，還未拿上手，就嗅到一股強烈的腥臭，拿上手看看，裡面裝有東西，像一個未吃完的部份豬心子，而且未完全煮熟。再由於無鹽（當年為控制水腫，廚房的鹽也嚴格限制使用）散發出惡臭。學過醫學的人認得出「豬心」與「人心」。問小鬼為啥這樣幹？吳新回答說，他一貫膽小，從前聽說過吃了「人心」會變膽大，再加上真餓，還可添點營養治水腫。問他去挖墳掏死人心不怕？他說他倆是好朋友，早說過「你先死我吃你，我先死你吃我，若能活下來一個，兩個媽媽還有一個兒子」！衛生員也如實報告了幹部。而小鬼也病得快不行了，幹部只說等他（小鬼）病好了再研究處理。此後不到兩天小鬼也斷氣了，找「好朋友」去了。沒有讓「兩個媽媽還有一個兒子」。

（六）

「夏家溝」和「范山」是兩個中隊。兩個中隊之間的下方有片彝族聚居的無名地方，我們把那裡叫「彝胞坪」。因而那片很大的山坡從此有了地名。那裡有幾十戶人家，沒有一家是漢族農民。這兩個中隊的人員在勞動的時候，同彝胞彼此相對。雖互相叫不出對方姓名，但天天在山上見著也互感面熟。這些彝胞都是過去不久的「娃子」，「民主改革」才翻身作主人。有些還來自大、小涼山，因為這裡土地肥沃地方又寬。從前作奴隸時沒有自己的一寸土地，這裡荒地多又靠近老林。他們受著「民族政策」的關照，好像想在哪裡安家都十分自由。本來只有幾戶人家的地方，不久就成了一個村莊。加上漫山遍野的勞教人員，暗地裡還可以買賣、掉換點東西。在大部份勞教人員變成「國營茶場『職工』」的時候，就成了和平共處的一山居民。幹部打過招呼最好不與他們往來，但個別人同他們還是有點交情。在「災荒」困難時期，他們同我們都在一片天下，還是一樣挨餓。常常趁黑夜、甚至白天，有機會就牽我們的耕牛去殺，得手後幾十家都吃肉，看來還比漢人團結。一時間「夏家溝」連續被盜五條價值不菲的種牛。幹部只把「職工」當成賊，對相關飼養人員又是捆綁、又是關押、又是批鬥。真是遭整的冤枉，吃肉的在笑。案子終於是破了，但以後形成了互相偷。他們拿我們的東西到手就要不回來，可以說他們家家有我們的衣物、被褥、工具、刀斧、鋤頭，我們的「夜戰」人員頂多在他們農地裡搞點吃的。正常時期去買點蛋、雞、狗，還有「蘭花煙」。

一天晚上范山中隊的「夜戰」人員，越界去彝胞地裡收包穀，結果一人被抓住了。看在平日面熟的份上，沒有鋤斃在地裡，捆綁起來用「藿麻」（一種野生植物如青麻，接觸皮膚要紅腫要疼痛數日）條子抽打一頓，用葛藤（代繩子）牽回去（當年奴隸主對奴隸就是這樣）拴在石磨上，白天押著去幹最重的農活，（主要是背東西，背得很重）晚上同牛拴在一個樁上，那些不拴的山羊，有時在身邊亂竄，羊蹄子踩到腳背痛得鑽心。不過，彝胞吃飯、喝水的時候，也同樣給吃給喝，（該人事後回隊說每頓還能吃飽）但沒有彝胞吃得多。中隊去幹部拉關係、說人情，兩三次才把人要回來。彝胞還說平日裡在山上見過面，是鄰居，是熟人，沒有用棒打，沒有用刀割，就是要他當兩三天「娃子」（像他們過去那樣），日夜難過。知道是共產黨、人民政府的人，他們也不想整死。臨走對幹部還關照地說：「還要他幹活，領回去後先讓他睡兩天，餵點鹽巴餵點稀飯；身上的『藿麻』傷疤發癢了千萬不要用手抓，抓了要流水、還會爛」。

（七）

前面說過的「新墳溝」和「陰家坪」中隊，由於距場部中心太遠，加上緊靠森林邊沿，常年多霧，氣候偏寒，山腰的莊稼已經收割，這裡的禾苗生長太慢。有如同時生兩個孩子，山下的已經可以娶妻，山上的還在吃奶。地高路窄，諸多不便。若要通公路、跑汽車幾乎不可能。在建隊大約不過兩三年，就決定放棄。雖然也開墾了很多土地，也試種過很多東西，除了山芋別無收成，而且只能一年一季。原有人員已經逐步撤離，那土地，那房子，還有當初為生產、為生活的許多暫時用不上的東西，給誰來接收，還在留待處理期間，還須派人留守。當時新墳溝派駐了兩個肯定不會逃跑的人。任務就是看房子、守東西。這兩人歸下面的「打鑼坪」中隊管理——其實就是去那裡領取兩人生活必須的東西——糧食、副食品、和點燈煤油。由於去領東西，為了控制人，一切生活必須一次發得不多，三天領一次。這天去的人晚上沒有回來，這本是常有的事。因為只有兩個人，吃了睡，睡了吃，成天全耍也太寂寞，所以趁去打鑼坪領東西，下面人多也熱鬧熱鬧，多時都要賴上一夜，還可在打鑼坪吃兩三餐飯，幹部也一直忘記要扣糧。這也是一個第二天才回去的原因。

這次領東西的人第二天回去，見同伴已被人用刀砍死了。看得出刀很小，傷口多。一床全是血。衣物、棉被及一切穿用的一件不少，凡是能吃的全部被拿光。立即連跑帶滾到打鑼坪中隊報告，下午來了場部幹部和醫生。（本身就是公安部門的法醫）用不著仔細驗屍，就可判斷兇器，是彝胞隨身帶的小彎刀。那地方基本沒有漢族老鄉走動，伐木、砍竹、打柴、挖草藥都不順路。山高坡陡早晚濃霧，只有少數彝胞常常扛支火藥槍、帶條狗，總想打支麂子，狗咬幾隻野兔。案情十分明白。認為殺一個看守人，會有許多糧食可得。那時趁黑夜「搶收」地裡莊稼，並非只有茶場的「勞教」或者「就業」（人員），老鄉和彝胞，少數人為了吃飽，也都偷盜。整個現場清理下來，丟失的東西就是一個兩人裝三天口糧的糧袋，據領糧歸來倖免殺身的人說，按時間按兩人吃的習慣計算，最多有剩餘三四兩玉米麵。一百多克重量人畜皆可共食的糧食，與一百多斤重的一個年輕人比，這生命也確實夠賤！

這個意外事件的發生，有沒有報案、有沒有追查？以後沒聽說。只是派人就近埋了死者，和著帶血的衣被。像一隻小狗、小貓，被野獸咬死了，挖個坑，放進去，蓋上土，完事。

那年代，那地方，那場所，那境況，一百多克重的玉米粉就等於一條人命。

（八）

在「大躍進」高潮期農業「放衛星」的時候，茶場有位姓何的場長，說是個老紅軍，曾經緊跟毛主席走完二萬五千里的「長征」。當場長最低也是個縣、團級別，卻看不出有一點點當官的架子，要是兩月不理髮換身衣裳、穿雙草鞋，一定給人一個辛勤老農的形象。文化不高，甚至單字也認得不多，全場大會作報告，多次把「揭發檢舉」的「揭」字讀成口渴的「渴」字，但這一點不影響他做好該做的工作。身為場長，平日下隊轉轉看看，如今該說「檢查工作」。我多時看到常常帶笑溫和耐心地對我等說話，也常常扳起面孔罵幹部。要說馬列主義、毛澤東思想學習可能不多，但如果你有幸、有機會，向他面對面直接反映或者要求解決什麼問題，他一定不會忘記。如果是政策、場規允許的，解決得保你滿意。他說打下江山就要建設得更好，要讓人民滿意首先自己做到克已奉公。他說共產黨是「為人民服務」的，件件事都要腳踏實地。他解釋共產主義是人人要什麼有什麼，決不會餓肚皮。既然別人能畝產幾萬斤，他也決心要在茶場放個「衛星」。

我想，他是懷疑最權威的報導，畝產幾萬斤、十幾萬斤。因為是領導又有組織紀律，不能同「大好形勢」唱反調。決心自己幹幹，他記得「只有吃了橘子才知道橘子的味道」。於是在場部自己辦公室邊上不遠，搞了一塊大約一分地的「實驗田」。一切自己幹。本來土地就肥沃，還深耕二尺半——他說任何莊稼只要它根子能儘量生長，二尺半是最大深度。肥料當然不缺，種籽顆粒飽滿。自從播下玉米種籽，一直精心耕耘。最佳時機最佳狀態的施肥，地裡沒有一苗雜草。排水、通風、日照，樣樣是最佳最好。像「育嬰室」的醫生，他對他的每一顆玉米株照顧得十分細緻、周到。那塊地晴天必然曬到太陽，山上本就沒有蟲害，土壤濕潤……總之適合玉米生長的一切條件都是最好最好。

何場長沒有多少文件、公案要辦，坐在辦公室打開窗子，也能看見玉米地，有人見他對著玉米地微笑。莊稼確實好，玉米苞確實大，大得可能一個玉米棒子會有半斤籽。大家都誇耀場長一定會放個「衛星」。眼看很快就要豐收，玉米粒已經完全灌漿，快到完全成熟的時候，在一個晚上突然全沒了！被人掰得乾乾淨淨，一苞不剩。誰人如此膽大？「夜戰」打到場部首腦機關去了！

那塊地是老鄉、彝胞、勞教、「職工」都靠不近的地方，更不是人們走路可以經過的地方。平日能接近那塊地的只有在場部辦公的幹部。

「昨天天黑前我還看過，一苞不少，過六十歲的老場長氣得雙腳跳。一兩百株玉米桿上的包穀，從數量算有一大挑，不是一個強勞力弄不走。有此體力的人幹部中很少，幹部也決不會偷。多人作案吧，鬆軟土地上的腳印只有一種。防雨膠靴的鞋底，花紋清晰可見，老鄉、彝胞大多數人不穿這樣的鞋，在茶場這樣的鞋就多了，無從查起，真是一個謎。完全有理由首先排除場部幹部、和駐在的一班武裝，他們雖然也在度「荒年」，但他們對食物的貪婪慾望遠不到這種程度。最靠近場部的中隊是女子一隊，她們沒有如此膽量和體力，雖然她們也會尋機「搶收」一點蔬菜，但洗劫一塊玉米地的行為不是順手牽羊。

「何場長都遭偷了」，成為一個大笑話，場部周圍附近幾個中隊都知道。何場長說他痛心的不是那些玉米，是痛心丟失了那些玉米同土地畝分相關的產量比例。能不能放個「衛星」他無所謂，老紅軍有特殊供應更不愁想補充點食品。只生氣說「這年頭一點好事都搞不成！」

還在議論「何場長被偷」沒有完的時候，我吃到了一個燒熟冷了的嫩包穀。感覺真香、真甜、真好吃。給我這個包穀的人，原來是我們解工大組的大組長，姓張，據說如今在重慶巴南區落戶。大組長常常受中隊、場部表揚。改造是「積極份子」，模範遵守各項紀律制度，又能幫助大夥，又能協助幹部搞好工作，參加過「抗美援朝」，當的偵察兵，打過「美國帝國主義」及「聯合國軍」。在部隊就是好兵，復原後進過大學，又是優秀學生，惟一的一點不好，就是「地主家庭」出身。因為學校有公派留蘇（聯）學生名額，最後包括在他和另一名兩人中挑選一人，他的學習成績和其他方方面面都比另一人好，就是輸在「家庭出身」，被淘汰了。心中當然感到冤，情緒也表現不滿。也發過牢騷，說過「啥子無產階級國際主義戰士光榮，嘴上掛著『出身不由已，道路可選擇』的唯物論，實際搞的唯心的先驗論，難道黨和國家領導人沒有地主出身？學成了也是報效祖國，一點點『出身』都容不得，自己也不是貧下中農，就那麼恨地主家庭。」到了「幫黨整風」的時候，表示過希望真正落實「黨的政策不唯成分論，遇事不要先看出身。」學校聯繫其以前的言論，決定除名。送到山上學習，加強思想改造。上山後聽教服管，表現良好，並不整同類人，人有錯誤耐心說明，人冷心熱，不苟言笑。我一直是個表現不好，又無大錯，愛說些幹部不愛聽的話，確實又結合實際，句句在理，但仍然被認為我妨礙他人思想改造，每句話都該消消毒，可別人又偏愛聽。例如，幹部作「形勢大好，在茶場有光明前途」的報告，下來安排討論要大家發言，我說「外面形勢大好我們在山上確實看不見，要說前途光明，是把我們當蒼蠅裝在玻璃瓶裡，看見光明飛不出去」等等。幹部說我兩句話「抵毀」了他兩小時的報告。所以張大組長經常把我看得緊。隨時耐心幫助我改造思想，因此比他人接觸更多。我吃了他給的燒嫩包穀，彼此笑笑，心照不宣。過了多日我終於找到機會說他：「你不該壞了何場長對放『衛星』的實驗」。

「他真是那種心意，掰包穀的人真不該打他的『夜戰』」。看來他並不承認，作為大組長、改造積極份子也打過「夜戰」。他如是說，我當然不便再問，那麼多包穀一人要吃多少天！是不是只要我在心裡讚揚他有偵察兵的素質，大學生的知識，懂得打好戰役先有好戰略，「夜戰」也與眾不同。誰也不敢想去偷場長，真是低風險，高回報。當年在朝鮮戰場，我們的志願軍就是經常夜戰，打得「美帝」和「聯合國」軍膽顫心驚。如今掰幾包包穀，不過小試牛刀而已！

聽說那個王八蛋年代結束，改正平反後他被安置在重慶巴南區某鄉鎮學校教書。假設我能見到他的學生，一定會談起老師當年的「戰績」。

（九）

誰說女子不如男，還是我們的「半邊天」。除了生理的性別功能特別點，男人能幹的她們也能幹。那時山上的「太陽坪」還是女子四隊的時候，離她們中隊下面不遠，就是漢族農民的莊稼。那正是「自然災害」的第二年，老鄉的紅苕地裡，苕藤下面已生了紅苕「娃娃」，不過只有一半大。不像其它許多糧食非要等到成熟，紅苕是大小都能吃的。

太陽坪中隊歷來不種茶，幾十年都是個農業中隊，只種糧食和飼養牛羊豬兔等家畜、雞鴨家禽。「政府只重改造人，不計較投入與收成。」那是山上地勢最低的中隊之一，住著四五百「娘子軍」。中國婦女的膽子多數比較小，一般能循規蹈矩。其中也有一些社會（不是機關、單位）上送來勞教的野妹子，所以「野」

是在其居住地——現在的「居民社區」、原先叫「街道」，這種那樣原因，認為不守規矩。或者成都人說的「浠髒邋遢噴臭，死懶好吃飛歪」。是家庭無人管教，還是不服家庭管教？為什麼不上學不工作？在那個時代，那樣的社會狀態，當然最適合勞動教養。就在中隊群體裡也是隨便拿用別人的私有東西，不必經你允許。又愛吵架甚至打架。別看是弱女子，一雙纖手並不溫柔，進攻對方先抓臉頰，再扯頭髮，雙手打不過別人，還有一口利牙！拳頭雖然不狠，牙齒確實厲害，咬上一口還須包紮。不過事後還能主動表示問候，看著他人手臂上留著自己的牙痕，說不定還會落淚，還說自己心裡更疼！還怪別人為啥不跑，要讓自己抓到，打不過你，我當然要咬。這樣的野妹子活潑熱情，吵架打架過後也不記恨，勞動中還肯幫助他人。學習一塌糊塗，又不遵守紀律制度。在飯不夠吃的時候，先關心飼養房的雞下不下蛋，出工收工也繞道去轉悠轉悠。手腳快嘴巴甜，一個人同飼養員閒扯，一個人實幹。最後發現不是少了兔子，就是少了雞蛋。你要說她是小偷，她反罵你是笨蛋！

從山上下沙坪、上街，路經太陽坪也是一條捷徑。多數男「職工」愛從這裡過路，這心情不用說。她們有些人會在路口等，不管是否認識，也不關心你在哪個中隊，都敢給錢請你代買點東西。約好什麼時候她也在那裡等。她們天性有那點信心不怕上當受騙，不怕得不到東西又丟了錢。不管男人怎麼小氣怎麼摳，好像一般對她們的要求都忠心耿耿。到了稍稍熟悉一點，她們反叫你不要怕，不過帶點東西，幹部知道也沒啥。真的以後回去了（指離場）能相好，一定幫你生兩個胖娃娃。她們先想到事情的結果，還不會仔細考慮事情的過程。所以她們說話的時候不害羞、不難為情。知道變了女人要生娃娃，生下來以前的許多事情，還沒有想。知道這樣說會讓男人高興，為她辦事會盡力盡心。是狡黠、還是天性？是哄你還是天真？

一年後「災荒」過了，為「以場為家，以茶為業」的號召配套，男女「職工」可以經批准談戀愛，她們的許多隱私故事才慢慢出來。

當年她們中極少數人也打「夜戰」，基本上沒有機關、單位去的人。用我們的話說是社會上送去的，也就是「野妹子」這一群。不過，她們一般跑不太遠，就在鄰隊（種茶的中隊也有一點農作物，多以蔬菜為主）或附近老鄉地裡。也是選立即能吃的。一個晚上去三個人，去摳紅薯。同老鄉土埃土，地埃地，只隔土埂，跨過去一步是老鄉的地，退回一步是自己隊的。這本來很保險。人站遠點看還分不清在誰地裡。那晚很黑，沒有一點月光，也許老鄉早打好主意，就是想吃「天鵝蛋」。早發現地裡紅薯有人摳，也可能是他們自己人，也可能是女子隊。這一夜他們埋伏了幾個人在周圍。小丫頭對環境地形也很熟悉，但萬料不到老鄉從背後來抓人。真不知從哪裡來的。一下就被抓住兩個，而且是在別人地裡。跑脫的一人只能遠遠看，不敢靠近，見兩姐妹被拉進了別人守夜的棚子，知道會有「好事」發生。

好久好久以後，至少兩個鐘頭。兩姐妹出來了，手上還提了一包。——煮熟了的紅薯，還是剛才自己摳的。一個說不拿白不拿，反正「遭」了！男人嘛，說壞也壞不到哪裡去，也沒有打，也沒有綑，更沒有要命。說好了兩個人對三個人，一人一次。只是像饞貓很久沒有見腥，吃得太狠。達成「諒解」不報告隊部，不向人說。現在只擔心會不會留下「後果」？幸好，兩個人算吃了啞巴虧，以後沒有發生意外事情。「『災炎，災荒』他媽×，都是饑餓害人！」沒有遭抓到的一個說。

（十）

時光荏苒，眨眼到了一九六四年。夏家溝中隊是擴建飼養房還是搞別的什麼？反正就在隊部房屋附近，清理一條除了暴雨就沒有流水的水溝。突然在取土搬石之間，一下讓人驚愕，發現了一些不全的人體屍骨。看樣子不是成年人，繼續清理之後，看清了一個皮帶扣。這皮帶扣有些特別，是真正銅製的。上面鑄有標識，那是我們人民解放軍的。於是讓人聯想起過去兩年，隊上打「夜戰」的一個少年，有個晚上「出征」就一直沒有「凱旋」。這少年（已過五十年，記不起姓名）當時十五六歲，算得上英俊體健。除了不遵守紀律、打「夜戰」，一切都好。當年哪個隊少個人，雖然事發時查詢一下，也沒有認真久追。或許逃跑了——反正少年們在首先「清放」之例，有去處，上得了戶口，就走。一時沒有回隊，遲早總會回場辦戶口。一個人失蹤，不會久久放在幹部心上。幾百人的中隊，三五個幹部，要管的事情太多。時間一長，忘了。如今刨出骨頭來，可以確定就是「他」。因為他在時，常對人誇耀他那條皮帶，紮在腰上也沾上了人民解放軍的光榮！還是一個親戚叔叔轉業復員後給的。是真正最好牛皮製的，隊上其他人確實沒有。當時由於人小、腰細，皮帶的最後眼孔也扣不上，還自己打了一長串眼孔，他說慢慢向前放，要拴一輩子。這條皮帶是他的心肝、他的寶貝、他的護身符。所以很容易辯認，很容易確定。誰能想到還真讓他繫了一輩子，可這結果是悲哀，是不幸！

當年一起打「夜戰」的人，隊上還有一個。幹部一再說明：事情已經過去，不作任何追究，不給任何處分，不負任何連帶責任，只想瞭解當時情況，把問題搞清。

經過「戰友」回憶，只有一種可能：是那夜跑得太遠，已經快到茅坪鎮。在范山中隊山下大約有十里路，沿途的莊稼地都沒有什麼吃的，刨過花生，剛剛生殼，沒有米米，包穀還正掛鬚，春洋芋已經挖完，蕎籽沒有成熟，紅薯正長藤子，茄子、海椒也多剩桿桿，最後最後只有黃豆。黃豆都在地角地邊間種，收起來也是稀稀拉拉，窩距又亂，又少豆箕，甚至只長桿桿很少豆莢，就有豆莢也不飽滿，山上的還嫩，只有山下的老些。所以那晚上人太累沒有好收成。

記得開始回隊的時候還是三個人。在返回路上有人走得快，有人走得慢，有人還不甘心要沿途再看看，於是前前後後慢慢走散。都是第二天才發現他沒有回來，他哪裡去了？並未多想。反正一路的時候沒有被人抓到，走散了就不知道以後。現在想來他已經回到隊上，沒有走大路，是走的房側水溝。也許太餓、太累，過水溝被石頭絆腳摔了跤子，說不定正碰了頭。隨後幾天是不是下過暴雨？雨過後多少會有點泥石流，掩沒了身體。只有這樣才湮沒有這樣久。

這樣推測應該是合情合理的。只是那年代，那場所人的命運，還不如彝胞愛護、關心他的獵狗！同樣在一個環境，在一樣的條件下接受「改造」、接受被人強制安排的生活。各有各的原因，各有各的不幸。有不少人最終脫離困境，也有相當部份人真的不幸！

我相信「人之初，性本善」。過後的善惡行為，是邪是正，自己走的道路自己負責，但必定有所以如此的客觀原因。

管理幹部吃國家的飯，受共產黨的教育，拿人民的錢，受政府的委託、上級的委派，做指定的事情。我們這些「明天的罪犯」是不是上山，不是由他們決定。大政、方針是上面的上面訂的。雖然明白地有許多事違反憲法，但有了「無法無天」的最大頭頭，只怪你生不逢辰！幹部們的工作態度、作風、和方法，因為有不同的修養素質和文化水準，執法結果當然有粗暴與文明。他們同我們並無個人恩怨，思想行為要大轉彎，兩者間只存在不同的層面。如今回頭看看，除了離休、退休，好多幹部至今沒有下山。

假設能把當年茶場打「夜戰」的人員在一時間集中一起，真不能想像有多少人。客觀上所產生的危害性有多大，只以當年的莊稼而言，無人搶種，有人搶收，今天播下的洋芋種塊，明早又是一塊荒地；應該豐收的土地，不到季節已無顆粒！「三分天災七分人禍」，劉少奇還說得太包含、太客氣！即便如此為人文過飾非，仍然遭忌。

向逝者致敬

茶場進入一九六〇年，如同醫院對死亡病人的病歷記錄一樣：心臟衰竭。勞動也好，教養也好，基本處於癱瘓狀態。最忙碌的要數茶場醫院。幹部病房除外，專供「勞教」和「職工」——其實為「就業人員」使用的原址有幾大間草蓋平房，每間能容納近百人。隨著饑荒日甚，醫院業務陡然興旺起來，擴容幾倍，醫、護增員若干，然而，並不能阻止閻王爺要人。

我們醫院人才不缺，應該說是很多。前面已經說過。所以那麼多醫生會犯「錯誤」，概括起來是不講政治，只尊重科學。對患者不分對象，講健康不講階級，講治療醫藥不講政治思想，只堅持醫生的立場、觀點，不服從工、農、兵的主張。雖然夠「專」，但不夠「紅」所以必須勞動教養。按人民政府規範的條件，列為名、老中醫的也有，這類人的錯誤是大多不願進正規醫院，或勉強去了又瞧不起人民培養的年輕醫生，說他們《百家姓》都沒讀過（意指中醫的經典基礎：如本草綱目、傷寒論、金匱要略、黃帝內經……）連中藥處方的「君、臣、佐、使」都不明白就敢掐著病人手腕要錢！又害人又誤己。「懸壺濟世」不能憑階級出身；富國強民不能靠階級鬥爭。即使熟讀精研「雄文四卷」（意指《毛選》）也找不到治水腫病的良方。敢同領導唱對台，敢挑戰權力，不倒楣才怪！恩情如瀏陽河水的媽媽，輕輕拍下你的屁股：去吧，勞教去！所以來茶場醫院了。不過，醫院對醫生都優待，同幹部一樣吃喝——小廚房打飯。哪天又犯點小錯誤，「暫時別看病，下河去挑水」，當然同時換廚房打飯。

若說藥品不夠，條件簡陋，那就多多學習「白求恩」精神。毫不否認精神力量是偉大的。事實證明僅僅依靠精神是不能治病，不能救命的。精神力量必須要轉化為物質力量才有所作用，這是誰都知道的。缺乏這種轉化，可能就是空話、廢話，有人說來得罪人叫屁話！

隨著「災情」的嚴重，當然首先表現在糧食供應不斷喊少，吃的東西越來越不多；中隊又大量往醫院送人——中隊幹部擔心在隊上人死多了不好交待，醫院一時成了勞教的或解教的人員，走向死亡的驛站，通過這裡沒有任何麻煩。中隊送人的確出於良好用心（醫院糧食定量標準一樣，但粗、細搭配好些，有病也能及時對症吃藥打針，若不缺藥品）雖然寄希望於一線，動機是可信的，這如同一個牧場也不願多死畜牲。然而螳臂不能擋車，精衛難填大海！當年那全國饑饉形勢誰都記得，除了大城市以外的其他地方，無論用心多麼良苦，主意多麼善良，要想緩解「災情」，挽救人命，能夠想得到的手段，拿得出的物質，都是杯水車薪。翻開還有油墨味的報紙，標題明明寫著「我們一天天好起來，敵人一天天爛下去」。

醫院死人已經不是經常發生的，而是天天必然發生。一段時間沒有創記錄的一天不死一個人。死人也許就不止一個。中隊上死了就附近埋葬，醫院裡死的總要有地方放。一位數好辦，兩位數也不困難，三位數有了麻煩，四位數就成了困難（當時峨邊沒有火葬場，若有，茶場一定是大客戶）。連同從山上走的，肯定四位數。畢竟是萬人茶場，活過「災荒」的是否過半？共產黨對自己過錯的「保密」工作，肯定超過其它任何國家、民族。直到二十一世紀的今天，也未願意地放鬆資訊封鎖。

醫院周圍荒地少，不能埋到別人莊稼地裡去。最後終於確定了一個無人爭議的亂石崗，在醫院右邊不太遠的山坡上。沒有名字的荒山坡，地上暴露的石頭比暴露的泥土多，但面積大，能挖坑的地方還是不少。負責埋人的是醫院雜工組固定的幾個人（有人已入老年，至今健在）。他們身強力壯又老實接受「改造」。山上埋個人要加一餐糧，醫院埋人是在廚房儘吃飽。因為埋人能吃飽，這勞動還讓人羨慕。這飯本是從悲哀中來，但使人忘了難過！

由此，我想起一個外國小故事——《白房子》——大概刊在哪年的「譯叢」雜誌上。那個國家由於宗教傳統習俗，某個家庭死了人，三天不用做飯。同村或周圍鄰居，不分貧富，無論親疏，就是平日有怨有恨的存在糾紛，這時也要暫時拋開。每到進餐吃喝的時候，自家吃什麼得照樣多做一份，禮貌虔誠地送到有人死去的人家，並連送三天。有戶人家有五個孩子，因太貧窮常常挨餓。貧窮歷來與疾病為伴。那次十一歲的大女兒和六歲的三兒子都病了，先死了三兒子，周圍鄰居開始送飯來了。三天裡全家餐餐吃飽還有剩，爸爸媽媽吃得掉淚，只有兩歲多的最小女兒吃得最高興。她最喜歡附近那幢「白房子」送來的飲食和點心。當地能住白房子的人最富有，飲食飯菜當然很好。三天不做飯又吃不完的日子很快過去，吃完了剩的一家人又開始挨餓；窮得飯都吃不上，更無錢請醫生和買藥。眼看大姐又快不行了。爸爸愁得說不出一句話，媽媽只是掉眼淚。平日大姐最疼小妹妹，媽媽拉著小妹妹的手到大姐姐面前，要姐姐多看妹妹幾眼。小妹妹似乎也弄懂點什麼，揉著乾癟的肚子，眨著倦怠的眼睛，說：「我好想白房子明天就給我們送飯來喲！」……小妹妹一句輕飄飄的真心話，壓在大人心上沉甸甸的，不知有多少重？……故事是辛酸的，它卻有深刻的人性。前面提到過，茶場埋葬死人的人員，埋一個死人多吃一餐飯的糧，他們像不像那個故事中的小妹妹？我們有大量歌功頌德的「文學家」，也不缺上面放個屁下面說得滿城香的「名記、名撰」，名「作家」、發高音的「喇叭」，少的就是寫出這種小故事的文化人，偶爾有一兩三個也會「坑」掉。至少送你頂「帽子」壓得你抬不起頭，喘不過氣、見不得人、伸不直腰、親疏友散，當然也不能再握筆寫文章、編故事了。

還是接著說埋死人吧！

古埃及的金字塔，我們各地的皇陵，都是為死人建造的宏偉建築。尚未正式發掘的始皇陵出土的兵馬俑只是冰山一角，已經震驚世界，都是幾十萬人幾十年的原始勞作！肯定耗費了巨大財富，一定有這樣那樣原因，當時又使多少人為之失去生命？財富與權力的巨大懸殊，最終會剝奪多數人作人的尊嚴，踐踏人權，蹂躪人性，草菅人命。一切是為我獨尊！無論「受命於天」還是「專制役民」，世道失去正義，分配太失公平，公權變成特權，官民久不同心，那就會孕育革命。看始皇帝要萬代江山，又是焚書，又是坑儒。不要人有思想，有文化，有意見，有二言，割斷過去歷史，今後從我開頭。結果，一閉眼，三年！還有些殘暴君王，縱有幸善終，生前的鐵卷天條，瞬間又被改變。巍巍皇陵、王墳，金字塔，都為了權力不朽。死人想控制活人世界，真是太蠢！聽說還有造假的笑話：「你辦事，我放心」，還有「按既定方針……」；如今還有強拆遷、圈耕地、權力尋租、偷盜國庫、包二奶、養情婦、交「女朋友」、官商勾結，等等的「開放，改革」。

大如山頭的皇陵要塌陷，花崗石柱的神殿也會倒塌。埋個死人何必這樣奢華？而我們卻異常簡單，簡單得太悲慘，讓人辛酸！幾鋤新土就埋葬了基本人權，埋葬了社會公理、良心，也埋葬了千年文明。

茶場醫院埋一個人，簡單得如同埋隻死貓死狗——刨個坑，放下去，蓋上土，完工！這項工作無人監督，常有當地老鄉來醫院告訴幹部：「你們埋的人被啥東西刨出來了。」幹部當然要叫經手人來指示：「埋深點，不要再讓野狗刨出來。」但從不親自去檢查。應該說當初是埋得深的。畢竟只有那麼一片山坡，除了撬不動的大石頭，沒有更多的空地。有時乾脆兩個人一個坑，讓他們「生不同衾死同穴」。也如某些農村「人多地少」，常有讓逝者重重疊疊，像一樓二樓上下居住，更有時將舊墳上的土刨過來蓋新墳。一段時間以後，墳與墳的距離有如剛上山時睡通鋪一樣擁擠。一個塚上的泥土有時前後左右要搬幾次家，如「雞鳴早看天」的小客店的骯髒被蓋，要蓋先來後到的住店客人。那塊山坡不會擴張，要「入土為安」的人又與日俱增。不知為什麼有坑空了，雖也留有骸骨，同時也有了空間，這等於現成，不用再挖就可二次利用。別怨天，別尤人，世間萬物百事都有個機會、時間。大到我們賴以生存的地球，據說如果沒有宇宙大爆炸還不會有；就我們人類自身的進化，有研究說上百萬年前也由於某種機會，錯過了就變不成人。看看兩千年前修皇陵的「刑徒坑」、和那些為帝王殉葬、陪葬的美貌佳人，還有祭祀的童男童女，則心自平。

由於「義務勞動種瓜種菜度荒年」的號召，任何機關、單位都是必然的，茶場更不例外。要種植，得有地，醫院沒有可做花園的屋頂，沒有賞月看星的露臺，也沒有大人小孩活動的草坪。能開墾的幾塊土地早種滿蔬菜，有人沒有地，周圍都是當地農民。要人「見縫插針」自己拿出成績。規定每人種十窩南瓜，南瓜不必經常耕耘管理。可以一次播下後施點肥只等收穫，最適合義務勞動。不知誰想到醫院有快飛地，也是永久佔領區——平日埋死人的荒坡。於是大家像種豆一樣，密密麻麻種上瓜秧。一是為了完成「義務」任務，二是為了綠化那座墳山，讓瓜藤瓜葉掩蔽隨處可見的屍骨。多一些生命的綠色，少一些死亡的恐怖。誰也沒有指望有多少收成。常言「有心栽花花不發，無意插柳柳成蔭」，世間事往往出人意料。

種瓜打了窩，株距太密，造成遍坡如蜂窩的坑窪。山區雨量充沛，水都存在坑窪裡，再不是從前那樣流失水土，寸草難生。自從種瓜以後，有人說那瓜藤一天可長一尺，開花時黃綠相間，花偎著葉放，葉扶著花長，藤蔓交錯，挽臂摟腰，你纏著我，我抱著你，就是高過頭頂的大石頭上，這時也是黃色的花朵笑看朝霞夕陽，綠色的藤蔓擋著夏日的風雨，哪裡還看得見昔日的瘦土禿石。如今已是一幅鬱鬱蔥蔥、葳蕤茂盛的競生景象。是不是逝者的精神不死，靈魂的閃光！要在地下幫助實現活人的願望？

收穫季節到了，讓許多人目瞪口呆，當地老鄉也嘖嘖稱奇。要說「畝產萬斤」，這片貧瘠山坡可能是最接近真實的榜樣，不經意間符合了時代精神：義務種的南瓜真是放了「衛星」！數量如地瓜、像洋芋？不！多如遍地花生。大如團團草帽。還瓜身壓著瓜身，也是重重疊疊，不是在土裡而是在地上。找一個大小相同的與老鄉比較，我們的還更重。六七十歲的老農也從未見過，這一塊地方會有這麼多，這麼好！無論以株計算、以窩計算、以畝分計算，都是出奇的豐收。豐收得叫人稱奇，豐收得讓人見怪。自從種下就算響應了「號召」，曾經看過瓜秧成活、茁壯成長也就算了，再無人耕耘無人過問，如今這豐收確實意想不到。

醫院立即騰出一間大屋堆南瓜。大、小廚房伙食立即得到改善：吃南瓜幾天不定量。那南瓜的口味也與眾不同，特別香，特別甜！「糠菜半年糧」，真的能做到。頭次豐收就吃了許久。

有人疑惑：那貧瘠的亂石山坡，連泥土都少，為何特別適宜南瓜生長？幾丈之遙的農民老鄉地裡，他們還辛勤耕耘管理，至少幾次澆水施肥，他們的南瓜同我們的差得無法比。醫院房前屋後種的南瓜還得到精心照料，最好的也只能達到正常收成。是不是像黃金、鑽石、美女，都要特定的地理環境？——離開南非沒有黃金豐礦和頂級鑽石；離開和田就沒有好玉；江南水鄉、才多生美女。

南瓜奇怪大豐收之謎，許多人一時解不開。但那原本無名的荒坡卻出名了，不是因為醫院在那裡埋了許多死人，而是它特產、豐產南瓜。第一次收穫以後，它自己掙得了大名——南瓜山。說起「南瓜山」周圍無人不知，至今亦然。

最後還是文化不多的老鄉找出了豐產的原因：瓜瓜菜菜當中南瓜最耐肥。就是把它栽在大糞裡也不會因肥多「燒」死。那片坡雖然石多土少，但醫院挖的坑多。坑裡是些什麼，不必再說。記得《拍案驚奇》一書中有段故事：某瓜農後院結出一個賽過車輪的大西瓜，百姓觀奇之人若潮湧，驚動縣令趨前勘察，感覺有些異味刺鼻，心中生疑。命人剖開大西瓜想看個究竟，豈料一股腥紅的血噴湧而出。瓜農撲通跪地，不等大刑侍候就招供了：原來年前誤殺一丐埋於院後，地上種瓜意在掩蓋。掘而驗之，屍骨猶新……當然我們和這山坡都不是此情形。不過屍骨於下，地上種瓜，特大豐收可能同理。

那墳山種南瓜豐產，個頭大味道甜，是逝者在支撐生者，是死人在養活人！我向逝者致敬！

兄弟姐妹們若地下有知，讓我告訴你們：經過磨難，當年上山的許多人，隨著一個時代的結束，都獲得了「第二次解放」。陸陸續續、前前後後幾乎都離開了茶場，許多人至今活得很好，少數人已遠涉重洋定居國外。還留下一顆心在山上，大家忘不了同你們共受煎熬的日子，忘不了那段人禍災難的時光！又經五十多年，雖然已記不起你們的姓名，但沒有誰真忘了你們。

昔年南瓜山已少了石頭，多了青草，風停雨歇，只稍嫌冷清。當年吃過那南瓜的人，時時還記得那味道，越是想忘越是忘不了！為你們祈禱：安息。

人不幸殃及畜牲

古人有「恩將足以及禽獸」的話。那是指國泰民安，社會繁榮，文明昌盛的年代。從上到下人人有惻隱仁愛之心，好生之德。不打鳥，不狩獵，護林育草，對一切生命都倍加尊重和珍惜。想得到偉大的中華民族，在歷史上還是曾經有過真正意義上的安居樂業生活。也曾算幸福的過著日子，但幸福在哪些方面，好長時期，何種程度？為什麼沒有延續下來？又是否也有過「為人民服務」？有沒有過「人民利益」不離口的朝代？君王、偉人、英雄、領袖、統帥、導師、舵手都為人民謀幸福？作者無知、無據不能妄談，不敢議論。讀者去請教歷史學家吧，這裡要說的是當年的現實。是「自然災害」名義下的「三年困難」時期。

在紀律制度管理的名義下——實際是被強制拘留在茶場——宋家山上繼續接受「勞動教養」或者說「繼續改造」的公民們，在人人勒緊褲帶的同時，一時不知從哪裡傳來「先進」的經驗，據說還有多項「科學依據」。要推廣這種科學技術的先進性，要在宋家山——茶場也獲得豐碩成果：用人排泄的糞便經煮沸餵豬，不但營養豐富，還具催肥效果。平常一欄豬從仔餵到大，再餵肥，到宰殺，至少需一年時間，外加二三百斤糧食飼料，青飼料——菜葉或草還不算。若照以上「先進經驗」和「科學方法」飼養，既節約成本，還縮短時間。從豬仔到長肥，只須半年時間，或者多一點點。就可宰殺、上桌、入口、果腹、加餐，事情會立竿見影，伙食會大大改善！有這樣好的事情誰不聞風而動？天上不是掉餡餅，而是掉豬肉。那年頭聽說肉也會口水長流。一時間茶場各中隊立刻行動起來，比傳達「紅頭文件」貫徹「中央精種」還快。各中隊都有飼養房，有豬、有牛、有雞、有兔、有的還有羊。牛羊兔食性吃草，給不給糧食都能生存長大，何況山上不缺草。山上濕度大，風不強，有日照，無旱澇，各種各樣叫不出名的草，在人不耕作的地方，滿山遍野，溝邊崖上，房前屋後路旁，處處長勢良好。如果說人在度災荒，那麼最有幸的要算牛羊。牠們每天肚子吃得圓圓的，脹鼓鼓的。有時經過牠們身邊，鼓起一對大眼睛盯著你，悶聲地和著鼻音哼兩聲，好似在說我們人類活得太苦、太累。有吃的時候，食不厭精，無吃的時候，許多東西又不能進口。哪能比我們羊妹妹牛大哥，渴了，溪溝邊，堰塘裡，彎下脖子喝個夠；餓了，低下頭漫山遍野嘴邊就是草，擇口味，選嫩草，至少這年頭比你們人類好！

豬自從被人類圈養以後，食物有了很大的改變。為了快快吃牠的肉，飼料中必須摻進過半人類也能食用的糧食。牠們在自然的野生狀態下，也是本能地覓食植物的塊莖，也不會單純吃草。往昔最貧窮的農家，也得從口中省下一點糧來餵養牠們。如今人在饑餓中，分到牠們頭上的糧食份額就更少了——雖然也有一定數量的飼料糧，但遠比牠們聰明的人類，會用各種辦法和理由來「掠而食之」。再把消化吸收後的「剩餘價值」毫不吝嗇地再給牠們。這種「不等價交換」的目的，當然是想像對人的辦法：產出最大價值，投入最小成本。

如果用人的糞便餵豬確實是一項科學發明，並取得了實踐經驗，可以認定是先進的。然而從來就以「唯物論」作意識形態基礎的共產黨人，能說沒有在許許多多事物中貫徹著「唯心論」的方式方法？想來有人知道一個故事：「一個雞蛋就打破了神廟的莊嚴」，影響了人們「上帝造人」的信仰。

認為骯髒、笨拙、沒有智慧、不會說話的豬，以牠不會欺騙，不會諂媚逢迎，不會炫才揚已，不會心懷叵測，不殘同類，不畏強暴，憨厚老實的本性，認定人類用糞便飼養牠們是反科學、反常理的。讓人啼笑皆非的是，幹部說根據外地經驗，正常人每人每天可以輕鬆「生產」一點五至兩公斤糞便。全中隊幾百號人，只有一二十頭豬，這飼料來源豐足有餘。除了安排人煮一煮，所用燃料來自後山的原始森林，幾乎沒有成本。似乎可以讓人想到：以後天天吃肉、餐餐吃肉、再多養幾隻母豬、每胎產十仔、肥豬成群，有肉吃不完的美好前景！再回頭笑笑古人：你好可憐，誰讓你不活在「總路線」時期，不搞「大躍進」，活該！所以「三月不知肉味」！

像中央開展政治運動一樣，傳達報告一結束，飼養房馬上行動。原來就有煮飼料的鍋灶，不必另添設備，問題是原先的廁所設置不合理——不便掏取糞便。簡單改造，加上木板，架在蹲位下面，讓每天的糞便不會立即流入坑內，方便飼養人員掏起運走。我問過承擔這項工作的「同學」：這種勞動可能最辛苦？出人意料，回答是否定的。原因很簡單，三四百人左右的中隊，每天糞便不過兩擔，糞桶還裝不滿。因為人都吃不飽，排泄很少，有人幾天才排一次，量也少，遠遠達不到幹部傳達的一點五至兩公斤的「科學」資料標準。飼養房距廁所不遠，不超過兩小時就完成全天的勞動任務，剩下時間沒人管，看報紙，逛山坡，吹牛皮，一切自便。掏糞、運糞連一個勞動力也用不了，按想像的勞動量計算，指派了兩人，而且是認為改造中表現不好的，安排這工作還帶有一定懲罰性。這兩位被懲罰勞動的同學，真是因禍得福暗暗高興：別人開茶梯，（地如梯田）深翻土，播茶籽，施肥料，擔水，背灰肥，從早累到晚，腰酸背痛手起繭，腳打泡，肩脫皮，兩位掏糞工——反改造份子一天耍到晚。問他們臭不臭？回答又是否定的。吃的東西品質太差，蛋白質、脂肪、糖份已被人消化、吸收到極度乾淨，排出的糞便可能還不如牛羊有氣味。

但是，一經煮沸，還是能散發出比糞便更特殊難聞的怪味。隨著空氣擴散開來，嗆得人頭昏腦脹，是活人誰也受不了，連牛羊也跑得遠遠的，拉不回圈，拴著的也會把繩索奔斷。感謝造物公平，不論對畜牲還是「萬物之靈」，鼻子的構造、嗅覺的功能是一樣的，沒有分成幾類幾等。幹部同「份子」，國家機器執法的工作人員，同「有罪有錯」的勞教人員，都有一樣的嗅覺，在這點上沒有好人壞人之別，也沒有意識形態之分。不是說「共產黨員是特殊材料製成的」麼，至少鼻子部份是同一材料。香臭的感覺不存在觀點、立場問題，因為這是客觀的存在，真實的。香不香，臭不臭，不是任何學說、理論、主義、批示、精神、政策、法令可以改變的。這就是真正的客觀真理，要發現真理就這麼簡單，只要符合人性，不違常情。

第一鍋創新的「飼料」煮好，按原先糧食摻拌菜葉——此時已無菜葉只有野生青飼料按以往比例，加了一些在煮過的糞便裡。當人用毛巾捂著口鼻費力地倒進食槽的時候，豬哥豬弟們像往常爭食一樣，原先躺著的如體操運動「翻身躍起」，原先站著的如「田徑」賽聽到發令槍響……圈長十來米，衝到食槽前不過幾秒鐘，魯莽成性的蠢東西不嗅不嚐，長嘴一伸插進槽裡，立刻感覺上當受騙，兩扇大耳朵搧個不停，喉裡發出嘰哩咕嚕之聲，好像是在罵人；你們人類太壞，你們吃糠菜，也要我們吃大糞；還要想吃肉，沒門！要把粘糊嘴上有「科學依據」按「先進經驗」、貼「共產主義」標籤的全新「佳餚」儘快甩掉。牠們不會罵人，咕噥噥，哼哼唧唧，垂頭喪氣，退離食槽，無力地搖著小尾，嗡聲嗡氣地說著誰也聽不懂的「豬語」，可以想像是在批評我們頭腦發熱，盡出餿主意。傳統可以改變，但不能粗暴踐踏。「幾千年來我們吃慣了豬食，要想被此合作，必須互相尊重，我們挨餓你們也休想吃我們的肉了」。記得這件事開幕就謝幕，沒有隔多久，也沒有再一次傳達報告，像一斤米要煮五六斤飯一樣，全場草草收場，恢復了原狀。科學不等於妄想，邪說經不起檢驗。

隊長的不幸

一時間，場內流傳著某隊長的愛人來場探親，返回途中被人強姦殺害。兇手已被逮捕的特大新聞。案件的過程，當年流傳著兩個版本，案件的真實性沒有虛假，因為罪犯被捕判處死刑，是該隊長本人親自執行槍斃的。

某隊長（因為本人至今健在不便提名）老家不是四川人。革命隨軍轉業後來到茶場管教「壞人」。來茶場不久在當地娶了個年輕漂亮的妻子，只有二十歲上下的年齡，隊長雖不年少，但她正青春。也許為了革命、為了工作需要，實際住房不多，上級領導還來不及考慮為管教幹警生活配套。茶場幹部那時還沒帶家屬一起生活。年輕妻子在距茶場不遠的地方工作，據說是吃粉筆灰的鄉村小學老師。新婚不久正如膠似漆的時候。丈夫管「壞人」走不開，只有妻子假期來場團聚。一次來場後，在她返回的路上——在山上若到別的地方，離開了茶場地界，走小路可能幾里路遇不到一個行人。走出茶場範圍，一頭要經過一個常住人口不足兩千的「茅坪」小鎮。

這位年輕女老師，途中遇上一個自稱是某桐油廠的壯年男子，在荒山野嶺上，只有兩個孤男寡女同行。茶場境內雖有人勞動，都是一隊隊、一組組集體行動。沒人敢擅自走上通達別處的小路，可能會被誤認是逃跑。境內並無高牆，全場從東到西，至少約有二十多里範圍，最東端原是「殷家坪，新墳溝」兩個中隊，

（後撤銷）剩下的最東邊只有「打鑼坪」了。最靠西是「范山」中隊。過了范山是趙山、鬥風溪，下面就是小鎮茅坪。過了范山漢族農民居多，農舍民居都在山腰以下，也寥若晨星。鄉與鄉之間的物資運輸是騾馬馱運，人的來往只能步行。地理條件也限制了坐轎，就全縣境內交通而言，除了原樂（山）西（昌）公路，「解放」後修的峨（邊）美（姑）公路兩條，沒有代步交通工具。

當時我們上萬人的「一把手」場長可算特殊人物，也只有一匹瘦馬。除了爬坡上坎，有的路狹窄崎嶇到大白天行走也要十分小心，一跤跌下去，摔不死也會滾你幾十上百米。拐腳蹩腿劃破手臉的非致命傷總是難免的。跨越小溝小坎，有人同行還得輾轉相扶，一般說來沒有傷人的猛獸出沒，但草叢中、亂石裡猛然竄出覓食的蛇、兔，也會驚嚇出行人一身冷汗，一人走在這樣的路上，除了寂寞也會有莫名的膽顫心驚。隊長嬌妻既然遇上同路人，很自然就成為苦旅中的親切同伴。何況又是「領導階級」的工人兄弟。

老實說，一九五八、五九年的社會治安，無論城市、農村，經過「清匪反霸，鎮反肅反，土改平叛，整風反右」……已經有「夜不閉戶，路不拾遺」的宣傳了，惡性案件少有所聞。包括在國旗上四顆小紅星所代表的各階級、各階層「人民」們，都已生活在惶惶不可終日，岌岌可危，難以安眠的恐懼中，誰也不敢粗心大意做錯一件事、說錯一句話，不論言論和行動上若沒有緊緊依靠黨和政府，隨時隨地都有一不小心就會掉進十八層地獄的可能。還幸運沒有掉進去的，也感覺周圍有威脅存在，又不知威脅在哪裡？會在什麼地方、什麼情況下、什麼時候發生？在當時，黨是一個人的，「人民政府」已經不是按「共同綱領」組成。早已是「黨天下」的實質還不准人說。儲安平說了，打成「右派」，過後死不見屍，活不見人。是被馬克思接走了？還是在哪裡隱姓埋名？反正已經成謎，何必再去過問！

不是山高皇帝遠，更不是鞭長莫及，一樁罪惡的發生說明人性往往敗於獸性。如同一個人的思想也會「上半夜同下半夜打架」一樣，取捨對了，於人於已有利有福，反之則有害有禍。哲學家說動物的最基本慾望只有兩個：第一是食慾，第二是性慾。這個案件也說明此話不錯。

某隊長的愛人二十歲上下，又新婚不久，似雨後盛開的花朵，顯得特別亮麗：兩條髮辮留著少女的天真。時值暮春，氣正清和，暖暖太陽，泌出汗水，濕了髮根，加上有點累人的步行，臉龐紅暈由淺而深，聽得出的微喘聲更多幾分煽情。農村鄉鎮的姑娘都有結實的身體，比起城市少婦又多了幾分天然的嫵媚，豐乳肥臀襯托出撩人的腰身；群青色的短袖襯衫，更增添了肌膚的白嫩，修長的兩腿移動在羊腸小徑上，高一腳，低一步，地不平，路難行，自然走得不穩，忽左忽右擇路落腳，從身後看好似扭腰擺胯跳舞！緊跟她身後的那個男人，聞到她身上的青春氣息，夾雜著女子初為人婦後特有的體香，已經逐漸失去了冷靜和清醒。一種自然發生的慾望和生理器官衝動難以自抑，血液已經沸騰，手腳微微顫抖，只感到全身莫名腫脹，有好多力量要釋放，眼珠子快飛出來，要粘在她敏感部位，眼光要剝掉她的衣裳。視物也有些模糊了。像一頭餓餓的獅子前面蹦跳著一隻小羚羊。

還不到「自然災害」時期，他又正是「如狼似虎」之年，不曾想到會路遇佳人，不由自主地加快了腳步，向她靠近。幾乎同時，她回過頭來嗔斥：「哎呀！你差點把我撞倒。你要走前面趕路不是？我讓你。」她側身站到小路最邊沿。路太窄，像兩輛汽車「擦掛」，兩人身體必然零距離接觸，這時，不知有心還是無意，他的身體碰到了她的胸部，成熟女人站立時身軀最突出的部位。他感到那麼結實、豐滿而富有彈性，他全身酥麻酥麻的如電擊感覺。當時農村婦女還不時興戴胸罩，這一「擦掛」不打緊，像一道雷電引燃枯樹，瞬間蔓延燒燃起整片森林……

他，猛虎撲羊，一把緊緊摟住她，越摟越緊，額頭在她的臉上、頸脖、前胸上下磨蹭，濕潤的舌頭像母牛舔著牛犢，舔遍她外露的所有肌膚，甚至隔著衣裳咬她的乳頭，接著又把舌頭擠進她兩片薄薄的嘴唇……多少時間過去了，誰還會計較，喘著粗氣的他，以半身自然地貼緊她對應部份，他們隔著至少兩層布，她也感到雄性器官咄咄逼人……她結婚了，感受過。正因為感受過才沒有處女的恐懼，只有一陣緊張，緊張的感覺也加快了心跳，她對他太陌生，那陌生反成了一種刺激，有驚恐又有憤怒，憤怒中又有種莫名的激情，他的舉動使她知道他不是要她的命，是要她的人。漸漸失去力氣，她已無法掙扎，被兩隻鐵臂箍住動彈不得。只是顫抖地說：「放開我！放開我！不要這樣，這是犯罪的。」她還算清醒，知道叫喊也無用，前後周圍至少幾里路沒人。她只有重複那句話，而那句話根本不能威懾荷爾蒙過剩的男性。她失去了支撐身體站立的力量，他全部體重轉移到她身上，他的身體前傾，她的身子後仰，她實在支撐不住了，兩個人倒在路邊草地上。被壓在下面的她用盡力要把他推下身去，不行！他太重了，她太弱了……或許不到一分鐘過去，亢奮的他決心作個「要女人不要命」的男人。她驚恐夾著恍惚，激情摻著氣憤，如同被一條蟒蛇纏身，越纏越緊。她感到全身已沒有骨頭，那還有力氣反抗。緊閉眼，喘著氣，緩一下心跳，認命。讓他輕薄去吧，人遇上野獸有什麼辦法？也意識到他不會吃掉自己，是要自己的身子過些時候。

　　她感到他發抖的手在解自己的鈕扣，她只盼這一切快些結束，心裡反恨他這時候笨腳笨手。當她感覺背後冰涼，才清楚自己是光著身子躺在草地上。經他一陣頻繁的在身上壓迫活動以後，她控制不住自己胸脯起伏，是他在施暴，自己也很累！

　　鄉間女子尋常包裹得嚴嚴實實，長大到出嫁身體肌膚都沒有曬過太陽，城市女郎有過游泳、日光浴，她生長在農村從沒有過。除了手腳粗糙、黝黑一點，從未外露的肌膚反而比城裡姑娘更細膩、白嫩，依靠暴力征服了小女子的野獸，哪裡見過。三十多歲的強壯漢子，山野村夫的粗獷男人，無文化，無知識，無法紀，只有慾火，只有本能。因為強壯，要釋放，要發洩，平日有饑渴，今日要暴飲，征服更有快感，瘋狂更有快樂。一次發洩不夠，要重複。又一次，再一次……她只有承受，甚至有點驚愕：啊！這個男人真是野獸！當他也癱瘓在她身上的時候，她知道毒蛇進身會中毒，只擔心會有中毒後果，其它未想許多。想起當他舌頭伸進自己嘴裡。此時才後悔為什麼不咬碎？

　　終於慢慢起身，整理被他慌亂剝下的衣裳，真有點紊亂，頭頂一件腳邊一件。這時他似少了許多野性，她穿衣裳他還幫忙。她心存僥倖只想快點離開，當重新上路才感覺小腹有些疼痛。幸好兩人互不相識，不擔心名聲；在這無人野地荒坡，讓人盡情蹧蹋、蹂躪。本想悄悄地吃個啞巴虧，算倒楣，撞了鬼。捫心自問，是不是前世作孽今生遭報應？已經準備好把傷痛不幸留給自己。

走著，走著，他還不離開，還在一路。跨溝上坎他還牽她扶她，她很生氣，很想哭。眼角飽含淚水，只是沒有哭出聲，點點滴。在山上高處看得見山下遠方有人聚居的村落了，她心裡逐漸踏實。可嚐到滋味的他，又嘻皮笑臉地提出要求：「再來一次！」她真的火了，堅決拒絕。他見兩三次懇求她都不肯，這一次，他真的再開始完全強暴了。她也不知從哪裡來的勇氣和氣力，拼死反抗，並說：「我愛人是茶場的公安幹部，是專管壞人的，是隊長，再不放開我，回去後我一定告你！」她想這樣說會鎮住他——已經發情瘋狂的公牛。

他一陣驚詫，心想這下完了，公安幹部的愛人等於軍婚，（農村的軍婚是特別受優待保護的）若被抓到不知挨整成啥樣子，最後還是死。他們村就整過一個破壞軍婚的人，（無論錯在那方，都保護軍婚）那丈夫先在抗美援朝戰場當兵，轉業後安置了工作不在家鄉，長年在外。包辦婚姻，本無感情。女方提出過離婚，首先當地不准，仍受保護。妻子與原先的相好公開、正常往來，有沒有出軌行為尚無證據，更說不上偷情。另有人垂涎看不順眼，告訴民兵，認為是「幫助美國鬼子侵略我們」——別看農村人少文化，整人很會上綱上線、栽罪名。於是不容分辯，抓來吊起，想怎麼打就怎麼打，大小便流在褲襠裡，為了不讓再屙，不給飯，不給水。家人來求情申辯，女方本人也來證明清白，結果是弄成越抹越黑，越說越不清，整人者越是當真。為了「斬草除根」，最後用鐮刀割掉男人的命根。讓他慢慢痛死。還說「節省一顆子彈打美國鬼子去」！女方是「軍婚」不予追究。家人在付了兩元錢守夜費後自己抬回去埋人。由於「罪犯」已成年，一切責任自負，不搞株連，民兵就「寬大」不處理家人了。

他想到這些，頭上直冒冷汗。早知她是公安幹部的愛人（對妻子的稱謂），借他一百個膽子也不敢幹。若懲罰真的是姦情也不那麼殘忍，或者判個十年八年徒刑，他人也不會走極端。也怪她天真善良，城府不深。她原想用丈夫是公安的身分來震懾罪犯，結果適得其反。

山上的太陽和高處的涼爽，加上還在懷中掙扎的女人，和扣子掉了露出的胸脯，一切都起了催情的作用。反正還未定生死，索性再來一次。形勢已如箭在弦上，有沒有這一次都是死。如果她不能去告發，或根本無人知道，今天的事就等於沒有發生。有了這一絲念頭僥悻心加強了膽子。他把她再次推倒，扯下她剛穿好不久的衣裳。胴體刺激，慾火升騰，隨著動物的狂野本性，他開始瘋狂「入侵」。她也不是先前軟綿綿地就範，用手抓，用牙咬。他要制服她，雙手從她背後抽出來緊緊卡著她的咽喉，不讓她亂抓亂掐的兩隻手來掰開被卡緊的脖頸。人，那裡是野獸的對手！她，慢慢地無力了，又軟綿綿的了，她的最後掙扎、蠕動，成全了他的快感。直到全無動靜……她的眼睛充滿哀怨、恨怒。

他的火熄了，滅了，看她身子光光的躺在地上動也不動了，頭頂的太陽也到了中天，今天的事做完了！心裡也在想怎麼辦？心裡也十分矛盾，他當初並不一定要她的命，卡她的脖子，是不要她反抗掙扎，和兩手亂掐亂抓。那知人體這部機器，在那種用力使勁的時候，上肢下體用力會不自覺的十分統一。一陣發洩下來，她確實已經咽氣。面對躺在地上的女人，他也感到一陣攣痙。這時他才想起其實他可以跑掉，她並不知他的姓名，也不知住在哪裡。現在整死人了，漸漸感到後怕。後怕也沒有辦法，只有趁早跑吧。

不知什麼原因，他不讓她光光的在地上擺起。他揀起她的衣裳，胡亂地給她套在身上，同時才注意到她有個黃色帆布軍用小挎包，隨手翻翻裡面只有兩三件女人的貼身小衣，和一支黑黑亮亮的自來水筆。他甚至忘了搜搜她的衣服口袋，是不是還有零錢和糧票。是出於什麼需要，還是因為什麼心意，他只拿走了那支自來水筆——那上面刻有「最可愛的人」的字樣。

隊長的年輕妻子，好似初開的花蕾，正長在明媚的春天，原本是美麗的生命，突然遭到這場意外的暴風雨的摧殘，還沒有盛開就枯萎了，被遺棄在這荒山野嶺上……知道的所有人都為之垂淚！

罪犯很快離開現場，感到心慌腿軟。踉踉蹌蹌，跑得再快也感覺太慢。暴行昭彰，自認無人知曉，他以為可以逍遙法外了……可惋惜的新婚少婦，竟死於自己的善良、天真、美麗和勇敢的獨自步行！

人煙稀少的地方，畢竟還是有人經過。據說就在當天下午，太陽剛要落坡，就有人因什麼急事，從這裡經過發現了路邊的滔天罪行。來不及處理的現場歷歷在目：壓塌的青草，踩碎的野花，胡亂套在身上的衣裳，半裸的年輕女屍，誰也能識別這是一起姦殺案。

在那「夜不閉戶，路不拾遺」的良好社會治安的時期，發生這樣兇殘的案件，確實驚天動地。基層到鄉鎮民兵組織，上到縣公安局，一時間風雲驟起。辦案人員先從這條路的兩頭明查暗訪，再檢查核實屍體暴露時間，估計判斷死者身分，很快得到確認。在結案以前，事後聽說，還曾把重點放在靠近現場較近的勞教中隊。認為這些「人員」才有如此膽大妄為，對幹部實行「階級報復」。彝族同胞怕官、怕槍，在男女問題上異常開放，似不必洩慾殺人，「民主改革」已肅清了各種惡人；在那幾千年也長不出「地主」的窮山溝，都是貧下中農，他們「革命覺悟」高，世世代代老實善良，這種姦殺的缺德事，他們「肯定」不會作。再是山民對女人的愛好，是膀寬腰圓屁股大，會生兒育女奶水多，勞動力強會幹粗活；他們不欣賞什麼花容月貌，國色天香——認為是繡花枕頭中看不中用，是狐狸精，進門不吉利。這類「革命群眾」也先排除了。

悄悄地對勞教人員排隊、暗查許久，案發時間內除了兩三人多日前已逃跑，其餘都沒離隊，絲毫查不出一點線索。場內場外齊頭並進的結果，還是場外傳來好消息：兇手已抓到，場內才鬆口氣。罪犯也供認不諱，還主動繳回了那支自來水筆（這是唯一的物證。）——方知強姦殺人犯還在茶場外面，勞動教養「五人小組」的十隻慧眼，未能看透壞人本質，才讓這個不是「明天的罪犯」終於鑽了空子，沒有先被「收容勞教」。作為「領導階級」一員中的工人師傅，只要時間、地點、條件符合，罪孽也會發生。

由於山區閉塞，人口流動不大，哪裡來個陌生人，何時何地有幾人經過有人的地方，一查一問很容易清楚知道。隊長驚悉噩耗，差點暈死過去。當年任何單位，抑或農村生產隊，任何人外出都要請假，實行登記。農村人口在「三級所有，隊為基礎」的條件下，實際等於住在集中營。誰家來了親戚，誰家媳婦回了娘家，誰家生了嬰兒（女的還是男的），誰家老人去逝，一般都互相知道，若在查問什麼，立刻清楚明白。有人姦殺婦女，真是色膽包天，罪大惡極！不用發動群眾，人人都氣憤至極。可謂人人都是員警，個個都在偵緝，不少嫌疑份子很快都被抓到，這種案件的特點：首先排除女人，又排除行動也不便的老人，再排除還在公開耍「雀雀」的小人，兇手一定在青壯年中。不論一百兩百人，自家送飯，全部先關押起來再查詢、再審問。這是當年追凶、緝惡的必然辦法，有效手段。偏僻貧困山區沒有工業，供銷社是生產、生活資料唯一的綜合性壟斷機構，信用合作社管完了農村的金融借貸和貨幣流通，縣裡才有銀行，郵、電通訊鄉鎮只有所、或代辦點。逮捕一個罪犯，好比在一籠雞裡查看哪只是否掉毛。真正罪犯很快抓到。即使暫未核實，還在法外，在如此聲勢的人民汪洋大海中早已寢食難安，嚇得發抖！人是智慧動物，多少都有點人的秉性和良知——或者說人性。畢竟不同野獸獵殺別的動物吃了，自肥自飽，不知是非善惡，快樂逍遙。人的貪婪、自私、損人利已、放縱慾望、敢為人之不為、敢踐踏公認文明、造成許多罪惡。

以上是讓人憤怒、傷心、不幸故事的一個版本。另一個版本這故事就很簡單。說是彝胞幹的。也為了不給工人階級抹黑。作為講故事我願相信第一個版本。據說罪犯交待很清楚，為坦白徹底說了所有細節，辦案人員向受害人家屬介紹案情過程也無點滴遺漏，都是公安對公安，我想會更負責。不過，內情只有幹部知道，故事如何流傳開來——場內許多人都知道這件事。

為愛妻雪恥，為自己解恨，受害人的丈夫、勞教隊的隊長，親自執行了罪犯的死刑，這一點不假，絕對真實。

專政敗於人性

（一）

場部的Z幹事上吊自殺了！消息不脛而走。在專政單位真是奇聞。只要有事情發生，總會有人知道。點點滴滴的資訊，方方面面的聯繫，去偽存真，就是一個完整的過程，當然就有了起因和結果。

故事的發生，還是得從「災荒」說起。

記不確切是一九六〇年還是一九六一年春天——由於有些當年的當事人至今健在，也可能見到本書的這些敘述。古人言「君子隱惡揚善」，作者不自詡君子，只擔心本人及其知情親友見到會怪難為情的，必定引起當年那段難堪的回憶。何況羞恥之心人皆有之，所以姑隱其名。以Z、S代稱。原來就不是陽光下的事情，雖違法又背理，卻無人喊冤叫屈，也很難辨認誰負完全責任。值得說一說的原因，是「專政」戰不過「柔情」，強權敗於人性。可以說強權重壓下的柔弱女子，不會主動害人，誰要恃權妄為，終究慾火焚身。

因為「自然災害」期間，茶場患「心臟衰竭」——餓死人的「病歷」稱謂。死亡人數節節攀升，特別是娃娃們——我們稱「少年勞教」人員。茶場是施「仁政」還是為減輕壓力，決定首先在少年中清理一批身體較好——也僅是尚能自理生活，走路沒有偏偏倒倒，說話還清楚，還沒有眩暈到不認識人。派幾名幹部分批接連出發，按送來的地方給其家庭送回去。每批次五六人，由一名幹部帶領，配一位醫院護士隨行。其中Z幹事奉命送五六個少年回重慶。這是一個從貧困山區去大城市的美差。因為一時決定要送這些少年離場，應該說是一種緊急的「搶救生命」行動，還來不及事先同其各自家庭及當地政府相關部門，特別是管理人口的當地公安派出所聯繫、商量。往往到達目的地後有許多波折。隨行的護士（勞教人員們都流行尊稱「醫生」）工作是管理少年們一路的生活，也帶有感冒發熱常用藥，也算是娃娃們的旅途健康顧問。茶場這種考慮和安排，確實該稱讚是好的。是人道主義的體現和實施。

幹部的任務，第一是造訪少年的家庭，說：他們的孩子「不習慣山區環境，生活比城市艱苦些，如今生活物資供應又暫時緊張，副食品供應比城市更有差距，他們又正在長身體，長期在那裡對他們健康成長不利。雖然送去勞動教養，說來也是些小過小錯，不外淘氣、調皮。現在身體比去時差了，黨和政府非常著急。茶場已盡力照顧，想來還是不如家裡。現在黨和政府決定，對小孩再次寬大、關懷，專門派人送回家來。在家稍稍調養，同親人一起生活，恢復活潑一定很快。少年是祖國的花朵，要愛護他們茁壯成長，健康快樂。小孩常常想家，家裡也一定牽掛。現在人回來了，是不是先接回家來？」

第二是向當地公安派出所聯繫入戶，想來是不成問題的問題。最後的結果卻不如人意。麻煩很多不說，往往不一定帶來的人都能送脫，實在脫不了手，只得再領回去。當初不曾料到，決定「寬大、關懷」送回家的少年勞教，成了燙手的山芋！

主要幾方面：是有的家庭不同意接收，理由簡單：我家孩子當初不過調皮一點，上學的還求過學校；也求過派出所，「孩子小，寬大，寬大，不送走，我們加強管教。」結果學校不准；派出所逗硬，送走了。那管我們傷心，我們掉淚！不懂事的娃娃會犯什麼罪？「萬惡的舊社會」對娃娃也寬大、不問罪。解放軍進城那天，我們全家都站在街邊去歡迎；那時娃娃才五六歲，會說解放軍是天兵天將會打仗，打跑了反動派從此沒有壞人。進了小學有老師教育，十來歲的小人，需要改造甚麼？若說破壞教學秩序，老師的娃娃更調皮；要說不擁護社會主義，頂多見到菩薩亂作揖……現在只剩皮包骨頭、又有病就送回來，家裡醫不起，要說調養調養，家裡也吃不飽。現在眼睛無神，又懶得說話。政府總比家裡力量大，還是請政府關懷到底，先治病，稍好點，我自己去接，麻煩幹部帶回去；或者家裡人逃死奔生去了外地，難尋家長；或者是派出所申請的。他們才送走「小瘟神」不久，堅持自己按勞教「條例」正確處理，不同意入戶。總之，這燙手的山芋每批都很難完全脫手。若實在交涉不妥，只有「原貨」帶回。問題是去來途中頗費時日。未交脫的少年就安排在什麼招待所或小旅館裡，由隨行護士成天守住在那裡，管他們吃喝拉撒。幹部就去跑各處家門、衙門。當年公車路線少，車輛也不多，交通很不方便。重慶城多是爬坡上坎，渡江過河。幹部當年南征北戰能適應，自從上山管「壞人」搞「消極因素」轉化工作，只是多動嘴，雖說不上養尊處優，確實很少體力活動，現在的跑路本事差多了。接了這份送人工作，每天說話不少，走路又多，辦事效率不高，留城耽擱的時間自然長了。

S護士見Z幹事每天疲倦辛勞，自己在住處守著幾個娃娃，不讓跑出門，給他們洗頭、洗澡、講故事，哄著乖乖聽話，整日過得很清閒，心裡感到過意不去。更想到和Z幹事相比，該勞動改造的自己住在招待所享清福，而改造者卻早出晚歸、跑路、串門、很累，很想幫幫忙。當年那些地方的服務員，只管開門、每日打掃一次室內清潔衛生，諸如旅客打開水、熱水之類的事情，用現在的話說，一切自助。

S護士出於對Z幹事的尊敬，關心，女人在生活小事上總能體貼入微。每當Z幹事拖著疲乏的身子回來，都會及時的為其倒一杯開水，去打一盆熱水。Z幹事換下的汗濕衣裳，洗洗疊疊，當然被她視為份內之事。做這些事的時候，儼然兄妹、夫妻。那時房裡貼有「住宿須知」的旅館、招待所，還沒有過些年嚴格管理到男女關係。何況Z幹事不時又穿警服，旅館管理人員更十分放心；轄區公安派出所偶爾查房，也知道這三四間住著同行，也無須過問。雖然是少年勞教人員，又都是男孩，十二三、十四五歲了，不能和護士、幹事同房。Z幹事、S護士各住一個單間，娃娃們送走兩三個，還住一間。這一次最終剩下兩個少年，一個家裡不要，一個派出所不同意入戶。Z幹事還不死心，天天去周旋。總想圓滿完成任務，輕裝返回峨邊。

終於皇天不負苦心人。又送掉一個，只剩下一個T少年，當年還未滿十五歲。原來這娃娃從小跟著叔父，自己父母早逝。叔父也有三個孩子，一人工作，收入有限，嬸嬸持家平日很困難，小T在家最大，又常常欺負弟妹，不是叔父愛憐，嬸嬸早就不耐煩了。這次小T被送回重慶，嬸嬸堅決不收。又不讓Z幹事同叔父見面。這個送不掉的包袱肯定要帶回山上了。但Z幹事並不忙走，還想在城裡多留三五天。

雖然才十四五歲的孩子，已經可以想心事了。看到一路來的小夥伴，今天走一個，隔天又走一個，現在只剩下自己孤零零的一個人，還要再回山上去，不免傷心起來。自己無聲地哭泣了一陣，即使不明白人生有許多艱難，許多蹉跎，但被拋棄的感覺，雖說不出來也總是一種辛酸。總之那感受從沒有過，也挺難過，一夜睡不著。三張床的房間，來時是熱熱鬧鬧的，一個人孤獨了就覺得這房子特別大，大得有點害怕。平日S醫生晚上還要進來看看大家，今晚S醫生也沒來，只在晚飯後說過各人早點睡覺。雖然通宵不熄燈，越睡不著越感到害怕。於是起床去敲S醫生的房門，想去找她說說話，或者作作伴。一敲門發現S醫生的房門是掩著的，裡面沒有上拴，輕輕推就開了，裡面沒有人，是空房。莫非上廁所去了？又見枕被疊放整齊，不像睡覺時翻動過。少年人也想不到許多，她哪裡去了？知道住處的大門晚上是要上鎖的，決不可能上街了。想去叫Z幹事報告他S醫生不見了。她不會逃跑，要逃跑早跑了，她又不是重慶人，在重慶也沒有親戚朋友，多少天也沒出去過。他有說不出的困惑，又在不斷的思索。十四五歲的孩子，懵懵懂懂地也能去想男人和女人之間總有什麼事情？他先想到平日Z幹事同S醫生的輕聲低語，他們說的啥從未聽清，又見她對Z幹事總是笑嘻嘻的，每天都給Z幹事倒開水、打熱水、還洗衣服。少年心裡豁然開朗：他們相好了，是不是睡在一房了？他知道他們各人的房都只有一張床。少年不解男女風情，只能想男女睡在一起一定要做點事情。是互相蓋好被蓋不掉下床來？還是兩個人睡在一起好講故事？或者有什麼好玩的？不明白，不清楚，想都想不出來。反正感到稀奇、新鮮，他知道這樣的事發生，要請客，叫結婚，要告訴親戚朋友，很平常。兩人悄悄睡在一床……他已經不知道該怎麼想。已經忘了起床敲她的房門的動機，僵腳僵手回到自己房裡，已忘記了害怕，上床很快睡著了。因為先前哭泣過，害怕過，中間又起床出房站了很久，想了許多，這一夜反而睡得很好。早上了還是Ｓ醫生進房來喊起床的，再不起床早飯就開過了。（當年旅館、招待所是兼有伙食的，用不用餐，旅客自便，豐儉由人，另外付錢。）

原來故事開始是這樣：要怪陽春三月，氣正溫和，葉綠花紅，蜂蝶亂飛，藤蔓抽條，日可盈尺，含苞花蕾，迎日綻開，芽展葉，草舒腰，處處生機盎然，生命奔放，讓人興奮。Ｚ幹事三十歲出頭，身強體壯；Ｓ醫生正值妙齡剛年滿二十，是含苞的花朵，正等宜人氣候開放；還要怪那些孩子家庭為小事糾纏不清，不肯爽快收人；也怪相關派出所本系統也打官腔，刁難入戶；怪山城重慶公交不便，一件事三天辦不完，跑路多於辦事時間；怪工作不順利，久在城市留連；怪旅館空間太小，男女相處只有睡覺的地方，會讓人浮想聯翩；怪Ｓ護士熱心、慇懃，把壯漢當病人侍候，不避男女之嫌；怪Ｚ幹事在美色當前忘了自己是專政公幹；怪她起伏的胸脯太豐滿，怪她桃花臉頰笑得太燦爛，怪她腿長腰細臀部圓；還怪天熱又衣單；怪他脖子不長也不短，下面五寸惹人饞；還有那櫻桃小口，唇如花瓣，長睫毛護著的大眼睛，深如秋潭；怪Ｓ醫生不該給他端茶打水，常去Ｚ幹事房裡周旋，晃來晃去的身子，讓他聯想同自己年輕妻子的早晨溫柔、夜半纏綿……

那天因為太陽火辣辣的，雖然春天還沒有完，山城的太陽有些炙人，又特別使人疲倦。Ｚ幹事比往日回旅館早些，Ｓ護士接著送去一盆熱水，讓Ｚ幹事洗洗臉、擦擦身。Ｚ幹事也確實不客氣，當著她脫去襯衣、背心。作為護士她習慣了對男人不避諱。他一面洗臉一面背著她說，還有一個人爭取送脫，早點回去。她對男人赤身在醫院已見慣不驚，正向著他在背後欣賞凸出的背肌，Ｚ幹事擦不到自己的後背處，以命令的口吻請她幫幫忙。她在醫院裡也常為病人擦身，對此並不見怪，還覺得應該。為了尊重領導，尊重管教幹部，並感激這出來一路上的好態度，沒有把自己當成有罪錯的人，給外人的印象還是同事一樣，等等複雜情緒的支配下，對他擦得又細致、又體貼、又入微。Z幹事有意還是無心隨便說，妳比我那位（妻子）還更讓人滿意。擦完身他紅著臉端水出房去了。不久開晚飯了，平日她帶著幾個準備送回家的少年，三餐都是在旅館吃的，Z幹事有時也參加，有時在外面吃了回來。今天回來早些，也在一起吃晚飯。只在吃完飯離開食堂時，對她說他還要出去一趟。雖在大城市，那時是沒有多少文化娛樂夜生活的，電影有晚場，但他們住的地方距火車站近，離電影院遠，Z幹事不會一個人去看電影，就去上面兩路口，也要爬很長一段石梯坎的上坡，他不會去。當然她沒有資格問他。晚飯後照例叫娃娃洗洗涮涮，回房裡去玩耍。這期間孩子們吃得飽，可以洗腳、洗澡用熱水，很聽話。旅館的來客登記室設在大門口，打個招呼不讓孩子單獨出門，那是能起到看守所功能的。旅館多日來已清楚這一行人的情況。S護士也可放心的去洗滌自己了。一天活動完了，回房可以隨便看看當天的報紙和《人民電影》雜誌。這晚，她依然如此打發著睡覺前的時光。

突然輕輕的敲門聲，隨著一聲「等會兒到我房裡來一下」，顯然是Z幹事的聲音。這如同一道命令。她立刻放下手中的雜誌，趿上鞋，就穿著一件貼身短袖單衣，帶上門去了Z於事住的房間，心中沒有想任何事情。Z幹事的門關著，一推就開了，並未上拴。Z幹事見她進來，立刻關上門，並上拴。她在背著向裡走，Z幹事的動作她並不察覺。當她同他面對面的時候，他沒有說話，見他神情與往日不同，女性對異性的直覺，她心中開始忐忑，逐漸有點慌亂。女性的敏感讓她開始緊張，那緊張的感覺說不出是壞還是好。她見他赤著上身，凸著的男人胸肌正向自己逼近。她還沒有回過神來，Z幹事跨前一步一把摟腰抱住了她，「我喜歡妳」。她只聽到這一句話。她真的還是一個姑娘，沒有被光著上身的男人這樣緊緊摟抱過。她慌亂，她緊張，她心跳，已經失去了思想，沒有了意志，也忘了掙扎、抵抗，似乎正在慢慢暈過去。Z幹事顫抖著手解開她胸前單衣的扭扣，脫掉她僅有的一件衣裳，很快又退下她的胸罩，有力粗壯的手捏揉著她結實的乳房。她感覺像關閉了呼吸的氣門，一顆心快跳出胸膛，說不出一句話，像全身沒有了筋、沒有了骨頭，還感到已經站立不穩，從來沒有過的癱瘓了……Z幹事對她沒有要求，沒有商量，沒有詢問，似乎認為他對她要幹的一切她都會同意；她沒有掙扎，沒有拒絕，沒有反抗——在恍恍惚惚中，感到被人放在一個平坦的地方，身子什麼時候光了也不清醒知道。只覺得一個實結的身子壓在自己身上，壓得自己閉了氣，又感覺沒有死，儘管喘不過氣，但還能呼吸。Z幹事是結過婚的人，在這「盛餐」面前還能稍有忍耐，不用說忙壞了雙手，對這個軟玉溫香的雪白胴體，要先享受細嫩、滑膩。從上到下，從下到上，一遍又一遍，時而魯莽，時而輕揉，撫摩、按壓、搓捏，據說貓狗還要先舔後幹。共產黨的幹部畢竟是人，還不同於畜牲，不同於野獸。她已經大半昏迷了，如在夢中又感覺實在，最討厭Z幹事那張嘴，先吻脖頸，再吻乳房，直到大腿，還輕輕咬她的乳頭，那舒服又怪不舒服的感覺，每一咬都直鑽心！她順手抓住Z幹事的頭髮，用力扯，使勁拔，他的頭正沿著腹部往臍下……說無意識也有，她又怕真扯掉了他的頭髮，鬆開了抓緊的手，她真的要叫了，又真的沒有出聲。當感到自己身體某個地方，像被注射打針輕重地刺了幾下，是痛還是癢都不能確定的時候，更迷糊了，只感覺腰部以下很脹！不自禁的用盡全身力氣來挺住，還控制不住自己要呻吟，昏昏地覺得自己像飛了起來，飄在空中晃晃搖搖落不下地，這感覺真好！自身的重量沒有了，也像失去了壓在身上的重量，時間不知過了多久，感到體內有股暖流直竄心頭，Z幹事正匍在自己身上喘氣，自己也感到很累、很累；從脖頸到胸前都出汗了，兩個重疊的胸膛間已積了許多汗水。還覺得自己眼眶有淚，滴不出來，只沿著眼眶向外浸，她不認為這是傷心的眼淚，心裡並不痛苦，只是有些後悔，一個姑娘身給了一個已婚、有妻子的男人！事先沒有任何心理準備，這一切都突然發生。

當兩人漸漸停止了喘息。Z幹事仍然匍在她身上休息，她也沒有力氣、也沒想要推他下去。她還不明白，為什麼對方在用力自己同樣累？她害羞了，想立即下床去穿衣褲，Z幹事緊緊摟住她、壓著她，不讓她走。這時她連看都不敢看一眼天天見面的人。頭埋到了Z幹事的胳肢窩裡。才發現他的一隻大手掌還捏著自己一個乳房，感覺到了還在輕輕揉、慢慢撫。她只有閉著眼睛費力呼吸。她沒有勇氣、沒有決心推開他，他是幹部，他正管著自己，她想像不出他對自己有多大的權力，她知道服從他比違抗他好些。她上過大學，她知道他這樣對自己是不應該的。按法律，講道理，他這種行為也該受到處理。不過，自己是勞教、沒有完全的公民權利，雖然已經是「職工」了，但也是剝了狗皮的「狗肉」（確有管教幹部罵過解除了勞教的人員，算說過：「狗皮剝了狗肉在」的話）。讓他聞到了香，看到了嫩，要吃幾口也沒辦法，這次同他出來送人，算自己倒楣。強佔了自己，破壞了自己女兒身，恨自己當時為什麼順他，不大聲喊叫，回茶場後向上級告他，能告準嗎？上山前就聽說過，有些女孩子被幹部——多時還不是小小幹部不婚佔有，玩弄一陣子要分手，女的告了，結果叫「腐蝕革命幹部」，最後，吃虧倒楣還是自己——如今生米已成熟飯，女人終究要給人。算了吧，少麻煩。無論怎麼說是你欠我的。她在想事，他在親吻、他在撫摩。她像狼爪下的小羊羔，無助地任由他輕輕撓、重重刨，舌頭舔：用嘴咬，反正光光一身，一身光光，給你解饞，讓你吃飽！他百般撫弄沒有得到反應。乾脆再一場狂風暴雨……她緊閉眼睛由他擺佈……

這次過後，她用力把他推下身來，說要下床小便。Z幹事立即起身，去幾步遠的地方拿來了旅館每個房都有的小痰盂，而且放在床邊。她看到他還會侍候女人。隨後她要拿衣裳，Z幹事又把她連拉帶抱放在了床上。緊緊地摟著她。她在Z幹事的懷中動也不敢動一下。真是一隻孱弱的小羊羔，無助的綣縮在老虎的爪下。

Z幹事在她白嫩細膩肌膚的各部位，一直沒有停息地撫摩著。這時，她好像沒有先前的緊張了，也沒有要被野獸吃掉的恐怖，也不再緊張。清楚他是個男人，也慢慢感覺到自己是個女人了。兩人除了呼吸沒有發出一點聲音。只有肢體交談沒有說話。他輕一陣，重一陣，撫撫、摩摩、親親、吻吻。可能已下半夜了，已能依稀聽到街上有了聲音。先前自己解除了心理、精神的負擔。覺得已經沒有什麼可怕。她一直被仰躺著，Z幹事又慢慢壓上了她身子，這是他第一次的溫柔，她不是半推半就，而是順從地接受。他全身匍匐在她身上，還惟恐她的某寸肌膚沒有被自己貼緊，沒有被自己佔有。她感覺他有使不完的勁，用不完的力，她開始呻吟，他開始喘氣，比起前些次他溫和許多。動一動，歇一歇，輕一陣，重一陣，緊一陣，鬆一陣，有快、有慢，有起、有伏；她閉著眼睛側著頭，耳邊聽著他的喘息。她不像先前眩暈、迷糊，這次有了完全的感受，啊！人生……男人……女人……

這一陣和風細雨中有了點柔情蜜意。退燒熄火以後，Z幹事已經是輕輕地把她抱在懷裡。也讓她感到男人不是只會衝鋒，也會溫存。Z幹事在她耳邊輕聲說：「不要怕，妳不說出去，沒有任何人知道。我會照顧妳的。想辦法儘快讓妳回去。」（放回家的意思）。「你要了我的第一次」她這才開始抽泣。「我知道。妳放心，我說話算數的。我真的喜歡妳，妳就是回家了，只要有機會，我會去看妳的。今晚的事我是粗暴一些，是我急了，希望妳不恨我。」她沒有說話。

「沒有回場以前，我求妳天天晚上過來，一次和多次都一樣是有了關係，現在只能想趁在外面多親熱妳……」

「該起床了，我該回房了」她邊說邊起身，拿衣裳。他沒有攔她。她穿好衣裳走了。

剛進中年的男人，有過婚姻的經歷，又處在一年中的生命旺季，花兒受粉、動物發情，又離開了組織的管理，同事的監督，要女人的時候，自己的不在身邊；眼前就有美女，那能抵擋誘惑，身分懸殊，自己更能主動，更是管教與被管，何必忍耐、自控！一夜的瘋狂只是發洩，這破曉前的慢嚥細嚼才算是一次享受。S護士的青春、豐滿、結實的少女肉體，才真是使人銷魂、讓人醉、夠人迷的。

是人，就「食色性也」！信仰、真理肯定崇高，而人性如顏色中的黑色不可再染，除非「以人為本」來制定社會制度，安排一切。

S護士臨走不經意的點頭，是答應了自己的要求。看看手錶，又到昨宵來時候。Z幹事勞碌奔波一天，連上風流一晚，今天也覺得十分疲倦，早早回到了住處，只等快些天黑快些亮燈。那似水柔情已越流越近……見她還在同娃娃說話，也不便喊。已經同她打了兩個照面，她總低著頭擦身過去。今天沒有給他打熱水，更沒有為他擦身。最後還是自己去她房間，幸好她沒有拴門。想來她不是自願等他，拴了門他會敲、更可以喊，若自己過去是不是又太下賤？她心裡也是七八個水桶在上下折騰。最後，他終於來了。她低著頭在燈下看報紙，確實沒有睡。他伸手拿下她手上的報紙，她沒有固執。他牽住了她的手，她沒有縮回。聯想起「舊社會」在街邊買丫頭，手已被人牽住，就是人、財兩清（這裡不付銀子是憑權力）她只有跟著走。到了他的房間，她顯得比頭晚還害羞。還是Z幹事情深、細緻、耐煩，幫她脫鞋、脫襪、脫衣衫。如此已有一週時間。T少年才第一次發現S醫生不在自己房裡睡覺。小娃娃又哪裡明白，人長大了要多許多事情。

再說S護士，自從初夜以後，頭一兩天總感覺女人隱私的地方，經過什麼粗糙的東西磨擦過，不是太疼痛，總覺不舒服，一種輕微的火辣辣的感覺。白天除了吃飯和必須和孩子的說話，也少了同旅館服務員的閒談。有點盼夜晚又有點怕夜晚。她把這感覺給他說了，就在第二天晚上。因為她不願……他說這很正常，真再……就不會有這感覺了。她不信，他勉強了她。她信了。兩三個夜晚以後，S護士終於有勇氣自己過去了，不再要Z幹事來牽手。

是不是自己也想要？但她真的怕他，他是管她的，她是他的「專政對象」，又是他的出差同伴，他是男人，自己是女人，他要她的肉體，而且沒有商量；已經要了多次了，每次都讓他盡興滿足，他真有點像罵人的話：「餵不飽的狗」。至少在眼前的環境裡她是他的了。她無法抗拒，她知道這些，她不必再吝嗇自己，不是給娃娃糖果，手邊總有完的時候。他要她的東西是不會完的。既然已經強要了，就給吧！一生中女孩最寶貴的第一次都要去了，還有什麼可惜？不給才會惹惱他，對自己更無好處。要徹底離開他，還要靠他的照顧。前途雖然渺茫，沒有任何把握，滿足他、讓他開心、把自己給他快樂，總比使他惱怒好。柔弱女子只有可憐的盤算。當年經峨邊的成昆鐵路尚未建成，從重慶乘一段成渝鐵路再轉汽車，和完全乘汽車，從時間算差不多，當時交通並不順暢，不能隨到隨走。何況有人想在路上多幾個「良宵」，耽擱點時日不是更好麼！

Z幹事同S護士回茶場後，好長一段時間都風平浪靜，春光點無洩漏。隨後不知在哪個環節出了問題，公開的只知道Z幹事的年輕妻子經常吵鬧，家庭矛盾不能平息。甚至有說妻子不准丈夫回家去。Z幹事不是中隊幹部，工作在場部。隨後聽說場領導幹部找S護士談過一次話。叫人羞答答的問題，S護士堅決沒有承認。再找Z幹事談話，並說已找S護士談過，但他並不知道對方說了些什麼。是Z幹事做賊心虛？還是對黨和政府的忠誠？敢於承認錯誤要「向黨交真心」？自己承認有過越軌行為，願意承擔後果，接受處分——以後別人發生的相同性質的問題說明，就「處分」也不重——最多降一級工資，換個地方工作，領導還盡力把醜事捂住，不要擴大影響有損黨和政府形象，還要維護幹部名聲，以後才好管「壞」人。不過Z幹事怎麼會想不通？是不是認為對不起單位信任，對不起年輕妻子的真情，對不起黨的教育培養，對不起政府的工作委託，對不起已有兒女的和睦家庭，更對不起心愛的姑娘，破壞了妳純潔的身心。這一切，實在對不起！為了報償所有的「對不起」，為了認錯謝罪，為了淨化心靈，最後，五尺長一根繩，還是用自己那雙解掉S護士衣扣的手，鎮定的把繩子套在自己的脖子上，悄悄的找個僻靜的地方，再細心地確定一根粗大的房梁，勇敢地把自己掛起！似向人們昭示：要信「萬惡淫為首，色字頭上一把刀」。看我，幾夜風流代價多高？！

S護士作為受害者，沒有任何安慰，沒有任何補償。相反，「隱瞞錯誤，包庇壞事，不向黨和政府坦白交待，……姑念其年輕膽小，又是初犯，不追究責任，寬大不給處分。……」

有人戲謔：快活一陣子，一個失身，一個丟命。

有知心朋友事後很久問過S護士，「妳怎麼這麼糊塗，甘願忍受多次屈辱？」「管妳的幹部要妳怎樣，妳敢反抗？再說，換成妳，癱瘓無力地『飄浮在空中』妳能下來？」S護士認真的回答。

S護士終究回家了。但不是「照顧」，發誓「照顧」她的人為了「照顧」自己的臉面先走了。誰再來「照顧」她呢？十多年以後，因死了一個「偉人」，人民得到了「第二次解放」，社會逐漸恢復常態，政府政策有了調整，徹底改變了使家破人亡的「留場就業」。她是帶著自己一家人走的，有先生、有兒子。至今家庭和睦，兒、媳孝順。

（二）

誰都明白，醫院是救死扶傷、為人治病的地方。但屬於「專政單位」的茶場醫院，當然也醫治了不少傷病員，挽救了不少人的生命，給予了不少人的健康。為工作人員的健康服務，為茶場勞教、就業人員解除疾病痛苦，是起了不小積極作用，為茶場的生產、建設也作出了相應的貢獻。但由於這裡是男女配合工作，幹部、勞教、就業幾類人生活在一個環境，就不會像山上中隊單純。儘管從統治者的政治價值觀分類是幾類人，畢竟都是人，都有人本身的共同特性。除醫患雙方必然的事情以外，總有一些人不安分。在人的生命活動許可的情況下，自然而然地會發生人的其他事情。這種環境不可能有升官發財的活動，也不可能產生為了什麼而奮發努力的要求。閒時較多，男女共處。吃飽穿暖之餘，從生物學觀點，人的第二慾望就比較突出了。

勞教、就業人員有嚴格的紀律制度管束，住院的病號沒有那份健康，而且病好就打發走。可以小病久醫，作為休閒療養的只有幹部。山下氣候雖不能說四季如春，至少沒有嚴寒酷署，離街區又近購物方便。即使是最起碼的、也許還不是科員級的幹部，在勞教、就業人員面前多少都有點特權，可以隨便使喚你。兼之幹部病房不准閒雜人等靠近，除了護士就是醫生。他們有單間、套房，病人也從未住滿。給他們送藥、打針的護士，都經過挑選。儘管設施並不很好，但其「特殊性」不低於住北京的高於醫院。說來是「工人階級領導的」革命政權，但做官當老爺的作風可能超過了知道的封建社會。幹部身分的醫生很少，一方面技術較差，也不願意給他們看病，有本事的又未犯錯誤的好醫生，誰也不願在這種醫院工作。於是在幹部病房就成了「壞人」侍候「好人」。有個別幹部病好了也不想走，因為他可以要護士「特殊服務」。

這裡的「白衣天使」我們是專指護士，有人又戲謔為「白天鵝」，離了她們就沒有故事。天鵝羽毛漂亮肉又香，誰都想要，包括癩蛤蟆。她們雖不能「回頭一笑百媚生」，但年輕活潑、無邪天真。大多有勻稱的身材，眉目清秀、五官端正。她們多是學生，不會弄姿勾魂，但總讓人燒心。送藥、打針外也能給病人產生一些遐想，添一份好心情。

再說大病房，大病房都是「勞教」和「就業」這兩類人。前面說過，對護士都尊稱醫生。但這裡病人也不完全安分。林子大了什麼鳥兒都有。有的病人在疾病將癒的續治期間，有了精神也有了非份之想——不見怪，因為在山上不能這樣近距離、又合理的接近女人。聽人說大山深壑的動物呼喚異性同類，淒厲的叫聲響徹山谷，有不少雄性動物為爭奪與雌性交配，互相撕咬得皮開肉裂，慘不忍睹。兩性需要看來是自然法則。我們的病號若對某「醫生」有了好感，一時會忘乎所以。找機會搭訕，無話找話，短話長談，尋機親近，甚至寫情書、遞字條，目的是連絡感情，希望春日插秧秋後收穀。她們也知趣，不告發。只是大多數不給反應。捉弄你，讓你睡在大鋪上從早晨想到黃昏，從天黑想到黎明。她們也覺得對枯燥的生活可以調劑精神，很好玩的。該發你藥照常遞到你手上，該打針就得留神，她們會不按注射規程，狠狠地扎你一針，本來可以不疼的，讓你好好的去痛一陣。病人的床又是通鋪，床的寬度是人的長度，床的長度是房的長度。為了治療方便，又因同一種針藥也許多人需用，不脫鞋就上床來跨幾個人打一針，（原先是脫鞋的，但到打完針下床找不到鞋——有人惡作劇藏了，或對某醫生有意見，丟了）為了效率、為了方便也搞流水作業。情書、字條沒有惹起反感會沒事，有反感就會倒楣。護士可以安排你去菜地裡「輕勞動」，或醫院周圍打掃清潔、做衛生。說話是算數的，這點「權力」是幹部給的。真能逗得某個「醫生」喜歡你，也可以享點福——調整你的床鋪，靠窗向陽又通風，絕對能在住院期間不勞動，想吃乾吃稀一定給你調劑，說你恢復健康需要可以幫你買點零食東西，甚至給你點她吃的，還幫你洗餐具，給你打針時揉了又揉，輕了又輕，讓你感到她纖柔的手有股電流，給你按摩了局部肌膚，她的體溫直接傳到你的心頭……大病房的「愛情」，好的以後轉化為友情，不好的成了雙方胡鬧。病好走人，留不下一鱗半爪。

而在幹部病房發生的，就是一樁樁一件件、具體的裝進肚子的事情了。幹部嘛，本來是認真幹事的。

相對而言，又有一點權力，不會玩笑，也不胡鬧，有動機就要達到目的。其實，達到目的容易，只要幹，很少困難。困難是決定幹不幹？必須先想許多方面：會不會暴露——開了花就會結果——那時不如現今方便——遍街都有中止妊娠的藥物；是要玩，還是要官；沒老婆的不說，有老婆的知道了怎麼辦；一江春水，這條船會不會擱淺；香醪一杯，一口可喝乾，一罈、兩罈就消受不完；饞貓偷嘴會挨鍋鏟……許多幹部都把握了自己，也有個別的「明知山有虎，偏向虎山行」，不怕鬼要走夜路；明知是深潭，相信自己會浮在水面。當然，中外都有皇帝要美人不要江山！雖然是萬惡為首的事情，總是心存僥倖。熱敷、針灸時間長，怕吹風可關門治療，拉妳上病床也不敢喊、不敢叫，要留臉皮怕人知道。有人暗暗吃虧，有人自己也要，像和尚買春雙方都不敢說出來。不說「頭上三尺有神靈」，至少隔牆有耳。有護士笑嘻嘻進去好大一陣子，氣嘟嘟出來。有的夜半一針打到天亮，有的交接班找不到人，有人本來萎靡不振忽然有了精神，……沒有公諸於眾的問題都不去說（當然不少人暗中佔了便宜），但到底還是有一位作業區書記，在那「方寸之地」失腳，開除黨籍、公職，貶回原籍農村勞動生產。據說此人打過鬼子，衝鋒陷陣勇敢，抓俘一個女孩子當然毫不費力。如果在新世紀的今天，腐敗份子還可使用公款嫖娼、三陪，哪能栽倒在一個女人身上，真使人扼腕歎息！

在幹部病房上班的醫護人員，從環境、工作量、條件衡量，都比在勞教、就業的大病房好許多，輕鬆許多，但多數護理人員就是不願幹，都要求「護辦室」（如今叫『護士站』）把自己換到大病房來，有人還哭鼻子流眼淚的堅持要求。特別是那些年輕、體形、容貌較好的姑娘們。問題最後反應到院領導管理上層，這些領導似乎心領神會，確實不為難下人，指示想換的儘量換，實在暫時換不下來的，就以「細心治療」為名，多派一人同行，互相監督，保證不發生護理失誤，一人端藥盤，一人發藥、打針、遞水。大概經過「會診」，幹部病房逐步換成了一些年齡偏大、勞教前就是搞本行的，有人還上過戰場，打過「美帝」（抗美援朝）有技術、有經驗（當然各種經驗）最好是結過婚的去侍候了。這才體面地斷了個別身體素質好又常生病愛住院的幹部病人的邪念。

為什麼不願在幹部病房上班？世間事沒有永遠的秘密。慢慢地在兩三個人之間，最小的親密圈子內說出了原因。因為事情沒有公開，只能當它沒有發生。但對當事人留下了一個終身難忘的記憶——有人身為「革命、專改」幹部，只是披了一張人皮。

有個護士叫小D的，才十七八歲，活潑好動，愛說愛笑，蘋果臉蛋兒深深一對酒窩，端著藥盤也在唱「深深的海洋，為何不平靜……」，由於「家庭出身」被剝奪了受教育的權利，成績好於許多升學的同學，然而自己就是進不了高中，通不過「政審」。家又住在成都鬧市區，附近就是勞動人民文化宮。這種年齡的女青年進不了學校，家裡是關不住的。那年頭僅因「出身不好」就升不進高中的人確實不是少數。因為身在一個嶄新的國家，嶄新的國家只培養嶄新的人，領袖「英明」知道從教育抓起。長大成人你沒有知識、沒有文化你能做什麼？「不可使知之」的反動學說，「最先進的社會」用得最好！就是在最反動、最腐敗的皇權統治下，也沒有不准人讀書！不准人入學！誰能說不是？小D家庭要給她找對象嫁人，又沒到法定年齡，家庭溺愛又不讓她做飯、洗衣。所屬街道可以作為「停學」學生介紹臨時勞動工作，父母不忍心，她自己不甘心，不去！家庭內部自然形成了共同思想：這社會太不公正，更不公平。孩子有啥罪惡？這也叫革命？「翻身」的目的是為了壓人!?奢談什麼「解放」，騙人！在家就在家吧，每月二十六斤糧食，父母還買得起。可年輕人吃了飯不會只睡懶覺。文化宮的門票當年只要人民幣五分。常常進出人熟了，收門票的叔叔阿姨都認識是附近的孩子，不買票也行。小D無事就去文化宮，看報紙看小人書，那時文化宮也沒有許多文化娛樂的內容，只在每週六有一場交際舞。但不公開賣票，是市工會組織的。在劉少奇提倡豐富工人文化娛樂的背景下，以培養普及成都各廠、特別以紡織廠女工為主的，最早的舞場（文化娛樂室）。負責指導人，是一個姓白的原省女中的音樂老師（其丈夫還是電影《山間鈴響馬幫來》的作曲，依稀記得姓李？），白老師人漂亮又和氣，小D無組織弄不到入場券，常常隔著玻璃窗瞪著大眼睛向裡渴望。白老師見小D是學生樣，天真稚氣，又是女孩子，就讓她進去了。室內只有很少幾個男青年——算跳舞輔導——都是白老師學生的男友或兄弟——還要經白老師嚴格考查沒有社會惡習。其他都是女孩子。小D從此多了一項寄託精神、排遣寂寞、孤獨無聊的玩法。但這裡每週只有一次，玩不過癮，耍不盡興。

當年在成都稱少城公園——「解放」後稱人民公園，每週也有一場公開買票入場的舞會，是公開向社會開放的。當然自帶舞伴，請陌生人跳舞也可以，起碼要別人願意，治安管理很嚴格，能保障公共娛樂場所有鐵的秩序。勉強、非禮行為會立遭取締。小D也有幾個同樣原因升不了學的同學，也經常邀約一起去，當然有男有女。不過這些往日同學，男的有在下體力做臨工，女的有在所謂「街道工業」做火柴匣子、紮拖把、做帚把，但說來都算是工作，算是進了優越的社會主義社會。簡單的又叫有貶意的「社會青年」——因為沒有端上「鐵飯碗」。完全在家閒著的，小D是一個。其實同學們在一起，都為不能升學苦惱，加上昔日學校友誼，如今更有感情，完全可以說玩得正當，玩得健康，也玩得開心。父母清楚，家庭放心。確實沒有招惹誰，更沒有礙著誰。但居民委員會的「積極份子」操心了——我至今想不明白：吃自己的飯，公家沒有補貼一分錢，一天到晚就看張家長、李家短，無中生有，捕風捉影，又好似一條野狗處處想咬人，有時可憐兮兮又愁沒有人搭理，本身就在社會最低層，論本事完完全全是弱勢群體，恨人窮又怨人富，又愛張揚自己，對別人又常懷疑、妒嫉，不弄點是非出來，惟恐忘了自己存在，就算為了治安給公安報告什麼壞人、壞事情況，多數也是假消息，實際上是誤了公務，以後平反冤假錯也多。真想不出他們為了什麼，既損人而又不利己！只能說當年的「社會主義」還真要靠這類人幫忙，那些以後稱「革命大院」的居民委員，真是無須供養的天生「特務」，不拿政府工資的「克格勃」。真正和睦鄰里的好事一點不會做。由於愚昧無知和祖傳奴性害得人妻離子散的事，做了還不知道。要看一個社會是保守，是倒退，是進步，拙見認為看依靠、器重什麼人；國家對國民文化教育的提高是否操心，對教育投入的財政撥款是否慷慨，也是一個分水嶺。如今又興起建立「社區」，我提醒大家千萬、千萬注意：不要讓這類人再混進來！我理想的「社區」，應該有友善、有愛心、有關懷、有救助、有同情、有憐憫、是助人而不是損人。老百姓要學會保護自己，也要從最基本做起，從最基層做起。要相信沒有神仙、皇帝會救你，要自己靠自己。

居民委員會的「積極份子」發現小D沒有上學，也不想想沒有上學的原因，又不服從「臨時工」的安排，整天「遊手好閒」，認為家庭也不管，「裹著」一群「社會青年」，像發現了「美蔣特務」一樣嚴重，報告了派出所，政治覺悟水準更高的幹警，再聯繫「家庭出身」，當前「形勢」等分析，覺得事不宜遲，由派出所申請，以「不務正業，好逸惡勞」為罪錯之名，送勞動教養，來到山上。

小D運氣不壞，正遇醫院在女子隊要人充實醫護力量，幹部見她身體好，精神好，活潑純潔，模樣兒也人見人愛，確實出於關懷、愛護，到醫院還可學點最適合女孩子的技術，今後「自食其力」重新就業也好。從城市來到茶場，還沒有在山上經過風吹雨打，順利的到了醫院。由於皮膚一點不黑，手腳一點不粗，可算細皮嫩肉，精靈機巧，穿上白大掛，就分去幹部病房護理幹部，讓人賞心悅目。

讓山上勞教羨慕的醫院工作，可她沒有兩個月就滴著眼淚不幹了。

原來小D去幹部病房當班，一個已在吃維生素鞏固治療的一位幹部，一次服藥的時候，拉著小D送過來的手，要給她看手相。小D年輕沒有生活經驗，無邪無猜，更不懂人心陰險。何況該幹部年齡可作自己的爸爸，感激長者對自己的關心，還說能為自己預測前途未來，大大方方把綿柔的手伸給他。也許她說話甜蜜，吐氣如蘭，幹部的大手捏著她的小手，翻過來，揉過去，幹部的下顎已經碰到她的額頭，鼻子在她頭上播著，嗅著她的髮香，她對這一切並無特別感覺。幹部「看相」中說些什麼，小D全神貫注的聽著，什麼青年有坎坷，中年交好運，老來會幸福……等等，家裡有些什麼人，幹啥的？犯什麼錯來勞教？多少歲了？生活習慣嗎？日常生活有什麼困難？有沒有談過戀愛？問得沒完沒了。最後該幹部在她小臉上親了一下，她不好意思的抽回手，難為情的笑笑走了。小D心想，是長者嘛，只不過陌生一點，其他沒有想許多，也想不到許多。能想到的只是自己逗人喜歡是好事……

像該幹部這樣處於休養的病人，夜間是不服藥的，而且已經隨時可以出院了。但醫生是就業人員，沒有資格也不能決定叫幹部病人走。只能提出「建議」。由於制度不規範，幹部們想來就來，想走就走。手續也無須按程序辦理，儘管「規章」是有的，只是貼在玻璃框裡掛在牆上，並不按章辦事等於沒有。醫院工作是服務性的，行政幹部對同事也不當「討人嫌」，同是茶場幹部，你要住就住，反正是政府大包幹，也沒有什麼指標、定額、核算，有也是對勞教、就業人員。對在艱苦山區工作的幹部，難道沒有這點方便由己的特權？有病住院，還要續醫，要等值班護士換班——小D目前是早班，早晨八點至下午四點，再過兩天就轉夜班了，就是零點到早晨八點。按醫院規矩，交班的要帶接班的在各病房轉一轉，交待應注意事項，交待應留心注意的重點。醫院要在零點以後至翌日八點，才是萬籟俱寂的時間。該幹部要等這個時候，要等小D值班。

兩天時間轉瞬過去，有人已經望眼欲穿。小D今夜來接夜班了。交接到了這位幹部病房，交班護士說該幹部是休養病號，沒有需留神注意的問題。小D也淡忘了前兩天看手相的事。正常帶上門離開的時候，假睡的幹部忽然睜開了眼睛，說話了：「妳做完事以後來給我刮刮背。」

「唉」！小D爽快答應。這本身也是一名護理份內的事。如果遇上真的重病人，還要為病人換衣褲、接小便呢，這護士工作本身就不存在對異性接觸的迴避問題。病人有意刁難，也要逆來順受，這是護士的天職。

小D進房了，幹部精神振奮的坐起來，半躺的靠在床上，小D手裡拿著酒精、藥棉、一點凡士林油膏，作好了認真刮背的準備，還幫幹部脫去貼身的汗衫。這時，他一把攔腰抱住她：「不刮了，上來，陪我睡。」小D奮力掙扎、反抗，她面對一個幹部，知道他是一位隊長，但不深刻知道一個隊長的權威，只知道可以管幾百人，她敢於反抗這顯然是侵犯人身的行為，對她而言很勇敢了。

在勞教前，她有過這樣突然被男人抱住的經驗，只要自己堅決不同意，對方不敢強迫，最後還是放開了。眼下她仍然這樣對待。但她在這深夜人靜的時候，沒有喊叫，這是丟人的事，一個大姑娘最要緊的是臉面。她央求幹部放開她，可他對她說：「妳聽話，有妳好處，不聽話，明天給妳管教幹事說，弄妳上山去挖地、挑糞、割草、一輩子不放妳回家。」小D不怕上山挖地、挑糞、割草，她年輕，有體力，她見到山上許多姐妹都在幹。但有句話是被唬住了，「一輩子不放回家」。反抗的力漸漸微弱了，幹部特別敏感到了這細微的變化，動手先脫掉她的白大掛，她已經不是先前那樣掙扎，經過一陣小小的推推搡搡，幹部已經把她全身剝光。終於被乖乖地放在床上……她最恨最恨的是，身上壓著一個同爸爸年齡一樣大的男人。她在抽泣，他在使勁……事後，幹部對她說：「妳這班交班的日子，我就出院上山了，每天晚上做完事來陪我一會兒。」

小D天真的問：「你好久放我回家，我想回去過中秋節行嗎？」幹部答應她上山後去辦。這幾夜她是守信的，每夜去給他一次，有時他要兩次。幾天後幹部出院了，從此杳無音訊。小D這才感覺上當、受騙。心裡想，老流氓比社會上的小流氓更壞！還當幹部，當隊長，聽說隊長都必定是共產黨員，還要管勞教，還要改造別人的思想？他自己起碼最輕處分也該勞教，不，該判刑。自己怎麼告他？將來還要嫁人。此時還不會認為自己是被強姦了。因為第一夜後都是自己送去的。

這以後她又遇到過不同的人有相同目的的舉動。她有了經驗。心想，這些混蛋！惹不起，躲得起，因此有了堅決調換病房的要求，決不再侍候那些畜牲！

這個小故事，是她多年後已「清放」回家了，同當時在一起的、最知心的姐妹共同回憶那苦難的歲月。知道她那時總有點什麼事情發生——因為當時她問過，假若女人受孕要中止該怎麼辦的事情。才說出來人很複雜，有時很壞，明明受害還不敢說。

隨著醫院領導層逐漸將幹部病房的護理人員調整以後，那些見不得人的事情，並不因此就不再發生。因為人變了——原來就是本行，或者已結婚、結過婚的人去護理，病人要藥物以外的「調養」，權力當然也管用，不過，之外要自費付些代價了。不是單方面說要就要，可以強迫可以哄嚇了。「老娘可不是好惹的！不信就試試」。於是有了兩者的互相「關心」。你要我的人，我要你給我辦一些事——實在說兩者都該勞教。只不過一方運氣孬，一方運氣好。白佔便宜的事幾乎沒有了。古人言「柔能克剛」，柔情可以與鐵拳較勁！也不定誰必輸必贏。我所知的隱秘故事中，有人也明知那是一片鬆土，最好不要陷得太深。也要感謝場、院領導發揚「隱惡揚善」的「優良傳統」，對「流言蜚語」並不去認真，沒有弄得眾人知曉，就當一切都沒有發生。

僅男女間就不是只有男幹部欺負女勞教，還有女幹部強迫男勞教的。

（二）

由於同在一個小組多年的原因，一位木工師傅，又是成都老鄉，彼此友好到無話不談的份上。他當初從女子一隊調來建築隊就有許多議論，終於慢慢告訴我了引起議論的那件事情：

他原在女子一隊雜工組勞動作木工。有位女幹部被下放到縣上的「五七幹校」鍛煉，勞動分配去餵豬。煮豬飼不慎失火，燒了豬舍，因「事故」還未作結論，是失職疏忽過錯，還是惡意縱火？回場後沒有安排管教工作，叫去守縫紉組——實際是「靠邊站」，閒起。該女幹部在場內沒有丈夫。縫紉組在女子隊，女子隊只有一名木工男勞教負責修農具和幹有關木頭的雜活。縫紉組的房子靠公路邊，高於路面幾公尺的坎上，離隊部和勞教宿舍有一定距離。縫紉組勞動是為公家和私人（幹部和勞教、「職工」）加工做衣物，裡面常有布料、棉花、衣服；還有十來部縫紉機——這可是那時值錢的設備資產，一切都在路邊。從建場到撤銷的三十多年中，都沒有限制當地老鄉和彝族同胞在場內自由走動，為的掩飾那裡不是監獄性質的「專政場所」，給局外人的印象是「地方國營」的生產企業。全國所有勞改、勞教場所都有一塊對外的「國營」什麼單位的牌子，這已經是一個慣例。

本場本隊人員沒有機會和時間去不被允許就拿走東西，但要防場外面的人偷。該女幹部已靠邊站了，住不進隊部，就負責看管縫紉組。在幹部群體中她已不被認為是幹部，因為不幹勞教人員的管教工作了，幹部開會都沒有讓她參加，但在勞教人員面前的身分仍是幹部。縫紉組房裡的資產、器物，當然在晚上要人守，專門闢間小屋讓女幹部單住。

這位木工男勞教人員，在女兒國裡只有他一個男人，住的地方很成問題。好似幾百隻大小母雞中只有一隻雞公。真正在一個特定環境裡盡是女人的時候，她們就不害羞了，兼之人的自尊心、人格的尊嚴在「改造」中又受到嚴重的摧殘，想保護也保護不了，多數會以爛為爛。「管他媽的×，老娘就是這樣子，都有兩個奶奶吊起，臍下一撮毛，妳不是？」夏天山上暴雨回隊，可以在屋簷下當眾脫得光溜溜、赤條條擰衣裳的水；太陽太烈的時候，在山上找處溪溝脫光身子泡在水池裡，先洗上下裡外全身衣裳，晾在齊胸的茶樹上；人在水裡泡冷了再曬曬太陽，衣服乾了才再穿上。說比在城裡、在家裡洗澡還愜意、還舒服。是流水又乾淨——也許那條溝的水直流到本隊的廚房，「嘿嘿！讓大家嚐嚐老娘的尿味道。」流過茶場是老鄉的地方，還會說「山下的老公公吃了我們的洗澡水，還會返老還童！小夥子吃了會口齒留香……」不扯遠了，說回來，這位女幹部住縫紉組裡說一個人害怕，真正有外人來偷東西——當年棉、布、線都是精貴的東西，要憑發的「票證」購買——她一個人也沒辦法。中隊幹部考慮也是實情，最後終於想到了這位木工中年男勞教。木工工具有斧頭，有戳子，變個用途就可以防身、傷人。於是叫他從廚房堆柴處的棚棚裡，也搬進縫紉組的大房子裡面去住。不過叫他在大房子的另一頭自己搭個小閣樓。材料是現成的，木料、竹子，隊隊都有，爬個上坡就是原始老林。

說說這位女幹部，三十歲左右，身高有一米六以上，留著一頭黢黑的齊肩短髮，瓜子臉蛋，五官長得平常，但勻稱端正，特點是眼睛特黑牙齒特白，出身農家不可能養尊處優，從小勞動身體結實豐滿，那年代能看到的人都沒有營養過剩、須減肥的，還沒生育過。看上去女性的「三圍」都很標準。因為自己出了問題，事故還沒有「結論」。弄得政治身分人不是人鬼不是鬼，心情憂鬱、苦悶，是不言而喻的。本應活潑樂觀的又憑添了幾分憔悴。因為已失去公權，對人又比在職幹部更和藹可親。具體工作是收點縫紉加工錢，看著剪裁、車衣的人不偷懶，基本等於賦閒。但吃飯還是在幹部小廚房。

應該說那年代除了政治運動，人與人之間還是處於相信「性本善」的，沒有把人看得很壞。中隊領導考慮女的是幹部，男的是被專政的勞教，雖然同住一屋，但房子很大，女幹部又隔了獨立小間。應算是不同樓層的不同住戶了。既可以協助防盜，又可以讓女幹部不孤獨害怕。有利於安全。至於人的深層次問題，和人的基本需求，誰也沒有考慮。水到渠成以前，乾涸的土地會想到有濕潤的將來嗎？

再說這位木工師傅，他不是半路出家，是幼兒學的。勞教前就是木工，原在一個公路局工程隊造橋修路。文化只能認圖紙線條和認鈔票，然而「二胡」拉得可以，怪得連簡譜都不會認，但會聽，又能記。一個電影插曲，最多三四遍，音符就在二胡上找準了。平時最拿手的是「彩雲追月」和「新疆之春」。除了勞動吃飯睡覺就拉二胡，其餘都是女勞教，不可能有許多閒聊。最煩人的是「殺雞（嘎嘰）、殺鵝（嘎咯）」沒有找準音的時候。這種時候他也自覺，去土坎邊，茶梯地上，「吱吱、嘎嘎」搞上好一陣子，不妨礙他人寧靜。能在你面前拉奏的時候，一定成曲調了。此外抽抽煙，不討人嫌，也不說張三長李四短。到了事發調建築隊的時候，問過他，你這樣也會犯錯誤？他說他罵過修路工程隊長，只會說不懂行。勞動教養要人，每個單位有指標，暗中選去選來選上他了。問他在女子隊的事，總是笑而不答。那位女幹部在當時也很快就調離場了。他仍三緘其口。大約兩三年過去，我們又在一個勞動小組，又都是成都人，好奇心的驅使，我才慢慢撬開了他的嘴，問出原由：

他說，在女子隊他一個大男人，主要是勞動沒有思想改造，（指不學習）本來安排他參加雜工組學習，雜工組是廚房和飼養房的人，餵人餵畜牲，都是弄吃的。雜工組學習從來就不可能人到齊。其他盡是女人，摻一個男人去了有時別人還不方便，或者就大家拿他當猴耍，開玩笑。幹部是很少查雜工組學習的。他也就懶得天天去。這時候多是跑到隊部附近山上去拉二胡，遠到隊上聽不到聲音的地方。搬進了縫紉組住，更有一種值班守夜的任務，他學不學習的事幹部就更不過問了。為了不弄出二胡聲音，就把卡在弦下面蛇皮上的「碼子」取掉，自己能聽到一點聲音，就是音不準了，但可練指法、弓法不受影響。那位看管縫紉組的女幹部是不參加隊上幹部開會，和去各小組走動的，等於陪他練二胡。最初彼此也沒啥話說，只是誇他品行還好，又愛清潔，無文化還勤奮好學，二胡拉得還很富感情。紙上音符曲譜都不認識，真是又一個瞎子阿炳——他也會奏〈二泉映月〉和〈病中吟〉以及〈金蛇狂舞〉等等。不幾天後還憑她手寫慢慢教他Do、Re、Mi，和幾分之幾拍的音符、簡譜。她說，他還大她五六歲，她說如果不是勞教，從歲數說還是她哥哥。

他說，「這樣過了將近一個月，因為廚房都在議論怎樣過中秋節了。一個晚上隊上熄燈後過了一陣，大約有半夜十一、二點鐘了的時候，有人在拍打他上床的梯子，梯子上端幾乎就在枕頭邊上，他說清楚知道這房子裡只有他和那幹部兩個人，別的人進來不了。他天天負責拴上大門的。

他問：「有什麼動靜嗎？」當時心想可能是睡著了，她聽到或見到什麼，要叫我。

只聽她說：「我的床有點搖，是不是榫頭鬆了，要垮了，你下來給我看一下」。

木工師傅說：「心想幹部睡的床是正規做的單人床，做的時候木料都不是很乾，乾了後榫頭會鬆動，木料會變形。於是只拿了斧頭，找了塊木楔，幾顆釘子去了她住的單間。進去後她把門關上，他並不在意。全神貫注地看床，用手把著床擋頭搖了搖，榫頭處是有一點鬆，但絕不會垮。仍然小心仔細地在榫頭稍鬆的地方加了楔子，又添了釘子，再使勁搖，整個床全部感到牢固了。準備返身走的時候，她遞過來一條毛巾叫擦擦汗，還說她鋅鐵皮桶裡有水，可以抹一抹。他是打的赤膊，下床也忘了穿件衣服，本來他常打赤膊，她也見慣了，他也習慣了，她從來對他打赤膊沒有說啥。他說：

「我見她印有花邊的白毛巾很乾淨，我沒有接手，我說算了。這時她態度變了，說話輕聲的，有點女人羞答答笑嘻嘻的說，不行！今晚不准你走，要你陪我，門都拴了。說著說著就用她手上的毛巾幫我抹背、抹肩、抹胸前。真的，我當時心都快跳出來了，也呆了，好似願意讓她給我擦汗了，動也不敢動了。很快我馬上對她說，妳是幹部我是勞教我害怕，出了事不得了！是犯法是犯罪會判刑，她說，你真的敢開門走，我立刻去隊部，說你半夜撬開我房門，想幹壞事。要我不要怕，是她叫我的，只有我們兩個人，還說『你不敢說出去，我自己不會向人說。』兩個人的事鬼也不知道。她關了燈，叫我全身抹一抹，我當時走也怕，不走也怕。她又催我快點照她說的做。儘管我心一直跳得厲害，我還是慢慢照她說的做了。這時她還站在我身邊，她也沒上床。等我抹完了上身，也洗了臉，她說：下頭！脫下來好好洗洗，那床足有個小瓷盆……」

窗子的草簾子早已放下來了，又關了燈，屋裡一片黢黑，兩個人都看不清楚臉。當我背著她脫下褲子的時候，還不知放哪，她一手從我手上拿過去搭在床擋頭上。還聽她輕輕說，好好洗洗。一件事情不管怎麼磨蹭，總要完。這時她輕輕推我一下，說，我抱不起你，自己上（床）去。我心還在跳，但人上床了……我上床後儘量靠裡邊牆壁，突然感到她光光的一身發熱滾燙，像我在勞教前在外面抱自己女朋友、未婚妻一樣，那陣子我倒像成了她的女人，把我抱得緊緊的。那感覺真受不了，我也不知哪來的膽子，翻過身就抱住她，親都沒親一下就上身了……她一身又熱又感覺很細嫩，她喘著氣，很快，第一次過了但她不放開我，過後……那些事不說你也清楚。你也結過婚的。」

「不是色無二味，人說一人一個味。你又不是講『評書』的先生，說到精彩的地方就歇下來收錢。」我望著木工師傅，意思是要他說下去。

「都是男人，說來聽聽，」我說。

「她身材確實好，我感覺處處很實在，比我未婚妻還好，她也很滿意。反正一兩個小時過去，像喝酒，都有點醉了，也感到累了，我想歇歇，說想抽支煙，她才鬆開我，讓我起來……她還說有電筒，她去給我拿，放在哪裡？我說自己去不用電筒。我出去一二十公尺不用亮光屋裡也熟悉。拿了煙回來坐在她床邊，她聽到我要劃火柴，那時還沒有打火機，她要我蹲在地上擦，不要閃火光被外面看到。我蹭在床邊劃燃火柴點燃香煙，借光亮才見她平躺在床上，一身好白！她立即側身向著我，這時火柴也滅了，我感到她移身靠床邊，我正坐在床邊上吸煙，心裡想剛才的事，這是福是禍，還很難說……」

「你一天要抽多少煙？」她問。同時伸出手在輕輕摸我背部。我感覺她手很細膩，很棉軟。立即又感覺她給我披了一件她的衣裳。

這時也才清醒自己還是一個光身子，去拿到煙就回到她房裡，也沒有帶衣服。

「快抽完上床睡吧，看受涼，」她說。

這時經她一說還真覺得身上有點涼了，於是滅了煙頭又側身倒上床去，她身子退讓出地方，順手又拉來一床軍用薄毛毯蓋著我們兩人。中秋節前的天氣，雖然有時熱，晚上也要蓋點東西睡。

「這下該睡得著了，火已退了……」我說。

「屁！……」木工師傅接著說：「這下我才慢慢摸摸她，她把我抱得緊但不妨礙我撫摸她。我們面對面，她主動貼緊我。你想，我三十五、六歲，以後知道她才二十九，真是乾柴烈火，能睡得著？反正那第一夜，像「叫化子」（乞丐）遇上人家辦紅、白喜事，不計嚬數儘吃飽，我餓，她胃口也好。一夜未閉眼，已經天亮視窗草簾子透進一線光了，我起床前還在她身上做事，見她是閉著眼的，但肯定沒睡，因為她一隻手還在輕輕給我揉背，微微張著小嘴還在輕輕哼哼出聲。」

「從此就天天一床睡了？」

「真要感激黨和政府關懷、照顧，給了我一個年輕漂亮的老婆，一份豔福。除了自已身體沒有任何付出。」他不無得意地說。我也不插話聽他繼續說。

「嘿嘿！……那天早上起床才見她有點害羞，因我頭晚沒有穿衣服，還是上身赤膊，她說以後不要打赤膊了。」

「第二晚又怎樣開始呢？」我問。

「下午收工下班後，往常一樣，我回房放好工具，開過晚飯，大組學習我去茶梯地拉二胡。大夥下學習睡覺時候我回屋，進房見她小房間門開著，只聽她說『關好門，把大屋燈關了』，她房裡燈亮著，我還猶豫去不去她房裡，心裡也在想，是犯法犯罪已經犯了，我是被強姦了，我是勞教她是幹部，她不怕我怕啥，也相信她不會害我，要說我強迫或偷她，為啥不叫不喊不告發，這二次必須去。時間越長，次數越多我越不怕。我拴好大門，熄了大屋的燈，直接去了她房裡。」

「你們一共有好長時間呵？」我問。

「快一年吧，」木工師傅陷入了回憶，臉上蕩漾著甜蜜的神情。

「你沒有說過你倆是在犯錯誤？」我問。

「我說過，」木工師傅要表白自己了，「當天晚上就說過，這是犯錯誤的。我已經在勞教，再犯錯誤是錯上加錯會判刑，妳又是幹部，這會不得了！她說幹部也是人，兩個人情願的事情，錯不倒那麼多。我還說妳這樣會對不起妳愛人的。她說兩年才有次探親假，已經一年多未見過面了，隨便那個往返一趟只報銷路費，自己要貼錢。愛人對他家裡還有負擔，對錢還是看得很重。」

「那你們怎樣出事了呢？」我向。

「根本就沒出啥事，」木工師傅斬釘斷鐵地說。也花過她的錢，她也給我買過好幾件衣服。有一天出工時隊部叫我去，我以為又有啥工作安排，其實是通知我馬上收拾個人東西，又叫個人來清點所用工具，要我上午就到大橋（建築隊）來報到。我就這樣來了。啥原因也沒說，總之要我交清工具，打好被蓋捲馬上走人。說當天那裡就沒我的中午飯了，去「大橋」吃。（建築隊地名叫大橋，習慣成了建築隊別稱）

「你兩個從此分手，再沒見面，說一句話？」我問。

「凡當天不用的工具自己保管，放在睡處，幾分鐘就交完了，互相又不辦什麼手續。打被蓋捲也快，鬆把鋸子繩子也夠了，我懸時間收拾東西，想看看她，也不見個影子，當時不知她又哪裡去了，來大橋也就十來分鐘路程……」

「一點未提到那件事情？」我問。

「到現在幾年了也沒哪個幹部問過那事情。好像從來沒有發生。以後我悄悄打聽，說是我走後當天夜裡還是第二天早晨，去成都方向火車晚上有一趟，半夜的時候。是場部小車送她走的，是火車站還是汽車站，我們的人（指勞教、就業人員）無人知道。反正她走得也快……

木工師傅在上世紀平反冤假錯案高潮期不假離場，親自去跑自己的複查問題，希望獲得改正回原單位。但一去未再返茶場。也是在上世紀八十年代中期，還在成都見過面，在一家他朋友的小飯館打雜幫忙。問起為何未回原單位，只是搖頭歎氣。原來二十年中工程隊不知拆編過多少次，又找原公路局，公路局與二十多年前已人事全非。凡是經過正式上報的，各次「運動」各種原因處理的許多人，特別是「反右」開始到「文革」這些長久不會忘記的大運動期間，被清除的人都有案可查。劃進來劃出去，都沒有木工師傅。一年多時間過了終於查到自己名字，而且無完整檔案，找不出受過任何處分的根據。在茶場二十餘年是事實。誰申請的，誰批的，誰送去勞教的，誰誰誰？一串問號，算上級領導單位的公路局，找不出半張一頁的文字記錄。最初的工程隊早散夥十幾年了，找到當年的同事，同事可以證明當年有那回事。改正、複查要原始依據。從當年工程隊調整情況看，該工人同志自動離隊了。調整後的工程隊，就沒了該同志本人，也更無檔案，翻查遍相關上千份工資表，沒有該同志的名字，更沒有領過一分工資。無法複查。國家領導階級的該同志在二十年前就丟了！失蹤了，沒人關心，沒人尋找。

還有一位情況相差不多的「同學」就幸運得多。近二十年同在一個隊一個工組小組，我解料他伐木。老家在四川宜賓地區某縣，出身貧苦。但好學，十四五歲就會寫中國老式流水帳。隨同舅父在外跑，混飯吃。快解放了在路上被土匪搶，連人帶財物。很快又遇上解放軍，小鬼很機靈，想當解放軍。終於穿上軍裝——勞教、就業期間還常得意含笑的看自己穿解放軍裝的照片。一九五三年復員分配到「長江流域規化辦公室」在重慶兩路口的下屬單位，先搞野外大地測量作記錄員。常在「經緯儀」旁別人看，他記讀數。據說「經緯儀」一經架好幾天都不移動。帳篷就在旁邊。一個下午都收工了，他去用雨布遮護「經緯儀」的時候，無意動了下觀察方向——鏡頭轉動是很靈活的，只要不動腳架並不重要。問題出在順便看了一眼。本不知動了鏡頭對著的另一個山腰，恰恰是女同志住的帳篷，又是夏天。「哇！她們正在帳篷邊樹下洗澡，還清楚哩！」聲音已經叫出來了。自己也趕快遮上鏡子，沒有再看。第二年就「反右」，機關不說了，搞野外勘查的人也找問題，也開會要「大鳴、大放」。實在說他沒有資格討論發言，工作等級也同「跑標杆」的工人一樣，在知識份子行列以外，本不是「運動」對象。野外勘查工作很辛苦，白天勘查晚上整理資料，沒有閒時磕牙。那個工作隊本來就工人多幹部少，幾個知識份子又都是技術人員。到「運動」後期要處理人的時候了，機關不同意沒有一個該處理的人。因為有個「百分之九十五是好的」的指示。那些盡忠盡職的下級黨政幹部就必須找出百分之五是壞的了。不能說一個工作隊找不出一個壞人來，那是違反上面旨意的。誰敢？！找去找來只有這位記錄員無意間從「經緯儀」裡看了一眼女同志收工後在遠遠的帳篷外洗澡。最後送去「收容站」轉茶場勞教。

二十多年過去了，又「解放」了！准申請複查、改正、平反了。可他本人還沒有這個願望。他說「就業」也不錯，在茶場穩定，沒有當年辛苦了，按月發工資了，穿得暖了又不挨餓了，比他老家農村好。回原單位，做夢！他沒有離場的主觀願望還有一個原因，可能還是主要的：

他在茶場、在建築隊幾乎同時有兩個「老婆」，而且不花分文供養，還受對方關照更多。由於女二隊與建築隊，從地理說是無距離的在一塊兒，只是從管理上是兩個單位，但房屋相連等於一處。「文革」後送來勞教的有單位的都帶薪，時間兩、三年不等，她們隊的飼養房的女勞教，晚上裡面兩三人，有住豬圈上面算樓上，有住存放飼料糧的單間，安排一個結婚了的女「就業」作組長，其餘是單身女勞教。幾十公尺之遙，熄燈睡覺時間進去過夜，夜夜都是良宵！互相包庇關照，管理幹部永遠不知道。她們勞教前在外面公開造過反、打過仗、為「革命、為捍衛毛主席無產階級路線」獻過身，正常年歲要男人。我這位「同學」身強力壯又助人為樂，常去關照。一批到期走了，二批又來，她們是不是有交接，不知道。我這位「同學」助人出了力、流了汗，她們也報以營養食品、冷暖衣衫。她們藐視專政，說是符合人性。作者無能力評論。

由於他平常精打細算節約，愛錢重於愛命，為找到丟失的一分錢硬幣，可以翻遍整個床鋪，連墊下的稻草也會等於梳理一遍。大家笑他「死存錢，存死錢，存錢死」是出名的。也是玩笑，也是關心，知道他「犯錯誤」的情況如此簡單，不是三番五次，而是八九十次勸他、鼓勵他申請「複查」。這才使他花了兩三角錢發了一封掛號信給重慶原單位。個多月無反應。這下他生氣了：「老子花了幾角錢，單位八分錢都捨不得回封信說，老子親自去，想來那些人還沒死完。老子就在他們辦公室睡，在食堂吃飯，不給錢。看把我再勞教一回。」大家趁熱打鐵，催他快走。有人幫忙寫假條（其實他會寫，「兩報一刊」在小組只有他認真看，學習時討論發言，還把掌握學習的幹部問得答不上話）他只點頭同意，還有人願意幫他交假條。一是希望他改正平反，二是讓他花錢。大夥確實有好心、有作弄。當時茶場幹部有緊跟形勢、執行政策的人，（當然也有單位自己複查了來函要人壓著不放的）假條很快批准。他單位二十多年了還在老地方，但接待不熱情，甚麼事都不知道，對問題是推。叫他去武漢查——長江流域規化辦公室高層管理常駐地。他有拗勁，急不得。好！去武漢。到了武漢，找到地方——幾十年的大單位，國家總理曾兼任過辦公室主任的機關，辦事當然不同一般，既認真又負責。很快查到他所在單位，本人所在隊。工作人員回答說：「你好好的，有啥問題？是不是在一個隊待得太久了，二十多年了，想調一調？這好解決嘛！老工人同志了，該照顧」。他回場後說起，當時他真是哭笑不得。工作人員聽他說了何時送勞動教養，就業又多少年了，現在什麼地方，請求複查當年處理情況，按政策該不該改正，等等以後，工作人員也驚愕，像聽他在講傳奇故事。馬上給他安排了吃住，並說，「任何獎懲，記過處分也要上報，從你材料檔案看，你好好的，仍在你們隊上，至於是否加了工資，這裡沒有下屬單位個人的工資表，為了慎重起見，你先住一兩天，吃住我們管，你不掏一分錢，來往交通費，看情況處理。」

結果在武漢兩天，給了他一封便函帶回重慶，內容大概是該同志勞教問題請複查一下，實事求是按政策辦。回重慶交給他單位領導。領導人看了一下說，你先回茶場，我們儘快發函去，你回來報到。好像馬上已經改正了。好像他們早已查了，根本沒有處理勞動教養的決定的相關記錄，從檔案看人一直在隊上。說不上需改正、平反。

這位「同學」回場後半月內就叫回原單位了。年齡已四十多歲不再適宜野外工作，留在單位做些辦事員的打雜事情，並照顧提前退休。回單位後才結婚組織一個新家庭。這也是一種人生！而且還算幸運。到二〇〇二年才逝世。首期勞教無罪無錯的很多，一個「運動」白耗一生，只要經得起磨難，能挨到「第二次解放」，都能「重新做人」。要輕鬆愉快生活就不要太計較過去。生命雖然寶貴，而且只有一次，但它又十分脆弱；曲折坎坷的生活我認為是豐富多姿的，像一幅有高山、有溝壑、有平原、有江河、有嚴酷寒冬、有花開春暖的圖畫。

以場為家以茶為業

當年，在一部憲法如同一張廢紙的國家，一個沒有法律、或有也被最高掌權人任意踐踏的社會，公權沒有監督，執行不受約束，想怎麼幹就怎麼幹的年代，老百姓會怎樣過日子？想來已經不用明說。

政治民主，生活自由，保障人權，國家從理論上給了人民很多東西，也允諾尊重。但在實踐領域又實實在在恣意破壞這些自己制定、要人擁護的東西。說到底民主、自由、人權，對統治者來說有如一本天書，至少在當年——或許延續到現在，實際完全沒有讀懂。地球村的其他鄰居們雖然也不徹底民主、完全自由、百分百的尊重人權，但畢竟人家走在那條路上，也許前進不快，但絕不後退半步。物資、精神兩方面的情況比我們都好，他們人民還不滿意，也有怨言，畢竟不是社會發展主流。至少國家領袖不臆想自己內部存在許多敵人，要搞「階級鬥爭」，「運動」一個接一個，把那些假想敵也要消滅乾淨！非如此總擔心江山不穩。弄得全民屈服還惶惶不可終日，得不到一天安寧。說是解決矛盾，實在製造矛盾。已經搞得全國沒有一個家庭在其三親六戚中找不到一個沒有「罪錯」的人。同時又領唱「團結就是力量……這力量是鐵，這力量是鋼，比鐵還硬，比鋼還強，向著法西斯帝開火，把一切不民主的制度死亡！」嘴巴兩張皮，可以指鹿為馬，可以指東為西，就憑權力。還說「權是人民給的」。

似乎記得一幅外國故事漫畫：說聰明的科學家其實很傻。有個商人叫這個科學家做槍柄，再一個科學家做子彈，事先只說是工具。一切做好了，商人裝配起來首先對準科學家。原先是許給豐厚報酬，這時是強迫給他繼續幹。到此還沒完，還要霸佔科學家的妻女，還要長期在科學家中吃飯。科學家知道開槍的後果，只能眼睛鼓得挺大，敢怒而不敢言。現實生活當然不同漫畫。不過人民給出了「權」就一切不由已了，同漫畫多少有些沾邊。

不必認真計較該不該勞動教養？既然弄來勞教了，又從無期到有期，期限也滿了，也被通知「解除勞動教養」了，一條艱難的路程已經到站了。從當初的「勞教條例」規定，再從管理幹部曾經的親口許諾：解教後可以回單位，回家，離場。理論上已是國家職工，法律上已是合法公民。如同當初一定要「挽救、關懷、愛護」你，強迫接受「思想改造」一樣，也不讓人離場。（當然也不能冤枉人，七八千人中一年也要走幾個）經過一個大會，作次新內容的報告：叫做「以場為家，以茶為業」——聽其講解，理會精神，這又是黨和政府的再次「恩情」。要讓我們一生，還有稍後准成家再有兒女，世世代代，子子孫孫，都在山上扎根。這裡條件最好，這裡前途光明。要求不要「辜負」黨和政府的「關懷、照顧」，給了我們長期固定的「工作」，也是建設社會主義的「光榮」！命運有黨和政府包乾安排，要一百個滿意，一千個放心，聽黨的話（沒有一個解教的人是黨員，曾經是也早開除）這裡要建萬畝茶園、千畝果園，我們就是第一代開拓者，創建人。當然，是黨和政府的名義，不必同你商量，不必徵詢個人意見，願意也要留下來，不願意也走不成。口頭上說經過「黨和政府的仁至義盡，苦口婆心的耐心教育」，已經把我們從「鬼」變成「人」，已經從「犯罪邊沿挽救回來」，開始走向「新生」。等等。若不身在其中，無法感受實情。就仔仔細細憑著良心講出來，說了一句假話定遭五雷轟頂。今天的年輕人也難以相信。或者會說你「哪是留場就業，分明是集中營」。新世紀的年輕人真幸福，共產黨經過撥亂反正，法制在健全，民主在推進，正導向「立黨為公，執政為民，以人為本」，這句話若在上世紀六七十年代說出來，肯定是「反革命」，寬大處理也會是無期徒刑。若再按我們「首期」的「收容」勞動教養的「標準」來比對，現在起碼要「收容」十億人——首期的「同學」全國都有，更沒有死完，不信，可以問問。

無可奈何留場了，「國家職工」的政治身分了，我們叫「就業人員」。若在哪件事上錯了點以前勞教時的規矩，幹部會提醒你：「解除了勞教不要翹尾巴，狗皮剝了狗肉在！」有人認為是侮辱人格，幹部認為是形象地給你講明道理。當然這種幹部不多，但也不是絕無僅有兩三個。正如一個「銅板」有兩面，正面「勞教人員」，反轉來「就業人員」，值多少？還是二百文錢！

勞教與就業，也不是點無差別。除了一個廚房開夥一樣的飯菜和多少，同一個山頭幹一樣的活，接受完全相同的紀律制度管束，與勞教人員相比，多一項「以場為家，以茶為業」的意義，繼續接受改造。要「為家」就要有夫、有妻。所以就業人員可以談戀愛，實際說可以要女人；勞教人員不可以。但這裡的戀愛方式也是創古今之先例，決不是「關關雎鳩……君子好逑」，求之可得；更不是愛海情天可以自由的連翅比翼；即使兩情相悅也不一定能永結同心、百年好合，喜結連理。而是先要經過隊部批准。雖不能說牛馬配種要憑主人的意志，至少這本是最自由的事並不自由。無論男的去女隊，還是女的來男隊，一定要先寫假條經過批准，批准了去到對方隊部先要交驗假條。幹部點頭再到「你愛的」小組。試問：眾目睽睽之下，你怎麼噓寒問暖，喁喁情話？談戀愛離不開肢體語言，這時候又如何伸展？放牛娃和村姑，他會拉拉她的辮子，她也會有氣無力的捏著小拳頭捶捶打打；城裡姑娘、小夥子更會尋機挨挨擦擦，再後才抱抱摟摟，試探著能不能親親，從臉頰到嘴唇。過了這一道道「關卡」前面才是婚姻的殿堂。還有：那裡是「女兒國」，你一個男人是不是彆扭，會不會尷尬？對著那眾多女人發亮的眼睛你能不能招架？這種時候你像一個火種丟在了乾柴堆上，房子擁擠兩三個小組共住一個寢室，有一個男人進去，裡面就沸騰、就燃燒。這個來祝賀你：快點；那個來鼓勵你：加油！快些把她弄走。假若你的那位同誰不友好，這時候最容易讓人使壞。接見的時間還有規定，可以留下共進一餐午飯，這餐午飯不能向廚房多要一份，照顧可以自己弄，或接受他人饋贈，一個饃。自己弄得最好的是，從彝胞那裡買或換回一兩個雞蛋，和著煮碗掛麵，吃了快走。哪能像今天的男女，咖啡屋，啤酒吧，有燈不開要點支小蠟燭，那樣寧靜、溫馨。當然這些規定很難逗硬。雖然時間有大半天，可千萬別約定幾時再見，時間到了也許請假不准。白白地被斥負心，哄得人家好等！

為了標榜人性，到時候也批准結婚。正如黨和政府對老百姓許諾很多事情一樣，幾個特例讓你不能說它不兌現，但並不按曾經的諾言照辦，尤其對個人有利對政府、集體有難的事情。從未作廢的憲法規定：中華人民共和國的公民有「言論、集會、結社、出版、遷徙」甚至「罷工」的自由，實際如何？不須我說。

宣佈勞教定期是一九五九年。最初上山的人都是一九五九——一九五八年最多，期限一至三年。到一九六二年基本上多數已都滿期、超期了。為了不放人才有「以場為家」的說法。在「災荒」年零星送上山的少數人，上山前被「收容」時已定期，也確有少數在勞動教養期間內，其犯罪、犯錯性質可以概說與「要想吃飽」有關。案例也比較具體，例如買賣了幾斤口糧、糧票，或政府配給的副食品票證，是作為「破壞國家糧食政策」的大罪名、而又「寬大」處理的。若在國家供應系統之外，從甲地流進一點人民日常生活必需的其他東西到乙地，那就是「奸商」的罪名了。順便多說一句，我認識幾個「奸商」，不但不會算帳、認不準秤、甚至分不清面額大小人民幣——他們來自農村，帶了點草藥、或鄉間土產品進城想換幾個零錢，或出門需要點糧票（農村外出一般不發糧票）進城「交易」就被逮到，逮到就是「奸商」。「奸商」就「寬大」送勞動教養（如今還有個當年女奸商住重慶石橋鋪鐘錶廠，二〇〇四年已近九十高齡）。若在單位、機關聽到你對生活有意見，就會成為「惡毒攻擊社會主義優越性」，「攻擊國家糧食政策」，「破壞大好形勢」，「誣衊政策、方針」，「誹謗黨和國家」，「給黨和政府抹黑」……還有罪名多多，不——細說。雖然「共和國」當年的所有可稱「法律」的文件，都沒有這些「犯罪」的明文，像如今的商品標籤隨便貼，貼在你頭上立刻是罪人，執行起來最快的，快得可以不過夜，辦事人員也是雷厲風行，決不拖泥帶水。

就在「社會主義好，社會主義好，社會主義國家人民地位高……」的歌聲中，不少人為些雞毛蒜皮的小事被投入不設高牆、不設電網的監獄——勞動教養場所。祖國地大物博，荒山禿嶺也多，要人開墾，要人耕種，「向荒山要糧」是當年響噹噹的口號。「災荒」過後茶場「減員」嚴重，要建萬畝茶園、千畝果園，只嫌勞力不夠，哪會輕易放人！於是有了「以場為家，以茶為業」的新「規定」。誰也不敢去想，去質疑這是不是國家、政府的政策？本來就是「無法無天」的年代，又從哪裡去尋尋覓覓找「法」的依據？幾十年過去，回頭想想，當時給人的深刻印象：只要是一個幹部，國家機關工作人員，說話做事都代表政府，都在貫徹黨中央（黨在國之上）的什麼精神、指示，各級幹部無論幹什麼事都聯繫上毛主席。毛主席在人民群眾心中，已成為天上的玉皇，每家的灶王，人間的帝王，有至高無尚的權威。只有點點遺憾：管風雨雷電的菩薩辦事不同他商量。已經細微的管到人民穿衣吃飯，每月吃多少，發多少「布票」衣裳能做好長！還有一點暫時未管到：已經脫衣上床的男女，只准「親熱」幾次……我認為毛主席很累，或者很冤枉。「奴才狐假虎威，總往主子身上推」。或者老人家認為的對革命忠誠，恰恰培養了一些真正殘害忠良、禍國殃民的壞人——突出的如以後的「四人幫」。許多事比對，好像又不，毛主席指示過：「人類要控制自己」。聽起來不是建議的口吻，是指示、是命令的語氣。這似乎又管到了別的民族、別的國家也要節制生育。記得此前不久，有人建議過我國要節制生育，還批判是「反動的瑪律薩斯人口論」。幾個春秋過後，畢竟頭腦開始清醒，不過，又多了三億人！大概出於階級鬥爭理論，還把世界分成一、二、三。一、二、三就包含了矛盾，有矛盾就要搞鬥爭，似乎這個「英明論斷」沒有受到世界歡迎，包括我們給油亮起的那盞「歐州明燈」。

「留場就業」，實際等於勞動教養這種解決「人民內部矛盾」的方法再一次延伸。說得明白點，先從無期改成有期，「就業」是從有期再改成無期了。好像「土改」時期，農民盼到了土地，還沒過多久，「農業生產合作社」成立，土地又脫手了。農民說革命發展形勢太快，從無田到有田，再從有田到無田，就在俯仰之間。昨天還是土地的主人，一下又變成了赤貧的打工者，還是在那土地上幹同樣的事情。生產資料在「集體所有」的名義下全部喪失，打下的糧食也不是自己所有。家禽家畜全部歸公，還不准餵養看家的狗。我不知道「老大哥」的「集體農莊」情況，我們的農民弟兄是只准耕作不准所有。他們饑飽要受豐收、欠收的影響，「三級所有」又不發放油、鹽、醬、醋、茶，買點針頭麻線、點燈煤油也有困難。有些農村出來「混」進勞教場所的人，「就業」了還不願再回農村，還問場、隊幹部家裡人能不能來場「以茶為業」？這種事例最能說明：那時農民只要溫飽，還不懂民主、自由！「好心」的幹部還以此教育我們：你看農村的還不想走，你們還不安心。每月雖然只有十二塊五角錢——折合當時美元兩元幾十分，（記得好像五、六年未變）扣除每月伙食費還有不足一美元。說明社會主義好，物價低廉!?

「留場就業」就是「給出路」的政策。不過，沒有光明正大的上過報紙，沒有理直氣壯的通過電臺宣傳，絕大部份「革命群眾」不懂這碼事。有「反動」言論說不法奸商常開「空頭支票」騙人，更有駭人聽聞的說法，這是新形式的「奴隸主義」。對於專制獨裁的統治者來說，奴隸主義是個好東西！有人說沒有奴隸主義就沒有古希臘、巴比倫、金字塔的文明，就沒有強大的帝國，就不可能逐級集中到一個人終身執政，就不可能一切由一個人說了算，也不可能其權力不受任何約束和監督。嘴上說「權力是人民給的」，是用來「為人民服務的」。事實上也曾經緊緊依靠過人民，（特別是農民）那是為了奪取政權。一旦高踞廟堂，龍椅坐穩，立即反過來壓迫人民，中國歷史上這種事情太多，不能怪後代不吸取教訓；思想隨社會發展，蠱惑人的花招天天在變。像現在假冒偽劣商品太多，推銷的甜言蜜語又使人心醉，昨天還是皺紋滿額、塌鼻斜眼、咧齒歪唇，經過一番手術整形，又一個王嬙、西施、楊太真，敢教你不掉魂？何況野心政治家最擅搞欺詐。馬克思主義引路，工人階級是先鋒；我國太落後還沒有龐大工業體系，更少產業工人，但窮苦農民多，依靠農民——「聯盟」打江山，沒有馬克思主義幫忙，歷史上也有過成功。創業容易守業難，一定要徹底、乾淨、全部清除所有憂患。即使你曾經為建立和鞏固政權而浴血奮戰，這時也只能順我、捧我者昌，逆我、疑我者亡！沾不上權力又無能保護自己的黎民百姓，只能淪為實現「偉人」理想的工具。高舉紅旗、喊著萬歲的人民都沒有好日子過，何況被清除社會圈養起來的各種「份子」。嚴格說來毛澤東時代，在大陸根本沒有真正意義上的人民。當時常常說六億人民，實則是專政下的六億臣民。當然可以不同意如此說法，那就用毛主席親自批准頒佈的中華人民共和國憲法對照吧！

何謂奴隸？可能社會、歷史學家早有定義。我想，主要的、根本的方面，是沒有人身自由，沒有個人尊嚴，沒有個人的基本權利，生產、生活、接受教育、沒有個人意志，也不能選擇工作、自由遷移住地，連個人的喜、怒、哀、樂也不能自由表現，一切思想、言論、行為必須服從他人的意志……就業人員的情況，完全符合上述特徵。叫甚麼？不必說明。記得「紙老虎」的總統尼克森上臺的就職演講：「……自由的精髓，在於每個人都能參加決定自己的命運。」那時的中國人誰能決定自己的命運？包括授銜的元帥、將軍。何況「剝了狗皮狗肉在」的我們一群！

為一件什麼事情而發出號召，號召本身應該不具強迫性，可以響應，可以不回應。但茶場號召「以場為家，以茶為業」則是強制性的規定。加上為鉗制黎民而制定的「比鐵還硬」的戶口管理，「比鋼還強」的糧食供應政策，處於領導階級、執行專政的工人也不能隨意流動，屬於「聯盟」同志的農民還進不了城，身為革命幹部若是兩地婚姻也難於團聚。在這種社會背景下，解除（期滿）勞動教養的人員，敢不服從場、隊領導的安排而乖乖「就業」嗎!?

「以茶為業」不難理解，就是在茶地耕耘、管理——鬆土、除草、施肥，採摘茶葉，送車間製成成品。當然也能不定期付錢分得一點製茶過程中的下腳料——我們稱之謂「麵麵茶」——別看「麵麵茶」是麵麵——粉末狀，雖然裡面有點泥沙，但最多最多的還是茶，而且多是在烘、炒、揉過程中弄碎了的茶葉嫩芽。一方面對生產而言是「收之盡錙銖」，不能有點滴浪費，二方面「照顧」種茶人喝上茶，多少收點錢回去也是增加效益。記得第一次喝上自己種的茶，還有難以言喻的興奮、安慰，自己的勞動成果自己享受了！當然，我們同幹部喝的有區分，他們喝的是成品，當初花錢也不賣給我們。祖宗的教導溫良恭儉讓，我們接受「遍身羅衣者，不是養蠶人」；也相信「零落成泥輾作塵」的是花，我們喝的「麵麵茶」裡最多的還是芽！

無論你以前學的文科、理科或別的專業，或已有公眾知曉的成就，是某個方面的人才、專家，一經「脫胎換骨，革面洗心」又成「新人」，最好自己忘掉過去的一切，那是上輩子的事了。黨和政府要你種茶，種好茶就是「立功贖罪」，思想改造是一輩子的事，資產階級思想如宗教裡的「原罪」一樣，在娘胎裡就有了。或許你出生在貧下中農家庭，工人階級家庭，甚至革命幹部家庭，都不能證明你同毛主席的革命路線心連心。思想改造只能通過體力勞動來體現。這是不是可以說看不見的鬼魂可以用拳頭來打倒？老人家指示過，「不宜種糧的山坡多種茶」。毛主席是英明的，對莊稼也在行。可怎麼又讓那時黨中央的機關報紙宣傳「糧食畝產幾萬斤、十幾萬斤」的造謠報導來欺騙革命人民呢？馬克思能從複雜社會中分出階級，從階級關係中發現剝削，從剝削中找出剩餘價值，從誰獲得剩餘價值而發生階級矛盾，從矛盾產生鬥爭，因鬥爭而爆發革命，因革命而導致專政。邏輯性強，論據充分。不過，那已是百多年前的「學問」，而且違反了普世價值，既不科學更不是真理。比起我們「偉大導師」來，我感覺差點勁。一本如今應視為假冒「品牌」的《新民主主義論》就取得了國家政權，一場敲鑼打鼓的「公私合營」運動，一個「贖買」是政策、還是辦法？就接收了全國（包括股份、私營工商業）的資產，也沒有按承諾付「定息」。收拾治理一個國家就如此簡單。差點就進入共產主義社會，敢為天下之先。馬克思要講發展階段、要講條件，毛主席說過不能照搬，要根據自己國情，要創造、要發展。

留場就業種茶，同毛主席的話沾邊。沾邊就是神聖事業，沾邊的勞動就最「光榮」。留你在茶場就業還不是好事？還不算「給出路」？有的人勞教期滿還有「帽子」，這「帽子」就是孫悟空的「緊箍咒」；還有分了類的「份子」，諸如「反」（革命）「壞」「右」份子，這「份子」就是你身分標籤，如同古時臉上烙印的犯人，古書說叫「黥」。所以沒有「地」（主）「富」（農）份子，那是因為勞動教養不對農村。實際有農村來的，所以我說他們是「混」進來的，還想把家裡人也喊來吃「供應」。真是窮得「囚」飯也豔羡！種田人餓飯，這事不荒誕？

聽說其他地方的勞改工廠、礦山、煤窰、車間、農場……不論搞什麼勞動生產的場所，滿刑了，解教了，絕大多數不准走。統統成了就業人員。看來「就業人員」是隨社會主義社會產生的新的人群，新的階層，新的成分。由此，神州大地有了一件怪事——大批「反社會主義」的人在建設社會主義！當然離不開強權壓迫，刺刀管理。

祖傳的弱點總是「退後一步天地寬」。茶場總比「埋了沒有死」的礦井好，缺乏勞保的鉛鋅礦、石棉礦——本系統離峨邊不遠，我們所「就」之「業」，總比他們強吧！種茶的地方，一般都空氣清新，有山有水有草有樹有陽光，還有野花怒放！遠離城囂，遠離污染。武俠小說上的修仙、學道、練劍的好地方。這退一步想，還真能自我安慰，心情舒暢。定下心來，不就種茶嘛！多年生木本植物，比種糧食還簡單，似乎有了這樣的處境，較之有危險的工種，還能高興起來。

那麼，又怎樣「為家」呢？「為家」與「為業」有不同的精神區別，和不同的感情內涵。老百姓一般的終生目的都是一個「家」字了得，人的幸福與苦難，憂傷與快樂，缺陷與美滿，很多時候都牽涉到「家」。可以說家就等於媽，自己先作孩子，再作爹媽，周而復始，這個循環看似簡單，卻有人一輩子辛苦忙碌沒有安好一個家。有的因一個人的失誤或遭禍，就破壞甚至毀滅了一個有長久年代而又幸福美滿的家。古人云：「齊家，治國，平天下。」「家」是第一位的，可見家對人的重要，人對家的需要。

人生最悲哀的是家破人亡，最快樂的是點燃花燭進洞房。茶場經過四、五年的墾荒開拓，中間還熬過了三年的「自然災荒」，在剛剛看得見綠意盎然，一片生機的時候，就要人們在這從前沒有生兒育女的地方，簡單的開始繁衍後代，如同要豬產仔，養雞下蛋，人也要分娩。與其說是人性，還不如說是生物鏈不能缺少這一環。用「以場為家」的名義，剝奪人的自由，恣意賤踏人權。這是不是馬克思主義？「敵人擁護的我們就要反對，敵人反對的我們就要擁護。」這該是當年的「最高指示」吧，說「美帝國主義」是當年的敵人，當時是不敢有人反對的。那麼，人家一直反對我們「不尊重人權」，我們就該擁護不尊重人權了，對嗎？若再按此理延伸下去，只說生產方面，當時蘇聯的一把手——勃烈日涅夫說「資本主義還有強大的生產力，還沒有到沒落階段……」，我們天天說別人已腐朽、沒落，我們才最先進、最優越。而公開的事實是，個人專政、寡頭治國的國家，沒有一個不欠資本主義國家的錢。作者決無意稱讚資本主義好，他們的兩極分化，始終是分配不公的千載難題，但也比不上我們當今嚴重。就僅以國民人均產值及可支配收入而言，我們差得讓人害羞，當然還要有廉恥心才會害羞。再說科技發展水準，我們落後四、五十年，算不算多？誰優誰劣，一目了然。誰在睜著眼睛說瞎話？這個題目太大了，作者沒有能力討論，也不是本書敘述的目的。回過頭來，還是繼續說在茶場怎樣「為家」吧！

「……每個人都能參加決定自己的命運」，說話的人未必能完全做到。但我們卻在背道而行。難道這也是東西方文化的差別？在強制留場的人當中，有的人在勞動教養前是有家的，準確說是有妻子、甚至有兒女的。如果單純的說「家」，誰沒有？就是流浪街頭的人，追根溯源誰沒有一個家，即便破爛殘缺，也有一個出生成長之地。「以場為家」的真正含意，是要你在茶場——勞動改造場所作為一輩子接受「關懷、照顧」、長久的歸宿。一些人經過幾年的離家以後，有的家發生了變化，或逝父或喪母、或子散，或原先家的形式仍在，但妻子身心已另有所屬。由於勞動教養期間不准離婚——這是革命人道主義保證勞教期間思想改造不受影響的關懷照顧。但如今「解教」了，父母或妻兒、或丈夫聽說兒子、丈夫、或妻子留場就業了，長久地不能回家了。當初忠誠的等待，癡心的盼望，日夜的牽掛，寒暑的思念，真是望穿秋水，深閨夢醒，往日的情，從前的愛，模糊的憧憬，設想的未來，已經永遠逝去，不復存在。是人就有七情六慾，儘管空房寂寞，衣食艱難，或者還要奉老養幼，有那點重溫舊夢的希望，曾有的感情的精神支撐，「留場就業」把這一切都摧毀了！已經別無選擇。牽掛何益，等待無期。現實的嚴酷，不允許有個人的願望。還是各人屈服現狀，重新安排自己可能的將來！成夫妻的，離婚吧，現在不受「不准離婚」的「關懷」性限制了。

於是不少勞教人員隨著勞動教養的解除，以為是新一天的開始，那想會是噩夢的更深延續。有人很快就以「國家職工」、「就業人員」的新身分解除了當年的海誓山盟的婚姻。多一點丈夫氣慨的，多能為女方作想。女人的青春不具有男人的特點，她們經不住光陰的消磨。已經耽誤了人家好幾年。如朝霞、如花朵的時間不多，很快就過。何必要拖到人老珠黃，美人遲暮。趁年歲不大，還可找個好人家，不要辜負最後韶華。要怪，只怪自己中了「陽謀」落了陷阱。是親愛的就不要再連累。悲劇已經太多，不能讓自己的愛人再變成巫山神女，幾千年的盼望把自己變成了石頭還在等！長年雨打風吹，寒霧繞身，孤伶伶，一個人。感謝妳多情，相信妳忠貞，不怪姻緣有錯，只怨生不逢辰。再求求「月老」下次拴好紅繩。

「就業」的高峰期，也迎來了離婚的高峰期。兩個高峰期的重疊，壓出了許多離別！傷心事提不起，辛酸淚不用擠，如暴風雨過後的屋簷水，點點，滴滴。又像串串珍珠斷了線，撒滿地……我同隊的一位「右派同學」說，真願意死別，不願生離，最可憐的是小兒女！他們何罪何辜？被牽連受苦。父母操心一個家庭，又到風燭殘年。那種撕心裂肺的感覺，向誰訴說？捶胸頓腳恨自己，不過說了愛國憂民的幾句真話，就成了「惡毒攻擊」！更怪自己太傻，以為真在「自由民主新中國」。

有個解除勞教未摘右派「帽子」的同隊「就業人員」（如今健在姑隱其名），原在成都中國人民銀行工作。家有弟妹父母，年輕漂亮的妻子林有蕎（化名）在成都某局作秘書工作。她本是原成都華西大學特別師範科（簡稱華大特師科）的學生。這個大學這個（專）科的學生當然全是女性，而且人人漂亮，個個健康，讚美一點說可以「笑彎秋月，羞暈朝霞」，年輕是肯定的。都是一米六五以上的身高（身高的嚴格要求幾乎等於當年招收B－25遠程轟炸機飛行員標準），首先五官端正，眉目清秀，最好有點不平常的美麗特徵。靜要有典雅的氣質，動要有嫵媚的熱情，人人都具惹人上火的身材，到處都灑落可使枯枝發芽的青春。學校故意培養這樣一批女青年，想來是要她們將來為學校添光增輝的，可惜那是「解放」前的主意。據說華西大學歸「人民」以後，這個科調整掉了。不過也該！原本她們當時最多的課程是「家事」，和少少的幼稚教育。說穿了是為達官貴人富豪公子培養年輕太太。作者決無貶意，若理會錯誤，請健在的老太太們見諒。當年作者同妳們中人也曾是朋友，所以略知底細。社會上貶稱「姨太太」班。我把「特師科」戲稱為「情絲科」——她們確像蜘蛛到處織網，但不獵食，因為她們都來自富裕的家庭，不是家中大小姐就是二小姐或三小姐。在校外要有英俊小夥陪伴，幫她拿東西，進館子為她擦筷子，拉凳子，看電影為她拿瓜籽，逛商場買東西不要你破費，但要你出力，反正是些零碎小事。總要人侍候才舒服，才快樂；不過，她們都善解人意，決不會虧待你。一天下來根據當日你侍候的滿意程度，一定給你滿意的報償：讓你擁抱一下，同時給你一個吻。是否緊緊，是否深深，這要看兩人當時心情和所在環境。都能到此止步，決不向「禁區」挺進。不談什麼教育，男的能心存責任，女的能堅定守身。彼此認為這樣已經足夠，不克制就是墮落、下流！不過，千萬要記住：分手前別拌嘴，否則，這一天就白累！可以讓人預料，她們出學校就有錦繡前程。一九四九年冬成都「解放」，這個班當然成了「資產階級的溫床」。學生們都有戴鑽戒的手指，都有掛珠寶的頸項。她們不屑從勞動中去爭取一份工作，然而當時進城的執政者也確實能發現人才，無論通過什麼關係，什麼原因，若願去哪個機關、哪個單位，百分百地都會如願以償。共和國成立之初正需人材，大學生都是香餑餑。而她們是真香、更香，並且軟綿綿、有彈性！走路很有精神。上梯、下坎同事們總想趁機扶扶、攙攙。她們要工作很簡單，只需洗去鉛華，脫下旗袍，褪去進口花跟尼龍長襪，換上「列寧裝」哪裡都會端上飯碗。林有薔很容易就進了成都某局，是名正言順的大學生，拿現在的話說形象極佳，更富公關能力。有千里馬就會有伯樂。上班就是領導辦公室作秘書。按理這是黨、團員才可能的職務，領導說可以親自培養。她的女伴說那位置是「過渡」，水深水淺要時時警惕，切莫糊塗！而她的領導又剛近不惑之年，此前為共和國的建立戎馬半生，南征北戰，剛進城又忙於掌權，還沒有時間成家，人的生活還沒有過全。如今天上掉下個美人，上班就在身邊。由於長期征戰練就的強壯體魄，現在仗打完了，身體的力量得不到某種釋放，加上眼前晃動的惹火身材，好像自身都會爆炸。但黨性、紀律又像一根粗實的繩索，捆得自己也不能胡亂動作。當有機會望著對方那一潭秋水的眸子，自己的一雙眼睛好像要噴火！這時候只有轉過身望著牆上的毛主席，劉主席的肖像退燒、滅火。畢竟是局級領導，還有文化有素養，據說小時也讀過「孔老二」的書，還不敢推倒道德的圍牆。她不是黨員、團員，又不能安排「組織談話」。不過，他對她的衝鋒樣的正當追求，又不符合她的胃口。「資產階級的小姐」不容易愛上「無產階級的戰士」，她要花前月下的浪漫，他講的是馬列主義經典。總之兩個人不但沒有越走越近，反而越走越遠。要弄她去洗洗「原罪」，他又捨不得這個「心肝」。幸好那不是「史無前例」的時期，不然他可以要她「為革命獻身」。實在說那「建國」之初的幾年，人心還並不很壞，有些封建主義「殘餘」的東西，比如仁愛禮義之類，還是人們道德的底線。儘管她對領導的美意很反感，他終能克制沒有發生強迫、硬幹。林有薔私下對女友說，像一匹餓狼，一隻餓虎，被他抓到吃進去恐怕不會吐出骨頭！漸漸地正在失去安全感。必須儘快解決這個遲早要解決的問題，好讓他徹底死心。一旦身已屬人，花蕾已開，可能就不太逗人愛了，自己也多了一分安全。看來世間任何一碗飯都不是容易吃的。

經女友介紹，林有薔認識了後來成為「右派」的這位先生——我的勞教「同學」。他們倆一見面就有共同語言。因為社會制度和生活方式的改變，她已降低了擇偶標準。當年想的汽車、洋房、鑽石、珠寶，在社會的教育下早已拋到九宵雲外，如今只要年歲相當，健健康康，平平安安，親親愛愛。她也暗自懊悔過：解放前她有出國條件，聽人說「新中國」定比「舊中國」好上千百倍，比舊中國有更多的民主，更多的自由，國家提供更多的幸福，所以她堅決不走。耳聽為虛，眼見為實，只怪自己「不聽古人言」。女人總要嫁人。現在有了男友，就想快快成家。戀愛的路上並不一定很浪漫，有時還是筆直的、短暫的，既不曲折也不漫長。事在人為，緣由天定。僅幾次散步，兩場電影，何況倆人心中各自早有目的。既不講聘禮，也不講迎娶。可能他的慇懃恰到好處，也可能她含苞待放正要雨露。不必跳牆，不用焚香，兩個人很快同衾共枕。

光陰似水，日月如梭，到了一九五七年。全國一片「反擊資產階級右派份子倡狂進攻」中，她的先生我的「同學」，被人行系統定為右派份子，戴上「帽子」停了職降了工資——這已經是一次處理，再又送勞動敢養。是不是可以說一次錯誤處罰兩次？當時給誰定個什麼「份子」，什麼性質，不需國家司法機關參與，儘管司法機關編制是存在的，還掛了大大的牌子，有大大的辦公房子，多多的工作人員。只須單位領導、黨委宣佈就算數，就等同具有法律效力。只差一點各級政府機關有權隨便批准殺人。不過已經像封建社會的「縣令」一樣，只有「處斬」人要上報，其餘各種懲罰一人說了算。幾乎各單位的小頭頭都有這樣的特權。「勞動教養是『最高行政處分』」，有行政權力的人都可辦理。油蠟鋪，豆腐房，挑涼麵、搓湯圓的只須往本系統上級管理部門、某位領導點頭照樣可以送走一個人。比起農家借隻母雞給人孵蛋、宰隻豬過年全家要商量還簡單。奇怪是沒有人提出異議或不服，更沒有人敢表示不滿！這樣的社會何止「民如犬豕」的封建，簡直已是歷史車輪倒轉，越過皇權，靠攏神權。

林有薔的先生在被定為「右派份子」的時候，「關於勞動教養的決定」條例還沒有頒佈實施。所以「右派」了還在銀行天天上班，不過工作已從樓上辦公室換到樓下營業廳，以前搞國營企業信貸，換成了打掃請潔衛生，工資已停發只領生活費。挨到「勞教條例」頒佈實施，集中一批機關、單位的同類人，集體送勞動教養來到茶場。

來茶場正值大堡作業區要老師，那裡成立了五個中隊，全是娃娃、少年，政府要他們讀書半天，勞動半天。「右派」都是知識份子，現成的老師。林有薔的先生去了。人算不如天算，很快迎來「災荒」年。「災荒」年娃娃、少年，在那裡我們叫「四號山頭」的地方長眠了一大半。黨和政府採取緊急措施，「生命可貴，救人要緊」，撤銷大堡作業區，全部調回宋家山。林的先生勞教的定期是兩年，直到期滿也並得到「解教」的通知。那時通知與否同能否離場全然無關。膽大敢詢問也不會得到正面明確的回答。「以場為家，以茶為業」就是落實毛主席為各種「份子」「給出路」的政策，安置的措施。

民間傳說的王寶釧，寒窯苦守十八年，知道丈夫在殺敵、平叛。「可憐無定河邊骨，猶是深閨夢裡人」。也知道男人是在衛國戍邊。現在解除了勞教留場就業，繼續思想改造，證明你沒有改造好。沒有改造好才須繼續。有人在峨邊山上的那些家庭，也知道每年有人離場，回家，回單位——也許是另外安排工作。但不知道離場的人不到五百分之一。家裡人、社會上，沒有那麼高的政治覺悟，他們看不到、識不破那是「英明」製造的假象，是對善良百姓認識的誤導。結果，一方抱怨，一方喊冤。「別人能改造好，你改造不好？才不放你。」客觀上成了對家人的挑撥離間。他們哪裡知道，這與改造無關，是國家需要。雙方都失望了，絕望了。父母一般不會與兒女斷絕關係，妻子，媳婦在家裡既是穩定的因素，又是活動的成分。等待的人在家裡含辛茹苦，歷盡艱難，受盡歧視，夾著尾巴做人，背負沉重精神負擔度日如年。不能單純指責人性的自私，現實的需要。有變的可能，一定會變。否則就沒有種種發展。

妻子林有薔，自丈夫送勞教後，單位的同事對其有些側目，但領導一樣的關心，並多次勸慰：「妳不必為與黨不同心、並攻擊黨的右派份子傷心，應該劃清政治界線，妳年輕，有前途，人民不會歧視妳；他不好好接受挽救、改造，沒有好好做人，妳應該同他一刀兩斷。革命與反革命是沒有中間路線的」。畢竟是領導，有水準。說話做事都能適時打住。在全國山河一片紅的大煉鋼鐵時期，她作為機關留守值班人員，沒有上「火線」。下面有人說閒話：怕她曬黑了，烤焦了，不白不嫩了。領導解釋她有思想問題，有右派感情，怕出問題，不放心。在機關值班等於是限制。「三年自然災害」一切生活物資緊張，作為身邊秘書，領導還時常調劑給她一些購物的票證，還說他本人犯錯誤，父母無辜。妳作為媳婦，理應在困難中盡心盡力多加照顧。算是給妳公婆的關照。她明白領導的用心，機關那麼多年輕未婚女同志，他都不動心。不少人討好介紹對象，也分明看得出有人有「獻身」精神和思想準備，他總是說不忙，不忙。她在領導身邊的時候，已大大超過同先生戀愛、婚姻加起來的日子。慢慢地不自覺中已消除了當初「餓狼、餓虎」的戒心。為了她的政治前途，領導還耐心的培養她入黨。她明白是領導的信任，可珍貴啊！是黨的信任。於是心裡漸漸有了「怪對不起人家」的想法。儘管她對共產黨沒有深刻認識，對政治也不感興趣，一切感受是從個人出發的。原先盼丈夫早日歸來，如今「留場就業」已沒有歸期。原如止水的一顆心開始徬徨，開始煩躁。開始在同事的拉扯下參加機關的週末晚會。幾年來機械的下班、回家，發的電影、戲票也一直給人。全部的心意、感情都奉獻了家庭。連自己的娘家同一城市也很少回去看看，因為當初家裡人不贊成她匆忙的婚姻。除了父母生病回去問候，全託付給弟妹們。

林有薔終於在同事們的熱情鼓勵下，開始涉腳機關週末晚會。跳舞伴奏放得最多的歌，是〈莫斯科郊外的晚上〉，熟悉的〈聽我細訴〉、〈五月的風〉、〈良夜不能留〉……還有從前的歌星，吳鶯鶯、姚莉、白光，〈等著你回來〉、〈義大利花園〉都沒有了！真是一朝天子一朝臣，一個時代一種聲音，她心裡暗自感慨。

人有追求快樂、輕鬆的本性。晚會使她從鬱悶、苦惱中得到暫時解脫，生活可以是另一個樣子的。這幾年來，自從先生上山接受思想改造，自己也同時封閉了自己的生活。這值得嗎？應該嗎？作一個賢妻意味著自己要失去很多。有希望的等待，暫時的困難，甚至說不出的痛苦，難堪的重負，人是有勇氣、有決心去應付的。然而現在已經明確他回不來了，「留場」不是無期徒刑，但誰也不能明白團聚還要多少歲月？再等，無限的寂寞、漫長的孤獨，何日才是盡頭？這條路有好長？終點站有多遠？難道一生？誰說女人怕苦？是最怕孤獨！當初為了一種逃避，換來的是一串串嚥不完的苦果。改變這個現實很容易，像長途的腳伕只須放下肩上的擔子，立即就一身輕鬆。什麼女不二嫁，馬不二鞍，全是糊弄人的鬼話！是男人社會欺負女人的觀念。只要打開這副心上的枷鎖，再看看，還是那片天就比昨日藍，還是那盆花就比頭天鮮豔；最是季節交替，忽然冷暖，身體總覺有股狂潮，拍打著感情的堤岸，呵！青春在造反！想過要同他天長地久，可人在哪裡？這些年她一人承擔的辛苦，難道還對不起他？就以後也可關照他的父母。領導的開導，同事的勸告，讓她下定決心要過健康的生活。她委婉而真情的給他寫去一封信，在她想像中他會不答應，而結果出她意外。

回信中說了他自己很多不是，道謝了她許多艱難辛苦，尤其反覆說對不起耽誤她幾年青春歲月，讓她失去很多應有的歡樂，他連累她太多！他沒有權利要她分擔自己的痛苦，就算白頭偕老，最後合葬一個墓，也是各人躺在各人的棺材裡，最後還是分開過；還看得見那些封建社會留下的石頭牌坊，無論是「奉旨」還是有「諡號」，也還不是在荒野中承受著百年的淒風苦雨！何嘗不是「煢煢孑立，形影相弔」？他鼓勵她儘快開始自己新的生活。他沒有勇氣先提出來，他盼望這天已經很久、很久了。他會永遠記住共同走過的那一段路。還說，人生的聚散雖有不同的原因，也很像一次長途旅行，能留下美好的記憶，比起朝朝暮暮，耳鬢斯磨，還更能刻骨銘心。凡是難忘的愛情少有一帆風順。要她記住「多情自古空餘恨」！真正留下的愛情故事多是悲劇結果。回信的最後還特別安慰她：不要責怪自己沒有給他留下孩子。他說這樣更好，免得多一個無辜的生命來到這世上就受歧視，進學校「政審」的門檻就被剝奪了讀書的權利，有了孩子不能受教育，那才是父母的罪過。應該高興，謝天謝地，我們沒有這種罪過！

他催她快辦手續，早一天辦好都是為他減輕一份心上的痛、感情的苦，和一種難言的折磨。

她一遍、兩遍地讀著他的回信，她找不出一絲被遺棄的感覺，還覺得是自己背叛了他的真情。他們並沒有千座山萬條水的阻隔，總覺得兩人中間橫著個什麼？她很不會作比喻，因為看過揭露德國法西斯罪惡的小說，讓她想到猶太人和日爾曼人的婚姻，中間橫了一根跨不過的槓——希特勒，她不敢說。知道了，再好的姻緣只有拆散最好！當然也有沒拆散的，那是極少數。或丈夫或妻子本身沒有單位、沒有工作，都是人下人，差不多。

所有家破人亡的故事，多不是驚心動魄的，常常在平淡的過程中，在能忍受的限度內，循循漸進，最後才是傷心的後果。

留場就業的結果，實際上比送勞動教養對人的傷害更嚴重。送勞教時家還在，少了自己還算完全。走了，還有父母思念，妻子期盼，解除勞教了，因「留場就業」而被拆散。人民政府只關注「人民的利益」，辦事都是人民的名義，那年代的政府只有黨的意志，不是不尊重、而是壓根兒就沒有想到公民應有的、憲法規定的各項權利。把所有不握公權的國民當奴隸說起來太難聽，誰也不敢冒這「天下之大不韙」，何況新的國家、新的政府是從前自己的追求。無論生存壓力再大，保住腦袋要緊。含著眼淚，嗚咽著聲音，也要說

「留場就業」的政策（？）是黨和政府的「英明」！

隨著宣佈「表現好可以請假探親」，也可批准後在隊上接待來場探視的親人。來的是妻子還可以同居，來的是丈夫只能說說話，談談心。但這明顯地不公平有原因：是妻子來，播了種可以回家去孕育；丈夫來播了種麻煩就多——首先孕期就影響勞動，不能全勤出工，這以後的事不但沒有安排，還來不及去想。隨著在場的男女可以結婚了，才改變這種不合理情況。

從此山上多了一個人群，像哪裡仙山顯靈，朝山拜佛敬菩薩一樣——三三兩兩結伴，或一人背包提籃獨行。先到場部申報，開條子再去中隊。茶場對來訪者還是關照的，可以拿現金、糧票在幹部小伙房搭伙，但只限來者一份。想多買一份給受苦的親人，不行！但住的設施很長時間沒有跟上。中隊上當時根本沒有接待來訪者的住房。於是工具房，飼養房，白天有人勞動的什麼木工房，有的還有小修農具的鐵工房，旮旮角角，偏偏棚棚，或者農業隊有倉庫，放糞桶的棚棚……總能在幾百人過話的區域，找到一點讓人過夜的地方。但床呢？燈呢？更別談桌椅凳子了，一切自己解決。有人說上帝還誕生在馬廄裡，不必大驚小怪。多年的親人能相聚，首先要感激毛主席的「大海一樣深的恩情」，還有黨和政府的革命人道主義的關懷，場、隊幹部的照顧，像對兒、媳的一份「愛心」。

上山勞教之初，幹部就宣佈過：在外的戀愛關係可以保持。的確，若沒有「禍不單行」的災難——又勞教，又「災荒」。是會有多少家庭新組成，但隨著一方被勞動教養，而今又留場，真能保持關係，並最終比翼情天，連翄愛海的佳話，歷二十五年之所見所聞，來去兩三萬人次中確無一例。除非人口的兩性比例嚴重失調，異性只有一個，而且就在山上！不是說沒有請假出去結婚的，從外面來山上結婚的，有！還在幾年以後。從前的戀愛怎經得起專政的折磨！

「以茶為業」是無可奈何，真要「以場為家」也困難多多。留場的男女經過兩三年饑餓，肯定說每個人都經過身體的第二次發育。女的曾經停經一兩年，男人從胸部乳頭長核、脹痛、感癢開始——好似回到

十三、四歲的少年時候。不同的是知道兩性的事情，生理就沒有對異性的需要。不過這次發育很快，一年左右就有了晨勃。這時的紀律管束較寬，還允許集體伙食以外自己用火加餐，目的是快快養好身體，恢復生產正等著人幹。冷暖饑飽問題基本解決，如果按恩格爾係數卻是百分之百（恩格爾係數指若把收入的百分之五十用在食物上，就是貧困，比例越小生活品質越好）。我佩服經得起實踐檢驗的學問。在這裡哲學家又說對了：人的第一慾望是食慾，第二是性慾；「食慾維持個人的生命，性慾維持民族的生命」——或者說人類自身的延續。既然號召「以場為家」，又准談戀愛、又准結婚，兼之山上的自然環境良好，無法拒絕的空氣清新，一年中除了冬天下雪感冷，可說三季宜人。經過幾年的拓荒，播下的茶籽已茁壯成長。高可齊腰，看來已豐收在望。人的勞動除了延長時間，強度已大大減輕。在場人的思想也不再老是糾纏被社會拋棄。似乎已接受了馴化，逐漸習慣被圈養。古諺云：飽暖思淫慾，饑寒起盜心——想來我們確實有過悠久的歷史，有過久遠而高度的文明，才會有如此符合人性的古訓。雖然生活品質差得如同近似家畜，可恨放牧在山上的牛羊草吃飽了，要不斷去爬到牠們異性同伴背上。是引誘我們同在山上的就業人員發生同樣的衝動。不論男女，身體的某些器官也發出資訊，告訴人它不只有單一的功能。

自從管理幹部開始批准後的男女可以往來，如關在兩個圈的牛羊，各放出幾頭來讓你有個空間話動。是「戀愛」經批准都會容易成功。從陌生到同床共枕的協商過程，幾乎簡單得沒有內容。什麼家庭情況，有無父母，財產多少，人員幾口，文化高低，有無專業、特長，曾經幹過什麼，將來有何理想，社會最看重的家庭出身，本人成分，有沒有「革命」意志，有沒有堅定的「階級立場」，要不要爭取入團、入黨？……等等，等等。都不是要談的主要項目，實際上不用談只須看：年歲是否相當，身體孱弱還是強壯，性格暴燥還是溫和，女方關心的是一塊兒過後你打不打我？男方關心的是看妳樣子能不能給我滿足。這又是自然選擇，強者生存，優勝劣汰。既不要海誓山盟，也無須終身許諾，更不要什麼為憑，什麼為證。也不必賭咒發誓：「負心不得好死」。一切完全符合動物的自然配種。一切早已由黨和政府高度統一，高度集中，大小事按各種規定完全一致。個人之間還有什麼分歧、什麼意見、什麼志願、什麼喜歡不喜歡？連情感和慾望，喜、怒、哀、樂都統一了，甚至自己的哭笑也受到干預。如果這就是我們追求的社會主義、共產主義的最終目的，我大膽建議：徹底放棄！

公開的、按規定、遵制度、守紀律的談「戀愛」有許多不合理的限制，在我們當中戀愛的語言當然沒有教科書、電影裡那樣先向對方表白：「要擁護黨，要熱愛毛主席，要為革命作好犧牲準備，為人民利益要全心全意」這些假話、空話、大話。我們是直奔主題，沒有廢話，非常直接。說「工資」十七元、十八元五角、百里挑一二十一。比農民全勞動（一天）十個「工分」一角錢還富裕。雙方都享受國家全醫保，小疾大病無顧慮，隊有醫務室，山下有醫院，除各自隊裡的集體伙食，幹部說成了家的可以准有小爐子，自己弄吃的。於是雞公叫了，雞母、雞女展翅了，山上又掀起一番熱鬧。有玩笑，有真的，路上碰見女「職工」，不管是否認識，都喊「親愛的」。頂多遭一個白眼，不會罵你流氓、下流胚子！

不知覺中茶場有個重大變化，「勞動教養沙坪管理所」的牌子還掛在場部，但已經不再收「勞教人員」，聽幹部講茶場已改成「就業單位」，全稱是「四川省地方國營沙坪茶場」。一切人員是原有的全班人馬，一切管理如當初勞教時期不變。變的僅僅一點，是可談戀愛可成家，可憑批准假條串隊往來。讓人聯想丘陵地帶的農家，幾隻牛或羊，頸子上拴根繩子很長，繩子另一頭有個可打進地裡的小木樁，牽到山坡去，根據四周環境，決定繩子放多長。

這時是否真心想成家，找個對象談談戀愛，多撈一份「照顧」的自由，去女子隊走走，至少好耍。雖然這宋家山的情場有另一種規則，而且完全違背常情。自詡掌握了顛撲不破的真理，要建立人類「最優越」的社會，要創造人類「最先進」的文明，把個戀愛、婚姻都搞得如此變味，如此違背人性，是不是竟然忘了自己是同類？到底誰沒有人的意識和感情？改造者和被改造者，總有一方不是人！

「就業」實際比勞教、勞改對人的傷害更大，是懲罰過後再無限期羈押。

思想「改造」是染缸

老百姓的俗話「人上一百，形形色色」。任何懲罰罪犯的機構，都不如勞教場所更具複雜性。如果不是長期收監關押，都會以生產，建設的名義，強迫勞動為手段，進行「勞動改造」。包括我們的末代皇帝、國民黨的將軍戰犯，都經過「勞動改造」的洗禮。古代對犯人叫懲罰苦役。外國也有，中國也有。這不是新鮮事。說到底利用人的體力、技術無償做工，為統治者創造財富。至於名稱怎樣定，道理怎樣說，一回事。

「勞動教養」這個「共和國」的新生事物，強調的是通過「勞動」進行「思想」改造。與經過法院判決的罪犯相比，它是屬於「最高行政處分」，政府各種文件肯定，它是「人民內部矛盾」，當然不應該視作敵人。而實際的待遇只有某些名目的差別，確無實質的區分。例如：勞改犯人沒有報酬，管吃，管衣，管病，發零花錢；勞教人員說有「工資」——這工資多少？與勞改犯人的夥會費標準相比較，再加必須的粗劣衣裳——都從「工資」中支付，若不買衣服（靠家裡幫助）可能剩點錢，剩多少？可能相當「勞改犯」的甲等零花錢，也就三五元——當年勞教最初領工資絕大多數人每月十二元，伙食費扣七八元，「勞改犯人」最低零花錢三元，最多五元——這是除伙食費、衣服以外的淨所得。他們每年規定發單衣、棉衣各一套，當然也有靈活掌握，看勞動中消磨情況，但保證不會讓人打赤膊或挨冷凍到影響勞動。若勞教人員要添置衣物，從工資收入的支付，實際不如「勞改犯人」實惠。勞教人員也包乾疾病的醫療，醫治什麼標準，當然等同「勞改犯人」。再要找差別，勞教是紀律制度管理，勞改犯是武裝看押。勞教場所並非不駐武裝，只是不介入日常管理。勞改犯人有武裝同行是事實，但也只是「警戒」性質，一切具體事仍是管教幹部管理。我只想說明「勞改」與「勞數」，實際是一口鍋裡熬的粥。在具體如何「改造」上沒有兩樣。幸好全國有不少人體驗過，什麼階層的人都有，包括革命陣營內部。勞改與勞教在各種待遇的差異，就不多說了。

說勞動教養是重思想改造，勞動不是目的，不同罪犯，以懲罰為主。如何定位是理論的，實際上沒有如何執行的成功經驗。犯人有刑期長短，可以區別管理，勞教人員只有金銀銅鐵錫一爐煉了。成分十分複雜，顏色相互浸染，品質互相融合，宏觀說，歷史的問題、現實的問題、沒有任何問題，微觀看，政治的，治安的，立場的，觀點的，甚至是觀念的……放在一起攪拌。其結果，與主事者的主觀願望完全相反。儘管採取了一些自認高明的措施，還是無濟於事，完全徒勞——當然指「思想改造」。

愚蠢的變聰明了，單純的變複雜了，從不關心政治的懂得看形勢了，幼稚園的阿姨熟悉了「暗娼」的生存方式，馬、列主義的教員懂得了偷摸扒騙……許多人從親身經歷中明白到底是誰錯了。原認為偉大的，只不過強大而已，原來由崇拜、敬愛變成了悔恨怪自己迷信，從前的信賴是被騙了，赤誠的愛心變成了憎很，崇高的理想如今已崩潰，美好的信仰哪裡去生根……

茶場各中隊（組成茶場的單元）天天談思想改造，除了勞動，除了每晚兩小時學習（通常讀報紙談形勢）沒有其他任何一項可以影響一個人認識的有效手段——當然，如果你缺乏獨立思考，就會分不清是「真理」卻是謊言。即使學習政治時事內容，也是讀讀圍繞「當前中心任務」的見報文章——以後又由事實證明很少符合報導情況，最多的是宣傳謊言：「敵人一天天爛下去，我們一天天好起來」，還有「東風壓倒西風」！以及糧食畝產「幾萬斤、十幾萬斤」等等……真正能從理論上提高人的認識的經典，就說「馬列主義，毛澤東思想」吧，也沒系統地教人學、請人講。只有毛選稱「老三篇」的，倒一而再，再而三，作為「聖經」讀了十多年，又像炒冷飯，炒了又炒，煎了又煎，已經成炭。

隨後到了「史無前例」、國家領袖帶頭「造反有理」的時期，學習更簡單了。有人說林彪印了一個小本本《毛主席語錄》把「雄文四卷」已經包括完。每天只要唸兩條，思想自然會改變；還有說可以唸得雨天變晴天，母雞也會多生蛋。從學術角度說，粗暴地斷章取義是對一本書的糟蹋，卻被作為我們「思想改造」的「武器」。當時改造中的就業、勞教，必須學的只有很少幾條，如「凡是反動的東西，你不打，他就不倒……」，「紅寶書」也要學，兩三篇文章：「敦促杜聿明等投降書」、「南京政府向何處去」、「別了，司徒雷登」。實際已改造了多年，越改造越把我們當敵人了。此外根本無正規的學習材料。落髮為尼後必須背熟華嚴經，牧師佈道要逐段講完新、舊約全書，巫婆為人化水、燒蛋、治病、求子、論婚、問人、尋物都有不同的咒語，思想改造的偉大系統工程，既無明確標準，又無正規途徑，叫喊思想改造，真如空谷猿聲！

調隊和編組是手段之一，完全可以說此外就別無手段。調隊，是各中隊人員之間互相部份調換，一般一次幾人，不定期，無理由，多則一二十人。各中隊輪換，有點像部隊換防。為了不讓人在一處地方住得太久了，人混得太熟了，互相有了深刻瞭解，有了共同感情，彼此有了信任。人之間的關係親密了，認為可能「醞釀罪錯」或「包庇罪錯」，形成小圈子。換個中隊把你分散，讓你又在陌生環境。在陌生人和環境中夾著尾巴做人。讓你時時處處事事謹小慎為。二是編組，在一個中隊內部，像「洗牌」一樣，錯亂原有順序，再行隨機組合。隔不久，當初約半年、或者近一年，把幾個原同小組的人分散，再組成新的小組，人數不變，組長更換。就如同做饅頭在熟麵裡摻進生麵。調隊、編組同為一個目的：不讓你們產生友好感情，發展關係，產生信任。幹部才好利用互不信任、互相監督分而治之。這樣省力省心以為最好管理。搞過幾次後，發現這一招不靈。反而使同在磨難中，產生互助、友善，關愛、同情，惺惺惜惺惺。本來各隊隔斷、封閉的各種資訊，得到了合理方便的擴散。毛澤東將這種方法運用到高層，叫「拋石頭，滲沙子」，還真管用，解決了林彪「搶班奪權」的大問題。不過，對我們這些就業勞教小人物，無權、無勢、無資源，絕對的無產者，「拋」的大手腕，「滲」的大謀略，通通不管用，白費心，白使勁。因為都是一群棄兒，風雨中只能互相依偎。

「樹欲靜而風不寧」，於是又來個「右派」、「歷反」、「現反」、和社會上來的「小混混」；機關幹部同社會閒雜，單位人員、學生與惡習流氓，道德夫子與扒手小偷，靈魂工程師與雞鳴狗盜之徒，原公安幹警、法官與「投機倒把」的「奸商」小販，……總之有意費盡心機製造矛盾。讓你們一堆、一群，吃喝拉撒在一起，一塊兒勞動，一塊兒休息，一塊兒同房同住。沒有共同語言，沒有一樣愛憎，沒有一致的是非標準，沒有相同的道德傳承，不屬於一個階級，更不同一個階層，有的習慣了骯髒邋遢，有的很講究清潔衛生，有的斯文禮貌，有的粗野蠻橫……在幹部們的想像中，這樣一個群體，彼此麻煩一定夠多。沒有調和的可能。而實際呢？實踐在開理論的玩笑，結果卻使動機傷心！

問題出在主管方忘了一個根本事實：一些人是冤枉來到山上，一些人雖有點錯誤處罰沒有從輕。大家很容易認識上面「燒雜膾」的目的是想利用矛盾，你把我看好，我把你盯緊，誰也不敢亂說亂動，如一根繩子兩頭拉緊。先是社會上的「混混」不懂「右派言論」，「右派份子」可憐他們小小年紀也成了「運動」的陪襯；「歷反」對「現反」微笑，「現反」對「歷反」同情；知識份子對偷摸扒騙有了理性認識，流氓對道德夫子的幫助感到內疚而萌發對老師的尊敬。不多久，在勞動中強者幫助弱者，在生活中「右派」較多理性，「歷反」多沒有殺人、放火，只在前政府幹過；「現反」也沒有奪權篡政。都有一個共同的感受：這些人，雖然不是「同根生」，但「同是天涯淪落人」，「相煎」不起來。已經在苦難中相逢，不要互相再添折磨。不求永結同心，但願快些離散，各人回到各人的家庭。

上世紀七十年代出生的人，並不十分清楚「反革命」這個罪名。在當年，自從「新中國」誕生，到上世紀八十年代以前，這個罪名可以讓你如過街老鼠，讓你家的三親六戚也不得安生。包括昨天最親密的朋友，今天馬上成為路人。你父輩、祖輩有這個罪名，就讓你是十代工人、百代貧農出身，你首先就進不了高中以上的校門；註定你一輩子只能在艱難困苦屈辱地生活在社會底層，無論你多麼勤奮，學習成績多麼優異，也不會給你受教育的權利。找學較問，找文教官員問什麼原因？會回答你過不了「政審」，為何讀書要

「政審」？問得煩人了，「你去北京問毛主席！」封建王朝和貴族最講血統，人民新中國那時最看重革命的階級出身。出身不好，等於國家、社會不承認你有合法的出生證；事實上是一個不受法律保護的賤民。出身好，若成了「反革命」，你也就成了另類人。雖然有當大官的人也無才無能，托先人的福，他有革命基因，至少沒有犯「路線、方針」的錯誤，對決策者的倒行逆施他也會堅決擁護，事事緊跟。「反革命」不需要罪行多多，一件小事或兩句話就夠了。舉個例說，有位女勞教，原在一個食品廠工作裝罐筒，最後一罐流水線來的份量不夠了，她自作主張添了些湯湯，——這罐筒是出口送「老大哥」，出廠前檢驗很嚴格，發現了。就是「蓄意破壞生產，企圖破壞國家關係」。姑念年輕初犯，出身貧苦家庭，戴上現行反革命「帽子」寬大送勞動教養三年。（勞教最長期限）有一位因定量供應口糧不滿，每月不夠，每月去找派出所、街道辦事處要求追加點（當時視其具體情況可以『照顧』兩三斤，隨後堅決不行了）發牢騷，出怨言，說舊社會就怕沒錢買，沒有規定一人吃多少，哪有現在不准吃飽，新社會還不如舊社會、國民黨好。就是「惡毒攻擊社會主義、公開盼望『蔣匪』復辟」。以反革命罪論處。看守所關押了近一個月，檢察院認為公訴材料不夠充分，發回公安局繼續偵查、追加。事件就是如此簡單，犯罪過程更不複雜，做的是「臨時工」，工作挖土方、挑泥巴，口糧不夠因為體力消耗大。最後「寬大處理」，以反革命罪送勞動教養，凡是反革命罪，一定附送「帽子」，像如今買東西搞搭配，捆綁銷售一樣。

曾經結論過的事情，有「運動」可以重新清算，像蛋孵雞，雞下蛋，如此循環。要結請這筆帳，難！全社會的運轉，都是層層向上看，有臉色，有聲音，有指示，有精神，有檔案，有細則，有談話，有文章，有消息，有報導……對具體事情雖說的有標準，也有界線。主要依據原則、精神更保險。「寧左勿右」才是決定任何事的底線。與天、與地、與人鬥，都「其樂無窮」，誰敢違背偉人旨意？別說平民百姓，一般官員，就曾浴血奮戰，打江山，奪社稷，建立「共和國」的高幹——元帥，將軍、國家主席，不合一人心意，一樣罹難，概不能免。有的活著受罪，生不如死；有在國外成家成名多年，希望祖國繁榮昌盛，「挈婦將雛」回國建設，結果上吊、跳水。經不起折磨死得很慘的很多。這不是故事，是我們共和國一段真真實實的歷史！萬幸那段歷史不長，頂多算一個篇章，最黑暗的一天。隨著兩個「凡是……」的結束，希望那已經成了永遠的過去，我們所以有了今天的改革、開放，是從昨天走來。那最黑暗的一天還沒有徹底曝光。多少人接受「晚年錯誤」？「前功不能抵後過」，乃其人自己倡說。年輕讀者若有志求知，可以自己問一問你們信任的上一代老人。作者也可少費筆墨，不在這裡太佔篇幅，嘮叨贅述。

作者舉幾個身邊的實例——都是較長時間在一起的「同學」。他們說過我就記住了，沒有藝術加工，沒有粗細打磨。

歷史反革命份子王傳國，同作者一個勞動小組，勞動工作是解木料。祖籍四川城口（現已劃入重慶）縣人，若還健在，應過九十高齡。（上世紀八十年代還見過，身體很好，且健壯無任何疾患）生在大巴山麓，家裡赤貧如洗。他說，快滿十歲了，還沒吃過幾餐大米，全年主食紅薯、土豆、玉米，還兼豆類雜糧。衣服至少穿兩代人，父輩的衣服破爛了，改小改短小孩再穿，他記事前就沒穿過新衣服，有布也給大人做，小孩年年在長高，做得適體合身會浪費布。天熱的時候，赤膊、短褲、赤腳，在城口縣山區這樣的日子一年不多，大多數日子受凍，睡覺只有光光的棉絮一床，經常有洞，沒有被套——沒有做衣以外多的布。竹編的或草芯的蓆、甚至一截木頭枕頭一個，而且不能一人一床，兒時同父母同寢，稍長就兄弟姐妹一床。草蓆是終年不換，每晚睡覺還須人人脫得精光，都是兄弟姐妹男女一樣，原因是怕篾蓆、草蓆磨破衣裳。姐妹兄弟越多越打擠，十四五歲的男女還不會分床。這時的男娃娃都不願再同姐妹睡，嫌她們很少洗澡有汗臭、頭髮長又髒；熱天分床好辦，地上墊些草鋪張篾蓆就可分開睡，冬天就不行，因為沒有多的棉絮。小孩睡著了都爭鋪蓋，棉絮時常扯爛。誰過生日那天，可以吃個雞蛋。逢年過節那天，殺一兩隻自養的雞，調味也只有辣椒和鹽。雞的命運和人一樣苦，沒有糧食餵養；牠們自己在房前屋後的空地、山坡，找些草籽、蟲蟲吃「自助餐」長大，除了平日母雞下蛋，最後供人宰殺。下的蛋必須拿到集市去賣了買鹽。還可養幾隻山羊，長大賣了，才有錢買布做衣自縫衣裳。姐妹出嫁有一身新衣，還可殺隻豬請客。窮人嫁娶沒有妝奩，有一床有面有裡的被蓋，一對草芯做的有布套的枕頭，就祝一對新人白頭偕老。

抗日戰爭開始，國民黨要補充兵源，家裡得到當地鄉政府二百元「法幣」，（頂多合現在一百元）王傳國就賣了自己一條命去當「壯丁」。這才走出了大山，當年才滿十七歲——這年齡在當地應該已經結婚，因為家裡房小、太窮，還沒有找到更窮人家的姑娘過門。隨後幾年輾轉駐防華北等地，多次被鬼子打掉部隊「番號」經過幾次整編。最多時候駐的地方，周圍有國民黨部隊，有鬼子佈防點，有漢奸武裝。他說在這種夾縫中的日子最安全，只要不主動出擊。彼此巡邏，敵我經常在無意中碰面，先是都緊張，只要不動作，大路朝天各走一邊，多次遭遇過了，還互打招呼相對笑笑。你不犯我，我不犯你，甚至熟悉到借火點煙，你不碰我，我不動你，互不侵犯。當時國民黨部隊的日子過得最苦，遇上什麼節日，漢奸武裝送豬來，鬼子兵也送來香煙、太陽牌啤酒。王傳國說那啤酒怪不好喝，進嘴還有點麻舌頭。見到自己排長、連長都愛喝，相信裡面沒有毒藥。心想，這些都是敵人，為何相處還友好不打仗？他們團長訓話說：我們裝備最差，供給幾乎沒有，被別人包圍在中間，一打必定全軍覆沒。這塊防區讓我們收糧，兄弟們才不會挨餓；「鬼子」要「南京政府」收編我們，但我不當漢奸。目前沒有能力打仗，就在這裡混飯。你們不要去招惹他們，我們一定安全；我答應不進攻他們，他們不會武力收編。其實都怕打仗死人，不如保持一方平安。千萬不要欺負老百姓，免得給人藉口平亂。多多少少當地百姓還給我們糧食，你們也該幫他們做點事情。別人共產黨同百姓關係處得很好，到處都受百姓擁護、歡迎，在這特殊境地我們也要學他們。保存好這點點實力，不愁將來沒有出路，你們有人要逃跑，最好不要去當漢奸，要走把槍留下來，我不會追你們。帶槍逃跑一定要槍斃……

日本投降後，就奉命打共產黨的解放軍。說解放軍同「國民政府」搶接收。王傳國說當了多年兵後，才經歷真正的戰鬥。他說當年解放軍並不比他們的裝備好，但總是打勝仗。原因很簡單，人多。先是游擊隊騷擾，後是民兵衝在最前面，真的不怕死，一個比一個勇敢。機槍手震酸了肩頭，步兵打完了隨身帶的子彈，迫擊炮筒已燙得不敢粘手，多時是打得彈藥無法供給，解放軍才吹起衝鋒號。他們人人精神抖擻，戰鬥熱情飽滿。我們已經槍管發紅，衝鋒槍子彈也不過打一二十米遠了。第一次同解放軍打仗就成了俘虜。說起雙方傷亡，王傳國無文化，還有點幽默，他說戰場上的人，像賭桌上的錢，誰也不會當場認真清點。反正共產黨的本錢比我們多。共產黨的宣傳工作做得最好，老百姓惟恐不能參軍，我們只愁想跑跑不脫。俘虜集中後，人人調查、學習，講打仗該不該、哪方有理？再把官、兵分開，有不願參加解放軍的，真的可以回家去。他相信國民黨的反人民本質，又出身赤貧，又無文化，軍銜中士。留下來給解放軍隨軍做後勤——運送彈藥、背抬傷患、埋鍋煮飯，啥都幹。他有大山生長的強壯身體，幹起活來點不費力，解放軍的官對兵也和氣，他擔挑運輸可抵一匹驢子。

全國解放後照顧他，自願回四川，轉業復員安排在一個廠做搬運工。並在成都結婚生了一個女兒。到一九五七年反右運動期間，他在單位公開說過，共產黨的官他見過師長，簡直像個兵，說話和氣，待人熱情，耐心聽你意見，馬上解決問題。現在一個什麼廠長、書記，還不知是不是官，架子大得使人討厭。領導隨便怎麼搞，無文化又是工人，都不可能打成「右派」，通知保衛科整個「材料」，他當過國民黨的兵，打過解放軍，於是一頂「歷史反革命」的「帽子」不大不小，並判「管制」三年，送勞動教養。「管制」按時解除，「帽子」一直戴到「第二次解放」後一年。筆者在茶場建築隊搞帶鋸條的焊接、磨鋸，王使用帶鋸條解木材。共事五、六年。若他未說謊，我也文字無假。我離場時他還在山上，隨後聽說他的女兒已接回家去養老。住在成都府青路口，地質學院旁邊，去「龍灘寺、石板灘」公路的起點，開了個小飯店。還多次帶信請我去吃飯。想敘敘舊、見見面。奈何作者不住成都，又要終年忙衣忙飯，一直沒有時間。

現行反革命前面說過了。往往是其他過錯，在生產、建設工作過程中，由於某種原因，對公家、集體利益造成一點點可忽略不計的損失，以「反革命」罪名義處理的。真正是政治性質的言行構成對國家政策、法令的破壞，和蓄意攻擊、誹謗、污蔑等等的事例也有但是少的。當年在革命與反革命「沒有中間道路」的政治形勢下，要麼全部放棄個人的一切利益，包括生活的起碼權利，無條件地服從所在組織的規定，即使違反人之常情的規定，甚至嚴重侵犯個人最基本的、與生俱有的權利——比如住地遷移、考學校讀什麼科系、幹什麼工作、要你去哪裡、或者能否與相愛的人結婚等等，都沒有自己選擇的權利——還要熱烈回應積極主動執行，否則你就是社會的「消極因素」就是被打壓、被排斥的對象。個人已完全喪失了做人的尊嚴，「我」的一切基本人權已被徹底消滅，「作為主體的個人」都是反動的。國家只有一個人存在，其他幾億人、包括掌握著部份公權的一切人，都是那一個人的工具。他想幹啥，全國都得幹啥，「至高無上」被執行得充分徹底。沒有任何人有個人權利的法律保障，只有一個人可以無法無天，為所欲為。中外古今——在此以前從來沒有人能做到如此地步的唯我獨尊。什麼「帽子」都是給人的無形標記，以區別國人中的幾級、幾等。

編隊、編組沒有達到互相監督、互相制約的目的，反而相互感染，相互交流。原在學校、機關，並不瞭解社會底層，更不清楚社會的陰暗面，看問題是主流的，想問題是正面的，對偷摸扒騙的醜惡如何形成、怎樣進行？他們是幼稚園的學生；只會憎恨，並不知道社會已喪失了最起碼的公正。如有人趁偶然熄燈，從街邊滷菜攤上抓一隻燒鴨子就跑，抓到就是「公開搶劫」，判四年徒刑；有人談戀愛，幾次來往瞭解覺得不合適，換了幾個人就是「生活作風不正」，戴上「壞份子」的「帽子」再送勞動教養，或許你「端」了某人的「甑子」（別人追求的對象成了你的女友）。「說不服就壓服」已成為執法者毫不掩飾的言論。「混混」們原不知什麼是「主義」、什麼是「信仰」、什麼是「理論」、什麼是「路線、方針」？也沒有打算學文化，全部知識就是吃飯、穿衣、娶老婆生孩子。現在同「右派」、「歷反」、「現反」、「壞份子」一起了，同吃、同住、同勞動，一塊學習，有見怪的、不懂的就問，「右派」也不擔心他們有什麼政治觀點、立場不同引發矛盾，代寫家信，問問常情，說說他們的糊塗，教教他們以後該怎樣做人……結果幹部反而聽不到某某說反動話，發牢騷，對改造抵觸、抱怨、某某勞動中偷懶的反映了。更未看到原來估計的這一群互相不可協調。可能總結出調隊、編組的管理方法也許錯誤，沒有預期的效果，沒看到這一鍋稻米、雜糧粥沒有反應出矛盾、衝突。最後還是決定「物以類聚，人以群分」為好，可以同類相殘，以毒攻毒！人有自私的本性，只有滿足了才有同情，要為什麼競爭才有矛盾；有矛盾才搞得起鬥爭。幹部也從實踐中多了點聰明。隨後才實行了穩定的分別管理。當然又少不了再一次編組、調隊。

茶場「三埂橋」中隊，就業「職工」們都喊成「老反」隊。在該隊的人對此稱謂也不反感，說到底大家都是「穿青衣抱黑柱」、「剝了狗皮的狗肉」不是「好東西」，不叫姓名叫「老反」，也是笑嘻嘻的。那裡集中了全場絕大多數有各種「帽子」的份子。如果因勞動生產需要，在茶場內部其他單位也有各種「份子」，那是極少數，或有專業、技術，那裡少不了，才沒有被集中。

三埂橋中隊從茶場各項規定看並無不同，只是其組成人員的政治面貌——都是「反黨」、「反社會主義」、歷史「反革命」等定了性的各類份子。在管理的「靈活」掌握這個前提下，紀律制度比其他中隊逗硬，作息時間卡得更緊，雖是休息日也安排了「義務勞動」，出工早收工晚，還有附加：上工一擔糞，（挑去工地）收工一把草，（帶一筐青草漚青肥）勞動上有意加強就是「強」不起來，時間上可以隨意延長；本來「一把草」、「一擔糞」沒有規定多少，經過幹部幾次批評與表揚，大家你追我趕，「一把」變成了一捆，半擔變成了滿挑。默默的互相爭好，結果加重了整體負擔，心中你怨我討好，我恨你邀功。能稱「反」的不是知識份子也年齡偏大，一般而言，比其他隊整體說體力差些。完成與其他隊同等勞動定額，也顯得更費力。按規定可以請假的也准假更少。總之給夠體力、精神的壓力。整個中隊比別中隊顯得更規矩。整個中隊聲音也小些，比其他隊安靜許多。有些笑人的事不知是有意無意：有段時間場部地方每週放電影，附近的隊都去。三埂橋距場部不遠，當然也去。我們看電影說是受教育，但個人已經可去可不去，三埂橋的除了當天病號人人非去不可，不能不接受教育。儘管《地道戰》、《地雷戰》已看得能記住每個鏡頭畫面，此時其他隊已不嚴格要求整齊列隊，可「老反」隊像勞數當年一樣，集體來集體去，還要求分組坐好。放電影的壩子很大，不是多一隊人擠不下。銀幕掛在壩子一邊，那背後是公路。他們是從公路下方來，進入壩子只有一步。可他們的幹部讓他們就在公路上坐，晚上沒有車過—當然也在壩子邊沿，銀幕就在面前，但放起電影來，他們是在銀幕背後，與在壩子裡的人相比，他們看的電影是反面！播出的聲音沒有區別，放出的畫面就有些特別：首先畫面錯了左右，失去正確的方向感；劇中人看時間腕表都在右手上，進汽車門左右剛反，特別是畫面上出現我們中國文字的大橫幅，比如，「大幹、快上、力爭上游」、「祖國山河一片紅」等等，那字就難看了，還有，那場景道路是向左，他們看來是向右……

三埂橋多是中年人，有點文化的又死要「面子」，也為了保持自尊，不挨批評，拖著病弱的身子，拼著一條老命，思想、精神的痛苦，想用身體疲憊來減輕，甚至想在這境況中早點結束生命。勞動的態度是積極的，肯幹的，心裡是憤怒的，憎恨的，加上人與人之間，我瞭解你的傷疤，你明白我的疙瘩，若有了點什麼磨擦，也許是疑心、猜測，一句活都會向幹部彙報、反映，中隊、小組表面平靜，其實是柔情脈脈的水面，暗礁藏在水底。別的中隊的工地山頭鬧聲一片，三埂橋中隊的工地，滿坡是人也像一座墳山。准探親請假的時候，他們准假人數平均最少。幹部對他們講話，總是「上綱、上線」。人人力求自保，互相友好不多。我對你不放心，你對我很注意，怕抓辮子，怕挨棍子，怕鑽空子，各人頭上都有一頂「帽子」。要重新作人，就要規規矩矩，老老實實，不亂說亂動，希望早日解決「問題」。而場領導在大會上，臉不紅，筋不脹，自己明白在說謊，在騙人，還一年又一年不斷重複：「解決問題就在今冬、明春。大家要相信黨，相信政府……」實際上在不斷破壞黨和政府的威信和「榮譽」。雖然他「言而無信」，你能說他「不」能「立」起？天天還是收工一把草，出工一擔糞。俗話說「茅坑裡的石頭也終會有翻身之日」，一九七六年以後他們「撤銷處分、改正、平反」的人最多。不到退休年齡的都恢復了工作，夠退休、或身體差的，回原單位報到就辦退休手續。沒有了惡婆婆，好兒子總有人愛。儘管當年被「打翻在地，還踏上一隻腳」，總算生前明白了：禍在「萬歲，萬歲，萬萬歲」！

藉此祝願「同學」們，早年雖然命途多舛，熬過來了。好好享受晚年的康寧吧。

忠貞的愛情

聽人說過「性」的力量是強大的。不但在自然界能找到無數例證，就說人吧，不說較開放的外國，就說我們自己，在過去幾千年的歷史中，婦女在神權、皇權、夫權的重重壓迫下，為了追求自己的愛，無畏家規，藐視宗法，被斥無恥，剝皮、沉河；甘心上吊，願意挨刀；男人們也有不同的形式相同的堅強。惟有慘烈的故事才表現出不渝的堅貞。那些逢場作戲，朝秦暮楚，喜新厭舊，見異思遷，人盡可夫，戀色求歡者，在山上這一群被社會排斥的「消極因素」、各種「份子」中，說來還真少有。個別的看來先親後疏，始亂終棄，若能如實瞭解他倆的全部過程，一定會發現有拗不過的客觀的原因。

那種不符人性的戀愛紀律，很快被人性擊得粉碎。想那在如被繩索捆綁的封建禮教束縛下的男女，還有翻牆進西廂，送衾到書房的故事，並傳為佳話。無論真有其事還是人們傳說，都是舉證對自由的男歡女愛的同情，也是對私情的張揚，對「性」的肯定。相府的千金，飽學的公子尚且如此，難道他倆不知禮義不知廉恥？

看來要在男女親近中訂什麼條條、款款、框框，什麼紀律，制度的約束、限制，終究是徒勞的。請莫怪「狗男女」藐視權威，褻瀆神靈。要別人禁慾自己縱情，永遠也做不到。森森宮牆也見紅葉隨水外流，高高繡樓也飄落小姐紗巾。受壓迫的慾望隨時隨地都可能造反，小小的男女問題恰能說明人性敢於向高壓、強權挑戰。還記得剛上山時那位彝胞兄弟說的「毛主席的『娃子』……」，如今有了可以要女人、要男人的許可，對於批准才得相見的規定，因為多人破戒早已變得多餘。要強調「假條」就乾脆不去隊部報到，求人帶個口信，請人捎張字條，水溝邊上，山坡背面，哪裡都能說愛談情。何況須協商的事情本來不多，沒有空洞的廢話，沒有虛偽的掩蓋，說到底是我要妳，妳要我。不過，這「要」不是當今的含意，頂多親親、抱抱、摸摸，縱有幾句話不外乎累不累？餓不餓？冷不冷？

管人的幹部們在大量「違紀」面前，也被迫調整了心態，改口強調「戀愛不是亂愛，要看對方的思想改造好不好？」女幹部對自己隊上的女就業人員，像「媽媽」對女兒：「慢慢談，仔細看，別心慌，莫受騙」。男幹部當然跟上，對自己中隊的就業人員說：「先搞清楚對方能不能吃苦耐勞？能不能節約勤儉？有沒有資產階級享樂腐化思想？」有人不領情反而頂撞：「不用力幹活有人管，想懶也不得懶，享樂腐化每月只有十八塊五角錢，扣去伙食過一半，一方要買點衛生用品，一方要抽點『經濟煙』——煙廠車間地上的煙絲加渣滓捲成。一包也要一角錢，黨和政府從根本上就保證了我們戀愛節約，將來持家勤儉」。社會主義的「優越性」，人民根本沒有享樂、腐化的起碼條件，能夠享樂腐化必須當官，官大權大、又不聽黨的話才越有條件。隊長們都沒有享樂腐化的資格，何必為我們擔心。

實在說最基層的幹部，在當時同樣受著物質的壓迫，思想、意志、感情、精神上的嚴格控制。就業人員之間信得過的，可以敞開心扉，交談對現實的不滿，夾槍帶戟的指桑罵槐，唸經誦佛的借古諷今，懊悔過去頭腦發熱拋家棄老、捨死忘生追隨革命要建立自由民主新中國，結果黨內也沒有民主自由；政權是奪取了，說是集體領導，民主要集中，自由要有紀律，最後是一人專制，由他獨裁……就是大的禁忌也敢交談。而幹部之間根本沒有這種信任、友好，他們彼此間除了工作，沒有私下閒聊，明顯看出他們的來往莫不慎言慎行。弄不好他們面前的被改造者，就是前車之鑒。他們十分清楚，兩種生存狀態只差一步之遙！所以機械地執行上級的規定，也比靈活一點要保險。不求有功，但求無過可能是幹部心中的底線。幹部常訓人說：山上不好，你們不來我們也不會來。這就是他們也不滿的一種委婉抱怨了。

隨著戀愛放寬，鼓勵成家，茶場在日常管理方面看似作了一番調整。公開說了盡可能保證星期日和國家法定假日得到休息——這是以前沒有說過的話，辦過的事情。這對全場來說當然是一個福音。但執行起來卻很靈活，為黨和政府、為茶場利益，可以隨時作廢他們聲稱給予就業人員的權利，等於說過的話沒說，昨天給你的東西，先要了我們多多的感激，今天又收回去，可以不要服人的道理。這種「靈活」幹部是可以的。想來，推而廣之，政策、路線也就左了再左，因為心中只有集體、國家利益，根本沒有人民權利。該休息的星期天，常常被靈活掉。

要談戀愛要成家，先說說這時期管理、生產、生活的背景。這時候距離上山，早來的已五六年，後到的也過三四年，茶場已不收勞教，基本上都是「國家職工」、就業人員，管理上也稍寬。重點是抓生產。播下的茶已開始豐收，春秋兩季最忙。農忙時大家清楚，也能理解，很少怨言。特別是採茶季節，身在青翠欲滴的茶樹海洋，採茶人的心也不覺隨著這豐收高潮蕩漾。鮮嫩的茶尖全部向上，看似每一秒鐘都在生長。不趕緊採摘，上午是「寶」下午就是「草」，茶葉這東西很怪，決不是收菜苔那樣，早晚半天也無所謂，不影響品質。茶葉確實不同，早晨是一芽二葉，挨到中午那一芽就不在了，已經打開成兩片小葉。還要一芽二葉，只有再等一兩天了，採摘下來品質卻掉兩三個級別，不採就浪費了，下一個芽苞也放慢了生長，這一株茶的應產量也減少了。這種時候，不宣佈「今天不休息」（包括星期天或國家假日）大家都有思想準備：這個休息天也又作貢獻了。往往是耕耘者認為沒有必要放棄休息的日子，幹部卻宣佈不休息。這種情況與所在中隊管理幹部的工作能力、思想認識水準、對待「國家職工」的作風態度有直接關係。一年五十二個星期天、法定七天假日，能得到規定休息的很少。「公民有勞動工作和休息的權利」。這是國家憲法規定的。我們這些依法實實在在的公民，勞動的權利很多，休息的權利常被無理剝奪。同在一個山頭，同樣一種氣候，同樣的事情，同樣不缺人手，按理說不須什麼「靈活」，或者一樣靈活，而有的中隊大概一月休息一天、兩天，三天的不等，也有某個中隊某個月星期天都休息了的。那些少給休息的幹部也有充足的理由：下雨天沒有出工嘛，那不是休息？原來帳可以這麼算！是無知、還是橫蠻？當然也有好幹部，能夠秉公執法，沒有搞個人成績的私心雜念，不把就業人員當成「進步」的墊腳磚。在場部宣佈的規定範圍內，比較能把就業人員當人看，他們忠實執行政策，在管嚴的原則下放寬，雖然這樣的幹部不多，但還是有幾個。

星期天已經可以批准下沙坪（縣城）上街趕集買東西，不過每個小組一、二人，並負責帶回本小組其他未下山的人的東西。有什麼可買呢？「進口」貨——雜糧。當時要「保護勞動力」要每個人快快長壯，准許「定量」外自己加餐。全國在「調整、鞏固、充實、提高」的中心任務下，各地的集市貿易，俗稱「自由市場」，像開閘放水（儘管嚴格控制）已給老百姓的日常生活供應，豐富了許多，如乾涸開裂的農田得到一定程度的灌溉。災難後的恢復總是受歡迎的，物資的交流是在小範圍、低水準上運行，適應了人們的需求，各地的「自由市場」都十分繁榮興旺。就是對窮人而言，也顯得東西太少！國營商業部門在生活資料項目也增加了供應數量，但同樣的東西不是賣「定量供應」的價格，而是叫「調劑價」或乾脆直說高價。隨看「自由市場」商品價格在隨時變化。每個人的收入並未提高，僅有的那點點錢，國家用更少的東西就把錢「回籠」了。這是在為人民謀福利，還是在從人民手上斂取暴利、進行財富掠奪？不過，只要能買得到，如煙酒、白糖、豐年無人問津當前能填肚皮的東西，百姓還是認為「人民政府是愛人民的」。以峨邊而言，新街老巷就四五條，山上下來的趕集人，成了最多的買方。只賣稀飯、烘洋芋的小食店，和僅一家供銷社開的國營食堂，入座的百分之九十以上，都是山上來的——現在的「就業」，過去的「勞教」。

能在休息天被批准下山上街的人，起碼有兩個特點：無論有無文化能和氣待人，不貪便宜，做事公正、公平。別看幹部們沒有較高綜合素質，但掌握某個人的特點上還是有獨到之處的。上街的人當初是高興的，雖然要給其他人代買東西——幾乎每個人都有一張長長的字條：上面記著某某姓名，交了多少錢，買什麼東西，買多少，等等。既麻煩又瑣碎，上山的負重超過百斤。十分辛苦，在街上人群中也沒有時間去閒逛和看新鮮，全部是高價尤恐買不到，怕回去挨罵，因東西太少，買的人太多！實際是一份苦差事，仍感覺快樂。

這快樂來自人的另一特點——社會性的恢復。先前在山上是不准串隊的，在街上有不同中隊的許多人。鄉親們也知道能上街的都是「國家職工」，他們心中沒有「狗皮剝了狗肉在」的看法。都能買賣公平，相對和氣，善良樸實的人民群眾，在交談接觸中，都能表現出對山上人的同情。如計量時過秤夠一些，甚至多一點，討價還價時主動謙讓一兩分。

經過幾年的嚴格隔離管理，上了街山上人也不認識山上人，但衣著舉止，言談口音，是最明顯的標識，也知道是同呼吸、共命運的。見誰有臨時困難，都會主動互相說明。特別對「女職工」會有更多熱情，有時還希望她們發生困難，好借機挨到身邊；雖不是「煮海」是下山，說不準會成就一段姻緣。真的遇事碰上了，多時不問別人姓名，只問哪個隊的？中國人有男人不先問女人姓名的「封建」傳統，改造他媽幾年了，一點沒變。看來人是改造不了的。

她們都是幹農活和種茶，五六年了，還不像村姑、農婦，只不再是從前那樣嬌滴滴，和城市常聽到的輕聲細語；多了一點大山的性格，乾脆、利索、潑辣、鏗鏘，久別脂粉，臉色反而紅潤，從前的纖纖十指，只能拈花敷粉，如今磨練得可以使牛犁地，打柴、砍竹、翻土、挑糞。若在同類人異性面前，難免又有幾分自然矜持，無由的難為情。在回場的路上，無論分處哪個中隊，都有相同的一段路程。因為山上各個中隊，從東到西，差不多都在一條等高線上，上下山的大路連接著通達各中隊的小道。走路有快慢，連接大路的中隊有近、有遠。上山都有負重快不起來，除了街上的臨時邂逅，互相無準備的短暫交談，上山回場的路上，男女「職工」們就可以問東問西了。由於離隊歸隊的規定時間，道路的遠近，上街要辦的事情，等等因素，好像上帝又規定了一個相同的時間。即使山下是炎熱夏季，一經走到上山路上，若不急於趕路，像過濾了的徐徐涼風，會使人心曠神怡，越走越涼爽。許多人好多年沒有見過女人了，女人又未必不想見男人。

現在男女同伴同行，雖然是在爬坡，雙腳越走越有勁，身負的重量似乎也在不斷減輕，應該是疲倦的時候了，反而更有精神！看她們是越走越慢……不是累了，是將要分路了，男「職工」也不加快腳步；要在這段分道前的路上慢慢走、緩緩行，在另一種心境裡是快快跑、急急奔！這時候的男人可能最膽小、最笨，除了問過對方在哪個中隊，心裡一直想知道都不敢問別人的姓名；這時候的女人可能最勇敢、最聰明。除了直接了當的問你哪個中隊，哪裡來的、為啥來的、哪年來的？甚至變著法兒主動告訴你她的姓名。「你們中隊有沒有個叫××的？或者請幫我打聽你們鄰隊有沒有，說×××（自報她的芳名）在找他。我們原在一個單位，聽說他也在山上，不知在哪個中隊。有消息給我帶個字條來，謝謝你，沒有，也給我說一聲，拜託了，請記住別忘記」。敢情哪個男人沒有說過假話，沒有編故事哄過別人，這時卻乖乖的進了別人的「迷魂陣」。隨後東打聽西打聽，似找親娘，如尋兄弟，問遍了半個茶場——幾千人也沒有×××這個人。字條去，字條來，她最後乾脆叫他開個假條去，當面說說清。見了面，撲哧一笑，手指頭一戳，「傻瓜，你呀，真笨！」這時才清醒明白過來，是中了她溫柔的「暗箭」，掉進了深情的「陷阱」。一個沒有貪圖的愛情故事，一段不攀龍附鳳的姻緣就此拉開序幕……當然，這些都是年輕人。

在茶場成家很簡單。因為兩者間最主要的方面，如個人的理想、志願、前途、愛好，等等，在茶場環境下都得到了統一，幾乎一致得像一個人。就是很容易在夫妻間產生差別的什麼工作，上下班時間，消費用途，往房、傢俱，飲食偏愛，娛樂興趣……說不完的生活具體內容，細節，都在黨和政府、場、隊領導刻版複印下，絲絲入扣，毫釐不差。一定要找每個小家有什麼不同之處，從形式到內容，大概只有不同的男女主人了。在黨和政府「無微不至」、「仁至義盡」的「關懷」下，茶場各中隊開始有了「社會主義的新家庭」。除了老公、老婆的屬性，和各自所有的甚至不能因需換洗的幾件衣裳，被褥、鞋襪，一切都是公家的，沒有屬於自家的房和床！對於這些已經領取了國家婚姻登記證的男女來說，要同房，度蜜月，要肌膚之親，要魚水之好，還得看看男隊或女隊有沒有一間空房——能同大夥一牆之隔的小小空地方。否則還是「貓貓跳到菜板上」——眼前肥肉不得嚐！不過，真到了這種時候幹部會很「關照」，工具房，飼養房……像外來探親的一樣，總會給你指定一個旮旯角落，經過自己打掃，簡單搞搞——無門弄扇門，牆有洞敷點稀泥，地不平劏一劏……一言以蔽之，弄個能睡得下兩個人的地方。有人說夫妻恩愛有一個人睡得下的地方就夠了，地方窄不用搞太寬的床，雖然是板板，不用鋪得太寬。原先的荒山野嶺辦喜事了，少不了會有許多同類人熱情幫忙。好不容易在重壓下保持了人形，好不容易熬過了災荒，從陌生男女到夫妻，曾經擔心自己會不會在山上咽氣，如今還有可能生兒育女，經過了艱難，經過了煎熬，能活著已經很好！那敢想還能軟玉溫香、兒女情長。物資極其匱乏，但結婚的喜悅一點也不欠缺，想不到還有今天，含著眼淚也笑！誰說人生盡是苦，苦到盡頭也回甜。「娃子」們真的一時高興了。

有人辦喜事，首先本隊的、本小組的，外隊的往日「同學」今天的朋友串隊可以不要假條，都來祝賀。一條毛巾，一副枕套，多人合送一床被面；或者兩塊肥皂，一段布料，禮物不在多少，情義為重。窮困是共同的，富裕的是友善、是真誠、是厚道。集中禮物一般都能湊成一套新臥具，還不須新娘、新郎自己動手。誰說「壞人」沒有感情，「份子」沒有愛心？多謝大夥來祝賀，餓了就各人走，這裡沒有喜筵，更沒有喜酒。抽煙的有兩支煙，幾粒水果糖讓大夥分享我倆的味道。如果能買到蠶豆、花生、向日葵瓜籽當然更好，不過最初的喜事沒有。比起社會上的嫁娶更「無產階級」。碰巧幹部也來看看，好像統一了祝詞：「安心就業，繼續思想改造，彼此幫助，互相監督，勤儉持家，遵守紀律。」新婚假期三天一完，鋪蓋捲起，一方各回本隊。這臨時新房也得同時撤除。這房子得騰出來空著，說不定還有「新人」或來隊探親客人使用。一般正常情況週末可以「回家」，這時要強調離隊一方有假條，並在「家」所屬中隊部報到，證明自己是所屬中隊管理幹部批准自己「回家」的！而每次回家又得重新鋪床，當然這比新婚之夜簡單得多，一沒有客人二沒有祝賀，說白了在休息天的前夜可以過一夜兩性生活，對於沒有成家的人，還是一種羨慕。而房子多時不是新婚那間。這時期每個中隊像是有意闢出兩三間可供臨時鋪床的房間，一是給「為家」的人準備，二是預備來隊探親的留宿。但都不是特意新修的，而是原有的什麼房擠出的。大小少有上十平米的，大了也無用，不就放一張床麼？頂多在穿逗分隔的牆壁木坊上釘個「雞毛腿」，（三角支架的俗稱）一塊不整齊木板放在上面，實在找不到木板，就放一塊竹條經過編串的芭芭，能擱一些吃飯用的碗筷、口盅，不掉下來就行了。三餐飯，一夜情，纏不起，綿不成，雖是良宵苦短，畢竟隔一週又可輪迴。常言說得好：小別勝新婚！次次有蜜意，夜夜有柔情。誰說夫妻要吵嘴？這兒只有伉儷情深。因為團聚不多，特殊處境。再說首先不考慮油鹽柴米，沒有花銷糾紛；沒有婆媳分歧，沒有兒女纏身，雙雙都能掙錢，不爭誰懶誰勤，沒有升官晉級的慾望，沒有發財置產的貪心，不操心收成好壞，不祈求風調雨順，雖是體力勞動，但工作很穩定……真是神仙眷屬好處多多！

若碰巧外地來隊探親人多，房間佔用了，是夫人、是先生回來，幹部會告訴你：「沒有房間了，下週再回來吧！你們說說話，准你送她（他）回隊去」。這滋味不用說了，男女讀者都能自己體會。

「以場為家」的號召，一時還頗有市場。原因簡單，至少知道短時期走不了，現在又准男女往來，對於上山前未結婚的，男女都有，回應比較積極。無經歷的好奇，男人想看一個女人在自己身邊，怎樣含羞脫光衣裳和自己同床共枕；女的無經歷想體會，有經歷的早已知道那滋味。或一方已離異的，想要以「成家」來緩解苦悶，稀釋前情。我倒願意稱讚為政者的智慧，稍稍灑落點人性，就足使孤男寡女在山上安心，還不會增加一分行政成本。改造表現不好，就不批准你戀愛，不批准你結婚。這對管理更有利，更不用操心。女大當嫁，男大當婚，這本是人生必然事情。一旦失去了基本權利，也會如同攬月亮、摘星星。所以老百姓要真有點什麼權，一定要使用好、把握緊，稍有疏忽、失掉了，時時、處處、事事都會受制於人！

「為家」的問題開頭很好解決，但要妥善解決不容易。前面說過，大寢室是通鋪，當初一公尺的寬度擠得要睡至少三個人，擠得與裝「鳳尾魚」罐筒一樣緊。現在有人結婚了，（熬不過災荒死了不少人）小組集體的睡位早已寬些，但隨著結婚的人多，各隊原有的幾間兩用（結婚與探親）房間無論怎樣也調劑、周轉不過來。還是感謝有了「大肚子」，讓場隊管理幹部也注意到了，確實需要添一些兩人空間，看來僅僅依靠各隊東鬪西擠一點旮旯角落是不行的。最後還是「小公民」落下地來，「哇哇、」「咿呀」的簡單語言向社會主義關懷最多的地方幹部提「抗議」，山上夫妻才叨光有了自己的小天地。儘管那房間簡陋得可以聽到左鄰右舍「老實做人」的喘息，或者她們難以自控的快感呻吟。畢竟有了一個愛巢，一個家庭，一份「社會主義的福利」，一份區別於畜牲的文明。而另一部份暫時不下蛋的「母雞」們，連同她們的「雞公」仍然沒有固定的雞窩，繼續「走婚」。就繼續譜寫他們的咫尺天涯、牛郎織女般的愛情故事吧！

偉大的母性、母愛決定了兒女隨娘，主要是哺育餵奶。由於男女中隊嚴格分開，一般相距幾公里，作為父親若不在週末未經請假離隊回「家」，被管理幹部知道了，輕則批評，重則週末不准回家，名曰：禁假。山上的母親，比世間所有母親都更多一份辛苦，不會因為有了子女減輕應有的生產勞動，也沒有給予因哺嬰、育幼必須的那點時間。一切跟未結婚無子女的就業人員一樣對待。收工後，寶寶的一大堆事得馬上幹，有丈夫但不能幫上家裡一點忙。爸爸不是懶，而是難。回家的路也不遠，也有幫助妻子做事時間，場、隊紀律、制度是兩座高山！雖然是「國家職工」、就業人員、「茶場的主人」、「國家的主人翁」、「合法享有全部公民權利」（說過只是沒有被選舉權，未說明為什麼）的留場人員——不是想留而是不准走。也用實際行動響應了號召：「以場為家，以茶為業」了，仍然要接受對當年勞教人員一樣的管理。有家不能隨便回，妻子多數也不抱怨，因為明白這不能怪他！為了表明對家的責任、愛心，可以說每個爸爸都是將本隊「打牙祭」的二三兩肉（說是半斤）的熟菜留著不吃準備回家時帶回家。感激上蒼這裡氣候好，就是六月兩三天也不會壞！奶孩子的媽媽也許好吃零食長大，但自己隊上的「牙祭」肉也能留下來，等到小夫妻團聚時加個餐。兩個人兩份肉，老實說一個人都不夠。若孩子會吃飯了，感謝黨和政府照顧，按年歲供應口糧；再感謝場、隊幹部關懷，這份糧可「下放」，交給媽媽自己煮。這時候，媽媽爸爸的「牙祭肉」統統下了小肚肚。單身漢能吃飽穿暖已是當年的生活底線，再在那「以場為家」的境況下生兒育女，我要求正直的人們，認真的，細細地想想，那些父母有多堅強、多辛苦、多艱難？尤其在風雪肆虐的冬天，晚上屋裡的水會結冰，洗過孩子的濕毛巾，早上硬得像竹竿上掛著竹片。大宿舍還可燒點柴禾保暖加溫，而小家是不允許燒火的。這不是有意刻薄，主要防失火釀災。小孩的小衣褲都有濃烈的煙薰氣味，因為天天必洗，而不能天天必乾，有的媽媽出工時帶上工地，攤放在矮小的茶樹上讓它風乾，若天氣不好，似雨非雨濕霧太重的時候，隊上有篾工房、木工房、鐵工房之類的雜工組地方，他們有火堆、火塘，當媽媽的只有如乞丐求人施捨一樣，雖不屈膝，確實卑躬，自降輩份用孩子口氣，「孃孃，婆婆，請多照顧」！那些雜工組的「職工」都是人，都長了人的心，會想人的事情，儘管都是「壞人」，但卻樂意助人。對這些艱難的媽媽，寧願受累受苦來愛護這些「祖國的花朵」，誰不憐憫，誰不同情。所以都願意給予幫助。本該在搖籃裡迎送晨昏的孩子們，能有一個破舊籮筐做窩就不錯了，哭也好，笑也好，睡也好，乖乖自個兒將就著，出工時間沒人管你。

哺乳期的媽媽可以在工間休息時回隊餵一次奶，換換尿布，小孩有時會用沾滿自己屎尿的雙手來抱媽媽的脖子，甚至會把自己的屎尿抹在媽媽臉上，原是塗脂敷粉的杏臉桃腮，如今是小寶寶的屎尿，不但不生氣，還高興小東西會淘氣！

什麼美好人生，幸福生活，經過多年大小環境的折磨，多數人的精神世界已經發生了很大的改變，不是在向現代邁進，而是在逐步返回自然。思想改造——實際上是勞動，直接結果首先體現在人們（山上的就業人員）的生活方式、日常習慣上。這一切惡劣境況的造成，場、隊管理幹部沒有完全的責任，頂多是缺乏愛心，對他們不能一味地譴責，他們無論是建國前就參加革命，還是建國後的工人、農民、學生、轉業軍人，黨的教育是「對同志親，對敵人狠」。既然已被社會清洗，無論什麼原因，什麼矛盾，總是同「革命、建設」的矛盾。讓你在上級政策規定和有級別的物資供給下可憐的生存，他們沒有犯路線、方針、政策的錯誤，從黨和政府的角度，他們是好幹部，從底層視角看，他們多數是好人。他們若要法外施恩，性質就是「右傾」，要知道「反右傾」的利劍隨時隨地在他們頭上飛旋。誰不保護自己的腦袋要緊呢？是人，都有自私的本性。他們只能「獨善其身」，不犯錯誤。能「兼善天下」的人，住在「北京的金山上」，要的只是「天下」，或許正在閉著眼睛不看現實而在幻想不可能的將來！對於時下高喊「萬歲」的臣民們的生存狀態是沒有作如何改善考慮的。

那些成家而無子女的「茶場職工」，仍過著「游擊」式地婚姻生活，有家室之名，而無家室之實，當然也沒有家室之累。一週辛苦後的熱烈盼望，是想和自己的那個人有一天一夜的團聚，免去一週的牽掛，接受一週的想念，能如願地從幹部那裡拿到小房間的鑰匙，被安排了住宿的地方，喜悅之情不啻中了彩票的頭獎——雙方都可以得到滿足和安慰——或者說如同又新婚了。

當年每對夫妻有間房的總數是不夠的。不是建造有困難，更不是材料、資金匱乏，或土地不寬，只要有人安排，可以說根本不花錢。只能讓人想是不讓就業人員過得太「美滿」。

筆者所在中隊由於是茶場的建築專業隊，不搞茶葉生產和農業，又有金工車間，生活物資的供應也較農、茶隊好些，各工種按國家定量吃飯，細糧比例也較大，也最先用上電，管理上的紀律制度，因工作關係若按文件執行，會影響生產，個人行動自由因此比其他隊寬鬆。女子隊的就業人員要想嫁人的話，在建築隊找個對象是首選。嫁給建築隊的人，在那場所等於「舊中國」的姑娘嫁了「留美空軍」。建築隊修房造屋是本行，又不缺材料，一點點「義務勞動」，就在大溪旁的岩邊陡坎，一個寬約十公尺的邊邊，修了一排磚瓦結構的平房，中間隔斷，前後共十二個單間。雖然每間房不超六平米的面積，比起全場的小家，最漂亮、最規範，每間有獨立的電燈照明，有真木實料的雙人木床，還配備了一張「迷你」小桌，完全夠兩個人吃飯。各家門口過道的地方，允許有各自的小鍋小灶，說是不准開私人小伙，可以熱一熱冷菜冷飯。但只要不明顯的違反上級規定，本隊幹部也能過路時、閉隻眼睛，實則有意放寬。上級查到，隊長也有退路：「沒有改造好的人哪會完全聽教服管」！遇有探親家屬，十二間房也不夠週末分配。二三十歲的人了，某次拿不到鑰匙，等於失去了規定的、合法的「一夜權」，女的尷尬，男的哭鼻子的笑話時有發生。有人開玩笑對當事人說：「怪你不重視文化學習，若好好讀書就不犯難了。」「這和讀書多少沒關係。」「有關係。你聽好，唸一段書上的給你聽，自己去覺悟，自己去學——『你看那淡雲籠月華，似紅紙護銀蠟，柳絲花朵垂簾下，綠莎茵鋪著繡榻。』人家古時候的小姐、公子都會找地方。山上長草的坡坡坪坪少了？為了房間哭鼻子好笑人喲！」是的，是一個不平常的笑料。可這笑裡包含了多少辛酸？多少屈辱……

有了孩子要隨媽，要洗要餵，家當然在女子隊。女子隊的小房子必然更擠，於是出現了兩個家一間房子，兩張床。有人問幹部怎麼辦？幹部觀念很「開放」，叫你拉張床單從中間隔斷。不是不起任何作用，至少可以阻隔兩對夫妻的視線，何況按規定准回家每週只有一晚。不一定每週全場各隊統一休息，張三李四不一定同一個隊，也許兩個男主人並不同日回家，女主人還可互相照看孩子。有些先生在場外的，可以兩三個、三四個母子共住一間房子。房子確實不夠，也只能如此。人說許多好主意是從困境中逼出來的，信然！然而生活是麻煩的，總會不斷地出現新問題。例如，兩個丈夫同日回家，問題還不太複雜，開始為掩飾彼此尷尬，常常開個玩笑，說「三世修來同船過，十世修來共枕眠」。到如今我們才修了五世，還未圓滿，所以能同房不能共枕，不過能修到如此地步，已經算很有緣份了。反正一夜會很快過去，不勞雄雞多事，孩子也會吵醒。感謝女幹部的心思比男幹部細，為了不讓自己的「女婿」休息回家無房住，所以打破常規擠一擠。給眾多的女兒當媽確實不容易！年長的女幹部常對女「職工」說，隊長、指導員就像妳們的媽一樣，除了管教妳們，也要愛護妳們。但這「同房」的問題並未妥善解決。真的「同房」的兩位男主人錯開了時間回家，某個週末只有一個男人回來，一間房裡實實在在有兩個妻子，這麻煩就不好辦了，無論怎樣可鑒鬼神，也確未違規越界，百分之百安分守己，也認真做到了我的是我的，你的是你的，絕對沒有「偷嘴」。但在客觀上是越說越不清，愈辯愈不明，要人相信人更不信。不過，人是聰明智慧的動物，沒有解決不了的難題。最後還是離不開「關懷與照顧」：凡有子女、家在女子隊的男人，無論其本隊是否週日休息，週末晚上都准回家。若其本隊次日不休息，必須次日早上趕回本隊上工。隨後又照顧了走路的時間，可以遲到一小時出工。能說管教幹部對「職工」生活無照顧、不關心嗎？

徹底結束有家無房的狀態，是在天下大亂、「越亂越好」的「史無前例」的時期。因為「要做前人沒有做過的……」、可能前人想也不敢想的「……事情」。外緊內鬆，外鬆內緊——是就業們親身感覺到的茶場管理辦法。這時全國人民已陷入水深火熱之中的時候。

茶場最多曾有五個女子中隊。隨後壓縮編制為兩個女子中隊——女一隊和女二隊。其他的女就業，早前女勞教，除去過不了「災荒」走了些，有些調到哪裡去了？是去增加同系統不同單位的勞動力、還是去哪裡須要女人幹什麼的地方？我們不關心。

自從「自然災害」基本結束，在勞教、勞改系統內人員調動是經常的。茶場也來了不少別處的人，如重慶北碚西山坪園藝場，及一時聲勢浩蕩的「四一五」築路大軍，本（樂山）地區的紅星煤礦，中川紙廠，中川鐵廠，眉山化工廠，消防機械廠……說不完也記不清。去去來來，才知道我等同類的機構龐大，規模宏偉！無須多想，會是當時全國社會主義的重要組成部份。若誰能統計這系統的總人口，（除去一切管理工作人員）想來會不止全國總人口「百分之五」。若這些人真是壞人、罪人，那麼，新中國的「犯罪率」無論什麼比例都是世界之最！記得社會學家說過（恕我老朽已記不起姓名）……「一個經濟繁榮，制度民主，政治穩定的社會犯罪率是最低的；只有那些用高壓、專制、獨裁作為統治手段，人民物質、文化、精神生活極度貧困，不是建設文明而是破壞、甚至企圖摧毀已繼承的文明的社會，犯罪率才是最高的。」雖不能保證以上是百分百的原話，百分百的意義沒有記錯。「新中國」有著罕見的特殊情況：家庭可以窮得夜不閉戶，路上也無「遺」可「拾」，縱有賊膽盜心，也難尋作案對象，人人背負著沉重的生存壓力，還惶惶不可終日的害怕丟進鐵窗，送去改造的場、廠，要人「脫胎換骨」的單位卻十分興旺。那時有人說這是一個不得人心的政權，必須依靠恐怖來維持。像一個百孔千瘡的病人，穿了一件漂亮的衣服。人的生命已失去人的意義，退化到了大自然的邊沿。豺狼虎豹要吃人，牠們沒有藉口，沒有理論。如果你碰上牠，牠又正想吃點東西，撲上來，抓一爪，咬一口，馬上就是血淋淋的景象，因為牠不講文明，只憑本性，事後也不掩飾行兇現場，更不承認牠是錯的，也不要你相信牠明天不咬你。就從周口店北京猿人算起，進化了四五十萬年的我們，多了些什麼呢？多了狡黠，多了殘暴，多了虛偽。還不如野獸公開、公正——至少主要不欺騙、不殘害同類。還讓人類羨慕牠們的社會秩序穩定。如果一切規則沒有人去創造性的發展，可以斷定國家社會還多幾分安寧。

勞教了，是蒙冤，解教了，不准走，就業了，是「狗肉」，「為家」了，不給房，談戀愛，像牲口，准結婚，如配種……單身上山「改造」直到成家有了崽崽，前一半是被人強制安排，後一半是自找麻煩、增加負擔。當年還沒有強制計劃生育，一對夫妻娃娃多不止一個。小東西要爭吃、要吵鬧，條件差，房子小，父母都要出工，那有時間管教。已經從籮筐不是從搖籃裡爬出來，已經下地可以跳、可以跑，這的麻煩不斷添多，多好的夫妻也會為此爭吵。回頭檢討自己，當初應該只要家不要子女。還擔心孩子將來，受不到教育，「政審」這第一道門檻就跨不過去。小東西，這世界你確實不該來，社會會歧視你！「毛主席的恩情似海深」，我們離大海遠著哩！

若沒有女子隊的存在，就不會發生這一切。但又會不會影響「以場為家，以茶為業」？反正單身女人太多，單身男人也不少，無論美醜，不管老嫩，有無文化，聲譽好壞，不重出身，不講成分，只要願意，都能嫁人。結婚不是為了生兒育女的目的，人嘛！緊張之後，總要放鬆，凡夫俗子哪能人人戰勝自己。季節、溫差的變化，女人終宵難得入睡，男人醒來要勃起。戀愛、結婚的動機，確實不是為了要兒要女。

感謝以後的變化，一個時代的結束，有些「狗肉」的女兒嫁給了幹部子弟，個別當年幹部也有以「狗肉」為妻。古人有「虎子犬女」之嫌，今人有當年「敵我」之好。若能再多點公道寬容，世界真的會更美好。總想鬥倒別人，必定警備自己，就算權杖威力無窮，「敵人」會越打越多，自己累不累，孤不孤單，寂不寂寞？試看天上流星，一線光亮過後，仍是茫茫宇宙，浩瀚蒼穹。讓人可喜和安慰的，當年那些患難夫妻，多能白頭偕老；艱苦中長大的孩子們，多能勤奮作人衣食無慮。愛情是堅貞的，子女是孝順的。有些也「留場就業」了，也當上了警官，肩上扛著兩槓一花，呵！已經是警督了！同樣是共產黨領導，全國各族人民誰不說今天比那個「偉大……」、「偉大……」、「偉大……」、「偉大……」，「萬歲、萬歲、萬萬歲」的時代好！

好是好，也別太高興了，好到了全國只有一個地主了，好到貪污受賄有了錢的可以往外國跑；好到社會敢要民主、要人權了。至於平民百姓還須努力爭取溫飽……但這不是在本書要敘說的了。

托兒所

「種瓜得瓜，種豆得豆」。一經播種定有收成。

隨著「就業」人員無可奈何地「以場為家」，原來單身男女的成雙配對，不理會生活條件多麼艱難，既然有了婚姻，即使受到條件限制的同居，儘管沒有多少纏綿，許多溫存，沒有願望，沒有憧憬，也說不上完整規格的家庭。從生物學角度說，只有牝牡、雌雄，男女在一塊兒，不用書本知識，不須口頭傳承，必然孕育新的生命。那些可憐可愛的娃娃們，在為數不多的時候，都由其父母每天必須的勞動之後，各自餵養、照管。當逐漸形成一個小小群體時，對改造場所的集體生活，必然帶來一些原先沒有的新問題，是麻煩也是累贅。很大程度上特別影響媽媽們的勞動時間。首先小東西一出生、一下地就不會嚴格遵守作息時間、紀律制度；更不會按傳統習慣一天吃三餐，也不知做人艱難：經年饑餓也不造反，少餵一口也要哭叫抗爭，拉屎撒尿又太隨便。特別是每天晚上鐵定的兩小時「政治學習」時間，媽媽們要讀報紙、要聽唸文件、要討論、要發言，要繼續「快上」，要繼續「大幹」，要表態，要「緊跟偉大領袖毛主席」、要「緊跟無產階級革命路線」，要痛罵幾年前的「彭、黃、張、周反黨集團」，還要批判「右傾路線」……可那些祖國的花朵，媽媽的心肝、寶貝、乖乖，或在媽媽懷裡，或在大人腳邊，或是有哭、有鬧，或是爬在地上，扯這位孃孃的衣褲，抓那位阿姨的腳桿。總之，嚴肅的政治學習，他們光搗亂。有時碰上幹部訓話，他們還要「咿咿、哇哇」地爭著發言。娃娃多了的時候，這個姐姐咬了那個弟弟的手指，那個哥哥又抓了這個妹妹的小辮。要是下雨或冬天在大宿舍內學習，床邊坐著大人，娃娃放在床上，這個屙屎，那個撒尿，不是打濕這個的被蓋，就是弄髒那個的床單。大人要吵架，幹部也心煩。於是有了在女子隊成立托兒所的規劃和必要。

托兒所顧名思義，是哺育幼兒的地方。最起碼的條件是光線好、通風好，房屋可以簡陋，但能避風雨，地面可以不鋪地磚，但應敷水泥，不使揚起塵土，不潮濕，面積夠寬，便於做清潔衛生。但茶場無論女一隊或女二隊，都不具備上述最低條件。若按嬰幼兒數量平均計算，可能兩三人攤到一平方米。房子也是從隊上某處擠一兩間出來。其實按當時條件新建也毫不困難。問題是場、隊領導根本沒有當成一個問題。不過幹部們並不忘記一再強調：黨和政府關懷，為讓父母積極勞動生產，安心思想改造，為「職工」的子女健康成長，專門騰出房子，專門挑選人員，給你們撫養娃娃，托兒所人員的工資由政府發放，不增加父母的經濟負擔，托兒所用火燃料，也由中隊免費提供，必須設備也由公家置辦。黨和政府（幹部說話歷來是以黨和政府的代表、發言人自居）為你們考慮得很周到。你們工資不多，黨和政府充分體諒了你們的實際困難。你們的子女吃藥、看病也只繳半費……黨和政府對你們又愛護、又負責，又關懷，又照顧，又體恤。你們自己想想，黨和政府的恩情是不是比天高、比海深！一切都是為了讓你們好好繼續思想改造，好好努力勞動生產，好好遵守紀律制度，好好重作新人，好好自食其力，好好……可能讀者煩了，確實還有許多「好好」沒有說完。也不浪費時間說空話，也不浪費筆墨。大家知道，幾十年來，黨和政府歷來主張成績要說夠的。別嫌多時多次重複，是擔心人們記不住或者不知道。至於「偏差、失誤……」點到為止，提一次就行了；真正的錯誤不但隱瞞還要讓人忘記最好，因當黨和政府自己有氣魄、有能力糾偏檢失，何須別人幫助、監督。至少當年如此。就現在也沒改變。

托兒所裡有什麼必要設施？一間房中間砌了個燒炭的火爐，爐邊較寬，可以重重疊疊放十幾個大小口盅、金屬飯盒，或有柄奶鍋，作嬰幼兒燙奶、煮米羹之用。另有兩三張有欄杆的木製小床，將嬰兒橫放可睡三四人，有三四個「轎椅」，（小屁股處有圓洞，屎尿可以拉撒在地上）此外頂多還有兩張單條桌，放嬰幼兒餐具、食品用。或者還有一兩個手提的小炭爐，外加兩三個篾條編的竹籠，作烘烤嬰兒尿布用（當年還沒有引進「尿不濕」，有也買不起）以上就是托兒所的全部家當。被抽調到托兒所的勞動工作人員，一般是山上勞動體力不行的老弱。過不久發覺全是這些人不能勝任托兒所的工作。一是兩三個人管幾十個娃娃，飲食要搞錯，餵過的孩子又餵，沒餵的半天挨餓；有的娃娃要餵藥，生病的沒有吃到，健康的也在吃藥。為了祖國的花朵能健康成長，也只好挑一兩個年輕能幹的人去搞好管孩子的工作。幹部也從實踐中知道，帶小孩的勞動很重要，要愛乾淨、講衛生，有文化，有愛心，負責任，記性好，手腳勤，要讓不同素質的媽媽感到放心。

托兒所裡最能體現就業父母們的差別，和他們對孩子的愛心。有的山上的小家同原有的老家有聯繫，常接受家裡對孩子的關心，充分體現在娃娃們的飲食穿衣。有的娃娃食品豐富衣褲多，有的娃娃睜開眼睛就受窮。就在托兒所這小小世界，二三十平米的環境，相對說來貧富冷暖也表現得很充分。媽媽們都想把自己的孩子帶好，常常有機會都警惕地盯著托兒所的「阿姨」婆婆，都擔心把自己兒女的東西給了別人的孩子。一顆愛心分不出不同區域，帶娃娃的人天天經受著不平等的良心折磨。只能像做賊一樣，把這個孩子的多餘分一點給那個孩子的不足。可是這小環境的「私有制」觀念特別強，很不容易接受改造。「共產主義思想」的行為在這裡受到公開的抵制和對抗。因而吵嘴糾紛常有，比一個中隊生產、管理發生的問題還多。

嬰幼兒除了拉屎撒尿有主動權而外，一切都得靠孃孃、婆婆的愛心、和責任心了。那些已經能扶牆站立、走路的孩子，只要在托兒所裡面，基本上除吃飯都處於不管狀態，不是不管，人手太緊，管不了許多。多要一個人幹部是不肯的，少一個人勞動生產就少一份整體效益。國民黨曾說共產黨不懂經濟，其實國民黨才最蠢。他們哪裡懂涓涓之水可匯成江河！百萬雄師過大江，曾經也是「星星之火」。

在繈褓中的一二十個孩子，加上能爬、能走，能站的娃娃，一個托兒所常年維持在三四十個。兩個女子隊的托兒所，像統一規定了編制一樣，一個托兒所三個人。娃娃多時，一個托兒所有四五十個。媽媽們出工前送來，收工後接走，學習時再送來，睡覺前再接走。接接送送，關於娃娃還要叮嚀許多。托幾所的勞動，看來不上山、不爬坡、不幹重活、不曬太陽、沒有風吹雨打不受霜雪折磨。可是睜開眼睛就上班，別人已睡了還要做清潔衛生、管好爐火。自己的床鋪白天讓孩子睡過，還須整理一番才能躺進被窩。幹不好工作娃娃的媽媽們吵你，不用幹部操心時時受到監督。那地方又吵又鬧，有時甚至又髒又臭，只有全隊的「衛生檢查」幹部才走次過場。

嬰幼兒小病又多，衛生員只管看看、拿藥，最累最忙的是孃孃、婆婆。這個要餵藥，那個要餵奶，還有要餵飯，忙得團團轉，有時忙得脫不開身，空不了手，移不了腳。婆婆五六十歲的人了，身體很弱。像正在懷中吮吸牛奶的小孫孫，上面在吃下面在屙，尿也流在褲襠裡了。這不是笑話，老人家自己都難為情不好說——雖然內急卻脫不開手。為了減輕房裡的擁擠，天氣晴好的時候，由一個孃孃將大點能走路的孩子帶出去曬曬太陽，就在大人集合、點名的壩子裡，蹦蹦、跳跳、跑跑，但千萬別隨地拉屎、撒尿，影響清潔，更不要太喧鬧，那裡距中隊辦公室很近，辦公室緊靠幹部的住房，否則，大人要挨罵小人要遭吵。若帶上山，又怕摔倒，又怕跌下山溝，又怕跑掉。十個指頭不能同時掐兩個跳蚤！

這些孩子應該說都在社會主義的繈褓裡，但他們沒有幸福的童年，天真的快樂也很少。在壩子裡拾到一點什麼拉圾、紙屑、竹棍、篾條、斷繩，也會當成一件可愛的小玩具，捨不得丟掉。若不是阿姨孃孃帶出托兒所的小房間，可能幾天也見不到藍天白雲；對偶爾飛來的幾隻麻雀、烏鴉、或別的什麼鳥，他們會睜大驚恐、好奇的小眼睛，是看了又看，似想了又想；有時年輕的媽媽會在收工的路上隨便採摘幾朵野花，來給她的心肝寶貝，其他的孩子也會同時伸出不乾淨的小手，向著那花、那草，像抓乳頭，要奶瓶似地向大人傳達他們幼稚、天真的某種渴望心情，或表示他們的日子太貧乏、太單調，雖然還不會語言交流，本性也有所需要。

中隊的飼養房如果母豬產仔，母牛添犢，小雞出殼，管理生產的幹部都會去轉轉、看看、問問、叮嚀、囑咐的。雖然豬牛糞便同小孩的屎尿氣味一樣難聞，幹部嗅得出兩者的細微差別，覺得娃娃們烘烤尿布更難聞，其他人沒這水準。他們願意去飼養房，很少踏進托兒所的門。

孩子們不知生存狀態有多少差別，更不知父母的艱辛。偶爾因為孃孃、婆婆的好心，將好一點的食品調劑一點給體質差的小兒，而這吃了一兩次好東西的小東西，就開始拒絕再吃原本屬於自己的食品。雖然不會說話，不會爭吵，不會罵人，但他的聰明已認識餐具、認識奶瓶。搞得好心下不了臺，最後可能會挨媽媽的罵，受幹部的批評。孃孃婆婆只有橫下一條心，誰家孩子食物不夠，該餓！誰家孩子衣褲單薄，該冷！誰家孩子體質差，該病！惡意、劣行會受到社會、人群的譴責和制裁，好心善意的行為舉動也不容易！

古人言：生於憂患而死於安樂。不愧我們有幾千年的文明，幾千年的生活經驗，許多事都得到印證。茶場托兒所哺嬰育幼的條件是極差的，可讓人感到驚奇而欣慰的，是在那種境況下，嬰幼兒的生命力極強，很少重病，死亡率幾乎為零！要感謝誰呢？「大救星」？讓他們在山上出生；沒有污染的大自然環境；童年、少年幾乎全吃的玉米、薯類這些現稱「綠色、保健」食品。自從有了生命就習慣了、並贏得了同各類疾病作鬥爭；沒有得到過父母溺愛、嬌慣的幸福，沒有享受過生日的快樂，更不曾有過得到玩具的高興，從小就在艱難困苦中打滾；沒有進過一次兒童樂園，沒有受過體育鍛練的訓練，能走路時就只有爬坡下坎，從沒有人帶著下池子游泳，像林中山上的動物生來就習慣了日曬雨淋；食物以碳水化合物和粗纖維為主，不可能熱量太多、脂肪過剩；長年衣褲單薄，必須經受寒冷，成長中不長贅肉，只長骨頭只長筋……更無須現在時興的要減肥。

這些在山上出生的孩子們，伴隨著父母磨難的結束，那個該詛咒一萬年的時代成為過去，幸遠地迎接了「第二次解放」的來臨，絕大多數跟隨父母下了山，回到了真正意義上的家。有幸的還見到了爺爺、奶奶、伯叔、姑嬸，終成新時期社會的一員。這才開始知道原來山外還有這麼大的地方！一家人有這麼多！為什麼剛見面他們都愛我？慢慢感覺到日子還能這樣過？！

少數留在山上的就業人員，有的又在新時期獲得了一個新的標牌——「轉工」。此時才「轉」，可以證實當年的國家「職工」純是欺人之談，為茶場的各項生產繼續作貢獻。有的原來的家已離散，真是離開茶場無處去了，或者由於政治、經濟條件已徹底改變，真的以場為家了。這部份人的子女成年後，若無新的出路，茶場都作了形式無歧視的正式職工安作。有好遠氣的趕上「讀書憑成績升學」，不是喊「萬歲」可以「交白卷」進高等學府的時候，不再由「政審」決定有無受教育的權利，通過自己勤奮努力，達到規定標準，也當上了幹部，穿上了警服。這雖然人數不多，作為例證夠了。同曾經管教過父母的前輩，和以後調進的新人，在山上為茶場為國家忠誠的幹著被指派的工作。這是人的社會理性的復甦。曾經有過的幹部言論：「我們現在管教你們，我們的兒女將來還要管教你們」的話，也隨著一個死人統統帶進了棺材。為願早點朽，化成灰。

獸性、人性

沙坪茶場不是監獄，沒有電網，沒有高牆，但確是專政場所。是「圈」人的地方。說「圈」不說「關」，因為它的特徵就像草原上牛群、羊群、羊羔們、牛犢們，白天可以在一定範圍內活動，當風雨之際或夜晚來臨，又依偎一堆，一處睡眠。隨著幾年前的荒山有了生產，茶樹已經採摘，地勢較低的中隊還有莊稼，玉米、薯類、水果、每個中隊還有些菜地。自然面貌已有很大改變。勞動教養人員基本都已「解教」（若說「懲罰」時限已經期滿結束），所謂的「國家職工」——「就業」人員，家屬來場探親已不須事先批准，外來一方持有當地政府的有效證明，還可來場結婚。外人看來這已經是自由的生產單位，似乎好像新疆的軍墾。可這裡的就業人員的人生自由還受到諸多限制。政策規定解除勞動教養就應該「清放」（經過「清」理釋「放」），但又有「給出路」的政策、還是措施？又給「清放」製造障礙。為了不讓人絕望，每年都要開全場總結大會，大會上又宣佈各隊放幾個人（一般兩三人），給大家造成感覺：各方面表現好——嚴格遵守各項紀律制度，努力勞動生產，或者有什麼立功表現，還是走得成，可以回家的。「黨和政府說話是算數的」。是有前途的。有希望並可以實現的。不少人心裡想，每來一批至少上百（當然也有本系統外單位不定時、為什麼來幾個），現在放人，每中隊幾百人每年走兩三個，照此推算，就算全部放完不留一個，可能至少要一百年！最年幼有不上十歲的，他們也活不到那樣長的時間。用當今的話說，那時放人是「作秀」，一是給社會造成印象：能放的都放，政府沒有無故長期羈押，年年都在放，沒放的是沒改造好，為人民、為社會高度負責，繼續改造；「不出廢品」——幹警們說過這話的。另一方面對在場的人作為勉勵，看，別人走了，再好好努力吧，也許明年就輪到你！——這話也是說過的——現今還有一批當年幹部在某地「幹休所」安度晚年，只要不存心頓帳會承認說過這些話的。作者去、前年還拜訪過，談起當年，他們也無奈笑笑。

這時場內紀律制度已寬鬆許多，「反右傾」、「四清」運動後又送來的勞教人員，除了不准下山去趕集市以外，他們也算沾光同就業人員一樣管理。還有未被完全剝奪的「公民權利」，只要在「圈」子裡面不太違規違紀，不老想著那份被粗暴劫去的人身自由，又能接受那份吃粗吃飽的生活待遇，在這集體中還是可以過下去的。彼此之間，時不時還會弄出點有哭有笑的故事出來。積二十五年之親歷見聞，看來任何環境、任何人都不是絕對只有快樂或只有痛苦。只要不發生同管理上正面的衝突、對抗，不撞「圈」外逃，幹部們也少麻煩，懶得管你，就業人員是基本餵家了，馴化了，勞教人員想逃也難，「牧羊犬」很多，何況逃跑路上有關卡。多數是不成功的。宋家山上有十二個中隊，外加農機廠、製茶車間、配電房、農科所：衛生所、自辦的小學，都在這一片山上。少說經常至少也有七八千人口，生、老、病、死、養、人一生所有問題，幾乎都能包於。再加外來駐場單位——郵政所，縣工礦貿易公司副食門市，銀行儲蓄所，以及幹部裡無工作的家屬組成的小食店、招待所，可做新衣的縫紉組，這裡已是一個以「另類」為主的小社會。不是大而全，至少也算小而全了。特別是大革文化命以後上山的勞教，不少人曾經「緊跟偉大領袖」，從「繼續革命」的「無產階級專政的革命路線」走來，像敲鑼打鼓上山下鄉一樣，被汽車（這時早已隊隊通公路）送上山來，也給我們一九五七年就來了的「老人」，吹來了「新鮮空氣」，「輸送」了「新鮮血液」。雖然未「吐故」而「納新」，確實有了活力。這些後期「同學」在「圈」內亂蹦亂跳，因為他們習慣了「造反有理」。這一切說明社會主義的勞改事業的興旺繁榮。全國其他地方，此類單位場所又有多少？我聽一個湖北人說過，他們名沙洋的地方叫做「勞改城」。不過，沙坪茶場在省內也有些名氣的。（說至今也是全國三大勞教單位之一！「夾邊溝」只是窮山惡水皇帝遠的小地方，當然更多粗暴蠻橫，我們是司法系統的「先進單位」。）

有人說「偉大領袖」把國民分成三六九等，封建學識精深，要締造一個「全新」社會，就必須把傳統的觀念肅清，那過去的文明也應清除得乾乾淨淨，一切從我開始，我是真理化身！口口聲聲講團結，事事例例製造隔閡，而且最能發現矛盾，最善於組織鬥爭，從鬥爭中取得勝利，回回都贏。不喜歡人們和平共處，不贊成和睦親愛的大家庭。總愛弄出些糾紛，以滿足「與人鬥，其樂無窮」的天性。數導國民：「八億人口，不鬥行嗎？」說話漂漂亮亮，幹事言行不一，人說是口是心非的典型。弄得大社會亂套，我們山上的小社會也五花八門。這裡只揀幾個事例說說獸性、人性。

（一）

羅良江與蔣士俊兩個都是太陽坪中隊的就業人員。蔣在中隊飼養房勞動，放牛、打草、餵豬。據說因偷盜集體耕牛或別的什麼，不夠判刑，鄉鎮「法庭」判勞教送茶場。解除勞教後留場就業。身體結實，年歲不大。因從小勞動使脊背有點彎曲，綽號蔣駝背。無文化，沉默寡言，抽煙，喝酒，食量大。每月十八元五角工資，扣除集體伙食，餘不足十元，月月入不敷出。兼之隊部一向對飼養房幾個人管理較鬆懈，晚上規定去大組學習，可以不參加，無人過問。飼養房可以隨便用火，勞動又無固定時間，煮飼料有鍋有灶，房舍距隊部集體又較遠，是一塊中隊上的獨立天地。十天半月，管理生產的幹部，天氣好，去轉一轉，隨便看看而已，實際上在飼養房的人處於紀律制度管理之外。馬牛羊，雞犬豕，又不讓他們放假、沒有休息日。同牲畜們吃同屋，睡同房，個人比中隊集體有更多的「自由」。只要六畜興旺，幹部根本不去操心。對其勞動者本人而言，猶如在大集體中過著農家生活，只是沒有兒女老婆。派去飼養房勞動工作的人，都是從小就有勞動習慣，思想比較安定。能吃飽、穿暖，有房能遮風避雨就認為幸福生活。蔣駝背從農村混進勞動教養場所，應該是運氣不錯，當然安於現狀。打掃圈舍，餵養牲畜之餘，背上背篼，拿把鐮刀，上山各處去收割青飼料。在山上背背篼、拿鐮刀的人，誰也不過問，無論是車行的公路，人走的山間小道，有茶林的工地，還是莊稼地裡，還是雜有彝胞放牧的荒坡，他們都不被盤問。背篼、鐮刀就是跨隊越界走遍宋家山，自由穿行整個茶場的通行證。上到老林，下到沙坪鎮，（縣城）不必請假，個人有相對的自由，蔣駝背就是其中一人。

羅良江三十歲多點，說是在城市流浪被收容勞教的。除了流浪沒有任何過錯，勞動教養是政府關懷給他安排了一個穩妥、固定的睡覺、吃飯的地方。本人十分節約，到茶場已經是發工資的時候，雖然每月只有十七八元，平時不花一分錢，扣去每月八九或十元伙食費，還剩有近十元。那時茶場已不免費發衣被，羅良江捨不得花一分錢去買什麼東西。勞教場所也不可能一點沒有浪費，有人有家庭補貼，衣服、鞋襪有餘，見羅衣不遮體，深秋赤腳，棉被又薄，出於同類相憐，不少人給他東西。竟然也能溫暖無慮。但總的說來長年一身破爛。憑流浪鍛練的身體，疾病、寒冷反倒好像怕他，掙得一個全隊惟一的綽號——羅叫化。羅叫化愛錢勝過愛命，連每週實際到嘴的三四兩肉的「牙祭」也要賣錢。「牙祭」標準是每人生肉半斤，羅叫化的「牙祭」肉價錢公道，按半斤生肉市價收錢，還說肉裡的調和、蔥蒜、加工是大夥兒有份的，就優惠不加價了。但羅叫化不因此就沒有肉吃，照樣打「牙祭」，有時還不止一份。因為他平時不消費，有餘錢，而且逐月增多。在就業人員中若沒有家庭、親友支援，在兩次發工資之間有餘錢的人不多見，互相間的短期小額借貸難免。一般幾角、幾元。羅叫化在就業人員中算得上「富人」，經常有人向他暫時借錢。取得他的信任，他也慷慨大方，有求必應。但羅不是助人為樂，慷慨為人解困，是有代價的。流浪生活的經驗告訴他，人，多數是薄情寡義的。誰向他借上三元，就附有一個條件：利息是一餐「牙祭」肉，一月時間為限，以此類推。他不敢直接收錢作利息，幹部知道了要退錢，還要挨罵、受批評。別輕視羅叫化沒有受過教育，愚蠢中還暗藏奸詐。如果同時有幾個債務人，到了打「牙祭」他的肉還吃不完。雖無文化他也會運作資本與利益的計算。所以他有「牙祭」肉出售，這又變成了錢，資本又得到了積累。存款還一年比一年多。每次「牙祭」他不低於有三五份肉，還不無得意的笑著說，留下一份自己吃，不要忘了豬肉的味道，多的賣錢。當時有的就業、勞教人員，就算能避開紀律制度買得上生肉，也無法加工，又缺調料、油鹽。買羅叫化的「牙祭」肉，價錢公道划算，接過手就吃，又方便。每週「牙祭」有幾份肉，羅叫化心中有數的。往往上一次「牙祭」就預售了下一次多少份。儘管你有幾角錢想多吃一份，若行動不快，羅叫化沒有收錢，到時候你加價也買不上，只有垂涎。羅叫化也講信用，為人也有點義氣，既不多收錢、亂收錢，比現實社會的商人誠信，收了錢一定兌現。有時預售出幾份，在打「牙祭」前別人又還了錢，不夠預售數的分配，自己可以忍嘴不吃也給人。還驕傲地端著一碗煮過肉的菜湯對人說：「我羅叫化做事講信用，說話算數」！

蔣駝背的錢一直每月不夠使用，經常向羅叫化借錢。由於蔣駝背勞動、住宿不同大組一起，生活起居方便，偷幾個雞蛋，不多久又偷隻雞燉好（少隻雞可以報告被野貓，野狗叼了，幹部不甚追究，而且誰都信），買斤酒，叫羅叫化晚上或其他時間去飼養房，兩朋友把盞碰杯，有酒有肉，親如難兄難弟。縱有人知道兩人吃喝，也不是問題。飼養房的人各有各的事，互不干預，一般看法，一個貪嘴佔便宜，一個借錢。事後知道，蔣駝背已欠羅叫化上百元未還。在當時要清帳，蔣駝背一年不花一分錢——這是不可能的事，也還不完。但蔣駝背還要求再借。幹部也知道羅叫化幾年來時所有和近年結累，已有錢千多元——這在十多元一月工資的情況下，已視為一筆鉅款。為了羅叫化錢的安全，幹部強令他將錢存入了縣銀行。

斗轉星移，山上已經入秋。這一夜卻月黑風高、雲厚天黯。又是一個星期六的晚上。蔣駝背燉好了幾隻豬腳，打了一斤白酒，從飼養房爬幾百米上坡叫羅叫化去聚餐，歡喜歡喜，改善改善。這期間是星期六晚上都不學習，叫放學習假。如果場部或別中隊放電影可以去看，或找朋友閒談、逛山，總之可以做個人的事情。飼養房本不止一個人，其他人可以出去耍，必留一人值班，蔣駝背要請客，別的人當然就走了，留蔣駝背值班。這時已開放了只能在中隊活動的限制，場部已修了電影院，還有商店，像逛街一樣，除了勞教都可以隨便去場部——茶場的熱鬧中心走走。蔣駝背和羅叫化在飼養房裡：你哥子，我兄弟，你不喝，我慪氣，有福同享，有難同當，有困難，你幫我，我幫你……已經肉吃夠了，人快醉了。當然會說到錢。一個說，你借我百多元了，該慢慢還；一個說，你只存不花，有啥急？等漲了工資會還你。現在還要再借十多元買雙膠靴，患難朋友好兄弟，總要講點哥們兒義氣；有酒有肉我都請了你。羅叫化理直氣壯：你蔣駝背借我的錢已一百多，從來沒有要過你「牙祭」肉的利息。蔣駝背也不服氣：你羅叫化要好好想想，你也太不識好歹，算算一年來你喝了我多少斤酒，吃了我多少斤肉，還有雞蛋和雞，哪次不是我倆打夥吃的？我才是給的高利息，算本錢你早就吃完了，而且我還承認欠你的。經過一陣認為都對得起朋友的爭執以後，蔣駝背提出再借二十元買雙膠雨靴。羅叫化又堅決不肯。

活該有事，豬圈房那頭豬在鬧，雞也在叫。蔣駝背出於工作職責，立刻走出間隔的小屋（人住的地方）去看看究竟。

昏暗中似有一條狗——附近農民或彝胞的狗在尋吃的東西。他們養狗不餵狗，牠們到處自己找吃。蔣駝背隨手揀起半截磚頭，還沒走到該出手的地方，那畜牲就跑了。蔣駝背也不去追，就回到屋裡。因為喝了酒可能影響反應，沒打出的磚頭還捏在手上。進門的地方正是羅叫化的背後，蔣邊走邊說，到底借不借？羅叫化頭也不回，斬釘斷鐵，一聲「不借」！這時蔣剛好走到羅背後，想也不想，右手一抬，手上的半截磚頭就打在羅的頭上，羅一下撲在桌上——兩塊長短不齊、厚薄不均的木板拼搭成的案子。蔣摸出羅的銀行存摺（當年是「憑折存取」不要印鑑和密碼）嘴上還在說只取二十元。你放心，兄弟我說話算數決不多取。

還剩下一點酒、菜、湯，蔣駝背一人慢慢喝光、吃完，收揀了碗筷、酒瓶，再收拾一下不乾淨的桌面，見羅還伏在上面動也不動一下。這時蔣駝背還顧不上羅叫化，他忙著去給剛生了豬仔的母豬餵食。又打掃一下豬圈，又去給幾條牛添了夜草。轉身回屋見羅叫化仍然那樣子沒有動過。這才過去摸摸他的頭，還說血都沒流出一點，還裝啥樣子，該回宿舍去睡覺了。又似乎感覺有點不對勁，再把羅的頭掰過來，才見羅鼻孔、嘴巴流了些血出來。摸摸，覺得羅的皮膚、額頭比自己涼一點，再探探鼻孔處，確實沒氣了。蔣不懂按動脈，看瞳孔，不懂其他鑒別生死的方法，但在離開羅的身子的時候，而羅的身子卻順著他倒下來了。「糟了，打死了」！自言自語。不是很害怕，但酒醒了一半。

上面兩三百米處的中隊部，傳來了嘈雜的聲音，出去玩的人已經陸續回隊了。飼養房的人也該回來了。一驚一詫，更清醒了許多。身邊這個人怎麼辦？力氣也來了，平日打草每一背都是百多斤，此時感覺更有力氣，他一下把羅拉起來背在背上，出了飼養房，順著好走的大路，想起了旁邊那條大水溝，這條水溝的源頭在老林深處，太陽坪中隊吃用都是這條水溝的水，流到下面還有老鄉，甚至到茶場醫院，都汲用這條水溝。蔣對周圍環境熟悉，離飼養房不遠有個因水落差沖成的水池。大於十平方面積，任何時候水深過人，沒有乾涸過。他把羅丟了下去，還搬了附近幾塊稍大的石頭，一起推了下去。壓在羅身體上，擔心漲水浮上來沖不走。完事後，氣也不喘，也不後怕，回飼養房睡覺。第二天如常上班，下午抽空還去銀行「憑折支取」了四十元錢，買了膠靴，和別的東西。回隊後該幹啥幹啥，一切如常。

星期天下午晚飯前，中隊一般要集合點名，主要查查還有沒有人沒有回隊。羅叫化不在。所在小組才想起他昨夜根本沒有回來。那時對就業人員管理已經寬鬆——前面說過，後來的勞教沾了就業人員的光，管他們較溫和又寬鬆，因為他們認文件規定，敢對幹部頂撞，沒有「首期」的人好管，若只看黨和政府的文件，沒有不好的。既然對他們都按文件辦事了，對我們就業人員，總比勞教中的人員更多一分什麼權利吧？實在說對我們的寬鬆實際沾了他們的光，還該感謝他們，感謝他們敢力爭應有權利的「敢把皇帝拉下馬」的勇敢。

這使我想起有個叫什麼的外國人說的：「自由不會像早餐一樣放在盤子裡給你端到面前來。是要爭取的。」我想這應該算名言。對老百姓更是一種教導。

羅叫化頭晚上就沒有回宿舍睡，白天又不見人，說來也巧，這段時間羅正有點私人事情——女一隊有位女「職工」，在勞教前結過婚。外面有個女兒已經十八九歲，來山上看媽媽、探親。耍了一段時間才走兩三天，姑娘在山上探親期間，是有人多事，還是鬼使神差，說把姑娘許配給羅叫化。姑娘在山上的媽媽當時也沒有明確拒絕，姑娘本人也未首肯，羅叫化去了也笑臉相迎。羅在太陽坪中隊是出名的有錢人，羅也自認為交了桃花運。十個雞蛋，或者兩把麵條，或者糖果、點心，每次總不空手去，人再吝嗇也知道招蜂要糖，釣魚要蚯蚓。有空就往女一隊跑，已經成一個新聞。一天未按時歸隊應點名，前一晚又未回來，大夥很容易想到羅叫化正在熱戀當中，場、隊幹部對來場探親的，男看女管得緊，女看男就管得鬆點，子女看父母最放心。都希望羅叫化成其好事，早一天有個「叫化婆」。一天一夜不見人，也並不讓人太多心。看今夜回不回來，再作決定。

星期一早上小組長向隊部報告，羅叫化晚上仍未回隊。因有「小組工效」原因，必須報告少個人。這才使幹部打電話去女一隊問，一問方知姑娘已走兩三天，羅叫化週六、週日都沒去過。

羅良江是因「流浪」收容勞動教養送上山的，勞教期滿留場就業。這裡的安定環境「固定工作」足以使他滿意安身。不會逃跑，幹部對此十分自信。但畢竟人不見了，總該有個原因。平時遵守各項紀律制度，勞動任務也能很好完成，既無「反動」思想，也不「攻擊社會主義政策、方針」，幹部對這樣的人，一般是不關注更不操心的。下面很快有了議論：可能羅叫化在女一隊的「戀愛」中花了錢，現在人走了，不甘心，要去追人。中隊幹部認為這種判斷很合理，因此未啟動「追捕」程序。但幹部出於對問題的負責，立刻去銀行查他的存款，知道頭天（星期日）還取了四十元。這更深信去追「情人」的判斷。並請銀行協助：該存摺再來取款，給取款人製造耽擱時間的麻煩，並立即通知公安局和茶場。這羅叫化沒有好去處，必定會自己回來。這件事就這樣暫時放下。連同羅叫化比較親密接觸的人，都沒有受到詢問、調查。誰也不會想到羅叫化早已離開這個世界。

再說蔣駝背，平時就沉默寡言，不善交際，本隊也無朋友，飼養房三四個人，平日各幹各的，互不關心，互不注意。餵豬的餵豬，放牛的放牛，打草的打草。瑣碎事情很多，打掃圈舍，轉運垃圾、糞水，本來閒暇不多，飯也是各吃各，先後不一，幾乎沒有時間在一起擺「龍門陣」。蔣一如既往，打草、餵豬、掃圈，誰也想不到他會幹出那樣一件人命關天的大事。只是蔣近些天覺得自己心躁不安。大約就在事後一週內，陰霾過去是大好晴天，該把母豬和豬崽趕出來曬曬太陽，也好給圈內換墊圈草，徹底打掃一下豬圈。到了太陽落山，該把母豬、豬崽趕回去了，這母豬蔣已侍候了牠一年多，很聽話，剩兩隻豬崽是第一次出圈玩，還沒玩夠，怎麼趕也不進圈，就在房子邊、土壩上亂跑，比起昏暗的圈裡，牠兩弟兄更愛明亮的大自然。一陣子過後，讓蔣駝背火了，隨手揀起一塊大如雞蛋的小石頭，想擲在牠倆前面趕牠回頭。也是活該有事，豬崽見人手臂一揚，加速向前一竄，一條豬崽的頭正迎著石頭，吱吱吱兩三聲叫，腳一伸就死了。飼養房的人立刻報告了中隊部，說蔣趕豬不耐心，責任心不強，還用石頭打死了一條豬崽。幹部立即來到現場，死豬崽還躺在那裡。幹部本來是看看有意還是無心失手，一般批評一下就可算了的事。蔣由於心燥不安，生氣比幹部還大。於是對蔣一陣嚴厲訓斥，蔣如果只聽不頂撞，這事就可算了。而蔣偏偏要堅持自己不是故意，說話又很不留心，說一條小豬崽算得了啥，自己平日如何耐心照護，這窩才多生幾條，難道我一個活大人還不如一條小死豬？又不是打死了你小弟弟，值得發那麼大的氣！說話也許無心，聽話就有意，幹部是有文化的，心想，我只批評批評你，你還敢反罵我幹部是豬！好，「破壞生產，打死飼養牲畜」送「集訓隊」管教。平日一向不愛說話的蔣駝背，今天敢在幹部面前如此囂張！大夥都感到意外。

蔣去集訓隊也一直不認錯，事情又簡單，又沒有需要內查、外調搞不清的問題，他又嚴格遵守紀律制度，勞動又賣力，一天到晚光會幹活，不同任何人交談什麼。這樣的人是各隊都喜歡的「資源」，嚴格說也不夠「集訓」條件，就是同幹部頂頂嘴。在集訓隊一擱就是九個月，幾乎把他給忘了。最後，還是太陽坪中隊缺少這種肯幹活、不怕髒、不怕累的人，又去要回來。仍然割草、餵豬，原先工作不變。

這期間羅叫化沒有回隊，隊裡也沒有追。幾百人的團體對一個人很容易忘記。銀行也沒有回饋什麼消息。

蔣駝背回隊後的又一個星期天，他想去沙坪趕一天場，在集訓隊半年多，沒有上過街了，要去放鬆放鬆，瀟灑瀟灑，何況還有羅叫化一千多元的存摺，取點錢進館子好好款待自己一頓，再買點穿用的東西。在集訓隊是停發工資的，只給兩三元零花錢。嚴格說抽一角錢一包的香煙也不夠，實在該對自己犒勞犒勞了。於是上了街，首先去取錢。

進了銀行，向櫃檯遞上活期存摺，對營業員說取一百元。營業員在匣子裡翻找出活頁帳戶，發現那帳頁上夾了張字條，注明了注意事項。那時各機關、單位像一家人，為一件什麼事須協助、配合，執行起來真像一個人。一面給蔣駝背取錢，盡是角票分幣，先拿出五十元要取款人仔細清點，說櫃面不夠了，裡面去拿，實則到裡面辦公室打電話——那時小縣城電話不普及，只有辦公室才有。先通知最近的城關派出所，又通知茶場轉太陽坪中隊。回答是給他取錢、公安人員來了就讓他走。蔣駝背慢慢數、仔細清。手又粗人又笨，一百元全是角票分幣差不多費了一個小時才數清。蔣只顧埋頭數錢，公安便農早已同營業員當面取得聯繫。蔣駝背高興地揣著錢出了銀行，他那知身邊的「保鏢」寸步不離。進館子，喝酒吃肉，隨後又買東西。已到了一般若走路是該回山上的時候了，叼著煙搖搖擺擺、半醉半醒，慢悠悠才往隊上走。這一天，他在不知覺中把兩個街上的便衣員警真是「收拾」夠了，因為員警接受的任務是只「跟蹤」，其他不要驚動。

蔣駝背做賊並不心虛，該幹啥幹啥，他吃喝拉撒，買東西，員警只能跟著他屁股團團轉，最後一直跟到山上太陽坪中隊，見蔣進了飼養房，才算完成了任務。才到中隊部喝上一杯茶，並向隊幹部說清楚當日蔣的全天活動情況。

晚上學習時間，叫蔣去隊部談話。幹部開始問些在集訓隊如何？回隊後要好好幹，「過」都沒有記一個，是對你的寬大。今天下山幹了些啥？等等不關要緊的問題。蔣也答非所問，又些支吾。幹部才轉入正題。

「羅良江的存摺都交你保管，你還可以隨便取錢，不用說你們是很信任的朋友了，他現在哪裡？叫他回來。」幹部說。

「我也不知道，」蔣回答。

「你知道他同女一隊誰的女兒耍朋友？」

「我確實不知道，我沒有同他一起去過。只幫他在彝胞那裡買過雞蛋，還幫他上街買過高價掛麵。」蔣回答。

「他不請假就跑了，隊上沒有去追捕他，快一年了，就算在外安家了，也該回場來辦個『清放』手續，才有糧食、戶口，未必在外面當個『黑』人好，沒戶口，沒糧食，再說沒有戶口也辦不到結婚手續，亂搞又犯罪。想流浪一輩子？你告訴他，隊部可以放他。」

蔣沉默。

「放我回去可以嗎？」蔣問。

「你先把羅良江叫回來。只要你當地接收你，也可以放你。但你一定把羅良江叫回來再說。」

「他……」蔣又沉默了。

「他怎麼樣？怎麼他的存摺會交給你，你常借他的錢幹部知道，你們私人的事情，沒有糾紛幹部不管。現在你必須交待清楚，為什麼會把存摺交給你？」幹部有點聲色俱厲了。

蔣低頭沉默。

「你知道他老家真真實位址嗎？家裡還有沒有什麼人？」幹部又問。因為羅是流浪城市被收容來的，場、隊也根本不知道他原籍和家庭情況。要追捕也不能確定地方，這也是一個不追捕的原因。見蔣長時間沉默不語，想來其中一定有問題。

「今天不說別的，這麼多錢的存摺都交給你，你們關係還一般？只說存摺的事，為什麼在你手裡？」幹部更嚴厲了。

幹部問話開頭態度是溫和的，也有耐心，目的在追究羅的下落。見蔣一直不很配合，才開始嚴厲一點。

「我失手把他打死了，」蔣想到取錢的事，羅的存摺在自己手裡，幹部都一清二楚。他們怎麼知道的？看來事情是瞞不下去了，才慢騰騰的說。

幹部內心一緊，但未表現出來。轉又溫和地對蔣說：「不要打胡亂說，又沒有捆你、銬你，說真實情況」。

「是……是真的，」蔣仍埋著頭。

「算了，好！今天就談到這裡。你下去好好想想，想通了再來找我說，你要相信黨和政府坦白從寬，再打胡亂說我要捆人。下去吧，」幹部把蔣打發走了。

蔣離開隊部辦公室以後，幹部立即向場部作了彙報，特別是「失手打死了」這個情況。同時又安排人暗中把蔣監視起來。其實幹部也不相信蔣會真的殺人。因為蔣一直是訥於言而緩於行，表現得老實憨厚，更不惹事生非，見了本隊熟人也不主動打個招呼的那種人，對生活不抱什麼希望，不懂痛苦幸福，說不上歡樂憂傷，是一個典型的「磨骨頭養腸子」的人。

第二天上午，當時一位場長去了太陽坪，認真瞭解相關情況。說起這位場長，比起茶場前後多位場長中，還算有工作能力的。據說當年李井泉任四川省委書記時，全省幾百名縣長中，這位場長是四川最年輕的一位。偏矮的中等身材，給人一副書生形象，更不像從前扛過槍、打過仗的幹部、粗聲粗氣說話、皮膚黑黢黢的。大會作報告、講話，還能在語言中引用馬列主義精典書籍的斷章摘句。當然也恰證明他對馬列主義的理論思想沒有完全消化，所以才沒有自己飽學的語言。造成他在仕途上不能進步的障礙原因，是他有豐富的感情。聽說不止一次地把對妻子的愛，實實在在的分給別的女人。說明他對社會主義事業並不專心。當然在現今已不算什麼問題，只要不公開停妻再娶、包二奶、三奶、或有固定情人，最多算是一點精神「調劑」。從他的才幹能力，我真有些為他惋惜。在茶場多數缺乏文化的幹部中，顯得他最有學問，執行「黨和政府」的各項政策，也有一定水準——實則是能把兇狠粉飾成溫情。

場長來到中隊同幹部交換了意見，等到當日收工，又是晚上學習時間，再把蔣駝背叫到隊部，用朋友談心的方式，充分尊重「職工」的人格尊嚴，也給予「公民」的權利。叫蔣坐下來，還給蔣一支他抽的高級香煙，談話在和風細雨、輕聲慢調中開始：

「聽你們幹部說，你在飼養房工作很認真負責，打死一條豬崽，不是大問題，以後小心謹慎一點就行了。我已批評了你們幹部，送集訓隊九個月有點委屈你。以後有什麼事不要同幹部吵嘛，慢慢把問題說清楚不好嗎，現在回隊了，因為你對飼養房工作熟悉，勞動也好，每年多出幾條肥豬，你們也多吃幾次肉，大家還要感謝你們飼養房的人，是不是？」稍停頓又繼續：

「關於羅良江的向顯，昨天你怎樣對幹部說的？……情況是怎樣就怎樣，不要亂說嘛！我們嚴禁逼供信，幹部又沒有打你罵你。現在你向我說說真實情況，羅良江幾時離場的，現在人在哪裡？你能不能叫他回來，或者派一個幹部隨你去找他，我派場部的小車送你去把他接回來。要回家，正式辦手續離場，現在政策允許。問題在去的當地同不同意上戶口，一個人沒有戶口，就是『黑人黑戶』隨時都會被清理，又要被抓，幾年也白『改造』了，不值得嘛！」

蔣駝背吸完了場長給的煙，又沉默了一兩分鐘；場長在和身邊的中隊幹部閒聊著別的、生產上的事情，根本沒有關注蔣似的。

場長又回過頭來對蔣說：「想好沒有？想好了就說……」

「我真的失手把他打死了。」蔣回答。

「不要亂說，我們辦事要講證據。你算你一個人能打死一個人，屍體在哪裡？怎麼處理的？有沒有人幫忙？我們要看看的喲！那時候找不出屍體，就是你欺騙幹部，有意妨礙公務，製造混亂，這就真夠送集訓隊了！」場長不急不躁，若無其事。

「真的。」蔣望著場長，態度老實、誠懇。

「好嘛！你下去，明天我們派人同你一起去找出來，你說在什麼地方？」

「就在飼養房下面水池裡。」蔣十分老實回答。

蔣駝背出了隊部。場長馬上指示中隊幹部，指派兩人一班專門監視蔣駝背的全部行動。只要不逃跑離隊，其他活動一切由他，也要防範他的人身安全，不要再出意外。明天叫他不出工，他的工作另外派人代替。

建場就在的惟一一名算幹部的廖醫生（至今二〇〇九年仍健在）隨同一位有任何情況必須照像的管教科黃幹事（至今也健在）一道，經過我所在建築隊前的公路，行色匆匆，聽說去太陽坪找羅叫化屍體——這可是件建場以來的最罕見的事情。我好奇趕熱鬧，同另一位叫黃禮周的就業人員，就尾隨去了。當時就業人員同幹部之間平時的相對態度，只要不是「下達指示」或「向上報告」什麼事情，已經可以隨便、甚至說笑了。彼此也感到輕鬆，板起面孔或故作卑躬，是做出來的假像，其實都不好受。我算「開山祖師」爺，又「思想反動」，出身特「壞」，年年都要批判一陣子，過後又沒事，因此在場裡還比較有點「壞」名聲，認得我的人很多。實在說對一般紀律制度並不嚴格遵守，但又不會犯大的、夠「處理」的錯誤。已經是「一根老油條」炸不泡了！在場內想走就走，想跑就跑。我不是只對自己寬對別人嚴，從不犯人，也不怕人犯我。在那種生活環境有這種「壞」名聲，實在說好處多多。要說「耐心教育」，幹部把嘴皮磨破，我每每「虛心棱受」，總是改不過來。一顆「銅豌豆」燉不軟、咬不爛，丟在哪裡滾得轉。對我這樣的人，管也很麻煩，不管也不會造反作亂。今天聽說去起屍體，這一生還未見過。場部管教幹事說「不要跟到去，找死人有啥好看的？」

「萬一要人幫忙呢，多兩個人總好」，嘻皮笑臉跟到去了。也就十多分鐘的路程。

太陽坪中隊的人都出工去了。隊上冷清清的。那時封鎖任何資訊都很容易，正如我們國內的事外國先知道一樣。老百姓要知道自己的國家大事只能靠「出口轉內銷」。當時的太陽坪中隊，大多數人還不知道他們「家」裡發生了殺人的事情。

到了中隊部門口，有他們一位幹部，蔣駝背和另外兩個就業人員，像在那裡等。見廖醫生、黃幹事到了，點頭打個招呼由蔣駝背帶路前面走，回頭看看我和黃禮周，認識是建築隊的人——平日若有場部臨時公差要人，一般在建築隊要——由於離場部很近，又地處交通要道，不上山的工種很多，隨時有人。看我們兩人跟在後面，以為是場部要的「備用」人員。大概由於鑽了這誤會的空子，我順利同行到了丟屍體的現場。

見到在那條水溝的旁邊，已挖了一截新水溝從水池上面將流水繞過水池。到了邊上，他們隊的兩人就開始從池中戽水，那池積水有齊胸深。大約半個小時過去，見到了下面大小石頭，那兩人還搬不動，搬得動的要舉上來有人接，「黃禮周去幫忙」，可能黃幹事知道我懶，不叫我而叫他。我仍同兩個幹部一個醫生作壁上觀，旁邊站著蔣駝背臉色越來越難看，由紅變青，由青變黯。呵！「是根骨頭」，誰叫了出來。這時我還真出了趟「公差」——去太陽坪隊部拿來兩大張未裁過的白色「道林紙」按廖醫生指點平鋪在地上。廖醫生親自動手，大概按解剖學的教科書，一根根一節節把從水中揀起的骨頭，按人體生物學骨骼擺放在白紙上。最後，屍體臀部一側盆骨，因為下面陷在池底，上面壓著大石頭，還沒有徹底腐爛，還有一大塊肌肉粘貼在盆骨上，已經變成青黑色。這樣從水中拿出來真讓人有些噁心、嘔氣、害怕，但一點不臭。直到水完全戽乾了，石頭揀完了，始終差幾個手指骨頭。那時已快到了大組收工時間。不過，他們幹部說不要緊，已經通知過，今天有特殊原因，不管時間，喊收工才收工，可以到了收工時間在工地上耍。不叫回來不准回來。這裡可以慢慢搞。直到天黑，必要時可以打馬燈，用電筒。

看來擺放在紙上的骨頭，人形已經完全具備，腿骨、肋骨、頭顱、腓骨全有了，少幾節腳手指骨頭已不妨構不成一具完整屍骨。還是廖醫生掌權：「算了。」黃幹事才開始忙碌了。一架海鷗牌「一二〇」型老式相機，從地上屍骨各個方向、各種角度，喀喳一聲又手動捲一張片，大概差不多十二張照完，我們才一起收工。這時我最先跑得最快，怕會有什麼事再被使喚。心想我才不願拿那一堆死人骨頭。我已經跑出十幾米遠，回頭看，見幹部正在給蔣駝背上手銬。

事後聽說太陽坪的幹部再三向隊裡打招呼：千萬不能向人說屍體在那條水溝裡，這牽涉到下游很多人家的飲水問題，包括茶場自己在山下的醫院。羅叫化屍體化成的水，養了多少人，還是害了多少人？無人知道。慢慢淡忘了。

羅叫化的存摺上還有一千零幾十元。如果幹部當初稍有疏忽，沒給銀行打招呼，或者像如今除認錢以外，單位彼此不配合，蔣駝背會把錢花光，羅叫化會沉冤千載。

蔣駝背在峨邊縣看守所，樂山監獄，茶場集訓隊「獨居」，輾轉關押幾個月。茶場為此召開了一次全場大會。由樂山市中級人民法院來茶場現場宣判：「敢在專政機關謀財害命，殘暴殺人，實屬罪大惡極的現行反革命，判處死刑，立即執行，剝奪政治權利終身，不准上訴。」一聲槍響，就處決在進出會場口的水泥路上，結束罪惡的一生。散會時，所有勞教人員、就業人員，必須經過剛執行的屍體身旁，還不准側頭閉眼，讓每個在思想改造中的人員，都清清楚楚地看看這罪惡的下場。

執行人的槍法很好，一點沒有見血，記得罪犯當時身著白襯衫，倒在地上了衣服還是白白的。由於上身繩捆索綁很緊，只見兩腳在地上蹬，上半身在不停痙攣，想來一時不會立刻咽氣。因為社會進步文明沒有「鎮壓反革命」時槍擊腦袋了。所以沒有腦漿四濺或剩半個腦袋讓人恐怖、噁心、難看。

事後聽說全國「專政場所」——「改造」單位，當然都掛有「國營」什麼企業的牌子的地方，以及正規的監獄裡，當著成百上千的被「改造」者、被關押者，執行過槍決人。目的是生動地教育人「無產階級專政」是要見血的，「聽黨的話」就沒有生命的威脅。

（二）

大堡作業區——是茶場在大堡地方的分場。那裡有五個中隊。大部份集中了少年勞教人員。作業區設在三中隊，從地理條件說是五個中隊中地勢較好的。成年勞教人員，「右派份子」居多。當今有些在地方報紙副刊露面的文化人、作家、老記者，有的也在該處時間長短不一待過。他們是為少年勞教做「老師」去的，是去教娃娃們的文化課的。也經過那裡的風霜雨雪和人為折磨。我不知他們如今心情、環境、人際關係、社會處境，還是不指名道姓為好，也免叨光之嫌。他們中若有人見到本書，又願意指正，作者不勝感激、歡迎。還希望不因此敘述引起他們對當年痛苦的回憶。

勞動教養，按「條例」規定，是要「勞動」、要「教」要「養」的。為了不造成執行政策具體措施上的空白，茶場對那些十五歲以下的娃娃們集中去大堡作業區，勞動是幹農活，「右派」們是去教他們讀書，呼「社會主義好」，喊「毛主席萬歲」的。由於三年「自然災害」說來就來了，是上帝還是我們的「送子觀音」菩薩認為娃娃們可憐，召回去了大半數（有人說百分之八十還以上），是去了天堂？還是再轉生了？不知道。我想是不是上帝一個人掛在十字架上兩千年了大孤單！或是「送子觀音」菩薩答應過許多諾言無法兌現？反正那地方人在天天少。

這裡要講的不是「右派」老師如何教書，娃娃們如何搗亂，而是說一個作業區的主任——作業區最高長官。如何使用人民給他的那點點權力，張口「命中」兩字就槍殺了一個曾經是公安校的教員。死得無辜，死得太慘。

F．J．D（為了不攪動已經平靜的水面，以此替代姓名）是受過黨的培養，有文化，曾在重慶人民公安校作過教員。「整風」中積極回應黨的號召，忠心耿耿向黨，向學校提了點改進教學、有利工作、克服存在教學工作缺點的意見，不幸中了「陽謀」，戴上「右派」帽子送勞動教養。到茶場分配去了大堡。本身就很冤，思想一直痛苦。由於對黨的事業的忠心，對毛主席的熱愛，對馬列主義信仰的虔誠，一直不會從客觀上找「犯錯誤」的原因，總是自己主觀上深挖自己「資產階級思想」根源。但自己確不是資產階級，出身也不是依靠剝削的地主，也沒有享受過一天的資產階級生活，甚至完全說不出什麼是「資產階級生活方式」，為什麼會成為「資產階級右派份子」？這資產階級的政治觀點、立場，是甚麼形態？怎樣產生的？像不像霍亂、傷寒、肺結核可以傳染？如果可以遺傳，自己上五代人也不是資產階級呀！……牛角尖越鑽越小，鑽得自己已經有些神經錯亂。這樣，當然不能再教書，先在大廚房勞動——煮飯、洗菜、打雜一段時間，沒有誰在意。當然，不論自言自語，還是與人交談，都對劃為資產階級「右派」份子、再送勞動教養不滿。敢不認罪服管！很快成了作業區的「反改造份子」。更不服，就給戴上先手銬、後腳鐐。

一個很壞的天氣，山頭大霧彌漫。像這樣戴手銬、套腳鐐的「反省」人員，是可以不出工的。出工也無法幹活，可他習慣成自然偏偏要去勞動。

為了威懾其他勞教人員，也為了「保衛作業區的安全」，當時因霧大防止有人逃跑，工地上有少數兩三武裝看守。F．J．D是不聽招呼還是沒有聽到喊叫，搖搖幌幌已走出警戒圈外，又叫了他幾聲「回來！」他是在想別的事去了？還是真不理睬招呼，沒有聽到？反正繼續往前走，離警戒線是越來越遠。濃霧影響能見度，人將要看不見了。警戒武裝問「怎麼辦？」「鳴槍警告」作業區主任說。於是向天放了兩槍，但沒有阻止他繼續向前走的腳步。警戒人員又問「怎麼辦？」「命中！」主任當過兵，為勞苦百姓翻身打過「解放戰爭」，還未忘記軍隊術語，又發了命令。像打掃戰場時發現了隱藏的頑敵。戰士指頭一扣，衝鋒槍一經點燃，射出的就不是一顆子彈。此時那小範圍，那片坡，那塊工地，空氣凝結了，除了武裝和幹部，其餘的人呆了，傻了。啊呀！解決一個人原來這麼快速，這麼簡單！

事後，作業區這位主任，受到檢查，受到批評。上級說「命中」不妥，可以叫人去拉回來，也輕易就能辦到，何況還戴了腳鐐、手銬，跑不了。但明眼人清楚，那就失去一個殺雞儆猴的好機會，而這種用生命為代價的機會不多。這樣簡單草率地就隨意槍殺一個人，給很多人造成了恐怖，造成了惶惶不可終日的驚心，這對管理，對讓人接受改造有利。隨後主任受了處分：降職為一般幹部，當了一名管勞教人員伙食的事務長（幹事）但還是幹部。F．J．D不在人世了，是怎樣以什麼原因通知其家屬？勞教、就業人員就無從知道了。事發當時就驅走其它人員，怎麼掩埋？埋在哪裡？只能是百年沉冤——行兇現場的目擊證人有三位數之多，如果那「主任」至今還活著，也只八十歲多點。當時目擊證人，至今活著的還多。當年的娃娃如今最大也才六十歲上下。談起往事，還鼻酸欲淚。只惋惜他福薄，享受不到今天的依法治國，政治文明，人性化管理。

聽說還有一個命運相同的少年勞教，不過他沒有帶手銬、腳鐐。也是一個有霧的天氣，他自己鑽到灌木叢中，是淘氣還是想逃跑？這一點確是無人知道。幹部多次喊他出來，都不理不睬，幹部要武裝向灌木叢中開了兩槍「點發」，是為了嚇唬他，結果他中彈了！再也不能歸隊了。這又是在眾多人面前的「減員」一例。事後，下面未聽說對此事作何處理。一般認為人已埋了，事也完了。

（三）

太陽坪中隊在調整為男隊以前是女子四隊。因地勢低，日照多，不缺水，坡度緩，能造田等因素，一直以農作糧食生產為主，不種茶，全是莊稼。女四隊是當年集中女勞教人員最多的一個中隊。成為男隊大約在一九六四年以後。四五百女子在那裡度過了人生最難忘的「自然」的「三年」饑饉。孔子說「惟女子與小人難養也」，這是貶意，我不贊成。多數人都能忍受煎熬，獨善其身。少數人意志比較薄弱，一些不該發生的事發生了，為了掩蓋羞辱好些事不報告，不是弄得無法掩蓋了，幹部是不知道的。

反正是吃不飽的時候。是「災荒」開始還是快結束，這並不重要。那年代凡是地裡有糧食待收，或種有蔬菜的田邊、地角都用茅草搭有窩棚。那是看守糧食蔬菜的人住宿的地方。太陽坪中隊往山下不遠是農家較集中的莊稼地；彝族同胞有一家兩處住房的習慣——熱天往高山上搬，冬天又往低處搬。雖不是「別墅」卻有住別墅的習慣。他們修房造屋頂簡單：屋上是茅草，可稱牆壁的是竹片。沒有任何傢俱，也沒有床凳，一隻鐵鼎鍋提著，幾隻牛羊，幾條豬或者還有一條狗，男女老小一路，趕著自己的牲畜，一天就可從舊居搬到新屋。簡單的幾件農具，各人拿著，糧食讓牛馱著，丟下的房屋就讓它空著冬夏來回住。所以太陽坪附近也有彝胞。他們中有人愛貪便宜，什麼都要。也會悄悄拿走東西，我們貶稱「彝老賊」。最初，女子隊曬的衣裳，顏色、花樣、款式肯定多。他們感覺稀奇，一不注意就會丟失多件。他們對有些小東西還不知用途。例如胸罩不知怎樣戴，小彝胞套在脖子上放羊；那時還不時興衛生紙巾，女孩子做得很漂亮的月經帶，他們冬天早上趕牛羊上山拴在嘴上，蒙著嘴巴和鼻孔——學我們冬天避寒避風戴口罩。帶子剛好拴在頸子上。讓女勞教們笑得伸不起腰。雪風吹不進鼻、口，「咿啦哇啦」的，稍後懂得點彝語，那是說「頂好，頂好！」有彝族老媽正式到隊上找女幹部要幾個姑娘：「我有幾個兒子，你們一個媽媽差不多有一百個女兒，」她要和漢人結親家。不答應要求，她說她叫人「搶」——彝族有「搶親」的老傳統。最後還是通過當地的「民族幹部」向他們說明（為了達到說明問題，不免有不實之詞），這些人（指勞教人員）是犯了法的，是送來山上幹苦活的。因為「勞動教養」在彝語中根本沒有這個詞彙，也沒有相同的比喻。若要接近相同的意思，就只有「奴隸」，但無論如何也不能這樣翻譯。也就造成越說越讓他們困惑，越解釋越使他們犯糊塗。彝族最怕「吊頸鬼」，說她們是「吊頸鬼」，又問為何不打死？最後有彝族幹部解釋為「做錯了事的『娃子』」，「娃子」是有歸屬的，不能白要。既然是「娃子」又是女的，那麼任何男人都可以隨便任意使用。可以打罵，可以處死。他們願用牛羊來換幾個。還再三說「決不打死，也不讓受苦，白天磨包穀麵，晚上給男人懷兒子」。最初一段時間，既要建場開荒，又要講民族政策，又要搞好黨群關係，又要防勞教逃跑，又要注意想不通的人自殘尋死，又要保障勞教人員不受群眾傷害，又要使整體接受艱苦環境……客觀說，一九六三年以前的茶場幹部真不好當。

於是再三強調女子隊出工集體，收工點名，總怕丟失一個，給人家懷孩子去了。阡陌交通，群山圍繞，她們很容易走上這條路！

當初的女勞教只抱怨管得太緊、太嚴，她們又哪知道是操心她們的人身安全。相當一段時間也確未發生過不平常的事情。但到了山上必須派人看守莊稼、蔬菜的時候，搭在地裡路邊的窩掤，晚上也離不了人要值守。儘管只對來偷蔬菜、掰包穀、摳洋芋、挖紅薯的人吼幾聲，也可起到遏制作用。那時場裡人的法制觀念還有一些。但老鄉捉住偷他們東西的人就不客氣了（在「慘烈的夜戰」篇中已有敘述）。女勞教、女就業人員一般不敢去「夜戰」。她們知道比男人更多一分危險。挨餓吧，都一樣，躺在床上周身無力、軟綿綿地還有點未曾有過的感覺，身子也無力翻。守棚子的人天地寬些，廚房給的，自己田邊地角可吃的野生植物，自己看守的可吃東西，少少搞一點也無人知道，加起來就差不多飽了。這差事要有體力攆賊，可以跑，必要時有力氣喊叫，當然還是一月十四五斤糧，（據說曾經一段時間還不夠此數量）怎麼能保持正常體力？幹部心中有數的，不追究罷了。畢竟有些事要有人動得了。死了人要有人挖坑，牛跑了要有人找！那年頭守棚子的工作最重要，農村都是民兵、黨、團員，改造場所也要表現好的。有人戲謔說，若能統計全國「災荒」年各地守莊稼的「棚子」，那數字可能比二次大戰敵我雙方加起來的堡壘還多。守棚子白天很清閒，也就是莊稼地裡轉轉看看。農民老鄉可以在棚子裡燒水、煮飯像臨時小家，可茶場當時必須回隊拿飯。在茶場與老鄉耕地臨界的地方，雙方棚子像近鄰一樣。就如暫時停火的前線互不放心，你怕我襲擊你，我擔心你進攻我。一個山頭不會有多種莊稼，一種莊稼差不多是同時成熟。勞教與農民，不同的身分，不同的處境，在一塊地方幹相同的事情。我鬆他也鬆，你緊我也緊。那邊老鄉是男人，這邊勞教是女人。「同性相斥，異性相吸」的道理，可能處處都在。更何況都是茅草棚棚，都是守莊稼的人。又離得不遠，頂多兩塊地幾道土埂。

守山的時候，白天互相見見、談談，是常有的事。你到我棚裡坐坐，我去你棚裡看看，雖然隊規絕對不許可，但人多地寬幹部少，管不了許多，只靠自覺。人是社會性的動物，總喜交流，總怕孤獨。尤其女孩子多不甘寂寞。

由於女子隊的棚子不准生火，儘管是饑餓時期，人也還沒有再適應性「進化」到可以學牛羊豬吃許多生植物，老鄉見到她們弄吃的不方便，就主動幫助，弄熟了端過來，有時比拿去時生的還多。可能農民的是「寶鍋」，東西不會煮少只會煮多。不過也有細心人，拿過去五條紅薯，拿回來有七八條，這樣當然很好！農民老鄉那邊是強壯的男人，這邊是長期如寡婦、似怨女的女勞教、女就業。深宵半夜，萬籟俱寂，又遠離隊部。這邊無燈，那邊有火。女的過去坐坐的時候多。常言說「吃人嘴軟」，夜深人靜有什麼值得久談？摸一摸，抱一抱，最後不管妳願不願，肯不肯，力氣沒有對方大，妳又在別人棚子裡，是自己送上門去的。不敢叫，不敢喊，好事，壞事，就那麼回事。雖然斷斷續續下了一場「過雲雨」，是不是總能潤一潤久涸與乾旱？鬼才知道她心裡想不想？又是不是自願？

占了便宜總要在人前吹噓自己。因此，老鄉中不安分的男人，就知道了山上有片「桃林」，那果子又香又甜。問題終於出來了。一天大廚房的炊事員向幹部報告守棚子的某某，早、中午沒有回隊拿飯。（當時糧食很緊，到了各人交餐具給廚房按定量蒸飯，免得開飯時再分，到了誰也不相信誰公正）沒有取走的飯在案板上。從蒸飯的餐具一看就清楚是誰。炊事員都有那份記性，誰換了件不熟悉的蒸飯的東西——飯盒、口盅、盆盆、罐罐，還要再三詢問，還要反覆數總數，免得有人交兩件餐具去「混」雙份。當時炊事員對識別每個人的餐具的記憶反應和速度，有如現今的電腦磁片。

幹部立即派人去某某的窩棚看看。正揣想著是逃跑了，還是病了？去的人不久驚慌的回來報告：不好了！出事了！某某昨夜被幾個人輪姦了！只剩下一絲絲喘氣，站不起來了，更走不動了。

馬上派人去抬回來，指示衛生員好好護理，不到萬不得已先不送醫院。並告誡大家，不准對外說，幹部會立即報告場部派人去追查，抓到一定判長刑，為首份子槍斃。（當時若認真，又抓到人犯，這樣處理完全可能）

幹部如是說了。以後沒有下文。據說受害人休息了半個月，還照顧吃了幾天小灶（幹部廚房，糧食有照顧，清潔衛生好些）伙食。這檔事以後沒人再說起。犯罪份子可能逃出國了。聽說當年沿海、雲南、新疆、東北外逃的人很多。所謂調查、抓捕一直沒有任何消息。可以肯定的不是守棚子的那些人幹的。又說是彝胞，可又無證據。受害人又是在自己棚裡，雖不在睡夢中，但搶去了電筒，無燈無火，除了聞到對方一身汗臭，也提不出更多線索。她又不是前面講的同老鄉棚子靠得近的人。在那種時期，還有這種罪惡，人，真該餓……

（四）

那應該是茶場最「輝煌」的時期，茶園也正是豐收年頭了。茶場的各項生產、建設，經過兩三千萬個工（以平均每天不低於五千人出工，十二三年時間保守估計）的勞動，已具一定規模。前些時非正常的嚴重減員，很快就得到了補充。比如死了八百，來了一千，死了五千來了一萬。人口是中國最龐大的資源。一個快步跨進共產主義社會的狂想，或者說是一個實驗，造成非正常死亡三四千萬人民，那也只能算共和國領袖「一個指頭」的缺點！說過失誤，但沒有承認是錯誤。現今我看可以說「領袖」犯了滅絕群體罪！當非正常死亡得到了遏制，人們又恢復到了幾十年前的生活水準。和全國其他各個領域一樣，茶場在「偉大的，光榮的，正確的」黨的領導下，比起拓荒建場時的荒涼，這時候確實算繁榮了。別的地方的「就業人員」，如屬省勞改局直管的四一五築路支隊、重慶西山坪園藝場、重慶監獄等，兩勞（勞教，勞改）單位調人支援，從重慶到攀枝花（四川渡口市）沿線，大、中、小城鎮及各機關、單位清理出社會的各類「份子」，像朝山拜佛，又像美國西部當年的淘金潮，幾乎隨時有人來茶場。再大的缸子也有裝滿的時候，各中隊的房子不夠用了，再原有中隊的基礎上又添建兩個中隊，「要實現萬畝茶園、千畝果園，要把昔日荒山變成花果山！」當時最高場領導一個政委說。

「偉大領袖」說過「人多好辦事」——這當然繼承和發揚了我們農耕社會的偉大傳統思想。這時候茶場各中隊都是人滿為患，不要人了。生產上已有一定規模，每年收穫幾千擔茶——主要製成紅茶，最大銷量供出口——以後聽說世界那些「反動、腐朽國家」反對「勞改產品出口」——說是用了罪犯生產的東西他們感到心裡難受，又說「勞改產品」是最低成本，影響世界正常經濟秩序在價格上的合理競爭。說是「我們在一天天好起來」但還不夠強大，「敵人在一天天爛下去」但還有錢買。賣茶是主要收入，不夠支出還有政府財政補助；農業中隊雖有幾百人生產糧食，但不夠本隊自給，茶場是經濟作物耕耘，仍由國家供應糧食、食用油，副食，豬肉一直要求自己解決，但一直做不到。還要感謝場領導能幹，終於獲得當地幫助，才使全場每週有一次「牙祭」肉。雖然數量不多，但也沾了葷腥不能成仙成佛。

此時的「勞動教養」政策已經有了調整：從單位送來的人一律帶薪。也就是犯了錯誤改造期間，仍由原單位按月發工資匯來，保留原有工作，到期就走一天也不留。留場「就業」不對他們，走不成的仍然是早先那些「剝了皮」的老「狗」。這「政策」上的不平等，對「就業」和「勞教」兩者的「思想改造」，又產生新的、深刻的矛盾。同一個政府由同一個政黨領導，同一個政策在不同時期就有不同的執行，不能怪人對政策，政府、政黨、領袖不信任，因為政策始終在朝令夕改，「過去的政策適合過去的情況，現在的政策適合現在的情況」是說過吧！言行不一，口是心非，不講法律，沒有定準，總以強權壓人。

相當一個時期還稱過「勞教犯」，但勞教犯在原單位還留著工作，再不是以前的完全除名。這部份新來的勞教比原來的就業人員驕傲得多，一不擔心到期走不了，二不擔心離場後無工作。就在勞教期間原單位最低的工資也比原先在茶場的最高的還多。再從其家裡有幫助，又在嚴格限制之外。除了暫時失去個人自由，其他並無損害，在山上只是混日子。

再說新來的女勞教，也不是「首期」那樣什麼閒雜都有。多數都年輕又有工作單位。女子能犯法，多不是賢淑人。起碼多有個性、又不易受管束。儘管都生長在紅旗下，因為經過「史無前例」的大革命，我們祖先留下的美好傳統觀念，如尊老愛幼、潔身自愛、自重、自尊等等，在她們心中早已蕩然無存。加上少女的天真和人的本性，又經歷過「造反有理」的鍛練，個個都成了小精靈。「紅衛兵」的「串連」生活，給她們養成了無紀律、不守本份的習慣，原以為身揣一個「紅本本」《毛主席語錄》可以走遍天下，逢州吃州，逢縣吃縣。包括穩定一個國家、維護一個社會的公、檢、法政權機關都敢砸爛，有「偉大領袖」撐腰作後臺，還有「軍隊支左」，鬧革命，還要「踢開黨委」，什麼「書記」什麼「長」，脖子上給你掛個牌子「當權的走資派」，想批就批，想鬥就鬥，包括國家主席，可以打可以關，打死人常有的事，整殘了該你倒楣……大風大浪見過。如今來山上勞教，才知道自己思想也要改造。來改造的原因當然不是「鬧革命」，因為已過了「……天下大亂，越亂越好」時期，現在弄你來山上學習，是因為你不積極「抓革命，促生產」。不是曠工，就是調皮。「團結的大會」已經開過，有棱角、不順眼的官員已經「吐故納新，呼出二氧化碳」。已經「萬歲、萬歲、萬萬歲了」。國家十幾年的積累已經差不多完全搞光，問題已到了積重難返。黨、國要重新興起，還是要靠曾經打倒的、和沒有打倒的。公的、母的小猴子們，你們已經完成了「造反」的任務——已經把國家搞亂，政府搞癱瘓了。就「花果山」去玩吧。

真的，這以後來的新「同學」，給這沉悶的山上帶來了一股春風，帶來了喧嘩，帶來了熱鬧。他們沒有「造反」，已經把原先的紀律制度搞得失去了原有的威嚴。實在囂張！幹部說拿繩子來捆人，其他的會站在周圍看，又是「噓」聲，又是笑，又是議論又是亂叫，喊走開，他們說要看看，手上拿著工具不去上班。那陣勢像要「劫法場」，幹部只得說「下去想想，是不是錯了？」就如此簡單。他們沒有人遭捆過。他們對早上山的我們，充滿了同情，甚至還有幾分抱不平。說我們太傻，太服管，該倒楣。說黨和政府有明文規定，不執行，「老子就不認」。為一件什麼事把他們說煩了，他們會說：叫幹部「去日本買點ＡＸ藥回來，給他們吃了會很聽話」——當地已放映過日本電影「追捕」，那裡面叫該藥為「中樞神經阻斷劑」，給人吃了叫你跳樓也會去。真是「法不制眾」，幹部也只能多一事不如少一事過日子，只盼快些、快些，斗轉星移。哪天滿期哪天就打發走，少一個「禍害」少操一份心。要求過一夜明天再走都不准。

多是青年男女，最容易發生的是男女問題。他們來的時候正是茶場抓生產的高峰期。一切為了「萬畝茶園，千畝果園」，勞動是第一位的這個前提。只要按時上工，不聚眾鬥毆，給幹部留點面子不酗酒鬧事、不惹事生非、按時作息就是好樣的。這個前蘇聯的「馬列主義」的創造發明——勞動教養，到了中國開始就踐踏社會的公正，破壞有序的社會文明，已在前面說過，賦予了握有公權者的隨意性。首先沒有經過憲法的審查，實際上是破壞憲法的一根魔杖，但它又是政府行為！當然，一部國家憲法把國家主席都保護不了，何況所謂的「人民」！

感謝新「同學」的到來，給我們帶來了新鮮事，特別值得一提的是「二十分鐘的愛情」——二十分鐘要走完愛情的全程。也許可以說如今互聯網上的「速配婚姻」是起源於茶場呢！誰都知道「愛情兩個字好辛苦」，愛情的路漫長又曲折，有使人興奮，使人煩惱，或讓人傷心。在當年的茶場，這條路一般很短、很短，而且十分平坦、通順。最慘痛的代價也不過一兩晚的批判、鬥爭；和一次「人流」時不給麻藥的呻吟。

採茶季節為了抓緊時機收穫，特別採春茶的時候，抓早晨，搶黃昏。茶芽生長催人。一兩個鐘頭就可以從芽苞變成嫩葉了，這時候真正是搶收。所有與採茶無關的勞動工種，全部停下來支援採春茶。建築隊與女二隊毗鄰，多是鄰近支援。最初不分男女同在一塊茶梯地裡採摘，雖然彼此陌生，手腳也有快慢，在異性面前，潛意識，不自覺也會你追、我等；面對面，有時會手碰手，談些什麼，不知道，遠看有如一對情人，幹起活來自然分心。鮮葉的品質有嚴格規定：一芽二葉。男女一起，結果造成該留的沒留，該採的沒採。這種搶收時候，各隊幹部都會在工地上，不論是看風景——此時正值山上的春天，高高的藍天，藍天下是白雲，白雲下是碧綠的青山，青山裡崁著大片大片的茶園。人在青翠的茶山像在碧波蕩漾的海上；或者看豐收——那滿眼如仰頭似招手的茶尖，就在面前，數不清有多少千千萬萬，每一株都讓人感到生命在奔放，每一芽每一葉都在競爭春天，那芽、那葉的顏色，有如一句古詩，「綠柳才黃半未勻」。那枝頭點不含羞，似在比茁壯、比嬌嫩，舒腰仰頭盼著纖手……

王連璧本是一個餓不死的小勞數，由於大堡作業區在饑餓時期荒了耕地，死人太多被迫撤銷後，回到宋家山茶場總部，先在建築隊隨勘查人員跑跑標杆。長成青年了，後分在普工組貢獻體力，再照顧學點技術當磚工。人長得英俊帥氣，神態靦腆，對人多時羞怯微笑，有小學文化，訥於言而敏於行。建築隊中間橫條公路，這叫「大橋」的地方，是山上公路的咽喉地段，又是建築隊的隊部所在。房舍、車間、辦公室，都在公路兩邊。由於「大橋」這地名在全場很響亮，若說起建築隊，會說成「大橋的」。公路上人來車往，是交通必經的要道。女二隊收工、出工，有時過路也必經宿舍門口。建築隊屬工業隊，一般能按時收工。收工後在自己宿舍門口，熱天打赤膊、擦擦汗、洗洗腳，是常有的事。農、茶隊收工就算在山上按時，還有回隊要走路。女勞教們有時經過門前，正遇上男「職工」們在門口擦身、抹汗，一般都不迴避。但王連璧是個大小夥子了，看見姑娘們來了，手忙腳亂端起面盆就往屋裡跑，赤著上身怕女人看見。事後知道有姑娘就想看他的粗壯臂膀，和隆起的胸肌，腿上的黑毛；有如男人想看姑娘們脖子下面，一對相峙的山峰不是在「虛無飄渺間」……

怪！「我們來自五湖四海，為了一個共同的目標，走到一起來了。」千里迢迢，山路高遠，中間無人介紹，她們怎麼知道某個小夥子叫王連璧。怪在王連璧收到某個她的追求信。信很簡單，只希望有機會對個面。小夥子第一次有了心事，第一次感到生活新鮮，第一次不知道這事怎麼辦？但情書是一而再，再而三。明確規定勞教人員不准談戀愛。心想別人那麼鍾情，又那麼大膽，雖有明確規定也不怕違犯；自己是個男子漢，想見不敢見，不見又想見，見面又沒有經驗，該談些什麼，想起這事就心跳。本來山上是個小社會，不缺乏各類老師，有人給小王出主意：你也寫個字條，交給送信的來人，說說你自己的意見。

小王文化不高，心地坦白，字條只幾個字：我不認識妳，怎麼見面？很快又有回信，並附一張著色的照片（那時還沒有彩照）。小王拿著照片手在抖、心在跳。誰說生活只有苦難，這兒自然環境好，生活處境難，怎麼我會有人想、有人戀？這一點點煩惱壓在心上，勝過白天壓在肩上的百斤重擔。

情人有心天作美。適逢支援女二隊採茶的機會來了。小王人年輕，體力好，不但健壯，而且健美，如今叫挺「帥」。勞動時在工地挑磚，每坦四十塊，每塊浸水後五斤半，不僅在踏實的平地，還能挑上晃悠悠的跳板；上牆砌磚每天一千塊。陰角、陽角不壓線。採茶只腰繫一個茶簍，上山的坡度還不如負重上架那麼陡。今天上山採茶怎麼就呼吸不暢，腿軟、腳抖？知道今天會見到給自己寫信的姑娘，心裡感到慌又有點亂。最後終於下了決心，管她怎樣，山上那麼多人，怕什麼，見就見！又不是自己惹她，沒有什麼可怕。

新來的勞教人員，比原先的人都更能互相關照。她們有個共同的心理：自己是「新犯人」怕「老犯人」欺負，即使彼此不夠和氣，一旦對外都能表現團結。知道有個姐妹愛上了一個人，今天又是初相會。本是別人的好事，說不準哪天自己也會愛上人。先給人情幫他人，自己有事也會有人幫襯。山坳那邊少行人，兩丘溝裡最清靜。幾十個人掩護，捉弄你一兩個幹部一點也不困難，半點也不費勁。幹部聽不到兩個人的喁喁細語，只能看得見人多的地方在忙著交茶、過秤。

她是攀枝花鋼鐵企業某科室來的新勞教，談過戀愛，沒有結婚。紅繩只有兩頭，拴不到第三個人。雖然人漂亮，倒楣也恨在壞出身。要怪攀枝花地處兩省交界，有假期可以耍成都、玩昆明。單身姑娘人見人愛，這與什麼制度無關，也不分什麼時代。在本單位已有一個戀愛對象，總被一個帶「長」的小頭頭糾纏。姑娘有慈悲心腸，想把一顆心分成兩瓣，一瓣給他，一瓣給「長」，不忍心讓任何一方難堪。於是隨這個去大觀樓、金殿，又跟那個去青羊宮、百花潭。最後落得個「腳踏兩條船」。在單位先檢討，後批判，再送勞動教養兩年。說她是資產階級思想，決不允許在社會主義企業氾濫。那根好姻緣的紅繩就此剪斷。「兩個臭男人都福薄命淺！」她說。她不怕環境艱苦，她說山上的人最有良心，解除勞動教養就建立家庭。她不瞭解王連璧的過去，但僅憑十三四歲就能闖過「自然災害」活下來，一定是個能人。總之一見鍾情，決定託付終身。

那一陣旋風似地採春茶高潮一兩天就過去，茶葉隊轉入施肥管理，支援農忙的人也各回自己的工作崗位。由於小王和那位叫玲的姑娘有過面對面的接觸、談心，算是正式相識了。趁她們收工、出工之便，兩人字條不斷。

因為每到星期六晚上都不學習，女幹部有先生的也要回來團聚團聚，無先生的也有各自的私人事情。中隊沒有高牆、沒有大門，進出口處也多，勞教人員只要自己小組沒有人「作怪」，去向幹部報告，這種時候在隊附近逛逛，走走，還是很容易的。往往都不會走得很遠，看得見隊上的燈光，聽得到隊上的人聲。男女約會時都選在這些時候。各有各的人，誰都不會多事。小王和玲也是在一個週末晚上，在兩隊結合部的地方約會。那裡有處「加工房」——包穀顆粒運上山，用粉碎機打成包穀粉——這是當年各隊的主食。據說我們自己加工，可免去糧食供應部門扣損耗，又可以安排幹部無工作的家屬就業——那地方旁邊，有女子隊的茶園又有建築隊的菜地。在這樣的地方走走，雙方都不算離隊。加上機器的轟鳴可以掩蓋許多聲音。人說熱戀時候人最糊塗，看來熱戀時候人也最聰明。少男少女在這兒談情說愛，既方便又安全，誰也不會注意。

這個晚上有點月光，也有點薄雲。讓人看得見地上的坑窪，也能模糊臉上的羞怯、難為情。據說談情說愛的時候，其實沒有多少話語，那些情話的表達，往往是通過兩者的肢體。先是我幫妳抹抹頭髮，她乾脆伸腦袋過來互相擦擦臉頰，再是她順手搭在他的肩頭，還有隻手可以摩摩他的胸口，雖然面對面，最初兩人上身至少有一拳的距離。他笨拙的嘴唇還在她的腮邊，她放在他前胸的手，已不知何時抱住了他的後背。胸前的距離沒有了。他想貼緊又想推開，她胸前兩團軟綿綿的頂著他受不了！小王剛剛進入青年，對異性身體的任何接觸，只感覺新鮮、茫然，更不知怎樣把動作連貫。只感到心要跳出胸膛，血液在體內奔騰，也在燃燒，腿在抖，手在顫。慢慢兩人在茶梯地邊坐下來，她已經全身癱瘓，只有一雙手臂緊緊箍住他的脖頸，抱著他的肩頭，側身臥在他的胸前、懷中。他感到她豐滿的胸脯在起伏，他拿磚的粗手正接觸著，他很難接受這種生來沒有過的感覺，他要伸出手把她推開一點。這七、八月的天氣，她只穿了一件菲薄菲薄的襯衣，那時興的「的確涼」衣料，除了能遮體，手感上等於沒有衣裳。王連璧十三四歲送勞動教養，來場近十年，對女人還是「小和尚」心中的「老虎」——這是一則寓言小故事：有個大廟香火興旺，一個老方丈要驗證一個思想：他認為人的情慾不是與生俱來，而是隨著成長形成的。於是他收了一個小兒，從繈褓時開始撫養。一直讓他在高山上、大廟中成長。從童年到青年沒有見過女人一眼。等這「小和尚」已經十七八歲了，第一次叫他去山下集市化緣，此前給他的教育，老方丈一直把女人說成吃人的老虎。千萬別接近她們。要小和尚把下山一天的見聞記往，回廟後告訴老方丈什麼東西他最不喜歡，什麼東西他最喜歡。小和尚趕集一天見了許多新鮮的事情，但最牢最深記得住的，是一群「老虎」——少女、少婦們在一條河邊洗菜、淘米、洗衣裳。回廟後老方丈問他這一天的所見，他最喜歡什麼？回答說他最喜歡那河邊洗東西的「老虎」。小王今晚第一次抱住了「老虎」，開始有些心慌、有些害怕。不過，很快就改變了心情，完全可以肯定「老虎」不會吃人，反倒他想吃掉「老虎」。總之不能這樣抱抱就「放虎歸山」了。本是伸手想推她離胸前遠點，那知手觸到她的胸脯，感覺又結實、又綿軟，有彈性、又有磁力。還嫌自己手掌大小，不能完全把握！心裡在想說妳別怪我侵犯妳的人身，要怪妳的胸脯有太強的磁性。

加工房粉碎機的噪音在耳邊轟鳴。他倆沒有一句情話，兩人只有急促的呼吸。誰說女孩子羞怯、被動，她正伸手褪去他印有「將革命進行到底」的背心。他像一下子被「魔鬼」纏身，顫抖著笨拙的手一顆顆解開她襯衣的紐扣……腦子裡一片空白，他是第一次，還不會感受蜜意柔情，只是在用力的發洩。她不敢呻吟，擔心周圍有人，只能喘息，側著頭悄悄地流著快活的眼淚。事後在他的肩頭留下她幾個深深的牙痕。

在任何境況下，每個人都有自己的周圍，自己的知心。世界上發生的事沒有永遠的秘密，只有一個時間性。小王和玲兩人悄悄幹的，既不是投毒、放火，又不是偷盜、搶劫，更不是殺人。是兩人自覺自願，在一塊兒親熱。只是約好下次時間，再選地點，沒有人推拉，沒有人接送，也不會對第三人造成任何侵犯和威脅。小王總搞不明白為啥會有種罪錯感。對約會又想、又怕，要中止又太難。

在少數幾個人中有人笑談王連璧長大成人了。也有人戲言說小王遭了姑娘「強姦」。小王的臉皮也慢慢厚了，沒有了昔日的靦腆。還對人說：「你看上誰，我可以從中穿針引線。你也可以去幹。」玲那邊同樣有一二知己打趣：妳來山上運氣好，吃到了「童子雞」……這類事在勞教、就業中誰也不會去揭發、檢舉，管理幹部要知道下情，只有等問題客觀暴露。小王和玲的月下情、林中愛，差不多維持了一年。小王也曾為朋友「穿針」，玲也曾幫姐妹「引線」。呵！這苦境中原來也有甜！要感謝就業、勞教的兄弟姐妹們的互相關照，從未在雙方中隊幹部那裡弄出一點風聲。當然也有運氣差些的，一不留心「愛情」有了「結晶」，這「結晶」就是證據，是自己揭發自己。「孽種」當然不准出生。先批判後鬥爭，再下山去醫院麻煩醫生。

玲期滿解教了，她說過想留場就業，幹部說現在的勞動教養不執行「留場就業」政策，不准。要在茶場成家可以，必須回去以後，辦好當地證明再返回來結婚。結婚後茶場也不會安排留場工作，除了場裡人被「清放」，必然是兩地婚姻。「清放」與結婚是兩碼事，問題要先考慮清楚，不要感情衝動，這可是一輩子的事情。妳有單位有工作，還愁找不到愛人？看來這後來的勞教，運氣真是好些，會得到「黨——母親」更多的愛護，比起「首期」——上世紀六十年代以前的「同學」，他們都確有一定罪錯，特別是「革命小將」們。有的甚至自己比較該判刑。這讓人懷疑「最講認真」的認真？

玲必須走。小王甩掉手上工作，不請假跑到峨邊馬嘶溪火車站公開送行。幫玲拎著行李，上了車廂，強找一個坐位（峨邊站都是過路車，沒有賣過坐票，列車員都知道當地集中了很多惡人，都怕在她車廂惹事，知道是茶場的人，實在沒有坐位，既然是回家、回單位，一定「改造好了」回到「人民行列」，有時願意讓進乘務員室）依依惜別！不知者還認為是一對小夫妻。

因為少個人會影響工作上下環節，幹部才問起小王哪裡去了？「去送『老婆』到火車站了」，有人回答。「婚都沒結哪來老婆？」幹部有點生氣也有點茫然。有人說明了原因。幹部沒有吱聲。可能想到兩個人的事，如今一個已走了，不必多事再過問。小王平時遵守紀律，勞動肯幹，在群體中也不討嫌。事後也未被追問。小王和玲是幸運的。可惜不知甚麼原因終究未成眷屬。小王自從做過「雲雨巫山」以後，玲又沒返場鴛夢重溫。山上本來怨女很多，小王隨後就去安慰別人去了。憑著他年輕、體健、帥氣，她們中受過他體貼關懷的人不少。以後又學會喝酒助興。他常說「有機會要把災荒和苦難受的罪補償回來」。「第二次解放」後回到了成都，也同一個「山上情人」組成了小家。應該是幸福新生活的開始，但不節制的要女人和酗酒，在山上就種下病根。上世紀八十年代，已患肝癌病逝。酒、女人，對於一個男人來說兩樣都是好東西，過份「享受」也會招致短命。小王走時很年輕，還不過三十歲，不禁使人扼腕歎息！人生許多事都不能兩全其美。

（五）

在山上取蜜不擔心蜂針蜇人；茶叢中的玫瑰也不帶刺。這裡的愛情沒有負擔，可以說沒有經濟成本，更不需要什麼交換。妳有錢、有糧給我，白用，妳給我買件什麼衣服也白穿，這裡貧富不是障礙，家庭出身、本人成分都構不成感情發展的困難。主要的是年歲相當，身體強健；不談崇高信仰，因為距生活現實太遠，不談將來理想，因為形勢說變就變；不必瞭解對方的情趣、愛好，因為沒有那樣多的接觸機會和時間；不必問對方的家庭情況，因為雙方都認為將來可能不會團圓。無論什麼高學歷、好專業，眼前都用不上，不談明天、後天，「一萬年太久……」只要今天！看那古時深鎖朱樓繡閣的千金小姐，一個陌生男人只要進得了閨房，只要年輕乖巧，使出點假斯文、假禮貌，嘴巴甜，會賭咒，會許願，就會騙得小姐半推半就，給予「片刻之歡」。何況這山上是一片生機盎然的大自然。暖暖的太陽使人發燥，又一陣輕輕涼風讓人產生某種需要，某種釋放。地上野花不懷好意地在竊笑，三五隻掠過頭頂的鳥，也在追逐中煽動的鳴叫。不遠處的原始老林藏得下百千萬人，身邊的灌木林似地茶樹隨處可以隱身。幹部不會天天到工地，因為爬坡下坎很累人。認為小組中互相監督很有效，有問題發生會有人反映。殊不知同樣的事情，有相同的感受，互相間就很同情。我雖然今天單身，說不準明天就會有人；看情景你倆要成雙配對，我就快點走人；我明天有同樣的事，已經預給了一份人情。事後互相笑笑，這是會心的語言，一點不羞人。真正害羞的還是男人，在「女兒國」一當中你只一兩個異性。幾十雙水汪汪的眼睛盯著你，像是在「審問」：你剛才幹了什麼事情？我姐妹兒現在哪裡？跟你去了怎麼不見回來？你若太狠心，我們會收拾你！要逃避這尷尬，只有快點抽身。像一匹脫韁的野馬，無人追趕也飛奔。只有回到自己隊上，等睡了覺，熄了燈，慢慢再回味白天那份蜜意、那種柔情。再怪自己臨陣太慌張、太匆忙，只顧奮力刺槍，甚至沒有欣賞「女將軍」的秀麗臉龐。又像吃速食，又像囫圇吞棗，本是好「佳餚」，卻沒有品出好味道！下定決心，下一次一定細細嚼、慢慢吞，不要過後才可惜她那一身白白嫩嫩……

解除勞教後的就業人員，在茶場建立了上百數的家庭。但更多的是沒有婚姻的愛情。不要譴責這不是愛情，他們決不同於畜牲。不要認為他（她）們沒有道德，沒有理性，沒有廉恥，破壞了什麼法，什麼令。那是高壓下的一個缺口，一個密封罐漏氣的小孔。一些事例證明是很忠貞，很真誠的。兩者間的交會，沒有索取，沒有欺騙，沒有敲詐，更沒有財物的交換。她捨身不是為了不下鄉，或者能夠回城；或者為了減輕或者消除當前的某種困境，或者為了一份工作，或者為了晉級加薪，或者攀權，或者想錢，或者屈服於某種威嚴，或者十分不願又需忍辱，或者貪圖享受，或者可以讓自己更懶，或者只能倚仗自己姿色和奉獻、並無進入角色的技能要當主演，或者在某種競賽中並無實力而偏要奪冠，或者出身不好要過「政審」關……她們要把自己給你，是百分百的自然，百分百的自願。過後也無悔無怨。

許多當年的青年，上山時還是孩子，以前面說過的小王為例吧。他至少是建築隊第一個碰上愛的人。年輕又少文化知識，沒有生活的目標，不知道生存的目的，也不懂生命的意義。在勞動教養中成長，學好了磚工技術——因為那是茶場建設勞動的需要，有著非會不可的外在原因。其它方面的「教」，那是百分百的政治內容，什麼「主義」、什麼「道路」、什麼「路線」、什麼「方針」，既不系統，也不分層次，有無文化，程度高低，都是同一資料，同一本「紅寶書」，同一本「絕對真理」的《毛主席語錄》。對小王這類人來說，是天書。從來不懂也不去想。又不考核、測試，除了學習時間唸唸，也無人講解。在「學習好，改造得好，主要看勞動表現」的改造「標準」下，又經歷了十多年時間證明沒有逃跑行為，管教人員對這樣的人是放心的，不過問的。至於本人在成長過程中的其他方面，要「有媽的孩子才是寶」。雖然「我把黨來比母親」，可這個「母親」只要兒子幹活，保質保量的完成勞動生產任務。嚴格遵守方便管理的紀律制度，一個兒子成長中的其他方方面面，是不上心的。客觀說是勞動教養的管教環境和條件，把人從文明逼回到原始狀態。如果伏羲有知，當會悲憤的大罵：想不到經過五千年的文明發展，居然出個民族敗類。我教過嫁娶禮儀，你們還在山上搞！糟踏了人類文明又變成了畜牲。這是專政下教養的結果，逼出來的動物本能，人性之善與文明已經得到改造了。

要說偷情，只有同女勞教。如果是「就業」了，可以公開戀愛、結婚——雖然很長段時間不能朝夕相聚，但總比沒有好。一月中總有一兩次要得到。如果是偷情，只有天地為證，茶林遮身。順便想起：有個孩子叫蔣林的（如今可能三十多歲了。前面《收容所》一章中的蔣光平小弟弟的兒子），他爸爸也是小學文化，以後有了忠貞的愛情，時間上正好可組成家庭。兒子的名字也很有意思的：為了感謝那片老林。

女勞教與女就業，除了不同一個小組完全是一樣的勞動，一個廚房開夥，菜飯沒有兩樣。女就業能嫁的都嫁了——這裡不愁嫁不出去。男就業還多，加上他們的同夥——男勞教。她們一時成了山上的可貴資源。場裡的男女比例，還達不到十比二。像小飯店的什麼菜炒肉絲，是菜多肉少。都是缺油葷的饞嘴食客，那情況可想而知。在勞動時間裡，在山上，長髮飄飄可以跨澗纏人，美目盼兮可以隔山放電，看不清容貌，聽得到歌聲：「……龍不翻身不下雨，雨不灑花花不紅」，真似「遍青山啼紅了杜鵑……嚦嚦鶯聲溜得圓」；風從那邊過來，不是花香，是另一種惱人的芬芳。古訓有云：色膽可以包天。漸漸發展到等不及黃昏人靜，又不是天天星期六，大白天也敢跑到女勞教的茶園內去找知心。

那時茶樹一般都齊胸高，層層梯田的地形，遠處看那不是山，是一片片一團團厚厚的綠雲，勞動的人雖多，而茶園的面積更大。山上的工地沒有隊與隊的界線標識，也許小徑一側就是另一隊的管區。常常小徑一邊勞動忙碌，另一邊就空寂無人。跨過去只是幾步之遙，咫尺天涯就可牽手牛郎織女。當事者兩個人悄悄的事，不會因工地人多受到妨礙，因為無事者不會去別隊工地，就在本小組工地，十幾個人灑在上百畝的山坡，還有前後有高低，有茂密的茶林，身子一蹲，就成了「土行孫」——似入地不見人了。雖處眾人之中，卻不在睽睽之下。太陽有時也不願成為第三者，讓你倆難為情；你倆要釋放激情，我就躲進雲層。在茶林下面，在綠雲當中，只需寬衣解帶，不用疊被鋪床，成其好事比居家簡便。我倒希望不認為這是獸行。看電影在「德寇集中營」裡的男女俘虜，擦身路過，在牆角，拉住就是一個深深的長吻！我們的電影也有過：關押太久的人，在牢房裡發狂發瘋的捉蝴蝶、抓蒼蠅。我決無褻瀆唯物論道理的用心，存在決定意識，一切要看時間、地點、條件。誰不要禮儀、誰不要羞恥、誰不要文明？要看是否可以，是否可能。冷了要加衣裳，餓了要吃東西。自然界的獸類為了找個異性，不惜翻山越嶺，不怕抓破皮咬斷筋，我願意尊重動物的本性。只有為追求權勢而昏聵的人，才缺少理性，才會踐踏文明。何必苛責這幾千我正年少，妳正青春的小夥子、姑娘們。就是天天都在藍天下，紅太陽也不時時光明；走出昏暗的宿舍，時時都在大自然懷抱中，花不語，會煽情，鳥不鳴，會交頸。這高級動物被長久關在無形的高牆裡，難道只能重複簡單的原始體力勞動，不會幹點別的事情？何況沒有服用「AX」藥。哲學家又說對了：人有基本的「第二慾望」。還會產生內在的衝動，生理的需求，也是本能。

前面講過王連璧同玲的故事，是許多同類故事中的一個。當年大夥都知道，茶場醫院一段時間裡，最忙的業務，「災荒」中搶救饑餓病人；後幾年忙「刮宮」——這是那些開花的愛情沒有避免的後果。不是不用麻醉藥，而是準備就不多，無麻藥的手術當然叫疼，幹部身分的醫生叫妳想到「安逸舒服的時候」！

批判，鬥爭，忍痛「人流」，也難以遏制情投的野合。甚至發生開口馬列主義的場長鳴槍驅教野鴛鴦的事例。社會主義的文明——雖然它在男女問題上的要求高過封建社會的「男女授受不清」，而且又在「改造思想」的「專政單位」的「勞動教養」場所——專門限制個人自由的地方，已經蕩然無存。誰的過？誰的錯？還是麻煩學者、專家去評判吧！作者寫字太費力了，時時查字典；腦瓜子也笨，除了實話實說不會思考問題，拜託了。

在要把「鬼」變成「人」的說法下，才把「消極因素」弄上山「改造」的。但這些「壞人」上山後，逐漸喪失了我民族「禮義之邦」的受世人讚揚的優良傳統，和人類起碼的習慣與文明。當年在山上這是不爭的事實。但也不要責怪幹部，因為三四百人只有三四個幹部，直接管人的也就一兩個，太「左」了不妥，「右」了也不行，何況又是「人民內部矛盾」。嚴也難，寬也難，對上要負責執行文件，對下要不造成敵對，幹部處在中間，對上對下都要平穩——像「漢堡包」裡夾片火腿肉，已經夠難為他們了。搞成一鍋雜燴，問題是在上面的上面。「勞動教養」是從原蘇聯引進的——這裡卻沒有照搬別人的做法，所以沒有成功的經驗。我們的目的是圈人，管你在鍋裡爛！雖然是無產階級專政，終究下面人還沒有泯盡良心。為了不讓「邪氣歪風」漫延，促使場裡領導狠下決心：沙坪茶場不再要女子隊。已結婚有子女留場就業的除外，單身女人全部「肅清」。據說這項調整工作在上世紀八十年代中期才完成。現在的宋家山上，沙坪茶場，仍有勞教人員。但他們不可能採茶再採到情和愛了。然而他們在新時期是有幸的。第一，先有一定具體罪錯，第二，宣佈勞教就定了時間，第三，期滿當天走人。甚麼「生產員」、「就業人員」、「國家職工」、「剝了皮的狗肉」、「給出路」等等，具有「新中國」創造性的名稱，沒再聽說過了。這就是一種福氣，一種幸運！我擔心上述這些名稱，會隨著「偉大領袖」的逝世也壽終正寢，所以提出來要人記住，別忘了，那也是歷史，曾經實實在在的事情。歷史是最好的老師。我們的今天，是從昨天走來。或者一個人，或者一個社會，一個民族，一個國家，一個政府，一個政黨，歷史對它同樣重要。是非善惡，功利得失，禍福興衰，都應牢記！忘記了又會災難重來、妖孽生，對官對民都不是好事情。……

（六）

一根扁擔，兩個冤魂：

在茶場的交通動脈——沿山公路一端的盡頭，是一個稱「打鑼坪」的中隊。當時的事務長，管全隊伙食及財物的幹部P幹事（當年茶場相當一部份人都知道此事）因為還兼管著勞教人員的存款。按當時隊上規定，勞教人員儘可能隨身沒有現金——也是一種杜絕逃跑的管理手段。某勞教人員因需買點什麼，申報取用一點自己的存款。接連兩三次，當然也就不止兩三天，該事務長都因故推諉。叫另外時間再來。這原本是舉手之勞，頂多翻開本本，找到某人姓名，記上一筆，拿點零錢，完了，花不了三五分鐘時間。該勞教兩三次取不到自己的錢，也不是事務長真忙得脫不開手。事情十分簡單，就是拖拉不辦。人之常情，難免有幾句不順耳的怨言。終於同該幹部發生言語頂撞。是事務長喝了酒，還是心中有別的煩惱無處發洩？正碰在火頭上，活該這取錢的勞教倒楣。事務長順手抓到一條木扁擔，有的事務長房裡會放一些生產用的東西，猛力向該勞教人員打去。該勞教人員退讓無地，就背身來擋，恰好扁擔落在腰間。一時發不出聲，兩眼翻白，剎那間臉色轉青，嘴唇發紫，該幹部將這一切看在眼裡。湊巧「值班」人員（不出工幹體力活，相當於單位機關看門人。隨時聽幹部差遣跑腿）某某來到門前，因他聽到幹部在大聲罵人，主動來聽使喚的——這種人一般體弱或有病，照顧不上山勞動，他們也靠反映下面情況，積極靠攏幹部以求「改造」好，下面的貶稱叫「狗」，或叫「屁眼兒蟲」——他來得正是時候。他心想是否叫捆叫綁，好協助幹部管理「反改造份子」。這時該幹部見到眼前情景，急中生智，將手中扁擔交給這位「替死鬼」值班人員：「給我打，敢同我頂撞！」他只能聽命於幹部，拿著該幹部遞過手的扁擔，對挨打的勞數人員不很用力的在其大腿、臀部間打了兩下。於是挨打的勞教人員慢慢地綣縮在地上，再也立不起來。該幹部立即匆忙鎖上門走了。這「值班」的費了好大勁才把地上這個人連扶帶拖地弄回他的宿舍床上。隨後就去了他「值班」的地方。或者算守門（本無門可守）或者在該待的地方聽候新的差遣。沒有把剛才發生的事放在心上。誰也沒有關心、過問那位因取錢挨打的人。

已經是晚上學習後熄燈前的時候了，與挨打人同鋪的身邊人才發現，挨打者已經沒有呻吟，出於同床（大通鋪）的關心，順手摸摸他的額頭、足手，似感到不對勁，立即報告隊部，說這人看是不行了。隊上衛生員忙乎了一陣，最後終於敢說：已經死了！

死者沒有生病，健健康康的，全隊都是證人。知道為取錢挨了打，全隊也是證人。是被打死的沒有異議，是有點群情義憤，但不知過程。打死一個人畢竟是一件大事，何況下面情緒已在沸騰，隊領導立即追詢情況。當然，事務長不能說自己沒有動手，也承認叫「值班」人員打的，但那是一時氣憤的懲罰性。並沒有說狠打、打死。是「值班」人員藉故行兇，理應追究。馬上把該「值班」人員（是勞教人員或就業人員，記不準了）銬起來反省，交待行兇罪行，聽候處理。全隊大會宣佈此事不准外傳，「要相信」黨和政府會依法公正、正確處理。並揚言立即通知其家屬。但其家屬可能對犯錯誤的親人恨之入骨，並沒有來。以後是否來了，已並不重要。也無人關注。

接著隊領導、場領導——還是那位開口馬列主義的場長，對那位當日接手扁擔，打了兩下人的「值班」人員晝夜不停輪番談話、審問。同時不准任何人，當然包括全隊勞教和就業人員接近「兇手」。看管、送飯也由幹部親臨。

可能冤魂不散，未出三日，那位兇手帶著手銬跳崖自殺了。

「你們看看，×××（值班人員）打死了人，畏罪自殺了，逃避法律制裁，自絕於人民，行兇沒有好下場。問題也清楚了」。幹部在中隊大會上如是說。這次大會沒有場領導蒞臨。

自殺是事實。那裡有深溝，深溝裡沒有山洪時盡是石頭，高度幾層樓。人跳下去是揀不回命的，可以肯定。但有人看守，還戴著手銬，怎麼跑了？場、隊幹部對兇手的談話、審問提了些什麼問題？沒人知道。有人說：管他媽×，我好好的，小心走路，別踩死螞蟻……

山上地方很大，埋兩個死人是再小不過的事了。饑餓的兩三年隊隊有人死，最嚴重時期天天要埋人。筆者在山上二十五年，夠得上老「居民」了。也看不見那裡有多少墳。一根扁擔兩個冤魂，算趁頭了。否則扁擔一頭會翹起來，不平衡。那根扁擔不尋常，挑了兩條性命！

以後聽說那位事務長寫了檢查，不該動手打人。「偉大領袖」毛主席教導說：「對犯人不打不罵」。他沒有聽毛主席的話。要給處分吧。事務長是最起碼的幹部，沒法降級了。要除名吧，幹部本來不夠。要降薪吧，工資本來就少，沒法降了。「錯誤是難免的，改了就是好同志」。

（七）

在公路的另一頭，也是距場部中心最遠的一個中隊叫「范山」。如果「打鑼坪」在東方，范山就是西方。

一個小勞教段××去掰彝族同胞的包穀被逮住了。先是被扒光身上所有衣服，全身赤裸地綁在石磨上，用集束的葛藤狠心的猛打一陣，不給水喝，不給食物，一天一夜折磨致死。最後還來范山中隊叫幹部去領回死人——他們不認為是犯罪，也沒有掩埋的義務。幹部還真負責任——是自己隊上的人，叫人把死人抬回來。

這種隨意殘害人致死，這在當地當年似乎是合情、合理、又合法的，根本不會受到任何追究。死者當然有咎由自取的那一點點原因，但懲罰手段竟如此粗暴、野蠻、殘酷，這難道還不能說是奴隸社會對有過錯的奴隸懲罰的形式？而彝族同胞是剛一步從奴隸社會拉進社會主義社會的，他們的傳統觀念、行為方式或不可能立即轉換過來，然而對茶場來說，卻是在「人類最優越的社會制度」管理、安排下、有秩序而又組織嚴密當中生活的。別說人們是怎樣在最優越制度的庇佑下，「在黨和政府無限的關懷、愛護中」，吃不飽，忍饑挨餓以致於死，是當年全國人民的共同感受，也是不爭的事實，官方也有相關的資料，且不去思考是否完全、或有隱瞞、漏報。對發生在眼前的死亡，死得那麼可悲，那麼淒慘，那麼恐怖，那麼殘忍，那麼野蠻，社會的管理者、專政場所的執行者、口口聲聲代表黨和政府愛護我們、教育我們的幹部是怎樣的態度呢？勞教、就業人員政治覺悟不高，麻木了，不知痛，不知癢，不懂先進與反動，不知好歹，不明是非，所以必須「改造」，正在接受管教。對他人的命運干預不了，使好使壞都力不從心，只能看，管不了。但那些受黨的教育、培養和政府的指派委託的管教幹部又是怎樣表態的呢？

當范山中隊幹部派人將死者抬回後，並不立即掩埋。還集合全中隊的人員——當然是勞教和就業人員，讓他們清楚的觀看死者的淒慘。將死者作為生動形象的教具了。

「你們好好看看，還去不去掰彝胞的包穀？這就是下場！」幹部對在死者屍體面前的勞教、就業人員這樣說。啊！原來幹部「苦心婆心」、「仁至義盡」對我們的教育還可以用這樣的形式進行！只差一點沒說要感謝彝胞兄弟說明製造了這個教具。

段××呀，段××！你有幸生在「新中國」長在紅旗下，也是「早上八九點種的太陽」，不幸是闖進了奴隸社會——你知道彝胞不講理只恃力，又野蠻又殘暴，又是公開的。十八、九歲就匆匆走完了人生路！安息吧，仁慈的主會原諒你的罪錯。阿門！……

(八)

有人說自然界的動物還是人類的老師。因為牠們大多數來到這個世界比人類早。人類的某些行為與動物並無差別。「鵲巢鳩占」的故事是人們熟悉的。

那已經是茶場准戀愛、准結婚的時候。太陽坪中隊有個就業人員C先生（因為當事人全都健在，姑隱其名），結識了一位農村姑娘N小妹。經過一段時間交往已到雙方願意結婚的時候。按當時場內規定，是外來的必須持有其居住地准予結婚的證明，來茶場同其對象在茶場登記，並領取結婚證。

姑娘N小妹帶著結婚的證明來場了。當時太陽坪中隊在原本是晾房——因其為農業隊，有些莊稼收穫後不能及時曬乾，不便收藏，必須晾一晾，讓其風乾。所以有一處四面通風的大房子，大約有兩三百平方米的地方。為了能收藏一些相關晾曬的用具，如幾平方米一張的大曬簾，和上下過風的篾條笆笆等。因此在房屋一側闢了三四間小屋，也算簡便的保管室。

隨著准結婚和外來探親，這晾房的三四間小屋，便自然成了新婚「洞房」和來人客房。因當初並未準備住人，因而沒有照明。隨後用著住人了，才臨時牽線裝了電燈。而這照明的設置還要兼顧室內室外，所以每盞電燈的燈頭都是一截電線吊在開了個小孔的牆壁中間。開關就在燈頭上，方便房裡房外的人都能及時開關。

來場結婚的N姑娘被安排住在其中一間。這晾房下面是倉庫，倉庫下面才是中隊部，（住幹部的地方）再下面才是就業、勞教人員宿舍。

N姑娘來場結婚的證明已交給了幹部，只等幹部再寫個字條給就業人員C先生，同姑娘一道去場部辦公室，即時就地領結婚證了。（雖是一個國營企業的茶場，好像國家的各項法律文書、證件都有。別見怪，是「黨天下」嘛，只要有黨組織在，還會缺什麼呢！黨是立法者，又是執法者，又給人方便不下山去民政機關。多年後有些問題、手續要去政府相關部門辦了，就業人員還嫌麻煩。）或許幹部工作忙，三五分鐘能寫好的字條或稱「介紹函」就是沒寫。應該是準新娘準新郎的倆也不催，也不問，也不忙。全隊上下都清楚姑娘是來同誰結婚的，只等幹部寫張字條去場部領證了。男方出工前收工後，或平時有空閒去女方屋裡是正當的關照，也說不上有流言蜚語。頂多庸俗之言叫「先行營業，擇吉開張」。

女方原本是來嫁人的，也多日習慣了男方午間或晚上來噓寒問暖，幹部也明白還不是名義的夫妻，已經可以不管男女之嫌。你倆要先親親，偷偷嘴，反正是將成婚的男女，何必多管多問。不過，法律是莊嚴的，男方必須在大宿舍過夜，不能在女方小屋通宵。房中的權利與義務小倆口自己磋商。

一個晚上，就業人員的大宿舍已熄燈睡覺多時，應該是半夜了。姑娘在睡夢中感覺她的未婚夫又上身了。她心裡煩他又把她攪醒了。並說「才過了好久，你又要來……」，此時她的嘴被另一張嘴堵上了，再不能說話。心裡想那就讓你……稍清醒一點後她感覺好像不是他。畢竟她和他肌膚之親已多次了，從動作從感受都不是他。女人的心是細緻的，何況是整個肉體在承受。進行時她動彈不得，被壓在他人身下又被摟得很緊。完事了，她還想拉住這人不放，還氣沖沖的質問「你是哪個？我要喊了。」這時只聽對方說：「妳不要叫喊，對妳有好處，妳不是來結婚嗎，還想不想結婚，還要不要臉？」一個村姑敢事後抗爭很不錯了，也善良，也天真，也勇敢！但也沒有辦法，畢竟沒有叫喊，也讓他走了。自己沒有哭，很生氣。黑夜中也沒見到這個壞人是啥模樣。心想這山上壞人真多！

次日早上出工前，她的未婚夫給她送早飯來了，平時也這樣。她很生氣，叫他收工後早點來。她想把夜間發生的事告訴他，或者她還想找到那個壞人。兩個人在一起吃早飯，一份是大伙房的，一份是小伙房的。多日已經習慣了。只是今早女方沒有往日的那份熱情，那份愛心，把幹部小伙房的那份特意讓他吃，將順手的一份慢慢吃著，不吭聲。

聽到下面在吹出工哨了。就業人員C先生照往常一樣走了。大約過半小時高高興興地跑回來了。進門就對姑娘說：「今天我不出工了，幹部已寫了介紹信我們去場部領結婚證。妳收拾一下，我也去換件乾淨衣服。」不等姑娘回答又跑了。

姑娘心裡很不是滋味，有火，有氣，有委屈，也只有先忍著。今天是好日子——去登記結婚，領結婚證。心裡想從今天起晚上他不回大宿舍了，壞人不敢再來了。心想昨夜的事不說又對不起他，要說也不是這種時候。還是表示高興地把要辦的事辦了再說。來茶場不是為結婚嗎，已來了許多天了，還感激幹部沒有再拖，讓他倆再等。

已說過在茶場結婚很簡單。今天不是休息天，沒有外隊的「同學」朋友來祝賀。頂多本隊的、本小組的人收工後學習前，睡覺前來小屋看一看、鬧一鬧。要請人抽支煙，吃幾顆水果糖，還得另選准休息的星期天。

今晚是N姑娘和C先生領了結婚證的第一天，實在說雖不是初夜，確是新婚。這小屋也真有了「洞房」的意義。

儘管幹部也知道C先生早已多次同N姑娘溫馨、溫馨過了，畢竟黨和政府寬大、關懷、照顧是多多的，所以特意讓C先生今天領證後也不出工，也不算婚假，晚上也不參加政治學習。讓他把小屋好好收拾一下，把床鋪弄好。兩個人可以通宵睡在一塊了。合法登記過了的新婚嘛！能不多多的深深地感激無產階級革命人道主義的無限關懷，和幹部的愛心照顧！

由於不是休息天，小夫妻新婚之日沒有請客，「洞房」顯得有些冷清。兩人與往日不同的感覺是再沒有偷情的心情了，從今起已是名正言順的夫妻。雖然已沒有第一次的激情，但彼此還是多了一份喜悅，也多了一份溫柔一份體貼。姑娘昨夜自己被偷被盜的那回事，只有再次埋在心中，今夜更不是說那事的時候。而且被偷盜的不是一件衣衫、幾樣財物或某種東西，雖然更是實實在在地一個肉體，然而無論怎樣也不會發現有什麼缺少。如果換種想法那是偷不完盜不盡的。雖然她很貧窮，但壞人要偷的她最富有。她決定不讓他知道她丟了什麼，怕他不高興，甚至傷心。這又是不是中國女人的善良，或者要怪那滋生罪惡的環境，確有真正的壞人。

一天晚上的學習時間，新婚才幾天的時候，先生來向妻子說今夜回房會很晚，甚至可能不會回房。原因是幹部——S指導員派他下山去追逃跑的人。叫妻子不必久等，自己先睡。能被指派去追逃跑的人，是幹部對自己最大的信任，這種差事在被「改造」專政的境況下是受人羨慕的。妻子給他一件衣裳要他帶著，免得深夜感冷。他說幹部要他沿途留心，一直追到馬嘶溪渡口，那地方茶場派了一位幹部和幾個人常駐，是一個專門堵截逃跑的「追捕組」。在火車站貨場的地方，茶場有自己的兩三間房，應算是茶場最小的一個派出單位。曾經也確實堵截到一些「逃跑犯」，這個「單位」存在時間很長。（筆者上世紀一九八二年底下山，為託運東西還在那裡暫時存放過傢俱。那位C先生，隨後不久成了「追捕組」的正式成員，在那裡除了幹部已是負責人了。因其長駐火車站，同火車站各部門辦事人員很熟悉的原因，對筆者託運新買帶走的傢俱要辦「木材准運證」一事幫助不小。）那個「追捕組」到了山上各中隊修了高牆才撤掉，不知是那以後多少年的事了。現在回過頭來，再從當晚說起。

姑娘住的那間晾房中的小屋，距中隊大宿舍還有幾百米。那地方不是全隊出工、收工的必經之地，平時是少有人去的。全隊人也知道姑娘才結婚，先生在的時候，三兩個平時同先生要好的「同學」朋友還有空去坐坐、隨便閒談、看看；若先生不在只有姑娘一人的時候，就連過路也會快些走開了。這裡是「壞人」成堆的地方，「壞人」最缺的是「戰無不勝的毛澤東思想」，不缺的還是那些屬「四舊」——舊文化，舊風俗，舊思想，舊觀念；別人男人不在，應避男女之嫌。以後事實證明，說得最好聽「偷香竊玉」，實在說趁夜姦淫的壞人正是「特殊材料製成的」。說明「特殊材料」也會製成敗類，製成廢品，成為真正的壞人。

姑娘知道先生今晚回來很晚，甚至不回來，於是早早的就上床睡了。經過幾天來的新婚、整夜的同衾共枕的興奮，確實使人有些倦怠，有些疲勞，也正想安靜地睡個好覺，很快就深深地進入了夢鄉。

不知過了多少時候，終於被一種很近的聲音驚醒，仔細聽是在推門——那門原來是裡面沒有栓的，只有門外設有鐵工房自製的鐵扣可以上鎖。如今住人了，也是由房裡主人自己想個什麼法兒關上。譬如拉條木凳抵住，或用根木棒撐起。姑娘心想可能是先生回房了，便立即起身開燈。雖然是夜裡，但牆壁懸燈的小孔比起漆黑的屋內還是有點極其微弱的光亮。這種很落後的帶開關的燈頭，一般開、關都要用兩隻手。當姑娘手握住了燈頭，扭動開關，燈卻不亮，吃驚的同時發現原來沒有了燈泡。她清楚記得是自己親手關燈後睡覺的。還沒有想好燈泡怎麼沒有了的同時，門已經被推開了。

「你回來喊我給你開門，為啥自己費力推……怎麼燈泡沒有了，我關燈的時候還在，」姑娘認為是先生進屋了。對方沒有回答，徑直向床前走來。

來人一下抱住姑娘，直往床上推。這時姑娘已明顯感覺不是自己先生，很驚恐，很緊張，很慌亂，又拿不定主意該怎麼辦。一邊正掙扎地想推開來人，可又被他抱得很緊，幾乎使不出掙脫身子的力氣。

「不要掙，悄悄的不要叫。」來人倒開口輕聲說話了。

「妳和他已經結婚了，我和妳也有過上次了，沒有燈免得妳害羞。他今晚是不會回來了，走到馬嘶溪就轉身回來，也要明天早上八、九點鐘，妳陪我睡一會兒我就走。不會有人知道的，聽話，我會照顧你們倆的。」

「你到底是哪個？我那晚迷迷糊糊地被你睡了，還沒有發出火，他還不知道，你今晚又來了，你到底是誰？膽子好大！我要喊叫了，你馬上走就算了。」姑娘知道了來的就是那晚侵犯自己的人。自己身子已經被他「偷盜」過了，雖在黑夜中心裡也有羞卻，也有惱怒，似乎自己犯了錯不敢吭聲。身子仍被來人緊緊地抱在他懷中，此時已在床邊坐下。她感到他正在脫掉她的衣裳——先前她知道先生今夜可能不回房，她是穿了內衣睡的。現在來人的動作在提醒她將要幹啥。女人天生對這些事十分敏感，想叫想喊，又怕丟人失了臉面，又壞了名聲，而且自己和來人已經有過那事，雖是一回，卻不是一次。正在心亂定不了主意，又未付諸行動的當時，已被來人按放在了床上，衣褲也很快被剝光。既無助也沒辦法，一切只能由他。她最想的是要知道他是誰。以後該怎麼辦，總有辦法。

今夜他膽子特大，好像是抱著自己的妻子正新婚，盡力地釋放激情又不失溫柔，費力的熨貼對方又要滿足自己。大半夜過去，他放開了她下了床，穿好衣服要走了，說：

「我給妳放五十斤糧票和二十元錢在桌上，妳在小廚房搭伙用，多耍段時間才回去。你愛人不在我來陪妳。我乾脆給妳說吧，我想來他就會不在。妳也不要給他說這事，說了對你倆沒好處」。他走了。

是奇怪是奇妙，是遇了鬼是遭了殃，是好事還是罪惡？不明不白，糊糊塗塗，一個村姑她想不清楚。一個女人知道同時有兩個男人總是錯的，但錯不在自己，也許是自己前世作孽今生受過。其它認識不到許多。一夜很快又過。她起床後仍然收揀了二十元錢和五十斤糧票。農村出來的人對「糧票」比錢更稀貴更重要。好得她單純、無知到封建傳統都不知道：女人失去「貞操」要尋死，要投井，要跳河，要上吊。

果然，從此後她先生被幹部安排不再隨大組上山出工，就在隊上做些雜活勞動，幾乎白天也可隨時回小屋；不過，多時晚上都被派去路口的「窩棚」裡值守——幹部說別隊跑了人，可能路過那裡——那裡也確是山上去縣城的捷徑。「窩棚」是前些年「災荒」時期太陽坪還是女子隊時搭建的。當時為了守糧食守菜地，如今作為山上放糞桶、堆灰肥。每到守夜時候，C先生經常想到新婚妻子晚上一個人寂寞。當然夜裡值勤白天可以睡覺，新婚床笫之情不必定在晚上。他哪知最辛苦的是妻子，來山上結婚一嫁就是兩個男人！明一個暗一個，被人白天摟、晚上抱，同樣的事日夜重複，還無法說。姑娘慢慢也覺得「夜裡來的」不是中隊一般的人，她想到了是「幹部」。這時才感到有些怕，有些驚訝：真是「壞人」裡沒有好人。不過她沒有後悔嫁到山上來，這裡是國營茶場，先生是「國家職工」，當然她不會聽說是「剝了皮的狗肉」。她見過幹部管人，知道在幾百個人中的幹部權威。先生的命運還捏在幹部手上呢！再想，自己一個鄉下貧家姑娘還有當官的看上，這種心情別人難猜，自己也不知該怎樣想了。

不過，隨後因她哪有那多糧票問題，受到先生嚴厲質詢。她原想的為了先生好，自己就把黑夜裡發生的事忍了。真是「紙包不住火」，硬著頭皮向先生一五一十說了個前因後果。先生身強力壯，老實憨厚，頂多上過小學，服管服教，接受「改造」表現很好。對幹部就比其它一般人敬畏。對妻子的真誠坦白他沒有責怪，總之沒有對妻子發火，他怕因此惹禍，還不如裝聾作啞日子好過。

據說這「鳩占鵲巢」的事維持了好多年。妻子去去來來，在山上住的時間多。可以說那時候凡家屬在外地的，懷孕、生育及哺嬰都願來山上住。（家庭富裕的除外，那年頭富裕的人又不多）原因是山上自然環境好，空氣清新，除去莊稼茶樹也是遍山青草，夏無炎熱，冬有火烤，有點小痛小病，隊上醫務室對外來的都關照，病重或分娩可住茶場醫院。雖說來場「家屬」醫療要半價收費，種種原因從來沒有認真執行。都是毛主席、共產黨的「好人」、「壞人」，在一個鍋裡也分不太清。對個人的費用就是很大的節省。有人說山下的工人、農民還羨慕呢。

當年中隊幹部也不全是帶家屬的，何況有的幹部還真是鰥夫。N姑娘「暗中」的那個就是。前兩年作者舊地重遊，聽說當年的這個故事還有喜劇傳奇的結果：C先生「第二次解放」了，回家了，另娶了。N姑娘終於同當年「黑夜來的」那位原來是指導員的幹部明白地生活在一起了。只是年齡懸殊，像爸爸跟著女兒過。雖然老夫少妻，畢竟成了眷屬。有人說這個故事代表著兩個時代——「偉大、光榮、正確」的時代「把人變成了鬼」，所以有惡劣行為，還使人屈辱；到了改革開放的新時期，社會恢復了點點理性，才「把鬼變成人」。

N姑娘的娘家捨不得女兒遠嫁，C先生老家又離峨邊縣很遠；這位當年的指導員退休後丟了老家，或無老家了，就在峨邊安家。只是從山上遷到山下，住在大渡河邊，流逝著歲歲年年。

（九）

要在山區向住民推廣燒煤是困難的，儘管附近山裡地下就有煤，也可隨便挖。

在娃娃們的勞教集中地——大堡作業區。作為國家的單位必須帶頭回應號召，柴禾方便也要燒煤。於是自己有了叫勝利鄉的煤礦。這煤礦很原始，規模也小，一般叫「煤窯」。如兔子，如田鼠，如黃鼠狼打洞，洞裡沒有任何防護塌陷的安全措施，也更無排水通風設備，也許還如遠古人的穴居。叫煤窯的洞不高，不深，也無很多彎道。人在洞裡挖煤是躺著挖、或頂多坐著挖。煤炭運出洞（窯）的方法就更原始了：用竹片篾條編的一個叫「船子」的東西，大約一米長，五、六十公分寬，三、四十公分高，繫上一根繩索。裡面裝著煤，繩索的另一頭，繞個圈套進人的脖子斜挎在肩上。人就像雪地狗拉雪橇，把裝了煤的「船子」拉出洞來。算運煤工的人出了洞，能看見眼珠子在轉動外，還有手腳在動，一身黝黑簡直就像一塊能活動的煤炭。這「煤炭」也還會說話。若你不知情況，你會驚訝，因為他們都是一群娃娃！最大年齡不滿十五歲，滿了十五歲就沒有資格在「少年隊」了。大多是十一、二到十三、四歲。他們來此前在各自家裡都是爺爺、奶奶、爸爸、媽媽的心肝寶貝。感謝造物仁慈，使他們小小年紀還不會理性的比較樂與苦，也不知禍與福，是與非，善與惡。

這裡要說的正是他們的無邪與天真，使他們受更多的罪。

中隊距煤窯有一段路程，大約快點可以半天一個來回。中隊生活燒煤當然自己去人運。娃娃們不會用扁擔、籮筐肩挑，只能背。至於揹運的工具，當然就地取材用竹篾編的背篼。由於煤的品質很差，多是小塊、粉狀，背篼眼孔大了會漏掉，走一路掉落一路，一路盡是煤。本不是「大道」也更不會「金光」，時間長了背煤人確實走在一條黑道上。彎彎曲曲還要爬坡下坎，難免誰不摔跤。何況都是些娃娃，蹦跳慣了走路更不會謹慎。煤打倒了揀不完，可能動身時五十斤，回隊不夠二十斤也是可能的。而且娃娃們都具創造性的聰明，裝煤時按幹部要求數量裝夠，甚至還要掙「表現」好，超額多裝。一經上路回隊，故意簸一簸、顛一顛，煤粉煤渣開始漏了，當然走一路掉一路，漏掉許多。越背越輕，甚至快到隊了故意摔倒。若距煤窯近就摔倒那會被叫回去再裝。不過畢竟是娃娃，狡猾不過大人——幹部另想了辦法：再不用背篼，換成用袋子裝煤。裝糧食的麻袋不能用，又不專門花費做袋子，除去有少量裝過化肥、磷礦粉的袋子，不夠就叫娃娃們用自己的褲子裝——公家做的是中式紮腰褲，前面沒有開襠（在本書其它篇章說過這種算「勞教服」的）。兩支褲管裝滿在腰際、腰、腳邊紮緊，可裝五、六十斤煤。幹部對孩子負重也要求不高，隨年齡大、小最多也就五六十斤。如此一來，孩子們多裝少背、一路漏掉、回隊更少的小聰明用不上了，如今是裝多少就要背回多少了，也不會越背越輕了。但孩子們不甘心自己的失敗，又再另打主意了。

維護自己是動物與生俱來的天性。安全第一，接著是福利。自然界例證很多，人類更聰明一些。孩子們又把「花樣」耍在走路上。對於領隊來去的幹部——大約有四十多歲，矮矮小小一個老頭樣，土煙不離嘴，愛喝酒，樣子像一個十足的農民。出門就肩扛一支老步槍，不論是否需要。甚至我想那槍可能打不響，或者就沒有子彈——共產黨能隨便把槍發給可能發酒瘋的人嗎？說話做事都怕別人不知他是幹部，他有權威。老實說此人心地並不壞，派他去管理一群娃娃，就可想像他的素質，他的工作能力了。不過大夥都叫他P隊長，卻又從未見他主持過哪個中隊工作（可能從級別夠隊長資格）。我還記得他的一個小笑話：那時建築隊正在叫大橋的地方修建長住的中隊部，幹部已住進了土牆的草房，勞教們還住著帳篷。那天是五一勞動節，放假休息。中午還吃了肉，又是大米飯，大夥都很高興，午飯過後有的人睡覺，有的人在吹牛。忽然一陣急促哨音、這位P隊長喊全隊緊急集合。大夥以為發生了什麼重大事情，如火山爆發，如山洪來臨，狼奔豕突，趕緊列隊站好等候幹部訓話。只見P隊長一人來到大夥前面，神情嚴肅，紅著臉像「關帝爺」，只是身材矮小些。開口說：「大家知不知道今天是五一節，今天是五一節，要記到。解散。」把大夥弄得莫名其妙。真正掌權的一位隊長從屋裡出來看見這情形，也笑了。溫和地對大夥說：中午「P隊長」喝多了點酒，你們散了吧！

這位P隊長的任務，就是帶領一群娃娃運煤。娃娃喜歡他是不動手打人，不喜歡他是一路都叫吼：「慢的快點走，快的慢點走，一個接一個，不准超前不准落後。」客觀上娃娃有大小，背負有輕重，有人想快點回隊放下負重，有的確實走不動。可能P隊長不會考慮這些原因，或者當兵行軍慣了，對少年也按行軍要求；或者擔心前後走散會跑人，怕負責任。有時娃娃們鑽進煤窯拉煤，想在洞裡多玩一陣——只要一個人堵路全部或部份人就出不來，因為窯洞的通道空間，不能同時並肩爬行兩人。這種時候P隊長的那支隨身老步槍就排上了用場：他在窯洞口不斷拉響槍栓，像將子彈上膛又退出來，「劈叭、卡塔」的聲響不停。同時向洞裡喊話：再不出來我要開槍了！有娃娃不怕，說他是嚇唬人，不理睬他；但也有娃娃真怕，知道出工在山上打死過人。之後進出窯洞有了規矩秩序，不再讓P隊長操心費神。走路不能超前落後，P隊長也有了新的辦法：他說叫紮「螞蚱」——在農村孩子們玩耍，想辦法抓住了螞蚱，用一根麻線繞個圈收緊套住螞蚱一條腿，一隻接一隻，密密麻麻一條線要套許多隻。於是P隊長帶著幾根長繩，在運煤去來途中，將娃娃們的左臂或右臂，也如套螞蚱栓上。一條四米長的繩索只栓四五個人，論間距確是快慢一兩步都夠寬鬆，套手臂的結也打得不緊，手臂上下左右活動也不受影響。P隊長說這是「聽話」的寬大，不聽話就把手臂的結打緊些，讓你血脈流通不暢會感脹痛。途中小便大便都統一行動，回到隊上立刻解放。於是運煤的娃娃隊伍真像行軍那麼回事了。P隊長儼然一個勝利者，肩上扛著步槍，押著一串俘虜樣，慢悠悠或前或後走著，腳步輕鬆，心情舒暢，半尺長的竹製土煙袋叼在口中，愉快的吞雲吐霧……

在「保險櫃」裡

（一）

「偉人」說過：「人類社會是從必然王國向自由王國發展的。」但偽人同樣能恣意踐踏已有的「法制」——自己訂的規則。摧毀幾千年積澱的、自己體制建立前的民族文明，把歷史拉回到必然王國去。全世界驚愕我們偉大的中華民族、「偉大的新中國」怎麼了？在別的國家可以遠離地球去太空遨遊的時候，我們正在興起「觸及靈魂」，破除傳統，刷新意識，改變觀念、再造「文化」，重新修正人格尊嚴、生命意義，不惜讓國人群體相殘。看來目的要刪除已有的幾千年歷史，以「偉人」為起點從新譜寫新篇章、中華民族的一切傳承從新開頭的全民運動。

「不破不立」。所以必須把艱難發展了五千年的民族文化首先洗白。因為只有成為一張白紙才能「寫最好的文字，畫最新最美的圖畫」。中華民族的一切都要從新來過，一時間搞得「四海翻騰，五洲震盪」，凡是不合「領袖」心意的，都教唆「小將」們，奮起「全箍棒」，亂打亂劈，要「澄清」宇宙，要「掃除一切害人蟲」——即便是對自己忠誠的當年同志、戰友，一個個拉出來，像對待當年「秋收起義」的「土豪、劣紳」。給戴上紙糊的高帽，上寫著「走資本主義道路的當權派」示眾、遊街；或在公共廣場、其他什麼地方無中生有的羅列罪名批鬥。甚至被「革命小將」當成狗，用繩子套著脖子、或拴著手，被牽著、拉著走。這些都不用解釋，今天四五十歲以上的人，都知道這是「史無前例」的、由「偉大領袖」親自發動、親自領導——由戲子老婆—宋慶齡說是「無恥到極點的婊子江青」具體推進的「把無產階級專政下的革命進行到底」的「文化大革命」！

沙坪茶場是執行人民民主專政即無產階級專政的單位、場所。按當時遊戲規則，勞改、勞教、留場就業「職工」是沒有資格——因為不在「革命群眾」行列，不准參加這場「觸及每個人靈魂」的「運動」的。但這運動來勢洶洶，有如迅雷不及掩耳之勢。當正式文件下達以前，場、隊管教幹部還沒有回過來神的時候，只從電臺廣播、報紙獲得資訊的頭一兩天裡，對「運動」的方向、規模、範圍、條件、意義沒有明確以前，都按照「大躍進」、「總路線」那樣搞。各中隊也立刻開過中隊大會：立即行動，立即響應號召。以為動得越快越好，越沒錯。於是拿出了一些大白紙，指定會寫字的人照著公佈的標語寫了不少，貼在中隊建築物上能貼的地方。白紙沒有了就用報紙——當時每個小組每天有兩份報——四川日報，人民日報，有時還有解放軍報。報紙回收到隊部，沒有再被誰回收，舊報紙是多的。大約兩天下來，未說明任何原因，也如晴天暴雨一樣，來得疾停得也快，寫標語、貼標語的動作戛然而止。在貼標語的過程中，有人把漿糊吃了大半——也是用廚房食用的玉米粉搞的（不清楚是不是我們的「狗」糧），也是在廚房親眼看見炊事員像作晚飯——玉米羹一樣做的，只是不夠太熟，從清潔衛生標準是可以吃的。那時已能吃粗吃飽，若能在定量外再多吃點，像小孩吃零食，會感到更舒服，更快樂。那些標語除了在顯眼的地方，真正貼上牆的沒有多少。就貼上牆的也經不起風吹，因為玉米粉粘性差，吃了後用量也不夠。有的一張標語下部份被風揭起，有的上部份脫落。那數量又多。可以想像，白紙、報紙，有的寫得端正，有的畫得潦草，這邊有半截隨風飄，那邊又在向地上掉。只看那些標語的零落景況也讓人發笑，最多也才兩三天時間，真讓人覺得前兩天有過一次胡鬧。掉在地上的打掃清潔掃走了，掉下半截飄一飄的乾脆扯掉。也只兩三天又幾乎全沒了。真有點孩提時唱兒歌「夜半來，天明去」的感覺。

「文件」很快傳達了。中心意思記得是革命群眾要揚眉吐氣，牛鬼蛇神只能規規矩矩。「造反有理」，等等。過後回頭想想，領袖待人是坦誠的。建立共和國以前，說過做過許多讓國人贊同的話和事，所以受到擁戴，如今改變主意了，人們仍然想著領袖當年的允諾，跟不上變化，當然該打倒。

那時茶場已經沒有還在勞動教養期間的人員，百分之九十九都「給」了「出路」——留場就業，以場為家了。相當一部份人沒有走過「災荒」那「三年」——對我們來說時間更長一點，就在山上山下長眠了。原來剩下的和那以後補充的人，都是「就業」人員了。從當時的現行法律評判，已經有完全的「公民權利」。不過，前面已經說過「狗皮剝了狗肉在」。還不會認為是「人民」的一份子。畢竟吃住勞動還在專政機關改造場所，還沒有回到人民行列。也聽說其他隊有特別表現好而離場回到社會的，也就是回到人民行列了。可是方方面面仍受到各式各樣的歧視，讓人挺不起胸，抬不起頭，伸不直腰。可憐你，關照你，從居（民）委（員）會開始，到公安派出所，街道辦事處，才能做到比山上更累的臨時體力勞動工作。這時你才知道「居委會」那些話都說不清楚的婆婆，和不會拿針使線的小妹仔的厲害：給不給你下力掙錢，你能否有錢買米買鹽，她們還真能說了算。因為派出所、街道辦，都聽她們的。她們是居民中最基層的革命積極份子，誰家裡打爛個碗，誰家裡來了客人，要麼她們不知道，知道了會馬上去派出所、街道辦反映「情況」。她們是政府最基層掌握「社情」的依靠。轄區的所有「五類份子」都是她們監視的對象。從專政機關及各種改造場所出來回家的人，是她們重點關心的，能不把她們當成衣食父母？所以幹部常說：安心留場就業最好！有的人放回去了還想回來。幹部沒有說謊，是真的。確有人回來了。按政策，已經遷了戶口，轉了糧食供應關係，是不能留的。茶場再收留，真是體現了黨和政府的關懷、照顧。我也問過回來的人為什麼？道理再簡單不過，他們說：回來同大夥一起，「穿青衣抱黑柱」，黑在一塊，臭在一堆，壓力一樣，山上人多，是少數人管多數，不是多數人盯一個，錢也差不多，還不必卑躬屈膝去求這個丫頭、那個婆婆照顧工作。有三病兩痛不要錢就看病拿藥。外面派出所是管不了事了，「群眾專政」簡直如狼似虎，如鬼如魔！雖說已回到人民行列，看來那「行列」也不准進去！生存到如此境地，是可悲、還是可憐？不過，聽說真正的「革命人民」，除按嚴格規定行事之外，也沒有什麼權利。「人民」也好，「份子」也好，區別在於名稱，誰沒有在重重疊疊的管理之下、條條框框的限制之中？在慶祝新中國成立的鞭炮、鑼鼓聲停息以後，主人翁與公僕的關係，已經顛倒了。政府的各種行為都是以「人民」和「革命」的名義進行，以「革命」的手段辦理。人們實實在在的感到「不是請客吃飯，不是做文章，不是繪畫繡花，不能那樣雅致，那樣從容不迫，文質彬彬，那樣溫良恭儉讓。「革命是暴動，是一個階級推翻一個階級的暴烈的行動」。人們嘴上不敢說，心裡在發問：革命勝利了，嶄新的國家成立了，說革命就必然帶上的地主、資產階級已經打倒了，甚至大部份人從肉體都被消滅了，這場運動不是明確說「文化大革命」嗎？就算革「文化」的命吧，怎麼盡在整人？而且重點整一同打江山的自己人？而且首先搞癱瘓政府各級機關，把不懂事的娃娃們誥封成「紅衛兵」，這的確是「前人沒有做過的事」。怪了，自己就是最高頭頭，砸自己的攤子，恐怕馬克思也不懂了，列寧有沒有資格當學生？自己選拔的官員一夜之隔都成了「走資本主義道路的當權派」！中國無產階級革命的領袖，「英明、偉大、正確」哪裡去了？怎麼把統治國家的權力都給了壞人？怎麼不依法用行政手段處理？難道自己頒佈的國家憲法只是為了當初騙人？……難怪茶場的管教幹部們也公開說：搞不明運動方向，不敢去猜測運動目的，更吃不透文件精神。「文件」就是文件，文字說明事情。白紙黑字清楚明白，為什麼執行起來要去「鑽研」精神？不是言行不一，為何發號施令要如此行文？

從運動開始後，幹部只要求大夥，要自覺規矩，遵守紀律。只再三強調為了愛護我們，暫時不准下山上街，避免與「革命群眾」接觸。避免他們憎恨各類「份子」而發生意外事故——因為偉大領袖的親自鼓動，「革命群眾」特別是娃娃們已經為「革命」發瘋。就業的「職工」們由於體力勞動簡單，粗糧粗菜有吃，

「牙祭」又比往常按時，每月有點現金收入，有病也可治療，這一切都高於當地農民。大都「改造」近十年了，也悟得出管得鬆、緊的「症候」。借用「運動」新的名詞，除了幹部都是合法合理的「逍遙派」。這段時間的確有點「逍遙」：勞動上沒有硬性卡工效，生活上還有點改善跡象，休息天也多能兌現，場內可以活動，只有堅決不准下山。談戀愛的照常可以請假串隊來往，要結婚的場部有「結婚證」，去了就辦。好像只要我們遵守日常作息規定，似乎比以往還放得寬。對我們這些大部份人而言，本來就含冤受屈，好不容易才脫了一層「皮」的茶場「職工」們，也擔心怕「神仙打仗，凡人遭殃」，血濺在身上更不請白，對這場「觸及靈魂的運動」沒有自己的一份，暗地裡真是人人謝天謝地！

在幹部教育時時處處觀察「反改造」言行的習慣下，我們也真的學會了點觀察。首先觀察到中隊幹部去場部開會的時間多了，次數也多了。經常留一個平日不掌權的幹部——如事務長或生產幹事在隊留守。掌權的指導員、隊長、教育幹事經常不在隊上。有時放心得一個幹部也不留——有人說：今天隊上沒有「黨和政府」，日子自己過。說明當時我們這些「消極因素」已消極到哪種程度？有吃、有穿、有住、有活幹，真規矩得又傻、又呆、又逗人愛。比起「主人翁」比起「革命群眾」，用以後的「五講、四美」標準來對照，我們也許不欠缺什麼，但是還不認為改造好了。

平日幹部們之間還多少有點交談，有點說笑，如今完全見不到了。有人說他們也開始「鬧革命」了。我們認為「革命」是頂嚴肅的思想和行動，怎麼現在是叫「鬧」？還要學校停課、工廠停產來「鬧」，鬧得社會沒有秩序，鬧得機關不能依法辦事，還說亂得不夠，要「越亂越好」！只要隊上沒有殺人、放火這樣的事發生，好像幹部已經不管事了。我們能感到這是嚴峻的時刻，上面正「鬧」得不可開交。你一塊「狗肉」隨便可以給你一刀。人是會趨利避害的動物，已經遭了冤枉，已經回不了家，自己事事留神不能再「遭」！誰說我們都是「害群之馬」？真是睜著眼睛說瞎話。實在說除了把人圈在山上，比平時任何時候都沒有管、沒有「教」、也放鬆了「勞」，中隊日常秩序比任何時候都好。真的，「壞人」是狡猾些，自己沒有「鬧」

的份，你們都去「鬧」吧，好好鬧，慢慢鬧，鬧他個天昏地黯，鬧他個十年八年，我們規規矩矩的吃飽、耍好！真個是：

沫茶粗飯破衣裳，這點福，老子消受；
爭權奪利霸天下，那些事，你們鬧吧！

那時的資訊來源只有報紙和電臺廣播。報紙天天發到小組，有線的高音喇叭從場部接到每個中隊。從喇叭裡聽到，從報紙看到，「偉大領袖」也寫「大字報」。說「有人要把轟轟烈烈的文化大革命打下去，用心何其毒也！」啊！神仙真的打起來了。已經不是「士別三日刮目相看」了，已經不是「好同志」了，變成「睡在身邊的『赫魯雪夫』了」。他們為啥子？要說爭錢，銀行都是他們的，鈔票由他們印發；要說像軍閥時代爭地盤，或者爭國家最高權力，毛主席已經是「偉大領袖、偉大導師、偉大統帥、偉大舵手」。國家都是他一個人的了！建國以來哪一件事不是他說了算？在他的「英明、正確」領導下，餓死三四千萬人，沒聽說有人公開對他提意見。這在外國是不可想像的。說是上廬山開個「神仙會」，結果「彭、黃、張、周」倒大霉。有誰敢說對不對？若在那些「反動」的議會國家，不知會引發多大混亂？全體黨員、大官敢說什麼意見，只有乖乖舉手桿。還爭什麼？已經一手遮天！已經是實際的國家君王，黨內霸主。可惜「建國」後那麼多中華民族的精英，共同制定的憲法——毛也贊成並由其頒佈的，他已看作一張廢紙。自己也承認「無法無天」。照理說「宰相肚裡能撐船」，為何狹隘到如此這般？雖說還有能允許參政、議政的民主黨派，只不過已成了丫頭，「聯合政府」的幾個花瓶，十年前偉人大袖一拂，早已打碎——儘管打江山時別人沒有少死人、少罹難。千萬條理由都沒有值得爭的事，為何要把好好的國家搞得稀爛？這當然是最低層老百姓的看法。領袖說過「黨外有黨，黨內有派」，那就是派系鬥爭吧，當時就業「職工」悄悄議論著。當然下面的議論幹部是聽不到的，也不是逢人便講。由於相處日久，已清楚誰是貓誰是狗。上當的多貪便宜，受騙的愛聽花言巧語。不是為了推翻「三座大山」，不是為了「建設一個自由民主富裕新中國」麼，不是為了打敗日本侵略者，不是人們相信「新民主主義」比舊「三民主義」好，不是為了打垮蔣介石的專制、獨裁，不是有人信賴崇高的共產主義理想，不是共產黨內有許多為解放勞苦大眾、浴血奮戰多年的將軍，以及在蔣介石統治下地下戰士的慷慨成仁，老人家出門時的那把油紙傘也許至今還捏在手上，可能還破爛許多。那有機會站在天安門城樓一次、二次……直到九次，煽動那些走一路吃一路，住宿、坐車不付費——可以想想這種方式出門是什麼人——的「紅衛兵」。鼓勵他們向革命同志下手！當然，沒有忠實奴才主子也威風不起來。再加上諂媚逢迎、搖尾乞憐的墮落文人的幫襯，像狂犬吠日：「樽滿酒，舉過頭，萬歲，萬歲，萬萬歲！」不停地吼。一個新國家、新政府的成立，好像是一個人的偉績豐功!?在共產黨的歷史上，好像從來沒有過領袖，只有「長征」途中過「遵義」以後才有?這是不是貪天之功據為己有?連在屈辱、磨難中生活的茶場「職工」，也憤憤不平，證明這些「壞人」還是愛國、愛黨的，他們沒有幸災樂禍，雖然只能隔岸觀火，為黨為國，都心中難過。他們有覺悟理解這場「運動」是一個人的原因。

「民可使由之，不可使知之。」這句上兩千年的古人言，能夠經受歷史和時間的淘洗而不沒滅，是它確實無誤的代表了統治者牧役人民的心志。能有此智慧，立此名言，難怪能受到後世君王代代加尊就不覺為奇了。「文化」這東西確實厲害，可以把壞人教好，更可以把好人教壞。毛澤東是以新民主主義團結人的，是以建立共產主義社會為最高理想的，是以馬克思理論的「普遍真理」來指導中國革命實踐的。但自共和國成立伊始，人們從來就沒見過新民主主義是個什麼東西，就以「烏蒙磅礴走泥丸」的巨人步伐亦驅亦趕的帶領全黨、全國直奔共產主義社會了。人民需要休生養息，領袖要你不斷「長征。」「秋收起義」的壯舉，讓領袖深信那舊世界原來不堪一擊！只要口頭上和風細雨，態度上禮貌客氣，寫幾首古典詩詞出來，包含點大丈夫氣慨，籠絡些要土地的農民，先哄騙佔領別人打家劫舍的山頭，再來一次「火併王倫」，已經夠一個農民革命的領袖。而且文武全才！不拘理論有無依據，只要辦法出其不意，每個時期矛盾只認準一個，不要四面樹敵——比如抗戰期間，只打鬼子和漢奸，還要團結「反動派」；到「解放」戰爭時期，只打「反動派」，其它都團結。知道建立國家沒有文化人參加不行，又恭維這位是大眾的旗幟，那位是民主的戰士，所以能從勝利走向勝利。正在拉磨，不能殺驢。不是作者囉嗦，有些古人言還得引用：「天之將降大任於斯人也，必先苦其心志……」，縱觀「偉人」半生，可說完全為其正學反用的寫照。真的夠辛若，夠勞累！

說什麼任何事物有客觀規律，只要有了無上權力相信會隨主觀能動加以改變。不信事物的發展有條件，深信「群眾路線」的方式可以促成突變。說甚麼「僧是愚氓尤可訓，妖為鬼惑必成災」。可以把多年愚民政策下的人民視為愚氓，但能把建立一個國家的那麼多仁人志士全當成魑魅魍魎、牛鬼蛇神嗎？而且統統要「打翻在地踏上一隻腳」。最後看來，也有沒打倒的。還有生命的自然法則，老人家心力交瘁，沒有等到「一萬年……」就去了。走得匆忙！所以今天還有老祖宗留下的國粹文化，百年寺廟，千年古塔。這當然是後話。

誰能否認建國後政治運動不是一個接一個，從來沒有喘息。每個「運動」的開篇，都不乏堂皇的原由。群眾一經發動，就不會朝向原先說的路線走。不信回頭看看，「三反、五反」最後結果實際是沒收了全國工商業的私有資產；「幫黨整風」俯仰間變成了「倡狂向黨進攻」；說是請同志們上廬山當幾天「神仙」，總結工作經驗，目的在反左，「彭大將軍」信了，以軍人的秉性說了點老百姓的疾苦，一夜間成了「反黨」的萬言意見書——不為「大躍進」鼓勁，為老百姓叫苦，那結果這裡不用說了。國家主席又怎樣，從組織、從政府不好動你，叫一群娃娃就把你拉下馬了。「踢開黨委鬧革命」，道理深沉！原來專做黨的主席，好搞研究工作，幾年下來研究好了，也策劃好了，要上「九天攬月」要下「五洋捉鱉」，要「掃除一切害人蟲，全無敵」。那些公開的敵人已經打倒，從消滅解除了武裝的人員，又「村村見血」的清洗了農村，現在要打的是「鑽進黨內來的」，有些還「鑽進」得很早，有些是來「入夥」想分紅利的，一小撮一小撮搞得太麻煩，這次來個整體篩一遍。無權無勢的小人翻不了天，「擒賊先擒王」，重點在大官。先就「教導」說了「文化大革命」搞一次不行，以後還有二次、三次……幸好沒有搞下去，才有今天的開放、改革先富起來一個特權集團，部份國民才不慮溫飽，國家才逐漸有錢，那管它帶淚染血。如果真在大海航行，還是那個「舵手」，這條九百多萬平方公里的大船早就沉了，會忙壞很多外國人來打撈。無產階級專政的開路人原蘇聯比我們強大點吧，沒有發生內戰，沒有遭遇外襲，七十二年的「大廈」轟然倒塌！這些是領袖身後事，不覺扯遠了，先打住。

說來也怪，茶場各隊的就業人員，在「文革」期間，不論有無文化或程度高低，都十分關心政治形勢。可以從電臺廣播、報紙、及以後報紙也沒有了，叫「紅色電訊」，與全國百姓同步知道這場運動的公開情況。感覺震撼人心。與以往不同，從文化領城開始，僅僅是開始，即轉入了針對個人。有的百年古廟，千年菩薩，舊名稱，還沒有來得及徹底砸爛，就聚眾衝擊黨、政機關，抓「當權派」了。見那洶湧莫測的客觀情勢，聯繫看自身處境，人一下變得規規矩矩，對紀律制度的遵守比哪個階段都自覺、良好。平時不關心政治、時事的人，好像受到這場運動的影響，全心全意地關心起來。凡是早、中、晚開飯，高音喇叭總是嚷著的。作為身在四川來說，沒有比聽到「打倒李井泉」更使人吃驚了。說「李井泉是大西南的土皇帝」，大夥悄悄說是放屁！人們記得「災荒」過後，四川恢復得最快、最好；還有以前中央指示農民要學政治，李井泉根據實情，農忙要抓生產，農閒才學習政治。農民不生產，人民吃個屁。這個樸素的簡單真理，如今也是一條罪行。許多人同李井泉拉不上關係，但對上面的倒行逆施，老百姓會生氣的。嘴上不敢說，心裡會說「你偉大個屁！」

吃飯除了碗筷碰撞的響動，鴉雀無聲，晚上學習也比往日安靜。偶爾有點小聲說話，也是某人對某事不瞭解，問知道的人。這時候每個人都懷著對前途未卜的心情，關心著運動的發展，冷眼看這場「文化大革命」。思考著對自己處境有怎樣的影響？對自己無助的命運有如何的牽連？暫時還睡得著覺，是認識到了這場「革命」的對象是官，官越高就越險。我們頂多算是已經掃除了的「害人蟲」的小蟲的小蛋，偉人根本看不上眼。何況還在「口袋」當中，要處置你有如我們大養蝨子期間掐破一個蝨蛋！而且已經是一個體力勞動的活工具，還有萬畝茶園、千畝果園等著我們去幹，離各級官員又太遠、太遠！從這可憐的分析我們有了安全感。

想來和全國一樣，在改造場所服刑或期滿，勞教或已解除，只要還在那裡面勞動、生活，都會被自然認為是「運動」打擊對象的「社會基礎」。當年被勞教時還沒有什麼大頭頭被打倒，所以只說是「社會主義的消極因素」，若提「高、饒反黨集團」，那時還不興勞教。自從有了「反黨的彭黃張周」，我們勞教或就業人員就開始成了他們的社會基礎，他們的「應聲蟲」。凡是挨打遭整的某頭頭、或什麼反黨、反革命、反社會主義、反毛主席革命路線、反毛澤東思想，反無產階級專政、反三面紅旗、反大躍進、反總路線、反糧食定量供應、反農民不准進城、反結婚要經批准，反上學要政審、反有法不依、反社會不公正……反不完的事和人，和我們都有份。他們都是我們的「黑後臺」，我們都是他們的「別動隊」。我們同任何「反」都能掛上鉤，同任何「反」都是一路人。長年在改過自新，罪名在與日俱增。如此蠻橫地看待事物，真是前無古人！比起封建皇朝的誅連九族，有過之而無不及。話不是作者一人說了算，幸好新時期開始生活好了點，那年代的人現今還多，他們都是歷史的見證人。

在那場「大革命」中，就業人員又成了「劉鄧路線」的社會基礎。這回我們更高攀了！反正「死豬不怕開水燙」，我們還真有點願意。才記得「災荒」後的「調整、鞏固、充實、提高」，讓我們很快就能吃飽，「吃水不忘挖井人」！中國的老百姓有感情、知恩的。如果我們這些「基礎」能為他兩分擔點罪過，真是願意的——以後林彪叛逃，我們才由「基礎」變成了「別動隊」，這角色的轉換是幹部說了算。就像當年扣「帽子」一樣，哪管你要不要，又像活蹦亂跳的魚放在菜板上，只有不可選擇的前途。也就是百來斤，早已置之度外。何況已從多次劫難過來，管他娘的×，孬點就孬點，吃飽；苦點就苦點，睡好！幹部們忙著鬧革命，我們就要好！

有人說俏皮話，說我們是合法的「觀潮派」、「逍遙派」，「造反派」的幹部聽到了，說：「你們不要高興『觀潮』，不要妄想『逍遙』，要對你們加強無產階級專政！」有人嘻皮笑臉溫和的頂嘴：「場部大會說過我們是茶場的國家職工。」怒目圓睜的幹部說：「我們不承認。你們是解除了『勞教』滿了期的、留場就業的各類反社會主義的犯罪、犯錯『份子』，還要繼續改造，至少現在還沒有改造好，各人規矩點，『夾起尾巴做人』。這樣對你們自己最好。看看那些『混進』革命陣營甚至幾十年，沒有揭發出來以前，省級領導幹部、大軍區領導幹部，最大的是國家主席，只要反對毛主席，反對毛澤東思想，反對毛主席無產階級革命路線，哪一個沒有打翻在地還要踏上一隻腳，永世不得翻身！……你們連跳蚤、臭蟲都算不上。你們已經在專政機關裡，算你們有福氣。你們不知道『群眾專政』的厲害，還要感謝『中央文革領導小組』不准革命群眾衝擊專政單位、改造場所，你們等於在『保險櫃』裡過日子。」這一番教育的話，又使我們覺悟一點：原來是「偉大導師」教「紅衛兵」革命「小將」們，給他清除同他意見不一的人。置黨、國命運於不顧，爭個人絕對權威。這犯得著嗎？難怪偉人眼裡成吉思汗也只是拉弓射箭的一介武夫而已！讓人聯想「問蒼茫大地，誰主沉浮」，偉人的內心世界也昭然若揭。一時間神州大地，從東海之濱，到天山之巔，無論城市鄉村，從白髮稀疏的老人，到黃口嫩牙的幼兒，似夏塘蛙噪，如秋林蟬鳴，也若犬吠狼嚎，萬歲，萬歲，萬萬歲的呼聲，擾得人寢食難安。「副統帥」斷章摘句的「語錄」，又唸得如和尚誦經，如道士招魂。「全世界革命人民的領袖」的招貼畫，又如送葬人沿途拋灑的紙錢，把個好端端的大好河山弄得人心疼，又欲哭無淚！除了打、砸、搶的囂張、瘋狂，良心未泯的人只能「不敢言而敢怒」。再加上站在掛像前面的「早請示，晚彙報」的新潮頂禮膜拜，和「忠」字舞的癲狂，早已沒有推動社會進步的革命意義。是歷史的車輪在飛速倒轉，已經復辟皇權，還是要復辟神權？「我的一張大字報」就換了人間！

一天早上叫集合——已經很長時間沒有早上集合、點名了。這天也不是特殊日子，也沒有重大事情發生，只是各小組、全中隊站在壩子裡——壩子兩頭已豎了兩個籃球板——如今叫球場了。（從豎立籃板有過一個籃球，這個球壞了，不能充氣了，從未再有）列隊以後，中隊的全體幹部都到齊了——這是少有的。由隊長講話：講什麼呢？「現在春茶已採完，馬上開始除草、施肥。爭取秋茶有好收成。解散。」列隊十分鐘，講話不到兩分鐘。就這麼簡單，類似的指示安排，以往只是叫各小組生產組長去隊部說一聲就行了，今天還要舉行一次全隊集合的隆重形式，為什麼？為了讓全體就業人員看看，幹部都在左臂帶上了紅臂章，大約四五寸寬的一條紅布上印著「紅尖兵」三字。幹部都參加「革命組織」了，茶場「幹部」加上造反的「革命群眾」是兩重身分，是雙料的無產階級革命先進份子了，大概是要我們瞧瞧他們的光榮。今天是第一次亮相。所以為了說兩句話也來一次全隊集合。茶場的造反組織最初只有「紅尖兵」以後多了什麼「戰鬥隊」什麼「兵團」。本來是團結分工的一個單位，不多搞幾個組織就沒有矛盾，沒有矛盾就搞不起鬥爭，搞不起鬥爭就無法支持誰，沒有支持、打擊，就取不到「團結、勝利」，就不能成功一條線清一色，就不能萬眾一心崇拜一個人。就業人員是「剝了皮的狗」，無心去看那些生、旦、淨、末、丑。主要原因是與自己無關，也看不到他們如何表演。稍後聽說茶場的「一把手」當時的政委揪出來了，他是茶場的「走資本主義道路的當權派」。頭天還是在場裡領導無產階級專政的工作，還是茶場頭頭，怎麼一下子就是對立面了？儘管他對我們就業人員並不算好，但看得出平日沒有在「壓迫」階級敵人的「政策」上自己再加碼。聽說揪出來還遊了街（在縣城）示了眾，像「秋收起義」打土豪、像「建國」初鬥地主，頭上戴著紙糊的高帽，胸前掛著寫了姓名並在上面打了×××（處決罪犯用紅筆劃了犯人名字那樣）的大牌子，在無限擁護偉大領袖毛主席，打倒「走資派」的口號聲中，被「革命群眾」打得鼻青臉腫，幾乎從地上爬不起來，受到種種人身屈辱。我們心裡還有些同情他、可憐他。我們也會想，怎麼一個國家的政治，會這樣像開玩笑、像胡鬧、又像瘋癲的精神病人、又像賣笑的娼妓、水性楊花，朝秦暮楚。所有這些，書上沒有，歷史沒有，是出自一個人的「偉大創造」。——這個人的道行確實深厚！至今已四十年過去了，還在許多城市的許多地方，大型廣場、甚至許多大機關、大單位裡面，還立著石頭的高大塑像，還站在高臺上，還揮手指方向。有人說那是花崗石、漢白玉的石頭，臉皮厚，不知羞！我不止一次對人說，這不能懷怨逝者，死者為大，多些理解多些寬厚。立得起站得住，可能還有用。譬如：誰不想江山永久？大權永久？可能有人特看重那專制的精神力量，祈禱永久！如華盛頓那樣的偉人，中國沒有資格有。人家沒有過封建社會，國家文明歷史最不悠久，推翻殖民統治就堅持民主、自由，人民從不向官老爺磕頭，政府也不敢把人民當豬狗。他們主張不侵犯他人的個人自由。美國人樂觀、勇敢、進取、不自滿，待人寬厚，當然算盤打得很精，但真要幫助人又不怕自己作犧牲。事例很多，中國人不該忘記。從對「八國聯軍」的賠款開始，美國人就不貪心，賠款也用來培養中國學生。按人口GDP在世界前列，科技發展也在世界最前頭，整體說社會寬鬆，政府民主，人民富裕，有平等的競爭自由。還有不少人——包括其他外國人，他們不愛自己的祖國而愛美國，不是單衝著生活品質好吧，聽人說是為了可靠的民主、自由。找根子，是我們受的奴才教育太久。雖然走過了幾千年，百姓始終是統治者鋪路墊腳的石頭。

這次「大革命」的具體行動，我們就業人員是看不到的，又圈在大山上，外面世界就吼得「長扳坡前水倒流」，我們也是早晨靜悄悄的。但也有如男女偷情也保不住要春光洩漏。原因是前些時茶場招了一批工人，專門為各中隊幹部做飯——這工作在「文革」前全場是勞教人員的時候，是從勞教人員中挑選的。沒有出過任何事故，啥時候讓幹部感到不安全了，或者還是擔心知道他們吃得太好，其實，從進進出出小伙房的生東西看得到，並不比我們太好，但總之不要勞教或就業人員做飯了。可能是「階級鬥爭要天天講」，越講越恐怖的時候，為了飲食安全，每個隊都分配來了一兩個。這些人來自「先鋒隊」或「同盟軍」，一般二十多點歲。專職小伙炊事員，決不是廚師。有關中隊的生產的、管教的事情他們不沾邊，中隊幹部兩三人談事（算開會）他們沒有資格參加，就業人員的活動他們也只能看看。他們在「好人」一邊，同「壞人」也沒有嚴格界線。要聽幹部的使喚，又無權支配就業人員。他們夾在兩種人中間。他們全天作息活動範圍，就只那一二十平方小廚房地盤。小伙需用物資有人送去，也不需他們買米、買菜上街、下山。一天到晚做飯、吃飯，吃飯做飯。他們雖不說寂寞孤獨，日子比我們難過。我們還把他們當成半個神仙——享受幹部的福利待遇；沒有幹部的責任風險；同我們一樣是「國家職工」，幹部對他們是同志，對我們如罪犯。既然生活在一個中隊像一個大「家」，自然會有接觸，有接觸就有交談。慢慢地他們熟悉我們這些「壞人」，看是蓬頭垢面，衣服破爛，但懂道理、有文化、有知識、有專業、有技術，遵守紀律勞動肯幹。自然地從懷疑到同情，從同情到親善。由於受時代大潮的掀動，他們也參與了革命造反。或者因為政治覺悟不高，或許沒有嚴格的組織紀律觀念，政委揪出來了，遭鬥了，遊街了，挨打了，脖子上掛個「走資派」牌子，還要自己打鑼：「我是走資派，我有罪，我悔改……」，他們給我們透出了鶴唳風聲。同時也耳濡目染學會了幾句官腔：「你們要好好改造，會有前途的。偉大領袖毛主席教導說：『對罪犯要實行革命人道主義，要給出路，不給出路的政策，不是無產階級的政策。』」等等。真是革命不分先後，從廚房一步走上政治舞臺。並且還要保衛毛主席的紅色江山，要向「走資派」奪權。要打天下，坐天下，「要把國家政權牢牢掌握在無產階級手裡，被『走資派』竊取的權力要奪回來！」

當時我在白夾林中隊。（「災荒」時建築隊癱瘓，原有的人分散各隊，集中墾復因災荒已撂荒的茶園）訂有兩本雜誌，本隊給幹部做飯的工人（姓氏忘了）初中畢業，很好學，經常向我借閱。有不懂的地方還能恭敬禮貌的向我請教。知識嘛，就應該傳播，我也樂於指導。不久，「革命」深入到「奪權」階段，他向我透露他們的「造反組織」要「聯合」「八一五」（成都的革命左派）奪權。我勸他舉舉手喊喊口號是必須的，不可避免的，不要太積極了，更不要擔任什麼職務。也粗淺地給他講點常識性的道理：別人幾十年置生死於度外，拋家庭別親人，不戀生不怕死，槍林彈雨，爬雪山過草地，打下的天下，能由你們一般工人、學生娃娃，吼一吼鬧一鬧，從先打泥菩薩打到活人，就能坐江山，管國家？老百姓會認你們的帳？沒聽說「槍桿子裡面出政權」？這是不是太容易了？弄不好還會到我們大廚房打飯。到時候秩序恢復，最輕也會讓你們哪裡來哪裡去。我看還是保住現在的飯碗、工資最重要，參加工作很難。過後，不幸被我言中。招收做飯的工人一個不留，全部清退了。這位白夾林中隊的小伙炊事員，臨行時特別送我一包「向陽花」（記得當時值一角四分錢）的香煙，一是道別，一是感謝我對他的文化幫助。我相信會如他所說，一輩子都會記得我這個大他幾歲的「老就」的。他們原本是來茶場做飯的，其中一段時間，忙於「造反」，「靠邊站」的幹部反而給他們做飯！有些事真如活報劇，不能不感到滑稽。

人在山上「修行」，看不見山外天下大亂。桃花源中雖不知魏晉，卻可以安寧地種田！無緣觀武鬥的熱鬧，有閒聽溪澗之潺潺。感晨昏之無聊，將小鳥喚到跟前。人生失去了意義，也不再憐惜光陰貴賤……

「文革」期間，除了無原因的隊內重新編組，多次檢查個人物品，屬於「封、資、修」、「四舊」的一切東西全收。包括書籍、信件、畫片，外語字典、照片，以及小刀、剪子。甚至鐵製的勞動工具，鋤、鈀、鐮刀、鋼釺、鐵搥、一律在收工後集中保管，出工再去領回，這有如准持槍的機關、單位對槍支彈藥的保管——這擔心甚麼？擔心我們造反作亂？強大的政權內心怎麼這樣虛弱？這麼缺乏自信？能留下的只有「紅寶書」和「語錄」，可這兩樣在我們中又奇少。一搜再抄之後，個個除了衣被、飯碗，絕對是真真正正徹徹底底乾乾淨淨的無產階級。連生產工具都每日收繳、發放的時間，大約維持了近一年。雖對每日勞動出工時間有影響，但「一切服從政治」，和「嚴防階級敵人趁機破壞」——以後聽說當時在城市、農村中的「五類份子」（地、富、反、壞、右）比關在監獄裡還難過。有人說，到底誰在造反作亂？不是偉大領袖親自發動和領導的嗎？「造反有理」成了當年各地的頭條標語，這難道是老百姓在造謠滋事？當然，這些話是私下在講，幹部不可能知道，若知道了，一定會抓個「現行反革命」典型，不判死刑也是死緩。共產黨最重視典型教育，和推廣典型的重大意義。各個時期的「中心任務」總是要有典型的，典型總是要塑要找的。好典型找到你有福氣——像雷鋒同志，已五、六十年了還在叫人向他學習；專門利人、毫不利已。有當大官的受賄、貪污幾百萬、幾千萬，救災款、水利款、交通基礎建設款、不是關係人命，就是關係國家百年大計，如果能給雷鋒爺爺發個「伊妹兒」，真想問問他生不生氣？難道這半個多世紀以來就沒有更好的值得學習的榜樣典型事蹟？我認為雷鋒爺爺該退休了。新時期的好人好事太多，其影響、其效果，都超過一個駕駛兵。就當年的焦裕祿也改變了一個縣的人民的艱難境況，就是沒有受到「偉大的……」垂青，所以沒有慶祝多少「週年紀念」。沒有領袖的點名、題字，所以沒有歷史性的傳承。如今提倡實話實說，那就說一句吧：中國普通老百姓——當然是人口的絕大多數，不喜歡那道「偉大的……」光環，在大眾眼中，它是黯黯的、無光的、是一道黑圈圈，當它在旋轉的時候，給老百姓的盡是災難。要把已經打爛的幾千年的文明的碎片再拼接完整，可能沿現狀努力也須幾代人的時間。

當然，任何時期任何中心任務的過程中都需要典型來推廣，要正面的，也要反面的。這樣才能生動地讓人們明確方向，看準目標。典型不是時時處處都有，也許又不如人意。找不到就塑造，要正面的，也要反面的。有時反面的教材比正面的更容易深入人心。

茶場這樣一個大單位，又是專政機關的改造場所，多的都是社會主義的「對立面」，近萬名「壞人」集中的地方，難道都是擁護這場史無前例的偉大革命運動的？何況領袖自己也說過，「擁護的人不多，反對的人不少」。在「壞人」中抓不到壞典型幹部就無法向上級交待了。悄悄在找典型是肯定的。不處理幾個人這場空前的大革命就沒有在這裡發生。要找幾個人出來辦理，才能證明這地方的幹部沒有白吃乾飯，沒有白拿人民的工資，是緊跟毛主席在鬧革命的。

果然，女子隊有個姓彭的女就業，（現今同作者還有往來友誼）其妹妹在重慶。誰都知道那年代生活在城市的人，一個本來和睦親愛的家庭，往往被什麼「觀點」分成對立的派別，在一個家裡互相「辯論」，互相攻訐，像魔鬼附身，似瘋狂患病，父母兄弟姐妹，你抵我，我毀你，搞成敵對仇人——邪教可以麻醉理智，使其喪失人性，繼而殺人、自殘，還十分自願。自家鬧鬧還算中邪較輕。運動是波浪式進行的，大概此時正處於不忙階段，想起了姐姐在茶場就業。分別多年了，趁空去看看、去探親。這妹妹年輕無知本就天真，在造反中練就了「敢把皇帝拉下馬」的膽量，知道那是是非之地，「明知山有虎，偏向虎山行」。當年從重慶到峨邊，在成都必須轉車，沿途車站、公共場所，各派革命組織，如同今天賣假貨、賣假藥的各類公司、製售各種假證件、假發票的小販，都印發簡報、傳單，逢人便送，見人就給，硬塞給你無法拒絕——都宣傳自己的觀點最正確、最緊跟「偉大統帥」毛主席的無產階級革命路線；革命幹勁最足、打走資派熱情最高、對階級敵人最狠、對「偉大領袖」最親……這位姓彭的女就業人員的妹妹，一路上的旅行途中，由於無知在上山前未清除在沿途收到的「革命」宣傳品，據說未丟棄的原因是可惜那些紙——那時沒有現今的卷紙、紙巾、更沒有「有護翼，不側漏，流量再多也吸收」的紙產品。女性對紙比男性有更多的需要，所以一直留著。放在革命造反期間幾乎每個「紅衛兵」、「戰鬥隊」人人都有的、軍用綠黃色小挎包裡準備需要時使用。上山後見到姐姐，清理行裝時，那些在山外已無人揀拾的、宣傳虛偽真理真實謊言的紙張，在女就業宿舍中頓時成了頁頁經文，篇篇天書，童話喻言，傳奇故事，既新鮮，又稀奇，又荒誕，又刺激，似有香，又如放屁……沒有見過的東西免不了爭相傳閱。如同在黑暗的牢房裡捅破了屋頂，見到了一點「亮光」，還分不清是早晨還是黃昏。因為國家的老傳統是對公眾封閉資訊。在山上哪裡知道那些革命罵革命，革命打革命，革命壓革命，革命反革命，你革我的命，我革你的命，你說我蒙蔽偉大領袖毛主席，我指責你打著紅旗反紅旗，一方說「八一五」（經「革命大聯合」後的成都造反組織）是中央肯定的左派，一方說最正確的是「反到底」（重慶造反組織）……一陣子說說嚷嚷，管教幹部很快知道。像獲悉外國間諜潛入國境，立刻報告場部，很快給出定性：有人上山「串連」，煽動專政對象造反。面對如此「重大事件」當然十萬火急，必需立即處理。彭性女就業的妹妹屬於革命群眾，對其不敢輕舉妄動，擔心其所屬革命造反組織趁機衝擊茶場——上山砸爛這裡的公、檢、法機構。已使茶場幹部終日惶惶不安——這裡很平靜，對我們他們還有威嚴。對革命洪流他們不敢挑戰。更不敢惹是生非，橫添枝節。只能假裝笑臉好言相勸：「既然見了面，姐姐一切都好，妳是不是快點下山？重慶革命形勢正在關鍵時刻，妳肩上還有重擔。一個人有一個人的光和熱，少了妳一個人，妳的組織就會少一分能量，少一個革命戰鬥員，偉大領袖毛主席的無產階級革命路線少一個人保衛都不行，妳想是不是？所以建議妳快點回去，快點、快點，重新組織革命隊伍正在關鍵……！」

妹妹前腳一走，姐姐立即被審查，被關押。不由人解釋，也不研究研究客觀情況，以勾結造反派企圖衝擊改造、專政機關，適用「反革命」罪名，判有期徒刑五年。同時轉眉山化工廠（屬本系統勞改單位）勞動改造。僅此原因，從原先「勞教」升級「勞改」，不恰當的比喻，如本科生升入研究生班。不過她因禍得福，比很多未撞在刀口上的就業人員好點：刑期服滿，即被釋放回家。她說回重慶後還能喊萬歲、萬歲、萬萬歲，比起很多山上的就業人員，硬是熬到了「萬歲」歸天才下山早幾年。如今帶著個將要成家的女兒親愛相依的頑強生活著，在重慶。俗話說大難不死有後福；劫後餘生更長壽。我真希望是如此。

那場使大部份中國人很快喪失人性的「文化大革命」反映在茶場的情況大致以下幾種：

運動開始初期，如同全國一樣所有人一頭霧水。隨後口號叫得很響的是反「四舊」。在就業人員中，首先反的是看不見的思想、觀念。解決這問題的簡單作法，是各中隊從各小組中找認為表現不好的人，自己深挖犯罪——原先勞教人員被定為犯錯，如今自動升級了叫犯罪——的思想根源。別人幫助批判，本人再寫檢查，人人過關。重點的是出身不好，或有過言論屬於反改造的，不認是有罪有錯的，就在全隊大會批判、鬥爭，時間沒有限制，幸好只准「文鬥」——當然也免不了有時要動手。無中生有，天南地北，古往今來，牽強附會，說你是某皇帝的走狗——有時候把朝代、皇帝都搞錯也可以，反動派國民黨的幫兇，反對共產黨，反對毛主席，想變天，想復辟，不走社會主義道路，要過資產階級生活，有天聽你說下雨後路太泥濘，太陽太少，雨水太多，都是在指桑罵槐，對新社會不滿，攻擊毛主席；山上氣溫低向日葵長不飽米，知道嗎，向日葵又叫太陽花，太陽就是毛主席，說向日葵就是說毛主席，說太陽少也是攻擊毛主席……最後罵你個狗血淋頭，全家該殺絕，可以。這個會開得很好！熱情很高，幹部最後表揚。等到熄燈睡覺：「你『龜兒子』想得出來，把死了上千年的皇帝都給我栽上，」彼此仍然玩笑。「你怎麼沒說我混進後宮搞了『娘娘』、玩了『妃子』，不又多了一條亂搞男女關係的罪狀？」只要想開些，不往心裡去，那批判，那鬥爭是好玩的。唯一不舒服的一點，是別人坐著，你站起。兩小時，彎著腰低著頭，還是夠受的。如果成了重點，明天還得繼續。作者本人連續挨鬥一月多，是因為平時名聲很「壞」又很「臭」，沒有人敢動手，惹不起，怕事後報復，「文鬥」也符合幹部說的，也倖免了皮肉之苦。

接下來一切離隊請假全部取消。勞動、休息都不准離隊。每年要「清放」幾個人回家的寬大、關懷也沒有了。不過「以場為家，以茶為業」的舉措在內部並沒中止。在這不准離隊的管嚴當中，為了體現關懷與人道，仍然准家屬來場探親與在場內談戀愛，這算是一種特許。有情人拿著對方中隊批准的假條來了，還可以在屋簷下、球場邊，在眾目睽睽之下，說點別人聽不到的悄悄話。當然，肢體語言就免了。好像是訂條約在談判。一經雙方協商好了，共同打個報告，如平時寫張假條，批准比平時還快。看得出人性還沒有完全泯滅。雖然「建國」以前的一切都是「舊」的，而且該反，但動物配種人要結婚，這是繁殖群體、延續民族不可缺少之舉，還是要感激無產階級保留下來了。有人說「萬壽無疆」這個詞彙是用給封建皇帝的，起碼不是共產黨、新中國發明、創造，但共產黨領袖喜歡，不但也保留了，還發揚光大，喊得比有皇帝的時代還響亮，也給了就業人員們高喊的權利。遺憾的是我們沒有革命集會，沒有表達無限熱愛「偉大領袖」的可能，敬和愛和緊跟都是有條件的，我們沒有振臂高呼的機會，是不是曾經呼喊過，我都忘了。總之，在這個高呼「……萬萬歲」與「萬壽無疆」、「永遠健康」的問題上，我們肯定是對不起「革命人民」，對不起工、農、兵的。

就業人員們最不明白的，茶場的「一把手」地方國營企業的政委、必然也是黨的書記，竟然也是「走資本主義道路的當權派」！平時對其指示執行得很好的一批管教幹部組成的「革命造反」組織，被另一派打成了什麼「保皇派」。離開了場部辦公室，同就業人員一樣，背上茶簍，或扛上鋤頭，不定時下中隊上山去勞動。聽說還是監督勞動。監督他們的人不背茶簍不扛鋤頭。一眼就知道是誰在監督誰。同就業人員在一片山上，幹同樣的工作，只是對他們不強調工效，幹多少算多少。也不許就業人員靠近他們。不過，想得到他們心裡是很難受的。中午收工後，在哪個中隊勞動就在哪個中隊吃飯，仍然是吃的幹部小伙房。但與中隊主持日常工作的幹部有點不同，中隊幹部可以打了飯菜在廚房裡，或端回自己房裡去吃，他們不可以，他們只能在小廚房門口附近的空地邊，屋簷下，站著或蹲著吃。只是沒有像我們當年必須圍成圈圈。在勞動中他們怪像也多，經常聽到監督他們的人叫喊「不准磨洋工」——據說「磨洋工」這個詞，是鬼子佔領區日本兵強迫中國老百姓做苦役時，老百姓怠工的代名詞。昨天都是革命好同志，還是領導和下級，都是無限擁護、無限熱愛偉大領袖毛主席的，怎麼一下子就變成鬼子壓迫中國老百姓一樣了？哪篇古文裡有過「掩袖工饞」的話，這時期江青那婊子位高權重，誰是革命派，誰是保皇派，她說了算。下面的革命分支組織太多，「大聯合」時期若投靠錯了通天的奴才，你就由坐車子滾下來拉車子吧。在任何大變革中總有人遭殃才會有人得利。這大概也是一條「顛撲不破的真理」，看如今因宮商勾結與民爭利、或司法不公造成的新群體——訪民。任何變革應該在包容、寬厚、融合中進行，尤其在取得政權以後，騎馬打天下的民族用過，很成功，抗日、「解放」戰爭中也用過，也成功，這時完全不用了。

隨著「階級鬥爭天天講」，此時才明白凡在茶場就業的「國家職工」稱謂，全是騙人的鬼話、屁話、謊言。實際都是在押人員。但在押人員又能戀愛又能結婚生子，這又叫「無產階級革命人道主義」的體現。如果說主觀決定一切，這又與「唯物論」、「馬列主義」離得太遠。到底毛澤東思想是什麼，恐怕只有毛澤東本人才說得清楚了。然而毛本人自己也說他自己的思想也有「下半夜同上半夜打架」的時候。這方方面面都亂成一團麻的現象也就不奇怪了。因為毛澤東是創造性地發展了馬列主義，因此可以說馬列主義在中國根本就不是經典，不值得去學，學也沒用。那麼那些被正義、良心的驅使，為救勞苦大眾於水火、為民主，為自由，為打碎舊世界、建立新中國、建立人類最美好、最理想社會的革命先烈們，腦袋是白掉了，血白流了。因為他們為之捨生忘死奮鬥建立的共和國，並不是他們理想的那樣。由此，說有人行騙，有人受騙可能不為過。

說去說來，還是善良的、社會底層的人民最可憐。讓你吃個不很飽，穿個不很暖，住得不夠寬，每月幾兩油，斤把肉，一切副食限量憑票，從小把你馴得是顆「螺絲釘」，是條「老黃牛」，為「革命」、為「人民」寧肯「上前一步死，不願後退半步生」……徹底拿走你連封建君王都給的生活自由。雖然見官要下跪，但跪了起來還有人的尊嚴。也可以接受比自己更低處境的人的下跪，這下跪只是一種禮儀——像現今的握手、擁抱、親吻。說來還能算是公平的。

那時候的所有中國人——無產階級「專」不到「政」的地方除外——他們頭上沒有無限溫暖的「紅太陽」，生活在反動、腐朽、沒落的外國，幸運的是可以憑自己腦力、體力掙錢，生活的優劣、品質的高低、是不是饑寒，全靠自己了；不幸運的是沒有黨和政府的關懷，沒有享受到從生、老、病、死全由國家包乾！在「紅太陽」照耀下的中國大地，每個人都有自己的組織，組織就是戰鬥力量，組織就是武器。是不是我記錯了，列寧也「教導」過：「無產階級除了組織以外，沒有別的武器」。就算這話列寧沒說過，但「組織」確有強大的威力。那時候連早已沒有任何社會活動的老人，無論是六七十歲或八九十歲的老頭子或老婆婆，也要服管於新發明的「革命大院」。總之人人有組織。有組織就有紀律，就有制度，就有規定，就有義務，至於與義務相對應的權利，當然有：光榮的勞動。嚴格遵守各項名目繁多的規定。一切都要服從「黨的利益」、「國家的利益」、「人民的利益」、「廣大革命群眾的根本利益」，講個人利益是不提倡的，不允許的，禁止的，是犯罪的；人們也不敢講了，也習慣不講了。要爭取做「革命的老黃牛」、要爭做「革命的螺絲釘」。其實，都學會了說大話，說假話，說豪言壯語。心裡是你媽賣×。不過，我們也可以向世界驕傲：你看看我們全國八九億人口團結得像一個人！其實人家早看到你們全國只有一個人。這確是一個危大的國家，危大的社會！因為有危大的領袖、危大的舵手……

相信茶場上級對我們沒有新的規定。或許主要是幹部看不慣我們的平靜閒逸。可以想茶場四季已經沒有客觀的強勞動，鬆土不能深挖，茶樹的根鬚太多，它不是莊稼，茶梯地又窄，除草、施肥、有時為防蟲噴灑點農藥，就是常年的管理。「運動」一段時間以後，幹部們在革命的暴風驟雨中，我們在「不准參加」的風雨篷裡；他們在波濤漩渦中翻滾，我們在平靜的港灣裡。於是想些花樣搞些「義務勞動」，白天要我們精疲力竭，晚上的學習，天天是批判鬥爭，他們也清楚這並無實際意義，批過去，鬥過來，已經是手指頭上柔軟的麵團，玩久了也毫無意思。天天講的「階級鬥爭」不搞點響動出來，也說不過去。「文化大革命」嘛，即使是打著玩的靶子，也要從有文化的人中去找。有文化的人都有缺點，愛面子，或許個別較自私，看不起別人，自命清高又不夠堅強，以為小心謹慎沒錯，自己處處防人，競競業業改造，夾起尾巴做人，雖然也有笑臉，只在皮膚一層，說話咬文嚼字，勞動少有能行，缺乏朝氣，少有熱情，跌了一個筋斗，從此一蹶不振，真是一朝被蛇咬，十年怕見繩，道理鑽牛角，放屁也認真，隔山風吹草動，也覺大禍來臨，瞻前顧後走路，時常踩進泥坑，要說行為舉止不端，又事事禮貌待人，乖乖接受互相監督，處處牢記他人言行，證明自己認真接受改造，常常悄悄書面反映同仁，就忘了起碼一點：自己是秀才，幹部多大兵。（記得毛主席在哪裡說過，秀才交給兵去管）時代就是「窩裡鬥」，幹部正愁找不到事情。

管教幹部為了表現自己不「右傾」，是緊跟革命的，是執行專政的，對同志都沒有「春天般溫暖」，對我們當然是「冬天般嚴酷」了，就不能再說話輕聲、態度溫和了。不過，故意裝得氣粗，開口就吼，鼓大眼睛，提高眼角，繃緊面部皮膚，我們在山上試過，怪難受的，很不自然。於是我們十分同情他們的處境，還感覺怪可憐的。誰說受苦人就沒有悲憫情懷！我們知道端了和尚、道士給的飯碗，就是心中不信鬼神也要口誦經文、宣揚鬼神有靈！於是在我們中間開展的鬥爭也緊了一步。我鄰隊的夏家溝中隊，有個原是教師的劉新（成都老鄉，可算熟悉）在他隊上教唱「語錄歌」，寫黑板報，又賣力又盡心又費神，「文革」期間脫產（不上山勞動）專幹這些事情。對就業人員的要求各方面表現都很好。據說他還倡議全隊就業人員三餐在廚房打飯的視窗，拿到飯時喊一聲「毛主席萬萬歲」。這似乎有點不嚴肅、不崇敬，但可見其對偉大領袖的敬愛之情。幹部對此不提倡不反對。聽說他本人帶頭喊過，那些「消極因素」消極成性，見幹部沒有硬性規定，他當然得不到「熱烈響應」。別人填飽肚皮要緊，收工前在山上就餓了，你劉某不上山勞動，吃出工勞動的定量糧，在黑板上寫幾個粉筆字，當然不累不餓，有精神你就喊吧！早晚還要集合我們唱點無音樂元素、無感情成分的「語錄歌」，唱起來也像道士唸咒捉鬼，巫婆誦經招魂。如果一首曲子不講「和聲、對位、裝飾音，」的音樂基本元素，聽起來也如同喊口號、讀標語。看來這民族語言也專用來為文化革命服務了。你劉某舌頭長嚐糞舔臀都行，還拉著大家，你劉某是「紅毛犯人」（俗話犯人中的強人）不惹你，什麼事過頭了都沒有好下場。突然一天有人發現劉某寫的黑板報，報頭版面的四個「偉大……」其中「偉大的舵手」的「舵」字，本來偏旁是「舟」，寫成偏旁是「馬」了。立刻有人報告幹部，說劉某有意利用本隊輿論宣傳陣地惡毒誹謗、污蔑偉大領袖毛主席。就業人員有人自願警衛黑板，請幹部親臨現場察看。上百就業人員強烈要求幹部照相留證。群情激憤，理由充分，事關偉大領袖威嚴，誰也不敢阻攔。結果劉某被以「現行反革命」罪戴上「反革命」「帽子」，再加上「管制三年」的處分。我問過劉某本人，怎麼當了多年老師一個字——那麼重要的一個字都會寫錯？他哭喪著臉說，「應該不可能」。他說別人修改了那個字的偏旁來害他，他又找不出證據。不過也有點道理。通常情況黑板上的東西，都是從報紙摘抄的，幹部一般是沒有時間去看的。只有他一個人在寫，當然該負全責。我玩笑地調侃：「這是偉大……」對你的獎勵吧！上世紀八十年代我們還在成渝火車上見了一次面，他又帶了成都體院的一群學生。二三十個人在火車上歌聲嘹亮，不是唱的「語錄歌」了，是「山也青，水也清……白雲過山崗（呀）也傳情……」，當我回到自己的車廂——中間只隔著一個連接兩車廂的過道，又聽到那邊傳來了「小城故事多，充滿情和樂，要是你到小城來，收穫特別多。看一看，說一說，小城故事真不錯……」，的確，峨邊是個再小不過的小城。真的是「……故事真不錯」！不禁暗自喟歎：時代變了，變得真快！像「王道樂土」始終實現不了一樣，我們「祥和」的社會又變回來了。多好啊！可以有情有樂了。

列車在向前飛奔，把許多黑暗無光的小站甩到了後面。前面已見一絲曙光，又開始了新的一天……

（二）

真的「人間事從來急」。共產黨的「九大」才開除了原黨的副主席、中華人民共和國主席劉少奇的黨內外一切職務，是「叛徒，工賊、內奸」的罪名，還被永遠開除黨籍。真是「打翻在地踏上一隻腳永世不得翻身」了。那麼，紅得發紫同「偉大統帥」不離左右的「副統帥」、「副主席」、「接班人」、僅僅次於「萬壽無疆」的「永遠健康」、「親密戰友」林彪「同志」，又為何攜妻帶子劫機叛逃「蘇修」摔死在蒙古國的溫都爾汗地區了？大導演的大手筆真把小百姓弄得雲裡霧裡。而且還宣佈為陰謀陷害「偉大領袖」毛主席的兇手主謀，為的是「搶班奪權」的目的，要投靠原蘇聯修正主義。為「九一三」這個不平常突發事件，我們就業人員又立馬轉入「批林」的政治學習。並把我們說成林彪集團的「別動隊」——我們的角色又被轉換了。我們習慣了，不見怪，知道任何一場大戲都少不了跑「龍套」的嘍囉們。也知道，一換場我們也有戲，也沒事，不會同他們連帶處理，僅僅說說而已。然而典型是要找一兩個的，有人說，還希望哪天批判楊貴妃，說我們把她抱進宮中、塞進皇帝被窩裡，誤了唐明皇，說不準我們還手上留香，那可是個大美人兒！說我們還先於唐明皇親了親，那會更好！實在說我們又比「阿Q」可憐，他畢竟摸了摸小尼姑的臉。毛主席是最主張「認真」的，老人家教導過：「世界上怕就怕認真二字，共產黨最講認真」。實際上許多事情證明又最荒誕。人下人當然最遲鈍又最愚蠢，好多事搞不懂無法問，不敢問，問了誰誰也說不清，問了等於沒問，乾脆不問。批林彪就批林彪，批什麼「……工程紀要」就批什麼「……工程」，批判批判又為何批上死了兩千多年的古人？什麼「悠悠萬事，唯大、唯上……」幹部傳達也講不明白，還要大家討論。有人發言說這不是在批毛主席嗎？只有毛主席一個人才高高在上、權力最大。不過也想得通，「文化大革命」嘛！當然還是要批判文化，這才離不開主題。何況要破「四舊」立「四新」，「封、資、修」的東西太多，任重而道遠！

粗計一下，凡是古往今來，以成立「新中國」劃線，上下五千年，以往的都應該是「封」（建）的；面向太平洋沿海岸線——包括（香）港、澳（門）及外國，應該是屬「資」（本主義）的；再從北方昔日的「老大哥」原蘇聯引進的不能說不是「修」（正主義）的，想想算算，要堅決、徹底、完全、乾淨反完這些，偉大領袖有多辛苦、多勞累？你還能抱怨「運動」一個接一個沒完嗎？孔丘算什麼？走遍六國想當官，剛剛當上一回，三天就殺個人。還劃了線幾種人該殺：「心達而險，言偽而辯，行辟而堅，（我認為已經影射了「偉大導師」）……」等等，哪裡是崇「仁」、尚「禮」的聖人！怎麼不該批判？但孔聖人是有幸的，他比「天才」出生早了兩千多年，所以沒有被關進秦城監獄，沒有跳太平湖，沒有放到北大荒去挨餓受冷，也沒有受到「革命小將」的推搡，和「紅衛兵」的折磨。算他運氣好，只讓後人批判或者說罵罵，不損他一根毛髮。所以學習、批判都是照唸下發的文件。誰也說不出所以然。其實，「以其昏昏，使人昭昭」的，如同滿腸滿肚子的封建文化，開口就強調多讀馬克思主義一樣，越說越使人糊塗；在中國無產階級領導們的大會上叫人讀老掉牙的〈七發〉；（一篇漢朝建安年代的古文）也如演過三四流角色的、只會弄姿騷首勾引男人、不會演戲的戲子江青，還叫囂要批判斯坦尼斯拉夫體系一樣的滑稽；對哥德巴赫猜想也敢說「等於『二』的就是一加一」。那時的共和國真的亂套了。有人說還有善良的人民。我不認為這樣的「善良」值得提倡。甘當牛馬，甘當奴隸，逆來順受，不敢抗爭。試想，成百上千人在原地慢慢等著餓死，也不敢團結起來去砸爛限制他們外出逃荒的那幾支是否能打響的民兵破槍，和集體去糧庫借糧。我為馴服的中國人感到羞辱、感到難過、感到悲傷！這段歷史是過去了，可能有人又淡忘了，或者有人喜歡人們忘記快些，忘得越乾淨、越徹底越好。那麼中國人的屈辱、悲哀，不知什麼年代還可能重來！與人鬥的結果，最好不要忘記。那可是災難性的，承受那災難的難道只有一代人？國際歌唱得好：「從來就沒有神仙和皇帝，全靠自己救自己。」二戰時期邱吉爾為英國人民作出了那麼大的貢獻，戰事一結束英國人民立即讓他下臺賦閒。為甚麼？擔心他倚功專權。

「批林批孔」還在高潮，社會各地各單位都在「清理階級隊伍」，這一清理必然又有一批人被趕出社會。我們山上又陸續來了一批批新「同字」。這些新來的勞教人員，確實有錯，甚至有罪，有的該判刑。有的是「四清」以後才處理的，更多的是「文化大革命」中的打、砸、搶份子。據說是「造反有理」培養出來的一代新人。他們中有姦淫婦女，殺人劫財。打傷群眾，更是小菜一碟。無產階級的人道主義關懷，姑念他們有大環境的特殊性，一般都從輕處理。沒有追究刑事責任。勞教也算給了個處分。機關、單位獲得「解放」的頭頭們，也念在他們當初受人指使，年輕無知，也在復職後不記舊惡。算懂得革命是為了進步，不是為了報復。一般定期一至三年。曾經是「大革命」的打手，是「山大王」的嘍囉，經過血雨腥風的「武鬥」，走過「長征」路，「革命大串連」中免費走過大半個國家，砸爛過祖國大好河山許多古跡、文物。親身破壞了許多歷史文明和傳統觀念，也親身參與摧毀了很多的社會正常秩序……一句話，經過大風暴雨，其它還有什麼可怕？原先我們就業人員奉為「天條、聖諭」的勞教紀律制度，他們根本不放在眼裡。等我們大夥彼此慢慢熟悉以後，他們認為我們早年上山的人太悲哀、太淒慘！他們混夠日子，到定期當天就走，一個不留。於是管教幹部又多了說法：「就業」們不是不放你們，是當地不要、不收。實際上是用順手了的工具，使慣了的耕牛，誰也不願輕易換手。就這樣老勞教不斷在送走新勞教。一批又一批。

由於馬列主義、毛澤東思想有靈活性這一指導原則，無產階級專政的具體措施也是靈活的。科學的應該是在形而下的範疇，事不好辦了就在形而上漫遊，對不對，錯不錯，是不是，權力決定一切。由於新來的不好管，對他們又寬大溫和些，那我們就業人員畢竟不是勞教人員，又該怎麼管理呢？只有分廚房（伙食一樣）分宿舍，（房子也一樣）由於他們來了，還專做學校裡那樣的上下鋪、單人床。我們當然也沾光！其他就沒有差別了。還有就是不准他們談戀愛，可他們根本不需要戀愛，他（她）們只要異性，只要一點點男女交會的最後過程。跑上山去工地吃頓「愛情快餐」，比如今去「麥當勞」還不費時間，打個手勢，吹聲口哨，或腦袋一偏，對方心領神會——因為青春也會造反。立刻就快上、大幹。正是由於他（她）們的創造性，才有在前面章節裡說過的「二十分鐘的愛情」。他（她）們一到茶場就可以探親，只要是男女，說是夫妻就可以同居——不過女勞教不行，懷孕分娩會影響改造，外來女的可以。不能在山上開花山上結果，會給茶場添麻煩。勞動教養不耽誤你傳宗接代，女的來帶種子回去，在家裡、至少在外面孕育、外面生。由此形成一個空子，男勞教喊女人來，說是「愛人」（當年對妻子的稱謂）探親，當然同居。真是無巧不成書，先來的才走沒幾天，後面又來了，還不是同一個人，都沒有帶結婚證，只有來人當地派出所出的證明。照理說革命人民警惕性都高，恰恰在這種問題上認為不可能有意外，特別是對於女人。結果是假的走在前頭，真的還被查證。勞教本人搭耷著腦袋不說話，幹部也不能當面揭穿、挑起別人家庭糾紛，甚至可能由此破壞一個家庭。幹部心中有火也只能暫時忍耐，等人走了再來搞批判鬥爭。勞教交待問題也坦白誠懇，一方是在「大革命」中有生死的戰鬥情誼，彼此都曾為革命獻身；一方又要保持合法的婚姻。本人如今也感到兩方應付麻煩，請求幹部教育怎麼辦？當然首先保證不讓假的再來，錯誤決不再犯。

茶場以前死寂、沉悶的氣氛由於新勞教的來到，像「吐故納新」有了「新鮮血液」。從他們怎樣對待生活，使我們感到原有的道德傳承，作人的起碼信條不是變了，而是壞了，毀了，要恢復，要再建，難了，或許有些永遠不可能了！比如良心和正義，羞恥和憐憫，同情和誠信，無私和公正，準則和信仰等等。一句話，人類文明不是前進了而是倒退了。恢復與重建，只能在一定程度。而且比破壞、摧毀它，須要不知若干倍的時間。這才是真正的災難深重。領袖留給後來繼承者的攤子，比蔣介石給他的更爛。這是一手遮天「偉大創造」的結果，是想當然強制幹的必然。

從最小最平常的事情看，男勞教們敢同管教幹部的青年女兒搞「感情交流」，可以告訴自己家裡請她們去城裡玩；那些姑娘們多生長在山上，沒見過外面的世界，城裡人的生活，都樂意去。他們已經不滿足於女同伴，（勞教人員）真的，他們是嚐了鮮！解教後，有的終成眷屬，這是正當的，不必說了。好人、壞人，管教與被管，最先還是從「性」開始打亂。愛和恨有階級性才是實在的謊言。

來了新人必定帶來許多新的故事，有的還真吸引人。

由於勞動工作的關係，分了一個勞教給我作師傅。技術上他教我——修整、焊接帶鋸條，生活、勞動、紀律上他聽我的。使用帶鋸必須有整套機具，新鋸條要焊接、要開齒，舊鋸條每天要用專門機具磨鋒利。我們當時只能使用不能修整，必須每日下山去縣城的東風木材廠去請工人師傅修整。既要付費也太不便利。決心自己造機具——茶場有農機加工廠，一直製造解放牌汽車曲軸和「一九五」、「二九五」柴油發動機——農用把手把式拖拉機的動力。設備完善技術力量不差。製造帶鋸機具小菜一碟，只是有了機具也無人會搞，一直沒有製造機具。如今有了內行，機具馬上製造，有了機具以後再不用天天往返縣城跑。一年需用上萬個的專門「茶箱」，說是賣到外國的。木箱材料、製作要求很高。所以機具必要，相關技術必要。

該勞教姓名以萬君替代。這裡不說勞動工作只講故事。

長年在山上「保險櫃」裡的人，確實不知道，不明白，不瞭解，不清楚，不曉得外面這場「觸及靈魂」的「大革命」的偉大場景。到底是怎樣個「四海翻騰雲水怒，五洲震盪風雷急」？我要求不高，那些公開的在街上辯論，「大鳴大放」貼在牆上的大字報，撒紙錢樣的傳單，高音喇叭對罵，抄起傢伙打架，一般市民都知道的不必講，只說點你們「革命造反」組織內部如何運轉、也不讓外人知道的真實故事，但不要編。只求真、求實，惡就惡，善就善。萬君似有為難，我也不逼問，他也知我不易受騙。我那時已有近二十年思想改造的壞名聲可以使他放心，可能只有「壞人」最能彼此信任，在一兩年中終於說了點：萬君原在四川某市一木材廠帶鋸車間工作，是廠裡活躍人物。「文革」開始「造反」，各種「革命造反組織」，一夜間如雨後春筍般從地下冒了出來。他在所屬的什麼隊，什麼團、什麼兵的革命組織裡當了「勤務員」——這可是革命組織裡上下左右都通的「官」。革命組織裡紀律森嚴，在內部也不能隨便亂說、亂走、亂竄，特別有「戰俘」的時候。但「勤務員」可以除不准亂說外，隨處走，隨處看。就像是「頭頭」的貼身副官。革命「大聯合」後掛上了成都實力最強的「造反派」。在全國武鬥正酣的時期，在當時四川叫什麼「九五支瀘」的大行動中，他這一派打了一個大勝仗。還抓了對方不少「俘虜」。而且大部份是女學生。一二百人中（單是女的）年齡從十五六歲到十八九歲都有。這些「女俘虜」悉數集中關在當時的一所學校的一層樓上——是他們「戰士」圍殲佔領的地方。為了防止「俘虜」逃跑，於是「頭頭」下令要她們全部脫光衣裳，人集中看押，衣物集中保管。紮頭髮的小帶子、橡皮筋、彩線、髮夾全部抹下，除了人體自身有的，真正收得乾乾淨淨，當然也不准穿鞋襪，裸體得像女人自身洗澡剛從浴缸跨出來。要做到真正徹底一絲不掛。自己不脫就由「戰士」去幫。不聽「命令」就先用腰皮帶抽打，打後仍然強迫脫光。按常理說，任何戰爭戰場對「俘虜」都有起碼人權的。要「徹底砸爛舊世界」嘛，人權算什麼？當時中國大陸很多人不懂，特別是「金猴」一般的「革命小將」。有敢把皇帝拉下馬的革命勇敢，有偉大領袖毛主席撐腰，有軍隊「支左」，有無限熱愛、無限忠誠、無限擁護、無限緊跟，指到哪裡打到哪裡的鐵石心腸、又受過多次接見的鼓勵，脫光女人衣裳算什麼，比在菜市場剝下一張兔子皮還容易。何況有些怕挨打自己脫，也親眼看到打了還是要脫。而且被男人動手脫。先是我看妳，妳看我，有烈性的女孩子說，為了捍衛偉大領袖的革命路線，死都不怕還怕羞嗎？脫！為革命受點屈辱算得了什麼，乾脆俐落自己脫光又怎樣，他們媽也是這副樣子，毛主席也有媽。女孩子的最大羞辱立馬變成了對偉大領袖的忠貞、虔誠。「為革命獻身的考驗時刻到了！」任何事都有人帶頭，慢慢鬆皮帶（那時多穿綠軍裝拴腰皮帶）解紐扣……說不到半個小時磨磨蹭蹭以後，兩大間教室全是裸體少女。所有衣褲鞋襪堆放在門口走廊裡。早已分不出你的、我的。教室一般一間有兩道門進出，每道門有兩名「戰士」拿著傢伙把守。還不准關門，以便監視。每一間給兩擔農民挑糞的糞桶，算「照顧俘虜」解溲。不論大便、小便，都在裡面。「革命群眾組織」管理也嚴——除了「值勤」的戰士，其他戰士不准上這層樓，也不准去圍觀。早晚准她們自己抬糞桶去廁所清倒，這時候去幾個人就丟進幾套衣裳，當然不管是否合身或長短大小。因為是大勝利，俘虜多，搞不好後勤的原因，「俘虜」一天吃兩頓飯，飯菜儘量簡單，最好有麵粉，把亂七八糟的菜做成餡，發包子。每人一個（據說不擇食能吃飽）川南地區產大米，還是吃飯的時候多，說是菜飯都夠數量，只是品質差點。送飯的人只能幾擔幾桶送到樓口，不准上樓，「俘虜」派出人去抬上來。碗、筷學校有，每人發一副，吃完了立即收走，還要按人數清點，少一件也不行，為的是怕有東西留下，瓦片打碎了可以割腕鬧自殺、自殘。對她們的人身安全還頂認真的。最缺是水。每天每人發一口盅，據說不到五百毫升。洗什麼臉、腳、漱口或別的使用，一切就免了。既然是「九五支濾」的戰鬥，時間還在大熱天。「俘虜」們不做任何事情，天天學習兩報一刊。（人民日報、解放軍報、紅旗雜誌）教室是水泥地面，沒有墊一把草，也沒有一張床單。白天坐晚上睡，光身子貼在地面。為防止任何事故，晚上通宵不熄燈。惱人的是蚊蠅越來越多，連「值勤」守衛的戰士都受不了了。教室有窗的一側向學校運動場，防止「俘虜」盡忠成仁想當「烈士」，已經釘死打不開了。大熱天實在悶得不行，已經不顧忌什麼，所有的玻璃早已打爛。那時的窗扇空格子很小，連頭也伸不出去，雖然中午太陽熱浪滾滾，早晚總有點風吹進來。室內的穢濁氣味多少也好些。

當「勤務員」的萬君，可以在內部不論什麼地方隨便走，隨便看。在所有值勤「戰士」的面前他是「官」，像軍隊裡的軍事員警，又像舊員警的「巡官」，也像國民黨軍隊裡的「特務」人員。官雖不大而身分特殊，除了頭頭不受人管。他說他在組織內自由行動是巡視、是查看，是發現問題，是向上報告下情，是向下傳達命令。知道樓上關了許多女「俘虜」，全身不留一條布片，這種「革命」行動、場景，他也是第一次見聞。雖然他已結婚，女人胴體對他已不是秘密。但如此成群集體的裸體展覽仍然感覺刺激、新鮮。從早到晚總要假裝扳著面孔去查（看）幾次。背後與「同志」悄悄議論，那個太瘦沒有豐滿乳房和肥大屁股，那個乳房下垂肯定不是處女，那個線條窈窕，那個像暖水瓶木塞，那個乾癟，那個豐滿，那雙腳桿像秧雞，那雙大腿很迷人，有的毛多，有的毛少，不均勻又綣曲，有的只有稀疏幾根好似沒生，那個身體皮膚粗黑，那個又白又嫩、看起都感覺細膩，還有眼睛、鼻子、嘴唇……如雕刻的木工在尋塊好料，仔細觀看木紋。萬君強調說組織紀律很嚴，只要「俘虜」們沒有搗亂，也不准發生人身侵犯。看一看屬於正常管理是允許的。但兩三天以後，請你去你也不願去了。因為她們大便、小便都在室內，又是熱天，從關押就沒有水洗，很多女人在一起幾乎每天都有人在「例假」期，又熱得不動也會出汗，再若有一兩個人有狐臭，很少一兩個不是打散辮子的長頭髮，沒有一把梳子梳，那氣味比腐爛的屍體還難聞！

教室原來上課放黑板的地方，貼了「偉大統帥」和「副統帥」的肖像，規定「俘虜」們盤膝坐地面向肖像「天天讀」——讀《毛主席語錄》，讀「兩報一刊」，讀「毛選」，讀「最高指示」，讀新「文件」。每天早晚兩次向著肖像低頭、立正「請罪」、悔過——等於罰站。這時最好看她們的腳，有的長得乖巧，有的腳指頭又粗又短。她們最喜歡天下暴雨，這時把她們光溜溜地集合在球場裡淋著雨，口中唸《語錄》請罪，是懲罰也是讓她們徹底洗。雨停了又叫回教室去。她們濕頭髮的水也捨不得擠。那樣子是落湯雞，是像剝了皮的大耗子。當初守衛的「戰士」認為看門是美差，四個鐘頭一班可以看個夠，如今人人叫嚷請求換人了。那臭氣讓人嘔吐。

意外的事也是有的。某個小「頭頭」看上了某「俘虜」——又說不是本「戰鬥隊」的頭頭，是別個組織一個戰壕的「盟友」過來「協商軍情」，或者耐不住深夜寂寞，或者暫時沒有「戰鬥」又想拼搏，還是出於某種衝動，要女人侍候。可以丟一套衣服進去，叫著名字，或者「妳」，出來，去接受「審問」。被「審問」後一般低著頭回到室內，似乎大夥姊妹戰友都明白審問的內容，別人不問，本人也不說。被提審的最大優待，是讓先去洗個澡。同「審問」配合得好的，都有機會逃跑掉；對「審問」有反抗的，可能都會讓她摔死在樓下面水泥地上。還被定為「畏罪自殺」。

女孩子的月經期間，這可成了勝利者的麻煩。沒有經費購買女人的衛生用品，怎麼辦？想去想來，最好的辦法是：不管。於是每日發下學習的兩報一刊（一刊每月才有，報紙天天有，還有這樣那樣「戰報」），連同「寶書、語錄」等等是紙的東西，也排上了史無前例的用場……她們在嚴酷的現實面前，早置生死於度外。這時門崗戰士也有所觸動，假裝沒有看見。還是裝糊塗心裡好受。

當我聽完這一段古今大文豪都寫不出的故事，我心在顫抖手腳發木，脊背在發冷，汗毛在倒豎，主動請萬君不要繼續講了。我深深感到神州大地經過這場「觸及靈魂的大革命」確實「換了人間」！人呀！比走出林子前還可悲、可憐！悄悄問一聲：怎麼還說偉大、喊萬萬歲呢？！

國家的經濟生活雖到了崩潰邊沿，還能恢復。「總設計師」的藍圖加上隨後共產黨人的務實、能幹，全國人民的支持、擁護，改革、開放才二十多年，萬眾同心發展經濟，中國人已經沒有以前貧困，在世人面前已伸直了腰桿。但民族的優良傳統，幾千年文明的積澱，那些不可能再生的歷史寶貴遺產，已遭毀滅破壞的，這筆帳算不算？追不追究責任人？來不來一次總盤點？作者認為人民要清算，只是時間早晚。

不徹底清理昨天，就不會完全把握好今天，明天就是不可靠的。或者還是稀哩糊塗，遮遮掩掩，讓當代人快快淡忘那段災難的歷史，何況時不時有意還是無心、如亮手電筒閃一下「光輝」；還是留給千年後的龍的傳人再回頭從新發現？科學總是進步的。幾千年前的一具木乃伊，今天要想瞭解，也能知道他當時吃了些啥，死於某種疾病，或死於謀殺，當年誰是兇手？歷史既無情又公正，不論多大權威，縱能一時以是為非，以非為是，人妖顛倒，指驢為馬，終究是不能永遠欺世的。日出日落，誰能改變？最好是順其自然。

萬君還講了某單位「黨內走資本主義道路當權派」的故事。說來又荒誕，又滑稽，又無奈。

一個木材廠的書記兼廠長，本是民國時期「苦大仇深」的伐木工人，識字也不多，解放初期還參加過「掃盲班」，勤奮自學加黨的培養，才勉強能看完下發的文件。從進廠當工人入黨，十幾年下來，作了廠的領導。工作競競業業，生活勤勤儉儉，身為木材廠「一把手」，不帶一節樹皮廢料回家，頂多裝一簍廠裡一般丟棄的鋸木面（解木材的木屑）回家，還要過秤付錢——既沒有規定也沒有價格，只好由他一角、五分隨自己方便。目的是不沾公家一點便宜。廠裡「造反」開始後，自己廠的「革命群眾組織」造反派確實找不出他任何錯誤和缺點，就由上級管理部門的「造反派」下來，宣佈他壓制廠裡的革命，用不停生產抵制「運動」的開展。於是在偉大領袖掛像面前先罰站，再「請罪」，並逼迫「交待問題」。因為交待不出什麼錯誤，更沒有反黨、反社會主義、反毛主席、走資本主義道路。然而仍然被認為是「花崗石的腦袋」，堅持錯誤頑固到底。掛牌，遊街，批鬥。運動到了「革命委員會」漸漸成立的階段，又被「三結合」（老、中、青）進領導班子，又「米湯泡飯」官還原職。上級又要他「抓革命，促生產」。自己想無緣無故受盡了許多屈辱，又被表揚經得起大風大浪、經得起革命考驗，在大革命中受到了很好的鍛煉，是堅持無產階級革命路線、是學習毛主席著作的好幹部——他自己不掩飾說隨便翻一篇《語錄》字都認不完，《毛澤東選集》沒有自己讀完一篇。他不要這許多讚揚，他說拿了工廠的工資本應該把工作做好，好到什麼程度是到不了頭的。上面說怎麼辦，自己決心盡力做到、不犯錯就好了。心裡想對要求永遠沒有做夠，心中老是犯愁。當過伐木工人知道一顆樹長上百年不容易，除掉枝椏樹皮，木材利用最多一顆樹的一半多，進廠製成型材解成木板又有許多損耗，如何減少損耗？這是他要想解決的第一個問題。也知道文化不多要抓緊學習。現在又恢復無產階級掌權的廠長了，先學習搞懂什麼是「資本主義」要緊。

他請廠裡做「政工」工作的同志給他講：什麼是資本主義？資本主義有哪些萬惡？怎樣腐朽？又如何沒落？有人說天下老實人大多是「一根筋」。想弄清一件事都很專心。終於皇天不負有心人。當他懂得一點「生產力」，「生產關係」，「生產資料所有制」，這點滴書本知識以後，他私下對人說「毛主席肯定有病」，如果身心健康，不會發動這場無產階級文化大革命。停課鬧革命，停產鬧革命，還批鬥科技、工程人員，學生也批鬥老師，這不是在破壞生產力嗎？真的搞得「一窮二白」了。他要申請退黨，他願意「吐故納新」。他要辭去廠長，不當書記。上面認為他沒有文化，覺悟不高。弄去「毛澤東思想學習班」封閉學習。學習了好長一段時間以後，回廠沉默寡言，像變了一個人似的。但始終有個思想疙瘩解不開，他認為中國還沒有資本主義，更說不上發達，離腐朽、沒落還很遠，甚至沾不上邊。毛主席要清理、重新組織革命隊伍，可以通過組織搞調查、搞研究，不合格的可以撤職，怎麼連黨的副主席、國家主席都成了「叛徒、工賊、內奸」？國民黨還在大陸的時候，還有軍隊打內戰的時候，為什麼不叛變？當了國家主席了才叛、才賊、才奸？他也瘋了！他說從前聽過「評書」，可能是「一山不容二虎」。但那麼多的大官、將軍、元帥，沒有整死弄殘的，又大多官還原職，是不是脫了褲子放屁——多此一舉！為什麼要如此整人嘛？從此工作消極，混天過日，常常裝病請假不上班。幸好是不大的工廠，又不是政權機關，單位只能算地方建設的苦力，夠不上黨政機關注意，他本人就是廠裡書記，話也只在家裡說，否則這位書記、廠長的思想言論，當時可能罪該槍斃。

這位萬君因為早是產業工人，不是上山下鄉去接受貧、下中農再教育的對象。在清理革命階級隊伍的時候，由於「文革」中參加過打、砸、搶，又當過造反組織的「勤務員」，為了爭取政治表現，主動交出一部在打砸搶中得來，暫時保管的老式海鷗牌一二〇型照相機——也曾經是「戰鬥隊」的戰利品，不過身為勤務員暫時保管吧了。這一交就交出了問題，因為這時候辦事的人已不是當年一個戰壕裡的同志了。前些時還是捨死忘生的戰友，現在為了人人自保，立刻變臉追究還有什麼髒物未交？還有什麼貪、占的東西？萬君無論怎樣解釋，怎樣說明原委，但別人就是不信。請求去家裡查抄，當時又已經不合規定。到了必須對問題作結論的時候，「停職帶薪」勞教二年。我同萬君才有這段師傅教徒弟，徒弟管師傅的緣份。破壁透風，我也才知道一絲文化大革命場景。那些對待「俘虜」的一幕。越想忘卻，反而越如親臨。很容易讓人聯想電影中的「納粹集中營」，裡面的猶太人的命運。不分男女老幼，被掠盡財物，被剝光衣裳，真真正正的一身淨肉，用刺刀趕著，用緩慢沉重的腳步，幾十米路走完他們的一生……不過，大革命的「俘虜」幸運得多，隨著「戰鬥」的結束，極少幾個為革命獻身全都寬大釋放了；隨後就到「廣闊天地大有作為」去了。記得那小城第一次辦「國際恐龍燈會」還見過萬君，他說以後還碰見過當年的「俘虜」，見面時仍說笑言歡，不記前仇。都有共同的感慨：那是一場噩蘿！是高人棋盤上的一枚棋子，鬼迷心竅，上當受騙了。她們的戰鬥姊妹回城後，有的當了醫生，有的當了護士，因為當年她們讀的是衛生學校；若是女戰士抓到「男俘虜」日子也不好過，也會要你脫掉褲子，一根一根的扯掉你的陰毛。誰抓誰就看誰運氣好不好。不過，你別說我身上有傷疤，我也不說妳毛多毛少。誰是牛鬼蛇神？哈哈！笑了。

關於那場浩劫已經有其他人不少文字、圖片、對象，只是缺乏整理、集中。想來終究會有人彌補做好這件事情的。筆者當年人在深山，無緣親歷、親見，沒有調查研究就沒有發言權；兼之文化不高，知識不多，生性又懶，力求真實，無能杜撰。沒有無中生有的本事，更沒有能力編《天方夜譚》。故事是真是假，還是讀者評判最好。

其餘的打打殺殺——說某地的「武鬥」坦克都上街了，高射機關炮平著打，江面上還有改裝的「軍艦」，砸砸搶搶，「戰鬥隊」裡男女混居，男女「小將」們同床同衾，甚至多男女的輪翻取樂也不算姦淫，叫「為革命可以獻身」的諸多故事十分精彩，把女教師衣裳脫光遊街批鬥……等等，也只能疑信摻半不值一談了。

茶場在那場全黨全國遭殃的浩劫中，真要感激偉大領袖英明，不准早已圈起的「牛鬼蛇神」參加「造反」。製造了幾例「典型」去判刑勞改以外，勞動、生活秩序井然。茶樹成叢、成蓬、成林了；果園也掛果豐收，蘋果、梨子、葡萄，花果山裡沒有「猴子」，這是天大的好事。

當「全國山河一片紅」的時候，宋家山是高低遠近盡蔥蘢。花染色，鳥穿林，草舒腰，溪撫琴，山上確實沒有浩劫景象。場內小學沒有停課，生產沒有受損，還要求年年翻翻。管教幹部不無得意地一再說：「黨和政府對你們——就業、勞數人員的愛護與關懷，把你們放在『保險櫃』裡，既不受衝擊也不犯錯誤，全國老百姓也沒有你們安逸！」看來凡在勞教、勞改的專改場所裡接受專政的人，才能得到黨和政府最多的關懷、最多的愛。這「愛」的滋味，想來全國有不少人至今還「甜」在心頭！我更希望享受過那份「關懷」、那份「愛護」的人，以此來勉勵他們的子孫，一定要一代一代傳下去，一定要牢記「偉大領袖」的「恩情」……

日月如梭，光陰荏苒，一、二、三年時間，就像俯仰之間。一批批新勞教又走了，向我們拜拜：「無期的『老犯人』再見！哪年子下山我請你喝酒喝醉，吃肉吃夠，有什麼不方便，找我，一定幫你解決困難。」

老就業人員看著眼紅，想著心酸。「哪裡來，哪裡去」的政策早已出臺，但執行起來頗多懈怠。我們說山上「關懷、照顧」最多，就像媽媽捨不得兒子遠走，要伴著老山等到白頭。幹部說「你們少說這些怪話，你們一批批走了我們還在山上；難道我們犯了錯誤？」說來也是，特別是一些革命時期長、資格老的幹部，常說起他們當年的同事戰友，在城裡、或在別的機關、單位，如今都是「長」字型大小人物了。他們也因上山後失去了為革命、為建設做出更大貢獻的機會。一二十年得不到升遷，許多年調整一次工資，調上了一級多幾元錢。要說對我們思想改造，對革命貢獻，只在不同層面，都在一潭死水裡，不但沒有波浪，甚至沒有一點漣漪。生活是刻了版的，只是不同編號天天翻。要說想下山的心思沒有兩樣。勞教的少年娃娃已經長大，中年的幹部已經兩鬢染霜，青絲已變白髮。專政也好被專政也罷，時光老人不分內部外部，不分積極因素與消極因素，一樣對待。從小到大，從大到老，相聚在一處地方一二十年，誰也不想天天見面，但「階級鬥爭」這個怪胎把我們緊緊抱在一塊，誰也無法將我們分開。

已經在宣傳文化大革命的豐碩成果——徹底摧毀了「劉、鄧路線」。但劉、鄧路線的幹將鄧小平又出來招待西哈努克親王了。誰都知道西哈努克是柬埔寨來的貴賓，把北京當成他國外寓所住，來來去去許多次，住了好長時間。有就業人員說他愛耍愛玩，出國了朗諾就發動了政變；現在各國走走，等於在全世界混飯。中國人最好客不是主要原因，原因是他的政權被推翻。共產黨要扶持波爾布特建立「赤棉」。赤棉是要搞無產者專政的，所以才來我們這裡周旋。別以為就業人員生活在最低層，政治嗅覺還靈敏。經過二十來年的思想改造，在嚴管嚴打的環境裡，把各式各樣、有無多少文化的人都變成了善觀政治風雲。像蛇對溫度很敏感：像蜜峰知道幾十里外有花開。既然鄧小平沒有被打倒，就是天王老子力不從心了！那麼「勝利的『九大』」就沒有勝利，「團結的大會」也沒有團結。林彪在「九大」上成了正式宣佈的偉大領袖的接班人，等不得接班就叛逃摔死了，最倒血霉的是劉少奇。儘管老人家對鄧小平也很不滿意，說過，「當了九年總書記，六年不向我（毛）彙報工作。」如今又是副總理身分接待外賓，就業人員叫好！不說理由也叫好！與此不相干的學習也要彎去彎來叫好！曾幾何時，我們是「劉、鄧路線」的基礎，現在更要叫好！為自己叫好！這回基礎當對了！幹部說我們已經是林彪的「別動隊」了，不是劉、鄧的基礎了，我們說為慶賀鄧小平復出主持國務院工作叫好！氣得幹部說不出話走了，「你們自己學習吧」，丟下一句話以後很少來管我們的學習了。

一條老黃牛在一個農家經歷幾個秋冬，也熟悉了老農的脾氣。沒有理論知識，可感覺條件反射。社會上的「階級鬥爭新動向」，常反映在幹部對人的態度、言論、行為上，有時輕聲細語態度溫和，有時沒來由的生硬粗暴，我們經常在轉變角色，他們也時常在調整態度。管理有時鬆，有時緊。長期羈留山上的就業人員，對「階級鬥爭」的種種情況特別留心——這期間能不能請假？能不能按時休息？能不能下山上街？准不准男女親親？會不會無必要加強勞動？會不會改善一點生活（主要是吃喝）……丫頭看管家婆臉色度日，夠可憐的。長期如此，也造成了「一枝一葉總關情」呵！

喊打倒的人又站起來了，是打而不倒還是不打了？還是打錯了？還是這一回合對手打輸了？外行看熱鬧，內行看門道。說大話的多小人，好動粗的少道理，騙子多會花言巧語，娼婦總是假裝正經，陰謀家擅長設置圈套，魔道邪教會蠱惑人心。人的願望都趨向美好，但願從此天下太平。眼前茶場的原政委也「解放」了，又官還原職了，又首長風度的端上泡著芽茶的杯子，踱著鴨子夕陽晚歸的步子，又慢步去各中隊亮相了。「階級敵人、幾類份子、牛鬼蛇神」——就業人員對這一新情況表示了由衷的高興、歡迎。補發工資、恢復名譽，重新工作，都是別人的好處，但我們見了他們受的無端屈辱，反而給了深深的同情，而忘了同樣無辜受害的自身。這大概就是真正的中國人。是善良？是悲哀？是愚蠢？或者不是人！因為不會為了自己合理、合法而抗爭。什麼忍辱負重，逆來順受，應該徹底消滅這種劣根性！我贊成向兔子學習——「無故加之」要咬人。

鄧小平的復出，給只有一種聲音的神州大地，送來了一些暖融融的春意。那些各隊都在開展的、毫無實質意義、吹毛求疵的批判鬥爭，記得一個月內就先後結束了。又恢復了平常磨時間的學習。當時中心任務是

「抓革命，促生產」，我們是一直處在「抓」與「促」當中，一切都顯得平常了。這場大革命運動我們真是在櫃子裡，自從各地各級政府都改成「革命委員會」以後，我們感覺是這場風暴停息了。像沙塵暴過後大家又在打掃了。吃飯穿衣還是第一位的。包括就業、勞教人員在內的全國——至少我們可看到山上山下周圍的人們，有從一場噩夢中清醒的感覺。雖然「以階級鬥爭為綱」，「深挖洞、廣積糧、不稱霸」的標語仍然醒目新鮮，但根本不受人注意。用油漆、顏料塗在牆上或其他地方的，就讓它去風蝕雨洗，像一場賽事過後留下的垃圾，還無人及時清理。唯一感到平靜的來到，是過去天天都吵的「最高指示」沒有叫嚷了。我們中有人說毛主席累了在睡覺。更有囂張的說長期睡才好呵！有人說他老人家是該休息了，太累了。中南海的豐澤園是皇帝住的地方，當年康熙在那裡還有稻田，他首先關心農業，他是從草原騎馬進關的遊牧民族，他懂得要國泰必先民安，要國強必先民富，豐澤園的稻田還在不在呵？毛主席辛苦一輩子該頤養天年了！養花養鳥不好嗎，律詩雖然作得不那樣，詞還是寫得好的。確確實實共產黨有許多能人，應該放心養老了……這些王八蛋就業人員吃得不很飽，穿得也不很暖，想得倒很寬，為領袖操心去了。真是笑話，簡直該關！

有人還打比喻，說毛主席拿的鐵扇公主的「芭蕉扇」，搧出了火焰；鄧小平借來了觀音的「淨水瓶」。不管怎樣議論，方方面面都有了許多輕鬆。套著牛馬的繩索也放長了一些尺寸。那年年講、月月講、日日講的「以階級鬥爭為綱」，是喊叫累了？是搞疲了？是人們都煩了？是貫徹不力了？還是都厭惡了？起碼是如膏肓病人在喘息，往日的種種束縛都放鬆許多。社會生活如此，我們圈中人也叨光。不准下山上街的規定也取消了。從一九六六至一九七四年我們是在情緒激烈卻又並不認真、不往心裡去，咿哩哇喇今天批這明天鬥那中過去的。我們這裡山高皇帝遠，又不准參加，外面翻天覆地，我們是在「口袋裡」又似在櫃子裡，六七年時間稀哩糊塗混天過日地又打發過去了。

集訓隊與禁閉室

顧名思義，集訓隊是集中訓練，集中訓育，集中訓斥的地方。對於勞教人員來說，有如犯人被投入監獄不老實服從監規，監獄中還有小監——獄中獄監內監一樣。本來中國人花樣很多，就如今生活好點了，去某個旅遊景點買了門票進去，裡面還有園中園、還買票，不過這是可以自願的；但若犯人進監內監、勞教去集訓隊可不是自願，有人為你安排、對你「關懷」。

在「災荒」餓飯來到之前，大約是在一九五九年，茶場各中隊已開始暗中減糧，饑餓之勢已明顯開始持續之際，人們還不明白是全國的普遍情況。認為是茶場特殊環境，有勞教人員開始為肚皮饑飽而逃跑的時候，「改造」秩序已不穩定的情況下而成立了集訓認。集訓隊指派隊長一名，規模比一個中隊較小，選一個人數較少、騰得出能住百來人的中隊，劃出半幢或夠住幾十、百來人的房子，不掛牌子、內部知道就成了。伙食與該中隊一個廚房，同樣飯菜與吃糧多少。不同的是與該中隊比較管理從嚴，不能單獨行動，上廁所也三五人同行一道，特別所謂學習更與中隊不同。在集訓隊的人，主要交待罪錯，先反省而後批判，鬥爭。如果中隊是半斤壓力，集訓隊起碼一斤。一切管緊管嚴，比勞教人員有更多的嚴格措施，更少的個人活動空間。像一個重刑犯在審理、宣判以前。勞動上當然加強，管束得讓人度日如年。送集訓隊的人大凡兩種：一是在中隊調皮、搗蛋，不服管教，可以被認為的反改造份子，或中隊幹部認為管教你太麻煩；二是逃跑後抓回的勞教人員——交待逃跑中是否又犯了新的罪錯，等待審查，必須先在集訓隊待上一段時間，等弄清問題作了結論，再分到某個中隊去，繼續勞動生產、思想改造。

集訓隊沒有固定的地方長駐，但有專職管理幹部。設在這個中隊一段時間，又遷到另一地方是常有的事。反正在場部附近移動著。雖說不準逼供信，但銬子繩子是常用的。總之去了的人都想快些離開。編制仍是小組和大組，去了像先後抓來的同監犯人，彼此不准接觸交談，互相沒有任何橫的聯繫，只有垂直管理。這裡說講理，但也講力。一個待審和審訊中的犯人一樣，日子是不好過的。勞教人員可以在中隊範圍內活動，但被集訓的人員除了出工勞動，一步也不准走出住的屋子，更不准吸煙。大組長是協助幹部管人的，自己沒有任何過錯，小組長是在集訓人員中由幹部指定——多是問題清楚了等著分配去中隊，或者是過錯較小的，或有反映下面情況、或確有「靠攏」黨和政府的悔改表現——也就是損人利己去告密。

作者當年為吃了別人主動給的一條燒紅薯（大約不足三兩重），也才有機會去集訓隊「留學」三個月。說來那也是因禍得福。既長了見識，又保了健康，值得記憶久久難忘的是最關鍵的三個月未挨餓。等到「不給處分」回到中隊見到往日伐木、解料的「同學」們，好多人三個月前還身強力壯，現在已有人走路杵棍子，上下二三十公分高的踏步也費力、還喘氣，說不定路邊一窩小草絆腳會摔跤，那「蓮步」輕移讓人聯想到林黛玉，稍不留意冷暖就發熱、咳嗽，可能到了「天盡頭，何處有芳丘」的時候；更讓人笑話的「而立之年」還尿床。

那是一九五八年的初冬，差不多恰是一年前剛上山的十一月的時候。場部已決定在「大橋」這地方作為我們建築隊的長駐基地——隊部。已逐步開始基本建設。挖山包，鏟土丘，平屋基，拆帳篷，建房屋，修道路。伐木、解工全部支援現場勞動。我屬解工組被分配割芭茅草蓋房用，每天三百斤是完成任務。

千百年荒山又多溪溝、山澗，處處芭茅叢生，開始時工地周圍就多，只要砍割下來幾乎沒有運輸。是不是原始荒坡，反正芭茅長勢特好。從根到尖每根都有一人高，粗大超過姆指，雖說三百斤，若不運輸，頂多兩個小時完成任務。由於建築隊的工作多數是定額任務。那時幹部很講信用，也很人道，三百斤任務不算輕，既然勞教人員占了天時地利，幹部也認輸，讓你耍，看你閒，不加碼，不嫉妒。要求不亂跑，遵守各項紀律制度。有時還笑嘻嘻地說：「今天你們又贏倒了！千萬別跑到農、茶隊山上去，別人在忙你們在耍，影響不好。」

這已經是寬大了，但總有人不聽話。這地方下面不遠是「太陽坪」中隊，是專搞農業生產的。他們隊背後上面有很大一片草坡，可以放牛牧羊，茶場同彝胞共用。解工組有幾個上午就完成任務的人，下午半天溜溜達達，去到那片草坡上，那地方多野果——草莓、棘藜等，還可吸彝胞的蘭花煙。

太陽坪中隊在那片坡下方連接隊的耕地邊上，有幾處紅苕窖，那紅苕是作種用的。不知何時被人發現了，紅薯幾乎被偷盜光了——這年饑荒已顯現了，不過築建隊糧食定量高，還沒有饑餓到要偷的程度，若能多吃點東西當然更舒服。事後知道，那幾窖紅薯多數是被彝漢老鄉「群眾拿走」了。建築隊當然也有人去「拿」過——但這叫偷了。實在說次數、數量絕對不多。我確實沒去過那片山坡，窖在哪裡根本不知道。太陽坪中隊說那裡常見建築隊的人，請建築隊查查。何須查，隊上半天完成任務耍半天的解工組人最多。於是解工組成了盜竊幾千斤種紅薯的嫌犯，搞人人過關。

有人見過我吃燒紅薯，因為是別人給我，又是公開吃的，一問就承認。不是自己偷，指出是誰給的也行。心想別人是表示友好，別人已經在案了，再指出來不是對人落井下石嗎？只說記不得了。幹部為了辦事有交待，去「集訓隊」交待吧！集訓隊剛成立不久，還調了我們一個同學去作大組長協助那裡幹部管理。這位同學原是重慶公安局送去勞教的，姓甘。我倆平時關係也不錯，我集訓「畢業」了他還在那裡。他深信我不會偷，但「髒物」在手又指不出人來，畢竟還重證據的，認了。

在集訓隊等於壞人中的壞人。我卻運氣好，到了那裡分配編組的時候，我在各組之外，剩下我一人似乎被遺忘了，還是各組都不要我，讓我油然而生一種被遺棄的感覺，這感覺很蹧糕，使我格外煩惱。結果是指定我專門作「記錄」，還不出工——脫產為其他人寫交待罪錯、反省檢查的材料。那裡確有部份人文化低或無文化，寫不出自己問題的檢查交待，但相當一部份還是有文化的，而且學歷學識比我高。原先因為寫材料可以不出工，有人藉此把時間拖得很長來逃避勞動，和冬日的鵝毛大雪，刺骨寒風。因此有了決定規定時間由一人統一寫。一般一人給半天，本人說，我寫。實在交待、檢查、反省不完——比如逃跑離場去過不少地方，為日常生活作了多少偷摸扒騙、或其他犯罪犯錯事情，規定一點不能遺漏，盡可能請楚，那時還要求交待犯罪過程、手段、細節、動機、目的。我也被指示：若發現明顯的避重就輕、有意隱瞞什麼，可以立即追問——好像是如今的「預審」。因而一個人一般會需一天時間。那階段因饑餓災情愈發嚴重，不斷有人逃跑，又不斷有人被抓回來，「反改造」份子特多，加上各中隊因餓而對改造思想產生抵觸、對抗情緒增加，破壞紀律，言論「反動」的人也多，中隊為減少管教麻煩，也把人往集訓隊送。我「記錄」工作也特繁忙，多時比出工、收工的勞動時間還長。對我個人的實惠是不上山勞動，避免了鵝毛大雪和刺骨寒風，以及日出化雪冷透心窩；還有每餐開飯是由大組長掌勺舀飯——像電影裡集中營打飯那樣，瓢勺不掌在自己手上，與集中營不同的，不是打了飯可以在允許活動的地方隨處吃，而是一定要圍成圈圈蹲在地上。那時已經喝玉米羹了，因為上百人的玉米羹是甕子鍋煮，一大鍋沸水慢慢灑下玉米粉，無論怎樣攪拌也不會均勻，總有一些小疙瘩甚至玉米湯圓，這些東西都在玉米羹裡沉底。裝在很大的飯桶裡越上層越清，越下層越濃，到底了不是疙瘩就是湯圓。舀飯的是大組長，那瓢勺自然會長眼睛。大組長只有兩個，除了原同隊的甘某，另一位是成都電信局送去的勞教（改正後落實政策在峨邊郵電局，退休後定居北京，東北人。與作者以後有同隊之誼，至今也是好友，姓鞠，當初學習馬列主義、毛澤東思想的積極份子，如今皈依了天主教，並贈我一書：《荒漠甘泉》）。開飯時我盛飯的傢伙最小——搪瓷碗一個。當時勞教人員的餐具花樣很多，第一是大，裝東西多，還要能經得起用火——平日弄到生的可以煮。承甘大組長的關照，送了我一個裝一公斤罐頭的鐵筒。還叫我打飯時最後去，等舀給我的時候，冒冒一筒筒，想喝一口羹都難，不是玉米疙瘩就是玉米湯圓。

還說在壩子吃不完(開飯有時間規定)可以拿回屋去,放在唯一的一個火塘邊隨時可吃。僅這點點照顧,比今天贈送別墅、名車可貴,因為這是在保健康增強生命!

到一九六一年中期,集訓隊也隨著「自然災害」使生產癱瘓、死神降臨而暫時關門了。

在集訓認期間,給我記憶最深的人和故事只有一個。其他的不外是逃跑抓回、偷摸扒騙、反動言行、公開反抗管教等等。只有一個人特殊:四十多歲,高大個頭,堅決不出工,壞人打壞人,也常被打過,不還手;無論怎樣批判、鬥爭,不吭聲;捆綁戴銬順從,不反抗。集合開飯不出門,願餓。平日不同人交談說話,睡覺不脫衣不脫鞋上床。至少我不知他從哪個隊何時送來的,我去他早在那裡了。他主動出聲的時候只有一種情況:當看到壞人打「壞人」、捆綁或給人上手銬時,他唱歌了,那歌也只重複那兩句歌詞:「社會主義好,社會主義好,社會主義人民地位高⋯⋯」,唱兩三遍不唱了。又沉默不語了。正唱時有誰打他耳光他不還手,也不避讓。最後弄得他那一份飯還得要人給他帶回屋裡,他也吃,不說多少,也從不說餓,更不說好孬。

集訓隊大雪要出工,只有大霧不出工。大夥出工後,住一百來人的一間大房通常只有四五個人,一個人交待自己問題,我寫材料,加上這個我認為的「怪人」,有時一兩個不能活動的病號。

我對這個「怪人」又好奇又詫異,總想知道他點什麼。因我寫材料的條桌邊有個小火塘,他常蹲在這裡烤火暖和,雖然集訓隊惟一的一位姓武的隊長說過:不許他烤火。但真叫他走開,他很聽話,去坐到他的床邊,可以坐一個上午或一個下午,如老僧屏息入定。因為我初中讀的成都黃埔中學——原為國民黨「中央陸軍軍官學校附屬黃埔中學」——專為軍校子弟而設,又好像是軍校的預科——當年的「黃埔中學」雖不如「石室」、「樹德」中學那樣一流,但報考的人很多,而且很難進入,若與軍校無沾親帶故關係介紹報考,是很難被錄取的。因為黃埔中學畢業再報考軍官學校,免筆試只檢查身體。這是一條進軍校的捷徑。進了軍校等於是當年的「天子門生」,還愁做不了官、沒有錦繡前程!當年黃埔中學,入校後還免費發給學生黃色呢質校服。雖說以後「私立」了，不發校服了，但內部仍屬陸軍軍官學校，我們同陸軍軍官學校同一日校慶，同一首校歌：「怒潮澎湃，黨旗飛舞，這是革命的黃埔……」「私立」後我校的董事長就是「軍校」的校長，軍校校長換人，我們董事長也隨即換人。校長多是國民黨軍高級將領，在校常年代理校長職務的也是將軍。當年我讀黃埔中學時，我校董事長是關麟徵，學校教員除成都名教師都在聘外，全校老師軍校教官也多。因此我熟悉軍人的一舉一動。絕不會看走眼。在集訓隊眼前這個「怪人」，我仔細觀察後，百分百可以肯定他是一名國民黨中級軍官，而且受過軍官學校嚴格的訓練。蔣介石早期的軍訓是學德國的，軍人的動作舉止嚴格而標準，在不在軍也會是習慣終身。說奴化馴養也好，叫良好訓練也可，反正很規範。

一天他又在我腳邊的火塘來烤火，我不攆他走開，做得不經意地問一句：「你是黃埔幾期的？」他望我一眼不理睬我。我順手給他一支香煙（雖然禁止抽煙，但有人還是悄悄吸，大組長不認真就等於通關了，武隊長很少來屋裡），他接受了我的煙，點燃，吸幾口很快又掐滅。「很久不抽，吸兩口頭暈。」他說話了。仍不回答我剛才提的問題。於是我又說，「我中學讀的『黃埔』，我看出你一定是國民黨軍官。這裡面是不准互相介紹情況的。我也是『集訓』份子，只不過安排我作『記錄』不出工罷了。」我仍記錄著面前的人向我說他的問題。他向我用眼神暗示我面前還有那個人。我說「你不要顧慮什麼，我們都有問題才來這裡，我也不是好人。他逃跑一路偷東西，一身的問題還說不清，也不可能直接有機會向幹部反映。」面前交待問題的是個二十來歲的年輕人，趕緊表態說：「你們說你們的，我決不會去反映。」這個「怪人」遲疑一下終於說：

「我一九四八年去了臺灣，由於在大陸還有妻兒老母一家人，本人常年在臺灣香港兩地因公往返，在香港遇上了從前的朋友，說國內比臺灣好，當年臺北確是像當時的成都，比成都還擁擠，除了日本戰前統治時期建的房，舊街老巷還不如成都。遍街都是大陸去的，原先當官的人也多，社會治安秩序不好，物價又高，住房也難找。心裡並不喜歡在臺灣，幸好自己去的一個人，生活問題還好解決。因為隨軍去的沒有失業。朋友說共產黨對職業軍人並不為難還歡迎，還不如回大陸參加建設新的國家。他願意幫忙聯絡，保證不受追究並有工作。問題要我有決心棄暗投明。我終於在一九五一年四月深圳羅湖橋邊界還自由來去前返大陸。仍然托那位『朋友』的關係，在廣州有人接待。想立即回四川，被告知成、渝兩地正在鎮壓反革命，稍緩點時候回去。以後也被安排了工作，確實『既往不究』，在解放軍一個學校當教官。一九五五年回到四川，在以後『審幹』中叫交待問題。交待什麼問題？我如何去臺灣又如何回來，已經三番四次說得夠清楚了，上面總認為我還有隱瞞。說既然去了臺灣還跑回來，一定是接受了『蔣匪派遣』，是回大陸搞破壞的。隨你怎樣解釋也說不清，不取信。人到這種地步那有不生氣、不發火的，終於一九五八年來了茶場。從回到大陸沒幾天，我就看到各種情況與朋友說的不一樣。那時還沒有安排工作想回去，那時再過羅湖橋要《通行證》了。來得容易回去不了。那時廣州發《居民證》我沒有，我無法申請去港。當時偷渡是容易的，我為什麼要偷渡，光明正大的來，也要光明正大的去。不是說『革命不分先後，來者歡迎去者歡送』嗎？國民黨怎麼不垮，該垮！……」這時候大夥收工了。這從不說話的「怪人」只給我說到這裡。以後再沒有機會，直到我從集訓隊走。隨後災情更嚴峻了，從當年那個環境的趨勢想，我想這個人大概很可能長久地留在山上了。

從集訓隊走也不太難，人來得太多了也會擠一些早來的出去。那裡只有那麼大一個容量，從沒滿過一百人。在集訓隊的處分是「記過」，記過是沒有痛癢的感覺，但對人也有點威懾作用，那時說「記過」後沒有良好表現、沒有立功受獎取消處分，是不能解除勞教的。如果你認真，那就在勞動中去拼命吧，或者像「特務」一樣在隊上時時處處監視他人，隨時向幹部反映（告密）下面同類的反改造情況。我沒有記過就走了——問題不過是吃了別人給的一小個紅薯。即或「記」了「過」也不會放在心上。勞動拼命太累人，告密別人是沒良心，兩樣我都不會幹。何況也從沒聽說過宣佈某人因什麼取消處分。我的想法很原始又簡單：耐耐磨磨隨遇過活。既沒有「幫黨整風」的懊悔，也沒有「棄暗投明」的冤屈。真有什麼不測，一塊肉早被放在菜板上了，前途渺茫，何必去想！

集訓隊的成立，對全場而言是威懾作用，讓人心裡再添點擔心多點害怕而已。像哄睜眼不睡覺的小孩：快閉上眼睛莫出聲，吃娃娃的「熊家婆」來了。

禁閉室比集訓隊才更折磨人。當集訓隊不「招生」的時候，或者「歇業」的期間，不說各中隊，起碼多數中隊都設置了禁閉室，作用同集訓隊是一樣的。不論是「勞教」或是「就業」了，都有資格享受住單間的。不過這個「單間」房不是正規的，或者豬圈旁邊，或者保管室背後，或者隊上某個人來人往的偏偏角落，支得起一個單人床鋪，空間還有一兩步寬可以過路，就是較正規的了。

不需要多少犯罪犯錯條件，這歷來沒有標準。若以十分為滿分打分計「犯錯犯罪」，上次「房客」得分九點五分，下次「房客」可以三點二分。都夠條件住進去。問題在於當時該隊的「改造教育」情況的需要，若用一句話說明白，反正那房子不能空著。是一個中隊總要長期搞一兩個「反改造」的典型，對大夥思想、精神造成一種壓力。幹部對大夥是進行正面教育的「父母」，反改造份子是對大夥進行教育的反面「老師」。正、反教育同時進行，可見黨和政府為要我們儘快重新作人，真是勞盡了神，操碎了心！真是「恨鐵不成鋼」，希望我們儘快儘快改造好。雖然大多數都經受了二十年的關懷、挽救、教育，只怨我們太頑固、太消極、太不乖，都是花崗石的腦袋！若不是「第二次解放」的驚雷猛力炸開，可能這輩子沒改。

說過禁閉室不是隊隊都有，因為撤銷和成立都快。這消長原因也有隊與隊之間的幹部本身能力、素質、執行政策水準、工作方法相關。越是幹部素質低、管教方法粗暴、工作懶惰、思想偏「左」，這個中隊就一定有禁閉室存在；有的中隊就從沒有過禁閉室，勞動生產年年完成任務，管理的紀律制度也少有違犯、抵觸。幹部和大夥合情合理相處。雖不能說「其樂融融」、「友善和睦」，至少對立兩面沒有畏而遠之、苛斥怒目。當年茶場的「白夾林」中隊就是一個。那裡實在管教和安排生產只兩三個幹部，至少是一個幹部攤一百多人的數目，（還記得張、韓、趙，指導員、隊長、管教三人，事務長是不管人的。）這個隊幹部團結，就業人員也安分，中隊大會上也講「階級鬥爭」、也說「緊跟」，但對他們的革命本錢——全隊就業人員。在政策允許範圍內是愛惜的，不糟踏，至少如老農愛牛。但同在一個茶場有完全不同的情況。這裡只講兩個「禁閉」的故事以饗讀者：

男子隊——太陽坪。蔣柏齡（二〇〇八年才逝世，同作者曾同隊相識，離場後都定居一市常有往來，其退休後作律師多年）原是上世紀五十年代，重慶公安局秘書。在「反右」中熱愛偉大領袖，擁護黨、並想實實在在加強黨的領導。蔣老兄一根腸子直通……說話不講方式，或者唯讀檔案不懂精神——那時誰又懂？總之中了「陽謀」。一九五八年初來到茶場，多年表現一貫堪稱良好。不過右派「帽子」久戴不掉。曾也在建築隊幹過一段時間，因為無基建工作技術，秘書人才當然體力不強、身體不壯，不適合建築隊勞動工作。後調整到太陽坪農業中隊。絕不是自認才高看不起幹部，總之上下雙方印象不好。人有嘴除了吃飯當然要說話，被抓到點什麼「錯」，先作檢討、反省，再批判再鬥爭。我想，他們都是公安系統的人，蔣某過去職務都比當時管教幹部高，是不是幹部要舒舒心，出出氣，最後仍把蔣禁閉了。隊上沒有預備的禁閉室，有現成的紅薯窖。那窖，是在矖壩的下邊，矖壩原是矖糧食的，因為地勢原因，矖壩邊坎高於平地一公尺多，就在那矖壩與平地邊坎一面，鑿了幾個小窖。那是貯藏伙房食用紅薯臨時用的。於是聰明的幹部選一處作臨時禁閉室，又無須另外找房。做了木柵門，並且弄得長不過一公尺五，寬不能雙臂水準伸開，高不能昂頭上身坐直。還給蔣戴上「土」手銬。先說這「土」手銬，土手銬茶場製造。大約一公分寬的扁方鐵條，厚不到一公分，彎成兩個半圓，一共四個頭，捶打扁點，形成一個比鐵條寬的面，在每個面的兩頭中央打個筷子粗的圓孔，加另一根實心的鐵棍兒，一端打得很粗，穿不過圓孔，另一端能穿過圓孔，能穿過圓孔的一頭上面又有個圓孔，這圓孔的直徑能掛上一把我們鎖衣櫃的小鎖。兩個半圓鐵條孔眼對正，插下鐵棍兒，就成了連接又活動的兩個半圓，鐵棍兒有孔一端就上鎖。這半圓形成的空間，要填滿就是人的手腕。一般的手銬我們稱「洋手銬」，因它是外國人發明的。不論罪犯的手腕粗細，它可大可小能捏鬆捏緊。一隻手戴一隻，中間沒有直一根「棍兒」，一副手銬有時能銬兩人，這土銬只能一人用。而且大小不活動。手腕細還可以不影響血液循環，手腕粗就慘了，影響血液循環，手掌很快麻木青腫。若再要手腕活動一下，當心那鐵條是沒有打磨過的，一點也不光滑，它要吃肉咬手的。要舒服點要不痛（當然要兩個半圓空間夠大）只有千萬別動。有的反改造份子，如頂撞幹部、打架鬥毆、或犯別的什麼，幹部喊拿「土銬子」，該「份子」會懇求用「洋」的。（洋的光滑不咬手。）幹部說，「上刑具了還不愛國，還要崇洋媚外！」洋手銬只控制自由，土手銬除控制了自由更多幾分厲害。難怪！也只有專政的聰明智慧才發明創造得出來。是該稱讚呢，還是該譴責、詛咒？

蔣老兄在公安局作秘書沒有直接銬過人，沒有關押過人。在思想改造的地方一下嚐到了公安的味道，關小監、戴手銬。幹部還不忘關照，在那小小空間還給一個糞桶，方便他隨時拉屎、屙尿。飯有人送去，而每日二十四小時，睡不伸，坐不直，站不起，死不了。幾個月過去，沒事，寬大了。

女子二隊有位胡薇薇女士（至今在世，隨女兒定居深圳）當年的年齡如今應稱呼小姐，處理右派那陣子是重慶醫學院的畢業班學生，專業小兒科說明心中深藏偉大的母愛，可惜轉瞬畢業就先勞教了。原省二監獄（現為重慶監獄）是收犯人的地方，那裡醫院需人就先放在那裡。運氣算好在省二監獄躲過了三年「災荒」，挨到了宋家山死人太多又要墾復茶園，到處去要人的茶場政委去了監獄，口吐蓮花，說：

「茶場是茶的海洋，滿山的青翠，滿山的花果，一筦蓮花白菜上站得起人，梨子、蘋果隨便吃，山上的葡萄有鴿蛋大，公家只象徵性收幾分錢，街上要賣兩三角錢一斤，彎腰就能摘野草莓，進林還有野板栗、獼猴桃，除了一年四季滿山青，牛羊成群，到春天又是『姹紫嫣紅開遍』，山下的大渡河碧波清澈，氣候全年如春絕無炎熱，蔬菜新鮮副食供應充足，全吃大米與城裡無差別，人在山上都顯得年輕不容易衰老，不像在重慶上街多灰塵，山上乾淨得一月兩月可以不換衣裳，在監獄環境再大也有一定範圍，茶場大得汽車也跑得喘氣，幾里路就是縣城，比你們進城過江更方便買東西，去了山上不降工資，福利一樣好……」胡女士在內幾十人來了茶場。

她當年處理勞教原因簡單，女朋友，好同學偷看了她的日記，還告了密。日記也不反黨、反社會主義，最多是流露些「小資產階級」情趣。小資產階級還上了國旗的，有什麼必要反省、檢討？一個班一個系，找不出個右派份子，這能是社會主義的陣地？論出身也不是官僚不是地主，父親一輩子是給國民黨管錢的，（原中央銀行什麼「長」什麼「理」）這就夠了，「反動資產階級」的子女。留戀「舊社會」的生活，工、農、兵的子女——革命的接班人不能讓你醫。先要改造思想，乖乖地去！真的，她自己也說不清為啥子。最後處理姑念是學生也無大的過錯，只給兩年勞動教養，不戴右派「帽子」以示關懷、寬大。

胡女士來茶場後分到女子二隊。由於人年輕，大學生，長年住城裡沒有日曬，未經風霜，肌膚白嫩，二十多歲發育成熟，豐滿婀娜，身材惹人上火，如今應說衣衫合體更顯性感氣質、風度，雖不十分美貌，至少可說漂亮，斯斯文文，沒有野性，不施脂粉，戴副眼鏡，舉止溫柔，說話輕聲。此時茶場正是災後墾復，所有勞教都已滿期，未再收人，正是「就業單位」時期。准戀愛，准結婚，胡女士當然會很快成為許多男人的夢中情人。大夥知道胡女士的情書成摞，受到很多人追求，遺憾的那些情書郵路只有單程，胡女士從不回信。有人說她缺乏點慈悲，不舉楊枝灑點淨水，全不念別人的相思難過與死活！當然愛情這東西不同「溺水三千，可取一瓢飲」，她不給人。或許心裡是驕傲的，我白天鵝在天上飛，這山頭上全是些癩哈蟆。

那時山上男女已可在不違規範圍內隨便接觸，胡女士不接觸男人是不可能的。有人願意作弟弟不要愛情，這得到她認可。弟弟是不遵守紀律制度的，記不清犯了點什麼事，先在其本隊關禁閉了。不知為什麼又扯上了胡女士。胡女士說到底暖水瓶一個——外冷內熱。弟弟有朋友，也牽連受過，也關禁閉。關久了就打胡亂說。說胡女士大學生懂俄語，商量跑新疆，跑新疆是最終投「蘇（聯）修」（正主義），是當年的「叛國行為」。小問題逐漸放大，這還了得！叫胡女士交待問題，對她來說是丈二和尚摸不到頭，問題也找不著北。由於「災荒」與以後「文革」時期社會上都有人往外逃，這下成了大問題，不得了。胡女士無論怎樣交待、反省都與打胡亂說對不上口，於是關禁閉，戴銬子，銬子幸好是「洋」的。有人說外國人不聰明，實際很笨，手銬雖然要鑰匙開，只要有一顆鐵釘之類的東西伸進鑰匙孔可以撥，一下就開了，那有我們的土銬牢靠，還另外上鎖；如果洋手銬設密碼也莫內何。總之外國人做事沒我們中國實在，就說懲治罪犯也沒我們中國徹底、乾淨、俐落。他們個人犯罪個人受罰，我們老祖宗是株連九族；就說「新中國」胡風（反革命案）一個人，也連累上千上萬個，「人類最優越的社會主義社會制度」，被「英明的領袖毛主席」創造的「人民民主專政」，大大超越了封建帝王的「株連九族」。老子成了「右派」，兒子也別想升學，全家及親友日子也難過。

胡女士前後禁閉了一年多，原因是本來無中生有的亂說，幾個人當然對不上口供。當初上面十分重視，審了這個審那個，幹部問：「跑新疆你們準備怎樣走？」一個說「出了四川經湖北坐船」，一個說「走雲南翻山」，胡女士這邊說根本沒有的事情。另兩個都是小學沒畢業，課本除了《自然》從來未上過《地理》課，甚至不會認地圖。搞得審查幹部心裡也判定是假案，但未集體研究、領導點頭也不敢隨便開脫。所以才拖長了關禁閉的時間。

不過關禁閉總是難過的。但比起前面說的太陽坪，女子隊文明多了。在豬圈的邊上夾出一間小房，搭一個能睡覺的叫床，白天勞動在有人監視下附近菜地扯雜草，晚上戴洋手銬睡覺，三餐飯和吃肉和大夥一樣，停發工資，只給三元零花。好得都是女幹部心慈還照顧，都是女人知道女人生話中有些不便，可以申請准許一兩個月自己弄冷水洗次澡。總之進門戴銬子，出門有專人監視。有人教了胡女士開銬絕技，枕頭下亂草中藏了一顆寸半釘子——開銬鑰匙。感謝外國手銬設計好，兩腕間還有小小的活動距離。胡女士已可以熟練的自開自銬，這點上沒有多受苦、受罪。問題解決了，放出禁閉室又當上中隊衛生員（相當中隊醫生）這時隊上小兒已有幾十個——「以場為家」的豐碩成果。「小兒科」正好用上。另一個女子隊的娃娃還抱過來看病。本隊幹部臨時有病也醫。一時又成了隊上「要人」。終於在隊長的關懷下，「你倆結婚吧，我立刻批准」——先生在附近的「大橋」車房修汽車。一個沒上過中學的能吃苦耐勞的勤快人。隊長喜歡這樣的人，像給自己選女婿。她倆似乎沒有談情說愛的綿長過程，兩人認識不久便結婚。也似一部汽車發動機，有油有電，線路暢通無故障，隊長如司機，馬達一按，點燃，正常運轉就開始了。

有人說許多老革命的婚姻都是黨先批准的，一切都交給黨了，黨為你作主是幸運的，幸福的！幸福是個人的，但要有利於黨的革命事業，才能充分保證革命的徹底性。如果夫妻都有同等文化，都有相同興趣，假若臭味相投對革命、對思想改造不利，那就不好了。茶場當年多喜歡批那些出身、文化、志趣、思想都不搭界的人成雙成對。據說這有利於互相監督，有利於思想改造，至少你倆沒有相同的價值觀，沒有相同的善惡標準，沒有相同的理想，沒有相同的生命追求；如果先生是知識份子，有點詩情有點畫意，說今晚月色多好啊！妻子接嘴：明天是大好晴天正好洗鋪蓋。幹部會很滿意這種家庭。一個家有女人有男人，能保證人的本能需求，又能生兒育女，這就夠了。這種社會細胞有人認為最好，它對私離得遠，對公靠得近。在茶場有夫妻互相檢舉的，不檢舉會無人知道。舉一兩例：一對小夫妻借飼養房的石磨磨了黃豆想吃豆花，沒有石膏，家有一個拳頭大點的毛主席石膏像，先生想出絕招，將像座打爛壓碎——不可避免會傷點毛主席「身體」，一方告發了：想吃「毛主席」！幹部鑒於兩人都年輕，半文盲，說不上有政治思想，不上綱上線，寬大處理，中隊宣佈管制兩年。實際都在管制當中勞動生活，只是不准請假下山上街，等於沒有處分。另一例：先生在另一隊飼養房勞動，剛給牛犢接過生，工作服有血。剛好茶場丟了耕牛，一定被人弄去殺來吃了。妻子發現丈夫有血的衣服，勸丈夫主動自首坦白交待，丈夫解釋妻不信，自己去報告幹部丈夫有嫌疑。弄得自己先生受了不少委屈，還說「我為你好，我去坦白會減輕你的罪錯處分」。受到幹部大力表揚：這才是好家庭。幸好文化大革命不准我們參加，否則每個家庭都會打架。

集訓隊與禁閉室的撤銷，是在又接收新勞教的時候。新勞教大多經過大風大浪、走過「長征」路，經歷過「文革武鬥」大場面、甚至在天安門廣場遠遠見過毛主席。一般說「不好惹的」，還能服從文件就不錯了，文件上沒有「集訓隊」與「禁閉室」的規定。他們是來「學習」的。

上街趕集去

當「幾千年才出一個的天才」（林彪語）領袖謝世以後，茶場的就業人員才可以不用請假批准，在休息日下山去縣城街上趕集。看售票電影、坐茶館、進餐廳——當然只能算飯館。與當地老鄉有什麼交往，只要不出問題，沒有投訴上門，也不受干涉不過問了。前些時候的造神高潮期的一些規矩，人們也在逐漸拋棄。譬如，在公共場所與人接觸時，即便小事詢問，進商店、公司買什麼東西，先要在當事兩人間念兩句毛主席《語錄》——有人說是咒語，有人說是江湖黑話，有人說是特務、間諜接頭的暗語。最好能選用同《語錄》有相關意思的。先前一些日子裡，進商店買點什麼，售貨員首先對你說：「為人民服務。」哪管你說：「指導我們思想的理論基礎是馬克思、列寧主義。」——都可以。然後才開始拿東西，講價錢。若你價錢還少了，對方會說：「『要鬥私批修』，一毛錢。」真正話的意思是你要多給一毛錢；批評你買東西太自私，還價沒有給夠，所以要「鬥私批修」。你一言我一語，每句話的前面必帶一句《語錄》。最後買成一樣東西，廢話多於正題若干倍。

從山上下來的我們（與當地農民比）實在不算最窮。只是背誦不了很多咒語、暗語。是認為太麻煩、又太滑稽，二是心裡厭惡，乾脆給錢拿東西就走人。別人說山上的人大方豪爽，他們哪知我們心裡又苦又累。為此，中國人彼此都有了語言障礙，該說嗚呼！還是哀哉？這比我們的人猿祖先都活得累、活得麻煩！活得彆扭，活得無奈，活得受罪！真想重新回到林子裡去。還可以省了發布票、發各種購物憑證，從那裡開始建設共產主義最容易。

筆者記得解禁後第一次下山，去縣城百貨公司買件汗衫的事，鬧出不會念《語錄》的笑話：當我走到售針織背心、汗衫的櫃檯前，一位售貨員姑娘禮貌而嚴肅地隔著櫃檯站在我面前，開口不問買什麼，她張口就是一句「為人民服務」。我心裡納悶，誰要你教我二十年來到處都能聽到見到——多於舊時「虎標永安堂萬金油」的廣告標語——勝於國民黨政府的各種宣傳。在窮鄉僻壤的廟宇牆上，在路邊石崖石壁的地方，哪裡都畫了一條老虎，都寫上了「永安堂」萬金油——「為人民服務」幾個字早已深入家家戶戶，深入人心。到底誰對誰服務？這裡不必說——她見我呆在她面前，傻乎乎的，沒有作回答。接著又重複一句「為人民服務」。於是我開口：「請拿一件一百公分的圓領汗衫。」她沒有即時取汗衫，卻把我當成一個「外星人」似地望著。我又補充一句說我買件圓領汗衫，一百公分大的。那位售貨員姑娘很客氣又禮貌，她說「你一句《毛主席語錄》也記不住？」我說：不！能記住許多條。她說我為什麼不回答？我說我是來買東西的，買東西也用得著背誦《毛主席語錄》嗎？她又問我哪裡來的？我說山上。她向我莞爾一笑，「啊」了一聲，接著又問我好久沒有上街了？我說有幾年吧！她笑著——笑得很甜，還有些嫵媚。我感覺她對我還有點可憐。她說：「我教你，你應該先回答『抓革命，促生產。』再說買啥東西。不然別人會不理你的。為了活學活用毛主席著作，和隨時下達的『最高指示』，你起碼得熟記幾十條《語錄》，才能跟人家開口說話，接頭辦事。這才是時時處處事事『緊跟毛主席』。」她終於弄明白我是「山上的」人，她體察實情在改造中還沒改造好，還沒有回到人民行列，寬大地原諒了我。從貨櫃上取下兩三件汗衫供我挑選。我見每件上面都印有紅色的文字圖案，抖開看是一條標語：「將無產階級文化大革命進行到底」。接著又抖開一件，也印著：「誓死捍衛毛主席無產階級革命路線」，我再抖開三件中的最後一件，也印著：「階級鬥爭一抓就靈」。我又問售貨員有沒有全白的？至少沒有印什麼字的。我當時心想，我不必花錢買標語、口號穿在身上作活廣告；實在說對我處境也很不適合，更不匹配。我是「圈」內的人不能抬高自己身分。但這些話在心裡沒有說出來。售貨員很有耐心，她解釋說峨邊縣偏僻，人口少，又窮，又落後，除了運木頭的幾乎沒有流動人口，經濟不發達，（那時還沒創造出「欠發達」這個名詞）上級公司按人口、地區分配貨源。農民沒錢買，大部份針織品、日用百貨，銷你們山上是大頭。如果在峨嵋、樂山，這些背心、汗衫一天就賣完了。我們還有，你還嫌。難道你們山上右派們要走「白專道路」一輩子！一件汗衫、背心也要全白色的。她神情開始有點睥睨了。乾脆問我要不要？我搖搖頭。她一邊收折汗衫，一邊說「真要繼續改造」。我聲明我沒有戴「右派」帽子，她說「那也差不多，是什麼『份子』吧。」她謙和的態度一下子變了，好似夏日暴雨將臨，天氣立即晴轉陰。但我覺得她還是天真可愛的。最終她的生意沒有做成，我的汗衫沒有買到。我心裡在想，假若我去理髮店理髮，理髮員當然開口又會是「為人民服務」，這回我大概可以回答：「砍腦袋不是割韮菜」了。

如今回想起來，世界上任何國家、民族，就是在神權統治的時代，那些虔誠與信仰，或者荒誕與瘋狂，比起我們當年的「文化大革命」都一定會遜色許多。從神權到皇權是進步，從民主自由到皇權而神權無論怎樣解釋都是歷史在倒退。而那倒退的速度，何止「一天等於二十年」！不信，就用五千年的文明進度來算算。

上市的書總有許多道理，也確有許多邪說。作者沒有說謊的本事，更沒有評這判那的知識，更不具有能力闡述創造性地個人道理。這些誰也不能否認是中華人民「共和」國的一段掩蓋不了、粉飾不了、淡化不了、篡改不了、強制也遺忘不了的歷史。雖然簡直不能說它輝煌，至少至少影響深遠！即使我們自己博物館故意如何技術處理這一段，像我們祖先留下的許多寶貝一樣，自己沒有，人家的博物館有。神農是不是嚐百草以救蒼生？伏羲是不是教嫁娶以始人倫？只要民族延續就會有定論。人民會紀念民族英雄，也忘不了民族罪人！

往日的「牛鬼蛇神」可以當日往返下山上街了，小小的縣城——沙坪鎮立即繁榮起來。就四川各地都有的茶館而言，原先峨邊縣城只有小小一間，就那幾張小桌子，一個老太婆沏茶、添水，生意也很清淡。那時僅因山上人休息放假能下山，至少又新開張了兩三間，規模也擴大若干倍，每逢周日人滿為患。下山上街坐茶館的人，好像要把大渡河的水喝乾。餐廳也擴大了規模，飲食服務公司、供銷社也競相廣開飯店、小食店。煙酒糖業公司也不甘落後，不但修建了新門面，而且「五糧液」（酒）、「紅塔山」（香煙）——在大城市是「特供」物資，在峨邊（牛馬同街走的）這地方只要有錢。記得那時一瓶「五糧液」才五元六角錢，一包「紅塔山」才一元零一分錢。而能消費這些算高檔商品的，絕大多數是往日的「壞蛋」。就是縣外的交通也因沙坪茶場的存在，除了一天一次的過路火車，也擴建了長途汽車站，直達成都往返每天有兩班。這時候的峨邊縣城到處是山上下來的人，特別是發工資的那個星期天，各個消費點熱鬧景象如「過年」。鄉親們並非玩笑的說，只要牛鬼蛇神下山，不愁東西賣不完。說來就業人員的錢也不多，富不了十天也窮不到一個月。那時扣除集體伙食費，人有兩張「大團結」——二十元。不少「老就」們說，要感激鄧爺爺——我們雖然作了幾年的「劉鄧路線」的「社會基礎」，一旦重新主持國務院工作就沒有忘記我們這些「基礎」。當年就普遍的加了工資，一般都從多年不變的十八元五加到了三十多元。前些年在機關、單位的人加工資，最多也才百分之三，即一百人中只有兩三個人有那點幸運，千篩萬選、研究討論無數次後加上了也才三五元。這人身自由麼，也由原地休息到可以下山。有的人頭上還戴著無形的「帽子」，如果那帽子是什麼材料做的，就算是鋼鐵吧，早已該銹蝕，若是平常的布料已不知爛了多少次，而無形的帽子是不爛不壞不變形的。也許會戴進棺材裡。不過，時間太長了，人數太多了，好像也在慢慢被人忘記誰有誰沒有。有「帽子」的人是墮民、是賤民、是刁民、是壞人中的壞人、僅僅沒有被開除國籍而已。這時候也少聽到吼「只准規規矩矩、老老實實、夾起尾巴做人」的叫聲了。大家都有下山趕集的心情了。大量的各種事實證明，「階級鬥爭」不是「一抓就靈」，而是越抓越不靈；抓亂了國家，抓爛了人心。哪裡的階級鬥爭搞得受表揚，那裡一定最貧困、也缺少甚至沒有人性。一個只有政策、只講「策略」（有人說是花招、是套路、是拳法、是詭計）不重視法律的社會，其實任何秩序、規則都得不到保證。小娃娃辦家家不遵守遊戲規則也會打架。已經過去的日子可以證明，在那段歲月裡，某個局部地區少一點階級鬥爭、或抓得不緊，那地方老百姓日子就好過一點，生產、生活也多一點繁榮、安定。沙坪茶場是最講階級鬥爭的地方，由於特殊的原因，沒有出現打、砸、搶，也因為最多的人已淪為簡單的勞動工具，完全徹底喪失了個人意志。他們只愁當日的風雨會不會打濕衣裳，現實的肚皮能不能裝滿可吃的東西。面對的是一群「剝了皮的狗肉」，還有什麼階級鬥爭可搞？「千萬不要忘記階級鬥爭」的教導只有掛在嘴上。說的人磨破了嘴皮，聽的人耳朵起了老繭，已經成了老僧常談。既然已經放寬管束，休息天也下山坐坐茶館。

山下的那些農民在自己的「自留地」裡，種瓜種菜種糧食也更努力了。一個高度集權的國家此時好像給出了一點生活的自由，從光屁股的娃娃到沒齒白髮的老人，又歡歡喜喜了。他們說「世道好了」，世道在變！他們哪裡會想：沒有穿綢緞的命，只有福氣去種桑養蠶。這不能不歎息中國農民的命運太悲慘！跟毛主席鬧革命犧牲最大，分享勝利果實最差。搞建設負擔最重，說「工農聯盟」頂多算一條尾巴。「農閒吃稀，農忙吃乾」，如今還規定留夠口糧、留夠種籽，不准拿完。還不忘感激毛主席老人家「終於派出個『鄧青天』管天下」，不再「割資本主義尾巴」——可以養豬，可以准雞下蛋，可以拿去買了作零花錢。更可以搞副業發展。如果買了點燈的煤油、買了鹽還有錢剩，也可以喝茶，還可以一毛錢吃一碗稀飯有鹹菜下飯。因為茶館人多，常常走了人還未及時收揀茶碗，坐下去接著喝，賣茶的大爺、大嫂、老太婆，知道你在「加班」沒掏錢，出於同情心，茶館已收了這碗茶錢，並不攆你，讓你坐坐、歇歇腳。都是苦命人，知道在山區進趟縣城不容易，手頭也不寬。

由於勞動工種原因，我有比他人更多的自己打發的時間。當時茶場已有十輛大貨車天天在跑，不定時特別上午都有車從面前經過。公路在我隊中間，必須過橋（這裡有條大溪溝）緊接著就是彎道，駛過必然減速。當時我已進不惑之年，由於自然環境良好，時時空氣新鮮，食物品質不高，絕對綠色保健，幼小衣食無慮，身體發育健全，青年時上山天天勞動鍛煉，（不盡力不很累）不苦苦計較冤屈，不美好幻想明天，不信鬼神邪說，也不承認有罪有錯必須悔改，對幹部個人尊重，對政策不明言攻擊，也不高聲擁護，只認自己倒楣，也喜有很多人相陪，而且最多的是革命的或不准革命的工、農、兵。自慰的是吃牛奶雞蛋的時候，別人在吃樹皮草根。如今一鍋吃飯，一屋睡覺，想得通。兼之身無疾病，心無負擔，自我感覺良好，還很年輕！車子駛過不須要招手叫停，（也不會停）只須快跑幾步，伸手抓穩車後擋板，身先懸空再腳踩底盤掛鉤，翻身一跨，進車廂了。所有司機都沒有我上山更早，年年批鬥早已出名；勞動工作又在帶鋸房，年年月月同木材打交道。那年頭木材不能私人買賣，每個小家又離不開木料。誰不要三兩件必須傢俱？比如飯桌和床。這問題不說也明白，雖不光彩但必然。可能除了本隊幹部，多數人還要友好我幾分。我縱有一些違規違紀，只要不帶有「政治性」，管教幹部早就懶得過問。二十來個春秋，上層下層都在一個大環境，磕磕碰碰，彼此都再熟悉不過了。你當你的幹部，我當我的「就業」，何況此時的管教重心已轉移到經過「造反」的新勞教們頭上了。假設我們「首期勞教」同幹部的關係是一家人，我們已經共同撫養一代人了。一生有幾個這樣長的時間？不過下山耍耍，晚上會回「家」的。又沒有耽擱工作，何必又太累自己事事過問。這時的就業人員的我，還真有那麼一點農業工人的味道。

不過，樂而忘憂可以，決不可樂而忘形，忘乎所以。還在專政機關的改造生產場所生活，上下之間不紅臉可以說話隨便，而如果那位幹部晚上夢沒有做圓，或者剛不小心打破了一個裝著肉的菜碗，精靈的，離遠點。因為幹部手上隨時有打人的「專政」鋼鞭。你不認真他認真就麻煩了。對幹部不要給他過不去，不要挑戰他的權威——實際上他也無權可言，用今天的話說是個警司甚至警員，但他在你頭上，政策又界定了是對立面，必須服他管。說我們是茶場職工，那是最廉價的安慰，千萬別信，別認真。看當年的「彭大將軍」就想通了。我年年受批挨鬥，一直有驚無險。走過二十五個春秋，在山上看過許多花開花落。見證了宋家山的荒蕪、繁榮、又荒涼。

我無事少在山上轉，車子方便，爬上車二十分鐘就到縣城。沒有新電影就坐茶館，人混熟了也有人給茶錢。別認為我們在人民行列以外，還在山上接受改造的「壞人」，而真正的廣大當地人民還羨慕我們：有「國營單位」就業，又拿固定工資，自己單位有醫院，看病方便，吃藥打針還不用花錢，吃飯不靠天，由國家供應糧食，不擔心水澇天旱；我們是毛主席的人，同政府的關係最直接，國家是我們最大的靠山。不過，要得到以上一切，就必須犧牲基本的人權。

除了川南森工局，就數我們的汽車最多……老鄉還說我們有福氣，在山上可以娶老婆生孩子，一輩子的事都有國家包乾；他們只有負擔沒有福利，交夠了國家的才能想自己吃稀吃乾，穿好穿爛。還問犯什麼法剛好能上山？他們不知自由的可貴，只看重一時的饑飽冷暖。當然，幾千年來饑飽冷暖、吃藥看病、讀書都是農民的頭等問題。歷史上無數次農民鬥爭，農民起義，領袖都說是為了解決這些問題。但到勝利了卻是領袖的勝利。從前日曬的還是去日曬，淋雨的還是去淋雨！一代又一代，再鬥爭再起義，就這樣「推動」著歷史，「發展」著社會。他們受不到普遍教育，提不高認識，永遠落後不會聰明，才會一次又一次聽花言巧語，容易被發動起來為別人利益拼命。老問題還是老問題。饑飽冷暖疾病、文化教育福利……他們說地主統統沒有了，不受剝削了，國民黨反動派也打倒了，「帝國主義也夾起尾巴逃跑了」，革命也勝利了，說是翻身了，作國家主人了，「建國」已二十年出頭了，以前是饑寒交迫的奴隸，現在成了饑寒交迫的主人。家裡糧食沒有多反而少了，這世道哪天才能真正好？問我們讀過書長期受黨和政府教育的人知不知道？怎麼回答呢，只能說照這樣下去一定會好的。要相信共產黨，共產黨不是一個人的，決不會永久一個人說了算。不相信就等著瞧吧。共產黨集聚了國家大部份精英，這就不是一個人能辦到的事情。一時被一個壞人利用是可能的。像一團烏雲蔽日不會長久。陰謀也好，陽謀也罷，無論怎樣吹噓是崇高的理想，人民的根本利益，假的終究是假的。凡是不得人心的只有依靠強權來維持。是強權就不可能長久，製造恐怖就證明不是真正強者，讓人害怕的一定不是好事、好人，真正的偉大是從有利於國家富強、民族發展、社會進步、關愛他人開始。

已經說過，美國尼克松總統的就職演講中有句堪稱真理的名言：「自由的精髓在於每個人都能參加決定自己的命運。」我們國家已經文明幾千年了，已經有了早於世界的四大發明，那時美國還沒有出生。我們有過諸子百家的大學問，歷史上也出過不少民族英雄，文化聖人，就沒有人想到「每個人都能參加決定自己的命運」。看來這個「紙老虎」不但有「核牙齒」，還真有點人類的進步思想，和社會發展的有效方法。作為一條「剝了皮的狗」的就業人員，在一時寬鬆的條件下，也僅僅有了下山上街的自由，已經高興得真是從鬼變成人了！已經成蛹了長翅膀還遠嗎？事實上遠著呢！花樣又翻新了：又叫爭取「轉工」——就是說由留場就業人員「轉」為「工人」。這是不是反證說了多年的「國家職工」是謊言？我不知自己掌自己的嘴感不感覺痛？自己證實自己說謊害不害羞？不過可以諒解的是那時共產黨內也沒有民主，反應出來的各項措施常常前後自相矛盾。政策沒有一貫性，朝令夕改是常事。生存在社會最底層、被踩在腳下的人們，像養在欄裡的牛馬，沒有奇跡發生，只有一種前途……

在那些歲月中，別說已關進牛棚、監獄、隔離在荒漠、邊疆的人，就是在政府機關、國營單位供職的執政者和建設者，誰得有個人的希望和自己樂意的前途？誰能不處處競競業業，事事謹小慎微，時時膽顫心驚。一個龐大的社會已經「萬馬齊喑」，還要擔心自己何時何地何因何故會不會有罪錯發生！聽人說過最大的恐怖，莫過於知道有威脅存在，又不知道在何時何地發生。領導者的馭人之術，就是不斷製造矛盾，先定下人人都沒有天生的無產階級革命思想，人人都需要思想改造——這不正說明提倡的都不符合人的本性。口頭上強調馬克思列寧主義普遍真理，腦子裡最多的還是線裝書的學問。也並不掩飾的明白告訴世人，文化大革命就是要創造新的人類「文明」。先把看得見的「封、資、修」全部摧毀，從學農、學工、學解放軍開始，作馴服工具，作螺絲釘，再作「新人」。誰不擁護，誰不滿意，誰不緊跟，有帽子，有棍子，這是最輕的處分。由於鄧小平復出，為配合一系列的恢復生產的措施，給出了一個較多年前都寬鬆的政治環境，人們普遍又有了新的希望。本來小得如一個小鎮的峨邊縣城，也一下子隔天就趕集了。那些散居崇山峻嶺的人們，高興著祖祖輩輩過慣了的日子又回到了身邊。餐廳、茶館處處人滿，雖交易水準低下，可喜的社會市面生活正在逐步還原。

記得有個小故事，縈懷心中幾十年。可見證當時「調整」的一斑。

那是一個星期天。星期天的集市比平常人更多一些。我下山上街大約已經十點鐘了。這時候的「自由市場」正是最熱鬧的時候。漢族老鄉、彝族同胞，男男女女，老老少少，背篼、提篼、口袋、篾筐、竹籃、皮囊，凡是能盛裝東西的，把一個峨邊縣臨河邊的大街口，和連接一條順河的小街，擁擠擺放得腳也插不下。那些容具裡和地上待售的東西，盡是貧困的農村能有的各種產品，以及他們各自家庭世世代代祖輩的遺留。也許是一個很不起眼的上過釉的陶器瓦罐，賣它的老爺爺會說他祖父用它裝了一輩子的酒；如今生活好了（？）也許有人用。一隻雞、一隻鴨、一隻瘦得如鴨的小鵝、一隻瘦弱的羊媽媽帶著兩個活潑的羊囡囡、幾個雞蛋鴨蛋、幾斤雜糧、幾把野菜、一點山果、幾株草藥、貓狗魚蝦、國家保護的一級珍稀動物——娃娃魚（大鯢）和狩獵來的貓頭鷹及各種飛禽走獸；許多想不到未見過的東西都有。好多代人用過的粗糙的瓷罈，舊時小兒掛在胸前的「長命鎖」，小女孩手上的銀圈圈，銅製的香爐、蠟臺，水煙袋，手工捶出的紫銅小耳鍋，裝鳥槍火藥的牛角，已經磨掉毛的皮褥子，兩三斤蠶豆，幾斤蕎麥麵，幾顆青菜，幾把大蒜……雖然「貨主」們露出的是張張燦爛的笑臉，我看著揪心，望著鼻酸！那「購銷兩旺」的熱鬧景象，說明「共和國」成立二十多年了，政府還沒有給人民提供有效的生活保障，還沒有為人民搞好有效供給；儘管衛星已經上天，還爆炸了原子彈、氫彈，還要叫喊作世界人民革命的中心，作無產階級革命的榜樣，「老大哥」都「修」了，我們最正宗！自封我們的「偉大」領袖是「世界各族革命人民的領袖」（有過這樣一張宣傳畫的：毛主席的頭像在畫面中央上方，下面是數不清的男女人頭，明確的畫出了各種膚色，各種民族，畫面近處看得清各種民族穿著各自的民族服裝，都齊刷刷地仰著頭望著天上太陽般的毛主席頭像）而我們自己國家的主人翁，如今才有了擺地攤的自由！主人翁已當了快一代人的時間，怎麼還這麼窮？窮得僅僅好於野獸，從某方面說或許不如野獸，野獸有時只缺吃，而從不缺穿。我們的最基層百姓，如果又世代居住在交通閉塞、落後偏僻的山區、又是農民，不但缺吃還缺穿。綴滿補丁的衣裳，不清潔的臉，蒼白、黝黑、菜青的面容，青筋凸起皮包骨頭的手，最是那眼角唇邊，過早衰老的皺紋擠出期盼的微笑，深陷的眼窩裡不靈動的眼珠散發著渴求的神情，是在向人說，他面前那點微不足道的東西是家裡拿得出的最貴重的了；能不能快點換成幾元、幾角、兒分現錢？

想想自己，雖然冤枉，無端從成都趕到這環山的峨邊，同他們一樣經歷著風霜嚴寒，也有一代人的時間。可我們這一類人比當地鄉親父老還多一層特殊的保障。不慮旱澇，也不操心收成豐欠，正常時期一點也少不了按時定量的口糧，身有疾患，中隊有衛生員，茶場有醫院，吃藥、打針雖然少點「白衣天使」的溫柔，畢竟還有護理員相守；鄉親們缺醫少藥，「照明靠油，交通靠走，傳遞資訊靠吼」，客觀說僅這些也好於他們。他們哪裡要什麼「主義」、什麼「真理」！他們只希望有布遮身，不缺油、鹽、柴、米；適時婚配，可以生兒育女。那棱角分明的骨骼證明他們生命的堅韌。不修行，不悟道，真不知地獄有幾層？

我正在想呵，想……忽然一個老太婆的聲音：「同志，請你讓一讓。」這時才發覺自己正站在一道人堤的一個缺口上。「這點兒地方我還蹲得下。」老人家笑嘻嘻地蹲在我讓出的缺口上。

我見她滿頭已是大部份白髮，整個人像沒澆水泥前的人形架，身罩一件看來是自己縫的右衽布扣的老式上衣，已經補了許多疤，但洗得很乾淨，土藍的顏色從舊衣新補處兩塊深淺色度分明，中式長褲腳邊還見水濕未乾、稀泥濺點，穿一雙很舊很舊的「解放牌」膠鞋，兩隻腳已不是相同的鞋帶，個頭矮小，很有精神，滿口白牙整齊這倒讓人詫異。她先坐在地上，把右手握著的兩節電池的電筒揣進懷裡，左手提的五把乾大蒜放在面前腳邊。這才慢慢撩起衣襟擦額頭的汗水，笑咪咪地長長緩口氣。

我不由自主地也蹲下來，同她面對面。我本是耍耍、走走、看看，不打算買任何東西，也沒有任何事情，完全是湊熱鬧，耗時間。

「老人家，你今年多大高壽了。」我問。

「不敢說高壽，今年才滿七十三，不大，不大。同志，你買不買大蒜？」她開始向我推銷了。

我很懶。雖然這時山上就業人員已不限制小鍋小灶了，但我從不弄菜做飯，就是「打平夥」（湊份子）買肉、燉雞加餐，我也只出錢、出嘴，最後洗自己的碗。那些烹調煎炒的事，自會有人去幹。

一種莫名的衝動，讓我馬上作出決定。

「我買。」

「都買完？」她高興而又不感踏實的補充問。

「都買完，一共幾把。」我一邊拿在手上數。

「一共五把……我一把拴的五個，同志，你就給一角錢一把。」她說明了數量又定了價錢。

當時市場上的乾大蒜，一般論個頭大小，五至十個拴成一把，大概價錢是一角五至三角錢。是一個頭多瓣的那種大蒜，最大的就大約三分錢一個，不論斤兩只計個數。老人家大概知道自己的大蒜個頭小，拴的個數也少，自己只要最低價錢。以當時當地行情而定，也是公正的、偏低的。我將她五把大蒜刨到面前，表示買了。但不立即付錢，想同她再談談。

「你從好遠來趕場啊，走得滿頭是汗，你看你鞋子、褲腳還有水濕、稀泥，遠吧？」我問她。

「不遠，不遠，我打電筒走一個多鐘頭就天亮了。天亮後再走一段路就到了。」她說話爽快，很有精神。

「就賣幾把大蒜，跑這麼遠，沒有鄰居趕場？」我又問。

「那才不是哩！我往些年賣豬都請別人代賣，買東西也請人幫買，我們周圍團轉要幫忙。」

「那你今天為啥子要自己來呢？一對電池要三角錢，不划算嘛！」我刨根問底，「年紀大了走夜路不怕摔倒？」

「同志，你不曉得，我有十幾年沒到過縣城了。自從啥子大躍進起頭，挖了灶砸了鍋，在公社食堂吃飯……吃不久又吃垮了，以後又鬧造反、鬧革命，我就沒出過門了。那時候走哪裡要請假，要民兵、隊長准才能走，天天又要掙『工分』，也不興趕場了。」她記憶還是清晰的。

「你家裡沒有另外的人趕場？」我像在搞調查。

「有個大孫子，二十幾歲了，去年才娶了媳婦，他要種莊稼，媳婦身子又不方便了……」

「那恭喜你老人家要當祖祖囉！」我趕緊讓她高興。

「哎呀！多謝你喲，祖祖婆婆都一樣。」

「那你孫子的爸爸、媽媽呢？」我真似在作調查了。

「我有一個兒子一個女兒，他老漢兒（指她丈夫）解放頭年就死了。女幾嫁到山背後的滎經（縣）去了，兒子前些年得水腫病死了。媳婦嫁人了……哎呀，不怕你同志笑，跑了。」老人家很坦率。

「聽說滎經也不是好地方，災荒年餓死不少人，說一個個生產隊都剩不下幾個人。」我又提問題。

「那還不是。（是的意思）我女兒好，她在縣城，她男人是草藥老師，會醫病，她家沒有餓死人……同志，請你快把錢給我，我去買幾斤鹽，街上轉一轉就要走了，早點走，免得回去又打電筒。」老人家催著要錢忙著要走了。

「你十幾年沒有上過街，現在變化很大，該好好看看、轉轉噻！」我說。

「是要轉轉，現在又隨便走動了，今天轉不夠過點時間我又來。同志快把錢給我。沙坪比十幾年前寬了，街上沒有牛馬屙屎屙尿了，好多棚棚都蓋成房子了，還有樓了，老街那邊還修了石頭的橋。我就是從那邊過來的。」看得出老人家胸懷坦蕩。沒有半點生存壓力的痛苦，溫飽以外沒有任何慾望，一輩子走不出大山，不多想人該怎樣生活。若論學佛學道，已經是大師級人物。

我拿出一元錢給她，我說：「老人家您不要找補了，我給您兩角錢一把，剛好一元錢。」

「那不得行！」她斬釘斷鐵地說，「我決不能要你吃虧，我一角一把是賣夠價錢的。別人一角五一把的比我的大，兩角錢一把是十個，我一把是五個。」她急得像多拿了她的東西少給了她錢一樣。可她又沒有零錢找補，她真著急了。同時請左右賣東西的人換零錢。終於換到了角票。

「這樣吧，算一角五一把。」我不勉強她尊重她，改口了：「別人都一角五一把，大小相差也不大。」

「多謝你囉！同志。」她笑了，接受了。

一角五分錢一把，五把該七角五，左右的人都沒有分幣。已經補了我兩角錢，為了還要補我五分零錢，確實讓她犯難了。

「多五分錢您老就收了嘛，不再找補了。」我反而求她了。在當時當地為五把乾大蒜，最後為了五分錢，若用當今的話說，我對她而言，我是「大款」。五分錢過一回「大款」癮，夠廉價的吧！

「你這位同志太好了！我買五斤鹽還剩五分錢，今天真不冤枉起得早，碰上了你這位好同志，多謝囉！」她高興得像抱了孫子一樣。

左一個「好同志」，右一個「同志好」，我心裡打翻了五味瓶，真不是味道……

「您來回趕場一天不吃點東西就回去呀？」我還問。這時她已經準備要走了。

「我揣了兩個包穀粑，一邊走一邊吃，路上哪裡方便喝點溪溝水，回去還不會天黑，還可以不打電筒。」看得出她今天真高興。可以想半個世紀前她還是一個大姑娘的時候，一定是個人在哪裡那裡就有笑聲，一個成天快快樂樂、蹦蹦跳跳天真活潑、人見人愛的小妹子。如今七十三了，還保持一副難得的開朗樂觀性格，這大概是人生最可貴的。可能這就是「知足常樂」吧！何況她還處於極度匱乏之中。

短短的十多分鐘，看來就要分手了。終於在離開那剎那間，她對我說：「你這位同志心真好，菩薩會保佑你的。離我屋不遠有個『石巖神』，很靈的。我不知你姓啥子，我回去給石巖菩薩磕個頭，求他保佑你一生平安，不生百病。」……我望著她顛巍巍遠去的背影，人矮小腳步輕走得飛快，我知道她先去買鹽巴，同時看街景，想得到她回到家裡，還會同孫、媳說上街的情形。

這個買大蒜的小情節已過去三十多年了。回想起那位老人的印象，在腦子裡還十分清晰。敢肯定我們對白的語言保真，在百分之九十九。如今我已過了她當年的年齡，回頭想想，這過去的三十多年，我生活是夠艱難的，捫心自問也算得上十分辛苦，但確未患過須要臥床休息、或住院治療的疾病。我深信那位老人會去給石岩菩薩為我磕頭，也深信她對菩薩的虔誠，難道還能相信菩薩真會有感應？只能說我們有安貧不亂的好百姓，善良輕信的好人民！

坐茶館閒談很多，有個聽來的故事也值得說說：

在復辟皇權和神權的「大革命」期間。有位工作在黨政機關的科室幹部，晉升為所在科室的「長」——處長或科長的批文已經下發，只待宣佈，一夜間卻又成了「惡毒攻擊偉大領袖」的現行反革命份子了。據說是「無限忠於……」惹的禍。

該幹部在一個地級市某局工作，業務不強，「政治素質」很好，「革命覺悟」很高。「造反」那陣子在機關是最活躍的人物。已經是「三結合」以後了，重新組織革命隊伍以後，眼看就要升官了。為了進一步緊跟、擁護，他又想到了別出心裁的花樣。人們都記得那時期毛主席穿軍便裝的肖像，可以說無處不在，家家都有。這位幹部就在這張像上打起了主意：這張像顏色不多，最多是軍裝軍帽的綠色，領章只有一點紅色，餘下一張領袖的臉龐是皮膚的顏色。這位幹部很聰明，想到了綠色用綠豆，紅色用紅豆，膚色用飯豆——一種色近膚色的、大小形狀如綠豆。豆類在當時各地都不屬供應範圍的主糧。雖然屬雜糧但又不一般，若糧食公司有，買一斤綠豆、紅豆，是一比一扣主糧定量的。而且品質並不一定好，色度和顆粒的飽滿度要求嚴格一樣就比較困難。這位革命幹部為了表達對領袖的「四無限」（大概是擁護、熱愛、忠誠、崇敬）用了全家五口的全部定量和勒緊褲帶以備急需的積存糧票，從城市到農村，從親戚到朋友，從糧食公司到集市，弄回家近百斤綠豆、紅豆、飯豆。這位革命幹部先從這三種豆中各選出幾粒樣品：顆粒飽滿，色澤光亮，大小均勻。叫家裡不上班不外出幹活的人全天照樣挑選，要上班要幹活的人回家除吃喝拉撒後也照樣挑選。真是老少齊心全家苦幹，還說這工作十分神聖，是向毛主席表忠心、獻愛心、盡孝心。好中選好，精中挑精，兩三輪反覆挑選下來，紅豆幾兩，飯豆半斤，綠豆一斤半。剩下的就全家當飯吃，吃了近一月。三頓飯全家吃豆子，老人煩，娃娃嫌，老婆怨，幹部說這才充分表現了我們全家的苦心，這是一種別人無法有的光榮。毛主席穿綠軍裝的像有幾種大小規格，他買了一張最大的。又去買了做細木工活才用的明膠，這下萬事齊備了，很快就能見到他的偉大革命創造。接著先把明膠熬化，鋪開毛主席畫像，先從紅領章開始。小心翼翼地在紅領章上用毛筆敷上膠水，稍乾一下就灑上紅豆，不夠整齊的邊沿，像姑娘繡花，用裁紙小刀撤了又撤，接著畫像的臉上，上了膠水又灑上飯豆——確如膚色，綠色處面積最大，軍裝和軍帽，如前炮製，灑上綠豆。最後再用一支嶄新的毛筆醮上菜油，在豆子面上——也就是畫面上輕輕刷兩遍，一張閃閃發光的領袖畫像就大功告成了！全家高興，幹部本人更興奮。因為家住機關大院，上下左右全是同志、同事，該幹部立馬作為革命先進經驗加以宣傳。一時間蓬門生輝，從早到晚參觀的人絡驛不斷。這個誇獎，那個稱讚，都說虧他想得出來，做得出來！真是羨煞人也麼哥！熱鬧了好多天，傳為佳話。

該幹部也大公無私傳授製作經驗。並沒有提智慧財產權的要求，那時也不興有償服務，人問就說，請幫忙就登門服務，誰都知道是自己發明創造，那時也沒有申請吉尼斯世界記錄。反正該幹部從此更昂首、挺胸、闊步，可能比發明了指南針還神氣得多。

天有不測風雲，人有旦夕禍福。那年頭由於環境條件很糟糕，幾乎家家戶戶都有老鼠。機關單位又不准養貓餵狗。有人說中國是世界第一人口大國，老鼠也一定比人多。而且老鼠來到世界比人類還早，牠們不生產只會消耗，而找食的聰明比人還高。終於發現「偉大統帥」是可以吃的。牠更不理會什麼階級鬥爭，無產階級專政……你人怕我不怕。一個晚上趁人睡了，可能是攜家帶口把一幅畫像上粘的豆子吃掉一大半。豆子是膠黏上的，吃豆子帶著黏連下面的紙，「偉大領袖」只剩下一小半了。幹部起床發現，不覺大驚失色，嚇得目瞪口呆倒了罷了，還大聲驚呼：「糟了！毛主席遭耗子吃了，屍骨都不全了！」這邊說話無心，隔牆聽話有意。那時的房子建造，根本沒有考慮隔音設計，有時一家的鼾聲使整層樓都難入睡。於是左鄰右舍立刻來敲門，想看個究竟。該幹部本無什麼虧心，像歡迎參觀一樣，讓大夥進門。心想是耗子禍患與人無關，那知在那遇什麼事都上「綱」上「線」的年代，這還了得！「偉大領袖」遭遇如此慘狀，都是事先陰謀設計好的，明知耗子要吃豆子，還怕牠找不到，還在上面刷上菜油，讓油香四溢引來吃掉毛主席。先是機關保衛科報告了公安局，公安局又立刻聯繫了檢察院。前幾天的稱讚、誇獎現在變成了憤怒、控訴。最後以「現行反革命」論處，「獎勵」有期徒刑七年。讓其有時間好好反省自己的失言和愚蠢——不知老鼠只認得豆子不認識、還要吃「偉大領袖」的常識。還姑念以前參加各項政治運動積極，所以特別寬大從輕處理。

解凍時期

（一）

茶場的「轉工」問題比起當年的「以場為家，以茶為業」來說，更體現了領導的「藝術」才能。「政策和策略是黨的生命」嘛，根據形勢和時間不同，措施也在隨肘翻新。然而「黨和政府」要的目的不變，變的是達到目的的手段。無論大事小事都體現著這種精神。毛澤東的鬥爭藝術或者技術是前無古人的。其實也並不高深莫測，只是對於善良、輕信的人絕對管用。因為可以說的這樣做成那樣，比如把「糾左」搞成「反右傾」。資訊不對稱的時候，必須策劃於心中再做好套子，說來有理有據，從道理也叫人提不出反對意見，等人聽了信了跟著走了，他是「舵手」掌握著航向，你這時才知道又上一當。而且都是出於崇高的理想，人民的根本利益。本來就是革命的目的，誰敢反對？老百姓在仁、義、忠、信定式思維的傳統下，毛澤東有使人防不勝防的叛逆性。既然能從山坳裡「衝」出來，沒有幾扳斧能定天下？不搞實用主義能「團結」那麼多人？不浪漫幽默一點能有味道？說管說，做管做，你不信有人信。反對教條，抛開本本，要講馬列主義更重本國實情。不過，嘴上說的與心裡想的決不是一碼事，搞政治的人起碼要有這點本事！特別是有很長封建歷史的中國。林彪最後都明白了「不說假話辦不成大事」。

最初勞教沒有時間規定，有了時間規定，滿了，留場就業——不准走人。有了「哪裡來哪裡去」的政策，茶場仍不願放人。國家相關機關也配合默契。茶場要先發函給準備放的人去的目的地的公安部門聯繫，要先取得同意落戶的批准，這中間存在很大的彈性。茶場根據生產需要，根據本人年齡老少，技術是否為茶場需要，是不是給發函聯繫？對就業人員可以拖，可以哄——今冬明春。「今冬明春」耳朵聽起了老繭。當然可以要你表現好——當然是守規矩、拼命幹——真這樣就更走不成。已經流行了很多年的一句話：叫表現好走不了，表現壞走得快。若真的表現不夠好，比如打飯不排隊，也可以說你「這點秩序都不遵守還想回去，人民群眾會要你？」總之，要找缺點，幹部是百分百、千分千的不困難。而且在準備清放的人當中，幹部也要先經過挑選，例如，年齡偏大，身體健康偏差，沒有技術，不能遵守紀律制度，對茶場生產已沒有多大使用價值。就是給你發函去落戶當地聯繫了，當地公安機關，首先是家庭當地派出所，先看家裡是否有特殊困難，若家有老人臥床，小人須要照顧，派出所也會發善心的；若不同意你落戶那理由太多。或許可以說你「不是從他們那裡走的」。二十年以上的變化，難道不會搬一次家，或房屋太小無法居住——當年誰家有寬鬆居住條件？或者乾脆不回函，最簡單。聯繫不上，想放的人放不脫，想走的人走不了。對各地派出所工作而言，誰願意增加人口管理負擔？茶場可以儘量找你的原籍地，說毛主席也來自農村，讓你從城市來回農村去——也許農村原籍早已全無親人，有親人的何處又不人多地少，再加上知識青年上山下鄉接受貧下中農再教育，教育了青年，也教育了農民。毛主席送去的，農民不敢說不要，去了雞犬不寧，從心裡說不喜歡。對「專政機關」要準備放去的「份子」、「牛鬼蛇神」他們聽到都怕。他們擔心民兵管不住他們。都是有二十年以上「監齡」的人，他們知道「厲害」。多一事不如少一事，拒絕的理由很充分：第一不是當地送去的，第二人多地少沒有土地給他們耕耘，也沒有房子住……等等。茶場想放人，自己想走人，都難上加難。真如落齒掉髮的老姑娘沒人要了！當然也有茶場派人親去聯繫，家人又千方百計求神告廟——派出所、公安局，也走了一些。那也如同「龍王嫁女」——好事不多。最多的還是按步就班接受思想改造，繼續勞動生產。

「轉工」手續簡單。一不填表，二不寫單，三不討論，四不推薦。只在中隊大會上，幹部說某某人表現好，經研究「轉工」了，也許如孵小雞蛋破殼了，完了。接著待遇的改變，從宣佈之日起在幹部小伙房打飯，盡可能快的為你找個隊上的旮旯角角——放得下一張床，算是「工人宿舍」的小房間。實在說通風、採光、進出一點不如就業人員的大房間寬敞、方便。若暫時擠不出單間，仍在原先的大宿舍委屈求全。顯著的差別是從此不再參加就業人員學習。但也參加不進幹部學習。大家學習時間，反正是否正經討論，別人總是有說有笑熱熱鬧鬧的，此時也，「轉工」幸運兒最孤單，看來還有點可憐！公路邊走走，溪溝邊轉轉，如果要回到原先的大宿舍坐坐，「嘿！領導階級來了，來了正好，指導指導，指導我們理解文件精神，引導我們如何討論發言。」——就業人員們一陣起哄，還坐得下嗎？只有無限的尷尬。再說勞動、工資一點沒變，昨天是砌牆的，仍然去拿磚，搞運輸的還是那根扁擔。只有發錢的日子，數額不變，換了一張工資表和放發時間，這點同幹部一樣。因為「轉工」算回到了人民行列，「就業」們變人還沒變完全。一個中隊就那麼一兩個「工人」，老實說這身分的改變，只給「新人」添了一份孤獨，幾分寂寞，十分無奈。引不起反響，更說不上熱烈。這裡除了幹部、勞教、就業，形不成「人民行列」這個群體，在幹部和調入的工人心中，「轉工」又靠不攏。無形中在他們——幹部和工人的眼中，看「轉工」似乎身上只少了一件東西——前面說過的那張「皮」，啊，記起了是「狗皮」！

再愚蠢的人也經過十幾二十年了，在一個地方，一個環境，一種狀態下，也不會連續上當受騙。莊稼地裡的「稻草人」頭上站著鳥，是很滑稽又很有意思的。「轉工」的措施可以說一出臺就是個死胎，除了幹部的宣傳鼓勵，沒有人爭取，沒有人豔羡，只有冷潮熱諷，沒有稱讚。總之，反應十分冷淡。像街頭向行人推銷假藥的騙子，過低估計行人的智力，無論怎麼吆喝、宣傳，始終難改變人們以往上當受騙的經驗。那些曾經「轉工」的人，如今都過了退休年齡，按茶場參照國家工資標準，每月將錢劃在本人「銀行卡」上還是靠得住的——只是國家按工齡加錢了，而你到手的與該拿的還有差距。年前去拜訪過這些當年的「同學」們，多數都能「感謝」現在的黨和政府的關懷，只是有個歷史問題不好解決：茶場準備將這些人交給「社保」，但由於幾十年茶場從未繳過保金，現在補繳當然可以，然而計算下來每個人需補繳若干萬元；人數總共不少（作者離場後，上世紀八十年代按其本人年齡、技術、在場勞動時間長短自動「轉」了不少），茶場哪有這樣大一筆專款？向省裡上級打報告，又不承認有這些「工人」，是工人必須有國家勞動部門調動的文件。原來這「轉工」還是假的。幸好黨和政府對事情負責到底，又有了什麼「退養」的規定——把當年上世紀六十年代以前上山的，（各種原因未放走、或者說沒丟掉的包袱，）統統由茶場養起來。不過，工資、福利由於個體的原因——在茶場勞動時間長短，有無技術，當年表現好壞，（這裡不排除幹部主觀因素，）是否「轉工」等等，從二〇〇三年的一百九十元至六百多元，分了三六九等。部份子女，當然也為了昭示「政策英明」在形式上不受歧視的有了工作。最好的晚景在峨嵋、樂山買了房，過著退休的生活。也有了「醫保」，但那些領取生活費的人，等於有了不申請的長期「低保」。養到死。山上山腳房子多，隨你住。上山時是少年、青年，這輩子就如此荒廢了！比起過不了「災荒」的人，算是多經歷了若干年風雪、多曬了若干年太陽，沒有別的意義。然而他們比放走了又沒「落實政策」的人，也算多了一份可憐的依靠。閒聊中他們語言過激，但也有一定道理，說「毛澤東不止害一代人」，還說比起當年國家主席，和許多「革命功臣」，他們算幸運的。要「同學」們愛護身體，等到進入小康社會。我們這代人算倒了八輩子霉，碰上了從古未有的毛澤東時代，幸好有「第二次解放」，國家、民族才有了希望。人也才慢慢過上人的日子，顛倒了的才又顛倒過來。見他們剛在飽暖線上，還心懷天下，不計較自己貧困潦倒，而希望國家、社會更好！現今還留在山上山下的「同學」們，雖不算苦盡甘來，畢竟挨過了多少年的黑暗專制年代的奴役生活，也多少能享受新時期改革、開放後的實惠和關照。願向你們致以衷心的祝願：健康長壽，安寧地度過晚年！

也有最不幸的一批，那就是早被「關懷」，「清放」回家的人。當年人人羨慕他們早早離場，殊不知回去後的一切還不如在山上穩當。老家人磕頭作揖求社長、求書記回到農村的被當作「五類份子」（地富反壞右）在管理上實行「群眾專政」——不准外出探親訪友，不准上街趕集，一句話，只准規規矩矩，不准亂說亂動，收封平信也須先經生產大隊折閱，確認無任何「罪惡」聯繫才給你；勞動生產上同社員一起掙「工分」，只能早到晚走，別人挑十擔糞掙十個工分，你必須挑十二擔，另外兩擔是對集體的「貢獻」，按理說應有十個工分，實際只給你記五個。原因是你要繼續勞動改造，報酬不能給一般社員一樣。有些不計工分的公益勞動，一次也不會忘掉你。每年結算十個工分一毛錢，你只有五分。除去平日分去的口糧，別說可以分到一點現金，實際你還倒欠帳。社員每年也會分幾次豬肉，你也有份，但最多的是肉皮和骨頭，或者加點斤兩全是腸腸肚肚，豬肺什麼的，多了點重量還要你感謝公社的關照。

再說回城的，當初的勞動教養一般都先開除公職，不是單位要回去的，很少能回到原單位。惟一的一條生活之路是做臨時工。儘管組織很嚴密的社會主義計畫經階體系，總會有一些生產建設方面的計畫不周，需要臨時增加工人，或為生產建設降低成本，有意留點機動，由此國內任何城市任何時期，必然有相當一大部份「臨時工」，對任何生產建設都十分划算、有用，首先與正式工人同工不同酬，臨工工資嚴重偏低，除了現場工傷沒有固定的社會主義勞保福利，不用分房，不管交通，更無假期，馬克思講的「剩餘價值」沒有一分一厘屬於自己。明明白白是剝削、壓榨，要說成光榮的、為革命的生產建設，是社會主義的生產方式之一，是人民當家作主的勞動關係。而且這多勞少得的苦力工作，還要低三下四去懇求、去爭取。不是幹革命的熱情高，而是肚子空了它會叫，孩子餓了他要鬧，想做離家近點的臨時工，還必須討好你居住地的「居民委員」，別看這些加十級都不夠是官，他（她）可以決定給不給你飯碗。讓你餓不餓飯，有沒有錢買米、買鹽，作為居民的一切事情都在他（她）手上開始辦。他（她）就是你那裡開始接觸公權的代表、仲介。若不小心某次同他碰面忘了問候安好，要找你點麻煩太簡單，給管你戶口的片兒警吹幾句，在街道辦事處管分臨工的備個案，說你表現不好，得不到臨時工作，輕則馬上餓飯，若下決心整你，還可遲早送你去再勞教。上世紀六七十年代這種事就很多。居民委員的設立，是政府基層關心人民冷暖，瞭解人民群眾有什麼困難。但公安派出所、政府街道辦事處一般都聽他們（居委會）的意見。不是每件事都下來調查，好壞都由她（他）們說了算。有本書上說她們是「小腳特工隊」（各地居委會裡老太婆居多）。她們最愛說東家長西家短，是無事生非的能手，有謊報「軍情」的天性，自私狹隘無文化。他們往往就此有了一種優越感，甚至當作一種特權。家庭有人參軍、升學，婚、喪、嫁、娶，遷移，單位招工，居委會成了關鍵的關鍵。對於從勞改單位放回的人，街道辦事處管勞動的勞動調配站都很照顧，只要願幹、別人不願幹的工作——或者離家太遠，或又髒又累有危險。（臨時工的工資在一個城市是固定的，是以日計算的）有你幹的。家裡或能多養個把人，有時也不准你鬧起耍，要勞動要建設社會主義。如果城市有什麼活動，特別是有中央領導人「蒞臨」，這些曾經的釋放犯，各派出所管區統統集中在指定地點「學習」。直到活動結束或來人已離去。這些非人待遇的結束，實在要感激共產黨的「第二次解放」！

我聽過各階層的好多人說過，毛澤東領導的全國解放，宣佈中華人民共和國成立，那實際上是皇權復辟的開始。說「推翻三座大山」，帝國主義是趕走了，官僚資本主義是換了老闆，封建主義才有的特權紋絲不動，還加大加重。最簡單的例子：什麼級別的人抽什麼香煙，喝什麼酒，老百姓只能看不能享有，因為你不能享受「特供」。還說這以後十幾年的統治，遠遠地超過了法西斯。二戰時期有中國人在德國和義大利，回國後說，無論希特勒或墨索里尼，除了發動侵略戰爭、實施擴張、危害和平，迫害猶太人，虐待和殺戮戰俘、決不搞什麼「運動」——目的整自己的人民、自己的同志。一直搞得真是「慶父不死，魯難未已」。聽人這麼說，不敢論真假，留給我們有良心的歷史學家——這方面歷史上有楷模的。

早年放回城市的期滿勞教人員，在嚴酷的現時環境中，在夾縫中求生，那精神的痛苦，實際的艱難，比在山上茶場圈養的就業人員有更多的辛酸。有少數人還主動自己再回茶場請求收留。也出於對留場就業的人管理有利作用，給幹部添了留場就業合理的藉口，回場的人等於作了反面教員，說明全國是一樣的艱難，也許在茶場還好點。因為專政的不是群眾，一個隊就那麼三四個管理人，就業人員才是多數群眾，出工勞動，吃飯拿錢，似乎比在外面還平靜安寧得多。於是清放不清放的問題，因為有人放了還回來，也就顯得不那麼強烈要求了，只盼大環境大形勢的改變。有人說茅坑底的石頭也有重見天日的時候，最現實的是過好眼前。「同志加兄弟」也要打仗，（此後兩年）推崇的「老大哥」早已翻臉，「萬歲、萬歲、萬萬歲」最多再喊幾年，不信永久不變。已經說話口齒不清，走路要人扶持，手中權杖一定不穩，何況當年受害最深的是他自己隊伍的人。老百姓在他心中早已成為一種工具，他在老百姓心中早已是死人。雖然威風尚在，早已失去人心。水載舟，水覆舟。不信等著瞧，「駕崩」以後形勢就會變。我們就業人員相信這種心理全國人民是一樣的。看後來粉碎「四人幫」的消息傳出，全國人民自發的歡欣鼓舞到了瘋狂的程度，與其說人民得到「第二次解放」，還不如說共產黨為了挽救自己的政權不垮。「共產黨人專權的國家」才在真正意義上成立了。當時就有這種看法和議論。「人民行列」以外的人說話論事當然不同於「人民」。

（二）

日升日落，月缺月圓，說是自然規律，沒有人類就早如此了。光陰荏苒，似水流年。轉瞬到了一九七六年。事情沒有發生以前，誰也想不到這一年是多事之秋。有人說應該把「國慶」日定為十月六日才有真正意義，共產黨也在這一年開始獲得了新生。

「開門紅」的口號可能還有人記得。它是指各項工作，特別生產、建設，好像騎在奔跑的馬背上隨意無限制的加鞭，快點，再快點！然而對留在山上的就業人員來說，對一切號召，一切政治宣傳的鼓勁，早就麻木了，聽厭了，煩了，嫌了，不但無動於衷，甚至反感了。如同孫悟空在八掛爐中未被燒成灰，那還管你熱風冷風使勁吹。

勞動工作簡單得不能再簡單，而且年年月月不變，已重複了二十多年。農村關心立春、雨水、驚蟄、春分，而我們的莊稼是多年生的木本，不須年年播種，只要春秋採摘。這刻版複印樣的日子，使人不但沒有變笨，前面說過，由於各種各樣的人聚結在一起，在一樣條件下，在同一環境裡，隨著時間推移，終能互相磨合。上山前的教師，如今也熟悉了扒手的技巧，原來搞公安的，在這裡的朋友也許正是從前的強盜，從前的賢妻良母也變得潑辣蠻橫，純潔的少女也學會了怎樣招惹男人。終年只為飽暖操心的人，也學會了關心國家形勢，有的經驗使我們明白政策的改變、調整，決定著人們的生活前途和或富或貧。本來是用「馬列主義、毛澤東思想」來統一人們頭腦的地方，卻事實上成了一個五顏六色的大染缸。各自的品質在互相影響，各自的特點在彼此交流，生命在逐漸失去原來的意義，行為在變得如何適應眼前。但有一點還沒有徹底忘掉：違反人性的事情不可能持久，絕對的權力也不可能永久施暴。

在把生產推上新的臺階，實現「開門紅」號召中響起了哀樂，周恩來總理去世了！那就去吧，儘管聯合國出於對一個常任理事國成員的禮貌，還暫停了會議，下了半旗。「老就」們「勞教」們沒有一個人哭泣，也沒有人悲傷、也沒有人憂愁。有人說總理為黨、為國辛苦一生，但沒有為老百姓解決貧困；沒有使社會公正、公平；沒有給國家制訂健全的法制，公權是在無監督、無限制下橫行。累倒了就好好安息。有人說總理生前若不是事事「緊跟偉大領袖毛主席」，也許還不會讓老人家有那麼大的霸氣。「史無前例」的開頭，他也拿個紅本本。一國總理是國家的當家人，是首先管具體事情的，國家興衰首先有份。二十多年的執政沒有換人——這相當於西方國家的六、七屆連任。給了老百姓多少實惠？還有「反動」言論：有人說他是總理毛主席的事情，差點江青還不要他總理了。廣播裡說「紅旗低垂，新華門前灑滿淚！」我們山上正忙著要春茶豐收，正加緊管理、施肥。場、隊並沒有開會悼念——也許我們不夠資格；也知道幹部們也沒有響動。黨和國家領導人的喪事如此從儉，這還是值得稱讚的。聽說阿拉伯世界的某個國家喪葬風俗更怪，國王死了是讓一個人用牛車拉到沙漠某個地方，不讓人知道悄悄丟了。說周總理的遺願是骨灰灑到祖國河山，遺憾飛機不能飛去臺灣。大夥稱讚這還真是無產階級。也有「臭老九」為總理惋惜，說辛苦劬勞一生，鞠躬盡瘁，結果兩頭不討好，立個功德碑都難；但總理畢竟是精明的，知道焚骨揚灰最好！免得後人掘墳問罪。還不如鄧副總理大刀闊斧，每每給人民的實惠看得見，儘管捉走了你的一群母雞，還給你一個蛋。比起餓死人不准逃荒的年代好多了！記得當時還在採春茶以前（一般是「五一」開山採春茶）鄧副總理又遭了！幸好還「保留黨籍，以觀後效」。不是現在說，當時就認為「保留黨籍」就好，一定有「後效」。「人民的眼睛是雪亮的」，人民也是感恩的。鄧小平復出那一年，我們就業人員就管束放寬，又加十多元錢（按當時所得加了一倍，是上山十幾年來第一回），小百姓、底層人，總是有奶便是娘，當官的難道就不求功利嗎？誰都知道滿清朝只有官才穿得上馬蹄袖的衣裳，就是鼓勵你爬到皇帝腳下。不是嗎？小百姓胸無大志，不管治國平天下，只盼能齊家。不要一家人搞成左派、右派、中間派，就額手慶幸了。誰在關心國家命運，誰在操心個人權力，老百姓有眼睛、有心思的。

「清明時節雨紛紛，路上行人欲斷魂，借問酒家誰瘋了？韶山沖裡那個人。」原本是古人一首好詩，在山上「壞人」成堆的地方，不知被哪個「臭老九」改得一塌糊塗，而且看得出此人文化不高，只改了一句半，但意思全變了，而且內涵有些反動。因為又是在大張旗鼓的開始「批鄧」期間。幹部追查了好一陣子，誰都說在公路上聽來的。幹部說這是階級鬥爭新動向。來往公路上的人很多，指不出哪一個。而且這公路又通紅林伐木場（屬川南森工局的國營伐木場，林區外全是茶場的道）幹部是壓住了不再有人說，終未找出個就業或勞教人員來批判、鬥爭處理。不了了之。而且告誡大夥，社會上的壞人也多，（那意思說「明天的罪犯」黨和政府也「關懷、愛護、挽救」不完）要提高靈敏的政治嗅覺。這是給鄧小平翻案叫屈、攻擊毛主席的「英明決策」的。住在公路邊更要當心流言。這時山上的人真有點傷心。一怕減「工資」二怕再管嚴，好在以上兩種情況都沒有出現。不過，幹部提醒大夥不要為鄧小平喊冤叫屈，要擁護黨中央、毛主席的決定。

有人說幹部們也在勉強執行政策，他們心中也揣了個鄧小平，不然怎麼沒有緊起來，怎麼沒有一再強調我們是「劉鄧路線」的「社會基礎」。很多人心裡想，鄧小平好好的怎麼又讓老人家不高興了？撤銷黨內外一切職務到此為止就好，不要關進秦城監獄。進去了出來就難，出來了也多數致殘。國家的興衰總會有特別的人，第一要有人心，第二要有權力，第三要有敢捅天砸地的精神。別認為山上住的賤民，議論問題還有理性。中國將來要有大變革，似乎已經準備了個鄧小平。

這一年共和國流年不利，一月歿了周總理，六月又悄悄走了大元帥，九月又殞落了「大救星」。中國老百姓好可憐，對許多本國的大事都沒有知情權。要靠違法、違紀的收聽「敵臺」（「敵人」的廣播電臺），從那裡去找新聞的第一時間。難道當年的國家大事不是多從「出口轉內銷」才知道嗎？好似「敵人」參加了我們黨、國最高的政治局會議，許多人事變動，政策調整，哪裡開會，議論甚麼，什麼人參加，先說得一清二楚，事後也能得到驗證。在「人民作主的國家」在「優越的社會主義社會」竟有這樣的怪事！

多謝世界科技的先進，發現了「半導體」並做成收音機，比起我國當時的「紅燈牌」電子管的，既輕便、又便宜，普通百姓都買得起。這東西當年在茶場並未嚴格禁止個人擁有，只是不准收「短波」（敵臺範圍很大，如今已經不用說了），那又怎麼管制呢？有收音機的統統交到山上的配電房去，那裡有說懂又不懂無線電的狗屁工程師，把內置天線線圈斷個頭，讓人調不到短波波段，再貼上一張小封條就算檢查過了，合法了，合規定了。本來有些人買收音機是想聽「你看他綠窗燈火照樓臺，那還記淒風苦雨臥倒長街」的川戲，（當時傳統戲並未開禁）或者「馬兒啊，你慢些走呵慢些走，我要把這迷人的景色看個夠……」歌曲等等的，根本不會收敵臺廣播的，也要交去打開機子掐線圈頭子，貼封條，很反感。當然也有人會還原。結果反而弄得有收音機必收敵臺。別人說的消息新鮮，在指出我們某些方面失敗的原因，和如何藐視生命、踐踏人權，聽來客觀、公正。逐漸的使人明白、並厭惡我們自己說假話、只放大說成績的媒體。管理上限制收短波，是限制收敵臺，結果自己國家的短波頻段也收不到了——這可是宣傳社會主義好、和四個「偉大」呀！

激起了逆反心理。由此也誰都知道了鄧麗君唱的「我要為你歌唱，唱出你心中的希望……」啊！歌曲還有這種唱法！悅耳的鶯聲像拌了蜜糖，給人一種化不開的柔情——怪馬可尼發現了電磁波，載著資訊飛過高山，飄過大海，不要船也能過大渡河，對我們雖沿途設卡，它卻能進入人的被窩！太偉大了。聽起來真是使人軟綿綿的，好舒服！像心窩子得到她撫摸，渾身筋骨得到舒展。原來小小「話匣子」裡有如此精彩世界！管理幹部們對收音機的管制又失敗了，他們哪裡知道「不審勢，寬嚴皆誤」的道理。對此有人嘲笑，管得確實夠寬、夠細。前些年夫妻同居日子有規定，只是管不到一夜幾次……收繳書籍除了馬恩列斯毛的一律查抄沒收，包括字典，能寬大留下的又沒人願讀、願看，因為現實和書上講的完全相反，或相差太遠。祖輩留下的老照片，穿旗袍、馬褂，是封建主義的，像中有纏過小腳的，是對婦女的摧殘，如今一個收音機也要讓它功能不健全。可惜這技術太簡單，拿回來復原毫不費力，何況都是同類人，透露點技術不必手把手教，大夥都會搞了。不過也確有笨蛋當了典型——他收了那時國民黨說謊的電臺，還按電臺公佈的地址去信問個什麼事情。這位「老就」不想想，信要經過別無分號的國家郵局，每個人都可能知道的地址，難道國家相關部門不知道？保護私人通信秘密雖上了《憲法》，《憲法》早已是一紙空文，劉少奇不是捧著《憲法》要保護嗎？據說公安局簡直不費一點力氣就查到寫信本人。當時樂山地區公安處，像捕捉國際間諜來茶場抓人，最後賞了七年時間讓這位老兄去仔細反省，是天真還是愚蠢？罪名簡單：「同敵人掛鉤，陰謀顛覆、破壞我人民政權。」

廣播、報紙還沒有公佈「偉大領袖」逝世的消息，百分之八、九十的就業、勞教已經知道。肯定早於管理的幹部們。簡單的原因，他們不一定天天開收音機，更不會深夜凌晨聽。半導體比臺式收音機方便，可以戴上耳塞在被窩裡一個人聽。只要嘴巴緊，天下事早知道。「大救星」殞落了，這石破天驚的消息發生在下半夜，立刻在大寢室引起噪動，說也不好，不說又像對不起同仁。常言「坐監坐監越坐越奸」。過了幾分鐘換個說法公開消息：「反動的外國電臺惡毒誣衊、攻擊偉大領袖毛主席，說毛主席死了。混帳，亡八蛋，造謠、放屁！」第二天才從我們廣播證實，別人沒有造謠，大夥相視一笑。

這消息我算是晚知道。記得當晚正值夜班——值守破解大木頭的龍門鋸，還不到早上六點，我們農科所的楊君，（現居樂山市，健在）也是五十年代上山的老「同學」，他在農科所，同我隊僅隔一條溪溝，相距不遠，特來我上班的地方，先向我打手勢：翹起一個大姆指，不斷指向天，接著一個嬰兒睡覺的姿式，雙手合十，偏貼一腮，眨幾下眼，頸脖一歪，腦袋搭耷在肩頭上，雙目緊閉。如此重複兩遍，我也不明究竟。還怪他起得太早來同我開玩笑。他見我太遲鈍，終不明白他的意思，我無論如何也不會想到「萬萬歲」去了。楊君才湊過嘴來，樣子像要咬掉我的耳朵。那聲音真如蚊鳴：「老頭子歸天了。」我的心沒有特別跳一下，呼吸也均勻。為了感謝彼此的信任，我向他說「難為你今天起得真早。」他說「我讓你第一個知道。」我說「第二個知道，因為你已早我知道。」由於我工作地燒有火堆，山上九月早晨已感手冷，夜間暖茶熱飯，有的是木頭，燒火堆是允許的，茶場後面是原始老林，最不缺的東西要算大樹，木材。我讓楊君暖暖手喝口熱茶再走。坐下來第一句話就是秦始皇臨海、登泰山，祈求長生不老。命徐福率領五百童男女去海上尋仙山，覓長生不老丹。果然是「海外有仙山，山在虛無飄渺間」。徐福找不到「長命仙丹」不敢回來。徐福人未還，始皇已歸天。五十來歲死去也不算夭折，只是窮兵黷武統一中原太辛苦。如今兩千年過去，人們記得的是暴君的頭銜！想萬世而為君，畢竟不算長命。老人家八十出頭，是壽終正寢。如果胸中多點愛、多點仁、多點義、多點寬容、不搞窩裡鬥，不要讓人迷信自己——是真理化身，是人民「大救星」；自己也不迷信人定勝天——雖然在中國大陸有不受監督、不受約束的無限權力，但世界其他地方可不全是「半封建、半殖民地」，何況人家又是不靠「崇高理想」而重實際過日子的。再少點舞場喧嘩，不搞「陽謀」不施詭計、禍同志、害人民，弄得心力交瘁，順利超過「蔣該死」（「革命群眾」對蔣介石的別稱）的年齡是沒有問題的。不過人們又擔心有二次、三次「文化大革命」。是痛其辭世？還是死早些結束一切最好？不好說。

全國下半旗的規定，山上很難貫徹執行。因為中隊從來沒有國旗。也許管理者早就自知，這地方是違憲的機構，執行著非法的措施，不能讓國旗飄揚。

我們感到最悲哀的是廣播，每天訃告一字一頓的聲音，讀得讓人感動，多好的電臺主持人啊！我們知道你聲淚俱下，我們也感激老人家「關懷」了我們二十年，在山上過得比當地農民弟兄好——已經不慮溫飽，每月還有點零錢。這日子還長嗎？使我們真的操心了。

中隊也安排了一個儀式（各隊一樣）令所有的就業、勞教人員，一定洗乾淨臉（這是二十年第一次以命令形式要大夥洗乾淨臉）換上最乾淨的衣裳，在當晚的學習時間，集中在一起，這地方要能掛毛主席肖像，幹部對集合整齊的人員，只簡單地說了幾句話：偉大領袖毛主席逝世，是黨和國家、全國各族革命人民、全世界革命人民的重大損失。要化悲痛為力量，搞好各項工作。向領袖像默哀三分鐘。默哀後就解散。時間確實不長，從集合整齊到解散不到十分鐘。最長的是集合時間，耽擱集合時間的原因是衣裳。衣裳人人都有，絕大部份人的衣裳破爛而不乾淨。自己沒有借別人的也行。而且不准不借。折騰了一個多小時，有人穿棉衣，有人穿毛衣，有人穿襯衣，有人穿長大衣，有人穿單衣，有人穿棉毛衫，有人穿桶絨衣……最初還要求藍、白二色，看顏色實難統一，也就寬大了，只是不准穿兩個色以上的。只求務必乾淨不准有破爛。至於是否合身不計較。當然，手長袖短，領小肩寬，有的長得遮住臀部，短的剛蓋肚臍……樣子滑稽誰也不敢笑。事後有反改造份子悄悄說：前些年「武鬥」中的「戰俘」，在雨中「請罪」那才統一：一絲不掛，僅僅頭髮長、短，多、少，黑、黃不均，下體也就濃密稀疏不同而已，天上下著雨，從頭淋到腳，直到那場雨停，不動手洗也乾淨。

本來這期間就有學不完的文件，從「枇林，批孔」，又加上「反擊右傾翻案風」，緊接著「繼續批鄧」。批過去，批過來，上上下下都批掉了熱情。政治學習已經在走過場，幹部對學習也好像鬆了勁，生產的安排成了第一。本來每天發到小組的報紙是無人過問、無人看的，突然間成了搶手的東西。大夥都想從報上讀出最新的消息。似乎總感覺一定有事要發生。這時搶報紙看成了熱門。學習發言積極是時事討論。毛主席逝世後不久，報紙上出現一張大照片，當時「黨和國家」領導人幾乎都在上面。「第一夫人」江青站在最中間。有人說仔細看他們各自的神情，這是假團結，一年半載肯定分裂。無論誰掌權，我們就業人員的情況都會變。有人說半年也許太快，有人說趁熱打鐵也許時問更短，夜長夢多誰也不願久拖。要說江青一夥「掩袖工讒」把國家搞亂，他們誰也不如毛主席深謀精算；要說華國鋒有手諭「你辦事，我放心」，可他算坐飛機到中央，根基不深；還有造反起家的小幹部王洪文更不是東西，不是文化大革命檯子上還看不到江青，一個不乾淨的電影演員想當中國的後武則天，沒門！由此人們相信共產黨內有能人、有精英。看有人未在文化大革命中受到迫害，又未見為大革命認真鼓勁。會不會打到前臺，肯定是老一輩掌權。要不被「開除球籍」，要安定天下，要安撫人民，決不是「繼續批鄧」或者「你辦事，我放心」。再看史達林去世，也有個馬林可夫幌了一下，個人獨裁、專制的政權交替，必定發生紛爭，交替方式決不是和平的，平靜的。中外古今的事例都多次證明了這一點，封建主義思想根深蒂固的中國、加上共產黨極權政制更不可能例外。

別小看山上這堆「壞蛋」，二十年了，頑石也會修成半仙。天天被人專政，年年當成壞人，到底這輩子還能不能變人、還會不會改變命運？可是天天關心的。也學會了實實際際的看問題，想事情。由甚麼都信，到甚麼都不信。雖然神仙打仗，但風雨雷電直接影響自己，而且很快很直接。因此對國家政治風雲特別關心。大多數人沒有很高的文化，更說不上專研，僅憑身受的苦難，和希望過上普通人生活的企盼，隨時都注意著形勢的演變。

就業人員早就規定有探親假，除去來旅途耽擱只有七天，還可報銷最低車費。但請准七天假可能懇求一年。總有那麼多的「特殊照顧」——這個家裡死人，那個回去結婚，這個父母病危，那個外來證明……一個中隊幾百人，農忙不准假，農閒也只准一二人，還有人沒有回隊，準備批准你也走不成。說去說來還是給一點點希望，目的讓你安心為勞改經濟耕耘。要得到徹底解決，只有依靠政策兌現，下面還要忠實執行。

說來也十分奇怪，自毛澤東逝世以後，方方面面都實實在在的感到減輕了許多壓力。茶場在管理上確實有所放寬，難請的探親假批准也多了、快了。新勞教不用說了，到期走人；五、六十年代上山的就業人員，只要有家、並提倡投親靠友，有去處的，能走的都走。茶場都盡力為其聯繫戶口，能放走的儘量放，要留的是如果走了會影響日常生產，一般是一些有專長有技術的人員，不過也是說緩一點走。沒有再提爭取不爭取、表現好壞的問題。如果本人年齡又不太大，茶場確實需要你，幹部會借各種機會和你擺「龍門陣」，許諾給你「轉工」。留下來為茶場長期效力。「在哪裡工作都一樣嘛，我們還不是在山上幾十年了！去哪裡都是建設社會主義。」幹部如是說。似乎已經忘了我們是專政的對象了。已明確的不是在我們頭上了，暫時不讓走是挽留。這期間還專門又成立了「職工食堂」。這伙食團由就業人員自己辦，炊事人員工資和炊事用具由公家補貼，吃好吃孬，哪個去採購，哪個去做飯，每月吃多少錢，是吃飯票或是集體核算，一切都尊重就業人員自己意見。幹部完全不管。於是一個隊有三個廚房，幹部、勞教、就業人員。主、副食的供給從此也透明起來，該多少是多少，絕不短斤少兩，更沒有不知情的、無正當理由的尅扣。管教幹部也主動收斂了往日的許多威風，不再是一開口就聲色俱厲的吼。

這時的中心任務，仍然是「抓革命，促生產」與「繼續批鄧」。在山上二十多年少有的寬鬆中，日子像過得更快。這一年中被清放離場的人，比以往十幾年總數還多。原來針對「反改造」份子加壓的「集訓隊」——監中小監，不知啥時候悄悄關門了，那地方那環境改成了清放學習班——實際管理內部叫「出監隊」。各隊清放的人都先到那裡去集中，學習也沒有特別的內容。多時還是要出工，參加所在地中隊的勞動，學習多是當時形勢——讀報紙、討論。當然發言離不開感激黨和政府，對自己多年的「苦口婆心」的教育，無產階級革命人道主義的「關懷、挽救、寬大」，和幹部在生活上「無微不至」的「愛護、照顧」，還不忘臭罵自己一頓：以前「危害人民」，成了社會主義消極因素，成了牛鬼蛇神——說不出具體事情。幸有共產黨「挽救」，才有機會「重新作人」；還說在茶場的艱苦過程是「必要的」，對黨和政府只有感激沒有二心，今後一定百萬分遵法守紀，作一個社會主義的新人！等等好聽的、卻是違心的、完全不符實際的假話。說的人不臉紅，因為多年習慣了；聽發言的幹部很順心，不內疚，也是多年習慣了。說假話的時代不說假話才不正常。不同的是享受「萬歲」的呼聲換了人，此時發言偶爾會提到「華主席萬歲！」但仍有反改造份子說成

「半歲。」嘿！還歪打正著。雖然不止半年，也差不多。

「清放學習班」成立的目的，確實至今也找不出除集中以外的什麼意義。從心理學的角度說，可能是讓人牢牢記住「蛻變」的過程，「狗皮」剝了多年，現在也不是「狗肉」了。再磕頭，再感恩。馬上就要離開這單身來繁殖了兒女才走的地方了，二十多年，彈指一揮間！或者要讓人牢牢記住曾經「狗肉」之身；或者是調配幹部分頭送人，負責到落戶地把戶口、糧食關係搞定，需要點時間。

隨後在某個並非挑選的什麼吉祥日子，準備一輛下山放空的貨車，順便連人帶行李，送到峨邊馬嘶溪火車站。就這樣「拜拜，沙坪茶場，拜拜，宋家山！」真有不少人依依戀戀地回頭仔細再看看那山，想到那些長眠在山上的無數男女「同學」，有人滴淚，有人鼻酸！心裡想著：同學們安息吧！別羨慕我們今日回家，我們比你們多吃了許多苦，我們會永遠記住你們走得匆忙，走得年輕……我們如今已經老大，看在一同上山那段情，相信地下有知會祝福我們劫後餘生；若我們去後身體健康，生活正常，會回來看你們的。儘管是一片野花，我們知道是你們在為新時期歡笑，即使是一堆泥土，也知道那就是你……

（二）

一九七八年作者出了趟公差。那地方是另一塊勞改天地，對外稱是「1×5信箱」，是一個勞改農場。是原國民黨準備建飛機場的地方。雖然兩邊是綿延的大山，中間地帶是狹長平坦的高原。從峨邊去要過「長征」中有名的瀘定橋，真是水急浪湧鐵索寒。到這裡已翻過了山高路窄彎急的二郎山，越折多山到康定，「跑馬溜溜的山上……」就靠公路不遠。再往前走就是甘孜州了。這裡只有一條街，但供銷社、郵電所、糧站一應俱全，還有隔三岔五才賣票的國營汽車小站。這裡距成都約五百公里，這是藏族地區，向人問好叫「確克然松打嘎德摩盈」（藏語大約是「吉祥如意」的意思）。這裡的狗大得如肥豬，當然比豬強壯慓悍得多，說兩條狗肯定能吃完一個人，又凶又惡但不狂吠，都是用鐵鍊拴著餵，碰上了最好離牠遠點，牠咬住你就會少條腿。不過很聽主人的話，你同主人一起還可摸摸牠，若下次不與主人同在，牠是不記情的。這地方民風淳樸，多年都不會發生一件刑事案，甚至連偷摸扒騙都沒有。人與人互相尊重，有高度的彼此信任。例如，我去郵局取匯款，郵電員（櫃檯的）收了匯單，看一看，隨手從抽屜裡抓出一把錢，放到櫃檯上推到你面前，她繼續幹她的事。數目你自己清點，新、舊、大、小鈔票你自己挑選。看得出她並不十分警惕的監督，你說夠了，餘下的又一把攬進抽屜裡，這一筆公事就算辦完。我十分詫異和驚歎，我問她這樣不發生差錯？少了你自己賠？她還笑我少見多怪，一定是外面來的人。我再問她這樣辦從來沒有出過差錯？她肯定的口吻：「不會，不會，絕不會。」究其原因，她說這地方多數是藏民，他們老百姓幾乎不使用郵政，郵政的信件、包裹、匯款、報刊業務，本郵區就幾個單位，農場、林場、兵站、糧站、供銷社。這些人都有黨的教育，政治覺悟高，不會貪便宜。農場來的都是幹部沒有一個犯人，兵站的固定工作人員都是解放軍，供銷社都是本地人，林場的工人多數是往外匯款，來這裡取錢的太少太少，你收款匯票地址是農場，一定是來農場出差的領導（我年紀在那份上）恐怕你黨齡都有我年齡大了，你還會要我小丫頭賠錢？我除了笑笑，還能表現別的什麼，心裡想我樣子還像「領導」！真讓我實在的感受一回什麼是啼笑皆非。啊！這裡真是不治而安，誰說沒有「君子國」、「桃花源」！（聽說這裡也有過文化大革命，只在單位內部搞，一陣風就過了，沒有人上街，沒有好像鬼子屠城的打、砸、搶。）看來，終於還有未遭殃的地方！我中華民族童叟無欺的優良傳統還在，任何強權也無法徹底改變。歷史已過去幾千年，發展無止境。人的壽命最高的傳說，「彭祖」也才活了八百歲，八十三要改變幾千年，除去吃奶的時候，除去在圖書館當助理員的時間，能玩權的時間就更短。「蚍蜉撼大樹」的道理真的值得深思。

這個勞改農場地勢廣闊平坦，監獄就在場部旁邊。這條街單位加居民，恐怕不出百來戶人家，川藏公路就在場部門口，工作就是每天進監獄看犯人給我們茶場解木材，最後是聯繫汽車把木材運出來。這座監獄在當時可能是較正規的，有高牆、有電網，高牆上有崗樓，有真槍實彈的武裝二十四小時把守。這監獄裡的犯人都是長刑，都有確鑿的犯罪事實，頂多有個別撞在某次風頭上輕罪判了重刑。有知識青年在上山下鄉中姦淫、放火，有真正國民黨特務坦白沒有從輕，最多的是「西藏叛亂」強姦工作組女同志，殺害解放軍；就是一個身材嬌小的少婦，也是與人通姦謀殺親夫。在那裡大約三個月，真大大開了眼界，知道了人生確有許多難以想像的罪惡。

由於是出差好辦事，拿的是公家介紹信，沒有暴露本人「剝了狗皮的」身分。（就業人員）來到這裡農場，就自然成了公安同行，只要自己小心說話沒錯，不夠瞭解的關鍵（比如說多少號內部文件）就圓滑、敷衍、支吾。在農場幾月儼然一名內行又內行的公安幹部。同員警朝夕相處二十幾年，培養一個「克格勃」或「聯邦特工」也要不了這麼長時間。真正的假幹部我當得很好，自己的工作也幹得漂亮。犯人，警衛，幹部、家屬、子女，都認為我滿不錯。若我願意他們可同茶場協商要調我過去，那裡成都人最多。房子不成問題，工資除了高寒津貼先加一級，若沒有老婆可以選最年輕最年輕的——他們醫院的護士、女醫生、未婚女幹部比茶場還多。和平解放西藏的很多人都留了下來，他們不少女兒該嫁人了還待字閨中。保證去了第二年就抱胖娃娃。心真的動了，但知道自己是「假貨」，還是不深下去的好。那時人很老實，只信一紙介紹信。我是農場兄弟單位的客人，到處都受到幫助和歡迎，有求必應，人人熱情。那年代在山區、邊區的人很不容易調出來，想回成都如同小幹部想調進北京城。心裡最不是滋味的，是進出監獄路上遇見犯人，他們立刻背轉身，拉開兩三公尺距離，規規矩矩兩手貼腿立正站好，等你走過了，沒有什麼吩咐，他們才走或做自己的事情。這讓我在心裡暗笑，我們雖有不同但都是員警後院裡的居民。不過，我也思忖，人，何止三六九等。

最使我難以忘懷的，那裡沒有治安問題。如果晚上無聊去農場幹部家串門，可以肯定沒有一家是關門上鎖的，無論家裡有人沒人。那時最值錢的是皮大衣、臺式收音機，幾乎家家有。有的桌上還散放現金，若在衣架上翻一翻，說不準還掛有帶子彈的手槍。人去哪裡了？就在附近哪家打「百分」（撲克牌一種玩法），早晨去串門，定會吃到一碗香噴噴的酥油茶。外面的蟲草、貝母、藏紅花是珍貴藥材，農場醫院樣樣有，而且認病不認人。這樣好的秩序，這樣好的環境，這樣善良的人心，還要摧毀重來，高談什麼「我為人人」，這才是真正沒有良心。

放在監獄裡的幾百立方米木材，經過犯人粗加工——去掉兩頭，解去原木的四面弧形樹皮，製成「特大方」型材。運回茶場製作出口紅茶的包裝箱。因為政策允許進西藏的汽車返回可以放空，從成都進出西藏一趟，白跑一兩千公里，翻幾座缺氧大山，汽油白耗幾百公升。一年去來多少車，這就是社會主義的明顯大浪費，說什麼「勵行節約，增加生產」，也叫喊了多年的「反修、防修」，這照搬原蘇聯的經濟模式，老百姓白流多少血汗！（實說也沒有多少東西運出來，據說不超過一百比五，說拉一百車東西進去，頂多五車畜產品出來。）加上個人報酬不配套，不合理，司機出藏都不願拉貨，對個人而言裝不裝貨工資一樣多。重車裝卸耽擱時間，又添行駛風險，又沒有獎金，也沒有小費，還要影響「節油獎」。真是怪事，經濟會這樣運行！強勞動、高產出、低成本的利潤都在另一方面又浪費掉了，怎麼積累？還說我們天天在好起來，敵人在天天爛下去。別人上月球了，我們在開除國家主席。

茶場管物資供應的幹部姓車，同我是老交道了。當我上山勞教第一天落隊的新墳溝中隊，他就是事務長，二十多年來升到茶場負責全場生產資料供應去了。二〇〇三年已八十高齡。夏天我們在重慶朋友處見面，我問起這件當年的事情：老人家想想，茶場那麼多人，就我隊也好幾百，我思想「反動」有名，改造表現也一直不好，年年都要批判、鬥爭，這樣好的差事怎麼會選中我？幾十年都沒有弄明白。

他「嘿嘿」一笑，端上茶杯，開始慢慢談心：「這就是共產黨的英明。你來茶場第一天我就認得你了，二十歲出頭，人年輕，是學生。以後二十多年都幾乎全部時間在建築隊，一直跟木材打交道，所有弄回茶場的木材，第一道工序就是解，木材好壞、多少你比誰都內行，以前在大渡河邊收水運材，檢尺、驗收是你，車運材上山收料也是你。原木檢尺名堂很多，幾百立方可以多少相差幾十立方，到監獄去收料、並找車運回來，你們隊上考慮第一數量要夠，第二木材品質要好，人由我挑。所以我放心要你。更重要的出去後要同各類人打交道，太老實的不行，沒文化的不行，貪便宜圖小利的不行，分不請是非利害的不行，個人品質不好更不行，為木材我先去過那裡幾次，那裡除犯人管得嚴，其他都比茶場還寬鬆，特別是去了吃住的地方，都是幹部、家屬、招待所裡還有大姑娘……也考慮過派幹部，找車子運輸是大問題，而且很難預定時間，真的，幹部綜合素質比你們中的人差，你就是不怕批鬥的反改造嘛，勞教的主要原因是你家庭出身不好，還想去國外，但又不是偷越出境。說你反動是對政策，從不積極回應號召，說點怪話，除此外二十多年在茶場沒有具體犯罪犯錯事情……當年上萬人第一個記過處分就是你，我記得是為打架，現在可以說是打隊上出名的惡人，說明有膽量。那裡是少數民族地區，一去就幾個月，幹部去每天只有補助三角錢，誰也不願去，而且不懂木材。你出次公差，當幾天冒牌幹部，我不向對方介紹你是就業人員，相信你會自覺、自愛把事情辦好。那裡成都人多，你也是成都人，有親合力，去了除聯繫車子，看犯人加工木材，整天全在耍……」

「這樣說我是辦真事最好的『假貨』。」

「還有啊，你不會賣木材，不會賣《木材准運證》……一張就值幾百元。真派幹部去我還不放心。那裡幹部多是修「康藏路」留下來的，子女多，特別女孩子多，讀書都不行，學校也少，大部份安排在農場和農場醫院工作，十幾二十歲的大姑娘多的是，她們不願在當地結婚，戶口又出不來，當地也無人可嫁，當兵去的多，在附近種青稞，三兩年又復員走了，那裡有些事比外面放得寬……」

「你是說很多姑娘在挨餓，當然不是餓飯……」我說。

「你看你，滿七十歲的人了，還是當年那樣吊兒郎當的……如果去的人，讓別人下個蛋，硬要抱回茶場來，那才真麻煩……」車說。

「我當年身體還強健，零下十幾二十度都不戴帽不圍圍巾，就不擔心我晚上寂寞，找人『退火』？」

「相信你不會，第一你會先考慮後果。當年茶場四五個女子隊，也沒有聽說你『攆山』（前面說過的

「二十分鐘的愛情」）除了階級鬥爭不喜歡你，幹部對你還是有好感的。可以說你一直沒有調過隊。現在說說碰過別人大姑娘沒有？」

「你才說我吊兒郎當，現在你八十歲都滿了還問這些。」我說。

「說說笑笑人不老。」車說。

當年對立的上面、下面如今能成為朋友，說說笑笑地回憶過去，說真的要感謝死了階級鬥爭，社會才慢慢恢復了一點人性。二三十年沒有想通的問題，原來還真有那麼一點用人的「英明」。

如今老而有閒，回想當年。那三個月的公差，真留下許多感慨。特別那些姑娘們，在冰雪裡生，在風沙裡長，吃的是青稞，長得像花朵，拖一條粗黑的髮辮，一雙眸子像一對泉眼，不流水永不乾，長長的睫毛像泉水邊茂盛的蘭草，那「紅太陽」的臉蛋，那桃花瓣的嘴唇，藐視著世間的化妝品。都有一米六七高的個子，健康婀娜，說話先笑。她們有青春沒有快樂，人聰明上不了大學，除了會跳「鍋樁舞」（藏族的民間舞蹈）沒有自己的歌。每天只穿衣吃飯，候著接父母的班，與犯人比，她們感到很幸福。只知道門前的公路一頭到拉薩一頭到成都。問她們的最高理想是什麼，是「一輩子不犯錯誤」。問她們要一個什麼樣的理想愛人，大概都會說「中國人民解放軍」，問他們眼前處處都有怎麼不去找一個，她們說「都是義務兵，規定不准，是軍官都不願在山區結婚，雖說參軍三年，都是來種青稞，三年滿了多數仍然回農村」；問最想去的地方是哪裡？十個都會異口同聲：「北京」；再問什麼是最好的嚮往，《莫斯科郊外的晚上》。我笑不出來，只想哭。生在大山裡，活在大山裡，成長在特殊環境，遠離現代文明。原本美麗的生命，已經嚴重畸形！

當我完成這次公差走出大山，回到茶場，已經過了一九七九年元旦，再過幾天就是春節新年。人們議論的大事，是中國共產黨的十一屆三中全會的召開。鄧小平又站在中國政治的前臺，替罪羊「四人幫」要審判；已一拳把侵犯我國邊界的「同志加兄弟」打回諒山。還正在粉碎那個愚民的「神壇」。對「真理標準」的討論，對兩個「凡是」的批判。解除了很多人身上無形的枷鎖，許多冤案得到平反。不少單位來茶場接人回去，聲言當年處理錯誤現已改正，其他每個人都可提出複查申請——誓要把顛倒的是非顛倒過來。要讓「紅太陽」下的陰暗重見光明！共產黨要新生，共和國要生存、要發展。必須有人敢冒風險扭轉乾坤。要摧毀個人專制獨裁，仍然離不開掌權的共產黨人。當年山上山下只有一個聲音：鄧小平正好當此重任。

改正、平反，撥亂反正，符合世界大勢，符合中國實情。一切順風順水，就是「專政」的現場也充滿了新生。已經「就業」了二十多年的各類「份子」，揭了「帽子」重見天日，準備回家重新作人。

兩三年時間，全國各種組織、機關、單位都在平反冤、假、錯案。上到中央下到各地方最基層，冤假錯案最多還是勞改、勞教場所。確切實際到底有多少，至今也不知道。不過，這舉措惠及幾乎所有家庭——當然與「四人幫」林彪一夥的除外，這倒是不爭的事實。誰沒有三親、六戚、朋友、同事？當年的株連，有如當今的空氣、水源污染。比如從「胡風反革命集團」開始，到「劉鄧路線」，上有一個頭，就會扯上「嘍囉」千千萬萬。只要沾上一點邊，就定為「骨幹」；就是無由株連的親友，讀書的不能升學，工作的不能提幹，雖常說「一小撮」，實際是一大片。有說「勞改的四川」，我看還是客觀、實在、溫和的說法。雖然又過去三、四十年，如今半數中國人還想得起這些往事，有過親身經歷的人還沒死完。是惡夢也好，是一段歷史也好，最好傳遞下去，永遠不要忘記，才會倍加珍惜這來之不易的今天！不必太急性追求完美，只要保衛不再倒退，扭住「立黨為公，執政為民」，把我們帶進全民小康社會。順便特別提醒：做人要活得尊嚴，活得放心，敢向屈辱反抗，敢為權利抗爭，否則自己不把自己當人！

（四）

謝謝您，那位民警！

實在說我有很多不幸中的萬幸。就說勞動教養上山吧，在茶場整整二十五年，這二十五年恰恰是人生中最黃金、最鉑金、最鑽石、最青春、最富創造性的二十五年。二十五至五十歲！結果等於白來一趟人間。托祖宗勤勞的福，下地就不缺吃少穿。一直老老實實規規矩矩作人，剛剛知道痛癢，就無端弄去受苦受難。要說對共產黨領導的革命，從其宣傳、口號我歷來贊成。雖然受制於家庭原因，不准參加學生運動，那時正值中學階段，雖然我不上街示威遊行，但支持同學們買紙買筆墨寫標語、拉横幅，也出過不少「銀圓」，如果要找證人現在還有——當年高中的學生會主席。二〇〇三年還在世，如今不知老死了沒有。

允許申請複查了，最後還是當年那個「模範派出所」確實模範。在不同的歷史時期，模範有不同的意義，都能模範到底就真的不錯了——一張紙也能保留到以後二十五年，現今可能做不到了。我八分錢發了一封平信，他們說花費了幾個人幾個工作日，打掃了多年積下的幾公分厚的灰塵，翻了幾大木箱的派出所歷年積累的「文件、材料」。終於找到了當年送我去「勞教」的《申請批復》。否則誰也把我撈不出設在宋家山的深淵，勞教的集中營。

「送你去學習」——原來是勞教。自從「共和國」成立，國民有了出身、成分，分了三六九等，就以兒童翻小人書的概念，好人、壞人這樣粗分，自從有了「兩類矛盾」，或者革命或者反革命，我捫心自問，什麼都不是，只是一個停學學生，一個自然人。沒有說錯話，沒有做錯事情，沒有得罪任何人，在不革命就是反革命的理論指導下，就難怪好多人遭整！但又想回來，那些投身革命數十年，跟毛主席南征北戰打江山的老革命，甚至不離毛主席身邊，保衛老人家絕對安全，還授予大將頭銜，最後也會「反黨」！據說命大從哪裡跳樓、摔斷腿還未死，最後也在外國手術臺上客死他鄉。我有時覺得自己喊冤都害臊，別人九死一生為革命，也同樣勞動教養，我現在活著，論生死人雖不重於泰山，或許也不至輕於鴻毛。可許多中國好人、民族精英、忠誠革命者死了。若早死一個，留下許多該多好！

還是幹部關心，叫我找原處理單位複查一下，我好捨不得花了八分錢（當年平信郵資八分）可派出所卻十分認真，忙了他們好多天。終於得到《撤銷勞動教養通知書》那張紙。這張紙長不超二十五公分，寬不超二十公分。差不多一字抵一年。我的乖乖，這張紙真貴！它換了我二十五年黃金、鉑金、鑽石時間。雖然說「妥善安置」成了廢話，除了得到一紙《改正並撤銷處分》而外，「安置工作」或給予安排生活出路，再無人過問了。（或者一貫說假話的習慣一直改不了。）但我仍心懷感激，感謝那位民警！

沒有了「大救星」，人們從此天地寬。高興人們懂得維權，敢於維權，邁向民主、自由的腳步已經停不下來了；高興別的「同學」有好的待遇：「好同志，歡迎你回來，恢復工作，恢復工資。」我不羨慕。我有一張紙夠了。證明不是我的錯。世界上有哪個民族有如此寬厚?!牛踩你一腳，狗咬你一口，你怎麼樣？踩回來，咬回來？顛倒的再顛倒回來，打碎的文明再拼起來，有機會就很好了。何況臨時工好做，蹲在街邊還可擺地攤，再買點下腳菜、糙米，生活已經不太難。再想中國幾千年沒有誰給誰包乾。只要能辛苦勤勞，沒有官欺民，沒有富掠貧，同樣立業興家。我們的古老文明仍受到世界稱讚。

離場的時候，當我下山，本來有車可乘，但我想走走路。山上無石頭的路面，可回頭看看腳印。當年上山腳步沉重，下山了心情也不輕鬆。我要慢慢走，緩緩行，說不出一種什麼情緒？來時漫山荒草，去時滿坡茶林。心潮起伏，有失落，有悲哀，有感慨，有興奮。身後的、眼前的路已經很熟悉，感覺比當年寬比往日平。這山已經變了，有我的辛勤有我的汗水。我憎恨這場所，但我眷戀這塊土地；尤其蝸居在水泥森林以後，更懷念那原始老林，和群山環抱的大自然環境。那幾萬畝土地，它是我們多少人一鋤一鋤挖出來的，耗去了一代人的時間，枯萎了多少青春，灑落了多少眼淚！還有長眠在那裡的許多「同學」，我聽得到他（她）們在地下呻吟。我記得許多人的天真、活潑，記得許多人的友善、真誠；上山時我們成隊成行，要爬坡就要扶老幫弱彼此把手，娃娃們哭著不走，婦女們一步一撲，這個摔倒了，那個跌筋斗……這一切景象還似昨天，沒有走遠。如今我下山了反而孤零零的！就借用老詩人的兩句詩吧（我自己寫不出來）：

為什麼我的眼裡含著淚水？
因為我對這土地愛得深沉……

走著，走著，太陽出來了，已下到山腳了。峨邊縣城就在眼前，橫亙在面前在腳下的大渡河，流得比往日平緩。冬日的太陽照在身上是暖融融的。

從上山到下山，這故事該告一段落了。忽然想起我們祖先寫書的老習慣：結尾開篇都有一兩句詩詞。作者我才疏學淺，雖說「文從放屁起，詩從胡說來」，放屁、胡說我也懶，還是借用別人的方便。想來也是可以的，有這樣的先例。祖國傳統文化精深，就在於把相同的字句放在不同的地方，就有了不同的意義。先給楊資元（曾任中共廣州市長）先生作個揖，借用你兩句寫得很好的聯語，不見怪吧！先生《曾有感》，我也感慨良多。就借用了：

是處風寒，高處不如低處暖；
此山路險，上山容易下山難。

與國外親友促膝談

我不認為一個人會一輩子倒楣，如同每個人都不會一生一帆風順一樣。只不過脫離社會二十幾年，又沒有單位收留，當年熱火朝天的「落實政策」，對我而言只有一半：當年送勞動教養的錯誤《決定》是撤銷了，「安置」不但沒有「妥善」，而且根本沒有辦，實在說沒人管。去過有關部門，看得出敷敷衍衍。每天起床就少不了柴米油鹽，決定不把時間耽擱在跑衙門上，自己開始忙衣忙飯。既然社會已經真的比毛時代好，就多多體諒政府困難。一邊等，叫我幹啥就幹啥，一邊擺地攤。一二三年過去，有關「落實政策」的機構都撤銷了，啊！明白了：自己找錢吃飯。這等於人都殺了再糾錯，冤枉整你幾十年道個歉。我想大多數人都高興，不必為個人記怨。

從一九八二年下山到一九九一年又近十年時間，這時期過著辛苦的但是人的生活。要論自由，若只為穿衣吃飯已經夠了。要愁什麼，就是沒能力找錢。比起在茶場的二十五年，有說不出「幸福」的感覺——嘴可以說自己的話了，不再是一天到晚馬列主義、毛澤東思想、萬萬歲了；只要有錢買車票想去全國哪裡都行。至少百姓生活、若論穿衣吃飯又恢復到了「舊」社會。百廢待興，從頭再來。人類社會哪不是在進進退退、退退進進中發展的呢！在「黨的領導」下，人民又在「新的長征」途中了，好事情！

解放前夕去臺灣的親戚也取得了聯繫，說「開放」了要回來看看，特別看看我怎樣活著——我倆可以說差不多是在一塊過的童年，進入少年才分開，親如手腳。他說不管大陸發生了什麼曠古未聞的事情，暴政下還有活人，他堅信我會活著的。

那是一九九一年，正是黃花地，碧雲天。成都雙流國際機場晴空萬里，機場也正忙於擴建。隨著「改革、開放」的深入發展，要接待更多從天上來的海外客人。政府對台政策的理性調整，已打破了兩岸民間幾十年無來往的堅冰。

某一天記不清了。一個下午我已同許多人擠在用塑膠布夾成的臨時出口通道上，大概多是在等候各自的親友。我等的是表妹、表弟——如果當年無變故，這關係可能是妻子和老舅。無論怎麼說，在一個家庭一起生活近十年，如今已晃若隔世！四十二年前他倆去了臺灣，從此分成敵我兩個陣營。彼此都沒有少吃苦，但苦的滋味各有不同。人類同野獸不同，就是因為有良心、有感情，有智慧，還愛他人。當然也有人等同野獸。隨便一個衝動，就吃掉幾千萬人。法西斯、日本帝國主義，不過那是公開的敵人，暫時鬥不過可以逃跑，跑不脫才會丟命，如南京屠城幾天就殺我同胞三十萬人，但最可悲的是在「翻身」了還在家裡等著慢慢餓死，逃荒都不可能！

半個世紀的生離已同死別，如今知道彼此還活著，就忙著見見面看看人。是國民黨還是驚弓之鳥，膽小；還是共產黨缺乏被信任，人家不放心。我們能讓他們隨便來，臺灣卻不讓我們去。可以去，三等親，七十歲高齡。要見面我沒有條件，千呼萬喚，他們回來。一見面表弟就說要感謝旅行社幫忙，當時按他的情況（政治身分）工作又屬於保密單位，又是校級軍銜，還不准返大陸探親。多謝旅行社在異地搞的探親證件，在機關請病假，若發現偷跑回了大陸一趟，還有一定風險。我說「你不必這樣著急」，他說「人生難得幾回見。你們政策搖擺，比變臉色還快，哪天發瘋又打炮了。若再出個毛澤東第二，你還有二十五年？我已開過兩次刀，你命長我可能命短。機會不可失，能走就走，能見就見。政治這東西，說變就變。你知道當年胡宗南如何對『老總統』拍胸脯，誓死守住大西南，所有飛機為他軍用，安排你們晚走一個航班，結果一家人從此離散。死的死，瘋的瘋，關的關。今天能親眼見到你，我已經覺得是隔世緣。」

我倆高興、激動，在過道出口就互相抱往肩頭，已忘了是否妨礙別人過路行走。真是「淚向眼包流，流了許久」！再加一個當年的小表妹，如今已是老太婆，三個人一團，堵住了出口。似乎是人都理解：別人正在連接斷了的血管，不能妨礙，自己要過去就側身走。

感謝在茶場「臭味相投」的劉君，原是重慶人作了成都女婿。為盡地主之誼，他周全地為我安排了接待。由於同來的表妹夫，他經商跑遍了半個世界，同成都的中國旅行社聯繫好了住宿。錦江賓館二樓——據說是旅行社同賓館長期包租的一層樓。住宿及房內消費收美元。我要付帳也付不了。在幾天的相聚中，遊峨嵋，逛樂山，我請客，客人買單——當時消費領域有個規矩：看準一行有臺灣、香港、海外回大陸的人，一定要收美元或「兌換券」。不分主人客人，兩眼只認錢，美元或兌換券。當時在樂山給我留下特別深刻的印象：那是樂山指定能接待外賓的什麼「……州賓館」。我訂了房間，卻拒收我的人民幣，一定要美元或兌換券。無論怎樣解釋、爭吵，大堂經理（一個年輕人）粗著脖子紅著臉，「美元，美元」。最後還是知識不多有點文化的表妹打圓場：「別吵了，主人、客人都是一家人。暫時分居兩地，不能否認一脈相承，你們常說血濃於水，實際把我們當成了外人。美元畢竟是人家的貨幣，一定要就給你。只要自己發奮圖強，不要自搞一套，不要今天整同志，明天整人民，全國和睦地搞經濟建設，人民幣也可能在世界通行。」服務台收了美元，收銀小姐回報一個甜蜜的微笑，真的笑得醉人，笑得舒心！使我回味了許久……

記得相聚日短，談論最多。可謂促膝長談還是在錦江賓館。先從賓館說起，客人是滿意的。說比起他們臺北的圓山飯店，硬體差點，服務差不多了。他也知道「文革」期間說李井泉「偷錢」修的。家庭的幾頁流水帳很快就翻過去了。很快就說到不遠處的毛主席塑像（立在現稱天府廣場那裡）他問我：「難道他對百姓、最多的普通人民有功嗎？為什麼你們還不撤？他真有在天之靈，看到像前的當今情景，和平居民忙著找錢，忙著改善生活，還有晚上的青年男女，摟摟抱抱，喁喁私語，都沒有說階級鬥爭、共產主義，活著也會氣死。對國民黨他打贏了，對歷史他肯定輸了……」

「也不一定。在他領導下，他給了共產黨一個國家，共產黨人一定會永遠記住他……毛澤東是成功的——他團結全國人民在不長的時間取得了國家政權，當時又得到各民主黨派的信任，在可以預見的將來，不可能有誰能挑戰共產黨的執政地位；毛澤東也是失敗的——在他本人執政期間，嚴重破壞了我們民族的文明傳統、民族的思想感情，這等於丟失了一塊既得的領地。足使共產黨蒙塵失信。繼任者要『收復失地』，並取得國際社會的信任，我認為這任務既光榮而又艱辛……」

「也不一定。其實他對自己的人，比對國民黨還厲害，好多當年被定為戰犯的都特赦了，對皇帝都說接受改造了，溥儀就比俄國的沙皇幸運得多。蘇聯抓到沒有殺，交給毛澤東，結果把他寬大了，使蘇聯都大感意外。」表弟當年每學期「國文」考試總不及格的，現在看來去臺灣後還認真讀過書了。

那時錦江賓館二樓據說是只接待外賓的，因為不是旅遊旺季，房間又大，周圍環境也十分安靜，更沒有住幾個人。四十二年各處兩個世界的兩兄弟，幾乎一夜未睡，東拉西扯，有說不完的話。從前家庭的故人、朋友活著的還有好多？彼此的今後願望，今生還有沒有可能團聚、生活在一起？兩岸敵對狀態沒有解除，說什麼都是雙方的敏感問題。

「你們認為還能反攻大陸嗎？」我問。

「軍內沒有澄清這種思想，這是一個較長時期的口號，也是一個強軍的目標。自從蔣經國上臺已經很少提到。不過，大家都明白，這種可能已逐漸失去。我對你可以說幾乎不可能。除非共產黨自己繼續亂下去，再亂到你們的『自然災害』、再來『文化大革命』不可收拾。特別同情你們前年（指一九八九年六四事件）比軍閥時代野蠻開槍殺學生殺平民，共產黨為了政權對父母也敢殺的。任何時候都要首先保持有效鎮壓能力。但鄧小平狡猾而又聰明，在共產黨內根基又深，毛澤東死了以後能夠一下子扭轉乾坤，這不是他一個人的力量，說明共產黨內上層很多人早就不滿意毛澤東了。」

「你們臺灣怎樣認識毛澤東？」我問。

「臺灣真正關心政治的人很少，都忙著賺錢。參加了政黨的都關心自己政黨的利益，自己能不能當官，或者扶持一個官出來自己有利可圖。臺灣本地不好找錢就往外處跑，首先跑日本，再往南韓，東南亞，許多人對毛澤東的認識，還停留在僅僅知道他是共產黨的領袖的水準上，當然我們的報紙說到他，那就超過秦始皇的殘暴了。首先他的你們叫大躍進的時期，說餓死三四千萬人，最多是農民，種田的。這是中華民族、及後代子孫永遠不會原諒的。宣傳總有把事情擴大化，或者更美化或者更醜化，很多事情也不瞭解真實，可以肯定的是大陸報紙謊言最多，最不能相信。我們國民黨也有黨的紀律，但紀律不是所謂的民主集中制，民主集中制是從蘇聯搬來的，最後集中到一個人那還有民主？只有專制和獨裁，這點毛澤東超過了蔣介石。特別對他自己人，弄得更嚴厲，因為打贏了戰爭，大小都分到一點權力，一不順他的心，那管你幾十年的同志，從血雨腥風牽手出來，甚至是有力的幫手，立刻把你當成敵人，因為是在他政權內，會對他造成大小是威脅。先發制人，必須搞掉你。臺灣軍政對他普遍的看法，是專制的獨裁者，是你們共和國的暴君。當然也是一個巨人。我們在黨內黨員有意見可以公開提出來，明白反對，甚至同上級當面爭吵，直到摔東西動手腳也不算犯錯、犯罪，在共產黨內能行嗎？頂多政見不合，在當官的最後可能撤掉職務，最起碼保險不會坐監。共產黨《黨章》也講民主，問題在當書記的集中。說少數服從多數，實際是多數服從一個人。所以毛澤東能在黨內黨外專權。國家大事都由他一個人說了算。他真是聖人、賢人、天才？在世的時候沒有人敢反對他，不是他深得人心，而是他層層嚴密組織的恐怖統治。我們知道對老百姓管到吃飯多少，買布幾尺，像你（指我）僅從出身看，就知道你不會自發擁護社會主義。弄去勞教，踢出社會應該算是幸運的。憑我記憶中你的淘氣、調皮，甚麼環境都會生存下去。所以聽大姐說你死了我堅決不信。除了老了，我看你變得很少，改造了二十五年都沒有改變你？毛弟、小弟，兩個都算瘋了，看來身處亂世對一切不要太計較才好，得過且過混天過日，反而會生存下來！」

「你認為偉人同巨人有什麼不同的內涵嗎？」我又問。

「你知道我沒有讀好多書，在臺灣高中畢業也沒有考上大學，只有去進軍校。不像姑爺（指我父親）當年黃季陸多次請他去川大，說給他一個系，姑爺還說他四川大學校長當不長，不去給他當『幫工』，黃季陸在臺灣當國史館長，我見到他還沒忘記這件事。那時我們都小，一恍就老了，真是人生苦短！……」

「我問偉人與巨人的看法，你扯那麼遠。」我嫌他說到題外去了。

「偉人和巨人，我想應該是兩個不同的概念。偉人包含著愛戴、尊敬、崇拜的意義，至少做過、那怕一兩件十分重大並關係到國家、民族興亡、百代有利，和人民感恩戴德的事情；巨人是他力量強大，可以叱吒風雲，甚至噴噓為雨，呵氣成雲，但終究沒有強國家、興民族、富百姓，人民怕他、服從他，從內心並不愛他、甚至恨他，但你不能否定他的強大力量，和一時作為……你看我們走出賓館就能見到那高大塑像，還站在那裡揮手指方向，誰敢說把他撤了，儘管死老虎一條，還是老虎，還有餘威。說明共產黨內還有信他那一套的人，當然是在他手上的既得利益者。共產黨的思想要真正開放，真正團結人民我看還遠。春熙路的『銅人』（指孫中山塑像）能保留下來就不錯了。」

「你認為你們臺灣的前途？我想知道去臺灣的人的國家觀念。」

「這個問題大家都操心，但也很難說準。臺灣有過危險的時期，還要感謝金日成——他發動了統一南韓的戰爭。這實際上照你們大陸的話說，是共產主義陣營同自由世界的戰爭。說遠點二戰中蘇聯得到很大的擴張，那勢頭要把共產主義強加給全世界。當時蘇聯的科技手段，也能同美國抗衡。當時的史達林以為輕鬆的就可以赤化全朝鮮，回頭再幫助一下大陸就可以解決臺灣。東歐已經連成一片，亞洲先鞏固中國再發展。金日成背著中共說動了史達林，先發動了侵韓戰爭，因為共產主義目的是全世界，是整個人類社會的所謂『解放』，要不斷鬥爭，追求勝利，要摧毀舊世界，建立所謂新社會，這種侵略擴張性質，絲毫不比希特勒差，特別是原先的『共產國際』，那是世界上最危害和平的組織，專門培養各國的人回去顛覆、破壞他們的現政權，把自己國家搞亂，宣傳靠謊言，亂中奪取政權，中共歷史上的中華蘇維埃共和國，就是共產國際的產物，你們愛說歷史經驗，歷史經驗證明，哪裡有共產黨活動，哪國家就不得安寧。金日成在我們抗戰期間一直配合中共，長期在中國，大戰結束搶先占了北朝鮮，還想再一口吃掉南韓。結果造成十六個國家參戰。這就影響了毛澤東乘勝攻擊臺灣。毛認為佔領南京、海南島那樣人多就會勝利。反正多的是中國老百姓，今天發軍裝，明天上戰場，敵方前沿陣地彈藥總有打完的時候，如何訓練有素的軍隊也不可能二十四小時都扣動板機，發射炮彈。人的體力總有極限，至於讓多少人送死，反正他沒有生，沒有養……我從軍校畢業就在金門，那年『解放』臺灣，中共基本上全軍覆沒，但他們也確實上了海灘。但從臺灣背後飛來的炮彈打啞了他們的衝鋒號，我們的報導是那次中共沒有人撤退回去。韓戰給了臺灣生存、發展的機會。就像抗戰八年給中共生存發展的機會一樣，老實說共產黨發展快要感謝抗戰。如今四十年過去，世界發生了很大變化，前年撤了『柏林牆』，『共產國際』也早解散了，兩德統一是必然的。所謂社會主義陣營徹底解體已經是大勢所趨。我們也知道有種說法：世界上也有個共產黨的『四人幫』，在共產主義世界中國已經是老大。以前毛澤東要武力解放臺灣，是說統一祖國。『統一』這口號我們也承認，蔣經國也說統一，必須是另一種方式。就目前實力說國民黨肯定吃不了中共，中共肯定想吃掉我們。說什麼第三次合作，由於過去的經驗，已經不可能互信。再看你們所謂的民主黨派，在國民黨退到臺灣前的『戡亂』時期，民主黨派及一些知名人士，對共產黨只有那麼忠誠了，連張瀾也差點被蔣（介石）殺掉，共產黨取得大陸政權後，毛澤東是怎樣對待別人？甚麼互相監督，長期共存？對大陸而言絕對是一黨專政，比國民黨更專！對共產黨而言是一人專權，又比蔣更專。否定歷史必定被歷史否定。你們的政治運動不斷，臺灣在韓戰和越戰這個時期先是喘息和蓄養，現在經濟發展了。毛最得意的『秋收暴動』方式一直在搞，老百姓沒有從共產黨那裡得到實際好處，連他自己的忠實追隨者也『兔死狗烹』。你不用說在山上二十多年，就全國也等於一個大牢。臺灣目前是安全的。」

錦江賓館接待外賓的房間是舒適的，表弟又為我準備了好茶、好煙，又強留在一起住宿，標準間本來兩張床，不用也浪費。自從改革、開放城市有了賓館，我也是經過四十多年後，才又第一次把腳落在地毯上。可一晚是人民幣幾百元，而且要收美元。不住白不住。

「我們抽時間去看看東馬棚（街）」那是我們分手時的地方。他說那裡有我們共同的少年，和快樂的回憶。

「不必去了。」我說，「當街的大門是老樣子，大廳連同二進處的小花園的地方，已修建了樓房。大門口掛了三個牌子，已是相關的三個機關單位了——成都市武裝部、成都市兵役局、還有個什麼……門牌號還沒有變。」

「那華西壩的呢，裝修好了一天也沒有住過。」

「聽說第一個用房單位是人民廣播電臺什麼的。」

「無線電臺旁那一片桑田呢，余中英（曾任民國成都市長、防空司令）送張群（曾任民國行政院長兼四川省主席）的公行道那房子呢……」

「虧你還記得十三四歲的事情。這已經改了國號，換了江山，如果你有『還鄉團』的情結，最好趁早改變。」我打斷了他的回憶。

「回趟故鄉不容易。從前的一切都還記憶猶新，下飛機就多愁善感了。」

為了決定第二天回趟簡陽，去看看祖墳，和為新葬幾年的他母親上炷香，我倆互相強制不再說話，好好休息。認真睡覺。

說來也怪，老墳新塚無人看守，周圍草木幽幽蔥蘢。雖經反四舊立四新的劫難，和文革的造反，都完好無損。比起我家的祖墳卻有完全不同的命運。論官大論富有，都該表弟家。相距不到四十里地，我家的掘了又掘，挖了又挖，連上百年前就安息了的祖先，也受到「無產階級革命的洗禮」——弄得屍骨不全。倒不是同誰有深仇大恨，總認為埋了珠寶金銀。「土改」時期，「工作隊」教唆農民挖人祖墳，攫取人家歷代祖先的財物，是農村普遍情況。一次一無所得，反認為埋得很深。再掘再挖，總不信我家歷來厚養薄葬，入土就是一個死人。表弟家古墳新墳保存完好，第一因為臺灣有人，從前又是族長，在當地又是大姓。在當地無論國、共誰家當權，都無二姓。壞人、好人，革命、反革命，地、富、中農、赤貧，都在一個「祠堂」裡。說到底政治覺悟沒有傳統觀念更根深蒂固。尤其是「大官」，有人在臺灣，都是同宗子孫，何必相煎太甚。自認曾受恩惠，有人添添土，壘壘墳，沒人去割草，沒人去砍樹。雖然「教育農民」是「重要的問題」。這地方就有一大群沒有被毛主席教育好的農民。表弟妹很高興，說「這就是人心」。

來去途中還有件小事，也值得深思：

我們一行人給墳塋上過香，返回必經賈家場。已過了吃午飯的時候，第一是找地方吃飯。其實回成都也就幾十分鐘車程。表妹那張好吃嘴，一點未改，還記得兒時上墳在賈家場吃「紅油千張」（豆腐皮切成絲加大量辣椒做成的一道菜，算當地風味菜，很有名），當年是小女孩，如今快滿六十歲了，還饞那味道。

由於我們的車已過了場鎮街道，上了老成渝公路，為了滿足她戀鄉情結，我就對她說「那就準備狠狠挨一棒吧！」她不理解我的意思，我只好如實介紹家鄉這一帶地方的醜惡：當時賈家場沿公路一帶小食店林立，都是以地方風味菜「紅油千張」為牌子攬人。而實際重點出賣的當地人說「紅嘴鯉魚」——抹了口紅的姑娘的賣淫活動。已成了簡陽、成都兩地公安聯合打擊的重點治安地區。因為一時間她們已囂張到在公路中央攔車、取車鑰匙、不吃飯，不准走的程度。雖然也真的吃飯、喝酒，若不要「小姐」，那菜飯貴得嚇人！今天我們自己送上門，不痛宰一刀才怪。我們兩個車有男有女，也許不強迫消費什麼，但這頓路邊野店一定貴過賓館。有啥辦法，「紅油千張」確實這裡的風味。表妹笑道：「我不信能貴過臺灣。」看來因為我介紹了情況，反而增添了他們一定在這裡吃飯的興趣。

憑我二十多年在「社會渣滓」堆裡的生活經驗，我想能對付。於是我找了家看來乾淨點、又寬敞點的路邊食店。進店後那熱情確實像迎接「新姑爺」，張張笑臉，十分燦爛。可能他們心裡想，今天會發個小財。這一群「羔羊」自己送上門來，痛痛、快快、好好、慢慢宰！

端水洗手，沏茶，敬煙，還親親熱熱把煙給點燃。表弟忍不住：「這服務態度已超過臺灣。」我心想加兩個司機，九個人這餐飯要上一千元。因為我知道三四元一份的「紅油千張」敢收外地過路車輛每份二百元。

我要他們點菜，多要一點。我要白切雞是活雞鮮宰，豆辦魚要不輕於兩斤半。點的菜逐漸上了桌，接著要酒。送來一瓶一看就是開過的「崍山二曲」，我叫換一換，馬上送來了「五糧液」，還說有「茅臺」。可以肯定全是假冒名酒。我叫一個服務員姑娘，對她說：「給你老闆說來真的。」也許我們一行大套派頭鎮住了她，先是一個三十歲出頭的男子，看了看我們一行，親自送來一瓶「瀘州特曲」，說，「保證真貨。」開瓶後確是真的。除了司機忍著不喝，還給我們一一斟上，也懂得說「請慢用」。我們有幾位女士不喝酒，她們只管津津有味地吃著「紅油千張」。九十月的氣候本不太熱，因為味太辣不停的擦著鼻樑額頭沁出的汗水。

我順手端起斟滿的一杯酒：「老闆，我幾十年未回家了，算有緣，今天在貴店吃午飯。乾！不要你打折、優惠，結帳時酒菜飯照你規矩算。」

看來我這一招使他深感意外，看他狐疑的神情，遲疑一下：

「你是這哪裡人？」

我說：「草池堰，趕場趕『罈罐窯』近點。」

「好，乾！」我還不讓他走，兩邊一擠空出個座位，拉他坐下，說：

「想和你隨便談談，」同時遞上一支臺灣的「壽」字牌香煙，特別說明這是臺灣煙嚐嚐味道——本來我早同表弟妹打過招呼：在各處盡可能不暴露臺灣回來的，免得消費挨宰。但他們老實成性，總記不住，事事處處都同臺灣比較，好似在自己宣傳：我是臺灣回來的——老闆吸了兩口煙，「這煙太淡，不如『紅塔山』。」他老練地看了看我說：

「你不是從臺灣回來的，」再看看表弟妹及妹夫和其它人，「他們三位是。」我說：「他們腦殼上未刻字，你敢肯定？」

「敢！就賭這頓飯錢。」他說：

「你輸了我們照數給錢。不過你真贏了。」

氣氛一下子輕鬆活躍起來，酒也一杯一杯的乾。表弟高血壓，表妹夫有前列腺炎，我只能喝二三兩，一瓶酒已再倒不出來了。老闆喝了一大半。老闆已完全相信我們是真的鄉親，闊別老家數十年，都是劫後餘生。

他羨慕我們離開家鄉幾十年，少受多少苦難。我們當然不好說出也是充滿辛酸。不用怎麼詢問，老闆訴苦似地從「清匪、反霸」，從生產隊到農業生產合作社，到吃飯不要錢的人民公社，從「四請」到文化大革命，特別當年饑荒餓死莊稼人，父親就死於水腫病，「災荒」他才四五歲，就吃楊槐樹葉、觀音土、茅草根，為了保小人，餓死了奶奶、爺爺……從心裡我實在想打岔他的談話——那已經是對「翻身」後的控訴，向臺灣控訴大陸百姓的災情，和共產黨鄉村幹部在各次政治運動中對普通農民的兇殘行徑。

我不斷插話問這賈家場路邊食店名聲怎麼這樣臭？多次打擊、取締都死灰復燃。他回答很簡單：

「窮的要掙錢，有錢的要玩。」

「為什麼要簡陽縣（那時還未改市）和成都聯合查處呢？」

「因為當地有關方面的少數人，誰不想在前店吃好，後店玩好？又不給錢。我們認為治安很好，無偷、無盜；沒有賣的賣自己，雖說是犯法，玩的人不少，都是十幾二十歲的姑娘，哪個男人不想嚐點新鮮。玩了給錢就走，一點沒有麻煩。只是人多了要搶『業務』，所以才越來越亂。」

菜涼了，不是再熱，而是換，少了一點不用說就添。

路邊吃飯本應不費時的，卻吃了一兩個鐘頭。真正的下酒菜不是「紅油千張」，而是鄉親的「龍門陣」，親身的經歷，當地的實情。這其間還來了老闆的母親，她見兒子同人越說越來勁，是看稀奇，還是對兒子關心。老人家大約大我十來歲，可能過七旬了。老人家問我們在哪裡「上墳」（當地掃墓的俗稱），我說了地方。「哎呀！方家的人。我們原是一個『祠堂』的，我嫁出姓了。」他真像自己長輩一樣，不客氣地拉著表妹的手，說：

「你呀，你呀！好福氣，老一輩作了好事、壞事，一定報在兒孫。誰在剝削，誰在欺壓百姓，有天理，有良心。我們有親身經歷，那怕他說得天花亂墜。現在好了，年年回來嘛！回來到我家裡，還是乾淨的。至少我娘家同你們還是一家人，還不算『藤藤親』（意指血緣關係不同宗）……」

該走了，已經人人酒足飯飽。結帳算飯錢，三番四次要求，老人家發話：「不算，不收。」

「難得還能回來，吃餐便飯，就算家裡人一點心意。」老人家就像對流落異鄉多年歸來的兒女，那親切，那真誠，那慈祥，那依依不捨又將分離之情，真要很大的堅強才能忍住眼眶的淚水不掉落地上。

這本是萍水相逢，我們自始至終沒有說出姓氏。對方也不詢問。他們不擔心是過路人騙吃騙喝，他們有自信，有真情。最後我們留下五百元說是對老人家的孝敬。可老人說：

「你們來去匆忙，我沒有準備打發（饋贈）你們的東西，收了錢我還是人嗎？」堅決不收。

臨走，我想了個辦法：叫大家先上車，發動了不熄火，留扇門開著。我放下五百元在桌上，立刻上車關門就跑，才感到一身輕鬆。結果車剛過石徑寺（是當地一處林木森森的寺廟），還未過久隆場，後面快速追來一輛摩托，像電影中員警阻攔逃竄的劫匪，停在我們兩車前面的公路當中。我們只好停車，我剛探頭出車門，就見食店的那位老闆從摩托後座下來——遺憾未問他姓名。已走到我跟前，笑咪咪地顯得不好意思。說，「我娘說了，你們這錢不能收，就算她給你們在臺灣的兒女買點糖果帶回去。請你們不要再辜負她老人家的真心、誠意。」

真是冷暖痛癢一族人，不曾相識也是親。我接著錢手在顫抖，這時追來的摩托已到他面前，他一步跨上後座，一溜煙地往回跑了。沒有讓我說出一句感謝的話。

我想那位老人家也許沒有上過學。可她真真實實的做了一次對台統戰工作。遺憾的是她並不代表政府，代表了家族。至今又十多年過去了，事情好似在昨天一樣。吃飯前準備好了挨大捧、認宰；結果遇上一頓白吃，牽出一段鄉愁！心裡結個疙瘩：這樣的普通農民鄉親，彼此從不相識，更沒有過任何往來，當時他們一家，可以說在違規、背理的邊沿掙錢。對幾位臺灣返鄉的同鄉，竟如此慷慨、熱情、大方，為了什麼？說明什麼？原因何在？要有一點什麼聯繫，大概只能從「舊」社會開始找原因，才能有合情、合理的因果。

回到成都已是華燈初上，街燈亮了。午飯太晚，晚飯也不想吃了。隨便在賓館附近轉轉，買了點心，回房洗澡睡覺。是真有點累了，還有白天的事各有感想。雖早早上床卻很難入睡。大約已近半夜，表弟才說一句話：

「我原以為回鄉會發生一些麻煩，想不到我們的老家真好。我們不應該這樣打『突擊戰』，那些在世的親友理應見見面。」他估定了我也未入睡。

「你覺得生活在大陸好，還是臺灣好？」終於又開始交談，我總是對他提出問題。相別四十餘年，彼此一定有許多改變，雖都不能自己決定命運，總想弄清互相的價值觀。

「你新聞系沒讀得成，還鑾會提問題。這又是一個不好說得清的。不過臺灣確是有自由，可以當街罵總統，可以不拘形式的批評政府，你們恐怕萬萬不能。在可以預見的將來，共產黨不會給老百姓如此程度的自由，聽說你們的遊行先要批准，這比起臺灣就不能相提並論了。我軍校畢業了，你們的反對資產階級右派運動，臺灣看有許多是幫助共產黨做好工作的正確意見，結果呢，是毛澤東要建立個人獨裁耍的陰謀。還在鼓勵大家發表意見的時候，外國就有報導不相信毛澤東的誠意，都不相信毛會實行民主。中國人善良忠厚的傳統，是相信政府的，毛利用這點使很多人受騙。那時中國的許多人才，都不是共產黨培養的，但死心踏地的要跟毛澤東走。勸也勸不去臺灣，認為共產黨會建立一個真正的、空前的自由民主國家。你們的第一屆政府，還有各黨派合作的樣子，我們在外面就比你們明白，毛澤東不但要一黨專政，還要個人獨裁。那些受到國家重視又不跟國民黨走的，幾乎百分百的成了右派。罷官去職是小事，還要當罪人來辦。不殺你，有博士學位的大學教授餵豬、放牛，最多的知識份子弄去種田，你還不算知識份子也弄去種茶。一去就是二十五年。為鞏固政權，純潔隊伍可以理解，但糟蹋人也太過份了。若蔣介石學毛澤東的那一套，根本沒有共產黨的天下……現在臺灣地方小，兩千萬人也顯得人太多了，何況還有不少人常年在國外，社會治安問題表面看不如大陸好——但刑事案件你們也會在開放過程中多起來的——臺灣生活費用也高，為求富奔忙的壓力比大陸大，競爭比大陸激烈。這些大陸比臺灣好。……雖然你們現在說通過談判和平統一臺灣，也真的在改革開放，那是因為歷史和世界形勢發展證明，必須放棄由一個主義來統治世界的幻想。所有全世界共產黨性質的國家，都不會給它的人民自由民主的權利，必須用專制高壓手段來統治人民。因為執政黨、政府和人民的利益是衝突的。美國基辛格說過：『共產黨政權不會得到人民自發的支持。』經濟的增長和發展，必須通過有組織的強迫勞動的手段和付給最低工資來實現。要改變人趨利的本性，必定損害人權。不強迫人改變本性，許多政策的貫徹就不能實現。印度的尼赫魯也說過嘛：經濟利益決定政治觀點，過去現在都如此，也沒有理由說將來會改變……共產黨革命會勝利能得勢的，都是貧窮落後的國家。過去俄國就是一個例證。共產黨的老祖宗的學說，也是要在高度發展的資本主義社會以後，貧富兩極分化的嚴重結果，才會造就一個無產階級，再同所謂資產階級利益的尖銳衝突中才會有『無產階級革命』。還要解放全人類，最後解放無產階級自己。進入共產主義社會還要各國同步。國外也不否認馬克思學說的經濟意義，但有些他當年論證的情況已經變了，比如大企業職工持股，今後世界上是不是還會產生出真正需要暴力革命來改變自己命運的無產階級，都成問題了。馬克思強調的生產力和生產關係，現階段只有發達的西方國家才沾得上點邊。蘇聯和毛澤東，用哲學的觀點，用社會制度特點比較，實際是封建主義的性質，比封建時代的社會，官員還有更多的特權。掛羊頭賣狗肉是罵人的話，總之蘇聯和毛澤東中國離馬克思都很遠……要說高度發展的資本主義以後是無產階級革命，照這個標準，只有美、英、法國才有這個資格。可他們失業救濟金比你們在職工資還多。他們那裡的罷工行動確實會影響社會運轉，但他們的政府不敢用軍隊鎮壓。你們前年（指一九八九年）的六四事件，已經引起世界公憤，當然也不能說外國的報導就客觀正確，不排除有反共因素在煽風點火，但起碼可以說，鬧了一個多月，當時國家領導人出面安撫也沒有平息，一個晚上就鴉雀無聲，乾乾淨淨了。這能說正常嗎？臺灣也有二二八事件當時被鎮壓了，最後要昭雪、要賠償，這就是人民有沒有權利，政府能不能蔑視人民權利的差別，從這點說我認為臺灣好。」表弟已經開亮了室內頂燈，走到靠窗沙發坐下。我也起來喝喝茶，抽支煙，看來今晚又別想睡了。

「你們現在的『三不』政策能執行下去嗎？你們民間沒有想和談的願望嗎？」我又問了。

「你們大陸的『三通』和臺灣的『三不』是完全以各自利益為出發點的。平心而論，各有各的正當理由。這是互相都不能吃掉對方的時候，為各自的利益過渡性的立場，我個人是這樣看的。我們的『三不』會不會導致台獨的再興起，這很使人擔心。對臺灣而言，國民黨是外來勢力，這在臺灣是公認的。民進黨的興起，國民黨正在漸漸失去優勢。這是事實。我提前離開軍隊就是受到排擠。蔣經國是不同意台獨的，李登輝就不同了。這在臺灣很明白。李登輝是學農業經濟的，對蔣經國很恭敬，很順從，蔣經國對他也很器重。若選舉後李掌了權，他一定傾向台獨，這是無疑的。『三不』更會堅持下去。至於你們的『三通』也會在兩岸問題沒有徹底解決前一直堅持下去。臺灣人大多認錢，大陸的開放，會吸引臺灣人投資賺錢，在大陸賺錢比哪裡都容易，也會自然得到一部份臺灣人對『三通』的擁護。我看『三通』與『三不』會僵持相當長一段時期。至少幾年內雙方都談不起來。若國民黨掌權，同共產黨還說得上有恩恩怨怨，若民進黨掌權，他與共產黨從無往來，從無交道，根本不認歷史老帳。不懾於大陸武力進攻，他們就敢宣佈獨立。如果獨立不挨打，老百姓也願意。這要怪毛澤東把大陸弄得太可怕了。說起來他心懷全世界，其實根本不看世界。嘴上不離馬克思主義，其實他就不是馬克思主義，你們那些溜鬚拍馬的理論家，說是根據中國國情發展了的。狗屁！真不知毛想建立一種啥子社會制度。獨裁專制是明顯的，你們老百姓自己說，四十年了，過的啥日子？改革開放了，老百姓才恢復到過去四十年的日子。就說他對共產黨革命有豐功偉績，至少是國家民族的罪人。沒有拿到國家政權以前，在欺騙掩蓋下，儘管對內部殘酷打擊，對外能謙虛謹慎，艱苦樸素，禮賢下士，虛懷若谷，友善團結，發奮圖強，寬厚人道；拿到國家政權以後，惟我獨尊，為所欲為，背信棄義，口是心非，過河拆橋，卸磨殺驢，順我者昌，逆我者亡，文過飾非，驕橫專斷。這當然是從底層視角看問題，而且還隔著一個海峽。」

由於夜深人靜室內無風，我手指夾著的香煙，已忘記抽吸，嫋嫋一縷幾成直線，已覺燃到燙手了，便掐掉。我驚奇地聽著表弟的議論。在我記憶中他臨走時讀石室中學，功課都是低分，每學期總有一兩科不及格。如今四十年過去，真要刮目相看。對兩岸形勢還真是費心的，能說他胡謅亂談？在對我搞反動宣傳？

「我們聽說你們讀《毛選》也算有功表現，是嗎？」這下他問我了。

「首先說我自己，在茶場的時候作為學習安排讀過幾篇。概括說來都是毛過去的、公開的文字，多是講話，早上過報紙的東西，並不算什麼專著。只不過是領袖的書，能從哪一篇發揮點歌功頌德的感想，為了樹立個人崇拜，當然受稱讚。真在機關、政府算不算立功，我沒有經歷。但有種情況是明白的，凡是機關幹部、教師或最小的幹部，必定不吃飯也要有一套裝門面。是不是認真讀就很難說了，不過根據我去過有《毛選》的家庭，幾乎多年後也本本全新。又不願犯忌，作舊書報雜誌賣掉，不過如今已顯得不重要了。從民間角度說，可能不如《三字經》、《百家姓》。真正對書的愛，是書舊得快，多年都全新就說明人對他毫無感情了。至少現在不如金庸、梁羽生、瓊瑤等一批港臺作者的書受歡迎——實在說也是中學生、徒弟娃看的書。」

「聽說你們還把毛澤東說的話當歌唱，人人必須唱。說的話怎麼當歌唱，真是對音樂的糟蹋！聽說那年代八億人看八個戲，不准演別的，哪還有文化、娛樂！牛也可以隨便叫幾聲嘛，聽說農村連狗也不准餵，還動員全國人民消滅麻雀，麻雀也是反革命？我們聽來真好笑。改（革）開（放）搞（活經濟）以後，都還把鄧麗君的歌當成靡靡之音，還曾經禁止公開播放過一段的間，今天到處聽到的都是鄧麗君的歌，好像比臺灣還盛行，比她在臺灣還走紅。大大超過了我們三十年代的處處〈鳳凰于飛〉，家家〈花好月園〉，說明大陸當今在重建生活，是好的。」

「說起鄧麗君，我看她才是『反攻大陸』的第一人，而且勝利了、成功了，幾乎全境佔領。現在你從城市到農村，鄧麗君的歌聲，堪稱臺灣來大陸的第一知名產品。現代年輕人不說了，就是大過我們年齡的小腳老太婆，她也會說『這姑娘唱得很好聽！』也會說『路邊野花不要採』是對的。還說『你說兩天來看我，一等就是一年多』，『這種男人真是太負心了，當然應該把愛情還給別人』。一個鄧麗君要當你們臺灣一個軍。年輕人手提錄音機一邊走一邊放，這成了時尚。正說明深入人心……自由寬鬆是快樂的基礎，任何動物的本能首先需要生活的自由，追求快樂沒有貧富的差別。一個普通女子唱些歌也會引起社會風波，說明社會還缺少寬容。歷史上項羽的隊伍被劉邦的兵唱思鄉的歌給唱垮了，也並不是歌聲的力量，是項羽心胸狹隘，性情殘暴的結果。當然，好歌也能影響人的精神感情，我們『解放』前，聽到『向前，向前，向前！我們的隊伍向太陽，腳踏著祖國的大地，背負著民族的希望，……向著光明，向著自由，向著新中國，發出萬丈光芒，向一切法西斯蒂開火，把一切不民主的制度死亡……』一樣，讓學生上了街，使好多人走上革命道路。等你感覺上當受騙，晚了！現在、現在自由民主似乎真開始了，但還要看看，是真的不逆轉的走上這條大路了，還是為了當前內外形勢在妥協，在應變？……」

「有段時間你們願花大價錢邀請鄧麗君訪向大陸演唱，結果她跑到金門去慰問官兵，生氣了，才又說她唱的全是黃色歌曲。至少你們禁止過在電臺、在公共場所、在機關單位播放她的歌曲。每個人都喜歡都需要的東西禁得了嗎？我才回來兩三天，遍街都是『小城故事多，充滿情和樂』，一個強大鞏固的政權還怕唱什麼歌？」

「也有開明人士為鄧麗君說話，我就在哪本雜誌上見過。說得很好。大意是『鄧麗君那化不開的柔情，告訴我們音樂還有另一種唱法，你可以不屑，可以漠然，但那久久揮之不去的優美旋律，會讓我們感動著，形成一代人的共同記憶。』我們民間的評論是公正的，許多方面也在放寬也是事實」，我們雖是至親，共產黨和人民政府也從未給過我半個餡餅，看來我們還有各自的立場。」

「聽說大陸第一次播放鄧麗君的歌是在廣州的某個酒店。以後很快傳開了，想來你會很喜歡聽的。你那些寶貝吳鶯音、姚莉、白光的唱片當初沒有少花錢。總共百多張吧，還有孫中山原聲講三民主義的四張，那是絕版。現在臺灣一套要喊價百萬，可值錢了。以後哪裡去了？」四十年前的事了，表弟還記得清楚。

「幾乎大部份都丟在東馬棚了，因為走得匆忙。當時房子被一路撤退到成都的上海憲兵二團——番號是『軍英』的借住為司令部。當然經過我的允許，那時你媽帶著弟妹去光大巷教堂躲混亂去了，其實當時盛文把成都管得一點不亂。我成了家裡唯一主人，一個人自在，無人管，好耍，都聽我的，所以我不同他們去。因為進門大廳正面懸掛了一張『西南長官公署』的佈告，該房不准任何機關、軍警騷擾，要竭盡保護。那位團長姓沙，還說同舅父（表弟父親）是黃埔還是保定軍官校的同學，是朋友。借給他們辦辦公，等解放軍接收。除了司令部用三個客廳，其餘的全在街中段的省女中。房子裡裡外外有人站崗。我進出還要給我敬禮。我還很不好意思。他們離開的頭晚上給我說了，他們第二天全部去新津集中，解放軍會立即進門。叫我作準備。我想有啥準備？最多換成解放軍守門。真是太天真了。早上我仍然出去了，到我下午回去，大門口確實換成了解放軍。無論我怎樣解釋，我說這是我的家，我是回家。始終都沒讓我進去。我說這是『霸佔』，他們態度好，只是笑笑，大概是因為門口在鬧，出來一個當官的，知道情況後，客氣地對我說，『小弟弟，我們正在清查裡面的一切，你一定有朋友、有親戚，找個地方暫住一兩天吧，我們一定給你解決好住的地方，你個人的私人物品，一定全部還給你。現在確實不讓拿任何東西走，也不能進去。再不我給你寫個字條，你現在就到成都市軍管會去，找某某處、某某人，今天就可解決你住的問題。』我很生氣，扭頭就走了。也沒過問其它幾個人哪裡去了，那個當官的還說請我等一下，就在門口給我寫了一張字條，說是借用停在車房的那輛福特轎車用幾天。還問我去不去軍管會，他好寫字條。我說不去。就這樣永久離開了東馬棚街。以後那裡我再也沒去過問。那張借汽車的字條我交給了舅母（表弟母親），我見他隨手就撕掉了。隨後我們住進了向陽街，是你們回四川的那棟老房子，也是我們一同開始生活的地方。等幾年後從廣州回成都，那裡已是東城區司法科了。」

「這樣說來沒有給家裡幾個人留一間住的房子？起碼俘虜也有個俘虜營嘛，真把人弄得流浪街頭了！好房壞房那麼多，一間不給住，毛澤東做事真絕。接收公共、政府財產，應該，勝利者嘛，那連私人財產都一併接收了，也是中共才做得出來，世界上沒有這樣的政黨、政府……」

「說是代管。大概內部分過髒的，你們大部份是現在公安系統在使用。比如南大街那一排，我看見招牌就是公安局勞動服務公司。其它地方不夠請楚……」

「將來真有談判那一天，我看這也會成一個問題……從成都走的，除去死了的，多數跑到美國去了，比如你黃埔中學的校長黃仲翔……還借過我的錢，借時舊台幣還新臺幣，我吃虧大了，等於白送他了，啥子伯伯喲！……」

「你忘了，他當黃埔中學校長我已經讀華陽縣中了。」

「成都還有哪些人活著？余中英怎麼樣？我們走後家裡來過哪些人？

「記得解放軍快進城了，有天曾曠情（國民黨四川省黨部主任委員）來過，還問我一個人住不怕？我問他怎麼沒有走，他笑笑。可能你們國民黨各省黨部主任委員，他算最盡忠職守的了，真正值到最後一班崗。多年後在報上看到他被特赦了。余中英成都解放初期還是住他的多子巷十七號的公館，天天去哪裡學習開會，也天天回家，有一天沒回去了，余伯母就在他們城外的房子跳井自殺了。我也是聽人說的。前幾年余中英又露面了，是書法協會理事。我已經下山了，本想去看看他，幾耽擱始終未去。他同舅父兩人出資建房在新南門外，是十二街還是十四街，記不準了，辦的文英小學，一解放就接收了。還有韓任民（國民政府四川師管區司令）在鹽市口碰見過幾次，那時是市人民政府參事室參事。也就是只拿錢吃飯無事可做的、養的閒人，我問他每月有多少薪水，他說不上一百萬（人民幣改值前）沾他幾子的光是地下黨又犧牲了，是烈士家屬。在青石橋口碰到過一次王瓚緒，是他先叫住我『汪弟弟，你怎麼沒走？』以後我在廣州時見到報紙報導他偷越邊境被抓了，成都兩邊（國、共）無人管的時候，當了幾天『治總』老大，結果也是立場不穩，決心不定，還是軍閥時期的性子。雖未聽說下場，可想而知。你們走的時候市長好像是陳離，大概是起義、和平解放成都有功，以後當西南水利部副部長，鄧錫侯當部長，住重慶人和街十五號，一幢房鄧住樓上他住樓下。我同姐去廣州經重慶的時候去過。還送了我和姐三百萬（相當現今三百元）作零花錢。鄧知道，沒有見面，只傳話說問聲好！當然是問候你們。願意給錢，不給旅行方便。那時正是一九五一年底，在重慶買船票去武漢要證明才去找的。堂堂兩位西南一個部的部長，竟不能、還是不敢給個旅行買票的證明！何況我同姐都是清清白白、乾乾淨淨的學生。比起共產黨同志間的團結幫助，我都說國民黨該垮！」

「也許人家擔心惹是非。送點錢各人走就算友好了。不必以怨報德。何況吃了國民黨幾十年的飯，才端上共產黨的飯碗沒幾天，也替人想想嘛！」看來上過軍校的表弟，論事有點城府了。

「不過，當時也看得出，既有警衛員也有隨身秘書，如影隨形寸步不離左右，是監視還是保護？外人是不清楚的。我們去的目的，是想要張買船票的外出證明，陳離說我們不是他機關的人，按規定不能辦。叫我們用學生證件去試試看，教我們耐心點給售票人員說說，是去武漢看學校。總的說來態度是好的。我們走時並未拿他放在茶几上的錢，還叫身邊那位年輕人——猜想是秘書吧，把我們送出大門。硬是把錢塞在我們手上，說是『首長』的意思……」

「陳離我記不得了。看來還是講交情的嘛！共產黨裡的許多人，甚至高到元帥、將軍、總理，原來都曾在國民黨裡。當年我們年紀太小，最深的印象是住華西壩的時候，看到南門大橋老百姓搶米。當時也不感到自己日子有多好，只是不缺四季的衣裳，不缺學費，一切生活必須都不缺，隨時身上都有點零花錢。至於社會情況，老百姓怎樣過日子，根本不知道。現在想來，那時國民黨政府已經根基不穩了。共產黨要建立民主、自由、富裕新中國的號召，應該說已經很得人心了。後來知道，「蔣介石獨裁，政府腐敗」，中國當時的人才，大多被共產黨團結去了。何況老早就有人把國民黨裝備的部隊拉到共產黨去了，有的就在國民黨的操場上練共產黨的兵，加上八年抗戰，國民黨在戰場上遭到的是正面壓力，拖到勝利已經筋疲力盡了。實在說除了抓幾個、殺幾個人，根本沒有實力『戡亂、剿匪』了。這跟民主、自由的口號也是自己打自己。首先在政治號召上國民黨早就輸了，使毛澤東都感到勝利來得太快！如若他不違背建國前的諾言，首先給老百姓有一個寬鬆的促以休養生息的社會大環境，先經濟後政治，不要操之過急，政治運動一個接一個的來，有啥變革慢慢實行，更不用以威服人，以權壓人，讓人民過上比國民政府時期更好的政治、經濟、文化生活，那他有可能成為一個真正的偉人……」

「大陸不僅視為偉人，而且是天才，是救星，超聖人……」

「你是生活在資訊十分封閉的環境裡。共產黨的宣傳是不怕羞人的。真的做出了一點成績、或者好事，誇大又誇大的久說不厭，眾所周知的錯誤、失敗也要東拉西扯找理由、找其它原因，決不會容易承認領導錯誤。毛澤東是很狹隘、很驕橫拔扈的。臺灣對他有很多議論，有些真的客觀、公正、學術性的。歸根到底頂多是一個農民領袖，本人也沒有受過中西方的系統教育，雖然他古書讀得很多，封建學識可謂精深，但連孔子的『己欲立而立人，己欲達而達人』這些道理都不願去思考，還有『獨任之國，勞而多禍』等等，是國家領導人必須思考的也不想想，證明他只是一個權謀者。在他的黨內他讀的古書最多，權術研究最深。儼然是一個博古通今的大學問家，又寫過幾個單行本，《矛盾論》、《實踐論》、《論持久戰》、《新民主主義論》，再搜些工作中的實際問題加臆想又叫《論十大關係》。論過來，論過去，已經成了『聖論』，要樹立個人絕對權威、排除異己、又發動所謂的文化大革命。共產黨從一九二一年正式建黨，到一九四九年取得全國政權，一共才二十八年時間。這樣大一個中國，這樣多人口，應該說勝利是巨大的。用實用主義的辦法，在各個時期方方面面是團結了不少人，他的隊伍肯定是不純的。許多人對國民黨不滿，都跑過去了，從這點說玩政治超過了老蔣。認真說他對已經打倒的公開敵人還好些，對自己隊伍的刀子磨得更鋒利。國民黨也清黨，但沒有把很多人投入監獄，最多不用你就完了。毛不同，硬要把你負責到底。共產黨在他們歷史上也有過不少領導人，要麼完全聽蘇聯的，地盤都未固定，就建立中華蘇維埃共和國了，這是世界上唯一沒有任何人承認的國家，連蘇聯也沒有正式承認。毛澤東要實際得多，開始反蔣也是說他背叛三民主義，還叫蔣先生。並提出新民主主義論。抗日期間強調民族矛盾，淡化階級矛盾，蔣已經開始在輸，毛已經穩步的在贏。……」

四十二年沒見的表弟，越說越有精神。看來是要翻腸倒肚補上同我近半個世紀的交談。我也想瞭解他有怎樣程度的變化。也許他長期鬱悶，今夜有了無所顧忌的談心，我認真聽。

「你讀軍校開些什麼課程？」我問。

「不是你想的只教殺人、放火，爆炸房屋，走好隊形。文化課、政治課也不少，《地理》肯定比學校詳細，《歷史》，《氣候》，《匪情》——這是當年對大陸情況的總稱，樣樣有；加上在大陸還有家人，我更關心大陸的情況。恐怕有關大陸的事情大陸人比我們知道的少得多，也許成都人還不知道成都哪條街殺了人，外面就已經知道了，這就是你們的『新聞』。當然報紙上的不能全信，特別是官方的報紙，都有自己的政治立場，我們除了官方的還有民間的，不受任何黨派資助的報紙也有，你們各地有報紙，實際上是一家。像從一個水廠放出的水一樣。文藝作品也全是歌功頌德、唱讚美詩。你們現在大概可以批評毛澤東了吧？」

「除了正式說過他晚年有錯誤，否定了文化大革命，沒有說別的。不過人們怨恨的私下罵幾句沒人追究了，但公開的批判從來沒有。雜誌文章含沙射影說說是可以的，但誰也沒有敢於指名道姓，那些高大塑像還立起的嘛！」我如實回答客人。

「外國也有人崇拜他，不過是秘魯的一個叫『光輝道路』的恐怖組織。真的共產黨要給人民自由民主，必須從否定毛開始，否定一點就進步一點，同世界接軌就容易一點，徹底一點……呵！快凌晨三點了……」表弟看了一下腕表，「倦了就睡……」

「你說，我認真在聽。你不要嫌你的演講只有我一個聽眾嘛，我可很忠實。」我又點燃一支煙。

「毛澤東打敗國民黨建立了政權，一個新的國家確實鼓舞了不少人，很多人在國外已有成就，世界都知名的了，抱著建設祖國的良好願望，放棄高薪的富裕生活，經過許多阻撓，國民黨請都請不去，千辛萬苦回大陸來報效祖國，他們大多不是共產主義者，他們心中只有國家、民族，至於誰當政是怎樣的社會制度，他們考慮不多。但後來毛是如何對待他們？重一點認為是裡通外國的特務，輕一點也認為是資產階級的反動學術權威，完全抹煞了別人報效祖國的赤子之心，通通打倒，把別人弄去放牛種田，利用純體力的原始勞動，一去就幾十年！毛就是這樣蹧踏人才。真正回來後用上的就那麼幾個人，都是與國防科學有關的。說到底毛是個大老粗。根本不懂尊重科學。一般人鑽錢眼，他鑽權眼，鑽到喪失理性的程度。他自己也自詡秦始皇，歷史上的秦帝國也是最短命的。記載只有十來年光景，毛多點。從實際說他的共和國從他逝世也就完了。我認為你們說的『第二次解放』就包含著這種意思。被審判的『四人幫』哪有那麼大的權力和危害國家的作用，不過是毛推到前臺的權力代表而已。因為共產黨內有許多跟毛的既得利益者，當時大部份人還在權力的午臺上，若一下子像蘇聯否定史達林一樣否定毛，你們大陸黨政兩方面都會動盪的。就很不利於社會的轉型，和方針、政策、路線的調整。所以抓幾個替死鬼出來審一審。國家的災難是造成了的事實，無論怎樣維護掩蓋，毛也脫不了干係，所以才有晚年錯誤的說法。江青算什麼東西，她能禍國？毛住窯洞的時候需要一個女人侍候而已。黃埔出身的林彪，已定為接班人了，不但班未接成，還以叛逃結束一生。凡是專制獨裁的政權更替，必然有尖銳深刻複雜的鬥爭，中外古今一樣。蔣經國掌權以後，由於比他老子開明得多，甚至自己上工地，國民黨內也不斷在整頓，老一輩的基本賦閒了。也作了不少適於本土化的調整變革，雖然兩岸統一不起來，但他是堅決反對臺灣獨立的。他死後臺獨份子才敢返台活動。當然是李登輝放縱的結果，說臺灣是臺灣人的。現在國民黨的素質是有所提高，不是過去擦皮鞋擺水果攤的都能參加，但總的說來不再輝煌，不可能再堅持一黨執政。正因為大力推行自由民主了，遲早民進黨會掌權的，因為它迎合臺灣相當一部份人心，再同大陸社會、和人民生活比較，毛澤東的政治行為聽起來都使人害怕，還回歸，還談統一!?這是共產黨自己造成的。雖然你們現在開放了，改革了，毛澤東的高大塑像各地都還站在那裡，你們說的是請下『神壇』還是趕下『神壇』？看來那『神壇』的根基牢固，還紋絲未動。代表國家形象的天安門城樓，懸掛的不是現任國家最高領導人的肖像，還是毛澤東。想過和平安寧日子的百姓，心中會怎樣想？國外的人會怎樣想？我個人認為單是這點印象都很難達成統一。毛澤東太讓人恐怖了，這不是誣衊他，他掌權前後的作為清楚地表明瞭。誰願意去接受恐怖統治？雖然現在算國門打開了，同世界接軌的呼聲也高，但對毛澤東的崇拜還在，那麼今天的改革開放是真正融入世界？還是因為毛太過頭了，政治特別是經濟，和國內外的壓力都大而權宜的一種政策的妥協？還讓人很難肯定。這也是共產黨自己造成的。儘管你們的文革混亂只有十年，但這十年的破壞，特別是關係人類社會文明的一切，民族的優良傳統觀念，要恢復，可能至少要幾代人的時間。修建軍事建築比起民用建築可能算最快的了，但破壞它更快；圓明園修了多久，有多少奇珍異寶，八國聯軍搶劫後一把火，至今沒有恢復，有的根本不能恢復了。文化大革命造成的災難就一樣！還在紀念毛澤東！他自己也說過『前功不能抵後過』。偏偏有人給他抵。這樣功過不分，是非不明，能使人信任嗎？國門能開也能關上，近些年不少人以各種原因往外跑，可能將來往外跑的人會更多，你們前年的『六四事件』讓一些在外的人沾了光，提前拿到『綠卡』……以後臺灣准大陸的人過來了，你也過來養老吧，多你和表嫂兩個人吃飯沒問題。三妹的房子也寬，在臺北縣土庫那地方鄉間還有房子，是她家夏天去住的地方，在我中和也住得下。」

「三妹為何結婚太早？」我問。

「爸爸去世，我又進軍校，她無人照料。唐縱是爸爸結義之交，由他主婚，張群證婚，這事就辦了。你能過來的時候就過來吧……」

「如果政策這樣開放下去，我肯定不會去臺灣打擠。再艱難的日子也不會像過去了。來了，你們臺灣可能認為我大難不死必有隱情，是不是共產黨派來臥底的？說不準長期受到你們情治人員的監視；大陸因此也有充分理由可以說，真是國民黨的孝子賢孫，半個世紀了還要從『新』社會投奔『舊』社會。其實我才是國民黨的受害者，無論怎樣上綱上線也不是軍、警、憲、特，僅因家庭出身，就白白荒廢我二十五年寶貴光陰，實在說也等於一生，總算活出來了，最後政府也承認他錯了，至少可以被認定我不是反共產黨反社會主義的階級敵人。當然，如果順利又方便的話，有機會去看看日月潭，逛逛阿里山是想的。」

「我還有兩三年退休，退休了想去蒙古大草原走走。」

「近些年我跑了不少城市，也沒有去過蒙古草原，到時候我陪你。如果社會真的轉型成功，我認為你回來找個有山有水有點風的地方養老最好。我們又再一起慢慢老嘛！」

「這當然好。如果辦不到，你老了小錢也掙不到了，我每月給你兩三百美元決無問題。」

「感謝你想得周到，至親又加兩代人的真摯情誼，彼此有這份關心就足夠了。你看我二十歲出頭上山，下山就滿半百歲了，餓過也冷過，想來今後不會了。如今有這份健康還要感謝那些年的磨難。」

「可不可以說人『生於憂患而死於安樂？』以前國文課總是問你的。」親情拉短了幾十年的時間距離，少年時的情景好像是在上個星期。

「我認為這句話古人的意思不是單指生命，而是說有憂患意識的人會奮發圖強，享受生活的人無所事事，會懶墮。生活就是在不斷克服困難中繼續的。這當然是我個人之見。」

「你們根本沒有人能說享受生活。只能服從別人的意志，並按嚴格限制的方式過日子，艱難的迎送去不復返的光陰，每個人背負著沉重的生存壓力，只有在睡夢中才屬於自己。雖然也能生存，但沒有選擇生存狀態的權利。如果社會公正，就能減少許多人的不幸，臺灣至少可以照自己的意志去謀求自己的利益。你們一直說人民的利益，共產黨又自詡是代表人民的，實際一切是為了共產黨的利益。強姦民意的事可能世界第一。當然，你們現在改革了，開始允許個人利益了，這是一件大好事，我也祝願大陸同胞能從此好下去，共產黨也能深刻的認識過去，把失去的東西找回來，再實現過去那種沒有壓力的團結局面，它會是強大的，在大陸沒有誰有能力挑戰它的執政黨地位。只要能國強民富，為什麼一定要照外國人的主意來從新組織社會安排生活呢？歷史早就證明社會發展是有階段性的，就像我們進屋子，不能一步跨進幾重門，一腳跨過幾道門檻，要跌跤子的。一步跨進共產主義，毛澤東跌得夠重了，拉著全國倒楣。就是有了絕對權力也不會人定勝天。從個人說，希特勒本人素質不壞，愛讀書，有專著，懂藝術，不酗酒，不貪色，不愛財，但他的政治主張和行為，違反了人類的普遍要求，迷信武力可以征服一切，無論怎樣氣勢洶洶，不可一世，手段怎樣殘暴，最終逃不了徹底失敗、自身滅亡的悲慘下場，惡魔的名聲永遠釘在歷史的恥辱柱上。希特勒殘酷的殺害了很多人，戰爭行動當然要死人，我說的是手無寸鐵、又沒有公開反抗行為的百姓。但比起毛澤東在自己國家的和平時期，因為暴政致死的人那就算是一個小數目了。我不信歷史將來不作公正的評判……五點了，睡一會兒吧，我的精神真的不如你。」表弟感到有些疲倦了，他忘了他說話最多。我只在聽。

次日我們一行人去樂山看大佛，也才有了前面說過的賓館堅決要收美元的插曲。

悲哀的是表弟此行回去後一年多，又住醫院又開刀，命保住了成了植物人，自己太太都不認識了！真如來時在機場他說「人生難得幾回見，能看就看，我已感覺是隔世緣！」終成讖語。我的心也如蒙古大草原空蕩，遙遠……青草，藍天，白雲，羊群，在心裡成了死結，這一生怕都解不開了，約好的遊伴來不成了！

這是斗轉星移後四十二年第一次接待國外親友。當時在成渝兩地共聚一周時間，其間談的風花雪月，蟲鳥花草，人事變遷，以及飲食豐儉，留不下深刻記憶。這以後，在上世紀九十年代中期，還有過兩次我稱之為「國際友人」——當年的「同學」從國外歸來的拜訪。也說到改革、開放，國家的形象在世界上已大大改觀。從他們在國外的日常生活中，已切實感到「聯合世界上以平等待我之民族」有希望慢慢實現。不怕慢，就怕站，更怕跳圈圈舞，雖然手拉著手——進一步退一步。

二○○二年秋風送爽的時候，又有從加拿大回來的夫妻倆，劉君和石女士——宋家山上的伴侶來拜訪。都是老「同學」，若計算在一起的時間，可以說足有從幼稚園小班、大班，到大學畢業的全部學年。相聚雖一日，卻又是一番感慨。

許多重大問題常因瑣碎小事說起：他倆回國先到成都，兩三天中不是他倆宴請別人，就是別人宴請他倆。自己私下消費機會不多。不麻煩別人車接車送，自由行可流覽市容，乘計程車是一個消費機會，買點很不值錢的小玩意兒，或者帶點水果回賓館，全部消費機會就這麼多。但兩三天下來，錢包裡居然有了二百多元假幣！還是買東西時別人拒收才發現的。到重慶後也是只有兩天時間，差不多同樣原因消費。又收了一百多元假幣！當然，他倆不經常使用人民幣，沒有對真、假幣識別的經驗，進海關前沒有一分人民幣，旅行支票換的錢絕對沒有假。假在消費中支付、找補來的。見面就要我先教他倆識別真、假幣。一見他倆那副行頭，就知是從國外回來的。雖然都說的四川話——妻成都夫重慶，地道的家鄉人，所以受到家鄉人特別「關照」。

「現在這種新版紅色毛澤東頭像的一百元幣，假鈔特別多。而且從發行後上市很快……」

「我們收到的假鈔最多是五十元和二十元的，怎麼你們的錢又變了？……以前那種藍色的四個頭像的，我看就可以嘛，為啥又改成毛澤東一個人了？難道他還值得人民永久紀念嗎？若照他那樣搞下去，恐怕出不了一百元的人民幣！中國有今天的經濟發展，老百姓生活改善，應該紀念鄧小平。他說他是中國人民的幾子，在黑暗的中國算是一個懂事的好兒子。首先把全國百姓從毛澤東『階級鬥爭天天講』的恐怖統治下解放出來，再把他黨內同志帶上『走資本主義道路』，現在他才是最大的『當權派』，膽子也夠大的，敢要野戰部隊開著坦克到天安門，不是檢閱，是對付和平請願的學生。因為他使中國歷史發生了大轉折，在外國的中國人都相信中國會好起來，是從他開始的。但天安門屠殺和平請願學生，使用暴力又超過了民國之初的軍閥，但畢竟是他結束了那一段讓人詛咒一萬年的歷史，只要以後的接班人明智起來，如現在發展……」

「鄧小平是為了共產黨，毛澤東要當皇帝。」女人是嘮叨一些。好像對毛澤東還有一肚子氣。當然，她也是一九五七年底上山，二十年後才離開茶場，情緒是可以理解的。

「人民願不願紀念毛，難道你不瞭解？人民能決定嗎？」

「是的，很多人都不喜歡這種新版紙幣，紅唏唏的，假鈔又比以往特別多，又假得特別能亂真，有些還能過銀行的驗鈔機。我們長期生活在國內的人，一不小心還經常遭遇到。」

「死了二十幾年了還讓人民慪氣，真害人！」她又接上火了。

「『牢騷太甚防腸斷』，你們早離開這個天地了，兩個女兒也都去了，耗子搬家，國內沒有一兩個人了吧，又住在『最適合人類居住的地方』還在慪氣，太不值了吧！我們天天生活在國內也沒有你氣大，」對曾經共患難的老「同學」，我說話也很隨便，「還是談談你們在國外的生活吧，這是第幾次回來了？」

「只有一次辦女兒的事，一次辦弟弟的事，來去時間都急，沒來重慶看你，你自己算吧。」女士說。

「應該是三四次了吧，這次算相隔時間最長，快五年了。這次回來的目的，不是單單為了看看老同學吧，倆口子來去一趟至少要五六千美元，還有些什麼打算？」我反問。

「別人每年都要外出旅遊，我們也算旅遊吧，一是回國比去別的地方便宜，又可看看『同犯』們。其實我們對祖國還是熱愛的，故鄉嘛！生我養我的地方，人和事都熟悉，何況我們出去很晚，走的時候年歲也大，要融入別人的社會很不容易，除了女兒她們有不少要好的外國同學，我們在當地的外國朋友很少很少，都是同早去的晚去的自己同胞往來。這些年又多了不少從大陸去的新朋友。從臺灣去的也不少。其實我們除了進超市買東西，到門診來針灸的人，我們還是生活在中國人圈子裡。人到老年都懷舊，今天再一起說說當年的割草、挑糞、埋死人，比去哪裡玩都覺得有意思。好像生活裡就沒有空白了，我們還在來重慶前去了一趟茶場，也到峨嵋幹休所去看了幾位當年的幹部，特別是袁場長（也是當年宋家山人民法庭庭長），癱瘓了躺在床上，見我們去看他，熱淚盈眶，我們也陪著掉淚！都承認那個時代害了不少好人。他祝我們幸福，我們為願他恢復健康。他說他站不起來了，下次再回來可能見不到他了！彼此一陣唏噓，都噙著眼淚……」

「其實在國內踏實得多，養老更會舒心些，會少許多寂寞，老年了最怕寂寞。其實我倆都想回來養老。女兒就讓她們在國外，很可能我們的外孫是『雜種』，她們會融入那個社會，我們國家照此改革發展，在思想上也會慢慢和解。不過這次回國的感覺是，生活物質是大大豐富了，大家的生活水準也普遍提高了，休閒娛樂業，特別是餐飲業，美容美髮比國外還發達，整個社會生活的確從根本上變了，但也變得兩極分化太嚴重了。」劉君進門後才開始說話，但他太太又插話打斷了。

「你還沒有遭鬥夠。儘管現在的政策不是毛澤東的了，甚至可以說是和他生前對著幹的，但他的陰影還在。還在提毛澤東思想……」

「他們自己早就解釋過：毛澤東思想不是代表毛澤東一個人，是那個時代的所有老一輩的革命者。」

「但他一個人專權，那些一個接一個的政治運動，特別是文化大革命，都是老一輩集體搞的？」

「在他的專橫強制下誰敢不舉手？」倆口子互相抬扛了。

「那就證明是毛一個人了嘛！難道躺進棺材了還能強迫人？提抗日建國思想行不行？」

「你又不是理論家，又不瞭解共產黨高層，要不是改革開放，說不定我們到今天還在山上就業，做夢也別想還能出國了。嘴勁！」

任何事情的變化離不開現實基礎，只能循序漸進。一切突變都會造成不安，社會也不會在一天就完全民主、自由起來，只要不改方向，變得慢一點，總在變，你看成都天府廣場，晚飯後那段時間，推著嬰兒車，帶著寵物狗，在那塑像前慢悠悠的走，年輕男女摟腰抱肩，我看除了環境差點，口袋裡少幾個錢，那滿意勁，那快樂感，也不比國外差。卡拉OK比國外還普遍，尤其你們成都人會耍、好吃，這些年變化是大的。」劉君畢竟在進學校、升學要「政審」前，大學就畢業了，早撈到點知識，說話比太太中肯些。

「那你認為沒有毛澤東的暴政，就沒有改革開放囉？」他太太還要跟先生過不去。好像不是來拜訪我的，是來我家裡讓我聽他倆鬥嘴的。

「真跟你纏不清。」劉君轉頭向我說，「我們在家裡也是常常抬扛的，她就是這樣一個人，一根筋。不客觀發展的看問題，不從實際出發，甚麼事情想一天變過來，自認為對完了，她才像毛澤東。」

「今天你們倆就別再頂嘴了。你們都是學醫的，看我說得對不對，」他倆進門就談假幣的事，現在才輪到我這個主人有說話的機會：

「科學已經作出了人類處於生物鏈頂端的結論。但這結論是否完美？至少可以說人類還沒有完全具備決定自己一切事情的能力，儘管先進的科學技術已經可以干預人多方面的生活，但決不能起死回生。假設要無限延長一個在自然規律中即將死亡的生命，保持在健康的生存壯態，不但現在，就在可以預見的將來，你們說可能嗎？我說是母原體的保持，而不是用基因手段的細胞再造。是不是可以說科學家、藝術家、政治家都有著相同的最終目的——給人們提供生存的健康和生活的美好。科學家、藝術家是微觀地在具體事物上辛勤的工作，為人們的物質、精神生活需要作貢獻；政治家則在宏觀上為人們如何生活設計最好的方式，制定制度來保證生活的幸福。從已經知道的人類社會歷史發展的過程，明白的給人以這種認識。『歷史經驗值得重視』，特別是政治家，他們可以利用不論如何取得的權力，或者造福人民，或者為禍人類。普通自然個人可以不必為公共利害操心，有公權的人就不同了。可以保衛和平，可以發動戰爭。可以給人和睦友善，安居樂業，可以給人災難，可以把矛盾鬥爭引入每個家庭。不過，可以堅信凡是違反人們的基本要求，背離人性的，肯定不會長久！特別是專政的獨裁者，他們自己是背負厄運的。最終逃不脫徹底失敗，甚至自身滅亡。聽說羅馬尼亞的齊奧塞斯庫總統，被自己的曾經『最忠誠』的士兵奉命擊斃時打了九十多槍，夫人也被射擊了二十多槍。你倆都是醫生，暴力結束一個生命，一槍打對地方也就夠了，用得著幾十槍嗎？可以肯定士兵沒有多少文化，決不是有機會放槍好耍，只能證明齊奧塞斯庫給他的人民種下了很深的仇恨！還有囂張一時的、毛澤東也支持的赤棉，其領導人波爾布特一時間像瘟疫一樣，把個柬埔寨搞得鬼哭人怨，聽說把城市的人趕下農村，強制男女分居，嚴重的踐踏人的基本要求，粗暴地蹂躪人性，以為自己有鐵的手腕，短短兩三年時間，最後孤零零、淒慘慘的死在林子裡。不是病死也是餓死。從報紙配發的照片看，可能死時身邊沒有第三個人，或者只有一個『小鬼』兵。想得到當他咽下最後一口氣的時候，可能沒有聽到一句安慰的話；想來他的人民不會給他舉行葬禮，也沒有人會默哀、致敬。從照片看那淒涼、那悲慘之狀，還不如一個流浪漢。他也是曾經的革命領袖，也一度贏得戰爭，進了金邊。但迫害人民，危害國家，踐踏人權，自己種下的苦果必定自己咽下。算是報應得最快的一個事例。你們信不信上帝我不知道，真正的上帝是人民！推動社會進步的動力也不是毛澤東說的『只有農民的戰爭，農民的起義』。毛澤東應該首先體恤農民，但事實呢，苦難與苦難的比較最深的是農民。現在你倆隔二三年回來一次看看，國家天天在向世界靠攏，已經提出『立黨為公，執政為民，以人為本』，首先聽來就比『階級鬥爭』順心，沒有再說抓階級鬥爭，也不再限制老百姓不准走出國門。老百姓只要有錢，哪裡也可去了……」

「可別人限制移民也嚴了，」石女士又接上話了，「中國人出去有些也真是不自愛，想方設法吃別人的社會福利。我們剛去的時候，上世紀八十年代吧，有了綠卡，有生活困難提出申請，移民官員根本不調查就批了，每月大約有折合人民幣兩三千元。比你們一般工資還福利。以後人家查覺怎麼中國人申請救助的越來越多？一調查才發現許多人不夠條件，弄虛作假，隨後就嚴了。真是又丟人又丟國家的面子。我們有時候同官方辦點什麼事情都抬不起頭。看來在國內只要勤勞完全能生活。跑出來做啥子嘛？我們還打算回來養老呢！」

「這次還準備去哪些地方玩？」我問。

「他還沒有機會去『瞻仰』過我們的『偉大領袖』，」石女士又搶著接話，「老人家活著的時候很難讓人見，最後連劉少奇請見都不見了。我們這些囚徒，除了看畫像，看電影電視畫面，他走哪條鐵路過，鐵路都要全封鎖，鐵路兩邊的若干公里內地區，各種『份子』都要集中由兵民看管，可以說吹過來的風都沾不到一點。現在擺起免費讓人看，我也不看了。」女人嘮叨，還搶著說話。

「別以為全免費，紀念堂側的存包處，存包要收錢的。而且以我本人的親身經驗，收費還收得有點苛刻——大挎包裡面裝小提包要收兩個包的錢。我去那年是每個包三角，小包裝在大包裡，應該算一個包，『不行，兩個算。』我心想『偉大領袖』就在身邊，存包處的她們是為『偉大領袖』服務的，得罪不起，連說理也不敢，乖乖掏錢。而且又在天安門那神聖的地方，我擔心發生爭吵都會定為反革命，別把員警引來了。雖然我為三角錢有點心痛，當年在重慶可買半斤多豬肉。老人家生前活著的時候，我們這種人，八輩子也別想見得到，現在可以面對面了，總感到還是一種無上榮幸，最大享受。不過聽說已經不是全天開放了，你倆去以前電話問問北京的朋友，免得去了『瞻仰』不到不開心，白浪費機票。好得如今對外是國民待遇了，買機票價錢也不比我們高了。反正看歷史的中國要看北京嘛，故宮、頤和園、八達嶺、十三陵等等，據說可以買票上天安門城樓站一站了。十多年了，我還沒有再去過北京，我想會不會把毛澤東宣佈『中華人民共和國中央人民政府今天成立了！』站過的地方圈起來再買票才能去站一下？你們最好先問清楚。瞻仰就是緬懷，緬懷什麼呢？」

「國外有人說『毛主席紀念堂』那地方選得不對，「劉君接著說，「人家說當年華國鋒，由於長期做農村工作，未能用馬列主義武裝頭腦，自己較明顯地存在封建主義思想殘餘，將毛澤東紀念堂修在歷代封建君王的故宮的附近地方，在那象徵封建統治的建築群中，硬添一座紀念堂這一點用心，就是不妥當的。就是對「真正的無產階級的偉大領袖」的大不敬，除非不是真正的無產階級的領袖，而是新中國未封號的新一代君王。果如此，那是應該在那裡接受後人朝拜瞻仰的；若不是，那就應該遷建回老人家的家鄉，或改建在延安寶塔山上。我認為別人這種想法會受到許多國人的贊同，因為於情於理是充分的。畢竟是中華民族史無前例的一個讓人忘不了的人物，無論功過是非，興國誤國，他都結聚了強大的力量，不能讓歷史湮沒。就如同我們今天還記得久遠的秦始皇，不久遠的洪天王。對歷史有過重大影響的人物，功過是非會有人長期的不同評說，然而階段性的毀譽總要尊重現實才好。現實是變化的，社會是要進步的，老人家也說過『放下包袱才能輕裝前進』的話。我關心國內近些年說得最多的，改革要深入，開放要加大，許多領域喊創新，同毛澤東當年的政策方針漸行漸遠。我毫不諱言，毛澤東的陰影已成了改革開放創新的障礙，已成一種負擔，一種包袱。中國半個世紀來除了內耗，除了所謂的自然災害，國家結束了挨打、挨餓的局面，共產黨的愛國主義不用懷疑，因為愛國等於愛自己。我們在國外也感到國家在年年強大，這是不爭的事實。毛本人在世也說過，壞事會變好事。今天的經濟發展，生活改善，社會開放，不能說毛的話都錯。這二十多年的好，就是從二十多年前過來的嘛！」劉君說了一陣子，開始喝我們自己種的山上的茶。還不忘說，「別忘了，盡你有的山上的茶全給我帶走，這點福氣你比我好，你一直能喝山上的茶。」

「只要山上還有勞教，還有茶，我要喝上一輩子。實在說除了別的因素，單說那地方，那自然環境，我還有些留戀。你倆這次還上山去看，能說沒有一點留戀的原因？」

劉君點頭沉思，「不論過去好久，幸福或災難都不會使人遺忘。」短暫沉默後又補充一句。

電話鈴響了，有「同學」邀請，去解放碑，大都會，「外婆橋」開飯。

日子已有所改變，生活已不再服從別人意志的強制安排，富裕貧窮都是自己的光陰。

不久後又有從澳大利亞回來的朋友——父女兩代都是二十年冤獄。後在香港出了書，名《女神的眼淚》，都是「反革命」定罪，若瞭解前因後果，絕對說是蒙冤。雖然定居國外仍時時不忘關心祖國，中華子孫的赤子之心仍同祖國難捨難分。雖有滿腹冤屈牢騷，但只恨一個人禍了國也害了共產黨。再要把人民團結得建國前那樣信賴共產黨，難了！正如老百姓說「一個螺絲壞了一鍋湯」。說毛澤東還沒有請下神壇，還陰魂不散。只要沒有驅散這個陰影，就讓人總疑心。國家的未來是否像現在這樣不斷可以追求光明，人們還不完全相信。說香港為《基本法》的修訂，弄得五十萬人上街遊行。不是歡欣鼓舞的慶祝，是萬眾一心的不同意。鄧小平早就說過，對香港的政策五十年不變，五十年過了更沒有理由變。這是不是為了香港順利回歸的政治欺騙，先看二十年再作判斷。「一國兩制」的實施，有效地解決了現實問題。至於長遠的將來，應該是互相學習，而不一定要中央政府事事定主意。從經濟發展和民主管理，應該大陸學香港的。一切重大問題應先「聽證」後「決議」，徹底實行民主程序。而不僅僅是人民吃淡吃鹹、衣長衣短的自由放寬。政府天天在放權、在向法治、向服務轉變，這是在大大進步、在靠近民主，思想言論自由也有許多進步，但也還有「禁區」。一個真正強有力的政府還怕人說話？「以人為本」處處落到實處，只有別有用心的人才不執行、不擁護。共產黨長期的集賢聚能，成效是顯著的。說國外的華人（僅他們接觸的）看大陸，只有兩個標準，經濟上不單看ＧＤＰ——那有水份，看人民是否逐年減少貧困和提高最低生活標準；政治上更簡單，看黨政對毛澤東的態度。毛澤東當初反封建是激烈的，掌權後又把封建主義改頭換面發展到極點，八竿子打不著的沾他點邊都有光環。想把公權變特權的人就愛他，所以那些漢白玉、花崗石的石頭仍然巍然不動。當年蘇共革命成功，說起捷爾任斯基狗都不敢叫，可他威風凜凜的塑像最先被推倒，儘管那是石頭或金屬，他們老百姓願意腳痛也要狠狠踩幾下洩洩憤。作者沒有去過，當然聽說。

我是井中之蛙，又是耄耋之年，眼不明耳也不聰了。但對耳熟能詳的問題，也想聽聽他們生活在國外的意見。

「你們對『立黨為公，執政為民』怎麼看？」我問。

「說到底是充分體現『為人民服務』，而且多了幾分主動性。當然公僕的色彩更濃了，加上『以人為本』就更包涵了民主意義，還要看體現在選舉官員的層次上。我們也注意到近年不斷立了不少政治民主和加強對公權監督的法規，都是好的。問題是落實。如果不遵守那些法規，特別是當官的，或執行起來打折扣，有法不依，像毛澤東，說了白說，立了白立，不能真正達到政通人和，還不是造假的電影《白毛女》裡『黃世仁在佛堂裡當著菩薩強姦喜兒』！……」

「說去說來你們對我們說慣了的黨和政府仍抱懷疑態度？」我說。

「不能這樣狹隘理解。開放改革的成就全世界有目共睹，最高領導人也代代在開明進步，我們在電視上也看到國家新一屆政府的交接權力的場面，都受到稱讚，還讓人感動，上一任領導人簡單幾句話——下面會議由某某同志主持。自己立即退席了，並不等該次會議結束。那友善、那親切，真是充分體現了權力的和平移交，新舊的友好過渡。這種場面在世界上都少有，十分感人！不過人們也能想到事前在背後的艱難磋商。總的說是在體現程序，體現法治。毛澤東要劉少奇下臺，知道靠法律不行的，所以先搞亂社會秩序，癱瘓政府，唆使學生娃娃，人民群眾造反，他公開支持。又招呼軍隊『支左』，『九大』開過後再收拾林彪。棋子一步一步早布好的。現在共產黨能搞成這樣，很不錯了。民主自由別想一步登天，但願乾坤不再倒轉。」

「從現在看社會生活已經不可逆轉，人民已感到『楊枝淨水』的滋潤，再搞『群眾專政』可能會真的不穩定了，至少我們這代人完全可以放心，何況還有許多需要世界支援的事情。雖然馬列主義還常聽到提說，但要再從信仰產生暴力行動，我看不可能了。原先人們沒有經驗過，以為那是救國的良藥，原蘇聯搞了七十二年，毛澤東也搞了二十幾年，留下的是天怒人怨的慘痛經驗，人民真是蠢豬？！」

「澳大利亞也去了很多臺灣移民，他們在大陸都還有親人，葉落歸根本想回大陸，但認為大陸有鬼害怕。回去玩玩、看看可以，決不遷移定居。條件好的盡可能幫在大陸的親友出來，這些都能說明大陸還不使人信任。目前我們也承認好，國家強大了，海外華人的地位也有所提高。真正某件事別人錯了，又道歉又賠償，至少國家不再受外國列強屈辱，是以前的中國從沒有過的。我們也問過從臺灣來的人，除了自然環境臺灣不好嗎？他們說臺灣同大陸的統一問題沒有解決，真正哪天打起來跑也難跑，躲也難躲。還是先走半個家好。當年大陸去臺灣的人不希望臺灣獨立，土生土長的臺灣人同大陸感情不深，就是尋根問祖，頂多還有幾包土壤，是不是自家老祖宗也不能確信。土生土長的臺灣人說自己是個棄兒，從荷蘭統治開始，明、清、日本，已經三回大陸了，都在苦難中度過的。共產黨那麼凶，毛澤東那麼厲害殺人，聽說大陸百姓過的日子都怕。在臺灣不能幹，頂多受窮受苦受累，想什麼說什麼，就是不對也不會犯罪。最多只有當官的和百姓，窮人富人之分。實在說土生土長的臺灣人祖國觀念是淡薄的。他們想的是政府要幫助老百姓過好日子，有人欺負打仗要打得贏。家庭要有愛情，社會要有愛心。人民就是自己，不是誰的工具。世界哪裡好，哪裡尊重人的權利就往哪裡跑，他們已經習慣生存競爭但怕戰爭。臺灣人自己反對獨立，是怕戰爭，不完全是愛祖國的原因。過去共產黨只讓人害怕，要真正愛起來還有一個很長的過程，若由新權貴執政，就永遠不可能！癒合心靈的傷口，縱有良醫良藥還要時間。不能說他們全無道理，你說是嗎？」我稱之為「國際友人」——也曾是一根藤上的苦瓜，反問我了。

「我認為通過談判和平統一共產黨是有誠意、有策略的。我個人認為有兩點原因，或者歸根到底是一點吧。從共產主義哲學問世算起，也就還不過兩百年，共產主義的觀點、或者說馬克思主義吧，從理論說是有創造性的道理，也能給人以信仰，把結果描述得比過程好，但從『巴黎公社』開始就脫離了它的理想軌道。所以死了很多人只剩下一垛牆；接著俄國列寧第一個在世界上建立了無產階級專政的國家，那場革命也是空前的暴烈就不用說了，革命勝利初期造成的全國饑饉，那原因是多的，也不說它，但以後幾十年如何，現在不是秘密了，當初遭到世界大多數國家、首先比較之下的工業發達國家的堅決反對，現在看來原因簡單，一是所有制問題，一是對社會生活組織的強制行為，再加上什麼共產國際運動，我認為那是對和平國家的顛覆和破壞！你的主義真、制度好，別人會學習，何必要把自己的主張強加於人？沒有得手以前有靈活性，得手以後比封建君王還專政，所以一個時期造成不是共產黨領導的國家，一發現共產主義活動就喊打。就按馬克思的書說，也要在資本主義發達以後才有無產階級革命，——從現在看一百多年前的學問，不能指導今天了。儘管它有邏輯、很理論。馬克思沒有用過電腦，沒有接觸過互聯網，沒有享受過手機通訊，不知道火箭、導彈，更不懂人造衛星在外太空如何旋轉，那些駕駛飛船、太空梭的是剝削階級嗎，總的說來已經有過的無產階級政權，沒有給人帶來點點幸福生活——作個不嚴肅的玩笑比喻：你千辛萬苦不怕曲折坎坷、真情誠意追求一位戀人，你付出了和準備付出許多，甚至生命，結果得到的是一個不孝父母不愛幾女讓你受盡所磨的惡婆娘。你不要她了，她一腳踩死你。人們已經有了這種記憶，不知馬克思會不會生氣！海峽兩岸既有意識形態分歧，祖國觀念也有差異，幸好有文化一脈相承，又有了港澳『一國兩制』的樣板。臺灣的和平統一，我們對港澳的政策就變得特別敏感。戰爭解決問題當然爽快，打爛重建都是中國人的損失。何況目前地球村的居民要和平。不要再像毛時代那樣心胸狹隘。多一些寬容，改革再快一些實在一些，我深信前途會更光明的。由於經濟的全球化，已經不是隔壁失火可以坐視不管的時代了。只有國家真正強大了，政府對一切事才有信心，才能實在的不懼外，不患內；對統治者而言，再不會一片樹葉落在頭上也認為有人攻擊；聽到不悅耳的說話聲也疑心出現敵情了。要得安心只有專政，知道自己和人民對立，只有依仗權力實行壓迫，自己心虛、實在軟弱怕垮。懷柔、寬容只能基於真實的強大。中外古今的歷史都多次證明過的。至於臺灣統一問題，實現自由民主，就更好協商解決。我們也真正融入世界這個大家。」

「呵！你可以入黨了，當了官會不會貪污？」友人嘲諷了。

「你不是說中國人在外比過去挺得起腰了嗎，難道吃了人家的小麥就一點不沾共產黨的光？我主張真正實事求是。不說假話不騙人。功過是非分明。歷史帳要記清。當然，要做到這些很難，但首先做到不與民爭利總可以的，不袒護壟斷能行吧。至少應做到官民上下同心合作。當年強迫唱讚歌的時候，我也嗚嗚咿咿吐字不明，我清楚刺刀肯定比骨頭硬；走不了就在山上混。勞動決不流大汗，不搞得腰痛腿酸，從心裡就不認為自己有錯有罪，必須改悔。如果夏天晚上在室外學習，別人在搜盡枯腸咒罵自己，言不由衷說辜負了黨的教育、對不起毛主席；我看星星。每見皓月當空，我正想著人可否同嫦娥成婚，親密親密……幾十年光陰被白白蹧踏了！也許會一生淒涼，認了吧！可以自慰的，想那些為建立民主自由新中國，戎馬一生多次玩命，最後被為之敬忠的人要了命；還有學究有成，歸國效命，結果也或牢獄或放牛或種地仍白耗幾十年光陰！相比之下，我只能如同一隻劫後餘生的小麻雀，挨到了新時期，是幸運的。叫兩聲，雖不是燕語鶯歌，想來也不會太煩人。」

有的「同學」看了初稿，說我對山上當年死了多少人這樣的大事都不具體，有意含糊。他們的責難是有理的，但同我的想法不一樣。又沒有人要賠償，何必要數字準確呢，活著的當年幹部都說「很多」！這就夠了。

真有沒說完的，還值得一說的，再抄一句舊書：「且看下回分解」。

去年聽說「勞動教養管理所」、「勞動教養學校」——兩塊牌子一個單位、一班人馬，要逐步完全撤離宋家山了。說是政策的原因：要變室外（野外）勞動為室內（當然有圍牆了）勞動。據《峨邊縣誌》記載茶場開墾了四萬多畝土地。我真懷念那片山坡，那萬畝茶園和耕地，還有山下的大渡河，山頂的原始老林。那裡留下我一生的青春！真若那單位搬走了，還有一種對那自然懷境的想念！若誰能投入財力、人力，有規劃地恢復幾十年蹧踏了的花草、樹木，對老齡茶樹間隔淘汰再種，以原中隊為基礎改建成簡單別墅，搞成生態旅遊度假山莊，把樂山、峨嵋連成一條線，知名的「黑竹溝」就在宋家山跟前，把毛時代建造的使人辛酸落淚、家破人亡的場所，改建成生態旅遊、休閒娛樂的好地方，我想是很有意義的。逐步開發，投入不多，包賺。有個中隊靠近老林的堰塘，早已承包給人多年，燈紅酒綠早已有人自在、瀟灑。若我有錢一定幹！可惜是個窮光蛋。我為天下人快樂、幸福祈禱，我只求寧靜恬淡。

儘管已是通常稱謂的老人了，因為從來沒有在社會勞動組織中工作過，當然不能享受任何退休，也沒有地方按時領錢，每日還得忙衣忙飯。到了最近一二年才真有了閒時間。才把這經歷筆述下來。自己通讀以後，才深切認識雖是個人一生中的不幸遭遇，但也是一個時代的側面，想來在那段歷史時期何止我個人不幸！真實故事的串連才成真實的歷史，不是嗎？記取歷史教訓，總結歷史經驗，這話是不錯的。為自己也為他人，要過好今天，就要記住昨天。遂成書。

後記

本書的故事本是一個沉重的話題，我想儘量講述得輕鬆些。在上世紀八十年代時期，隨著中共中央的《關於若干歷史問題的決議》發表以後，「真理標準」的討論，「撥亂反正」的進行，一時間許多人伸了冤，昭了雪大吐苦水，人們認為國家會從此走向民主法制，社會也從毛澤東的個人獨裁恐怖統治下成功轉型，文化領域就出現過很多稱之為「暴露文學」、「傷痕文學」的書。有關曾經在牛棚、監獄、邊疆、農場被非人性折磨的故事，已經有人講得夠多了。本書也屬於那個範疇。與其它不同之處，是多數人只說自己的遭遇，雖也涉及環境但並非全貌。同一類故事可以說得跌宕起伏，也可以說得平談無奇，可以說得揪心落淚，可以說得不寒而慄，也可以各有側重。本著有過共同的感受，作者也擠時間讀過其中那些書。為了不讓歷史重複，為了不讓我們後代再吃同樣的苦，作者不強調個人的悲哀，試圖說明災難的由來，和防止那災難或近代或久遠再次發生。就作者個人而言，是有的放矢，遺憾的是經歷足夠，而學養太差，好多東西還寫不出來。只能向讀者說：抱歉了！請原諒，耽擱了你們的閱讀時間。

一本書寫不完很多故事，只挑了一些記得住的。為了書上故事的真實，不是貼近，而是盡可能如實，也走訪過許多健在的當年「同學」，感謝他們許多幫助。因為每個人的記憶力是不一樣的。藉此在這裡對那些提供過幫助的「同學」們道聲謝：謝謝你們動了腦筋費了思索；又揭開一次傷疤，又重感一次疼痛。

為了學點溫柔敦厚，有的故事中本有的尖刻語言沒有記述。

全國饑饉時期，在山上的人還有餓得揀食病人嘔吐物，不避食唾之羞；捉住蝨子嚼了吃，捉住綠頭蒼蠅也吃了——說公雞都能吃，看牛羊啃的什麼草，也扯來試著嚼嚼，等等，多的是，只限於管制之嚴酷還不敢人吃人。

那時在沒有人性的政權下活著的人們，首先喪失的是作人的尊嚴。在沒有人性的統治下就不要奢望尊重人權敬畏生命。

從另一角度說，我衷心為前蘇聯各加盟國的各族人民致敬，感謝他們經過七十四年的苦難取得的一個重大的人類歷史教訓：世人已見過的「共產主義」是人類社會最邪惡的生存方式。它越發展強大不但殘害人民，也同樣戕害它的同志和追隨者。

故事雖然不多，但是中國大陸真實歷史的一部份。趁著還有親身經歷的人在世，寫出來讓大家討論，是不是應該用全人類的智慧以各種方式來肅清「馬列主義，毛澤東思想」侵蝕下發生的各種行為。立個「共產主義受害者紀念碑」是遠遠不夠的。

不過，在這裡須說明：本書敘述的筆者經歷的那個社會狀態，都發生在毛澤東時代，及其各次政治「運動」期間。對於當代共產黨人，他們沒有造成災難的直接責任，但從一個組織論說，他們有善後的歷史責任。「繼承權力也繼承責任」這是繼任者說過的。就必須兌現諾言才可能獲得人民信任。

結束毛澤東時代又過去三十多年了，「改革，開放」的成果造成了一個特權利益集團，這是誰也不能否認的。分配不公，司法不公還勝於毛澤東擅權。「為人民服務」的官員的貪腐程度，何止千百倍地超過當年的張子善、劉青山！

不否認當今共產黨政權出臺了許多加強有關民主、民生的政策、法律、法令，但一直不能貫徹實行。正義不得伸張，社會更失公平，民眾在法律框架下的各種合理訴求遭到打壓，不受制約的公權已成為破壞和諧的禍根。人們要百倍警惕的是當今又出現各種方式在為毛澤東專權暴政招魂。

可喜的是廣大人民已經覺醒，敢於對不法不公的事進行合法合理抗爭。儘管希望渺茫還是寄予希望：當今共產黨人真能誠實地與時俱進，認同民主、自由的普世價值，完全徹底融入世界大家庭。

新世紀的亞洲中心正向一個制度民主、人民權利完整……生活自由、經濟發展、社會繁榮的中國敞開大門。

血歷史42　PC0292

新銳文創
INDEPENDENT & UNIQUE

暴政年代
——宋家山勞動教養紀事

作　　者　汪孝直
主　　編　蔡登山
責任編輯　陳彥廷
圖文排版　彭君如
封面設計　王嵩賀

出版策劃　新銳文創
發 行 人　宋政坤
法律顧問　毛國樑　律師
製作發行　秀威資訊科技股份有限公司
114 台北市內湖區瑞光路76巷65號1樓
電話：+886-2-2796-3638　傳真：+886-2-2796-1377
服務信箱：service@showwe.com.tw
http://www.showwe.com.tw
郵政劃撥　19563868　戶名：秀威資訊科技股份有限公司
展售門市　國家書店【松江門市】
104 台北市中山區松江路209號1樓
電話：+886-2-2518-0207　傳真：+886-2-2518-0778
網路訂購　秀威網路書店：http://www.bodbooks.com.tw
國家網路書店：http://www.govbooks.com.tw

出版日期　2013年4月　BOD一版
定　　價　640元

國家圖書館出版品預行編目

暴政年代：宋家山勞動教養紀事 / 汪孝直著. -- 一版. --臺北市：新銳文創, 2013.04
面； 公分. --（血歷史；PC0292）
BOD版
ISBN 978-986-5915-60-5（平裝）
1.汪孝直 2.傳記

782.887 102002142

讀者回函卡

感謝您購買本書，為提升服務品質，請填妥以下資料，將讀者回函卡直接寄回或傳真本公司，收到您的寶貴意見後，我們會收藏記錄及檢討，謝謝！

如您需要了解本公司最新出版書目、購書優惠或企劃活動，歡迎您上網查詢或下載相關資料：http:// www.showwe.com.tw

您購買的書名：______________________________

出生日期：________年________月________日

學歷：□高中（含）以下　□大專　□研究所（含）以上

職業：□製造業　□金融業　□資訊業　□軍警　□傳播業　□自由業

□服務業　□公務員　□教職　□學生　□家管　□其它____

購書地點：□網路書店　□實體書店　□書展　□郵購　□贈閱　□其他

您從何得知本書的消息？

□網路書店　□實體書店　□網路搜尋　□電子報　□書訊　□雜誌

□傳播媒體　□親友推薦　□網站推薦　□部落格　□其他________

您對本書的評價：（請填代號　1.非常滿意　2.滿意　3.尚可　4.再改進）

封面設計____　版面編排____　內容____　文／譯筆____　價格____

讀完書後您覺得：

□很有收穫　□有收穫　□收穫不多　□沒收穫

對我們的建議：______________________________

____

____

____

請貼
郵票

11466
台北市內湖區瑞光路 76 巷 65 號 1 樓
秀威資訊科技股份有限公司 收
BOD 數位出版事業部

（請沿線對折寄回，謝謝！）

姓　　名：＿＿＿＿＿＿＿＿ 年齡：＿＿＿＿ 性別：□女　□男

郵遞區號：□□□□□

地　　址：＿＿＿＿＿＿＿＿＿＿＿＿＿＿＿＿

聯絡電話：(日)＿＿＿＿＿＿＿＿ (夜)＿＿＿＿＿＿＿＿

E-mail：＿＿＿＿＿＿＿＿＿＿＿＿＿＿＿＿